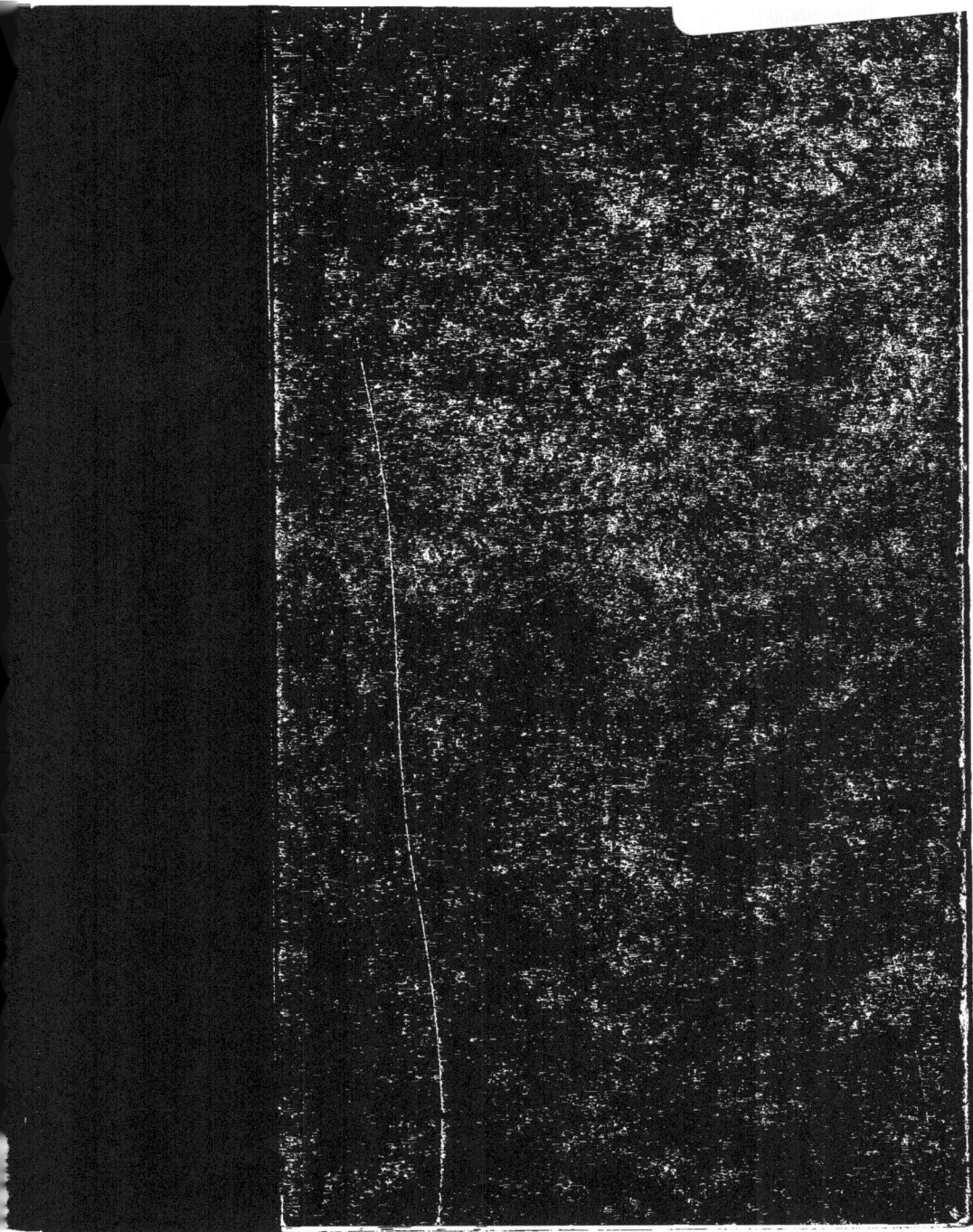

90

Le Blason

Livraison ?

LE BLASON

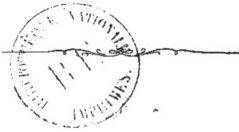

DICTIONNAIRE ET REMARQUES

LE CᵗᵉAMÉDÉE DE FORAS

Auteur de l'*Armorial et Nobiliaire de l'ancien Duché de Savoie.*

Verus honor, qui nulli negabitur
digno, nulli deferetur indigno, sed nec
cum ambiet ullus indignus ubi nullus
permittitur esse nisi dignus.

(De Civit. Dei. 22.)

TYPOGRAPHIE ET LITHOGRAPHIE JOSEPH ALLIER, ÉDITEUR

GRANDE-RUE, 8, COUR DE CHAULNES

M DCCC LXXXIII

© C.

N° 248.

Cet exemplaire appartient à M. CHAMPION, libraire à Paris.

AVANT-PROPOS.

ON intention, en publiant ce traité de Blason, est, en me dégageant de toute préoccupation d'école, de formuler des règles précises pour diminuer les obscurités de cet art et essayer de ramener les opinions divergentes à une croyance commune.

La forme du vocabulaire m'a paru indispensable. Elle présente, il est vrai, l'inconvénient de ne pas donner à un commençant des principes autour desquels il groupera les notions particulières propres à chaque mot. Mais comment expliquer ces principes avec les détails nécessaires, sans se servir des locutions, du langage spécial du Blason? D'ailleurs, des traités élémentaires se trouvent partout et dans toutes les encyclopédies : il n'est guère admissible qu'un lettré, un homme du monde,

n'aient une teinture de Blason, comme de toute autre science. En tout cas,
lettrés ou illettrés trouveront, précédant le Dictionnaire, une exposition
sommaire qui donne la substance de l'art héraldique en renvoyant aux
mots les commentaires et les explications.

Il existe déjà des dictionnaires du Blason, mais suivant celui que vous
consulterez, vous trouverez des explications différentes, ou bien vous
chercherez en vain le mot désiré, ou bien encore vous désirerez vivement
une explication de l'explication. En outre, tous les vieux traités, devenus
fort rares, ont des chapitres entiers consacrés à des fantaisies astrolo-
giques et naïvement absurdes. Boileau l'a dit :

> *.... Maint esprit fécond en rêveries*
> *Inventa le blason avec les armoiries.*

Peut-être ont-elles pu fort divertir les diseurs de bonne aventure des
temps passés; à coup sûr, elles nous sont maintenant complètement inu-
tiles [1].

Je voudrais bien ne pas amoindrir la portée de la science dont je
m'occupe, mais je suis d'autant plus à l'aise pour ne pas cacher mes
convictions héraldistes, qu'on ne saurait m'accuser de trouver les raisins
trop verts... j'allais dire de sinople.

Le Blason n'est pas né tout armé et lampassé du cerveau de Jupiter :

---

[1] *Il faut donner un exemple. Suivant Palliot* (La vraye et parfaite science des
Armoiries, f⁰ 70), *l'azur signifie :* « *couleur céleste, symbole de la* Iustice, *fille aisnée du*
« *Ciel; Couleur qui remplit le champ de l'Escu de France à cause que les lis qui y sont*
« *semés et y servent d'ornement, ont esté apportés du Ciel..., couleur qui estant représentée*
« *par le Saphir mis en la robbe du grand Prestre selon l'Ordre de Melchisedech et estant*
« *figurée en la ressemblance d'un throsne dans Ezechiel nous fait entendre qu'elle est*
« *le Hierogliphe et de l'Empire et du Sacerdoce.* » *(Sautons dix lignes).* « *Enfin cette*
« *couleur nous signifie, suivant Bara, des vertus,* Iustice *et nous représente* loyauté,
« louange, beauté, clarté, pureté, science, gentilesse *et* renommée. *Des sept Planettes*
« Venus. *Des douze signes,* le Taureau *et la* Balance. *Des douze mois,* Avril *et* Septembre.
« *Des Jours de la semaine, le* Vendredy. *Des pierres précieuses, le* Saphir. » *(Sautons trois*
lignes). « *Des quatre saisons, l'*Esté. *Des quatre complexions, le* Sanguin. *Des âges,*
« Puérilité. *Et des métaux, le* Cuivre. »

il n'a pas été créé de toutes pièces, au moyen âge ; ses dogmes n'ont pas été proclamés et admis immédiatement par toutes les nations. Les blasons adoptés par les nobles, au temps des croisades, ont été d'abord de simples marques prises par les chefs pour rallier autour d'eux leurs suivants. A ce point de vue spécial, Ajax et Achille portaient des blasons. Tout petit gentilhomme, voulant paraître grand seigneur, inaugura immédiatement un signe quelconque pour se faire reconnaître dans la sanglante mêlée par le pâtre métamorphosé en varlet ou le soudard rechignant qu'il traînait à sa suite. Les hérauts d'armes sont venus plus tard : ils ont codifié tous ces signes qui tendaient à devenir héréditaires ; ils ont imposé un sens profond à la pièce la plus banale, trouvé une genèse mystérieuse à chaque partition, une intention ou même plusieurs intentions pour chaque couleur, pour chaque meuble une allégorie psychologique. Certes, les preux chevaliers de Palestine ne se doutaient pas d'avoir fait de la prose aussi savante !

Si l'imagination des hérauts d'armes s'était bornée à recouvrir la vérité — ou ce qu'ils croyaient la vérité — de vêtements poétiques, il n'y aurait point de mal. Mais « les princes de cet art s'appliquant d'une « peculière attention a tirer des mots solennels et former des clauses « artistes, ont tant poisé chasque syllabe, espeluché si primement chasque « espece de cousture que les voylà enfrasquez et embrouillez en l'infinité « des figures et si menues partitions qu'elles ne peuvent plus tumber soubs « aulcun règlement et prescription [1]. »

Pour être juste, ajoutons que le funeste usage des brisures, l'énorme quantité des familles anoblies auxquelles il fallait de nouveaux blasons, l'ignorance des graveurs et des dessinateurs, l'insouciance des intéressés, ont introduit une confusion que les hérauts d'armes ne pouvaient qu'épaissir, en cherchant à la réglementer par des préceptes élastiques, confus, variables suivant les auteurs et les pays, et des commentaires de

---

[1] *Montaigne. Essais, III, chap. XIII, De l'expérience. Ne dirait-on pas qu'il pensait aux hérauts d'armes ? Plusieurs d'entre eux, même les plus officiels, ne se comprenaient pas eux-mêmes.*

plus en plus mal compris. Il aurait fallu « effacer la trace de cette diver-
« *sité innumerable d'opinions, non point s'en parer et en entester la*
« *postérité* [1]. »

*A cette postérité « enfrasquée et embrouillée » nous venons essayer de
tendre le fil sauveur.*

*Tout comme la Noblesse n'est plus qu'un souvenir historique, la langue
du Blason est une langue morte aussi bien que le Sanscrit ou l'Assyrien.*

*Que deviendrait la science si, dans les inscriptions de Ninive ou de
Babylone, les mêmes caractères désignaient Sennachérib, selon les uns, et
selon les autres, Nabuchodonosor ? Chaque mot doit avoir une signification dégagée de toute ambiguïté. S'il y a divergence d'opinions chez les
anciens auteurs, le devoir d'un héraldiste moderne est tout tracé. Il doit,
avec la déduction logique, dissiper l'obscurité, il doit proposer une version
rationnelle, la discuter et essayer de la faire prévaloir.*

*A quoi servirait d'apprendre que Palliot dit blanc, Menestrier noir
et Vulson gris, si de longues études vous ayant convaincu que c'est jaune,
vous ne pouviez pas le démontrer à ceux dont les opinions ne sont pas
encore formées ou qui seraient disposés à les modifier sur l'évidence de
la démonstration ? Je le sais ! « Ce n'est rien que foiblesse particuliere*
« *qui nous faict contenter de ce que d'aultres ou que nous mesmes avons*
« *treuvé en ceste chasse de cognoissance; un plus habile ne s'en contentera*
« *pas : il y a toujours place pour un suyvant, ouy et pour nous-mesmes*
« *et route par ailleurs* [2]. »

*Je ne barre pas la route à plus habile que moi, me contentant de
chercher à éviter les fondrières de celle que je parcours.*

Tout le monde n'a pas Palliot ou Menestrier dans sa bibliothèque [3] :

[1] *Montaigne.* Passim.

[2] *Montaigne.* Passim.

[3] *Bien loin de vouloir supprimer les anciens traités, je ne saurais trop les recom-
mander aux studieux, surtout ceux de Palliot et Menestrier. C'est d'après ces auteurs
et les incertitudes si nombreuses qu'ils créent ou laissent subsister, que je demande à
être jugé.*

la plupart des possesseurs de ces livres n'ont pas le temps de les compa-rer, de les contredire au besoin, ni assez de connaissances spéciales pour comprendre du premier coup les cent et un minutieux détails dont le moindre peut avoir une réelle importance. On se contente ainsi d'une solution quelconque tirée au jugé et rarement abattue. Mais à défaut de gibier, une poignée de feuilles sèches gonfle le carnier. Si bien que j'éta-blis en axiome : Il n'y a pas de plus dangereux ami du Blason qu'un chasseur glorieux et maladroit.

Pourtant si l'on peut, dans un avenir prochain, supprimer les bla-sonnés, on ne peut septembriser l'art du Blason. Je ne vais pas jusqu'à prétendre, avec Gérard de Nerval, que le Blason soit la clef de l'histoire de France. Mais on ne saurait le nier : le symbolisme, les déductions, les preuves directes, les rapprochements fournis par l'étude des armoiries et de la généalogie des familles qui les ont portées sont des éléments néces-saires à l'historien et à l'archéologue.

Aussi, malgré nos mœurs démocratiques, on ne cesse pas de s'occuper du Blason et de publier des livres sur la Noblesse. Est-ce son oraison funèbre ? N'est-ce pas plutôt une évidente démonstration de l'importance de ces études ? Mais toutes ces publications[1] — sans parler de celles des-tinées à satisfaire de puériles vanités — sont-elles le fruit d'études sérieuses et de longues réflexions ? Il est permis d'en douter, quand on voit combien peu de personnes connaissent réellement à fond le Blason et les questions nobiliaires qui s'y rattachent.

Prenons un exemple au commencement de ce siècle, sous le premier Empire ! Napoléon Ier a pu créer rois, ducs ou comtes, les vaillants guer-riers, instruments de ses conquêtes. Dans son omnipotence, il n'a pas su trouver un héraut d'armes digne de ce nom parmi cinq ou six cents solliciteurs, tous persuadés de leur haut mérite. Jugez-en par les barba-

---

[1] *Il est amusant de voir les circonlocutions dont s'enveloppent certains de ces auteurs comme pour s'excuser auprès de leurs contemporains de s'occuper de semblables anti-quailles. Ils n'étaient pas nés lors du* Bourgeois-Gentilhomme : *Molière ne les aurait pas oubliés !*

rismes et les solécismes qui fourmillent dans le langage prétendu héraldique de ce temps ! Et les rédacteurs des Ordonnances de 1817 !! Et
les législateurs de 1858 ! Malgré leur incontestable valeur pour d'autres
sujets, n'ont-ils pas prouvé combien était parfaite leur incompétence
quand ils ont voulu régler, sur deux pieds, des questions nobiliaires,
complexes, épineuses, s'il en fut ? Là, où Loyseau, Tiraqueau et les plus
savants juristes féodaux auraient peut-être été d'opinions différentes, la
décision de points délicats était remise à un maire à peine lettré, au
premier venu de ses scribes, auxquels les nobles menacés auraient pu
exhiber de vieilles chartes que S. Exc. le Garde des sceaux n'aurait pu
déchiffrer.

   La sentence de Scohier est bien juste : « Qui n'a pratiqué l'office
d'armes par trente ou quarante ans continuels, il y a matière d'apprendre. » J'ajoute que celui-là même ne saurait prétendre à l'infailli-
bilité. C'est mon cas. Depuis plus de trente ans, je fais du Blason en
théorie et en pratique, par la plume et par le pinceau. Après avoir lu
et analysé tous les ouvrages spéciaux que j'ai pu me procurer, j'ai
condensé mes observations dans un traité de Blason, pour mon usage
particulier. Des amateurs m'ont persuadé qu'il serait utile de le mettre
au net et de le publier ; on croit facilement ce qui vous flatte !

   Mon traité vaudra-t-il mieux que ceux qui l'ont précédé? Il va sans
dire que j'en ai la conviction. Depuis que je m'occupe du Blason, j'ai vu
surgir bien des ouvrages héraldiques, fort bien imprimés, mais incomplets,
obscurs, et contenant plus de graves erreurs qu'il n'est permis au Sage
d'en commettre. La plupart d'entre eux, sous prétexte d'exemples, accu-
mulent des armoiries, ce qui facilite la vente, sans doute, mais surcharge
inutilement des ouvrages qui doivent rester didactiques, sans chercher à
plaire à celui-ci ou à celui-là [2]. Loin de me décourager, plus j'en

---

[1] Voir TITRES.

[2] Je prendrai mes exemples là où j'en trouverai de clairs et remplissant le seul but
auquel ils sont destinés, savoir : élucider le texte. A défaut, je donnerai des blasons
d'imagination : un traité héraldique prépare, mais ne constitue pas un Armorial.

*voyais paraître, plus me semblait opportune l'arrivée du bûcheron qui,
du tranchant de sa cognée, abattant les lianes, taillant les épines, rendrait
un peu de vie au tronc antique, déformé par les rameaux parasites,
faiblissant sous le poids des branches mortes* [1].

*Je ne présente pas une simple nomenclature de quelques mots usuels.
En leur ordre alphabétique, mon traité rangera, dégagées de tout étalage,
d'érudition sur les origines* [2], *inutile à la masse, toutes les notions nécessaires au Blason de nos jours. Les dessins intercalés enlèveront toute
obscurité s'il en restait après l'explication donnée dans le texte en regard.
Les amateurs et les dessinateurs trouveront, d'une part, la signification
exacte de tout mot héraldique, et même de quelques annexes ; d'autre
part, s'ils veulent reproduire la figure, la place qu'elle doit occuper dans
l'écu et de bons modèles de cette figure* [3]. *Quand cela sera nécessaire, de*

[1] *Ce n'est pas de l'outrecuidance que parler ainsi. Il serait vraiment fastidieux de
signaler les inconséquences dont sont émaillés les traités anciens, à plus forte raison les
modernes, à côté de fort bonnes choses, de plans ingénieusement conçus et des meilleures
intentions. J'étonnerais beaucoup plus d'un de ces auteurs, — j'entends les sérieux, je
néglige les faiseurs et les fantaisies de blasons de nécrologie et d'épousailles publiées par
les journaux du high-life — si, leur livre à la main, je leur montrais toute une suite de
blasons estropiés ou ne répondant pas à la description, des descriptions fausses ou redon-
dantes de pléonasmes, si je leur prouvais qu'une rédaction trop hâtive leur fait dire à la
page 68 le contraire de ce qu'ils ont avancé à la page 17 ou 35. Si la courtoisie m'empêche
de les nommer, je n'ai pas l'habitude d'avancer un fait sans le prouver ou pouvoir le
prouver. Le plus souvent je relèverai quelques-unes de ces négligences uniquement pour
faire comprendre combien une sévère application des règles minutieuses du Blason exige
d'attention soutenue. Sans doute, tout le monde peut se tromper, et qui ne se trompe pas?
Etudiez le langage héraldique de d'Hozier, mais ne l'imitez pas. — Quelle incorrection!
Quelle tournure enfantine dans ses descriptions! Mais, si je ne suis pas d'accord avec tel
ou tel auteur, je n'accepte pas comme erreur ce que j'ai fait sciemment. Il faudrait discuter
ma proposition et en trouver une meilleure. Si l'on peut faire mieux, je serai le premier
à l'avouer. Les personnalités ne sont rien, la science est tout.*

[2] *Le seul spécimen que j'en donne au mot* ESCARBOUCLE, *montre où cette ampliation
nous aurait entraîné.*

[3] *Cette partie artistique est de première importance. Elle est en général fort mal-
traitée en France. Les Allemands qui nous ont pris le Blason, en ont gardé bien mieux que*

nombreuses remarques serviront de commentaire aux définitions qui me paraissent en avoir besoin.

Dans les cas contestés ou douteux, je propose une solution raisonnée. Puisqu'il y a le choix entre plusieurs versions, il ne faut pas se borner à voir la meilleure et suivre la plus mauvaise. Il est nécessaire d'en venir à cette sélection pour essayer de fixer la science sur des bases que je voudrais immuables.

Pour résumer ma pensée tout entière, je demande aux hommes de bonne foi s'il est possible de savoir le Blason, en se basant sur tel traité contredit par tel ou tel autre [1]. Qui aura raison dans ce conflit d'opinions ? Ni l'un ni l'autre, s'ils ne sont pas basés sur la logique. C'est mon seul but : en conservant la terminologie existante, faire du Blason une science exacte, l'appuyer sur des déductions rigoureuses.

A défaut d'autres mérites, on m'accordera que ce plan est entièrement nouveau. Ament meminisse periti !

Thuyset, près Thonon, décembre 1881, décembre 1882.

FORAS.

nous les formes archaïques. Si le Blason a sa langue, il a aussi ses figures. Nos lions d'azur, nos aigles d'or et de gueules ne sont point des animaux de ménagerie. Viollet-le-Duc, dans son magnifique Dictionnaire d'architecture, *a déjà reproduit de fort bonnes formes anciennes pour les animaux. Mais son ouvrage est d'un haut prix et ses préceptes sont malheureusement fort peu suivis. J'ai relevé dans les vieux recueils, dans les manuscrits, sur les vitraux et les monuments, les modèles dont je m'inspire.*

[1] *Voir notamment* REMARQUES CXCVIII *et de* CDXVIII à CDXXV.

AVIS.

L me semble inutile d'accumuler une longue bibliographie des ouvrages français, italiens, allemands, etc., que j'ai consultés. Vulson, Palliot, Menestrier, résument tous leurs devanciers. Les traités modernes se trouvent forcément compilés d'après ces trois auteurs.

En première ligne, je mets Palliot, le plus raisonnable et le plus complet des héraldistes; en seconde ligne, Menestrier, beaucoup moins précis, mais d'une érudition remarquable. Grâce à l'ordre alphabétique de l'ouvrage de Palliot, je le suis pas à pas, mais en commentateur et en critique et non comme un simple caudataire, ce dont il est facile de se convaincre par la comparaison ou la table analytique des remarques. S'il m'arrive souvent de discuter Palliot et Menestrier, s'il m'arrive de ne pas pouvoir partager leur manière de voir et de les critiquer hardiment, ce n'est pas pour diminuer leur mérite et le plaisir peu chrétien de faire ressortir leurs faiblesses. Dans ce genre d'études minutieuses et avec le plan de mon ouvrage, il est bien plus facile d'arriver à une parfaite connaissance du Blason, en ne se bornant pas à dire comment il faut faire, mais en démontrant comment il faut ne pas faire.

La justice veut que je fasse une mention spéciale de Spener, héraldiste très judicieux. Son traité m'a particulièrement servi à contrôler les armoiries allemandes si nombreuses dans les traités de Blason et à en prendre une connaissance exacte.

Je décline toute responsabilité pour l'orthographe des noms et l'exactitude des blasons que je publie d'après Palliot, Menestrier et d'autres auteurs sérieux, sans autre intention que donner des exemples comme il m'en faut pour élucider les définitions.

Il est bon de le dire : si l'on excepte quelques blasons célèbres ou excessivement simples, qui peut se vanter de donner une version certaine dans une publication où l'on cite des blasons de tous pays? Pour établir l'authenticité de cette version, il faudrait avoir des actes authentiques et cela n'existe guère que pour les familles anoblies. Avec les descriptions comme les donnent les auteurs les plus renommés depuis quelques centaines d'années, autant vaut chercher l'authenticité de la forme dans le sable du désert ou le nuage du ciel, quand le vent les entraîne.

ABRÉGÉ EN VERS

DES

RÈGLES DU BLASON

Par le P. MENESTRIER, de la Cⁱᵉ de Jésus.

Le Blason, composé de différents émaux,
N'a que quatre couleurs, deux pannes, deux métaux.
Et les marques d'honneur qui suivent la naissance
Distinguent la noblesse et font sa récompense.
. Or, argent, sable, azur, gueules, sinople — vair,
Hermine, au naturel [1] et la couleur de chair.
Chef, pal, bande, sautoir, fasce, barre, bordure,
Chevron, pairle, orle et croix, de diverse figure
Et plusieurs autres corps nous peignent la valeur,
Sans métal sur métal ni couleur sur couleur.
Supports, cimier, bourlet, cri de guerre, devise,
Colliers, manteaux, honneurs et marques de l'Eglise [2]
Sont de l'art du Blason les précieux ornements,
Dont les corps sont tirés de tous les éléments.
Les astres, les rochers, fruits, fleurs, arbres et plantes,
Et tous les animaux de formes différentes
Servent à distinguer les fiefs et les maisons,
Et des communautés composent les blasons.
De leurs termes précis énoncez les figures
Selon qu'elles seront de diverses postures.
Le blason plein échoit en partage à l'aîné,
Tout autre doit briser comme il est ordonné [3].

[1] Au lieu de *au naturel*, d'autres mettent : blanche et noire.
[2] Au lieu de *et marques de l'Église*, d'autres mettent : que le Prince autorise.
[3] Ce dernier précepte est tombé en désuétude, beaucoup trop tard, malheureusement.

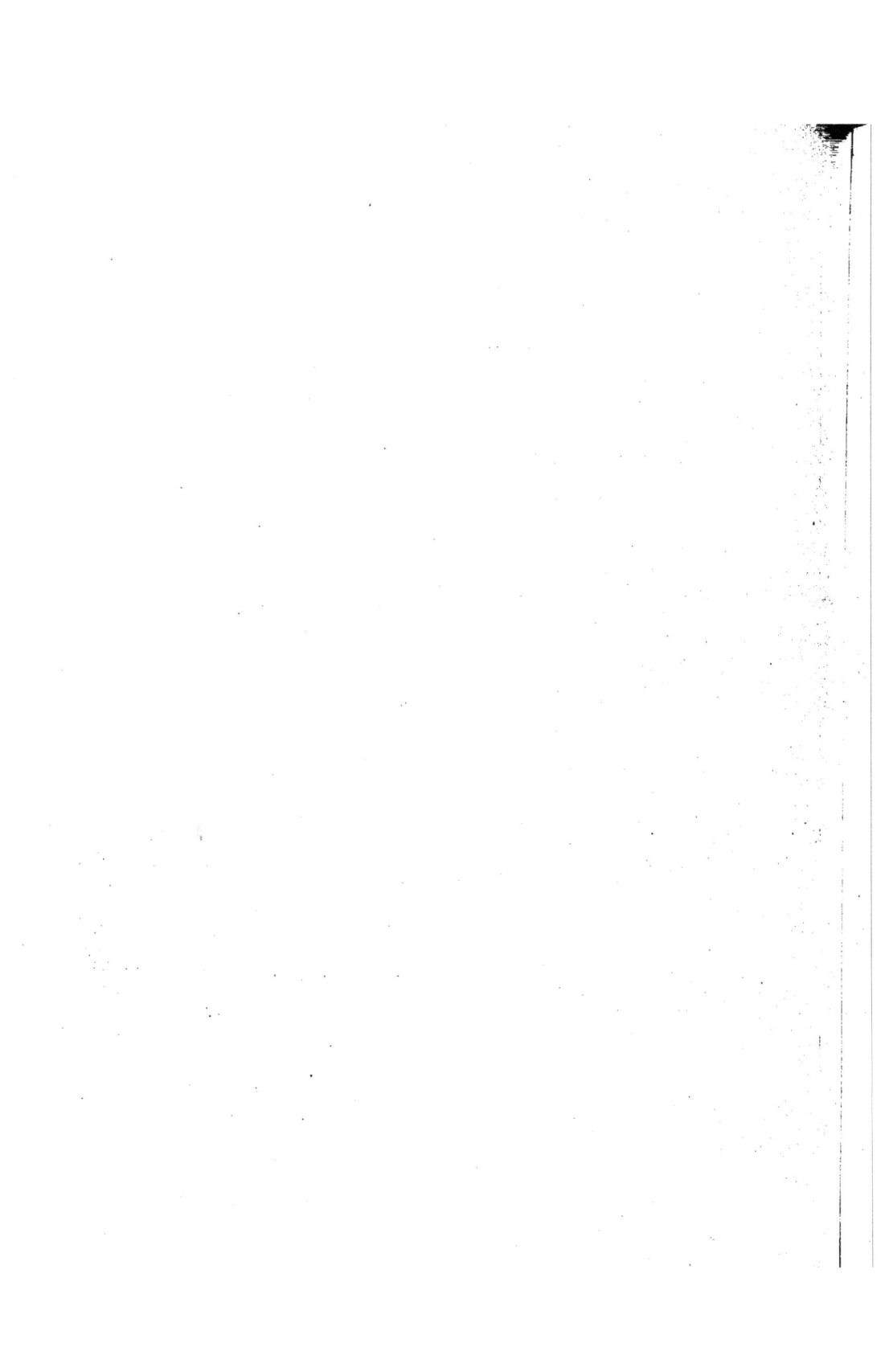

SYNOPSIS

DISTRIBUANT AU DICTIONNAIRE

LES NOTIONS FONDAMENTALES DU BLASON [1].

LASON. — Le *Blason*, pris dans le sens étendu, est la science qui apprend à *blasonner*. Dans le sens restreint, on dit *blason*, pour les *armes* ou *armoiries*.

BLASONNER. — C'est donner la *description* des armoiries.

DESCRIPTION. — C'est la manière d'exprimer par l'écriture ou la parole, en termes spéciaux, brefs et absolument précis, la *position*, la *disposition*, la *situation*, les *émaux* d'une ou de plusieurs *figures* meublant des armoiries, en les énonçant chacune successivement dans un ordre déterminé.

POSITION. — Toute figure a une *position* dans un écu. — C'est la régulière. Une position irrégulière ou relative crée la *situation*. — *Voir* POSITION.

SITUATION. — Si une seule figure dans un écu a sa position régulière, elle n'a pas de *situation*. La *situation* agit sur une figure par rapport à elle-même et par rapport à l'écu. Il y a plusieurs *situations*. — *Voir* SITUATION.

DISPOSITION. — C'est une modification de la figure normale, qui l'augmente, la diminue d'une proportion quelconque, en change les lignes, la met avec ou sur une autre figure, ou bien en reçoit une ou plusieurs qui la *chargent* ou *l'accompagnent*. Elles sont innombrables. — *Voir* DISPOSITION.

REMARQUE 1. — Une comparaison, aussi juste que peut être une comparaison, rendra suffisamment clairs pour le moment ces trois mots *position*, *situation* et *disposition*, pierres angulaires du Blason.

Une sentinelle dans une guérite est censée y occuper la *position* naturelle à une sentinelle attendant d'être relevée.

Si au lieu de garder cette position, elle se mettait tête en bas, jambes en l'air, la sentinelle serait toujours dans la guérite, mais sa *situation* par rapport à cette guérite serait changée.

En reprenant sa *position*, ou gardant sa *situation*, supposons que cette sentinelle se mette sur la

---

[1] Me bornant ici à de très simples notions, je ne donne pas de figures que l'on trouvera, sans double emploi, aux mots correspondants.

poitrine un écriteau, disant : je veille, ou bien, j'ai froid ; qu'elle se couvre d'un manteau orné de carrés
d'échiquier d'or et d'azur, au lieu du manteau d'uniforme ; qu'en voyant passer un camarade elle se
l'adjoigne dans sa guérite ; nous aurons toujours une sentinelle, mais chargée d'un écriteau, revêtue
d'un manteau échiqueté, adossée à un camarade, etc., etc. C'est la *disposition.*

En dire plus long nous mènerait trop loin. — *Voir* CES MOTS et les compléments, exceptions et enchevêtrements, qui peuvent résulter d'une situation pas bien nette.

ARMOIRIES. — Les armoiries sont des marques d'honneur héréditaires, d'émaux et de
figures déterminés, d'usage immémorial ou concédées par les souverains, qui distinguent les familles nobles l'une de l'autre.

Il y en a de diverses sortes : *armoiries de famille, de domaine, de dignité, d'alliance, de
communauté, de succession, de prétention, de concession* et *de patronage.* — *Voir* CES MOTS.

Elles se composent de plusieurs parties, savoir : l'*écu,* le *champ,* les *émaux* et les
fourrures, les *figures,* les *supports* et les *tenants,* le *heaume,* la *couronne,* la *devise,* le *cri,* le
cimier, le *bourrelet,* les *lambrequins,* les *ordres* et les *marques de dignité.* — *Voir* AUX MOTS
POUR LES DÉTAILS.

ÉCU. — Dans le sens propre, l'*écu* représente le bouclier porté par les chevaliers, sur
lequel se mettaient les armoiries. Il est de forme très variable. — *Voir* ÉCU.

Dans le sens figuré, il se prend pour exprimer d'un seul mot les émaux et les figures
composant un blason. Ainsi l'on dit : l'*écu de France.*

CHAMP. — C'est le fond ou l'aire de l'écu sur lequel se mettent les émaux et les figures
d'une armoirie. — *Voir* CE MOT.

ÉMAUX, ÉMAIL. — Sous ce nom générique on comprend les *métaux* et les *couleurs.*
— *Voir* CES MOTS.

MÉTAUX, MÉTAL. — Il y en a deux. L'*or* (représenté en peinture par lui-même ou le
jaune, et dans la gravure par un pointillé), et l'*argent* (représenté par lui-même ou le
blanc, et en gravure par le blanc du papier ou une surface lisse sur une pierre).

COULEURS. — Il y en a quatre, savoir : l'*azur,* qui est bleu ; le *gueules,* qui est rouge ;
le *sable,* qui est noir ; le *sinople,* qui est vert. Représentées en gravure : l'*azur,* par des
hachures légères horizontales, verticales pour le *gueules,* horizontales et verticales
croisées pour le *sable,* et diagonales de dextre à senestre (droite à gauche — la gauche
étant toujours dans le blason à la droite du lecteur), pour le *sinople.*

Quelques auteurs admettent encore une cinquième couleur, le *pourpre,* qui serait
composé de gueules et d'azur et se représenterait par des hachures diagonales de
senestre à dextre. — *Voir* CES MOTS.

Le Blason admet encore la couleur de chair, sous le nom de *carnation,* la couleur au
naturel pour une couleur quelconque propre à un corps figuré dans une armoirie. — *Voir*
CES MOTS.

FOURRURES ou PANNES. — Se composent de métal et de couleur et ne sont ni métal
ni couleur. Il y en a deux, l'*hermines* et le *vair.* — *Voir* CES MOTS et CONTRE-HERMINES.

FIGURES. — Elles sont de trois espèces : 1º les figures héraldiques ; 2º les figures naturelles ; 3º les figures artificielles.

1º Les figures héraldiques se divisent :

A. En partitions;

B. En pièces honorables du 1er ordre que je subdivise : *a.* En rebattements de *nombre* et de *situation.*

b. En réductions.

C. En pièces du 2e ordre [1].

A. PARTITIONS. — Il y en a quatre : le *parti,* qui divise verticalement l'écu en deux parties égales; le *coupé,* qui le divise horizontalement en deux parties égales; le *tranché,* qui le divise diagonalement de dextre à senestre ; le *taillé,* qui le divise diagonalement de senestre à dextre en deux parties théoriquement égales. — *Voir* PARTITION, MI-PARTITION, REPARTITION.

B. PIÈCES HONORABLES DU 1er ORDRE. — Mon traité n'en admet que huit. Le *pal* est une liste plate occupant verticalement le tiers environ de l'écu, dans toute sa hauteur. La *fasce* l'occupe horizontalement dans les mêmes conditions. La *croix,* figure connue, occupe avec chacune de ses branches le tiers environ de l'écu. Le *chef* occupe le tiers supérieur de l'écu environ, d'un flanc à l'autre. La *bande* occupe diagonalement le tiers environ de l'écu, de dextre à senestre. La *barre,* dans le sens opposé à la bande. Le *chevron* se compose d'une bande et d'une barre s'unissant dans un seul émail vers le chef, occupant de chacun de ses montants le tiers environ de l'écu. Le *sautoir* se compose de la bande et de la barre en toute leur longueur, s'unissant dans un seul émail en chef. — *Voir* CES MOTS AVEC LEURS FIGURES [2].

a. REBATTEMENTS. — Chacune des pièces honorables peut être *rebattue de nombre,* c'est-à-dire qu'elle peut figurer en nombre dans un écu. Ainsi, *deux* bandes, *trois* fasces, etc.

Il y a un autre *rebattement de situation* pour les pals, les fasces, les bandes, les barres et les chevrons. Quand ces pièces remplissent l'écu, en ordre alterné, d'émail différent, en nombre pair; quand le champ en est couvert, en parties égales de métal et couleur, ou réciproquement, si bien que sur un flanc, en chef ou en pointe, on voit le métal, sur l'autre la couleur, ou réciproquement, cela constitue un *pallé,* un *fascé,* un *bandé,* un *barré,* un *chevronné.* Les figures montrent clairement la différence essentielle entre *pals* et *pallé,* etc. — *Voir* CES MOTS et JUMELLE, TIERCE, HAMAYDE.

b. RÉDUCTIONS. — Presque toutes les pièces honorables du 1er ordre peuvent supporter des diminutions qui fixent leur disposition et leur situation. Elles changent alors de nom. Le *pal* rétréci s'appellerait vergette, le *chevron* rétréci s'appellerait étai. — *Voir* CES MOTS. — La *fasce* rétrécie s'appelle *fasce en devise* ou *trangle* ou *devise* (le *burellé* est un rebattement. — *Voir* BURELLE.) La *croix* devient *croisette;* le *sautoir* devient *flanchis.* (Ces deux dernières pièces, mises en nombre, subissent forcément une autre réduction, de forme variable qui diminue la longueur de leurs branches.) La *bande* devient *cotice*

---

[1] Cette classification où je prends dans plusieurs systèmes, me paraît la seule admissible. Les héraldistes voudront bien l'approfondir avant de la critiquer. — *Voir* FIGURES.

[2] Une neuvième figure aurait tous les droits à être nommée héraldique, honorable du 1er ordre. — *Voir* POINTE et CHAMPAGNE (1er sens, REMARQUE CCCLII).

ou *bâton* suivant la dimension. Enfin, la *barre* rétrécie devient *traverse*. — *Voir* TOUS LES MOTS DES PARAGRAPHES *a* et *b*.

C. PIÈCES DU 2ᵉ ORDRE. — Elles sont nombreuses. Je ne fais que les nommer ici, renvoyant définition, commentaires et exemples aux MOTS DU DICTIONNAIRE. *Écartelé. Écartelé en sautoir. Canton. Tiercé en pal, en fasce, en bande, en barre, en chevron. Adextré. Senestré. Bordure. Filière. Essonnier. Orle. Filet. Champagne. Giron. Chapé. Chaussé. Pointe. Pointe renversée. Pile. Mantelé. Vêtu. Embrassé. Pairle. Gousset. Frété. Treillis. Points équipollés. Echiqueté. Losange. Fusée. Macle. Rustre. Billette. Besant. Escarboucle. Lambel*, etc.

2º FIGURES NATURELLES. — Les figures naturelles sont, comme le nom l'indique, tirées de la nature. Ce sont les animaux, les arbres, le corps humain, entiers ou en partie, les astres, etc.

3º FIGURES ARTIFICIELLES. — Sont celles faites par la main de l'homme, comme les châteaux, villes, maisons, instruments de toute espèce, armes, etc., etc.

SUPPORTS. — Sont les animaux qui soutiennent un écu.

TENANTS. — Sont des anges, des chevaliers, des dieux de la Fable, des sauvages qui soutiennent un écu.

HEAUME. — Est le premier des ornements des armoiries. Les heaumes devraient être de formes diverses suivant l'ancienneté de la noblesse et les titres qu'elle porte.

COURONNE. — Marque de dignité, correspondant aux fiefs et aux titres personnels, qui se met sur l'écu directement ou sur le heaume qui le surmonte.

DEVISE. — Sentence accompagnant les armoiries.

CRI. — Mot de ralliement.

CIMIER. — Dans son sens propre, signifie une figure qui se met sur le heaume.

BOURRELET. — Étoffes enroulées, des émaux du blason, qui se placent sur la crête du heaume en dessous du cimier.

LAMBREQUINS. — Hachements, panaches, étoffes découpées de plusieurs façons, des émaux du blason, qui surmontent et entourent l'écu et le heaume duquel ils meuvent.

ORDRES. — *Voir* CE MOT.

MARQUES DE DIGNITÉ. — Sont des attributs répondant à certaines hautes charges que l'on plaçait derrière, en dessus ou en dessous, ou sur les côtés de l'écu.

Ces indications, fort écourtées, sont bien sommaires ; mais nous allons passer à l'anatomie et étudier chaque partie du corps héraldique.

Il faut repousser la doctrine des Stoïciens qui, au dire de Montaigne « veulent de la « bride..... dans l'occupation plaisante et si plaisante de l'estude.... des voluptez de « l'exercitation de l'esprit.... et treuvent de l'intempérance a trop sçavoir. »

BAISSÉ. — Palliot, en commençant son *Indice armorial* par ce mot, ajoute : « Il seroit à sou-« haiter que ce mot qui nous sert d'entrée à « la vraye Science des Armoiries fût pratiqué « par grand nombre de personnes qui pren-« nent le vol plus haut que leur naissance et « leur condition ne leur permet pas et qu'elles « se contentassent de l'avoir abbaissé, c'est à « dire de n'entreprendre de mettre sur leurs « escus les marques d'honneur qui ne leur « appartiennent, etc., etc. »

REMARQUE II. — Cette observation est juste ; mais le mot *abaissé* nous fournit un thème plus philoso-phique. Il nous enseigne que tout est vanité dans le blason de ce monde. Celui qui tire vanité d'une longue suite d'aïeux sans chercher du reste à les imiter, doit se souvenir que le plus humble « Agathoclès, fils d'un potier, devint centurion, puis chef d'armée, et enfin roy de Sicile. » Les descendants des rois et des empereurs deviennent à leur tour potiers. La sentence divine s'applique même dans cette vie terrestre : L'HUMBLE SERA EXALTÉ, LE PUISSANT SERA ABAISSÉ.

Abaissé se dit de toute figure mise plus bas que sa position naturelle et surtout du chef. Un commandeur ou chevalier de Malte pou-vait, selon l'usage, charger son blason d'un chef aux armes de sa Religion. S'il avait déjà un chef dans ses armes, il devait l'*abaisser* sous celui de Malte. BOCSOZEL (François de), chevalier et commandeur de Saint-Jean de Jérusalem, (1) : portait : *d'or au chef échiqueté de deux tires d'argent et d'azur, abaissé sous un chef aux armes de sa Religion* (de gueules à la croix d'argent). — *Voir* CHEF.

III. — Il va sans dire que cette adjonction du chef de la Religion était personnelle à celui qui en faisait partie. Je ne crois pas beaucoup à l'existence de chefs abaissés héréditaires. — *Voir* CHEF ABAISSÉ.

1

Abaissé se dit aussi des ailes d'oiseaux et notamment de l'aigle, quand au lieu d'avoir les plumes dirigées vers le chef, elles le sont vers la pointe. — *Voir* AIGLE.

Abaissé se dit aussi théoriquement du *vol* proprement dit ou du *demi-vol* (*Voir* CES MOTS) lorsque les plumes descendent.

Abaissé est donc un qualificatif de *disposition*, modifiant la *position*, fixant la *situation*.

ABEILLE. — Figure naturelle représentée avec sa forme, posée, en pal, vue de dos. Elle est plus connue dans les vieux recueils sous le nom de *Mouche à miel*. Dans les armoiries de l'illustre famille DE THOU, du Parlement de Paris, on l'appelle *Taon*.

L'abeille n'a point d'émail fixe ni de mot spécial pour sa description. Représentée de profil, elle s'appelle *Doublet*. BARBERINI, (2) : p. *d'azur à trois abeilles d'or*.

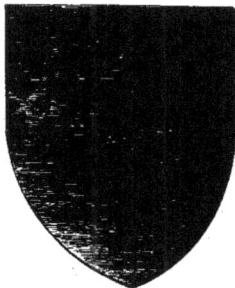

IV. — Suivant un héraldiste du XVIIᵉ siècle, les nobles peuvent avoir pris l'abeille dans leurs armes comme symbole de l'obéissance qu'ils rendaient à leur prince.

Au dire de Palliot, Samson, douzième juge d'Israël, le redoutable ennemi des Philistins, portait pour armoiries : *De gueules semé de mouches à miel d'argent au lion léopardé d'or !!!*

Napoléon Iᵉʳ avait donné un chef d'azur *semé* (et non *chargé*) d'abeilles d'or à ses grands dignitaires. On ne pouvait pourtant pas leur dire : *Sic vos, non vobis, mellificatis apes.*

ABIME. — C'est le cœur de l'écu. — *Voir* ÉCU. On dit qu'une figure est *en abime* quand elle est avec d'autres figures au milieu de l'écu, mais sans toucher aucune de ces figures.

V. — J'ai dit *avec d'autres figures*, parce que si une figure comme une étoile, un soleil, etc., est seule dans un blason, elle est bien *en abime* ou *abimée*, mais il est inutile et même trivial de l'exprimer, attendu que c'est la position normale. MICHON, (3) : porte *d'azur à trois besants d'argent à la fleur de lis d'or en abime*. Je n'ai pas dit que les trois besants étaient *deux en chef, un en pointe*, ou *deux et un*, parce que c'est la position naturelle de trois figures (*Voir* POSITION, PIÈCES EN NOMBRE), mais j'ai ajouté *en abime*, pour la fleur de lis, afin de mieux indiquer sa situation par rapport aux trois besants qui l'accompagnent ou qu'elle accompagne, quoique cela ne fût pas nécessaire.

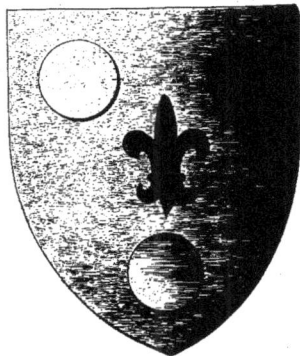

VI. — L'exemple 4 nous montre un besant en abîme, mais nous blasonnerons, AYMON : p. *d'azur au besant d'or.* Dans l'exemple 5 nous voyons cinq besants d'or. Celui du milieu n'est en abîme que physiquement. Cinq pièces, à moins que l'on ne change leur *situation*, sont en *position naturelle relative* comme le représente l'exemple 5 que nous blasonnerons : GUAST (LE), (5) : porte *d'azur à cinq besants d'or.* Nous ne disons pas *deux, un et deux*, ni *en sautoir* pour exprimer la position des cinq pièces ; elle doit être connue, *lippis et tonsoribus.* — *Voir* PIÈCES EN NOMBRE.

 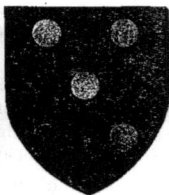

4   5

Si nous rencontrons un *écusson* chargeant un *écartelé*, nous dirons, suivant les cas, *en abîme* ou *sur le tout.* — *Voir* CES MOTS.

ABOUTÉ. — Qualificatif de *situation.* Menestrier le réserve à quatre (mouchetures d') hermines dont les bouts se répondent en croix. Il donne pourtant dans ses exemples *trois feuilles aboutées en pairle.* Il faut donc définir : se dit de quelques figures de longueur comme des mouchetures d'hermines ou des feuilles dont les bouts se répondent dans ou vers le cœur de l'écu en pairle si elles sont au nombre de trois, en croix ou en sautoir si elles sont au nombre de quatre ou de toute autre manière indiquée par la description. HURLESTON, (6) : porte *d'argent à quatre mouchetures d'hermines en croix et aboutées en cœur.* — *Voir* RE-MARQUE XLVIII.

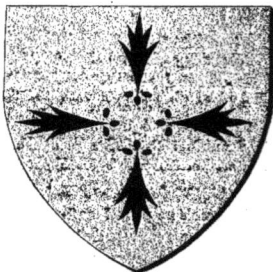

6

VII. — C'est la description de Menestrier. Il est grammatical de dire simplement *aboutées en croix*, puisque *abouté* veut dire précisément que les bouts se répondent vers le cœur de l'écu. Vous ne diriez pas : J'ai rencontré une jolie femme du genre féminin.

Dans le deuxième exemple que donne Menestrier (éd. 1684), de SCREISBERSDORF, il met trois feuilles de peuplier ou panelles aboutées par leur pointe et il blasonne *les queues aboutées en cœur.* Dans le troisième exemple, il blasonne pour ASSALENC : *d'azur au croissant d'argent surmonté d'une étoile ou comète à sept rais, le plus long abouté dans le centre du croissant.* Description fausse ; ce rais n'est nullement *abouté ;* il est *appointé.* — *Voir* APPOINTÉ et CAUDÉ.

Ensuite, ou c'est une étoile, ou c'est une comète à sept rais. Troisièmement, il oublie de blasonner l'émail de cette *comète.* Enfin, il ne dit pas que le croissant est *abaissé*, du moins dans la figure qu'il en donne.

ACCOLÉ ou ACCOLLÉ. — Est pris en quatre sens.

1° Attribut qualificatif pour les lions, aigles, chiens et autres animaux ayant un collier, ou une couronne, autour du cou. — *Voir* BOUCLÉ, COLLETÉ. — CANILLAC, (7) : p. *d'argent au lévrier rampant de sable accolé de gueules*. Collier est sous-entendu. S'il était accolé d'une couronne, il faudrait dire : accolé *d'une couronne de...* comme la licorne de la figure 417.

2° Se dit de deux écus se touchant bord à bord, comme Henri IV portait *accolés* sous la couronne royale les écus de France et de Navarre.

VIII. — Deux écus accolés signifient maintenant les armoiries du mari et de la femme mises sous la couronne à laquelle a droit le seigneur et maître. — *Voir* MI-PARTI. — Il faut disposer ces écus de manière à ce que celui du mari, placé à dextre, couvre légèrement par l'angle senestre du chef, ou son flanc senestre, l'angle dextre du chef ou le flanc dextre de celui de la femme.

7

3° Se dit aussi d'une croix, d'une colonne, d'un tronc d'arbre ou tige d'arbuste qui seraient entourés d'une branche de lierre, d'un serpent, etc.

IX. — Quelques auteurs se servent de ce terme *accolé* pour les bâtons, les clefs, les épées, etc., qui seraient passés en sautoir derrière l'écu. Ainsi les marques de dignité du Chancelier qui portait deux masses d'argent doré en sautoir derrière son écu. L'expression *passées en sautoir* rendant parfaitement et avec un terme non dénaturé le sens légitime, il ne faut pas admettre pour le remplacer désavantageusement celle d'*accolées*.

Palliot a, par égard pour l'autorité de Bara, admis le mot *accolé* pour les anciennes armoiries de NAVARRE qui étaient *de gueules au rais d'escarboucle pommeté d'or* et furent changées *en doubles chaînes passées en orle, croix, pal et sautoir, pommetées des mêmes émaux*. On cherche en vain ce que le mot *accolé* peut faire là. — *Voir* fig. 313, 313 *bis*, à la REMARQUE CCXVI.

4° *Accolé* se prend enfin pour exprimer la situation de pièces comme les losanges, des fusées, des macles, des rustres quand elles sont attenantes, c'est-à-dire comme collées ensemble par leurs pointes ou leurs flancs (*Voir* A L'EX. 12 des FUSÉES accolées en fasce). Menestrier ajoute : « Quand elles se touchent de leurs flancs ou de leurs pointes sans remplir tout l'écu, comme les trois losanges de NAGU. »

X. — Entre parenthèses, les losanges de NAGU sont des fusées. Mais dans ses exemples figurés, Menestrier donne l'écu des ROHAN où les neuf macles *remplissent tout l'écu*, et il blasonne *de gueules à neuf macles d'or accolées et aboutées trois à trois en trois fasces*. La description et la figure ne marchent pas d'accord. De plus, sauf erreur, les célèbres macles de ROHAN sont séparées les unes des autres. Admettons que le R. P. Menestrier les ait vues comme il les dessine, mais on ne peut admettre qu'il les blasonne *aboutées; accolées* suffirait. — *Voir* MACLES et REMARQUE CCXC.

Retenons donc que des macles ou des fusées *accolées* ne peuvent toucher les bords de l'écu à moins que cette *situation* ne soit marquée dans la description. Elles doivent pourtant se toucher entre elles, autrement elles ne seraient pas *accolées*.

ACCOMPAGNÉ. — Qualificatif de disposition. Se dit lorsque la figure principale, *bande, chevron, lion*, etc., etc., a autour d'elle d'autres figures qui lui font cortège en se tenant à distance respectueuse sans la toucher.

Le nombre des pièces qui *accompagnent* n'a d'autres limites que la puissance des yeux quand ils peuvent les compter. — *Voir* SEMÉ.

Toutes les figures, de quelque ordre que ce soit, sauf le *chef,* la *champagne,* le *canton,* la *bordure* et ses dérivés, peuvent être *accompagnées.*

Les pièces qui *accompagnent* ont jusqu'à un certain nombre une *position relative* qu'il est inutile et malséant d'exprimer.

Une pièce seule, *accompagnant,* a une situation qu'il faut blasonner.

Deux croissants, par exemple, *accompagnant* une bande, se posent naturellement l'un au canton senestre du *chef,* l'autre au canton dextre de la *pointe,* mais on ne l'exprime pas. Il est tout aussi inutile de dire (*Voir* PLÉONASMES), *un en chef, l'autre en pointe.* Pour la barre, réciproquement. Pour le pal, l'un au flanc dextre, l'autre au flanc senestre de l'écu, etc.

Deux pièces peuvent se mettre dans toute autre situation ; alors il faut l'exprimer, mais alors seulement.

Trois croissants *accompagnant* une fasce, ou un chevron, ont pour disposition naturelle, inutile à exprimer, d'être *deux en chef, un en pointe.* Ils peuvent être rangés de toute autre manière, mais alors, ainsi que pour toutes les autres figures, il faut l'exprimer.

Quatre croissants *accompagnant* une croix ou un sautoir sont naturellement logés un dans chaque vide laissé par les branches de ces deux figures.

XI. — J'ai dit : *accompagnant* une croix, pour me faire comprendre ; c'est une expression impropre. Il y en a une spéciale aux cantons de la croix pour laquelle on doit dire : *cantonnée de...* et non : *accompagnée de...* On doit appliquer cette règle au sautoir par analogie, puisque le *sautoir* n'est autre chose qu'une *croix de Saint-André.*

Un pal et une fasce *accompagnés* de quatre croissants sans autre indication, seront aussi censés les avoir, celle-ci, deux en chef, deux en pointe, celui-là, un dans chaque canton du chef et de la pointe.

Pour toutes les autres figures, la situation sera exprimée.

Cinq croissants *accompagnant,* doivent toujours recevoir l'indication de la situation.

Six croissants ont une situation naturelle, seulement lorsqu'ils *accompagnent* une *bande* ou une *barre.* Cette *position* est en *orle,* c'est-à-dire en suivant les bords de l'écu sans les toucher. Il est même inutile de dire en *orle.* Six croissants avec une bande ou une barre, sans autre indication, seront toujours placés ainsi.

XII. — Palliot, qui fait cette dernière remarque fort juste, dit : « Orle est pour montrer qu'elles « doivent suivre les bords de l'escu ; quelqu'uns adjoustent trois en chef et trois en pointe, ce qui est « superflu de dire, parce que quand il y a nombre pair de pièces qui *accompagnent* la bande ou autre « pièce principale, la moitié doibt estre en chef et l'autre moitié en pointe, etc. »

Très bien pour la bande, mais pour *d'autres pièces principales,* si j'excepte la barre, il n'est pas possible de ranger régulièrement six pièces en orle. En outre, si l'expression *trois en chef, trois en pointe,* est superflue, son équivalent *en orle* l'est tout autant.

Au-dessus du nombre de six, il faut blasonner la situation des pièces qui *accompagnent.* Cependant pour la croix de Montmorency ou autres blasons similaires, en la blasonnant *cantonnée de seize alérions d'azur* (nombre pair), on exprime tant bien que mal que *chaque canton* reçoit quatre alérions dans la position naturelle à quatre pièces en nombre.— *Voir* CE MOT, et surtout à CANTONNÉ, REMARQUE XCIII.

Quand les pièces qui *accompagnent* sont différentes comme deux croissants et une étoile, etc., etc., il faut alors dire, par exemple : un chevron d'or *accompagné* de deux croissants en chef et d'une étoile en pointe. Pour les pièces en nombre figurant seules, — *Voir* PIÈCES EN NOMBRE et ACCOSTÉ.

ACCORNÉ. — Il est si naturel à un animal doué de cornes, d'être représenté avec cet appendice, que dans le Blason, nous dirons qu'un taureau, par exemple, est *accorné*, seulement si ses cornes sont d'un émail différent de celui de son corps. — *Voir* FIG. 80.

ACCOSTÉ. — Qualificatif de *disposition* et de *situation*.

XIII. — Ce mot me cause un certain embarras, puisqu'il a mis les deux plus savants héraldistes que je connaisse, en complet désaccord.

Menestrier énonce trois propositions : 1° *Accosté* se dit de toutes les pièces de longueur mises en pal ou en bande, quand elles en ont d'autres (pièces de longueur) à leurs côtés suivant le même sens que le pal ou la bande. Il en est de même pour un arbre, une lance et une épée ; 2° quand les pièces qui accostent sont droites (c'est-à-dire quand elles ne sont pas mises dans le sens de la grande pièce de longueur), on dit alors qu'elles *accompagnent* et il faut énoncer la situation, particulièrement quand il y en a six, parce qu'elles peuvent être mises en *orle ; 3°* pour les pièces rondes comme *tourteaux, besants,* on peut dire indifféremment *accosté* ou *accompagné*.

Puisque pour les pièces qui sont droites il ne faut pas dire *accosté*, mais *accompagné*, il n'est point indifférent de dire, pour les pièces rondes, l'un ou l'autre. Du moment où elles n'accostent plus, elles *accompagnent*. Mais, passons !

Palliot n'a qu'une acception : *accosté,* selon lui, se dit des pièces qui sont posées *aux côtés* d'une autre pièce. C'est fort vague. Voyons ses exemples pour le comprendre. Dans les douze exemples qu'il figure au folio 9 (ex. IV, V, VIII, IX, XII), il y en a cinq pris dans ce sens ; puis, deux de pièces de longueur *accostées* de pièces de longueur (ex. I et VII). Enfin, cinq autres (ex. II, III, VI, X et XI), où des figures de longueur sont *accostées* de *fleurs de lis,* d'*étoiles,* de *merlettes* et de *croissants.* Dans aucun de ces douze exemples ne figure une bande où une pièce mise en bande, mais dans tous il faut traduire : *aux côtés,* par, *à chaque côté.*

La contradiction entre les deux auteurs est évidente. Menestrier réserve le mot *accosté* aux pièces de longueur mises dans le même sens que les pièces de longueur qu'elles *accostent.* Palliot l'applique à des pièces (quelconques) posées *à chaque côté* d'autres pièces.

Menestrier n'est d'accord avec lui-même dans ses huit exemples que dans les nos 32, 34, 35 et 36. Dans l'exemple 33, il figure *accostées* des billettes qui, suivant sa deuxième proposition, ne sont pas *accostées,* mais *accompagnées.* Dans les exemples 37, 38, 39, il prend *accosté* dans un sens tout différent de son texte. La description 39 est fausse.

Cherchons des renseignements au mot *côtoyé,* frère d'*accosté.* Menestrier le mentionne simplement dans sa rarissime première édition (Lyon, Benoist Coral, 1659). Dans deux autres éditions que je possède, il ne le nomme pas. Evidemment, le mot *côtoyé* équivalait pour lui à *accosté.* Mais Palliot dit *côtoyé* lorsque des figures qui accompagnent une *bande,* une *cotice,* une *barre* ou autres pièces ainsi *posées,* en nombre égal, au chef et à la pointe, suivent l'assiette de la principale pièce qu'elles accompagnent. Palliot exclut donc le *pal* ou une *figure mise en pal ;* aussi, dans ses huit exemples de *côtoyé,* l'on ne compte que des bandes et des inexactitudes.

Il n'y a donc plus qu'à essayer de trancher le nœud gordien.

Accosté, dans son vrai sens, se dira quand des *pals*, des *bandes* ou des *barres* ou un *pal*, une *bande* ou une *barre* ou des pièces de longueur — comme arbres, épées, lances, placés dans la direction du *pal*, de la *bande*, de la *barre* — la *fasce* est exclue — auront des pièces de longueur ou des réductions ou des billettes, fleurs de lis, fusées, etc. *(aux flancs si c'est pour un pal, ou une figure en pal; en chef et en pointe, pour la bande et la barre; aux flancs ou dans l'un des flancs : en chef ou en pointe)* rangées dans la même direction que la ou les pièces aux côtés desquelles elles sont mises. Une *bande* peut être *accostée* — dans ce sens — à dextre ou à senestre, ou à dextre et à senestre. Dans ce second cas, — *Voir* REMARQUE XVI.

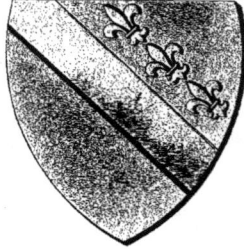

XIV. — *Accosté*, dans ce sens, aura donc exactement la même signification que *côtoyé*. Nous blasonnerons, GABRIELLI, (8) : *d'azur à la bande d'or accostée (ou côtoyée) en chef de trois fleurs de lis de même.* Nous ne commettrons pas, avec Palliot (au mot CÔTOYÉ), l'inadvertance de dessiner ces fleurs de lis *à plomb;* elles accostent, c'est-à-dire qu'elles sont dans le sens de la bande; il faut donc les coucher dans le sens de la bande, à moins d'indication contraire. Mais alors elles *n'accosteraient* plus, elles *accompagneraient en bande, mises à plomb.*

Nous blasonnerons l'exemple 9 : *d'azur au pal d'or accosté (ou côtoyé) à dextre de trois billettes de même.* Nous blasonnerons QUATREBARBES, (10) : *de sable à la bande d'argent, accostée (ou côtoyée) de deux cotices de même,* avec Menestrier pour son exemple similaire 32, pour lequel je suis d'accord avec lui, ainsi que pour ses exemples et figures 34, 35 et 36.

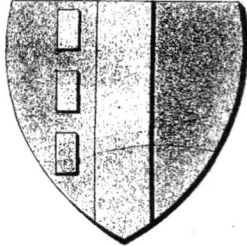

On voit ici combien ce terme *accosté à dextre* ou *à senestre,* étant bien entendu, est utile et précis. Ainsi dans la fig. 9, il nous dispense d'énoncer la situation des billettes, ce que l'on n'obtiendrait pas avec l'accompagné sans périphrases.

Mais pour son exemple 33, BADONCOURT (11), nous blasonnerons : *d'azur à la bande d'or, accompagnée* (et non *accostée*, qui n'a rien à voir ici) *de sept billettes cou-*

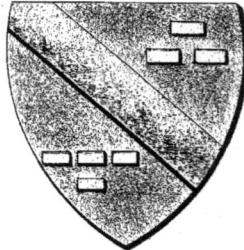

chées, trois en chef, une et deux, et quatre en pointe, trois et une, d'argent (suivant le dessin).

Nous passerons sur son exemple 37 dont le prétendu *accosté* serait trop long à discuter.

Son exemple 38, SAINTE MARTHE (12), que nous regrettons de trouver en dehors de sa destination, nous le blasonnerons : *d'argent à trois fusées et deux demies* [1]*, mises en fasce, celles-ci mouvantes des flancs* (et non accostées et accolées en fasce) *de sable, au chef du même. Mises* correspond à *accolées.* L'accosté est de trop; l'adjonction *mouvantes des flancs* est indispensable, puisque l'*accolé* (sans autre indication) ne doit jamais toucher les bords de l'écu.

Quant à son exemple d'accosté 39, CAMPI (13), que Menestrier blasonne faussement *d'azur à deux demi-vols accostés et adossés d'argent* (!), nous dirons, pour ne voler personne : *d'azur au vol d'argent.* — *Voir* VOL et DEMI-VOL.

Pour toute combinaison autre que celles ci-dessus et les similaires nous dirons *accompagné.*

XV. — Nous avons dit, à l'exemple 8, que, si les fleurs de lis sont *à plomb* au lieu d'être couchées dans le sens de la bande, elles n'accostent plus, *elles accompagnent en bande, mises à plomb.* Est-ce pour ne pas soulever cette difficulté irrésoluble avec le sens différent attribué arbitrairement par lui aux mots *accosté* et *côtoyé*, que dans ses douze exemples d'accosté, Palliot n'a mis que des pals ou figures en pal, et dans ses huit exemples de *côtoyé* que des bandes? Non, puisqu'il aurait dû mettre à l'inverse les bandes à l'*accosté* et les pals au *côtoyé.*

ACCOSTÉ se dira encore par extension et par égard étymologique, du *chef* surtout et du *coupé,* de la *fasce* et de la *champagne* quand ces pièces sont chargées d'une figure flanquée à dextre et à senestre de deux autres figures différentes de celles qu'elles accostent. Ainsi, VICHARD-SAINT-RÉAL (14) : porte *losangé de gueules et d'argent, au chef du second chargé d'une merlette contournée (de sable) accostée de deux fleurs de lis du premier.* Il ne faut pas être grand clerc pour comprendre qu'on pourrait aussi bien dire du chef, *chargé d'une merlette contournée, adextrée et senestrée* (ou *accompagnée à dextre et à senestre) de deux fleurs de lis de gueules.* Ce serait peut-être préférable, mais *accosté* est plus court et rend absolument le même sens. — *Voir* ADEXTRÉ, SENESTRÉ, et FIG. 341.

[1] Les *deux demies* se rapportent à un blason qui serait carré. Comme je n'emploie cette forme qu'à mon corps défendant, mes fusées ne sont *demies* qu'inférieurement.

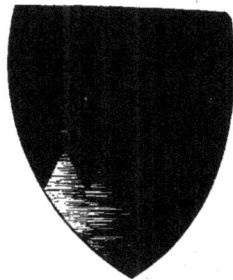

12

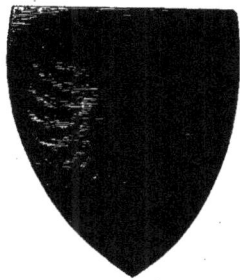

13

14

XVI. — Pour ne pas me montrer trop novateur, je fais une concession à la pratique vulgaire. En esthétique héraldique pourtant, *accosté*, pris *dans le second sens*, exprimant l'idée de *deux figures* aux côtés d'une autre, on devrait dire non *accostée de deux fleurs de lis*, mais *accostée de fleurs de lis*; si j'accoste deux aides de camp à la droite et à la gauche du ministre de la guerre, cette Excellence serait, à mon humble avis, accostée de quatre aides de camp.

ACCROUPI. — Qualificatif de disposition, pour les animaux. — *Voir* LION.

ACCULÉ. — Qualificatif de disposition, absolument inutile; il peut être rayé du langage héraldique.

XVII — Palliot ne s'en sert pas.

Menestrier, dans le texte, le prend dans deux acceptions : 1° pour un cheval *cabré;* 2° pour les deux canons opposés, sur leurs affûts, comme ceux que le Grand-Maître de l'artillerie mettait au bas de ses armoiries pour marque de sa dignité. Mais, dans ses exemples, il blasonne *acculée* une licorne qui est *accroupie;* il nomme *acculés* deux croissants qui sont *adossés :* — il crée ici une troisième acception; comme on reste si l'on ne voyait pas la figure on ne pourrait pas deviner la situation de cet animal, sa description est inexacte : — il blasonne *six canons* sur leurs affûts *acculés deux à deux*, qu'il faut décrire *trois et trois en pal adossés.* Il blasonne avec une quatrième acception *un croissant versé acculé à un flambeau*, acception beaucoup mieux rendue par les termes : *croissant versé, duquel est mouvant un flambeau.*

Sa première acception pour un cheval *cabré* est impropre, puisqu'elle n'indique nullement l'acte du cheval qui se cabre; absolument inutile, puisque sans compter *cabré*, employé par quelques-uns, trois autres mots, *effaré, effarouché, effrayé*, traduisent en langage héraldique cette posture du cheval. Sa deuxième acception est également inutile. Si le Grand-Maître de l'artillerie existait encore, il n'y aurait pas de difficulté à trouver un synonyme pour la marque de sa dignité.

ADEXTRÉ, SENESTRÉ. — Qualificatif de situation et d'accompagnement ou chargement, à dextre ou à senestre. Il se prend communément en deux sens :

1° Le véritable sens est destiné à définir des pièces mises à dextre ou à senestre d'une autre pièce principale. Il faut qualifier exactement la place dans laquelle cette autre pièce est *adextrée* ou *senestrée*, savoir si c'est *en chef* ou bien *en pointe*. A défaut d'indication, il faudrait conclure que c'est dans le milieu du vide laissé par la pièce *adextrée* ou *senestrée.* — *Voir* XVIII.

Ainsi OLLENDORF, (15) : porte *d'argent à l'écusson de gueules, adextré d'un annelet d'azur.*

SURGER, (16) : porte *d'argent à la bande de gueules accostée à senestre d'un bâton de même, senestrée d'une fleur de lis de même, mise en barre.* Cet excellent exemple, que j'emprunte à Spener, montre la différence essentielle existant entre *accosté* et *adextré* ou *senestré.* — *Voir* REMARQUE XVIII, 2° paragraphe.

15   16

Freytag, (17) : porte *de sable chapé d'argent ADEXTRÉ (Voir XIX)* d'un annelet de gueules en chef.

XVIII. — Ainsi la description que donne Palliot au folio 10 du blason Konitz est insuffisante : *de gueules à une moitié de fleur de lis posée en bande d'or, adextrée d'une rose de même.* Je ne donne pas la figure qui nous fixerait; aussi, étant censés, vous et moi, ne pas la connaître, nous nous demanderons quelle moitié de la fleur de lis nous devons prendre. Est-ce une moitié par le *coupé*, par le *tranché* ou le *taillé?* Sera-ce par le *parti?* Nous demanderons alors si c'est la moitié de dextre ou la moitié de senestre.

En outre, cette moitié indéterminée de fleur de lis est adextrée d'une rose. La proportion de la rose, figure secondaire, par rapport à la grandeur de la fleur de lis, figure principale, étant de bienséance, nous pouvons la loger dans la dextre de l'écu, en *chef*, en *cœur* ou en *pointe*. Nous devrions pourtant présumer de l'absence d'indication que c'est en *cœur*. Consultons la figure de Palliot, et pour que chacun puisse la figurer exactement, décrivons-la avec ses termes absolument indispensables : *de gueules à la moitié verticale dextre d'une fleur de lis d'or, posée en bande, adextrée d'une rose de même en pointe.*

Dans mon exemple 16, je me suis gardé de dire où était la fleur de lis pour ne pas commettre un pléonasme. Il est impossible, dans ce cas, de la *senestrer* en barre ailleurs que là où elle est.

XIX. — J'ai signalé par des capitales l'hérésie commise en me servant sciemment du mot *adextré* pour l'exemple 17. Remarquez, qui est *chapé?* C'est le sable qui reçoit la *chape*. Sur cette chape, je note un annelet mis à dextre dans le chef, mais il n'*adextre* pas une autre pièce; donc ce n'est pas un *adextré*. Rectifions la description et disons : Freytag : p. *de sable chapé d'argent, chargé en chef à dextre d'un annelet de gueules*.

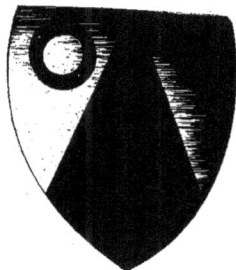

17

XX. — En comparant ce que nous avons dit au mot *Accosté*, on verra qu'*adextré* ou *senestré* correspondent pour l'idée en elle-même, à accosté à *dextre* ou à senestre. Mais nous avons réservé *accosté* aux figures de longueur accompagnant, dans la même direction, d'autres figures de longueur; et *adextré* ou *senestré* pour les figures comme des *étoiles, roses, molettes*, etc. Ainsi, dans les huit exemples de l'*adextré* donnés par Palliot, sept sont de ce genre. Dans son exemple II, il *adextre* l'épée des Courtois d'Arcollières par une fleur de lis. La fleur de lis étant de forme allongée, il aurait dû dire *accostée;* mais, malgré l'avis du P. Compain, il persiste à ne donner qu'une fleur de lis au lieu de deux. Étienne Cortoys était un noble savoyard qui portait *d'or au griffon de gueules.* Ayant, au péril de sa vie et malgré de graves blessures, sauvé par deux fois le roi François Ier à la bataille de Pavie, le monarque-chevalier voulut qu'il changeât ses armoiries « en deux fleurs de lys d'or qu'il avoit

18

« relevées par deux foys avec une espée d'argent entre deux, et ayant sceu qu'il s'appeloit Cortoys, le

« roy luy dict qu'il l'estoit *de nom et de faict* », ce qui est devenu la devise de cette famille. Le complément de cette relation paraîtra dans une publication spéciale [1]. Il me suffit d'avoir rectifié Palliot et d'établir que COURTOIS D'ARCOLLIÈRES (il le nomme ARCOLLIERS) porte, (18) : *de gueules à l'épée d'argent accostée de (deux) fleurs de lis d'or.*

XXI. — Encore une remarque sur le blason CHESSELLES que Palliot décrit : *d'argent au lion de sable accompagné de trois molettes de même, adextré de deux et la troisième posée au canton senestre.* Un héraldiste pointilleux pourrait dire : Cette description entortillée comporte : 1° trois molettes d'accompagnement (deux en chef, une en pointe) ; 2° l'ouverture de l'*adextré* en donne deux autres à dextre ; 3° quant à la troisième au canton senestre, je suis dans l'incertitude pour la mettre en chef, en pointe ou en cœur ; mais nous en avons déjà deux en chef (d'accompagnement), une en pointe ou en cœur (de l'adextré). Mettons donc cette troisième ou entre les jambes du lion ou en cœur en senestre. Total : six molettes ! Il faut donc, pour éviter toute confusion, blasonner : *d'argent au lion de sable accompagné de trois molettes de même, une à chaque canton du chef, une au canton dextre de la pointe.* Indépendamment de la confusion, l'adextré est souverainement gauche en cet endroit.

Ces détails sont minutieux ; ils allongeront considérablement mon traité ; mais je prétends approfondir mon sujet, tout en supprimant ce qui n'est pas indispensable ; ainsi, dans deux autres figures de Palliot, on pourrait encore relever des inexactitudes.

2° *Adextré* ou *senestré* se prennent dans un sens composé ; on en fait une figure avec un trait de parti divisant l'écu en deux parties inégales, deux tiers d'un émail, un tiers d'un autre émail, en pal, à dextre ou à senestre. Ainsi, (19) : porte *de gueules adextré d'argent*; (19 bis) : p. *de gueules senestré d'argent.* Ces deux figures sont au moins excessivement rares.

19   19 *bis.*

XXII. — Palliot dit ne point connaître d'exemple dans ce sens, d'adextré. Au mot *éclaté*, il en donne un pourtant, celui de TRANSILVANIE.

Menestrier ne nomme pas l'*adextré* dans ce sens dans ses dictionnaires ; mais il cite l'exemple de THOMASSIN qui porterait *de sable semé de faux d'or, le manche en haut, adextrées et senestrées de même !* Vulson (f° 101) blasonne un *chef de gueules alaisé d'or ;* c'est par le fait un chef adextré et senestré. Au folio 106, il blasonne un *chef d'or à dextre de gueules* (!) et un autre *chef à senestre d'or* (!), mais ces trois citations de Vulson sont théoriques comme mes figures 19 et 19 bis.

Les deux blasons de TRANSILVANIE et de THOMASSIN, relevés peut-être sur des dessins mal faits, suffisent-ils à autoriser le maintien de cette acception de l'adextré et de senestré? En tout cas, la nécessité ne s'en fait pas sentir, puisque dans les deux cas, un *flanqué en pal, éclaté à dextre*, et un *flanqué en pal à dextre* ou à *senestre* les remplacent en termes vraiment héraldiques. Pour mon compte, je n'ai jamais eu occasion de les employer.

Le blason à la mode de Napoléon Ier a fait de l'*adextré* une des pièces honorables (*sic*) sur lesquelles les chevaliers de la Légion d'honneur mettaient leur croix. Cette pièce devenait ainsi fort honorable sans doute, mais en vertu d'une innovation devenue, je crois, sans exemple.

---

[1] *Voir* ARMOR. ET NOBIL. DE SAVOIE, t. II.

Palliot inscrit en revanche le mot *sinistré* dans le sens de partition et en cite un exemple, Ratibor, qui porterait : *d'azur à l'aigle d'or parti de gueules sinistré d'argent.* Mais est-il bien certain qu'un dessinateur distrait n'ait pas fait un senestré d'un *parti de gueules et d'argent,* ou *d'un tiercé en pal ?* Ce doit être un parti d'alliance, car autrement on n'aurait probablement pas mis couleur contre couleur. Quelle est la famille à laquelle Ratibor aurait pris ce senestré ? Jusqu'à nouvelle information, je n'accepte pas, dans ce sens, la partition de l'*adextré* et du *senestré* comme étant pratiquée dans le Blason, qui a d'autres termes pour exprimer ces figures.

ADOSSÉ. — Qualificatif de disposition et de situation, exprimant l'idée, conforme à l'étymologie, de ce qui est tourné dos contre dos. Il se dit proprement de tous les animaux rampants ayant le dos contre le dos, et par image de deux objets ayant face et dos, comme clefs, haches, etc., quand ils sont tournés, l'un face à dextre, l'autre face à senestre. Deux pals, l'un contre l'autre, ne seraient pas *adossés.* Deux croissants tournés dos contre dos sont *adossés.* — *Voir* DES EXEMPLES A 68, 382, 384.

AFFRONTÉ. — Qualificatif de disposition et de situation. Est exactement l'opposé d'*adossé* dans tous les cas et ne demande pas de plus longues explications. Machard-Chillaz, (20) : p. *pallé d'argent et de gueules au chef d'azur chargé de deux lionceaux issants affrontés d'or.* — *Voir* VAIR AFFRONTÉ. Les deux lionceaux en chef de la fig. 133 sont *affrontés.*

20

AFFUTÉ. — *Voir* FUTÉ.

AGNATION. — *Voir* PARENTÉ.

AGNEAU. — Cet animal, emblème de l'innocence, est figuré avec sa forme naturelle ou *passant* ou *paissant,* c'est-à-dire la tête baissée comme pour paitre. Berbisy, (21) : p. *d'azur à la brebis* (paissante) *d'argent.*

XXIII. — Quoique Palliot distingue l'agneau de la brebis parce que celle-ci serait représentée la tête basse en acte de paitre (ce qui serait la position naturelle inutile à exprimer, tandis qu'il faudrait dire si elle était *passante*), il n'y a dans le Blason aucun motif apparent pour les différencier. Dans l'ex. 21, la brebis ne se distingue de l'agneau que par l'équivoque du nom. Dans certains cas, un héraldiste peut tirer une induction, mais non une preuve du nom de famille ou de sa devise. — *Voir* OTTELLE. — *Voir* BÉLIER, INDUCTIONS, MOUTON.

21

AGNEAU PASCAL. — L'agneau est la plus ancienne figure du Rédempteur.

XXIV. — Depuis le VIe siècle, il est représenté portant une croix hastée ou haste crucifère, forme sous laquelle il a passé dans le Blason. Il est d'argent, posé, tenant sous sa patte droite (je crois que c'est à tort que quelques-uns emploient la patte gauche) la haste crucifère. Celle-ci supporte par des cordons d'argent une banderole flottante de même, chargée d'une croix de gueules. Si l'agneau est *nimbé* ou *diadémé*, ou s'il a la *tête contournée*, il faut le spécifier et aussi la tige de la haste, si elle était d'un autre émail que l'argent — et l'on dirait *hastée* ou *affûtée* et non *arborée*. — Sauf ce cas, le terme *agneau pascal* implique ce que nous avons énuméré ; il n'y a même pas besoin de dire qu'il est d'argent, mais il faudrait spécifier tout autre émail.

AIGLE. — L'aigle a été de tout temps l'emblème des conquérants, et chacun sait que c'est le roi des airs et le plus noble des oiseaux. Il est très fréquent dans les armoiries ; on dit indifféremment un aigle ou une aigle ; le masculin est pourtant préférable.

L'aigle est toujours représenté de face avec les ailes ouvertes et la tête tournée à droite, ce qui supprime la disposition de l'*essorant*. — *Voir* la REMARQUE XXVIII.

D'ORIA, (22) : porte *coupé d'or et d'argent à l'aigle de sable, couronné, langué et membré de gueules.*

XXV. — On trouve plusieurs versions répondant probablement aux blasons des nombreuses branches formées par cette illustre maison. Les uns, pour les attributs *de gueules*, disent *d'or* ; les uns *couronnent* et *languent* seulement, les autres *couronnent* et *becquent, arment ou membrent*, etc., etc. Si la version que je donne pour ces attributs est juste, c'est un effet du hasard. Un recueil officiel italien dit *couronné, becqué et armé d'or*. C'est fort possible, mais quand il ajoute *de l'un à l'autre*, c'est comme si l'on me disait de prendre la lune avec les dents. L'aigle étant de *sable*, il ne peut absolument être de *l'un à l'autre*. — *Voir* CE MOT. — Quant aux attributs de la *couronne* et du *bec*, s'ils sont d'or, ils ne peuvent être de *l'un à l'autre*, puisqu'ils seraient d'*argent*.

22

J'imite cette élégante forme de l'aigle héraldique, d'après l'Heraldisches Original Musterbuch de O. T. Von Hefner qui l'a relevée sur un modèle de l'an 1480.

Le *becqué* (pour le bec), le *langué* (pour la langue), l'*armé* (pour les griffes seules), le *membré* (comprenant toute la patte jusqu'à la naissance des plumes) sont des attributs indispensables de l'aigle ; ils ne s'expriment que s'ils sont d'un émail différent que le corps. — *Voir* DÉSARMÉ. — Seul, le *couronné* s'exprime toujours. Par ex., *aigle de sable*

couronné de gueules; aigle de sable couronné de même, c'est-à-dire du même émail que le corps. — *Voir* COURONNÉ.

Quelques-uns disent *lampassé* pour la langue de l'aigle ; nous réservons ce terme exclusivement au lion et au léopard.

L'aigle peut être *écartelé :* LA ROCHE, (23) : p. *écartelé d'argent et de gueules à l'aigle écartelé de l'un à l'autre;* il peut être *chargé, parti, accompagné,* etc., etc., de tous émaux et de toutes pièces, comme les autres figures héraldiques naturelles ou artificielles.

Il peut être en nombre dans un écu ou sur une pièce. — *Voyez* AIGLETTE.

On le représente quelquefois avec le *vol abaissé,* c'est-à-dire ayant les bouts des plumes dirigées vers la pointe. — LANGLÉ, (24) : p. *d'or à l'aigle au vol abaissé de gueules.*

23

24

XXVI. — La figure 24 représente exactement ce que l'on est convenu d'appeler *aigle au vol abaissé* et je la mets en regard de la figure 23 dont l'aigle n'a pas le vol abaissé. Cette distinction subtile n'est pas ancienne. Dans les sceaux, dans les vitraux, dans les anciens manuscrits, il est bien difficile de pouvoir discerner si un aigle a le vol régulier ou bien abaissé. Quand on le peut, il resterait à prouver que cela a été fait avec intention. Dans un vieux manuscrit de la fin du XVe siècle que je possède, tous les aigles ont le *vol abaissé,* parce que le dessinateur aimait à les représenter ainsi. C'est l'unique raison que l'on puisse donner ; elle ne suffit pas à établir une différence. Les deux figures 23 et 24 sont empruntées à Viollet-le-Duc.

Voici encore une figure d'aigle imitée des PANDECTÆ TRIUMPHALES de Modius. COLIGNY, (25) : p. *de gueules à l'aigle d'argent, couronné, becqué et membré d'azur.*

XXVII. — Guichenon ajoute, *armé et langué d'or* « comme portaient les anciens comtes de Bourgogne. » Au point de vue historique, qui pourrait prouver la réalité de ces détails minutieux ? Au point de vue

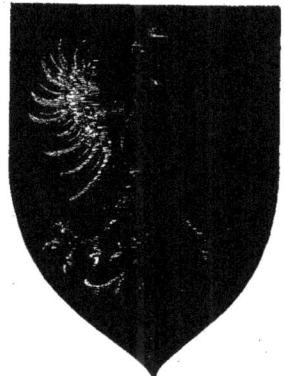

25

héraldique, cette adjonction possible en théorie répugne à la pratique, car l'*armé* est compris dans le *membré*, très généralement et même le *langué* dans le *becqué*, quoiqu'il soit fort possible et usité d'avoir un aigle simplement *armé* ou *langué* d'un autre émail.

On trouve des aigles monstrueux, à tête de loup, etc. RORBERG, (26) : p. *d'azur à l'aigle ayant un buste de femme couronné d'or ;* on appelle cet aigle *harpie.* D'autres aigles ont la tête passée dans un heaume, etc.

L'aigle est *démembré* s'il n'a pas de pattes, *décollé* s'il est décapité. Il peut être *renversé* (la tête en bas), posé en *bande,* etc.

On voit figurer des têtes d'aigle, des pattes d'aigle, seules ou en nombre. Il faut spécifier si elles sont coupées par un trait franc, ou bien *arrachées* et la situation qu'elles occupent. L'aigle figure aussi *issant,* soit en chef, soit d'un coupé.

XXVIII. — Vulson-la-Colombière *(Science héroïque,* chap. 31) donne une quantité de figures d'aigles dont je ne puis laisser passer quelques-unes sans observations. J'en reproduis quatre, savoir : ses numéros 16, 35, 51, 53;

26

1° Il blasonne SOUVERT, (27) : « de gueules à l'aigle d'or s'essorant. » Ce n'est pas un aigle, c'est un faucon ou tout autre oiseau. L'*aigle* héraldique a une forme et une position spéciales ; elles n'appartiennent à aucun autre volatile et sont comprises absolument par le simple mot *aigle.* Ici, comme pour toutes les règles, il y a des exceptions : l'aigle peut recevoir toute situation, toute disposition. Ainsi, par exemple, si la famille SOUVERT porte un aigle s'essorant (c'est-

27

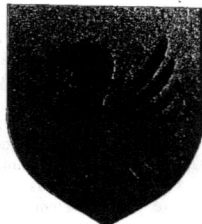

28

à-dire prenant son essor — *Voir* ESSORANT), c'est une exception très légitime, qu'un héraldiste ne doit pas inscrire pourtant sans avertir par sa description que c'est une exception. En ce cas, Vulson aurait dû blasonner : *aigle en posture d'oiseau qui s'essore.* Ceci fait comprendre que l'aigle est vu de profil, les ailes dépliées, comme s'il prenait son vol, ce qui constitue une *situation* opposée à la *position.* Par la même raison exactement, un aigle *au naturel* peut être *essorant,* et l'on en trouve beaucoup d'exemples;

2° RATZEN, (28) : p. « d'or à une teste et col et aisle de sable. » Sans le secours de la figure, l'on serait bien embarrassé pour deviner la situation, si le tout est coupé, arraché, etc., etc.;

3° REICHAW, (29) : p. « d'argent à un « aigle de sable démembré ou estropié « et diffamé, c'est-à-dire n'ayant ny « cuisses, ny iambes, ny queue. » Il n'y a d'estropié que la description ; l'aigle n'est point diffamé (*Voir* CE MOT), il n'est que démembré, arraché de la partie inférieure du corps ;

4° (30) « D'or à un aigle de sable « déplumé, c'est (*sic*) le symbole d'un « impérial auquel l'on auroit osté tout « son bien et ses charges. » Inutile de dire que cet exemple est de pure imagination. Il est prudent de laisser ce « symbole » aux marchands de volailles.

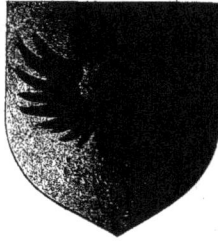 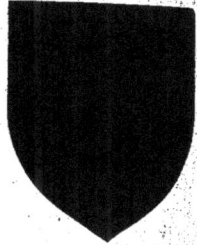

29   30

AIGLE DE L'EMPIRE. — *Voir* DIADÉMÉ, ÉPLOYÉ, FIG. 276, 309 et REMARQUE CCCIV.

AIGLETTES ou AIGLONS. — Les mêmes attributs, les mêmes règles propres aux aigles, s'appliquent ou peuvent s'appliquer aux aiglettes. *Aiglette* est un qualificatif de quantité, la diminution n'en est qu'une conséquence. Elles sont en nombre indéterminé, chargeant ou accompagnant, ou seules.

ACRES (DES), (31) : p. *d'argent à trois aiglettes de sable.*

LA FLÉCHÈRE, (32) : p. *d'azur au sautoir d'or cantonné de quatre aiglettes d'argent.*

XXIX. — Quel est juste le nombre passé lequel il ne faut plus dire *aigles*, mais *aiglettes?* Les uns disent deux, les

31   32

autres trois, mais les mêmes auteurs disant ensuite indifféremment trois aigles ou trois aiglettes, il est beaucoup plus rationnel d'établir qu'un *aigle* seul est un aigle ; deux aigles ou davantage changeront de nom et deviendront *aiglettes.*

AIGUISÉ. — Qualificatif de disposition par laquelle un pal ou une croix peuvent avoir leurs bouts finissant en pointes aiguës.

XXX. — Palliot établit cette seule différence entre *aiguisé* et *fiché*, que l'*aiguisé* se rapporterait à tous les bouts et le *fiché* seulement au bout inférieur. Il donne pour exemple, CHANDOS : *d'argent au pal aiguisé de gueules*, et le dessine comme au n° 33. Menestrier blasonne, CHANDOS : *d'argent au pal aiguisé de gueules*, et dessine ce blason comme au n° 34. C'est aussi de cette dernière manière que d'autres armoristes dessinent ce blason. Suivant Boutell (English Heraldry), CHANDOS portait une pile ou pointe renversée, chargée et accompagnée d'étoiles. — *Voir* POINTE RENVERSÉE.

Mais là n'est pas la question pour nous, appelé à nous prononcer entre ces deux savants auteurs en contradiction. La distinction de Palliot donnerait un sens précis à deux expressions héraldiques, mais l'exemple qu'il fournit n'est pas aussi précis. Comme cet attribut est excessivement rare (à ma connaissance, l'exemple 33 contesté serait unique), je crois qu'on peut dire indifféremment *pal alaisé* [1], *aiguisé* (33), ou une *fasce alaisée aiguisée*, si l'on en rencontrait une aiguë aux deux bouts, ou pour 34, *pal aiguisé* [2] *en pointe*, ou *pal au pied fiché*, ou simplement *pal fiché*.

XXXI. — Vulson blasonne des pals comme celui de 33, *aiguisés et alaisés*, et comme celui de 34, *au pied fiché*.

Exemples d'imagination : mais ce qu'il appelle *aiguisé et alaisé* au folio 115 devient *appointé* au folio 139 pour une croix dont les quatre extrémités sont terminées en pointe. Croix également d'imagination. L'expression *appointée* est dénaturée. — *Voir* APPOINTÉ.

Menestrier (au Vocabulaire) applique le mot *aiguisé* à toutes les pièces dont les extrémités peuvent être aiguës comme le pal, la fasce, la croix et le sautoir. Dans ses figures, sous la rubrique *aiguisé*, outre CHANDOS (Ex. 34 ci-dessus), il donne encore, 1°, FIQUELMONT : *d'or à trois pals aiguisés de gueules, surmontés d'un lion léopardé de sable*. Description inexacte : suivant sa définition, il aurait dû dire que ces pals sont *alaisés en chef et aiguisés en pointe*, ou au pied fiché, comme il le dit pour les croisettes. En outre, *surmontés*, me dit que le lion léopardé est mis au-dessus des pals alaisés en chef. Mais le lion léopardé a une position invariable, n'impliquant aucunement qu'il a, comme le marque la figure, trois pattes posées sur les pals ; 2°, VIEILLEMAISON : *d'azur à la herse d'argent de trois pals aiguisés*. Mais d'après lui, la herse a dans sa position naturelle, trois pals dont les bouts sont aiguisés en pointe ; il aurait donc largement suffi de dire une herse d'argent. — *Voir* LA FIGURE 393 ; 3° MESTELPACH : *de gueules à la fasce aiguisée*. Cette acception est fausse, c'est *une feuille de scie* et non une fasce aiguisée. — *Voir* FEUILLE DE SCIE.

AILE. — L'aile d'un oiseau se blasonne : VOL. — *Voir* VOL et DEMI-VOL.

AILÉ. — Se dit : 1°, de toutes les figures qui ont des ailes contrairement à leur nature, comme un lion *ailé*, un cerf *ailé*, ou d'un membre ou d'une patte d'animal garnis d'une

---

[1] L'adjonction du mot *alaisé* est indispensable pour marquer que l'*aiguisé* agit sur les deux extrémités.

[2] *Alaisé* n'est pas du tout nécessaire ici ; le pal étant dit *aiguisé en pointe*, il est, avec son extrémité supérieure, adhérent aux bords de l'écu comme tous les pals, cela va sans dire.

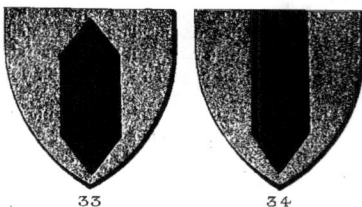

aile. — *Voir* FIG. 453 ; 2°, des animaux ayant des
ailes, si ces ailes étaient d'un autre émail que le
corps. Un moulin à vent dont les ailes seraient d'un
autre émail serait considéré comme un volatile.

AJOURÉ. — Ce qualificatif de disposition se prend
en deux acceptions : 1° une tour, par exemple, est
dite *ajourée* quand le vide de ses fenêtres, par lequel elle reçoit le jour, est d'un émail différent. —
Voir TOUR ; 2° se dit de certaines ouvertures rondes
ou carrées — ce qu'il faut exprimer — existant en
adhérence sur des pièces honorables.

FEZAY, (35) : p. *parti d'argent et de gueules à la
croix ancrée, ajourée en carré de l'un en l'autre*[1].

RUESDOLF, (36) : p. *de sable ajouré en chef d'argent
de trois pièces carrées.*

XXXII. — Ces deux exemples sont tirés de Menestrier.
Le dernier pourrait se blasonner autrement : *de sable à trois
pals alaisés d'argent mouvant du chef.* Cette figure est fort
rare en tout cas, et l'idée du pal *alaisé* ou *retrait* (*Voir* RE-
TRAIT) viendra à l'esprit tout d'abord avant cette conception
métaphysique d'*ajouré*[2]. Palliot donne un autre exemple,
WINTERBECHER (37), et le blasonne *de sable à la fasce crénelée de trois pièces ajourées d'or, accompagnée de dix croisettes de même, trois et deux, trois et deux de même.* Cette
description n'est pas parfaite ; il faut dire à *la fasce crénelée
de trois pièces d'or ajourées en carré du champ* (et non d'or)
et pour les croisettes *trois et deux en chef, trois et deux en
pointe.*

XXXIII. — Menestrier remarque à AJOURÉ qu'il ne faut
pas, en blasonnant, exprimer que les macles, rustres et
molettes sont *ajourés*, parce que c'est par là qu'ils se

[1] Cet exemple et sa description sont de Menestrier, qui dit
FEZAY et LEZAY. Ne serait-ce point LEZAY-MARNÉSIA qui portait,
selon d'autres, comme dessus, mais la croix non ajourée? Cette
description de Menestrier sera rectifiée au point de vue héraldique à DE L'UN A L'AUTRE. — *Voir* REMARQUE CLXVI.
[2] Longtemps après avoir écrit ceci, je trouve dans l'allemand
Spener *(Insignium Theoria, etc.*, Francfort, 1735), l'armoirie de
RUSDORFF qu'il blasonne « *in scuto nigro palum argenteum di-
midium ad centrum scuti pertingentem.* » Dans les figures, où le
nom est écrit RUESDORF, il met ce blason sous la rubrique « *pali
decurtati* », c'est-à-dire alaisés. Je ne pensais pas avoir aussi raison que cela. Son pal unique — Menestrier
dit trois — descend jusque vers le centre de l'écu environ. — Je donne cette figure rectifiée à 576.

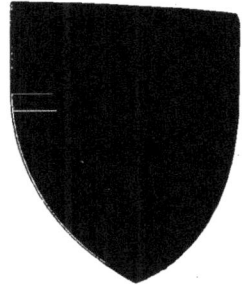

35

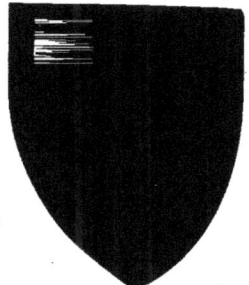

36

37

'distinguent des losanges et des étoiles. Parfaitement juste; mais il faut ajouter que si ces macles, rustres et molettes étaient, suivant leur forme (*Voir* CES MOTS), ajourés d'un autre émail que du champ, il faudrait blasonner : *macle ajourée* ou *remplie* de tel émail. — *Voir* REMPLI.

ALAISÉ (ALAIZÉ, ALEZÉ, ALISÉ, ARRÊTÉ, RACCOURCI). — Qualificatif de disposition pour les figures honorables et leurs réductions, quand leurs extrémités sont coupées carrément et diminuées de manière à ce que, ne touchant plus le bord de l'écu, ces figures sont censées y être *à l'aise*. Si cette étymologie n'est pas la bonne, elle fixe bien l'attribut dans la mémoire. La CONFÉDÉRATION HELVÉTIQUE, (38) : p. *de gueules à la croix alaisée d'argent*. Toutes les pièces alaisées peuvent être raccourcies d'une infinité de manières, suivant l'attribut énoncé après *alaisé*. Ainsi le pal du n° 33 est *alaisé aiguisé;* la croix du n° 35 est *alaisée ancrée;* les croisettes du n° 37 sont alaisées et forcément alaisées par le fait qu'elles sont *croisettes*.

38

XXXIV. — Il est curieux de remarquer sur le monument élevé il y a quelques années — devant le Palais de Justice de Chambéry, capitale de l'ancien duché de Savoie, — à la mémoire du célèbre président FAVRE, le blason de ce duché métamorphosé par *l'alaisement* en celui de la CONFÉDÉRATION HELVÉTIQUE. Comparez le blason 38 avec 221 (de SAVOIE). En revanche, sur la face opposée, les armoiries du président sont également cruellement estropiées. Les traités de Blason ne sont donc pas inutiles. — *Voir* FIG. 452.

Le frère du président, Jean-Claude Favre, est l'auteur de l'*Abrégé méthodique de la science héraldique*, 1647, ouvrage sérieux, où l'on trouve des idées très justes pour le temps.

XXXV. — Palliot observe avec raison que « souventes fois les croix et sautoirs sont en nombre dans l'escu, chargent ou accompagnent ces mesmes pièces que l'on dit alaizées, mais quand elles sont en nombre, il est inutile (comme quelqu'uns font) de les dire alaizées, parce que estant ainsi en nombre, elles ne peuvent estre autrement représentées qu'alaizées. » Palliot n'a pas songé qu'à l'article *Croix chargée*, il donne des exemples de croix (le même cas se présente pour toutes les figures honorables chargées) au nombre de deux sans être alaisées. Ainsi, MALTON, (39) : p. *d'hermines à la croix de gueules chargée d'une autre croix d'argent*. Il y a bien deux croix et elles ne sont point alaisées. Il pourrait même y en avoir trois, si cette croix d'argent était *surchargée* d'une autre croix de couleur quelconque. Mais, sauf ces cas, il est évident que des croix, des croisettes ou des sautoirs accompagnant une pièce sont forcément alaisés. Il est donc puéril de le dire. Mais, dans l'exemple 38, la croix étant seule dans l'écu et sa *position* recevant la *disposition* de l'alaisement, il est nécessaire de spécifier qu'elle est *alaisée* (*Voir* POSITION, DISPOSITION et CROISETTES), car sa dimension prouve bien que c'est une *croix* et non une *croisette*.

39

ALÉRIONS ou ALLÉRIONS. — Figure naturelle devenue
héraldique dans le sens étendu du mot. Ce sont des aigles ou
aiglettes avec leur configuration, mais représentés sans bec ni
jambes. Je ne connais qu'un exemple d'*Alérion* seul dans un
écu. On en trouve souvent trois ou davantage chargeant ou
accompagnant une pièce. MONTMORENCY en portait seize
cantonnés autour de sa croix de gueules.

BACOURT, (40) : p. *d'argent à l'alérion d'azur.*

LORRAINE, (41) : p. *d'or à la bande de gueules chargée de trois alérions d'argent.*

40

XXXVI. — Palliot dit que les alérions ont le vol
abaissé. Je n'ai pas remarqué cela dans de fort anciens
manuscrits héraldiques dans lesquels, il est vrai, on
ne fait aucune différence entre le vol *abaissé* et le vol
élevé des aigles. Palliot est suivi par des auteurs de
marque. Viollet-le-Duc, dont la compétence en fait de
dessin est peu ordinaire, les donne au contraire avec le
vol élevé. Je reproduis la forme de ses alérions.

Pour mon compte, la différence essentielle et facilement reconnaissable, entre l'*alérion* et l'*aiglette*, ne sera
pas dans le vol abaissé ou élevé, mais dans l'absence
de bec et de pattes ; entre l'*alérion* et la *merlette*, tous
deux sans bec ni pattes, dans la *position*, qui, pour
l'alérion est toujours de face, et pour la merlette toujours de profil. — *Voir* MERLETTE.

ALLIANCES. — Tout gentilhomme a le droit
de porter, en les écartelant avec les siennes,
quelques-unes ou toutes les armoiries des
quartiers d'alliances directes contractées par sa famille.

41

Ce nombre est indéterminé ; par condescendance pour la probabilité, on les réduit
habituellement à trente-deux. Les preuves pour les chevaleries et les chapitres nobles
se contentaient ordinairement de huit ou de seize quartiers.

Vulson, en citant des pennons de soixante-quatre, dit « que ce grand nombre apporte
de la confusion. » La confusion naîtrait surtout de l'énorme difficulté de pouvoir les
prouver ; il est vrai que cela ne gêne que les gens doués de peu d'imagination.

Pourtant soixante-quatre quartiers ne comportent que sept générations ou degrés. —
Voir DEGRÉ. C'est à peine si Monseigneur le comte de Chambord, très authentiquement le
premier gentilhomme du monde, en remontant au grand Dauphin, fils de Louis XIV,
pourrait dépasser ses soixante-quatre quartiers d'alliances : et encore on y verrait figurer
des noms bien inférieurs à ceux des dynasties souveraines de Bourbon, Savoie, Habs-
burg, etc., etc.

Feu le comte Franchi-Verney, héraldiste de mérite, a dressé l'arbre des cent vingt-huit quartiers de. LL. MM. le roi et la reine d'Italie. S. A. R. le prince royal Victor-Emmanuel de Savoie, prince de Naples, leur fils (fils de cousins germains), réunit donc seul en Europe peut-être, deux cent cinquante-six quartiers d'alliances.

XXXVII. — Voici comment et par quels traits de partition on distribue, par l'écart, des alliances dans un écu : .

A, par le *parti*, B, par le *coupé*, sont deux écus où l'on mettait anciennement (surtout comme en A) les armoiries du mari, 1, et de la femme, 2. Une famille héritant d'une autre, mettait souvent le blason de cette famille en 2. Nous avons vu au mot ACCOLÉ une manière plus moderne d'adjoindre au sien le blason de son alliance.

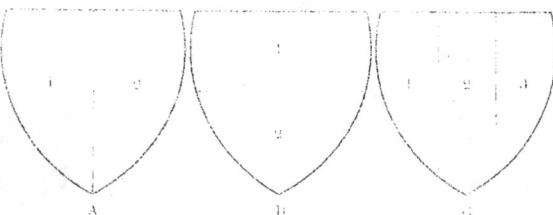

C, est un *parti de deux traits*.

D, constitue le véritable *écartelé*, par *un de parti* et *un de coupé*, pour quatre alliances ou pour deux en répétant 1 et 4, 2 et 3. Cette dernière manière a été fort employée, de préférence à la forme A, pour adjoindre à ses armes celles d'une famille dont on prenait le nom, en 2 et 3.

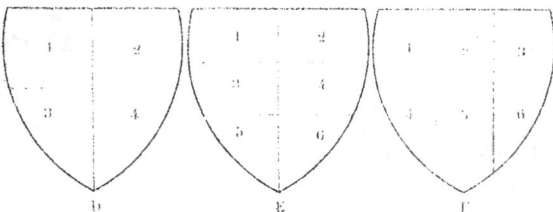

E, sert pour six alliances, par *un trait de parti* et *deux de coupé*.

F, remplit le même but par *deux de parti*

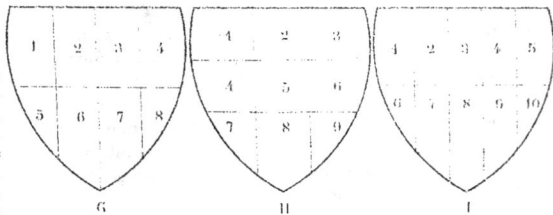

et *un de coupé*, et forme un *écartelé*, grâce auquel on distribue beaucoup plus commodément six blasons.

G, est un *parti de trois coupé d'un*. — *Voir* SOUTENU.

H, *parti* et *coupé de deux traits* pour neuf alliances.

I, *parti de quatre, coupé d'un*, pour dix alliances ou quartiers. En multipliant les traits de partition, on arrive au nombre désiré de quartiers. Ainsi J, par *trois traits de parti* et *deux de coupé*, en donne douze.

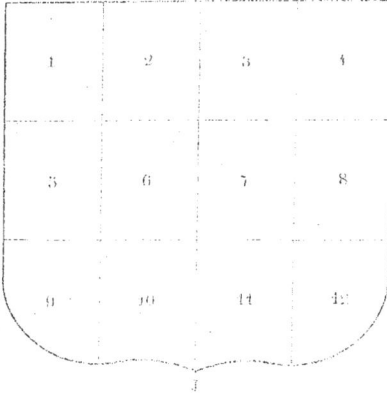

J

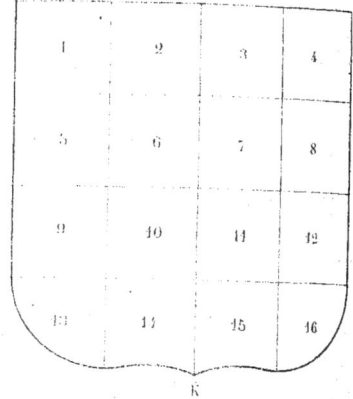

K

K, par *trois de parti* et *trois de coupé*, en donne seize (*Voir* Remarque XXXIX). L, par *quatre de parti*

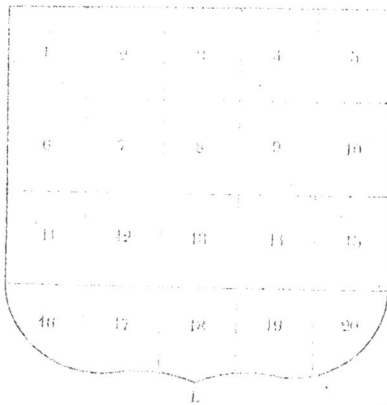

L

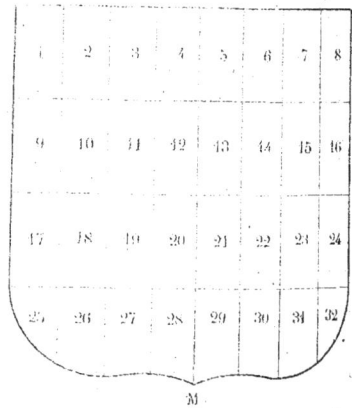

M

et *trois de coupé*, en donne vingt. M enfin, par *sept de parti* et *trois de coupé* en donne trente-deux, etc.

XXXVIII. — Sur toutes ces répartitions d'alliances on peut mettre son propre blason *sur le tout* (*Voir* P et SUR LE TOUT DU TOUT). Mais comme cet usage a le grave inconvénient de cacher des quartiers qui deviennent bien difficiles à blasonner, il vaut mieux, surtout dans les écarts multipliés, mettre à 1 son blason, à 2 celui de sa mère, et ainsi de suite, en remontant jusqu'à Abraham.

Il n'y a point de prescriptions fixes et suivies pour la distribution chronologique des quartiers d'alliances. Il faut seulement, en blasonnant, commencer par 1, observer s'il y a deux ou trois quartiers pareils, et l'on dirait, par exemple : *porte au 1er, au 7me et au 12me de...* (le blason) *qui est de...* (le nom de la famille si on le sait), on reviendra à 2, et ainsi de suite. — *Voir* PENNON et à BORDURE, une autre manière de marquer les alliances.

Rien n'empêche que l'on n'écartèle seulement les armes de quelques-unes des familles dont on descend par les femmes. L'humilité vous commanderait de choisir les moins illustres.

XXXIX. — Nous avons donné en K un *écartelé de seize* en suivant les numéros par quatre tires horizontales de quatre quartiers. C'est la règle. Si vous rencontrez pourtant un écu de seize quartiers ou écarts dans lequel vous remarquez, comme en N, que : 1° les quartiers 1, 2, 3 et 4 sont identiques — par 1 et 4 et 2 et 3 — à 13, 14, 15, 16, — soit 1 et 4 à 13 et 16 et 2 et 3 à 14 et 15; — 2° que les quartiers 5, 6, 7, 8, présentent la même analogie avec 9, 10, 11 et 12, vous avez devant les yeux un *contre-écartelé*. Vous le blasonnerez alors par quatre grands quartiers (les numéros au centre) et en suivant l'ordre des petits numéros et vous direz : N. p. *écartelé aux 1er et 4me de.. qui est de* FRANCE , *aux 2me et 3me de... qui est d'*AUTRICHE , *contre-écartelé aux 5me et 8me de... qui est de* SAVOIE , *aux 6me et 7me de... qui est de* SAXE. Cela suppose nécessairement l'existence de huit autres quartiers , quatre correspondant à l'écartelure et quatre à la contre-écartelure.

France.	Lorraine.	Jérusalem.	Aragon.
Savoie.	Autriche.	Bretagne.	Sicile.
Jérusalem	Aragon.	France.	Lorraine.
Bretagne.	Sicile.	Savoie.	Autriche.

Si 1, 2, 3 et 4 sont similaires *un par un* (noms en rouge) à 13, 14, 15 et 16 ; et 5, 6, 7, 8 à 9, 10, 11 et 12, on blasonnera : *écartelé de France, Lorraine, Savoie, Autriche, contre-écartelé de Jérusalem, Aragon, Bretagne et Sicile.* Cela indique clairement que vous avez seize quartiers, dont huit sont à double aux 1er et 4e grands quartiers (quatre par quatre) et les huit autres aux 2me et 3me grands quartiers (également quatre par quatre).

XL. — Les quartiers d'alliances se mettent habituellement en nombre plus restreint. On a écartelé

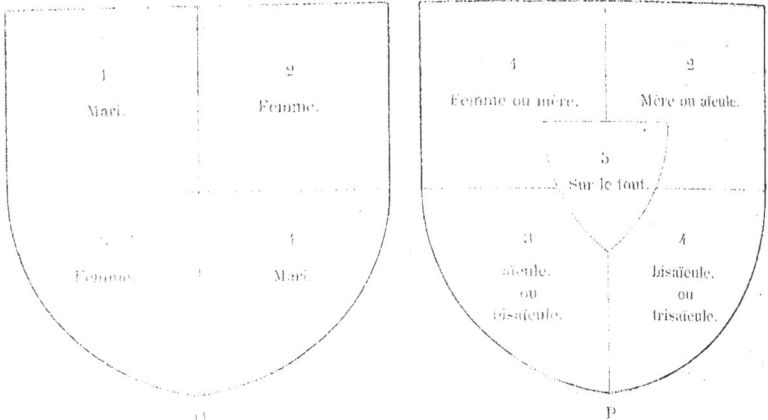

très souvent par l'écartelé simple (outre la disposition déjà indiquée en D) comme en O pour la réunion des blasons du mari et de la femme. C'est un usage que le raisonnement ne justifie pas. La fig. P montre la disposition de quatre alliances, 5 étant l'armoirie du mari *sur le tout*, ou du fils s'il n'est pas encore marié.

Il résulte de ce que nous avons dit en tête de cet article, qu'il faut distinguer entre *alliances* et *noblesse :* l'on peut avoir de magnifiques quartiers d'alliances et avoir fort peu de quartiers de noblesse. Par la même raison, mais à l'inverse, on peut avoir dans sa ligne paternelle dix-huit, vingt ou trente degrés de noblesse et ne pas avoir huit ou même quatre quartiers d'alliances. — *Voir* ÉCARTELÉ, QUARTIER, PENNON, ARBRE GÉNÉALOGIQUE, DEGRÉ.

ALLUMÉ. — Qualificatif de disposition ; se prend en deux sens :

1° Quand un lion ou un animal quelconque (sauf le cheval — *Voir* ANIMÉ) est peint avec l'œil d'un autre émail que le corps, on le dit *allumé* de tel émail;

2° Comme synonyme d'*ardent*, il s'emploie pour le bûcher du phénix (*Voir* IMMORTALITÉ), pour un flambeau, pour un bâton enflammé, etc.

XLI. — Sauf pour le bâton, on ne dit *allumé* que lorsque le bûcher et le flambeau ont des flammes d'un émail différent. Ainsi l'on dira : deux bâtons noueux allumés de sable en sautoir (ou bâtons noueux de sable en sautoir allumés de gueules); un flambeau de sable en pal (ou flambeau de sable *allumé* de gueules). Il en serait de même pour un volcan d'argent, par exemple, *allumé* de gueules.

Je doute fort que les quelques animaux dont on trouve les yeux ou l'œil d'un autre émail, le soient de manière à ce que ce détail soit une partie constitutive de cet animal. C'est un caprice du peintre.

AMPHISBÈNE ou **AMPHISTÈRE**. — Serpent ailé représenté de profil ayant deux pattes et deux têtes dont l'une est au bout de la queue.

XLII. — Dupuy-Demportes prétend qu'on en voit dans les déserts de la Lybie, jetant leur venin par l'une et l'autre tête. Palliot ajoute « que l'amphisbène ad- « vance la deslivrance des femmes qui sont en travail « d'enfant, quand elles marchent dessus. » Cela se comprendrait ! Comme je n'ai jamais été dans les dé- serts de la Lybie, je laisse à ce monstre la figure que lui donne Palliot. Bourg (du), (42) : porte *d'azur à l'amphisbène d'or.*

Palliot donne un autre exemple d'amphisbène — que d'autres appelleraient Pallefeu — représenté avec le vol ouvert.

42

ANCHÉ. — Menestrier le dérive de l'espagnol *inchado* et en fait un mot synonyme de *courbé*.

XLIII. — Dans le Vocabulaire, il réserve ce mot au cimeterre recourbé *seulement*. Mais il en donne trois exemples : 1° des sabres badelaires ou braquemarts recourbés ; 2° la perche d'un bois de cerf anchée ; 3° une bande anchée, c'est-à-dire courbée (et, par parenthèse, il la courbe uniquement en chef). Dans les deux premiers cas, comme il est de l'essence d'un cimeterre ou badelaire d'être recourbé, comme il en est de même pour un bois de cerf, il était inutile de dire soit *anché*, soit *courbé*. Dans le troisième cas, le mot *courbé* remplacerait un mot que nous n'avons aucun motif d'aller chercher au-delà des Pyrénées. Palliot, qui apprend ce mot de l'auteur des *Origines des armoiries*, dit que celui-ci l'a extrait de Froissard ; il entend exprimer par ce mot *la garde* et *la poignée* (*Voir* Palliot 96 et fig. 53 de ce livre). Palliot écrit *enché* quoique le texte de Froissard dise *hanches* et puisse se rapporter aux hanches du chevalier « durement navré » et non aux *hanches* de l'épée.

En tout cas, *enché* ou *hanché*, pris dans le sens de *garde* et *poignée*, est un sens tout autre que celui de Menestrier qui le prend pour *courbé*.

Mais, pour ce nouveau sens, *enché* est remplacé avantageusement par les *garde* et *poignée* de tel émail. Si une épée ou badelaire avait seulement la garde d'un autre émail, on ne pourrait plus dire *anché*. — Mot à supprimer.

ANCRE. — Instrument de marine bien connu.

Trois mots italiens francisés en marquent les parties que l'on blasonne seulement si on les trouve d'un émail différent.

Le bois dans lequel est fiché le fer s'appelle Trabe. Elle est surmontée d'un anneau où se place le câble, câble que l'on blasonnerait Gumène. La tige en fer se bifurquant en deux branches, s'appelle Stangue. Le tout (sans gumènes) s'appelle *ancre*. Les *gumènes* se blasonnent toujours à part : elles ne font pas partie de la position de l'*ancre*.

ANCRÉ. — Est un qualificatif de disposition pour les croix et les sautoirs quand les bouts se bifurquent en forme d'ancre. BOUILLÉ, (43) : p. *de gueules à la croix ancrée d'argent.* BROGLIE, (44) : p. *d'or au sautoir ancré d'azur.* Cette disposition implique nécessairement que les croix et les sautoirs

43   44

sont *alaisés;* mais cette nécessité en implique une autre, celle de ne pas parler de l'*alaisement.* — *Voir* POSITION et DISPOSITION.

ANDOUILLERS. — *Voir* CERF.

ANGE. — Un esprit céleste, n'ayant point de corps, ne peut figurer dans le Blason que sous la forme de convention, grâce à laquelle il devient une figure naturelle. Il faut blasonner s'ils sont posés; ils ont toujours les mains jointes et les ailes étendues comme s'ils volaient. Toute autre disposition ou modification serait blasonnée.

ANGEMME ou ANGENIN. — Est un produit de la flore héraldique. C'est une fleur à six feuilles réunies en cœur selon les uns, séparées selon les autres, percées ou non, arrondies ou pointues. D'autres les confondent avec les quintefeuilles; d'autres les appellent *fleurs de merlier.* Voici la figure qui, suivant Palliot, devrait différencier l'*angemme* de la quintefeuille : TANCARVILLE, (45) : p. *de gueules à un écusson d'argent accompagné de huit angemmes d'or en orle.*

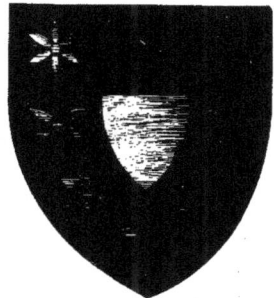

45

XLIV. — Palliot dit : *écusson d'argent à la bordure d'angemmes d'or.* C'est une distraction. Après avoir dit que l'angemme devrait avoir six feuilles, il n'en donne que cinq à celles de TANCARVILLE (45), elles sont boutonnées de même; il n'y a point de bordure, mais des pièces en orle.

Il est probable que les divergences signalées plus haut proviennent de dessins mal faits de roses ou de quintefeuilles. Un héraldiste à cheval sur la forme, devant ce dessin mal fait, qu'il trouvait expliqué dans un manuscrit italien, aura fait du participe *ingemmato* le substantif *angemme*.

ANGLE, ANGLET. — Employé par plusieurs auteurs pour CANTON. — *V.* CE MOT et CCCLV.

ANGLÉ. — Se dit de la croix et du sautoir ayant dans les angles des rayons ou autre adjonction de longueur, en mouvant à angle droit ou plus ou moins obtus, comme dans l'exception suivante. LAMBERT, (46): p. *d'argent au pal d'azur, chargé d'une croix d'or anglée de rayons de même.*

XLV.—La croix de l'ordre de Saint-Maurice, d'émail blanc et tréflée, a été *anglée* au XVIᵉ siècle des rayons verts de l'ordre de Saint-Lazare qui lui a été adjoint.

46

ANILLE ou **ANILE.** — Sont des crochets adossés, réunis en un seul par une petite traverse. (*Voyez* la figure indispensable pour comprendre la définition.)

XLVI. — Suivant Palliot, ils se distinguent *du fer de moulin*, en ceci que ce dernier a ses crochets séparés et laissant une ouverture carrée entre eux et deux petites traverses qui les réunissent. Il est certain que si le premier n'est pas *ajouré* et que le second l'est toujours, on fait bien de leur donner un nom différent. ARTIGOITY, (47): *d'azur à l'anile d'argent.* Cet exemple est de Palliot qui, à l'article *Croix nilée*, dit qu'elle est faite « *comme est l'anile ou fer de moulin* »; il ne les distingue plus ici l'un de l'autre.

ANILÉE ou **NILÉE.** — *Voir* CROIX.

47

ANIMAUX. — Comme ils peuvent tous figurer dans le Blason, il serait trop long et oiseux d'en donner l'énumération. Il suffit de mentionner en leur ordre ceux pour lesquels il y a des termes spéciaux et des formes héraldiques. Tous les autres sont représentés en leur forme naturelle. Il est inutile de blasonner leur *position* quand elle est héraldique; mais si leur posture est autre, s'ils ont une modification comme un chien *accolé* ou *couronné*, ou un lion *contourné*, etc., il faut soigneusement le spécifier. — *Voir* AIGLE, BREBIS, LION, ETC., ETC.

ANIMÉ. — Correspond au premier sens d'*allumé*, mais il est réservé pour l'œil du cheval, s'il est d'un autre émail.

ANNELET, ANNEAU. — Figure ronde ou cercle évidé en rond. Il est assez répandu dans les armoiries et passe pour une pièce très distinguée, parce que l'anneau était la marque des anciens chevaliers romains. PRUNELÉ, (48) : p. *de gueules à six annelets d'or*, 3, 2 et 1.

Quand les annelets sont ce que Palliot appelle « l'un dans l'autre », c'est-à-dire concentriques, ils s'appellent VIRES. — *Voir* CE MOT.

ANTÉ. — *Voir* ENTÉ.

ANTIQUE (A L'). — Quand un lion ou un autre animal est couronné, il doit être, à moins d'exceptions portées dans la description, couronné *à l'antique*, c'est-à-dire d'une couronne à pointes. — *Voir* COURONNÉ.

48

A PLOMB. — Qualificatif pour désigner les figures placées de manière à ce que la ligne passant dans leur centre soit verticale.

XLVII. — J'ai l'honneur d'introduire ce mot dans le langage du Blason. Palliot s'en est servi incidemment avec les mots *crénelé* et *bastillé*, afin d'indiquer que les traits de *maçonné* qui font les créneaux sont en ligne perpendiculaire à l'horizon et non diagonales, comme ils devraient l'être dans certains cas. Je dirai *à plomb* et non *d'aplomb*. — *Voir* POSITION, DISPOSITION, SITUATION, CRÉNELÉ et BASTILLÉ et REMARQUE LXVII.

APPAUMÉ. — Qualificatif de disposition pour la main. Palliot remarque avec raison que ce mot est superflu, puisque la main est toujours représentée ouverte et montrant la paume. — *Voir* MAIN.

APPOINTÉ. — Qualificatif de *disposition* et de *situation*. On l'applique à deux, trois ou plusieurs figures de longueur comme *épées*, *fleurs de lis*, *fusées*, *chevrons*, *pointes*, *losanges*, etc., dont les pointes sont dirigées, *sans être réunies entre elles*, vers un point quelconque de l'écu, ou bien dans une disposition de *croix*, de *sautoir*, de *pairle*, etc., etc., qu'il faut soigneusement blasonner. GOLDSTEIN, (49) : p. *de gueules à trois fleurs de lis appointées en pairle d'argent*. Il est donc inutile d'ajouter avec Menestrier, *mouvantes des trois angles de l'écu et appointées par la tête en cœur de l'écu*.

49

ECHSTEDT, (50) : *d'azur à trois épées d'argent appointées en pointe.* La *position* de l'épée est d'avoir la pointe en haut; la *disposition* de l'*appointé en pointe* exprime suffisamment que les pointes sont en bas, sans que l'on dise : *les gardes et poignées en haut.*

XLVIII.— Nous avons donné à la figure 6, des *mouchetures d'hermines aboutées en croix;* tandis que dans certains cas (*Voir* REMARQUE VII), *abouté* ne peut pas remplacer *appointé.* C'est autre chose que *posé.* — *Voir* POSITION, VAIR-APPOINTÉ.

ARBALÈTE. — Figure connue sur laquelle il n'y a rien de particulier à dire, sauf si elle n'était pas posée le fût en pal, la corde et ressort, en haut, en fasce.

50

ARBRE. — Les arbres sont assez fréquents dans les armoiries : quelques règles générales en déterminent l'usage. L'arbre est représenté avec ses feuilles, ce qu'il est inutile d'exprimer, ou sans feuilles, ce qu'il faut exprimer en le blasonnant *sec.* Si on peut en distinguer l'espèce, on la nomme; autrement on dit simplement *arbre.*

Il faut remarquer s'il montre les racines (ce que l'on blasonnerait *arraché*), ou bien s'il est posé sur une montagne, une plaine, ou supporté, ou *terrassé,* etc. Habituellement l'arbre se représente *arraché* et il n'est·pas nécessaire de le dire.

Si l'on remarque sur cet arbre des fruits, pommes ou oranges, on dira pommier ou oranger *fruité,* si ces fruits sont d'un émail différent. Pour le chêne seul, quand il montre des glands d'un autre émail, on le blasonne *englanté* de tel émail.

Si le tronc est d'un autre émail, on le blasonne *arrondi, fûté* ou *affûté,* ou *tigé.* L'arbre peut aussi être *fleuri, feuillé* d'un autre émail, *écôté,* avec les branches entrelacées, etc. Une branche d'arbre se blasonne *rinceau* ou *redorte.*

L'arbre se confond avec l'arbuste. — *Voir* TOUS LES MOTS SOULIGNÉS.

Les arbres peuvent être *chargés, accompagnés, accostés,* etc., comme ils peuvent aussi *charger, accompagner,* etc. — *Voir* INDUCTIONS, CRÉQUIER.

ARBRE GÉNÉALOGIQUE. — Anciennement, toute famille noble exposait pendu au parloir son arbre généalogique. Un tronc d'arbre avec ses ramifications recevait, des racines au sommet, dans un cartouche quelconque, le nom et le blason (ou simplement le nom) du premier ancêtre connu et en montant, la branche aînée au milieu et les branches collatérales avec les alliances prises ou données. C'est à cause de l'armature en forme d'arbre, que l'on appelle ce tableau un arbre généalogique; c'est, en définitive, une généalogie.

La généalogie, au lieu de sortir des entrailles de la terre, en remontant, sortait quelquefois des nuages en descendant, forme tout aussi rationnelle, puisqu'une généalogie ne se compose que de descendants.

XLIX.— A proprement parler, *l'arbre généalogique* est un tableau résumant très brièvement les

5

preuves de noblesse faites pour les ordres chevaleresques et certains chapitres nobles et annexées à ces preuves. Il était habituellement de huit ou de seize quartiers, c'est-à-dire que le postulant devait prouver la noblesse des huit ou seize quartiers composant son arbre généalogique.

Il se faisait dans cette forme.

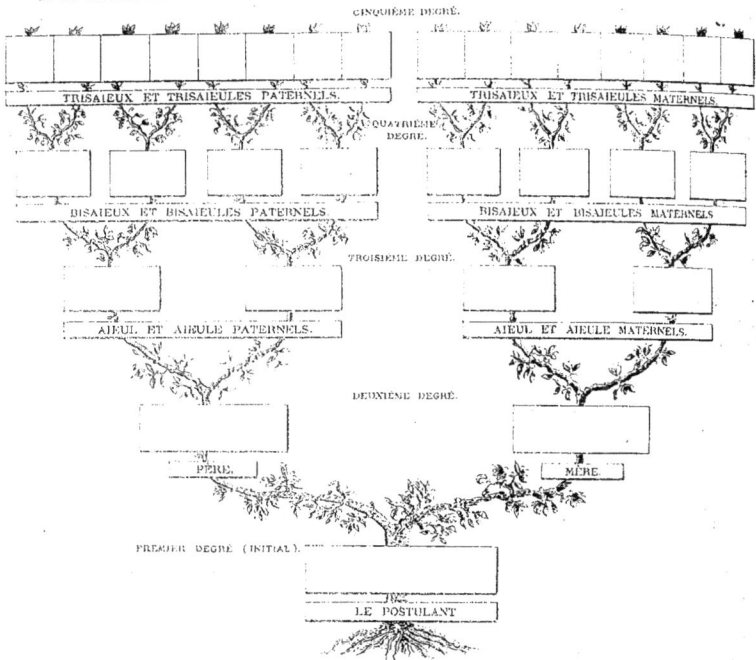

CINQUIÈME DEGRÉ.

TRISAIEUX ET TRISAIEULES PATERNELS.   TRISAIEUX ET TRISAIEULES MATERNELS.

QUATRIÈME DEGRÉ.

BISAIEUX ET BISAIEULES PATERNELS.   BISAIEUX ET BISAIEULES MATERNELS.

TROISIÈME DEGRÉ.

AIEUL ET AIEULE PATERNELS.   AIEUL ET AIEULE MATERNELS.

DEUXIÈME DEGRÉ.

PÈRE.   MÈRE.

PREMIER DEGRÉ (INITIAL).

LE POSTULANT

Pour huit quartiers on supprimait les trisaïeux; pour trente-deux quartiers on ajoutait les quarti-aïeux. Dans chaque carré on insérait les noms et les armes ou les noms ou les armes de chacun des personnages y figurant, mais on n'inscrivait pas le degré de parenté comme je l'ai fait ici pour bien me faire comprendre.

Comme un arbre de seize quartiers ne constituait, malgré l'illustration des blasons qui pouvaient y flamboyer, que cinq degrés ou générations de noblesse pour le postulant, il faisait souvent remonter, aussi haut qu'il le pouvait, les preuves de la noblesse de l'*estoc* paternel.

Il y a donc une différence essentielle entre généalogie et arbre généalogique pris dans ce dernier sens; c'est que la généalogie ou filiation se fait avec les arbres généalogiques. Si elles n'avaient d'autres bases, les généalogies seraient presque toujours exactes. — *Voir* ALLIANCE, DEGRÉ, PARENTÉ.

ARC. — Instrument avec lequel on tirait des flèches. Il est représenté dans sa *position naturelle*, en pal, la corde tournée à dextre. Toute autre *disposition* doit être blasonnée.

Il a deux termes particuliers ; si la corde qui le tend est d'un autre émail, on le dit *bandé* de tel émail ; s'il est représenté avec une flèche, on le dit *encoché* d'une flèche de... — *Voir* FLÈCHE.

ARCTÉ. — Employé par quelques-uns pour ENTÉ.

ARDENT. — Synonyme d'ALLUMÉ. On pourait le réserver pour les animaux jetant des flammes par la gueule et les naseaux, comme le taureau de STYRIE. — *Voir* FIG. 377.

ARGENT. — Le deuxième des métaux ; subdivision d'ÉMAUX. On trouvera dans les vieux traités des idées variées sur le symbolisme de l'ARGENT. De nos jours, c'est un Dieu, mais son volume le rend inférieur à l'or et au billet de banque. Le blanc a été de tout temps l'emblème de la candeur et de l'innocence ; c'est pourquoi les anciens Romains qui briguaient les fonctions publiques étaient tout habillés de blanc. *Unde candidati*, comme dit Palliot. Cette mode n'existe plus pour les nombreux candidats de nos jours. Le veston est le seul symbole de la candeur de leur âme. Mais revenons à l'argent.

Jusqu'au XVIIe siècle, les hérauts d'armes marquaient d'un *a (argentum)* les pièces d'argent ; l'A étant réservé à l'or (Aurum). Les Allemands les marquaient d'un w (weiss, blanc). Mais on comprend combien un blason ainsi constellé de lettres alphabétiques (*Voir* COULEURS) devait être disgracieux. Les hachures et le pointillé ont remplacé avec avantage la casse d'imprimerie.

En gravure (sur papier, sur vaisselle), en sculpture (sur les monuments et les meubles), l'argent est figuré par une surface laissée lisse par l'absence de tout trait.

En peinture, il se représente par la couleur d'argent diversement appliquée ou à défaut par le blanc.

Suit-il de là que le blanc soit une des couleurs du blason, comme le dit Menestrier ? Certes, non ! Le blanc n'est admis que pour remplacer l'argent que l'on n'a pas toujours sous la main : c'est donc de l'argent et non du blanc. Puisque le manque de traits, de hachures ou une surface lisse dénotent l'argent en gravure, dira-t-on qu'une surface lisse est une couleur du blason ?

L. — Une autre question surgit à propos de l'*hermines* que j'indique ici. Doit-on faire le fond de cette fourrure, d'argent ou couleur blanche ? Quelques héraldistailleurs, croyant faire de la science, affirment, avec un surprenant aplomb, que le fond de l'*hermines* est blanc et non d'argent. Cette affirmation est peut-être basée sur des motifs sérieux dont ils n'ont pas jugé à propos de nous faire apprécier la valeur. Ils auraient dû au moins établir une distinction, car s'ils ont, au lieu d'un *semé* (constituant la fourrure), des *mouchetures d'hermines*, ils n'éprouvent aucun embarras à blasonner d'argent à tant de mouchetures d'hermines. Si ce n'est pas une exception, c'est un mystère. Je soutiens qu'on est libre de peindre les hermines avec le fond blanc ou avec le fond d'argent, comme on est libre de peindre l'argent avec le blanc, faute de couleur d'argent. — *Voir* HERMINES, VAIR.

LI. — On trouve chez les papetiers bien fournis de l'argent en coquille ou des encres d'argent bien préférables, puisqu'ayant un mordant elles adhèrent mieux au papier et supportent bien plus facilement le polissage. On emploie aussi de la poudre d'argent avec laquelle on saupoudre les parties (qui doivent être de ce métal) enduites préalablement d'une couche de vernis ou de mixtion qui la fixera. Il y a des procédés beaucoup plus parfaits, mais compliqués, comme ceux avec lesquels on cherche à imiter l'or et l'argent des anciens manuscrits. — *Voir* OR.

Je me borne à indiquer des bases relativement faciles pour essayer d'imiter ce procédé : colle de gants, bol d'Arménie, dissolution épaisse, l'étendre sur les parties à dorer ou à argenter qui resteront ainsi légèrement en relief. Avant dessiccation complète et pendant que la pâte tire encore légèrement, mettre l'or ou l'argent en feuilles avec le pinceau de doreur. Laisser sécher et polir avec la dent de loup en agate.

La grande difficulté est d'avoir de l'or ou de l'argent en feuilles assez épaisses comme on les faisait anciennement — et de bien doser la colle — car si le bol n'est pas maintenu par une quantité convenable, il se fendille.

Voici un moyen simple et pratique pour l'aquarelle. Délayer de la poudre d'argent (blanc d'aluminium) ou d'or (bronze) dans de l'eau gommeuse en solution, juste assez épaisse pour qu'elle couvre bien également le papier, étendue au pinceau. Polir fortement avec la dent de loup d'agate après complète dessiccation, en mettant le papier sur une plaque de marbre ou de métal bien polie. Cette opération doit être faite avant de poser les autres couleurs.

Toutes ces préparations dites d'argent sont faites avec de l'étain et, depuis quelque temps, avec de l'aluminium. J'en obtiens de très bons résultats qui, depuis quelques années, ne sont ni ternis ni noircis. Plus l'argent sera pur et plus il s'oxydera. Cette expérience n'est plus à faire. — *Voir* POURPRÉ, REMARQUE CCCLXXXIII.

Palliot cite une famille polonaise du nom de CZERWIANA, qui p. *d'argent plein*. On peut trouver des blasons d'argent ou blancs figurant une *table d'attente* (c'est ce mot que l'exemple de Palliot est inscrit) ou un *quartier cacheté*. — *Voir* CES MOTS.

ARMÉ. — Qualificatif de *disposition* qui se prend en trois acceptions : 1° pour les ongles des lions, des aigles et des griffons, etc., quand ils sont d'un émail différent; 2° pour le fer d'une flèche qui serait d'un émail différent; 3° se dit aussi d'un soldat, d'un chevalier, d'un cavalier qui serait couvert de son armure, d'un *dextrochère* armé, etc.

ARMES ou ARMOIRIES. — Marques d'honneur héréditaires, d'émaux et de figures déterminés, d'usage immémorial ou concédées par les souverains, qui distinguent les familles nobles l'une de l'autre.

LII. — *Marques d'honneur*. — L'auberge du Lion d'or a une enseigne et non une marque d'honneur. *Héréditaires*. — Un gentilhomme a un blason que lui a transmis son père ; il dépend du nom qu'il porte. S'il hérite d'une autre famille, il en prendra aussi le nom et les armes adjoints aux siens. L'un ne va pas sans l'autre.

D'émaux et figures déterminés. — Tout blason a au moins un émail ou une figure. A défaut de figure, l'émail en tient lieu, contenu dans la circonférence de l'écu. Cet émail et cette figure sont ou doivent être invariables.

D'usage immémorial. — J'ai ajouté ces mots aux définitions ayant cours. Ils sont nécessaires. Pas une famille de noblesse chevaleresque n'a reçu ses armoiries d'un prince ; elle a prises à l'origine des armoiries ou bien, si elles ne résultent pas d'anoblissement connu, elles sont immémoriales.

Menestrier dit qu'il est nécessaire que les armoiries soient autorisées par les princes « car, s'il arrivait « qu'une famille, quelque ancienne qu'elle soit, fît roture, elle perdait les droits de noblesse et quoi- « qu'elle pût retenir son blason, il ne serait plus marque d'honneur, n'étant plus authorisé, et il faudrait « obtenir des lettres de réhabilitation pour les rétablir en honneur. » Je suis d'accord avec le savant héraldiste. Mais avant que cette famille « ne fît roture », elle possédait des armoiries. Les tenait-elle d'une concession? On ne croit pas ou bien il n'en résulte pas. Dans les deux cas, ces armoiries étaient ou pouvaient être *immémoriales*.

Ou concédées par les souverains. — La volonté d'un prince n'a pas besoin de commentaires.

Distinguant les familles nobles l'une de l'autre. — Plusieurs familles ont le même nom, mais ont des armes différentes. Ceci ne s'applique que d'État à État ou de province à province. Des familles complè- tement différentes de nom et d'origine ont pourtant les mêmes armes. — *Voir* PAREILLES (ARMES).

Il y a plusieurs espèces d'armoiries.

ARMOIRIES DE FAMILLE. — Comme le nom l'indique, sont celles qui appartiennent à chaque famille et dont on parle habituellement. La définition donnée plus haut s'applique pro- prement à ces armoiries, mais elle peut par extension, adjonction ou contraction, s'éten- dre aux divisions. BOURBON (ANCIEN), (51) : p. *d'or au lion de gueules à l'orle de huit co- quilles d'azur* [1].

Il y a plusieurs systèmes pour la division des espèces d'armoiries : il me semble naturel de subdiviser les *armoiries de famille* en :

ARMOIRIES DE SUCCESSION. — Les héritiers d'une famille, ou de branches éteintes d'une famille qui en prenaient le nom, en adop- taient les armoiries au moins en écartelure.

ARMOIRIES D'ALLIANCES. — Nous en avons traité à ALLIANCES. — *Voir* ARBRE GÉNÉALO-

51

GIQUE, PENNON. Il faut encore ranger parmi les ARMOIRIES DE FAMILLE, les ARMES PARLANTES et les ARMES A ENQUÉRIR. — *Voir* CE MOT. Les *armes parlantes* sont celles dont les figures font allusion au nom de ceux qui les portent. Ces rébus héraldiques ne rendent pas des armoiries moins nobles que les autres *à priori*. Il suffira de citer l'exemple des trois illustres familles de Picardie dont on disait : Ailly, Mailly, Créquy, tels noms, telles armes, tels cris. — *Voir* INDUCTIONS.

ARMOIRIES DE DOMAINE. — Sont celles qui sont attachées à la possession d'une province, d'un royaume et de certains fiefs. Les armes de l'EMPIRE sont d'or à l'aigle éployé de sable, diadémé ou nimbé, becqué et membré du champ et selon d'autres de

[1] Cette description n'est pas de moi. — *Voir* REMARQUE CCCXVIII.

gueules. Les Empereurs les portaient ainsi, en ajoutant sur le cœur de l'aigle un écu aux armes de leur maison. — *Voir* Fig. 276, 309. Diadémé, Éployé, Essorant et Remarque CCCIV, second paragraphe.

Très souvent les armoiries de domaine se confondent avec les armoiries des princes qui possédaient ces domaines. Ainsi les armoiries de France sont celles de la maison de France, les armoiries du duché de Savoie sont celles de la maison de Savoie.

Les armoiries de domaine peuvent aussi se ranger, pour les Empereurs électifs, Rois électifs, parmi les *armoiries de dignité*.

ARMOIRIES DE PRÉTENTION. — Sont celles des royaumes, provinces ou grands fiefs, sur lesquels les princes prétendaient avoir des droits. Ils en portaient les armes ou ils en faisaient un quartier de leurs armes, comme les quartiers de Chypre et de Jérusalem, etc., portés dans l'ancien grand écu de la maison de Savoie.

ARMOIRIES DE DIGNITÉ. — Sont attachées aux charges et aux dignités que l'on remplit. Un Souverain Pontife qui prendrait pour armoiries la tiare et les clefs porterait des armoiries de dignité. L'Empereur aussi portait des *armoiries de dignité*. Ces armoiries, étant le symbole de possessions, sont aussi des *armoiries de domaine*.

ARMOIRIES DE COMMUNAUTÉ. — Sont celles des provinces, des villes, des ordres chevaleresques, des ordres religieux, des chapitres, des églises, des parlements, etc.

ARMOIRIES PARLANTES ou CHANTANTES. — *Voir* Armoiries de famille.

ARMOIRIES DE PATRONAGE. — Les Cardinaux mettaient habituellement en chef et quelquefois écartelaient ou mettaient sur le tout des leurs, les armoiries du Pape qui leur avait donné la pourpre. Les villes avaient souvent comme *armoiries de communauté*, une armoirie *de patronage* en prenant, soit un chef des armoiries du prince ou du royaume ; soit, en les brisant, celles du prince. *La ville de* Chambéry (52), capitale du duché de Savoie : p. *de Savoie (qui est de gueules à la croix d'argent), brisé d'une étoile d'or au canton dextre du chef.*

5 2

ARMOIRIES DE CONCESSION ET D'AGRÉGA-TION. — Les Souverains accordaient un chef de leurs armes ou un des quartiers de leurs armes, ou leurs armes et leur nom même, à une famille, con-cession que celle-ci transmettait à ses descendants.

Ces armoiries peuvent se confondre avec armoiries de patronage.

Les bordures de Castille et de Léon, communes en Espagne, sont des pièces de concession.

ARMES FAUSSES. — *Voir* ENQUÉRIR. — *Voir* BRISURE.

ARMORIAL. — Recueil d'armoiries d'une province ou d'un royaume.

LIII. — En se reportant à la définition du mot *Armoiries,* on verra si les auteurs de prétendus armoriaux ont raison d'y insérer les emblèmes ou marques des familles bourgeoises. Si anciennes et si distinguées qu'elles puissent être — j'en connais qui peuvent faire preuves de roture très honorable, remontant plus haut qu'il ne fallait de noblesse pour entrer dans les carrosses du Roi — elles ne sont point nobles, elles ne peuvent donc figurer dans un armorial que pour lui assurer plus d'achetours. Des bourgeois de villes privilégiées avaient le droit de porter des *armoiries.* Légales ou illégales, elles doivent être mises sous un autre pavillcn.

Armorial, dans certaines officines, se prend en un sens subjectif. C'est l'armorial des familles qui paient, non le droit, mais la charge d'y figurer.

ARQUÉ. — Employé par quelques auteurs pour ENTÉ.

ARRACHÉ. — Qualificatif de disposition, employé : 1° pour les arbres ou arbustes dont on voit les racines comme s'ils avaient été arrachés de terre. — *Voir* ARBRE et CHÊNE. 2° Pour les têtes et membres d'animaux qui ne sont pas tranchés (*Voir* COUPÉ) par un trait net, tellement que les plumes ou le poil couvrent le trait comme s'ils avaient été violemment arrachés du corps.

ARRÊT DE LANCE. — *Voir* LANCE.

ARRÊTÉ. — Synonyme d'alaisé ou raccourci.

LIV. — Menestrier le prend pour exprimer la position « d'un animal qui est sur ses quatre pieds, « sans que l'un avance devant l'autre, qui est la posture ordinaire des animaux qu'on appelle passans. » Il donne deux exemples : 1° un lion léopardé, arrêté et appuyé de la patte droite de devant sur un tronc. Je passe sur le reste de la description qui est absurde ; l'exemple ne répond point à la définition. Nous supprimons le mot *arrêté,* puisque c'est la position ordinaire du lion, passant ou léopardé ; nous ne dirons pas *appuyé,* ce qui n'est pas héraldique, mais *la patte droite posée sur un écot,* etc., il est suffisamment blasonné ; 2° « deux éperviers d'argent affrontés, perchés et arrêtés » ; les éperviers n'ayant que deux pattes ne peuvent être « sur leurs quatre pieds », d'ailleurs *perchés* suffit largement à exprimer la posture. Cette acception du mot *arrêté* est donc complètement inutile. La définition du *passant* est fausse. — *Voir* EN PIED, PASSANT.

ARRONDI. — Qualificatif de disposition, par lequel on exprime la forme arrondie de certaines pièces, contre leur nature, comme un giron, une pile qui seraient disposés en demi-cercle, une branche d'arbre pliée en rond, etc. — *Voir* SINGULIERS (BLASONS).

LV. — On dit aussi par excès de réglementation *arrondi* pour exprimer des traits d'ombre que l'on donnerait sur une boule pour la distinguer d'un tourteau, et même pour un tronc d'arbre. Palliot observe avec raison qu'il aimerait mieux dire un *rinceau* d'olivier de sinople fusté d'or « parce que c'est le bois, lequel en sa tige et en ses branches est peint en sa rondeur. » — *Voir* OMBRÉ.

ASCENDANT. — *Voir* PARENTÉ.

ASSIETTE. — Posture; position dans le sens grammatical du mot.

ASSIS. — Qualificatif de *situation*, dont on trouvera la définition gauloise dans Menestrier. Je l'explique, en l'appliquant aux animaux qui sont entre deux chaises... au figuré. — *Voir* ACCROUPI, ACCULÉ.

ASTRES. — *Voir* COMÈTE, ÉTOILE, LUNE, SOLEIL.

AUBIFOING. — Nom que l'on donne aux bluets des blés que d'autres nomment aussi *blavette*.

A UN. — *Voir* PLÉONASMES.

AVANT-MUR. — Est un pan de muraille joint à une tour. — *Voir* TOUR.

AZUR. — Subdivision d'ÉMAUX. Une des quatre couleurs reçues dans le blason, une des cinq, si l'on y admet le pourpre. — *Voir* COULEURS. C'est la couleur qui se trouve le plus communément dans les armoiries. Les anciens hérauts d'armes marquaient d'un C *(cœruleum)* les pièces d'azur; les Allemands d'un B *(blaü)*. Maintenant, on le désigne par de fines hachures horizontales, et en peinture par *le bleu de ciel*.

Nous avons vu au folio X *(in nota)* que l'azur, entre autres nombreuses significations héraldiques, dénotait le vendredi, les mois d'avril et septembre et la complexion sanguine.

LVI. — Dans les anciens manuscrits héraldiques, pour mon compte, j'ai presque toujours vu un *bleu clair* pour l'azur. J'entends par le bleu-clair, de l'outre-mer, légèrement additionné de blanc, ou bien de la cendre bleue.

ADELAIRE ou BAZE-
LAIRE. — Espèce de ci-
meterre, de coutelas ou
de sabre court, recourbé.
COURTEJAMBE, (53) : p.
*échiqueté d'argent et de sable
à deux badelaires rangés en
fasce dans leurs fourreaux
de gueules, enchés, virolés
et rivés d'or* (PALLIOT).

53

LVII. — *Voir* REMARQUE XLIII au mot *Anché*, d'où il résulte qu'au lieu *d'anché*, il faudrait blasonner *la garde et la poignée d'or*. Palliot, auquel je prends cette description (folio 96), oublie de dire que les badelaires ou cimeterres, soit leurs fourreaux, sont *enguichés*. Nous blasonnerons donc *deux badelaires rangés en fasces, dans leurs fourreaux de gueules, la garde, la poignée et les bouts d'or enguichés et rivés de même*. J'ai écrit *en fasces* et non *en fasce* comme Palliot, parce que la disposition de deux badelaires est similaire à celle de deux fasces et non d'une fasce. — *Voir* PLURIEL, SINGULIER et REMARQUE CCXXIV.

BAILLONNÈ. — Qualificatif de disposition pour un animal qui aurait un bâillon ou un bâton dans la gueule.

BALANCE. — Figure connue ; se compose de deux bassins attachés par des cordelettes aux bouts d'un fléau suspendu à une languette. Il faudrait blasonner séparée, toute partie qui serait d'un émail différent du corps de la balance. La *position* de la balance est d'être en équilibre, comme celle de la justice qui ne rend pas des services.

BAN, ARRIÈRE-BAN ou RIÈRE-BAN. — Dans le temps où la noblesse avait des privilèges, elle ne mettait pas au dernier rang celui d'aller se faire tuer au service du roi. Elle devait le service militaire au prince qui, en cas de besoin, convoquait le ban et l'arrière-ban. C'était un mandement adressé par le suzerain à ses vassaux, d'avoir à se trouver armés au rendez-vous d'honneur, avec leur suite d'hommes de pied ou de cheval, suivant l'importance de leurs fiefs.

L'étymologie du mot est fort contestée. Il est permis de croire que le *ban* et l'*arrière-ban* correspondaient aux *fiefs* et aux *arrière-fiefs*.

BANDE. — C'est une des pièces héraldiques honorables du premier ordre. La bande est une liste plate qui occupe diagonalement de dextre à senestre le tiers de l'emplacement de l'écu environ. C'est une des figures les plus répandues. NOAILLES, (54) : p. *de gueules à la bande d'or*. SCATI, (55) : *d'or à la bande de sable*. — *Voir* REMARQUE CCCXXX.

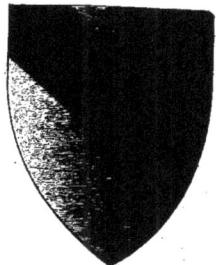

54   55

LVIII. — J'ai dit *environ* et cela se rapporte à la bande quand elle est seule dans un blason. — *Voir* PROPORTION. Quand elle est accompagnée on la dessine un peu moins large pour faire de la place aux autres figures. Mais il ne faut pas la diminuer de manière à ce que l'on puisse la confondre avec une *cotice*. J'ai pourtant la conviction que souvent, au lieu de *bande*, il aurait fallu mettre *cotice*. — *Voir* *plus loin*.

BANDE (CONTRE-). — *Voir* BARRE.

BANDE EN REBATTEMENT. — 1º Au lieu d'une bande simple, il peut y en avoir plusieurs dans un blason. BARVILLE, (56) : p. *d'argent à deux bandes de gueules*. GHISLIERI,

56   57   58

(57) : p. *d'or à trois bandes de gueules*. BARAHONA, (58) : p. *d'or à quatre bandes de gueules*.

Pour cinq bandes, *Voir plus bas*. BELIGNI, (59) : p. *de sable à six bandes d'argent*.

LIX. — Il va sans dire que la bande rebattue ne peut plus occuper le tiers de l'écu. Deux bandes occuperont chacune le tiers de la moitié, soit la cinquième partie de l'écu. Trois bandes occuperont chacune la septième partie de l'écu. Quatre bandes chacune la neuvième partie. Cinq bandes chacune la onzième partie. Six enfin, chacune la treizième partie de l'écu. Et bien entendu, toujours environ, car une précision mathématique est malheureusement impossible.

LX. — A quel nombre s'arrêtent les bandes rebattues ? Suivant quelques auteurs, dès que les bandes sont au nombre de cinq, elles changent de nom et s'appellent *cotices*. C'est une grave erreur. En pratique, je crois que le nombre de six bandes est le plus fort connu. En théorie, la seule limite est la grandeur de l'écu. Mais que le nombre change la bande en cotice, ce n'est pas admissible un seul instant. En effet, la bande occupe le tiers environ de l'écu; si cette bande est diminuée d'un tiers, elle devient *cotice*, comme diminuée des deux tiers, elle devient *bâton*. Or, si vous avez cinq bandes, vous divisez votre écu en onze parties à peu près égales. — *Voir* REMARQUE LXII. Cinq parties seront occupées par les bandes et six par le champ. En revanche, si vous avez cinq cotices, les six parties du champ s'augmentent de tout ce que vous devez inévitablement enlever aux bandes pour en faire des cotices. Un exemple frappant me fera bien comprendre.

59

60

61

ROCHEGUION, (60) : p. *d'or à cinq bandes d'azur*. BALBO, (61) : p. *d'or à cinq cotices d'azur*.

Presque tous les anciens auteurs italiens et français s'accordent à dire que les BALBO, BALBIS, BERTON, illustre famille de Piémont, souche des ducs de Crillon, portent *d'or à cinq cotices d'azur*. Dans leurs figures pourtant, ils mettent des *bandes*. Si ce sont des bandes, ce qui paraît certain, il faut les représenter comme au n° 60. Si ce sont des cotices, il faut absolument les dessiner comme au n° 61.

La même remarque peut s'appliquer à une autre famille de Piémont, les COSTA, comtes de LA TRINITÉ, qui portent, selon les uns, *d'azur à cinq cotices d'or*, et, selon les autres, *d'azur à cinq bandes d'or*.

La différence est plus que sensible; c'est donc la *diminution* et non le *rebattement* qui constitue la *cotice ;* c'est la surface qu'elle occupe dans l'écu et non son nombre qui constitue la *cotice*.

Il n'est pas plus permis à un astronome de prendre le soleil pour la lune, qu'à un héraldiste de confondre la *bande* avec la *cotice*. Cette confusion deviendrait impossible si l'on observait les proportions réglementaires, si l'art héraldique n'était pas livré *disputationibus eorum*.

Incidemment, il résulte de ce que nous avons dit ci-dessus, que le *cotice* n'est pas possible. — *Voir* CE MOT.

BANDÉ. — Il y a un autre genre de *rebattement de situation* pour la bande comme pour d'autres pièces du premier ordre. — *Voir* PALLÉ, FASCÉ, BARRÉ et CHEVRONNÉ. L'écu prend le nom de BANDÉ, lorsqu'il est *rempli* de bandes *en nombre pair*, se suivant en ordre alterné, de manière que, en partant de l'angle senestre du chef on voit *un émail*, et en arrivant à l'angle opposé de la pointe on voit un *émail différent*. On ne trouve point de champ dans un bandé; ces bandes alternées, égales en largeur, le remplissent et en tiennent lieu, formant un *champ factice*.

Le bandé se blasonne de tant de pièces. Il ne peut y en avoir moins de quatre; on en trouve jusqu'à douze. Le nombre habituel est de six; dans ce cas, il suffit de dire : *bandé de tel métal et de telle couleur ;* on saura que c'est le nombre type.

KALERGI, (62) : p. *bandé d'argent et d'azur de quatre pièces.* LUSERNA, (63) : p. *bandé d'argent et de gueules.*

Une exception se présente où le bandé n'est pas en nombre pair. BORSAN, (64) : p. *bandé d'or, de gueules et d'argent, de neuf pièces.* En supprimant le nombre pair et cherchant le champ, on voit à l'angle senestre du chef *or*, à l'opposé dans la pointe *argent ;* il n'y a pas de champ, donc c'est un *bandé*. — *Voir* Remarque CCXXVI.

LXI. — La bande a sa position connue dans l'écu. Par le *rebattement de nombre*, deux bandes par exemple, la bande reçoit une *disposition ;* (il y a deux bandes au lieu d'une), et une *situation* différente (celle que doivent occuper deux bandes). Mais cette *situation* une fois acquise, ces deux bandes prennent alors entre elles une *position relative*, la position de *deux bandes*, qui vous permettra, en vertu de la séante partition, de ne pas les confondre avec *deux cotices*.

Pour le *bandé*, autre rebattement, la bande reçoit deux *dispositions* : 1° d'être rebattue ; 2° de l'être de manière telle, que par sa *situation* elle absorbe le champ avec son ordre alterné. La *position relative* du *bandé* est d'être au nombre de six pièces, position que l'on n'exprime pas en blasonnant, comme nous l'avons dit plus haut.

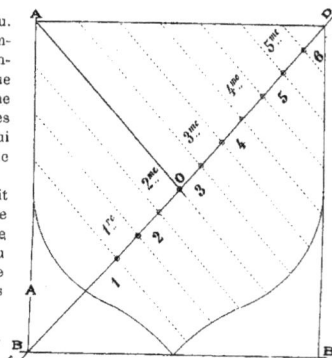

LXII. — Voici un moyen pratique de répartir convenablement cinq bandes par exemple dans un écu. Prolongez la verticale A jusqu'à l'horizontale B (bas de l'écu) ; tirez la diagonale C D de l'angle senestre du chef à la réunion des lignes A et B. Sur la diagonale limitée aux bords de l'écu, mettez avec un compas dix points divisant l'écu en onze parties. Sur la base A O, prolongez des lignes parallèles sur chacun de ces dix points. Vous aurez cinq parts pour vos bandes et six pour le champ.

La bande peut recevoir toute espèce de dispositions ainsi que toutes les pièces honorables du premier ordre. Elle peut être *abaissée, accompagnée, accostée, adextrée* ou *senestrée, chargée d'alérions (Voir* Fig. 41), *d'annelets, d'aiglettes,* etc., *ajourée, alaisée,* etc., recevoir toutes les lignes de bordure, etc.

Voici un exemple de double disposition pour une bande *échiquetée* et *accompagnée*. Salteur, (65) : p. *de gueules à la bande échiquetée de trois tires d'or et d'azur, accompagnée de deux étoiles d'argent.* Nous aurons d'autres exemples de dispositions pour la bande.

65

BANDÉ. — Se dit encore des têtes de Mores, quand elles ont un bandeau sur les yeux (*Voir* Tortillé), et de la corde de l'arc quand elle est d'un autre émail que l'arc.

BANDEROLE. — Se prend : 1° dans le sens de petite bannière apposée au bout d'une lance (*Voir* Vols) ou au sommet d'une girouette portant les armoiries du propriétaire ;

2º la *devise* diversement disposée en dessus ou en dessous d'un blason se met sur une *banderole*, c'est-à-dire un ruban flottant, suspendu ou posé sur le cartouche, ou agencé avec les supports et tenants. Le *cri* est souvent mis sur une *banderole* flottant au-dessus de l'écu.

BANNIÈRE. — Se prend en deux sens :
1º pour drapeau et il figure dans ce sens dans le Blason. Palliot en cite quatre exemples ; j'en trouve un cinquième dans un précieux manuscrit de ma bibliothèque (XVe siècle), *arma illorum* de CONFARIONERIIS (66). Je le blasonne *d'argent à la bannière flottante d'or, le trabe mis en bande.* C'est un blason à enquérir. Il est nécessaire de dire *flottante* pour qu'il n'y ait point d'amphibologie avec le deuxième sens. —
2º On dit un écu en *bannière* quand il est carré. — *Voir* ÉCU, GONFANON.

66

BAR. — *Voir* BARBEAU.

BARBÉ. — Un des attributs du *coq* (*Voir* COQ) et du *dauphin* (*Voir* DAUPHIN).

BARBEAU. — Poisson que le Blason nomme BAR ou BARS à cause de la ville de Bar en Lorraine, paraît-il ; ils sont habituellement représentés au nombre de deux, *adossés, affrontés* quelquefois ; on en trouve aussi un seul, et trois, diversement disposés dans l'écu. Leur position est d'être en pal, la tête en haut, avec le corps légèrement courbé.

67   68

BALBIANO, (67) : p. *de gueules au bar ou barbeau d'or, couronné.* GAUCOURT, (68) : p. *d'hermines à deux bars adossés de gueules.*

LXIII. — J'emprunte cette excellente forme du bar à Viollet-le-Duc. Elle est vraiment héraldique, et tout en conservant au barbeau ses principaux caractères, elle ne sent pas la poêle à frire.

BARDÉ. — Attribut du cheval. — *Voir* CHEVAL.

BARIL, BARILLET. — Il figure dans le Blason. Il faudrait blasonner le nombre des cercles (au moins dire *cerclé*), s'ils étaient d'un autre émail. — *Voir* FIG. 640.

BARRE. — Une des huit pièces honorables héraldiques du premier ordre. Elle occupe environ le tiers de l'écu diagonalement de senestre à dextre, dans le sens opposé à la bande. Tout ce que nous avons dit de la *bande* et du *bandé* dans le sens de partition, s'applique à la *barre* et au *barré*, mais toujours dans le sens de l'autre diagonale. Il est donc inutile de me répéter.

Quoique cette synonymie soit superflue, la barre s'appelle aussi CONTRE-BANDE.

LXIV. — Quelques auteurs n'admettent pas la *barre* parmi les figures honorables du premier ordre, sous prétexte que la *barre* serait signe de bâtardise, comme venant du côté gauche. C'est un prétexte qu'il faut discuter. Est-il établi que la barre est un signe de bâtardise ? Si quelques-uns en doutent, moi je le nie et je pense pouvoir prouver mon dire.

Que le *bâton*, ou le *bâton péri*, ou le *filet mis en barre*, ou la *traverse* qui est toujours en barre, dénotent *généralement* la bâtardise sur un blason, c'est certain, mais cela ne prouve rien pour la *barre*. Du reste, nous voyons, parmi les brisures de la bâtardise de la maison de France, figurer quelquefois le bâton péri, *mis en bande*. D'où vient donc l'opinion vulgairement admise relative à la barre ? 1° des observateurs distraits ou ignorants qui confondent *la barre* avec *ce qui est mis en barre*; 2° de ce qu'il est très commode de trouver une opinion toute faite au lieu de chercher et de travailler pour s'en faire une. Prenons le grave Guichenon dans sa généalogie des branches naturelles de la royale Maison de Savoie. Il blasonne les armoiries des comtes de Tende, des comtes de Collegno et des seigneurs de Busque, avec la brisure d'une barre de sable brochant sur le tout. Et dans les figures qu'il donne, ce ne sont pas des barres, mais des bâtons mis *en barre*. Tous ceux qui ont remarqué comment Guichenon — ce n'était pas le premier venu — exprimait par le dessin ce qu'il appelait barre, en en faisant la marque de bâtardise, auront conclu que la *barre* (cette prétendue barre) était signe d'illégitimité de naissance.

C'est un exemple entre cent, et voilà comment la barre est muette.

LXV. — Palliot, le grand Palliot (article BARRE) blasonne les armoiries de SAVOIE-MOLETTES (branche bâtarde de la maison de Savoie) *de Savoie brisé d'une barre de sable br. s. l. t.* Avant tout, ce n'est pas la brisure de cette branche ; elle brisait la croix de Savoie *de cinq mufles de lion de sable*. Mais où Palliot a-t-il pu voir que s'il y avait une pièce en barre, c'était une vraie barre occupant le tiers de l'écu ? On ne le saura jamais ! Pourquoi Palliot fait-il précéder immédiatement par ce blason illégitime celui de CHALANT, sans dire s'il en tire une conséquence pour ou contre la thèse qu'il indique en passant, que la barre sert communément pour les bâtards? Rien ne peut démontrer que la plus illustre famille du duché d'Aoste ait, dans sa souche, été entachée de bâtardise. Du reste, le blason que Segoing et Palliot attribuent aux CHALANT est faux. Ils ne portaient ni *coupé*, ni une *barre*, ni même un *bâton mis en barre*, mais *d'argent au chef de gueules à la cotice* (ou bâton, sens de la bande) *de sable brochant sur le tout.*

Un peu plus loin, à l'article BASTARDS, Palliot donne plusieurs blasons de bâtards de la maison de France, de Bourgogne, etc. Tous sont *traversés* par un *filet* (cela veut dire mis en barre), chargés de *bâtons péris*, etc. De *barre*, il n'y a pas vestige. Et pourtant, Palliot si fécond en exemples, après avoir dit que la barre sert communément pour les bâtards, non seulement n'en produit pas un seul exemple juste, mais il produit à la page suivante six exemples prouvant que les bâtards portaient « communément » autre chose que la barre. J'ai encore la main pleine d'arguments. Mais, forcé d'abréger, je crois en avoir dit assez pour justifier mes deux propositions :

1° La barre n'est point un signe de bâtardise;

2° Presque toujours les bâtards ont brisé les armes paternelles d'un bâton ou filet mis en barre ou en traverse.

Suivant Scohier, les descendants légitimes d'un bâtard abandonnaient la barre, filet ou traverse, et mettaient dans leur écu leurs armes sur une *plaine*. Suivant le même auteur, les bâtards ont souvent mis leurs armes sur un *canton*. Cet usage n'a jamais été aussi général que la faiblesse humaine qu'il voulait signaler.

BARRE RÉDUITE. — *Voyez* TRAVERSE.

BARRÉ.

LXVI. — Le mot *barré*, assez rare du reste, nous fournit une bonne remarque critique. Palliot dit que, suivant le P. Compain, URTIÈRES portait *barré d'or et de gueules de six pièces, à la bande fuselée de l'un en l'autre*. Sa figure donne dix pièces au lieu de six; ce qu'il appelle une *bande fuselée* improprement, doit se blasonner : *à dix* (prononcez *six*) *fusées couchées en barre, mises en bande, de l'un en l'autre*. Menestrier donne le même blason et le décrit : *barré d'or et de gueules* (il a raison de sous-entendre de six pièces) *à la bande de losanges accollées de l'un en l'autre*. Il ajoute : « Le chevalier Guichenon, qui n'avait pas vu ces armoiries, les a mal blasonnées et mal représentées dans son *Histoire généalogique de Savoye* » (où je les ai vainement cherchées); « je les ai vues dans une vitre de la chapelle de l'ancien château d'Urtières et sur un tableau d'un autel des Dominicains de Chambéry. » Mais, ou Menestrier les a mal vues, ou bien il ne les a pas représentées comme il les a vues, car il en donne le dessin où les losanges ne sont point de *l'un en l'autre*, ni même de *l'un à l'autre*, mais *taillées d'or et de gueules* indifféremment sur les *barrés d'or* ou *de gueules*. Notez que le P. Compain, jésuite comme le P. Menestrier, est aussi un témoin que nous savons oculaire. A qui croire?

Les seigneurs d'Urtières étaient les MIOLANS ou une branche de cette illustre maison. Leur blason était *bandé d'or et de gueules* (de six pièces) et non *barré*. Les d'Urtières ont brisé ce blason de *huit losanges de l'un en l'autre; les bandés d'or chargés chacun d'une losange, les deux premiers bandés de gueules de deux, le troisième d'une losange de l'un en l'autre*. Cette version, que je crois la bonne, est bien différente des précédentes. Admettons qu'un bâtard d'Urtières ait changé le bandé en barré et modifié la situation des losanges, d'où les dessins mal vus ou par Compain ou par Menestrier; on devra aussi admettre que le P. Compain a pu mal voir ce qu'il a transmis à Palliot, lequel, de son côté, a dessiné autrement de ce qu'il avait blasonné; encore mieux, que le P. Menestrier a pu mal voir (ou voir des dessins vicieux), puisque de son côté, tout en critiquant Guichenon, il décrit ce qu'il dit avoir vu d'une manière et dessine d'une manière toute autre et fausse par-dessus le marché.

La morale de tout ceci, c'est que la critique est aisée; personne ne sait mieux que moi combien l'art est difficile.

BARRÉ (CONTRE-). — *Voir* REMARQUE CXXXII.

BARRILLET. — *Voir* BARIL.

BARS. — *Voir* BARBEAU.

BASILIC. — *Voir* DRAGON.

BASSE BARRE. — *Voyez* CHAMPAGNE.

BASSINET ou BACINET. — *Voir* HEAUME et RENONCULE.

BASTILLÉ. — Qualificatif de disposition. Se dit théoriquement :
1° Des villes garnies de tours,
2° Et pratiquement des chefs, fasces, bandes, etc., qui ont des créneaux *en dessous*. A l'opposite, c'est-à-dire quand les créneaux sont *en dessus*, on blasonne CRÉNELÉ ; quand les créneaux sont des deux côtés, on blasonne BRETESSÉ. — *Voir* CES MOTS et LIGNES DE BORDURE.

Il faudrait blasonner le nombre des pièces du *bastillé*, même les demi-pièces quand il y en a. GROITHUS, (69) : *d'argent à la cotice bastillée de quatre pièces de sable*. MORIEN, (70) : *d'argent, à la bande bastillée de quatre pièces à plomb de sable, accompagnée en chef d'une étoile à six rais de gueules*.

69   70

LXVII. — *Cuique suum*. C'est à ces deux exemples tirés de Palliot, et aux réflexions en dérivant, que je dois d'avoir essayé de ne pas me contenter de formules vagues. C'est là et à l'article CRÉNELÉ que j'ai pris le mot A PLOMB. En réunissant en un faisceau des idées éparses, ébauchées mais non approfondies — et même souvent abandonnées par les grands héraldistes. — (*Voir notamment* REMARQUES LXXV, CCCLXVIII, CCCLXX pour Palliot, et C, CI pour Menestrier) — j'ai écrit les articles POSITION, DISPOSITION et SITUATION. Ils forment un corps de doctrine qu'un autre traitera mieux que moi sans doute, mais d'après des données précises et complètes qui, à ma connaissance, voient le grand jour pour la première fois.

Le mot BASTILLÉ devrait nous servir encore pour un cas que l'on pourrait ranger parmi les blasons singuliers.

Le *bastillé* est l'opposé du *crénelé* (*Voir* LIGNES DE BORDURE), le *crénelé* est en dessus, le *bastillé* en dessous ; on pourrait dire *par analogie* que le créneau est *saillant* et le bastillé *rentrant*. — *Voir* SINGULIERS (BLASONS).

Si l'on admet cette extension de sens, je m'en servirais pour blasonner l'écu des SCOZIA (A) ; nous dirions : p. *d'azur à deux pointes s'aboutant vers le cœur, la première renversée de gueules, la seconde d'argent, chacune bastillée de deux pièces*.

Feu le comte Franchi-Verney, héraldiste distingué qui en a donné la figure conforme à A, blasonnait comme suit : *d'azur à la pointe d'argent creusée en carré et symétriquement de chaque côté, avec une pointe tout à*

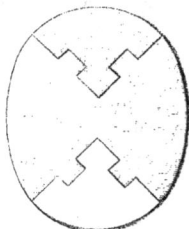

A

fait semblable de gueules, cousue, renversée, c'est-à-dire mouvante du chef. C'est long et il a négligé de dire que les pointes ne s'accolent pas.

Della Chiesa blasonne : *deux écueils (scogli,* c'est peut-être l'idée-mère) *affrontés, l'un de gueules, l'autre en pointe d'argent, lesquels se réunissant par les bouts, forment deux créneaux de chaque côté, sur champ d'azur.* Le blason en résultant donnerait un dessin tout différent. La description est naïve, mais incorrecte.

Puisque la pointe d'en haut est *renversée,* elle est bastillée, tout comme celle à laquelle elle est opposée; il n'y a donc point de contradiction avec l'idée du *bastillé,* ni de motifs pour repousser ma description, qui tout en étant plus courte, n'est pas plus obscure que celles données plus haut.

Dans le cas contraire (B) on dirait : *chacune crénelée de deux pièces.*

Palliot aurait blasonné A, par l'*enclavé* (*Voir* ce mot) ; chacune *enclavée de deux pièces du champ*; *bastillée* vaut mieux selon moi, car je trouve

B

mauvaise cette action du champ qui enclave ; *bastillé,* dans ce sens est un mot que l'on peut accepter ou refuser; mais il va sans dire qu'il ne peut servir que pour des blasons singuliers (*Voir* à ce mot 1° et 3°). Dans le véritable sens (69, 70), il s'applique à des créneaux mis dans le bas et non aux vides laissés entre ces créneaux.

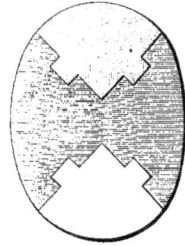

BATAILLÉ. — Se dit d'une cloche quand elle a le battant d'un autre émail.

BATON. — Réduction de la bande. Selon les uns, il doit avoir la moitié moins que la cotice ; selon les autres, le tiers de la bande. Ce détail a peu d'importance si l'on m'accorde la proportion de la *cotice.*

LXVIII. — Il est habituellement difficile de distinguer dans les dessins courants la *bande* de la *cotice,* surtout avec une ligne de bordure (*Voir* Fig. 69 et 70), à plus forte raison la *cotice* du *bâton.* En voyant trois blasons du même dessinateur et de la même venue, on pourrait juger par les proportions si l'on voit une *bande* ou une *cotice* et appeler *bâton* la plus mince des trois listes. Mais cette réunion de trois figures dans un même tableau est à coup sûr très rare.

D'ailleurs, dans les dimensions ordinaires des blasons peints ou gravés, on trouve des *bâtons* comme celui de Vendôme, *chargés de trois lionceaux.* Il faut bien alors, pour loger ces animaux, donner au bâton *au moins* autant de valeur qu'à la cotice. La différence peut donc s'établir en théorie beaucoup plus facilement qu'en pratique.

Le *bâton,* en tant qu'il diffère de la *cotice,* peut être — en le spécifiant — mis en barre ou autrement. — *Voir* Rem. LXIV et CXXXVIII.

BATON-PÉRI. — Est un bâton très *alaisé* qui a servi de brisure. Les Anglais l'appellent *baton.* S'il est dans son sens naturel (de la bande), il est oiseux de dire *péri en bande,* comme le font quelques auteurs. *Péri* suffit pour marquer son raccourcissement aux deux bouts et sa position. Mais il est absolument indispensable de dire *péri en barre* quand il a cette situation.

LXIX. — Il est tout aussi inutile de dire que le bâton est *brochant sur le tout* pour exprimer le contraire de *péri.* On ne dirait *brochant sur le tout* que pour exprimer si le bâton passait sur des figures meublant l'écu. — *Voir* Brochant sur le tout.

BATONNÉ. — *Voir* Croix.

BECQUÉ. — Se dit des oi-
seaux qui ont le bec d'un autre
émail que le corps.

LA TRÉMOILLE, (71) : p. *d'or
au chevron de gueules accompagné de trois aiglettes d'azur,
becquées et membrées du second.*

L'*Armorial de France* du Héraut Berry (publié par Vallet
de Viriville, Paris, Bachelin-
Deflorenne, 1866), au lieu
d'*aiglettes* dit *alérions*, au folio 150; mais aux spécimens
des blasons, il met des *aiglettes,* celle de la pointe *contournée.*

BEFFROY. — Puisqu'on est
convenu que le vair ressemble
à des cloches, il est naturel
que l'on ait appelé *beffroy* une
disposition de cette fourrure.
Le *beffroy* ne diffère du vair
que par le nombre de *tires :* le
vair en a ordinairement quatre; le *beffroy* en a trois. S'il
n'y avait que deux *tires,* on
dirait *beffroy de deux; beffroy*
simplement pour
trois et *vair* pour qua-
tre et davantage.— *V.*
VAIR, MENU-VAIR, et à
PALISSÉ, un *beffroy
d'une tire.*

Il est du reste en-
tendu que le *beffroy*
est toujours d'argent
et d'azur comme le
vair. On spécifie s'il
est d'autres émaux.
MORGENNE, (72) : p.
de beffroy. VERDELIN,
(72 *bis*) : p. *de beffroy
d'argent et de sable.*

71

72   72 *bis.*

LXX. — En parlant du beffroy j'ai nommé les *tires*. — *Voir* CE MOT, qu'il est important de ne pas confondre avec *trait*, comme on le fait très habituellement.

BELIG, BELIF ou BEL IF. — Palliot donne ces mots comme synonymes de la couleur *gueules*.

BELIER ou BELIN. — Le bélier ne se distingue de l'agneau que par ses cornes. On le représente *passant*. Si ses cornes étaient d'un autre émail, on le dirait *accorné;* s'il est levé sur ses pattes de derrière, on le dira *sautant* selon Palliot et *saillant* suivant Menestrier. Les deux mots sont bons, ils proviennent également du mot latin *salire*.

BESANT. — Le besant est une monnaie d'or dont le nom vient de Bysance, où on la fabriquait. Elle se représente ronde et pleine. Cette figure est assez répandue dans les armoiries, seule ou en nombre, chargeant ou accompagnant.

Suivant la plupart des auteurs, le besant peut être indifféremment d'or ou d'argent et il faut toujours blasonner s'il est de l'un ou de l'autre métal.

LXXI. — Quand le besant est de couleur, on l'appelle *tourteau.* — *Voir* CE MOT. — Quand il est moitié de métal et moitié de couleur, on l'appelle *besant-tourteau* et *tourteau-besant* quand il est moitié de couleur et moitié de métal. — *Voir plus loin.* — On devrait laisser au besant son métal particulier, l'or; ce n'est qu'abusivement que l'on a introduit des besants d'argent dans le Blason. Quand on dit *un louis*, on sait que c'est maintenant l'équivalent de vingt francs en argent. Si quelques personnes abondantes en paroles disent *un louis d'or,* elles pourraient aussi bien dire qu'il se compose de *quatre louis d'argent* dont chacun vaut *cent louis de billon.* On devrait admettre généralement la pratique en disant *besant*, de sous-entendre qu'il est *d'or.*

Si le besant est d'argent, alors l'on dirait *besant d'argent* par concession à l'usage vulgaire, car, puisque le Blason a un mot spécial pour le besant d'argent, il vaudrait beaucoup mieux s'en servir et dire *une plate* ou *deux plates.*

LXXII. — Je voudrais au moins laisser au besant (d'or) qui est le type, le privilège de représenter seul, au besoin, toutes les dispositions d'émail qui peuvent le transformer en plate, en tourteaux de toute couleur, en besants-tourteaux, et en tourteaux-besants. Ainsi en disant trois *besants* simplement, *d'or* serait sous-entendu. On ne dirait plus *besant-tourteau d'argent et de gueules*, mais *besant d'argent et de gueules;* on ne dirait plus *tourteau-besant d'azur et d'or,* mais *besant d'azur et d'or.* C'est toujours la même idée, on voit qu'elle simplifierait la description.

BESANT-TOURTEAU. — Se dit du besant (d'or et d'argent) ayant un trait quelconque de partition le divisant, moitié en métal, moitié en couleur, de manière qu'en blasonnant on doit énoncer le métal d'abord et la couleur ensuite. Moitié couleur, moitié métal constitue le *tourteau-besant.* — *Voir* CE MOT, DE L'UN A L'AUTRE, Remarques CCCLXXVII et CCCLXXVIII, et la Remarque précédente.

LXXIII. — Le besant, en sa qualité de figure ronde, sans côtés, est des plus commodes à blasonner. Mais le *besant-tourteau,* par les traits de partition qui le divisent en métal et couleur, est soumis aux règles minutieuses de la *position.*

Palliot définit le besant-tourteau « qui est *party* métal et couleur » et sur quatre exemples il en donne deux de *parti,* un de *coupé* et un *d'écartelé en sautoir.* Sa définition est donc inexacte; celle que je donne est préférable. Il blasonne le premier exemple sans dire que les besants sont *partis* et c'était nécessaire puisqu'il en donne de *coupés* et d'*écartelés*. On pourrait blasonner autrement son deuxième exemple, mais arrivons au troisième. Il blasonne l'écu des ABTOT « porte d'or party de gueules aux tourteau et besan de l'un en l'autre, en chef et en pointe un tourteau-besan de même. » Cette fausse description jure sous la plume de l'illustre héraldiste bourguignon. Il ne dit pas de quelle couleur sont les tourteaux, c'est un oubli, mais l'expression *de l'un en l'autre* constitue une grave erreur; les expressions *en chef et en pointe* constituent des pléonasmes. Enfin le troisième n'est pas plus un tourteaubesant qu'un besant-tourteau; c'est un besant que la grande ligne de partition divise *de l'un à l'autre*. Il n'y a qu'une manière de blasonner, ABTOT : p. *parti d'or et de gueules à trois besants, deux de l'un en l'autre, un de l'un à l'autre*. C'est clair et complet. — *Voir* DE L'UN A L'AUTRE, DE L'UN EN L'AUTRE, où je figure le blason d'ABTOT, fig. 266.

BESANTÉ. — Se dit d'une pièce et notamment de la bordure chargée de besants. Mais comme il faut arriver à spécifier le nombre de besants, huit, (c'est l'ordinaire), dix, onze ou douze, on peut tout aussi bien, au lieu de *bordure besantée de huit pièces*, dire bordure *chargée de huit besants*.

LXXIV. — Je n'en connais pas d'exemple, mais si je trouvais un écu de gueules semé de besants d'or (*Voir* SEMÉ), je n'hésiterais pas à le blasonner *de gueules besanté d'or*. Cela ne prête pas à l'amphibologie comme le *losangé* (*Voir* CE MOT) et *semé* de losanges.

BICHE. — L'Armorial de M. de Milleville contient la description des armoiries des MÉRIC-BELLEFON qui portent *d'azur à la biche d'or*. Je n'en connais pas d'autre exemple. Il faut se souvenir, en la dessinant, que la biche est sans cornes.

BIGARRÉ. — *Voir* DIAPRÉ.

BILLETTE. — Figure héraldique du deuxième ordre, représentant une figure à quatre angles droits, plus haute que large. Sa position dans l'écu est d'être droite, en pal, dans le sens de sa hauteur, *position* qu'il est inutile d'exprimer. Si elle est située de manière à ce que son côté le plus long soit parallèle à la partition du *coupé*, on la blasonne *couchée*.

LXXV. — Palliot fait un article à part pour BILLETTE COUCHÉE ou RENVERSÉE et il ne fait pas d'autres réflexions, sauf que cette figure *couchée* est assez rare en armoiries. J'ai déclaré à la remarque LXVII que c'est dans Palliot que j'ai puisé des idées qu'il est bien loin d'avoir toujours suivies. — *Voir* POSITION et REMARQUES CCCLXVIII, CCCLXX. En voici une preuve.

Dans ses exemples de *billettes*, il donne l'armoirie de SAINT-PRIET (73, comme ci-contre) et la blasonne : *d'or à quatre billettes d'azur posées en croix*. S'il avait ajouté *posées à plomb en croix*, cela rendrait la forme d'une croix autant qu'on peut le faire avec quatre billettes *à plomb*. Mais faisons abstraction du dessin et partons de la description donnée. En réfléchissant à ces mots *posées en croix*, j'en tirerai deux conclusions :

1° Par le mot *posées*, elles reçoivent la situation non naturelle à quatre

73

pièces dans un blason, de se mettre 1 en chef, 2 aux cantons dextre et senestre du cœur et 1 en pointe ;

2º Par l'adjonction *en croix,* elles devront se *situer* en croix par rapport à elles-mêmes. Alors à la description plus haut donnée, je répondrai par la figure 73 *bis,* d'une allure correcte, mais bien différente de la figure de Palliot (73), c'est-à-dire que je coucherai dans le sens du bras horizontal de la croix, les deux billettes en fasce.

Quant à la figure 73, elle répond à la description suivante : *d'or à quatre billettes d'azur, une, deux et une.*

J'en dirai davantage à la place voulue. Il me suffit que la billette m'ait ici servi de jalon. — *Voir* POSITION et TABLETTE.

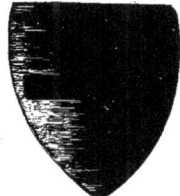

73 *bis.*

BILLETTÉ ou BILLETÉ. — Se dit d'un champ d'écu rempli de billettes sans nombre. — *Voir* SEMÉ et FIG. 589.

BISCE, BISSE. — Mot italien (*biscia*), pour serpent. Nous avons un mot français tout aussi prudent. — *Voir* GUIVRE.

BLASON. — Dans son sens étendu, c'est la science qui nous apprend à *blasonner.* En faisant ce livre, nous étudions le Blason.

Dans son sens restreint, il se prend pour armes ou armoiries d'une famille ou d'une ville. C'est par l'étude de *blasons* régulièrement dessinés que nous apprenons le *Blason.*

LXXVI. — Je me suis promis de ne pas faire parade d'érudition, car je tiens à ne pas passer pour un pédant. Qu'il me soit permis pourtant de dire que je repousse toute étymologie pour le mot BLASON — la fameuse tirée de l'allemand *blasen,* sonner du cor, y comprise — autre que celle du vieux mot français *blason.* Le *blason* de la rose, par exemple, c'est l'éloge, la louange, la description des vertus, des charmes de la rose, la critique de ses épines.

Si cette étymologie n'était pas la bonne, je n'en soutiendrais pas moins que c'est la meilleure pour laisser un nom français à une science éminemment française.

BLASONNER. — C'est donner la description exacte des armoiries que l'on voit peintes, gravées ou sculptées, ou que l'on sait par cœur, avec la parole ou la plume.

Une description exacte, construit.

Une description inexacte, incertaine, détruit.

Les règles pour donner une description correcte et précise sont énumérées aux mots DESCRIPTION, POSITION, notamment, et à chaque article de ce Dictionnaire. — *Voir aussi* INUTILITÉS, PLÉONASMES.

BLASONS SINGULIERS. — *Voir* SINGULIERS.

BLAVETTE. — *Voir* AUBIFOING.

BŒUF. — Le bœuf ne se distingue pas du taureau. — *Voir* BUFFLE. — Il est représenté *passant,* sa position naturelle inutile à exprimer. S'il est élevé sur ses pieds de derrière, on le blasonne *furieux.* Il peut être *accolé, clariné, bouclé, langué, onglé,* etc. — *Voir* CES MOTS.

BONNET ALBANAIS ou **A LA HONGROISE**, ou **A LA POLONAISE**. — Sorte de bonnet que l'on trouve spéciale-ment dans les armoiries allemandes. Formes diverses, classification fort incertaine. — *Voir* FIG. 104 et ci-contre les modèles les plus usités.

BORDÉ. — Se dit de toute pièce ayant une bordure l'entourant *entièrement* d'un autre émail.

LXXVII. — Les plus grands auteurs se trompent à propos du *bordé*. Guichenon, par exemple, pour le chevron des CHEVRON-VILLETTE, le dit faussement *bordé*. Palliot (sans en donner la figure, il est vrai) cite aussi ce blason qu'il dit bien à tort *bordé* à la page 99, et *chargé* à la page 162. — *Voyez* CES ARMOIRIES A LA FIG. 133.

LXXVIII. — D'Hozier (*Armor. gén. de France*, 17me livraison) confond souvent le *bordé* avec ce qui ne l'est pas. A, l'article de la famille DE COMBLES, il en donne les armoiries comme je les figure à 74 et les blasonne :

« *écartelé au 1er d'or, au 2e de gueules à une étoile d'or, au*
« *3e d'azur, au 4e d'argent, et une croix de sinople bordée*
« *de sable brochant sur le tout.* »

Il cite une enquête de 1571 dans laquelle elles sont ainsi expliquées. Ce n'était point une raison pour l'étayer de son autorité et surtout pour la dessiner comme il l'a fait, car la croix n'y est point *bordée;* la croix de sinople *charge* une autre croix de *sable*. Couleur sur couleur, ce qui est une arme fausse par parenthèse. Si elle était *bordée*, il faudrait la représenter comme en 74 *bis*, où l'on voit réellement une croix de sinople bordée de sable.

74

Ce n'est pas tout. Dans le blason 74, il n'y a pas de champ proprement dit. Il n'y a point d'*écartelé*, du moins je puis le supposer : 1o théoriquement, je puis blasonner de deux ou trois manières différentes, autrement que par l'écartelé; 2o pratiquement, j'ai le devoir de l'essayer, car l'*écartelé* se compose de deux émaux quand ce n'est pas un écartelé d'al-liances. Or je ne puis voir des alliances dans ces trois quartiers d'émail plein ; ce n'est donc pas un écartelé. En sortant des don-nées positives on pourrait encore indiquer, avec la réserve voulue, ce qui résulterait de l'*induction*.— *Voir* CE MOT.— N'a-t-on pas eu l'intention de *combler* cette croix dans ses quatre cantons? Il faut donc blasonner DE COMBLES, (74) : p. *une croix de sable chargée d'une croix de sinople, ce qui est une arme fausse, cantonnée au 1er d'or, au 2e de gueules à l'étoile d'or, au 3e d'azur, au 4e d'argent*. C'est avec regret que je blasonne la figure avant le champ.

Je dois à la justice de dire que Menestrier blasonne cet écu presque aussi mal que d'Hozier.

74 *bis*.

LXXIX. — Dans cette même 17me livraison, d'Hozier blasonne *bordées* les fasces de FAYET et de FREMYN qui ne sont point *bordées*. Pourtant plus loin, à JULIANIS, il blasonne correctement — nous devons charitablement supposer que c'est par hasard — une disposition similaire, soit un *pal chargé d'un autre pal.*

Ces observations que l'on pourrait indéfiniment augmenter, suffiront à commencer à justifier ce que je dis dans mon Avant-propos, de la manière de blasonner de d'Hozier. — *Voir* PLÉONASMES.

LXXX. — Palliot, dans son article *Croix bordée*, donne deux exemples pour lesquels il ne confond pas précisément le *bordé* avec le *chargé*. Mais pour l'un d'entre eux, FREDEVILLE, il blasonne *d'argent à la croix de gueules bordée dentelée de sable* et dessine comme en 75.

Ce dessin me fournit une intéressante remarque. Il faut distinguer entre la vraie *bordure d'un écu* ou la *bordure d'une pièce.*

La première reçoit une *disposition*, de l'*engrêlé*, par exemple, seulement l'autre côté est sur les bords de l'écu qui sont toujours unis. — *Voir* FIG. 78.

Quand la bordure perd sa position pour prendre une situation autour d'une croix, par exemple, elle ne peut être dentelée d'*un seul côté* puisqu'elle est bordure de *deux côtés.*

Dans le dessin de Palliot, (75), la dentelure porte sur la périphérie intérieure de la liste de sable bordant la croix.

Si nous réfléchissons pourtant que ces mots, *croix bordée dentelée*, comportent nécessairement la disposition du *dentelé*, soit pour la *croix*, soit pour la *bordure*, nous dessinerons d'après cette description, comme en 75 *bis.*

Le motif deviendra saisissant quand nous blasonnerons la fig. 75 : *d'argent à la croix de sable* (de forme pleine est sous-entendu) *chargée d'une croix alaisée dentelée de gueules.* Ceci écarte toute amphibologie possible, tout comme si nous blasonnions cette même figure 75 : *d'argent à la croix de gueules bordée de sable, la bordure dentelée seulement à l'intérieur sur le gueules.* Il va sans dire que dans les quatre points où les bras de la croix touchent les bords de l'écu (75 *bis*), la bordure ne peut être dentelée qu'à l'intérieur, comme dans les figures 92 et 93, le *cannelé* et l'*engrêlé* sont lisses sur les bords de l'écu.

Nous voyons à la fig. 213 une bordure *crénelée* de deux émaux. Il est tout naturel que le *crénelé* agisse seulement sur la ligne qui sépare les deux émaux de la bordure. Si cette bordure pouvait être *crénelée* des deux côtés, elle ne serait plus *crénelée*, mais *bretessée.* — *Voir* CES MOTS.

75

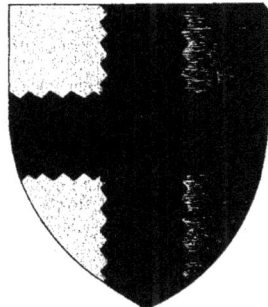

75 *bis.*

BORDURE. — Une des figures ou pièces héraldiques du deuxième ordre. C'est une liste adhérente aux bords de l'écu, dans toutes leurs sinuosités et quelle que soit la forme de l'écu, dont elle occupe environ la sixième partie, soit le tiers réparti entre les deux branches en largeur.

VASTINE, (76) : p. *d'argent à la bordure d'azur.*

La bordure reçoit toute espèce de disposition.

AUBER, (77) : p. *écartelé d'or et d'azur à la bordure écartelée de l'un à l'autre.*

LA VILLE, (78) : p. *d'argent à la bordure engrêlée de gueules.*

76   77   78

Elle peut être *denchée, bandée, chargée, crénelée,* etc. — *Voir* REMARQUE CLI.

GALLI, (79) : p. *bandé d'argent et d'azur au chef du premier chargé d'un coq de gueules, à la bordure componée des premiers émaux.* — *Voir* REM. CXXVII.

La bordure a très souvent servi de brisure.

79

LXXXI. — La bordure peut fournir une manière élégante de marquer les alliances pour un nombre indéterminé de quartiers qui entoureraient le blason de celui qui les présente.

On blasonnerait la figure A pour un pennon d'armes direct en commençant par celui du milieu : N. porte de.... qui est de....: à la bordure d'alliances de dix quartiers (on peut le faire avec tout autre nombre) aux 1ᵉʳ et 3ᵉ de... qui est de... (la mère et la bisaïeule) : au 2ᵉ de... qui est de... (l'aïeule) au 4ᵉ de..., etc. — *Voir* ALLIANCES.

Mon manuscrit héraldique (fin du XVᵉ siècle) contient le blason des marquis de MONTFERRAT, ainsi disposé. Autour de l'écu central *d'argent au chef de gueules,* qui est de MONTFERRAT, on voit une bordure de six quartiers. Au 1ᵉʳ, de LASCARIS, *de l'empire d'Orient* (de gueules à l'aigle éployé et couronné d'or); au 2ᵉ, de JÉRUSALEM (*V.* FIG. 259); au 3ᵉ, d'ARAGON ancien qui est *de gueules à quatre pals d'or;* au 4ᵉ, de SAXE MODERNE ou ÉLECTORALE (*V.* FIG. 208); au 5ᵉ, de MONTBÉLIARD-BAR qui est *d'azur semé de croix recroisettées au pied fiché d'or à deux bars affrontés* (en réalité ils doivent être adossés) *de même ;* au 6ᵉ, *de l'empire grec de* CONSTANTINOPLE qui est *de gueules à la croix d'or cantonnée de quatre B* (BASILEOS) *de même affrontés.*

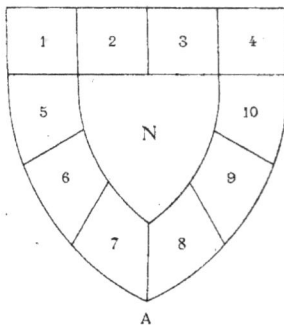

A

BORDURE (LIGNES DE). — *Voir* LIGNES.

BOTTES. — *Voir* HOUSEAUX.

BOUC. — Cet animal figure dans quelques armoiries allemandes *passant* ou *en pied.*

BOUCLE. — Se confond, si elle est ronde, avec CERCLE et ANNELET. Si elle est garnie d'ardillons, elle se nomme FERMAIL. — *Voir* CE MOT et COLLIER.

BOUCLÉ.

1° Qualificatif pour le collier d'un chien, par exemple, qui aurait une boucle d'un autre émail ;

2° Qualificatif pour un taureau, ou un *rencontre* de taureau, ou pour un ours représenté avec une boucle passée dans les naseaux.

Le canton d'URI, (80) : *p. d'or au rencontre d'urus de sable, accorné, langué et bouclé de gueules* [1].

80

BOUGE. — Palliot, qui l'appelle *bouse,* dit que c'est « un instrument duquel on se sert en Angleterre à puiser de l'eau. »

LXXXII. — Palliot cite les BOURCHIER qui en portent comme armes parlantes. Ce serait donc *Bourche* comme corruption de *bourse,* qu'il faudrait au moins dire. Menestrier la nomme *bouge.*

L'excellent traité de M. Charles Boutell (*English Heraldry*) qui en a pris la forme sur d'anciens monuments, dit que c'était un vase (une bourse) employé par les Croisés pour transporter l'eau. Suivant Palliot, BOURCHIER, (81) : p. « *d'argent à la croix engrêlée de gueules cantonnée de quatre bouses de sable.* » La forme que Palliot donne à ce que les Anglais nomment BOUGETS (enflés) ou WATER-BOUGET est celle-ci ; celle que je donne à 81 est de l'armoriste anglais.

81

En vieux français *bouge* veut dire poche.

---

[1] Le type officiel moderne (*Voir* l'intéressant ouvrage de M. Ad. GAUTIER, *Les Armoiries des Cantons Suisses.* Genève, Georg, 1879), n'*accorne* pas de gueules, mais ajoute le *langué.*

BOURDON. — C'est le bâton du pèlerin. Il est représenté, dans le Blason, orné de deux pommes formant manche et garde, et garni à la pointe d'un fer pointu.

S'il faut conclure du silence de Palliot qui se borne à blasonner LA BOURDONNAYE, (82) : *de gueules à trois bourdons d'argent*, et donne la figure comme je la reproduis, la position naturelle du bourdon serait en pal, pointe en bas. Je prie mes lecteurs de vouloir bien prendre bonne note de la forme du *bourdon*.

BOURDONNÉ. — Se dit improprement de la croix *pommetée*. — *Voir* CROIX BOURDONNÉE, CROIX POMMETÉE.

BOURRELET. — *Voir* HEAUME.

BOURSE. — Elle figure en armoiries sous la forme d'un petit sac, serré par des cordons de fermeture flottants, et garni de petits nœuds, un à chaque coin, au bas. — *Voir* BOUGE, GIBECIÈRE.

BOUTEROLLE. — Est la garniture (elle devrait être de métal) qui se met au bout d'un fourreau, d'une épée ou d'un badelaire.

ANGRIE, (83) : p. *d'argent à trois bouterolles de gueules*. C'était un des quartiers de l'ancien grand écu de la Maison de SAVOIE. Il y figurait en *enté en pointe*, et cette place exigeait que, pour la circonstance, les bouterolles fussent *mal ordonnées*.

82

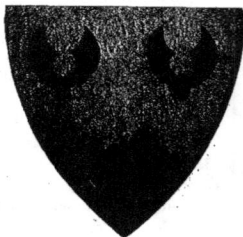

83

BOUTOIR. — Est le bout de la hure d'un sanglier. On ne nomme le *boutoir* que pour exprimer dans quelle direction, hors de la naturelle, est posée cette hure. On dira par exemple, une hure, *le boutoir vers le chef* ou *vers l'angle dextre du chef*. — *Voir* SANGLIER.

BOUTONNÉ. — Qualificatif pour les *roses, quartefeuilles, quintefeuilles*, etc., quand elles ont au centre comme un bouton d'un autre émail.

On pourrait dire *boutonné* pour un rosier naturel qui serait figuré chargé de boutons.

Il est employé quelquefois, mais très improprement, dans le sens d'*épanoui* pour la fleur de lis de Florence. — *Voir* ÉPANOUI. — D'autres le prennent comme synonyme de *percé*. — *Voir* CE MOT.

BRACELÉ. — Qualificatif pour les sauvages ou tenants ornés de bracelets.

BREBIS. — *Voir* AGNEAU.

BRETESSÉ. — Qualificatif de disposition, formant une double *ligne de bordure*, composée du *bastillé* et du *crénelé*. Une *fasce,* par exemple, est *bretessée* quand elle a des créneaux en dessus et en dessous ; un pal quand il a des créneaux sur les deux flancs. RIVALTA, (84) : p. *d'argent à la bande bretessée de sable.* Guichenon l'appelle à tort *crénelée* dans son *Histoire généalogique de la Maison de Savoie,* t. III, p. 266, (ÉD. DE TURIN).

84

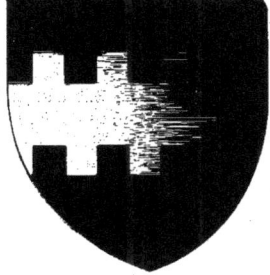

85

BRETESSÉ (CONTRE-). — Le *contre-bretessé* se dit lorsque les créneaux répondent au vide laissé de l'autre côté entre deux bretesses, et réciproquement. NESSELRODE, (85) : p. *de gueules à la fasce bretessée et contre-bretessée d'argent.* La bretesse paraît avoir été en architecture le vide existant entre deux créneaux.

LXXXIII. — Je ne crois pas, en théorie, qu'il soit absolument nécessaire de blasonner avec Palliot une bande *bretessée* et *contre-bretessée.* L'idée donnée par *contre-bretessé* est suffisante à exprimer l'opposition du vide à la bretesse et de la bretesse au vide, et pour cela il faut bien qu'elle soit *bretessée* des deux côtés. A la rigueur, il en serait de même pour d'autres termes similaires, *contre-pallé, contre-fascé,* qui supposent aussi la préexistence d'un *pallé,* d'un *fascé;* mais comme pour le *contre-bandé,* par exemple (*Voir* REM. CXXXII), le cas est différent, pour ne pas créer une exception, nous mentionnerons toujours et dans tous les cas, le terme auquel le *contre* s'oppose.

BRIQUE. — *Voir* TABLETTE.

BRIS. — Menestrier donne le *bris d'huis* comme étant (le bout d') une bande de fer destinée à tenir une porte sur ses gonds. Il le figure ainsi ⟶   Je n'en connais pas d'exemples, ce qui ne prouve pas qu'il n'en existe point.

BRISÉ. — Participe du verbe briser, d'où vient *brisure;* se prend proprement pour l'armoirie *brisée* d'un puîné et génériquement comme synonyme de *chargé,* pour un lion, par exemple, *brisé* d'un croissant sur l'épaule.

BRISURE. — C'est la tour de Babel du Blason.
Menestrier nous dit dans son Abrégé en vers (fº XIX) :

> Le blason plein échoit en partage à l'aîné,
> Tout autre doit briser, comme il est ordonné.

LXXXIV. — Ordonné, c'est vite dit ! Le besoin d'avoir une rime est la seule ordonnance qui ait réglé les brisures, sauf pour quelques Maisons souveraines, pour lesquelles même cette ordonnance comporte un grand nombre d'exceptions.

La brisure se faisait par addition, par diminution, par altération, par changement.

Le lambel, la cotice, le bâton, la bordure, étaient les pièces que l'on ajoutait le plus souvent pour briser, sans observer la règle de ne pas mettre couleur sur couleur. Chacune de ces brisures pouvait se diversifier à l'infini par le chargement, les lignes de bordure, l'échiqueté, etc., etc.

On brisait avec les étoiles, les croissants, les annelets, les losanges, les cantons et quelquefois en brisant les brisures, ce que l'on appelait *surbriser*.

On brisait en écartelant ses armes d'un quartier d'alliances, ou en mettant la figure du blason sur un *semé*, ou en supprimant le *semé*, etc., etc., et en gardant la figure. — *Voir* FIGURES 504, 504 *bis*.

On brisait en changeant l'émail du champ ou de la figure le meublant.

On brisait en altérant ou en diminuant ses armes, par exemple en supprimant la couronne d'un lion, une clef sur deux, etc.

La Maison de France avait des brisures pour chacune de ses branches, mais celles-ci brisaient à leur tour, sans parler des brisures illégitimes.

Des familles souveraines l'usage a passé aux familles particulières. C'est de ce déplorable usage que vient souvent la diversité des versions sur le blason d'une famille. Un héraldiste relevait les armoiries *brisées* d'une branche et les attribuait à la famille.

On comprend d'ailleurs que ces brisures pouvaient faire d'une armoirie *brisée*, une armoirie exactement semblable à l'armoirie *non brisée* d'une autre famille.

Heureusement la maladie de la brisure ayant cessé d'exercer ses ravages, je n'ai pas besoin d'en parler plus longuement; mais les armoristes en ressentiront toujours les tristes résultats, inoculés dans leur art.

Je propose une *brisure d'altération* au dystique de Menestrier :

> Le blason que brisait tout autre que l'aîné,
> C'est un boulet de fer, au chercheur enchaîné.

BROCHANT, BROCHANT SUR LE TOUT. — Du verbe *brocher;* se dit des figures qui passent comme en relief sur toutes ou sur une partie de toutes les autres figures d'un écu. LA ROCHEFOUCAULD, (86) : p. *burellé d'argent et d'azur à trois chevrons de gueules brochant sur le tout. — Voir* BURELLÉ et plus loin la rectification de cette description.

LXXXV. — *Brochant sur le tout* est une expression dont on se sert souvent lorsqu'elle n'est pas nécessaire. — *Voyez plus loin.* Je lisais dernièrement un auteur affirmant qu'il faut toujours blasonner dernier, le brochant sur le tout. Cette affirmation est juste... à moins qu'il ne faille le blasonner l'avant-dernier comme s'il y avait, par exemple, un *chef non broché*.

Il faut, avant de lancer le *brochant sur le tout*, bien observer sur quelles parties de l'écu on le fait brocher, ou bien si l'on ne ferait pas *brocher* ce qui charge seulement, en n'oubliant pas que le mot *chargé* est souvent parfaitement inutile.

J'ai choisi entre cent le blason de LA ROCHEFOUCAULD, (86), parce que tous les grands héraldistes suivis par le *vulgum pecus* l'affublent d'un *brochant sur le tout*. S'il faut suivre leurs errements, je

86

dirai que Noailles, p. *de gueules à la bande d'or brochant sur le tout*, que La Guiche, p. *de sinople au sautoir d'or brochant sur le tout*. Pourquoi ne dirai-je pas que les fleurs de lis de France *brochent sur le tout ?* — *Voir* Champ.

On me dira que le *brochant sur le tout* du n° 86 est sur un burellé. Précisément ! le *burellé*, le *fascé* et toutes les dispositions similaires ne constituent pas un champ d'émail que vous puissiez blasonner. Les deux émaux alternés constituent un *champ factice*. C'est donc exactement comme s'il n'y avait qu'un émail, comme le gueules de Noailles. Or, sur le gueules vous ne *chargez* pas la bande ; vous dites encore moins *brochant sur le tout*. Pour La Rochefoucauld, donc, on peut en toute sûreté de conscience et l'on doit blasonner : *burellé* etc., *à trois chevrons de gueules*. Ces chevrons ne sont point *alaisés ;* il vous est donc impossible d'interpréter autrement la description, qu'en mettant les chevrons comme ils le sont. Des armoriaux modernes donnent comme *écimé* le premier chevron et l'*éciment* au ras du premier burellé d'azur. Raison de plus pour ne pas le dire *brochant sur le tout*. — *Voir* Champ.

LXXXVI. — *Brochant sur le tout* doit avoir une portée précise, similaire, mais autre que *sur le tout* et différente de *chargé*. Je remarque dans un *Traité de Blason* les deux exemples suivants de brisures de Bretagne qu'il blasonne ainsi, (87) : p. *échiqueté d'or et d'azur et un angle d'hermines à la bordure de gueules brochant sur le tout*. — (88) : *échiqueté d'or et d'azur à la bordure de gueules au franc quartier d'hermines sur le tout*. Pour 88, voilà bien un *brochant sur le tout ;* mais, dans l'ex. 87, ce qui est censé *brocher*, ce n'est pas la bordure, mais ce qu'il appelle un *angle*, autrement dit un *quartier*. En réalité, il ne *broche* pas, il *charge : échiqueté d'or et d'azur brisé d'un quartier d'hermines* suffit *en tous cas*. Quant à la bordure, elle ne broche d'aucune manière. Voilà pour le fait brutal. En esthétique pourtant, on se rappellera que *l'échiqueté d'or et d'azur à la bordure de gueules* est le blason de Braines-Baudement passé aux comtes de Dreux de la Maison de France, dont un prince forma la tige des ducs de Bretagne et des comtes de Montfort. Il faut donc blasonner 87, un comte de Montfort portait *de Dreux, l'échiqueté brisé d'un quartier de Bretagne* (et non d'argent à cinq moucheture d'hermines ; si vous ne voulez pas dire de *Bretagne*, dites vulgairement d'*hermines*) et 88, les comtes de Dreux portaient *de Dreux brisé d'un quartier de Bretagne*. Et de cette manière le *brochant sur le tout* devient tout à fait inutile. On ne saurait trop le répéter, ne prononcez qu'à bon escient, *brochant sur le tout*. On pourrait vous accuser de tout brocher. — *Voir* Quartier, Franc-Quartier.

87   88

89

Voici un exemple de véritable *brochant sur le tout :* Menthon, (89) : p. *de gueules au lion d'argent à la bande d'azur brochant sur le tout*.

LXXXVII. — Je trouve dans le P. Anselme, l'écu de ROHAN (branche du Gué de l'Isle) blasonné *de gueules à six macles d'or à la bande d'argent brochant* ! La situation des macles est en orle, ce que la description pouvait à bon droit négliger de dire (*Voir* ACCOMPAGNÉ), mais la bande ne broche en aucune manière ; elle est simplement *accompagnée,* précisément parce que les macles sont dans la *position relative* de six pièces d'accompagnement.

BROYE. — On n'est pas fixé sur la destination de cet instrument : les uns disent qu'il servait à broyer les chènevottes de chanvre ; d'autres que c'est un caveçon avec lequel en broyant la lèvre d'un cheval on le maintenait. On est aussi indécis sur la forme de cet instrument. Les Anglais, qui l'appellent *barnacle* ou *brey,* lui donnent cette forme qui semblerait la destiner au chanvre. Scohier, pour les armes du sire de Joinville, lui donne l'apparence d'une astragale d'architecture.

LXXXVIII.— Des sceaux des Joinville, sires de Gex, du XIIIe siècle, nous donnent une forme de *broyes* que je reproduis ici. JOINVILLE-GEX, (90) : p. *d'azur à trois broyes d'or posées en fasces, au chef d'argent chargé d'un lion issant de gueules.* Postérieurement les broyes ont été réunies par un bouton. On confond les broyes avec les MORAILLES.

90

BUFFLE. — On l'identifie avec le TAUREAU et le BŒUF. Suivant quelques auteurs le buffle aurait le mufle plus gros et la tête plus courte que le taureau et comme lui un bouquet de poils entre les cornes. Cette différence est purement subjective, et quoique dans la nature le buffle soit autrement *accorné* que le taureau, dans le Blason français c'est le même animal. — *Voir* TAUREAU. — En Italie on paraît faire une différence entre TAUREAU et BUFFLE (bufalo). — *Voir* REM. CCCXXXVII.

BURELLE. — N'est point une fasce diminuée, c'est un rebattement de fasces constituant le *burellé.*

BURELLÉ. — Qualificatif de disposition pour le *fascé,* quand les fasces alternées de métal et de couleur, ou de couleur et de métal, en nombre pair, dépassent un certain nombre. Nombre variable selon certains auteurs : les uns disent quatre, les autres huit ; Palliot — c'est l'avis de la majorité — le porte à dix. Ce nombre constituerait donc le véritable burellé dont il serait inutile d'exprimer le nombre. Pour quatre, six, huit, neuf (trois émaux), on dirait *fascé* de tant de pièces ; pour dix, simplement *burellé* ; pour douze, etc., *burellé de douze pièces.* L'exemple 86 donne la figure du burellé.

LXXXIX. — Quoique cette classification soit généralement admise, une rectification est des plus motivées. Du moment où pour les autres rebattements de situation (*pallé, bandé, barré, chevronné*), le nombre-type est de six, il n'est pas logique de faire exception pour le *fascé* dont le *nombre-type*, inutile à exprimer, est de six. Ceci admis, on dira *fascé de quatre pièces, fascé* simplement (pour six) et tout ce qui dépasse le nombre-type (de six) sera *burellé* de huit, neuf (trois par trois) douze, etc. En réservant le *burellé* simplement, pour le burellé (de dix) qui reste le *burellé-type*, on augmente la clarté en diminuant les exceptions.

Le burellé n'est donc autre chose qu'un fascé, comme un homme à trente-cinq ans, vieillard à soixante-dix ans, est pourtant toujours un homme. Ce n'est point à cause de la diminution de la fasce qu'elle change de nom, car à ce compte le burellé ne pourrait pas plus exister que le *coticé* (*Voir* Coticé, en raisonnant par analogie). Les fasces rétrécies se nomment *fasces en devise, devises* ou *trangles.* — *Voir* ces mots, Fasce et Fascé.

Si d'aventure, dans un burellé d'or et de gueules, vous voyez dix besants d'or sur le gueules, vous blasonnerez chaque *burelle* de gueules chargée de deux besants du premier. Sauf ce cas — vous pouvez également dire *chaque burellé* — on ne nomme jamais la *burelle* ou le *burellé*, comme diminutif.

BUSTE. — Est l'image de la tête humaine vue de face avec la naissance de la poitrine. Il y a des bustes d'hommes et de femmes, nus ou habillés. S'ils sont de profil, il faut le blasonner; s'ils étaient de profil tournés à senestre, on les blasonnerait *contournés.*

BUTE. — Instrument dont se servent les maréchaux-ferrants pour parer la corne des chevaux. La bute est seule ou en nombre; elle peut recevoir plusieurs situations. Sa position est d'être le manche en bas, en pal.

BUTTET, (91) : p. *de sable à trois butes d'or passées, deux en sautoir, une en pal, l'une sur l'autre.* Cette famille a la devise bien connue : LA VERTU MON BUT EST (l'ancienne orthographe était BUTET).

On trouve quelquefois la bute nommée *boutoir.*

91

ABASSET. — *Voir* MORION.

CABLÉ. — Mot inventé par Vulson, pour une croix qui serait faite de deux tronçons de câble mis en croix. Je n'en connais qu'un exemple en Allemagne et encore n'est-elle point faite suivant la description de Vulson. — *Voir* CROIX CABLÉE.

CABRÉ. — *Voir* CHEVAL.

CACHETÉ. — *Voir* QUARTIER-CACHETÉ.

CADRIL ou QUADRIL. — *Voir* FILET.

CAMPANÉ. — *Voir* CLOCHER.

CANCERLIN. — *Voir* CRANCELIN.

CANNELÉ. — Qualificatif de disposition. Ligne de bordure similaire à l'*engrelé*, mais les pointes, au lieu d'être sortantes, sont rentrantes. Voici deux figures qui en rendront bien compte. LA FONTAINE, (92) : p. *d'azur à la croix cannelée d'argent.* LENONCOURT, (93) : porte *de gueules à la croix engrelée d'argent.* ESTOURMEL : porte *de même.*

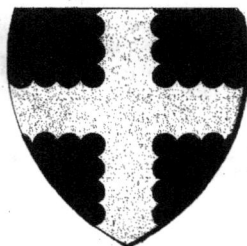

92   93

XC. — Toutes les lignes de bordure, dont nous avons ici deux spécimens, sont réunies dans un seul tableau à LIGNES DE BORDURE. Cela nous dispense de longues descriptions qu'il est difficile de rendre bien claires.

CANETTE-TTES. — Petites canes que l'on représente avec leur figure naturelle, d'un émail quelconque. SAN FELICE, (94) : p. *coupé d'argent et de gueules à six canettes, rangées en deux fasces, de l'un en l'autre.*

94

XCI. — Palliot, en nous disant seulement *six canettes de l'un en l'autre,* nous engagerait à les mettre toutes six sur la ligne du coupé, surtout avec le sens qu'il donne à *l'un en l'autre.*

Le même excellent héraldiste dit que les *canettes* se représentent comme les *merlettes*, les ailes serrées, hormis qu'elles ont becs et jambes, « ce que les Merletes n'ont pas. » La différence, en effet, est saisissable par le premier venu. C'est exactement comme si je disais : un grand homme du XVIIe siècle est représenté avec une immense perruque comme le buste de Molière, hormis qu'il a bras et jambes.

Menestrier qui, naturellement, dans le cours de son ouvrage, ne les confond pas, a eu une forte distraction dans sa *Nouvelle méthode du Blason* (Lyon, 1761, f° 22); il dit : « de petits oiseaux sans bec « et sans pieds, les ailes serrées, se nomment *merlette* et *canette!* »

CANTON. — Une des figures héraldiques du deuxième ordre. C'est une figure carrée qui se met à un des angles du chef, et se fait de dimension variable, tellement qu'on arrive à la confondre avec le *franc-quartier.*

XCII. — Il ne peut y avoir de doute à ce sujet. Comme le disent Bara, le P. de Varennes, Palliot et surtout comme le nom l'indique, le canton ne doit avoir que la dimension d'un *canton,* c'est-à-dire de l'un des vides laissés par les branches verticales et horizontales de la croix, en chef. La croix occupant le tiers environ du chef, le canton ne peut avoir en dimension que la neuvième partie environ de l'écu, c'est-à-dire l'emplacement d'A ou de C de la figure 293. SCHIRLEY, (95) : p. *pallé d'or et de gueules au canton d'hermines.*

95

Sauf avis contraire, le canton se met à dextre; il peut être mis à senestre, mais alors il faut l'énoncer *canton senestre.* Quelques auteurs appellent le *canton dextre* du chef, *canton d'honneur.* Il peut être chargé de toutes les pièces reçues dans le Blason. — *Voir* FRANC-QUARTIER. Il y a quelques exemples de cantons mis en B de la fig. 293 : on l'appellerait *canton du chef.*

CANTON se dit aussi de l'espace laissé libre par les bras d'une croix et d'un *sautoir,* d'où vient le mot *cantonné.*

CANTONNÉ. — Dans son sens absolu, se dit au lieu d'*accompagné,* pour la croix surtout, mais aussi pour le sautoir, quand les cantons, ou un ou deux des cantons laissés libres dans le champ, sont chargés d'une pièce quelconque.

96 97 98

Montmorency (ancien), (96) : portait *d'or à la croix de gueules cantonnée de quatre alérions d'azur.* Roy, (97) : p. *d'azur à la croix alaisée d'or, cantonnée en chef de deux merlettes d'argent.* Sarcus, (98) : p. *de gueules au sautoir d'argent, cantonné de quatre merlettes de même.*

Cantonné se dit, par extension, quand une figure quelconque principale dans un écu, a quatre autres pièces — par exemple — qui l'*accompagnent,* une dans chaque canton du chef et de la pointe.

XCIII. — L'usage habituel est de dire cantonné de *quatre* alérions, de *seize* alérions, de *vingt* billettes, etc., et de sous-entendre *un* alérion, *quatre* alérions, *cinq* billettes, etc., par chaque canton.

Pourtant le *cantonné* correspond exactement à *accompagné,* pour la croix et le sautoir; c'est une locution concrète qui veut dire *accompagné dans chaque canton.* En disant donc Montmorency (ancien) p. d'or à la croix de gueules *accompagnée dans chaque canton* de quatre alérions d'azur, vous énoncez bel et bien Montmorency (moderne) qui porte *seize* alérions, quatre par canton.

La locution usuelle est donc très amphibologique Par exemple, je trouve dans Grandmaison cette description : Auger en Auvergne : d'argent à la croix de sinople cantonnée aux 1er et 4e de deux têtes de léopards de gueules, aux 2e et 3e de deux fleurs de lis de même. Comment dessinerai-je ? Quatre têtes, deux par canton, ou deux en tout, une par canton ? Aurai-je quatre ou deux fleurs de lis ?

Le même auteur blasonne Guerrier : de sable à la croix d'or cantonnée au 1er *d'un* écusson d'argent chargé de trois coqs du champ, et aux 3 autres cantons, de *trois* molettes d'éperon du second émail. Comme je mets *un* écusson dans le premier quartier, mettrai-je *trois* molettes dans chacun des trois autres cantons, ou bien *une* seule molette? Il nous serait impossible de dessiner avec la certitude de ne pas multiplier ou soustraire.

Pour éviter une confusion inévitable — il y en a déjà trop d'autres — il faudrait blasonner ou 1o par le nombre de pièces occupant chaque canton, ou bien 2o en conservant l'ancienne locution, la déterminer en énonçant la fraction. Ainsi on dirait Montmorency (moderne) porte ou 1e *d'or à la croix de gueules cantonnée de quatre alérions d'azur*, ce qui veut bien dire quatre alérions dans chaque canton, ou 2° *d'or, etc., cantonnée de seize alérions d'azur, 4, 4, 4 et 4.*

Cette seconde manière de blasonner est, à mon avis, bien préférable puisqu'elle répond à tous les cas possibles.

Ainsi pour CHOISEUL qui, suivant quelques auteurs, cantonnent leur croix de dix-huit billettes, nombre indivisible par quatre, il faut bien arriver à dire comment sont réparties les billettes. On dirait alors uniformément : cantonnée de dix-huit billettes, cinq et cinq en chef, quatre et quatre en pointe. — *Voir* la FIG. 623. Il est absolument insuffisant, en revanche, de dire comme je le lis quelque part, *cantonné de dix-huit billettes.*

CAPARAÇONNÉ. — *Voir* CHEVAL.

CAPPÉ. — *Voir* CHAPÉ.

CARNATION. — Couleur naturelle de la peau dans les parties du corps humain laissées à nu. Ainsi, trois têtes d'hommes de *carnation* seront peintes en imitant le mieux possible la nature. — *Voir* COULEUR.

CARREAU. — Espèce de brique de forme carrée comme l'étymologie du mot le démontre. Palliot, qui en donne plusieurs exemples, les fait indifféremment en carré parfait ou en carré long. Le carreau se confond avec POINT. — *Voir* CE MOT, LOSANGE, POSITION, QUARREAU, TABLETTE.

CARTELÉ. — *Voir* REMARQUE CCXCI.

CARTIER. — *Voir* QUARTIER.

CASQUE. — *Voir* HEAUME.

CAUDÉ. — Qualificatif pour les ÉTOILES et COMÈTES. — *Voir* CES MOTS.

CEINTRÉ ou CINTRÉ. — *Voir* MONDE et COURBÉ.

CEP. — *Voir* VIGNE.

CERCELÉ. — *Voir* CROIX RECERCELÉE.

CERCLE. — Se prend quelquefois pour un annelet ou anneau ; plus habituellement pour les cercles d'un tonneau, d'où vient *cerclé.*

CERCLÉ. — Se dit du tonneau dont les cercles sont d'autre émail ; si la ligature est d'un émail différent on dira, par exemple, *tonneau d'or cerclé de gueules lié de sable.* Le cercle s'appelle aussi SICAMOR.

CERF. — Vu en entier, il est représenté toujours de profil, ne montrant qu'un œil et « *ses* bois, dommageable ornement. » Sa position habituelle est d'être *passant* et il est inutile de le dire. On en voit de *gisants* ou *couchés*, de *rampants*. J'ai un exemple de cerf *élancé*, c'est-à-dire quand « dans les forêts il s'emporte. » Les termes spéciaux pour blasonner un cerf, consistent en *sommé* ou *ramé* quand son bois est d'un autre émail. En théorie on peut blasonner le nombre des *cors* ou *andouillers* dont ses cornes sont *chevillées*. En pratique, sauf pour une corne de cerf isolée, cela ne s'observe guère. FROISSARD, (99) : p. *d'azur au cerf d'or*. J'emprunte l'excellente figure héraldique du cerf à Viollet-le-Duc. — *Voir* CORS, RAMURES, RENCHIER, MASSACRE, RENCONTRE, SOMMÉ, CHEVILLÉ.

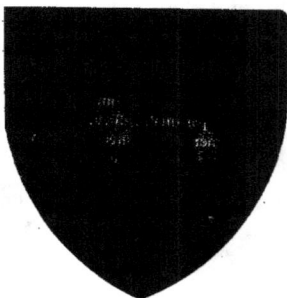

99

CHABOT. — Est un poisson d'eau douce à tête plate. CHABOT, (100) : p. *d'or à trois chabots de gueules*. Ce sont les *armes parlantes* de la famille qui a fusionné avec ROHAN. La figure du *chabot* est aussi donnée par Viollet-le-Duc.

CHAINE. — Sa figure est connue; il faut seulement blasonner la disposition en *orle*, en *bande*, en *sautoir*, etc. Les *chaînons* figurent aussi dans quelques armoiries, habituellement *entrelacés* en sautoir ou en croix.

CHAINONS. — Ce dont se compose une chaîne. Dans certains cas il faut blasonner le nombre et la situation des chaînons. Ainsi, NEUVENHOF porte une chaîne de trois chaînons, mise en pal. — *Voir* REMARQUE CCCLXXXIX.

100

CHAMP. — Est le fond ou l'aire de l'écu, sur lesquels se mettent les figures et les émaux composant des armoiries. — *Voir* REMARQUE CXLII.

XCIV. — Le champ est toujours d'un émail dominant par lequel, en France, nous commençons à blasonner. Il y a des champs composés d'un seul émail; ainsi RUBEI, de Florence, ainsi les anciens NARBONNE portent *de gueules plein*. L'émail ici a un double emploi : 1° de champ; 2° de figure ; la figure étant composée par la superficie de l'écu, déterminée par les lignes de ses bords, *remplie de gueules*. On donne une âme pour ainsi dire à cet émail unique devenu champ, quand on dit NARBONNE

p. *champé de gueules*, car tout blason se compose nécessairement d'un émail et au moins d'une figure.

Il faut bien entendre la valeur du mot, *émail dominant* dans un champ. Voici un blason de fantaisie, nº 101 : *de gueules à la croix d'or cantonnée de quatre écussons de même.* (Les PRÉVOST ont le même blason avec les *écussons d'argent.*) L'or couvre plus de surface que le *gueules*, pourtant l'or n'est pas l'émail dominant, c'est le gueules. Enlevez les figures, c'est-à-dire la croix et les écussons, vous découvrirez le gueules, émail dominant, soit le *champ.*

Toute règle a des exceptions : le champ est toujours d'un émail dominant.... à moins d'exceptions.

Nous avons vu à BANDÉ et BURELLÉ que ces *rebattements de situation* et les similaires *(pallé, fascé, tiercé, etc.)* consistent en pièces alternées d'émail et de couleur en nombre pair. Vous y voyez deux émaux dominant également : *pour un fascé d'or et de sable* (par exemple) autant d'or que de sable).

101

Ces rebattements forment un champ factice, un champ au *physique*, puisqu'il recouvre l'écu, mais non un champ *au moral*. Il est composé de métal et de couleur : il n'est ni métal ni couleur. C'est un hybride que vous pouvez impunément charger de métal ou de couleur (*Voir* COULEUR SUR COULEUR). Il est fait avec des *fasces* et ce ne sont point des *fasces*. Comme en disant *champé de gueules* ou de *gueules plein*, vous voulez exprimer *un champ rempli de gueules* pour figure, en disant *fascé d'or et de sable*, ne pouvant y découvrir un champ véritable, vous entendez dire un *champ rempli d'or et de sable ayant alternativement la figure de fasces*. C'est ce que je nomme un CHAMP FACTICE.

Supposez un bouclier de fer forgé. Vous voulez l'orner de vos armoiries : vous le recouvrez entièrement de drap écarlate : — c'est le *champ*. Sur ce champ vous mettez du drap blanc découpé en croix : — c'est la *figure*. Blason complet ! A défaut de figure, la forme du bouclier, carrée en haut, finissant par deux courbes, en pointe, vous donnera une figure *pleine d'écarlate*, la superficie du bouclier.

Dans le premier cas, si vous soulevez le drap blanc, vous verrez en-dessous le champ d'écarlate. Dans le second cas, vous verrez le fer. Donc ce champ d'écarlate est une figure factice, figure seulement par rapport au bouclier.

Autre combinaison ! Recouvrez horizontalement votre bouclier de morceaux alternés, en nombre pair, de drap jaune et noir, trois jaunes et trois noirs. Vous avez un *fascé d'or et de sable*. Si vous croyez avoir un véritable champ, détrompez-vous. Soulevez les trois morceaux jaunes, puis les trois noirs — ils ne chargent pas un champ, ils recouvrent la nudité du bouclier; ils constituent donc un *champ factice*.

Toute figure charge ou est censée charger un champ. Si au lieu d'un *fascé* vous mettez trois listes horizontales jaunes, sur un morceau de drap noir, vous aurez un blason à champ de sable, bien déterminé, chargé de trois fasces d'or et, pour le dire correctement, *de sable à trois fasces d'or*.

Soulevez les trois listes, vous verrez le *champ de sable* qui recouvre le bouclier.

XCV. — Les Allemands, les Italiens, les Espagnols blasonnent ou blasonnaient anciennement la figure avant le champ. L'usage français, très rationnel, qui supprime le mot champ tend à prévaloir; il est suivi par les Anglais. Dans certains cas, excessivement rares pourtant, il faut énoncer d'abord la figure. — *Voir* cette exception à la REMARQUE LXXVIII.

Dans un écartelé, il y a autant de champs qu'il y a de quartiers.

Nous verrons à DESCRIPTION comment et de combien de manières on peut répartir les figures sur le champ. Nous en avons dit assez sur le *champ*, le *fond*, le *sol*, l'*aire*, le théâtre de nos opérations héraldiques en cet endroit :

<blockquote>
Travaillons, prenons de la peine,
C'est le fond qui manque le moins.
</blockquote>

CHAMP (DU). — *Voir* Du Champ.

CHAMPAGNE. — Pièce honorable du deuxième ordre. — Figure qui occupe horizontalement environ le tiers inférieur de l'écu en pointe.

Synonyme de *pointe*. — *Voir* Pointe (1er sens).

Quelques auteurs la nomment *basse-barre* fort improprement. D'autres, à cause de la forme de l'écu plus ou moins pointue, la confondent avec Plaine. — *Voir* ce mot.

Diemanstein, (102) : p. *d'argent à la bande de sable, à la champagne de gueules.*

CHAMPÉ. — Participe d'un verbe qui n'existe pas. Mis au monde pour condenser l'idée d'un champ plein d'un émail quelconque, sans figure. — *Voir* Champ.

Bandinelli, (103) : p. *champé d'or*, c'est-à-dire *d'or* plein. *D'or*, pourrait suffire, si l'on ne voulait trop dire par crainte de ne pas dire assez.

CHANTANTES. — *Voir* Armes parlantes.

CHAPEAU. — *Voir* Timbres ecclésiastiques.

CHAPEAU. — Ce qui sert de *timbre* aux cardinaux et aux prélats. Se met quelquefois dans les blasons et l'on dit alors si c'est un chapeau de cardinal ou d'évêque, ce dont on jugera au nombre des houppes. — *Voir* à Timbre. *Le chapeau à l'antique, le chapeau de fer*, figurent aussi dans quelques armoiries. En voici les figures. Hultmair, (104) : p. *de gueules à trois chapeaux à l'antique d'argent.* Ces chapeaux se confondent avec les *bonnets*. Eisenhut, (105) : p. *d'argent au chapeau de fer d'azur.* Fig. de Menestrier.

102

103

104

105

XCVI. — Je trouve dans Modius (*Pandectae triumphales*, t. II, p. 115) les armoiries de la ville de LANDSHUT en Bavière, dont la figure est à un peu plus d'arrondissement près, celle de la fig. 105. Mais ici, elle voudrait dire *chapeau des champs*.

CHAPERON. — Espèce de bonnet ancien à capuchon. Il s'en faisait avec une bande ou *manche* d'étoffe qui pendait par derrière et s'entortillait autour du cou; d'autres n'avaient pas cet appendice.

RETZER (106) : p. *d'argent au chaperon à manche de gueules.*

CHAPERONNÉ. — Se dit de l'*épervier* (*Voir* CE MOT), quand il a la tête enveloppée d'un chaperon. On rencontre aussi d'autres animaux, *chaperonnés*, comme le lion par exemple, ce qu'il faut toujours blasonner.

106

CHAPÉ. — Une des figures héraldiques du deuxième ordre. Est censée provenir de la chape, vêtement d'église; on dit aussi *chappé*. L'écu est divisé en trois parties par deux traits, l'un de *tranché* et l'autre de *taillé* mouvants du sommet du chef, au milieu, se dirigeant aux angles de la pointe; la partie du milieu en forme de chevron plein est tout ce que l'on voit du champ; les deux autres parties aux deux flancs de l'écu constituent le *chapé*. KUNSBERG, (107) : p. *d'argent chapé d'azur.* MONTBAR, (108) : p. *écartelé de*

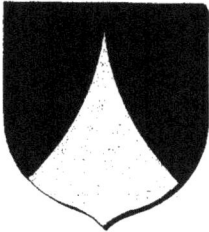

107

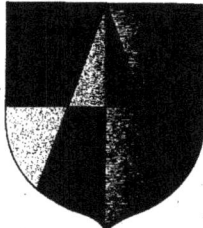

108

109

gueules et d'argent, chapé de l'un à l'autre. MASBACH, (109) : p. *parti de gueules et d'argent, chapé de l'un à l'autre.*

XCVII. — Les Allemands arrondissent légèrement les lignes du *chapé* (et du *chaussé* qui est l'opposé du chapé) comme à la figure 107, sans aucune intention d'en modifier la disposition. — *Voir* MAISTRE. La ligne du *chapé* peut être *ondée, crénelée*, etc. Le *chapé* peut être *chargé, mis en bande, accompagné*, etc.

J'ai dit *accompagné*. Supposez, dans l'exemple 107, une étoile de gueules en cœur, vous pourrez dire:

d'argent à l'étoile de gueules, ou bien *d'argent à l'étoile de gueules chapé d'azur.* Palliot, en blasonnant le n° 109 que Spener attribue à MASBACH et non à RAITENBACH, dit : 1°, *de gueules, parti d'argent, chapé de l'un en l'autre* et ajoute que l'on peut blasonner aussi : 2°, *d'argent taillé de gueules, parti de même tranché du premier.* Puisqu'il laisse le choix, nous ne choisirons ni l'une ni l'autre de ces versions. A la première, nous mettrons *parti* avant le gueules et nous ne confondrons pas *de l'un en l'autre* avec *de l'un à l'autre.* C'est déjà bien assez de devoir *partir* un chapé que nous n'avons pas encore nommé, sans mettre encore l'émail avant la partition.

Nous repoussons la seconde version, car si vous faites abstraction du *chapé* que vous avez sous les yeux, vous aurez bien du mal à combiner les termes de cette description, de manière à en rendre exactement la figure. Je dis, bien du mal, car si vous étiez simple d'esprit comme je le suis, vous ne vous en tireriez pas du tout. L'enchevêtrement du *taillé,* du *parti* et du *tranché* est vicieux, comme tous les enchevêtrements. Il faut d'abord avertir que la première opération est de *partir,* ensuite que des deux parts ainsi obtenues il faudra, par une seconde opération, *tailler* l'une et *trancher* l'autre. Nous obtiendrons tout cela en disant *parti, taillé d'argent et de gueules, et tranché de même.* La description que j'ai donnée plus haut du n° 109 est plus claire, tout aussi héraldique, donc elle est meilleure. — *Voir* MANTELÉ et CHAUSSÉ.

CHAPÉ-CHAUSSÉ. — *Voir* VÊTU.

CHAPON. — *Voir* COQ.

CHAPPÉ. — *Voir* CHAPÉ.

CHAPPES. — *Voir* ÉTRIER.

CHARDON. — Il figure dans quelques armoiries avec sa forme naturelle, habituellement *fleuri* d'un autre émail, ce qu'il faut exprimer, ainsi que le *tigé* et le *feuillé,* s'ils sont d'un émail différent.

CHARGÉ. Toute figure mise sur le champ, charge, mais cela ne s'exprime pas. On réserve le *chargé* pour toutes les figures (et non pas seulement pour les *pièces honorables,* comme le dit Palliot) sur lesquelles il y en a d'autres. Ainsi un pal *chargé* de trois coquilles; un lion *chargé* (ou *brisé*) d'un croissant; un écusson *chargé* d'un besant; un besant *chargé* d'une fleur de lis, etc.

Le *chargé* est donc un qualificatif de disposition. Nous en avons une quantité d'exemples dans le cours de l'ouvrage.

XCVIII. — On ne blasonne pas *chargé* pour une figure mise sur le champ, quand ce champ est *échiqueté* (53) ou *burellé* (86). Nous avons vu à la REMARQUE XCIV, que les rebattements de situation forment des champs factices, sur lesquels on ne blasonne pas *chargé* pour qualifier la figure mise sur le champ. Pour les deux cas, *chargé* est sous-entendu.

XCIX. — Anticipons sur la POSITION à propos du *chargé* et des erreurs très graves qu'il fait commettre s'il n'est pas bien compris. Quand une *bande,* une *barre,* une *croix,* un *sautoir,* un *chevron* ou autres figures ayant dans leurs branches une, deux ou trois directions (c'est-à-dire *tranché* ou *taillé* pour bande ou barre, *parti* et *coupé* pour la croix, *tranché* et *taillé* pour sautoir et chevron, *tranché, taillé, parti* pour le pairle, etc.), il faut distinguer quelles sont les figures qui les chargent.

Si elles sont rondes, ce qui est relativement rare (*besant, annelet*, etc.), pas de difficulté; elles seront rondes,quel que soit le sens de la direction des lignes.

Mais si ces figures sont de longueur (*billettes, fleurs de lis , fusées, mouchetures d'hermines*, etc.), si elles ont des côtés (*croisettes, sautoirs diminués, points, carreaux , losanges, molettes*), si elles ont une tête (*lions, étoiles, molettes , aigles*, etc.), il faut noter que leur position naturelle dans l'écu reçoit une disposition par le fait qu'elles chargent par exemple une *bande,* impliquant une *situation en bande par rapport à elles-mêmes.*

Trois billettes comme en A, ont la *position* de la billette et la *disposition* qui les met en bande, dans la *situation* d'une bande par rapport à l'écu.

Comme en B, elles sont *mises en bande*, ce qui marque leur *situation* et équivaut à mises dans une bande, comme si elles chargeaient une bande; *mises en bande* aussi par rapport à elles-mêmes.

C. — CETTE RÈGLE NE SOUFFRE POINT D'EXCEPTIONS. Tous ceux qui font autrement commettent une grave erreur.

Le savant héraldiste Menestrier la commet parfois. Il blasonne MAILLANS : *d'or à la bande de gueules chargée de trois croissants d'argent* et dessine comme au n° 110, en donnant aux croissants la position *montante*, ce qui, à moins de le dire, est une faute dans une bande. Il aurait dû les figurer comme au n° 111. Il blasonne PORTES (*Véritable art du Blason justifié*, Lyon, 1659, figures, planche II, entre les chapitres XI et XII): *d'or à la bande de sinople chargée de trois croisettes d'argent* et il dessine comme au n° 112. Ceci vous montrera l'importance de la règle. Pour rendre les *croisettes* de PORTES, il faut inévitablement les dessiner comme je le fais au n° 113. Comme l'a fait Menestrier suivant le dessin 112, CE SONT DES SAUTOIRS ET NON DES CROISETTES. — *Voir* FIG. 525, 526 et les REMARQUES au mot POSITION.

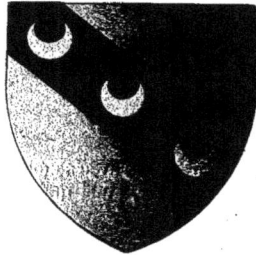

110

111

112

113

CI. — Les idées de Menestrier ne paraissent pas avoir été bien claires sur ce sujet. D'une part, il blasonne le chevron de FRANCHEVILLE *chargé de six billettes d'or dans le sens des jambes du chevron*, comme si *mises en chevron* n'eût pas suffi. D'autre part, sur la même page, il donne les armes de VALLIN, consistant en une *bande componée* et il blasonne simplement *bande componée d'or et d'azur*.

Une bande componée, c'est une bande chargée de *compons*. Pourquoi n'a-t-il pas mis dans sa description *componde dans le sens de la jambe de la bande?* Pourquoi, dans sa figure pourtant, n'a-t-il pas mis ces compons verticalement, ce qu'il aurait dû faire s'il était nécessaire de dire *dans le sens des jambes?!*

CII. — Quand vous aurez à charger une bande, mettez cette bande à plomb devant vos yeux, c'est-à-dire en supposant votre dessin sur une feuille de papier, placez cette feuille sur un angle, comme en A; tracez votre écu, puis la bande, et sur cette bande, dans leur *position naturelle*, les figures chargeantes.

Rétablissez votre feuille dans sa position horizontale, les pièces qui chargent la bande seront correctement tracées dans la *situation* voulue.

CIII. — J'admets un instant une exception à la règle énoncée à XCIX, pour en attester davantage l'incommutabilité. Menestrier n'aurait point erré *matériellement* si, dans sa description du n° 112, il avait ajouté après *croisettes*, ces mots *mises à plomb*. Mais, comme sur un monument la description n'est pas jointe au blason sculpté, si vous rencontrez sur une vieille pierre l'écu 112, vous devrez, sans hésiter, blasonner par *sautoirs* et non par *croisettes*. Si vous deviniez que ce sont des *croisettes à plomb*, ce serait par sorcellerie et non par raisonnement.

CHARGÉ (SUR). — Le *surchargé* se dit quand une pièce, déjà chargée, reçoit encore un autre chargement, par exemple *une bande d'or chargée d'une autre bande de gueules surchargée de trois étoiles d'argent*. Ces étoiles *surchargent* seulement la bande de gueules qui *charge* déjà la bande d'or.

CHAT. — Cet animal n'est jamais représenté dans la position d'un chat faisant « la chattemite. » Il est *passant*, la queue en panache. On le dit *hérissonné* lorsqu'il fait le gros dos, et *effarouché* lorsqu'il est rampant.

CHATEAU. — Le château héraldique ne consistant habituellement que dans un assemblage de tours, je renvoie à TOUR ce qu'il faut en dire.

CHATELÉ. — Se dit d'une pièce chargée de châteaux, c'est-à-dire de tours; comme le lambel de brisure d'ARTOIS (FRANCE) *châtelé d'or de neuf pièces*, comme la bordure de PORTUGAL *châtelée de sept pièces*.

CHATELÉ est l'équivalent très héraldique de *chargé de châteaux*.

CHAUDRON. — Se trouve dans le blason d'illustres familles d'Espagne, GUZMAN, PACHECO, LARA, etc.

Il serait intéressant de rechercher pourquoi, à moins que l'on ne se contente de l'explication de La Curne-Sainte-Palaye, sur les *hommes de chaudière* que les bannerets devaient nourrir quand ils combattaient sous leurs ordres.

CHAUSSÉ. — Est exactement l'opposé de Chapé, c'est-à-dire que le chevron plein du champ, porte sa pointe vers celle de l'écu. Divonne, (114) : p. *de gueules au pal d'argent chaussé d'or*.

Les Allemands arrondissent également les lignes du *chaussé* comme celles du *chapé* sans intention particulière.

CHAUSSE-TRAPPE. — C'est un instrument de défense dont on semait les abords des châteaux. Il en existe encore une au vieux donjon de Blonay. Voici la forme qu'on leur donne, contrairement à leur position ordinaire qui était d'avoir les trois pointes en l'air.

Picard, (115) : p. *de gueules à trois chausses-trappes d'argent*.

CHEF. — La première — on ne sait pourquoi (*Voir* Figures, Croix) — des pièces honorables de premier ordre. Elle occupe, en hauteur, le tiers de l'écu environ.

Montferrat, (116) : p. *d'argent au chef de gueules*. Les chefs peuvent être *bandés, barrés, pallés, losangés*, etc. — Fougères, (117) : p. *d'azur auchef losangé d'or et de gueules*. La ligne par laquelle il se soude au reste de l'écu peut être disposée suivant toutes les lignes de bordure (sauf le *crénelé*). Il peut être *denté, engrêlé, cannelé, vivré, bastillé*, etc. Chaseron (118), p. *d'or au chef emmanché de troispièces d'azur*. — Nous avons déjà des exemples de chefs (Fig. 14, 20, 90, etc.).

Le chef est la seule des figures du premier ordre que l'on ne dit jamais *accompagnée*,

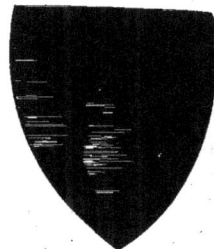
114

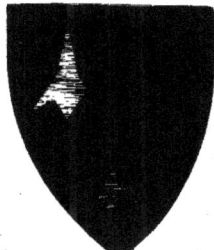
115

116

117

118

quoiqu'elle soit très souvent en compagnie d'autres pièces. — *Voir* Remarque CVI.

CHEF-ABAISSÉ. — Nous en avons un exemple au n° 1, celui de Bocsozel, *abaissé* sous celui de Malte.

Voici un autre exemple de ce que l'on appelle vulgairement *chef abaissé*, et ce serait le véritable ! Moncoquier, (119) : p. *de sable à trois fleurs de lis d'or, au chef abaissé [!] ondé de même [!].* — *Voir* Retrait.

CIV. — Palliot donne cet exemple et encore un autre. Je n'ai pas fait figurer cette acception au mot Abaissé.

Malgré l'autorité de Palliot, il me semble beaucoup plus rationnel de voir dans les deux exemples qu'il fournit des *fasces haussées* et non des *chefs abaissés*. Je blasonnerai donc à *priori*, Moncoquier : *de sable,* etc., *à la fasce ondée haussée de même* — *Voir* Remarque CVIII.

119

CHEF-BARRE. — C'est l'adjonction sous un seul émail, du chef et de la *barre,* sans séparation, sans le trait qui ferait un chef et une barre.

Wisbecken, (120) : p. *d'argent au chef-barre de gueules.*

CHEF-CHEVRON. Dans le même ordre d'idées que le chef-barre : adjonction du *chef* et du *chevron.*

Windischgraetz, (121) : p. *de sable au chef-chevron d'argent.*

120

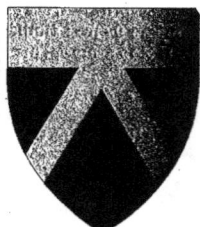

121

CHEF-COUSU. — Se dit pour éviter couleur sur couleur, ce qui rendrait l'armoirie fausse, quand l'écu est de métal et le chef de métal, ou le chef de couleur sur l'écu de couleur.

CV. — La raison de cette juste tolérance, spéciale au chef, est que, très souvent, le chef a été ajouté après coup, soit comme chef de concession, soit comme chef de patronage ou autrement. Ainsi les Costa de Beauregard portaient *d'azur à trois bandes d'or.* Par concession royale ils y ont ajouté un chef de France, *à champ d'azur,* comme celui de leur écu, donnant ainsi couleur sur couleur. C'est un *chef cousu,* mais un héraldiste se gardera de l'exprimer : loin de constituer une *arme fausse,* ce serait plutôt une *arme à enquérir.* — *Voir* Cousu. — Nous blasonnerons 122 : *d'azur à trois bandes d'or, au chef de France.*

122

CHEF DE COMMUNAUTÉ. — Les Évêques pris dans certains Ordres religieux, mettaient et mettent encore dans leurs armes, un chef des armoiries de leur ordre : c'est un *chef de communauté*.

Le chef de l'Ordre, que les chevaliers de Malte mettaient sur leurs armes, est aussi un *chef de communauté*.

CHEF DE PATRONAGE. — Habituellement les Cardinaux mettaient sur leurs armes un chef composé des armoiries du Pape qui les avaient revêtus de la pourpre romaine. C'était un *chef de patronage*. — *Voir* ARMOIRIES.

CHEF-PAL. — C'est l'adjonction du chef et du pal dans la même figure : similaire au chef-barre et au chef-chevron. Mon armorial manuscrit du XVe siècle m'en fournit un très bel exemple. ARMA ILLORUM DE MASSIS, (123) : p. *d'azur au chef-pal d'or; parti de même, de l'un à l'autre.*

Voir REMARQUE CXLII, à la fin.

123

CHEF-RETRAIT. — Serait un chef rétréci d'un tiers.

CVI. — Je demande à n'accepter ce mot que sous bénéfice d'inventaire.

Voici ce qu'en dit Palliot. « La diminution que le Wapenbuch a fait aux chefs... auxquels il n'a donné « de hauteur que les deux tiers de la partie supérieure que le Chef occupe ordinairement dans l'Escu, « me fait user de ce mot, d'autant qu'il a régulièrement observé toutes les proportions des pièces et « figures qu'il a représentées et qu'il n'a pas diminué celle-cy sans raison, puisque le Chef qui n'est « jamais accompagné d'aucuns meubles comme sont les Fasces, les Bandes, les Croix et les autres « honorables, ne souffre point de diminution que lorsqu'il est abbaissé, surmonté ou soustenu, mais non « par les pièces qui sont dans l'Escu. »

Comprenne qui pourra !

Sauf dans un seul cas, le chef étant la dernière chose à blasonner dans les armoiries où il se trouve, il est évident que l'on n'a jamais occasion de l'énoncer *accompagné*. Mais l'affirmation que le chef n'est *jamais accompagné de pièces honorables* est au moins étrange. Sans aller bien loin, Palliot en donne trois exemples à la page 150 en face, quatre à la page 148, un aux pages 147 et 146 et l'on pourrait en citer bien d'autres. — *Voir* FIG. 403 et REMARQUE CCLXVI.

Le chef ne diminue que lorsqu'il est *abaissé* sous un autre chef, et cela se comprend, car si on ne les diminuait pas (dans une proportion variable mais qui devrait être de la moitié environ pour chacun), ils couvriraient à eux deux les deux tiers de l'écu. Mais cette diminution n'est que physique, notons-le bien !

Le chef *soutenu* (*Voir plus loin*) ne diminue pas : un tiers de sa largeur est d'un autre émail, et cela ne modifie pas son essence.

CVII. — On ne saisit, ou du moins je ne saisis pas ce que Palliot a voulu dire par ces mots, le chef ne peut *être diminué par les pièces qui sont dans l'escu* [1]. Cela va sans dire, et d'ailleurs dans les trois exemples qu'il donne et dont je reproduis deux figures ici (124, 125), ces pièces ne nécessitent pas une diminution du chef; au contraire, l'exemple 125 favoriserait l'agrandissement et non sa diminution.

BRUMSER , (124) : p. *de sable à six fleurs de lis d'argent* (3, 2 et 1) *au chef-retrait de même*.

KOLBEN, (125): p. *d'argent à trois pals abaissés*. (Palliot aurait dû mettre ici *de gueules*) *le dernier mouvant du flanc senestre de l'escu de gueules, au chef-retrait de mesme*.

KEMMERER : p. *d'azur à six fleurs de lis d'argent* (3, 2 et 1) *au chef-retrait denché d'or*. — *Voir* à la FIGURE 155.

Je suppose donc que ces chefs ont été dessinés par le Wappenbuch, sans aucune intention hostile à l'intégrité de ces chefs. En effet, Spener (*Insignium theoria*, etc., f° 158) dit : « KOLBEN DE HEILSBERG, gestant in solo argenteo tres rubeos palos, paulo ultra medium scuti adscendentes, capite justo minori superius incumbente » [2]. Vous croyez que l'Allemand Spener, qui cite le Wappenbuch à chaque instant, y a puisé cet exemple? Pas du tout : il traduit et cite Palliot et ses termes français de *pals-abaissés* et de *chef-retrait*. Il me semble étrange d'aller chercher en Allemagne des blasons d'exemples pour en dénaturer la portée. Il est encore plus étrange de voir ces mêmes exemples retourner en Allemagne affublés de qualifications françaises auxquelles les Allemands n'ont jamais pensé.

Ainsi au f° 139, Spener cite les « CAMERARII DE WORMATIA dicti KAMMERES DE DALBURG » qui portent un chef denché ou emmanché, etc., pas question de diminution du chef. Ces KAMMERER de Dalburg ou de Talberg portaient pour cimier : « Coronæ impositum jugum alarum complicatum, symbolisque scutariis pictum [3]. » M. de Heffner, dans son excellent *Musterbuch*, donne également ce blason et ce cimier d'après un modèle de 1474 et c'est un chef ordinaire, *non retrait, emmanché*. Je reproduis ce dessin à CIMIER. — FIGURE 155.

Tous comptes faits, la somme du *doit* dépassant celle de l'*avoir*, je renonce à l'hoirie du chef-retrait : je laisse la succession vacante pour qui voudra la prendre.

124

125

---

[1] En revanche les pièces qui sont dans l'écu sont modifiées par l'adjonction d'un chef. — *Voir* REMARQUE CD.

[2] Les Kolben portent sur champ d'argent trois pals de gueules montant peu au-dessus du milieu de l'écu au chef justement amoindri posant en dessus. Spener ne dit rien de la mouvance du pal de senestre, ce qui donnerait un blason bien différent du modèle 125, que je prends à Palliot.

[3] Une paire d'ailes pliée, sommant la couronne, peinte des figures de l'écu.

CHEF-ROMPU. — Parait avoir été une brisure réduite à la troisième partie supérieure du chef. Est sans emploi : tout porte à présumer que les exemples que l'on trouverait résulteraient d'une mauvaise interprétation.

CHEF-SOUTENU. — Lorsque les deux tiers supérieurs étant d'un émail, le tiers inférieur, d'un autre émail, semble le soutenir. SOULFOUR, (126) : p. *d'azur à trois bandes d'argent au chef de gueules, chargé de trois losanges du second, soutenu d'or.* — *Voir* SOUTENU.

CHEF-SURMONTÉ. — Lorsque le tiers supérieur du chef est d'un autre émail que le reste. PERILLEUX, (127) : p. *de gueules à deux chevrons d'argent, au chef du même, surmonté du champ, brisé d'un croissant d'azur à dextre.*

126   127

CVIII. — Même remarque qu'à CIV : surtout dans des exemples où le chef *surmonté* est du même émail que ce champ, il est bien difficile de ne pas y voir une *fasce haussée*. Palliot distingue l'*abaissé* du chef *abaissé*, parce qu'il est séparé du bord par une autre couleur que celle du champ, « néanmoins l'un et l'autre peuvent estre dits surmontés *(sic)* ». Jugez-en par l'exemple 127, qui est de Palliot, et par un autre de lui, semblable, où le chef prétendu est *du même émail que le champ!*...

Comme Palliot vient de nous dire que le chef *surmonté* (et le chef *abaissé*) est séparé du bord *par une autre couleur que celle du champ*, nous ne risquons rien — puisque nous trouvons ce savant héraldiste en contradiction évidente avec lui-même — de supprimer ici le mot *surmonté*; nous blasonnerons donc, 127 : p. *de gueules à deux chevrons d'argent, à la fasce haussée du même chargée d'un croissant d'azur à dextre.* Le fait que la fasce est *haussée*, implique que les deux chevrons doivent être *abaissés*, sans qu'il soit nécessaire de le dire; s'ils ne l'étaient pas, la fasce *brocherait* sur le premier chevron au moins, et cette *situation* ne pourrait être omise dans la description; d'ailleurs ils ne sont *abaissés* que relativement à la *situation* de la fasce.

CIX. — Le chef est la seule pièce du Blason qui ne puisse pas se redoubler. Le chef *abaissé* (le véritable, s'entend) n'est même pas une exception, puisque c'est une adjonction personnelle à un Commandeur ou à un Chevalier doué d'un chef dans ses armes. Ce Commandeur ne met pas deux chefs, il abaisse le sien sous celui de sa Religion, ne pouvant, à cause de ce cas spécial, le mettre seul au-dessus de ses armes. Si dans une lutte le terrible Auvergnat force le champion de Marseille à baisser la tête, il ne s'ensuit pas que celui-ci ait deux têtes.

CHÊNE. — Le roi des forêts a les mêmes règles en Blason que le plus humble arbuste. — *Voir* Ar-bres. Le seul terme qui lui soit spécial est *englanté,* si ses fruits sont d'un autre émail que le feuillage. C'est au gland que l'on connait le chêne : il faut donc en loger deux ou trois d'une manière appa-rente et naïve. Gilley-Francquemont, (128) : p. *d'argent au chêne arraché de sinople.*

128

Suivant quelques auteurs, il faudrait toujours dire que le chêne est *englanté.* Du moment où le gland fait partie de la *position* du chêne, il ne faut le nommer que si, par un émail différent, il cons-titue une *disposition.*

CHÉRUBIN. — Se représente, doué de quelque embonpoint, la tête vue de face, au milieu de deux ailes, sans corps. Figure connue.

Quelquefois le *chérubin* (c'est-à-dire la tête de *chérubin*) est *ailé* de plusieurs pièces, dont on blasonnera le nombre et la *situation.*

CHEVAL. — Sa position naturelle est d'être *passant* comme presque tous les quadru-pèdes et dans l'état de nature, c'est-à-dire non harnaché. Quelques auteurs pourtant expriment cet état par le mot *gai.* S'il est debout on l'appelle *effrayé* ou *cabré.* — *Voir* ces mots.

Son œil, s'il parait d'un autre émail, est *animé* et son sabot *onglé* [et non *armé,* comme je l'ai vu imprimé quelque part]. Il peut être *sellé, bardé, bridé, harnaché, houssé, capara-çonné,* etc. — *Voir* la figure du cheval à Effrayé.

CHEVELÉ. — Ne devrait s'employer que pour marquer la chevelure d'une tête humaine, si elle était d'un autre émail. Menestrier pourtant blasonne *trois têtes de filles chevelées d'or.* La chevelure n'est pas un luxe pour une fille ou une sirène : mais *chevelé* en ce sens aurait besoin d'une loi somptuaire, à moins que la chevelure ne fût d'un émail différent. — *Voir* Comète.

CHEVILLÉ. — On se sert de ce mot pour exprimer le nombre des *chevilles, cors, andouillers, dagues* ou *cornichons* que l'on peut compter sur les cornes de cerf, figurées seule ou seules dans un écu : on dit alors par exemple *une corne de cerf chevillée de tant de pièces* ou *cors.* Quelques auteurs appliquent ce mot seulement aux cornes séparées du corps, et disent *sommé,* quand on voit l'animal avec ses cornes. Ainsi Palliot blasonne le cerf de Froissard (*voir* fig. 99), *sommé de treize cors d'or.*

En Allemagne, où cette figure est répandue, on met indifféremment huit ou dix cors, ou quatre ou cinq par corne. On trouve aussi un plus grand nombre de cors, jusqu'à huit et dix par corne.

La recherche du nombre de cors est peut-être bien minutieuse, en thèse générale.

Cette réserve faite, on ne voit pas pourquoi l'on n'emploierait pas le mot *chevillé*, soit pour une ou plusieurs cornes isolées, soit pour exprimer le nombre de cors ornant les bois d'un cerf. Pour mon compte, c'est tout autre chose que *sommé*. Par exemple, je dirais *un cerf d'or sommé de gueules* pour marquer que les bois du cerf *d'or* sont *de gueules*. Je dirais *un cerf d'or sommé de gueules chevillé de dix cors,* pour indiquer que ces bois de *gueules* ont dix et non six cors.

CHÈVRE. — Elle est *passante*, position inutile à exprimer. Palliot assure que si elle est *en pied,* on la dit *sautante*. Ce serait la seule différence qui la distinguerait du *bouc,* son seigneur.

CHEVRON. — Une des pièces honorables héraldiques ordinaires du premier ordre. Est une des figures les plus répandues dans les armoiries. Le chevron part tout près de la sommité de l'écu, se divisant en deux branches se dirigeant l'une vers la dextre, l'autre vers la senestre de la pointe. Palliot dit que le chevron doit « régulièrement tenir la tierce partie de l'Escu quand il est seul et sans estre accompagné. »

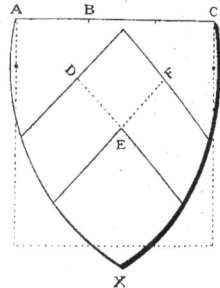

CX. — Il ne dit pas comment « cette tierce partie » doit se prendre et l'on ne peut s'en rendre compte d'après ses figures où le chevron me paraît avoir trop d'ampleur.

Voici un chevron qui me semble dans de bonnes proportions ; on peut même l'accompagner d'un grand nombre de pièces sans le diminuer. — FIGURE X.

Divisez la ligne A C en trois parties égales : donnez à chacune des branches du chevron sur les points D E et F E la valeur de AB (tiers de A C). Les deux points sur les lignes verticales marquent les axes des deux demi-ronds des bords de l'écu. Pour faire place à des figures qui accompagnent, on rendra l'angle plus aigu et l'on diminuera la mesure de D en E, surtout en dessous.

- Voici quelques exemples de chevrons :

129   130   131

LUYRIEU, (129) : p. *d'or au chevron de sable.* OPPÈDE, (130) : *d'azur à deux chevrons d'or.* ONCIEU, (131) : p. *d'or à trois chevrons de gueules.*

Courtray, (132) : p. *d'argent à quatre chevrons de gueules.*

Le chevron seul ou en nombre, peut recevoir toutes les lignes de bordure, *crénelé, bretessé, etc., engrelé, cannelé, ondé, etc.;* il peut être *échiqueté, losangé, bandé, barré.* Le chevron peut être *chargé* ou *charger* à son tour. Il peut se *charger* lui-même, comme dans l'exemple suivant.

132

133

Chevron-Villette, (133) : p. *d'azur au chevron d'or chargé d'un autre chevron de gueules, accompagné de trois lionceaux du second, les deux du chef affrontés;* dernier attribut que Palliot a oublié dans sa description au f° 162. Il ne faut pas confondre le *chevron chargé* avec le *chevron bordé.* — *Voir* Remarques LXXVII et suivantes.

Le chevron peut être disposé d'une foule d'autres manières dont nous allons rapidement énumérer les principales : les figures nous dispensant de donner de longues définitions, difficilement claires.

CHEVRON ABAISSÉ. — Staudtach, (134) : p. *d'argent au chevron abaissé de gueules et en chef une devise crénelée d'une pièce et deux demies de sable.*

CXI. — Cette description est de Palliot; ce n'est que sous toutes réserves que je blasonne ce chevron *abaissé.* On peut blasonner correctement (physiquement si ce n'est morale-

134

135

ment — ce que j'ignore —) *d'argent au chevron de gueules, au chef coupé crénelé, de deux pièces du premier sur sable.* Le chevron ne serait donc point *abaissé,* puisqu'il occupe dans l'aire laissée libre par le chef, la place ordinaire d'un chevron. — *Voir* Remarques CIV, CVI et CD.

CHEVRON ACCOMPAGNÉ, ALAISÉ. — Preischuch, (135) : p. *d'azur au chevron alaisé*

d'argent accompagné en pointe d'une étoile de six rais d'or. NOIDENT, (136) : p. *de gueules à*
six chevrons *d'or* [inutile
d'ajouter *alaisés*, avec Palliot, puisqu'ils sont] *posés
2, 2 et 2.*

CHEVRON APPOINTÉ.
— Un des quartiers de
TRAUNER, (137) : *d'argent
à deux chevrons appointés
d'azur.*

CXII. — Cette description
est de Palliot qui définit les
chevrons appointés ceux « qui
portent leurs pointes au cœur

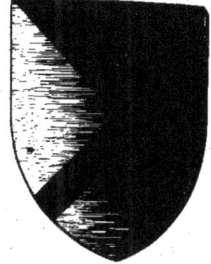

136   137

de l'Escu et s'opposent l'une à l'autre ayant un des Chevrons renversé. » On ne peut donner au qualificatif *appointé* un sens spécial pour le chevron. Or, *appointé* veut bien dire que les pointes de deux
ou de plusieurs figures se dirigent vers un point déterminé de l'écu, mais il n'exprime pas du tout
l'idée que ces pointes se touchent ; il dit implicitement qu'une des pièces qui s'appointent doit se renverser, mais il n'exprime pas quelle est la mouvance des pièces qui *s'appointent :* je pourrais les faire
mouvoir des flancs ou du chef à senestre et de la pointe à dextre, en les *appointant* toujours en cœur.
    Nous blasonnerons donc 137 : *d'argent à deux chevrons d'azur, celui du chef renversé, accolés en
cœur.* L'émail des chevrons, d'après Spener, est le *sable* et non l'*azur.*
    Quelques auteurs blasonnent cette situation par *contre-pointé
en pal :* on dirait *contre-pointé en fasce* si les chevrons mouvaient
des flancs. Il faudrait y ajouter le *contre-pointé en bande et en
barre.* Dans tous ces cas, l'*appointé* avec indication de mouvance
remplacerait le *contre-pointé.* Rien n'empêche pourtant que l'on
conserve cette dernière locution, si elle *sous-entend* que les chevrons se réunissent par leurs pointes : on dirait alors TRAUNER
(un des quartiers, le 2°) : p. *d'argent à deux chevrons d'azur
contre-pointés en pal.* Les deux manières sont bonnes : l'*appointé*,
suivant la manière dont s'en est servi Palliot, ne peut en fournir
une troisième acceptable.— *Voir* REMARQUES CCCLVIII, CDLIX.

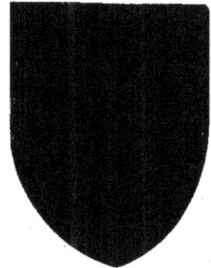

CHEVRON BRISÉ, ÉCLATÉ ou FENDU. — MARÉCHAL,
(138) : p. *d'or au chevron brisé de sable.* Il vaudrait mieux
faire du mot *éclaté* un synonyme de *rompu.* — *Voir plus*   138
loin. — Le chevron *brisé*, suivant la figure, représente deux chevrons de charpentier
coupés carrément : *éclaté* ne rend pas du tout cette idée et *fendu* pas davantage. Ce sont
tous des termes de convention, très mauvais, qu'il faut garder, puisqu'il n'y en a pas
d'autres. A-t-on jamais vu une poutre *brisée* ou *éclatée* sous un poids supérieur à sa
force de résistance, paraître comme si elle était sciée proprement? Un chevron *fendu*
présente aussi la même incertitude.

CHEVRON COUCHÉ. — Que d'autres appellent *tourné*. DUCHTEL, [un des quartiers], (139) : p. *de gueules au chevron couché d'argent.*

CHEVRON COUCHÉ-CONTOURNÉ. MARSCHALCK, (140) : *de gueules au chevron couché-contourné d'argent.*

CHEVRON COUPÉ.

139

140

CXIII. — Ce mot exigeant, en théorie et en pratique, que l'on dise dans quelle partie le chevron est *coupé*, et comme il ne l'est qu'au sommet, il est bien préférable de le nommer *écimé* ; comme quelques-uns éciment maintenant le premier chevron de LA ROCHEFOUCAULD (Fig. 86). Il faut d'ailleurs, en principe, ne pas détourner de son sens véritable le mot *coupé* et même, autant que possible, ne pas employer un mot indiquant une des grandes partitions, ce qui peut facilement prêter à l'amphibologie. — *Voir* REMARQUE CXLII ; elle est importante.

Voici la figure du *Chevron-coupé* selon Palliot. GRANTHIÈRES, (141) : p. *de gueules à trois chevrons d'or, le premier coupé;* et selon moi *écimé.* Ma remarque est d'autant plus fondée que Palliot critique Scohier d'avoir employé le mot *parti,* une des partitions héraldiques, pour un chevron *rompu.* Ce qui est mauvais pour l'un, doit l'être pour l'autre.

141

CHEVRON DIMINUÉ. — *Voir* ÉTAI.

CHEVRON-PAL. — Chorier en décrivant les armoiries des GALBERT du Graisivaudan, dit « d'azur au chevron palé d'argent accompagné de deux croissans montans de mesme en chef. » — Guy Allard donne la même version : heureusement il fournit une variante « ou bien un pal joint à un chevron accompagné, etc. », car *chevron pallé* sans indication de deux émaux ne dit rien du tout. Ce serait donc une figure dans le genre du *chef-pal,* composé d'un chevron uni à un pal, sans traits de séparation ; c'est le seul exemple que j'en connaisse. Nous blasonnerons GALBERT, (142) : p. *d'azur au chevron-pal d'argent accompagné de deux croissants du même en chef.*

142

CHEVRON - PARTI. —
GRUBER, (143) : p. *parti
d'or et d'azur au chevron
parti de l'un en l'autre.*
ECKHOFEN, (144) : p. *parti
d'argent et de sable au
chevron renversé parti de
gueules et d'or.*

Pour 143, Palliot se sert
de l'expression *de l'un en
l'autre*. C'est *de l'un à l'autre* qu'il faut dire. — *Voir*
CES MOTS.

CHEVRON PLOYÉ. —
GROSSTEIN, (145) : p. *d'or
au chevron ployé (?) de sable.* — *Voir* REMARQUES
CCXCIV et CCCXLVII.

CHEVRON RENVERSÉ.
— *Voir* la FIGURE 144.
Dirigé vers la pointe, au
lieu d'avoir la pointe vers
le chef.

CHEVRON ROMPU. —
D'autres l'appellent FAIL-

143

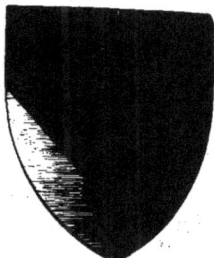

144

145

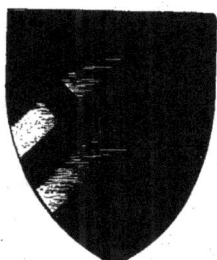

146

LI. MEYNIER, (146) : p. *d'azur à deux chevrons d'argent, rompus, le premier à dextre,
le second à senestre.*

CXIV. — On trouve encore pour le chevron des qualificatifs
qui me paraissent inutiles. Vulson, par exemple, a un terme pour
le chevron, *découplé* (c'est-à-dire rompu perpendiculairement),
dont je n'ai pas trouvé d'exemple.

Il appelle *hérissé* un chevron en dents de scie très aiguës.

Mais il n'est pas possible de le suivre dans un exemple qu'il
donne au fᵒ 128, dont je reproduis la figure en A, et qu'il blasonne : *parti d'or et de sable à un chevron renversé et écartelé
de gueules et d'argent sur le tout.*

Il saute aux yeux que le chevron n'est pas écartelé et qu'il n'y
a point de *sur le tout.*

Voici la description correspondant à la figure A : *parti d'or et
de sable, au chevron renversé, parti, tranché de gueules et d'argent, taillé* (le chevron) *de l'un à l'autre.* C'est pourtant un des
princes de la science qui blasonne ce chevron *écartelé !* — *Voir* REMARQUE CCCLXXVIII.

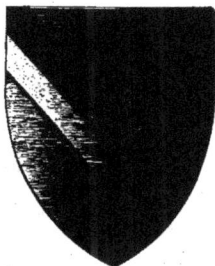

A

CHEVRONNÉ. — L'écu est *chevronné* lorsqu'il est rempli de chevrons en nombre pair, alternés métal et couleur, ou couleur et métal. Le nombre type, inutile à exprimer, est de six, comme pour tous les rebattements similaires, *fascé*, *pallé*, etc.

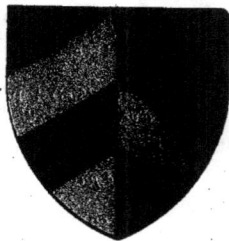

CXV. — Le nombre minimum du *chevronné* est de quatre pièces et alors il est nécessaire de faire mouvoir le premier, de la sommité du chef : dès que le nombre des *chevronnés* dépasse quatre, on supprime les pointes, au moins de la première pièce, dont on ne laisse que les tiges. Pour plusieurs chevrons aussi il faut élargir l'angle, afin qu'ils soient en séante proportion sur le champ. CARAMELLI, (147) : p. *parti, chevronné d'azur et d'argent de quatre pièces, contre-chevronné de l'un à l'autre*. Cet exemple, qui nous fournit en même temps la figure du CONTRE-CHEVRONNÉ (*Voir* REMARQUE CXXXII), est extrait d'un armorial mst de ma bibliothèque. Les *Fiori di blasoneria* en donnent une autre description.

147

CXVI.— Palliot, en blasonnant des armes similaires à mon exemple 147, dit : *Chevronné contre-chevronné de quatre pièces d'azur et d'or*. En ne disant pas sciemment, ou inconsciemment, *parti* avant *chevronné*, je ne crois pas qu'il ait bien fait, mais il a certainement mal fait en blasonnant LA HAYE : *parti chevronné, contre-chevronné de l'un en l'autre de huit pièces d'or et de gueules ;* ce qu'il dessine comme à la figure 148 ! Il y a là au premier

148   149

coup d'œil un *double contre-chevronné*, un par chaque grand parti, ce que Palliot n'indique aucunement : l'opposition des émaux se fait *de l'un à l'autre*. A la description ci-dessus, je réponds par la figure 149, où nous voyons réellement un *chevronné et contre-chevronné de huit pièces*.

Nous blasonnerons 148 : *parti, au premier, chevronné et contre-chevronné d'or et de gueules de huit pièces ; au second, chevronné et contre-chevronné de même* — ou *de l'un à l'autre* — ou bien encore : *pallé d'or et de gueules de quatre pièces, chevronné contre-chevronné ; re-chevronné et re-contre-chevronné de l'un à l'autre (et non de l'un en l'autre) de huit pièces*. On admettra sans peine que la même description ne puisse rendre les figures 148 et 149 d'un aspect aussi différent.

L'adjonction du mot *parti* à la description 149 n'est pas absolument nécessaire. Mais même en faisant cette adjonction à la description que Palliot donne de la figure 148, elle serait absolument insuffisante pour indiquer qu'il faut *partir* trois fois, ou deux fois si, en faisant abstraction de la grande ligne du *parti*, on ne compte que les deux lignes de *parti*, qui chevronnent et contre-chevronnent de huit pièces, chaque moitié de l'écu.

J'en ai dit trop pour les gens qui raisonnent, je n'en ai pas dit assez pour ceux qui mettraient Palliot au-dessus de la logique — ce qui n'est pas ici le cas.

RICHEBOURG, (150) : p. *chevronné d'or et de gueules* (de six pièces). EGMONT, (151) : p. *chevronné d'or et de gueules de douze pièces.*

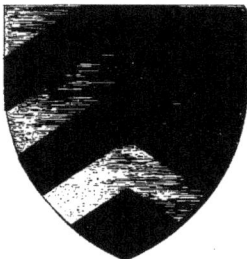

150   151

Nous aurons encore d'autres nombreux exemples de *chevrons* dans le cours de l'ouvrage.

CHICOT. — Bâton noueux ou branche d'arbre dont les brindilles ont été coupées près du tronc. — GOUHION, (152) : p. *d'or à deux chicots de gueules rangés en fasces.* C'est une des rares figures à laquelle on ne donne pas de *position*. Par analogie, *trois chicots*, ainsi simplement énoncés, seront mis *en pal, 2 et 1*. Il faudra blasonner toute autre *situation en fasce, en pals, en sautoir*, etc. — *Voir* ÉCOTÉ.

152

CHIEN. — Il n'y a que deux races de chiens dans le Blason : le *lévrier* à cause de sa forme spéciale, et tous les autres que l'on blasonne, *braques, courants, mâtins* ou *limiers*, mais que l'on dessine à peu près avec les mêmes traits. Comme pour tous les autres quadrupèdes, leur position naturelle est d'être *passants*. On leur applique les termes : *aboyant, accolé, arrêté, assis, courant, couché*, etc. qui s'expliquent par eux-mêmes; il faut blasonner soigneusement leur action, si c'est le cas. — *Voir* LÉVRIER.

CHECHÉ. — *Voir* CLECHÉ.

CHOU. — Tout figure dans les armoiries, même le chou. — CHAUVELIN en porte *un de sinople, sur champ d'argent, avec la tige accolée d'un serpent d'or.*

CXVII. — Nous avons dit à ARMES PARLANTES que ce serait une erreur de croire ces armes moins nobles que les autres, quelle que soit la figure qu'elles comportent. Nous avons cité le dicton des AILLY, MAILLY, CRÉQUY. Ajoutons que de célèbres familles n'auraient pas pris ces armes si l'on avait pu y attacher un sens bas. Ainsi les pots *(pignatte)* des princes PIGNATELLI. Il en est de même pour des ustensiles vulgaires qui sont portés par des maisons de la plus haute noblesse, ainsi les *chaudrons* en Espagne. — *Voir* CHAUDRON.

CHOUETTE. — L'oiseau de Minerve figure dans le Blason, le corps de trois quarts, la tête de face. — LOCATEL, (153) : p. *d'azur à une chouette d'argent membrée d'or, accompagnée de trois étoiles de même, deux en chef, une en pointe.*

CXVIII. — Palliot donne une description différente qui n'est pas exacte. La mienne est prise sur une pierre sculptée au château de ce nom au-dessus d'Albertville.

J'ai lu dans un traité de Blason que la *chouette* se dépeint comme la *merlette*, mais qu'à l'opposé de celle-ci, elle est dépeinte avec ses pieds ! ! !

> Notre magot prit pour ce coup
> Le nom d'un port pour un nom d'homme.

153

CIMIER. — Depuis que les hommes ont défendu leur tête par une enveloppe quelconque, soit pour l'orner, soit pour en faire une marque personnelle, soit pour effrayer l'ennemi, ils l'ont sommée d'un timbre. Les Grecs d'Homère, les Romains de Tite-Live, portaient des casques surmontés d'animaux figurés. L'aigle qui vint en plein Capitole cueillir la coiffure de Tarquin, la prit sans doute par le cimier. C'est aussi sur les anciles tombés du ciel que Numa peignit vraisemblablement les premières armoiries. Mais revenons à des temps plus modernes : ils fournissent d'assez nombreux sujets de conjectures.

Il paraît certain pourtant que le cimier mis sur les casques, ou transporté directement sur les armoiries, est contemporain des croisades. Le besoin de se distinguer l'un de l'autre le généralisa alors : les tournois en multiplièrent l'usage. Le chevalier de la Triste-Figure ne parut jamais dans un pas d'armes : les tenants joûtaient le visage couvert par les grilles ou la visière du heaume. La dame de leurs pensées pouvait suivre difficilement de l'œil l'emprise peinte sur le bouclier : mais elle voyait de loin le cimier ou l'écharpe, précieux guerdon, qui servit plus tard de lambrequin, haché par les grands coups d'estoc et de taille.

Le *cimier* est, à proprement parler, la partie du *timbre* représentant une figure placée au-dessus du casque ou heaume. Il reproduisait très souvent la figure principale de l'écu. Ainsi la fleur de lis carrée sert de cimier à la Maison de FRANCE.

Des familles souveraines ont modifié ou changé leurs armoiries et pris pour cimier une figure de leur ancien blason. Ne serait-ce point l'origine du cimier de la Maison de SAVOIE ? Le mufle de lion ailé aurait pu être composé avec le lion et l'aigle qu'elle a portés avant d'arborer la glorieuse croix blanche.

Quelquefois le cimier fait corps de devise avec la légende qui l'accompagne : ainsi les sires de GRANDSON portaient pour cimier une cloche d'argent et la devise : *A petite cloche grand son.*

Très souvent le cimier est pareil aux supports ou tenants, et reproduit la figure principale de l'écu. Enfin il serait trop long d'énumérer tout ce que la fantaisie a pu créer de cimiers divers, raisonnés ou extravagants.

Le cimier se met sur le heaume, et sur la couronne depuis que le heaume, vraie et propre marque de noblesse, a rejoint les vieilles lunes.

Au-delà du Rhin et de la Manche, toutes les familles nobles ont des cimiers : à défaut de couronnes ou de heaumes, elles les mettent au-dessus de l'écu sur un bâton ou bourrelet aux émaux du blason.

Les Allemands mettent plusieurs cimiers sur le même écu, correspondant aux alliances qui y sont marquées, ou bien les cimiers des familles dont ils ont hérité. Très souvent ces cimiers ont des couronnes qui n'ont pas de rapport connu avec les titres des personnages qui les portaient. — *Voir* FIGURE 156.

En France, ils sont bien loin d'être aussi communs, et plusieurs familles très chevaleresques n'en ont pas ou l'ont laissé tomber en désuétude. Pour plusieurs autres, ce cimier est d'introduction très récente.

Si quelques familles ont un cimier d'origine historique ou immémoriale, il est indubitable que pour l'immense généralité, le caprice est le seul fondateur du cimier.

Nous donnons plus loin quelques exemples de cimiers.

CXIX. — En remontant le cours des siècles et en étudiant le cimier des Maisons les plus renommées, on acquiert la conviction que très souvent il a été personnel ; personnel comme la devise, comme le corps de devise, comme les supports.

Dans l'énumération des tenants d'un tournoi, nous en voyons, appartenant à la même famille, portant des écus semblables, mais des cimiers et des *mots* différents : le motif est facile à comprendre.

Je ne conteste point, sans doute, un cimier héréditaire, et j'en ai de bonnes raisons. Mais je soutiens que le plus souvent à côté de ce cimier, quelquefois au-dessus de ce cimier, il y avait le cimier personnel devenu héréditaire si le fils le prenait de son père, mais qu'il pouvait changer au gré de sa volonté. Je ne sais si cette vérité sera incontestée, mais pour moi elle est incontestable.

Malgré la déférence que je dois avoir pour ma propre opinion, je veux l'appuyer d'une autorité, celle du P. de Varennes, l'auteur du *Roy d'Armes* (Paris, 1635).

Voici ce qu'il dit à propos des accessoires d'armes : « ... Ils ne sont pas absolument héréditaires, comme le corps de l'escu, mais seulement personnels, ou attachés à la personne qui les y emploie la première. C'est bien le meilleur parfois que les descendans se servent des ornemens que leurs ancêtres ont choisis : toutefois il est en leur volonté de les altérer quand bon leur semble... avec toute sorte de liberté et avec bien de la différence des couleurs et des métaux qui sont dedans le principal, puisque tous ces timbres, ces cimiers, ces supports et ces atours peuvent être changez... sans que les maximes et les règles de cet art soient aucunement violées. »

En conséquence, si une famille n'a pas de cimier elle n'a qu'à prendre une pièce de son blason et à le mettre sur son heaume ou sa couronne. Cela ne peut faire de tort à personne. Du reste, le cimier produit un effet artistique : c'est le seul effet que puisse produire maintenant un blason s'il est bien peint et si tous ses ornements sont bien agencés.

Il va sans dire que je ne voudrais autoriser personne à usurper la *fleur de lis carrée* de FRANCE, la *colonne crancelinée* de SAXE, le *vol fuselé* de BAVIÈRE, ou autres cimiers historiques.

Mais si vous portez honnêtement une rave dans vos armoiries, ne rougissez pas de timbrer votre heaume de cette crucifère. Parmi les tenants des tournois donnés à Vienne en Autriche au XVᵉ siècle, dont Modius (*Pandectæ triumphales*) nous a conservé les blasons, on voit figurer celui de Jean RUBERUS ou RUBER DE PICHSENDORFF, chevalier et chambellan de l'archiduc Charles. Il portait une rave feuillée de... brochant sur une fasce de... et pour cimier une rave de... dans un vol de sable. — *Voir* VOL BANNERET. — *Voir* REMARQUE CCCXX.

Voici quelques exemples de cimier.

FIG. 154. — Je me suis inspiré pour ce dessin d'un croquis donné par Henninges (*Appendix primi regni quartae monarchias Italiæ*, etc., f° 1107).

Il représente les armes de Galéas II VISCONTI, duc de Milan, en 1380 environ.

Suivant cet auteur « titionibus « hisce cum situlis, Galeatius II, « etiam pro symbolo usus est cum « inscriptione HVMENTIA SICCIS. « Item ansere terra stante *(sic)* et « deglutiente serpentem, cum ins-« criptione : DEFICIAM AVT EFFI-« CIAM [1]. » J'ai complété le dessin avec le secours de ce texte.

Description : *d'argent à la guivre d'azur couronnée d'or, à l'issant de gueules*, qui est de VISCONTI.

Timbres de Galéas II : *Heaume à l'antique couronné, garni d'un volet à bords cannelés des couleurs du blason* (probablement).

Cimier : *une oie* (d'argent) *engloutissant la guivre et l'issant de l'écu*, avec la devise : DEFICIAM AVT EFFICIAM.

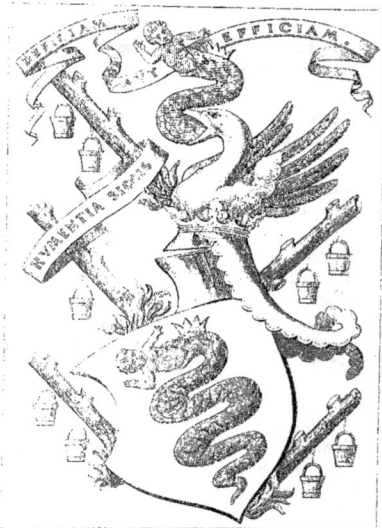

154

Les chicots (au naturel?) disposés autour et en dessus de l'écu, mouvants de flammes (de gueules?), supportant des seaux (au naturel?) forment corps de devise avec la légende HVMENTIA SICCIS.

Voir REMARQUE CCCXX.

---

[1] « Galéas II s'est aussi servi de tisons *(chicots)* avec des seaux pour symbole, avec ces mots : HVMENTIA SICCIS, et aussi d'une oie posée à terre *(sic)* engloutissant la guivre, avec l'inscription : DEFICIAM AVT EFFICIAM. » Les devises peuvent se traduire librement : JE DONNE A BOIRE A CEUX QUI ONT SOIF : JE MOURRAI OU J'EN VIENDRAI A BOUT.

BLASON ET CIMIER DES KAMMERER VON TALBERG (OU DALBURG) (1471),
D'après le *Heraldisches Original Musterbuch* de M. Otto Titan von Hefner (Munich, Steinacker).

FIGURE 155. — J'emprunte ce charmant dessin du XVe siècle au *Musterbuch*, excellent
recueil de modèles de M. de Hefner, auquel, n'ayant fait que le copier, je laisse tout le
mérite de la trouvaille.

Les Allemands excellent dans la représentation des ornements des écus : on peut en
juger d'après cette figure. Les lambrequins sont particulièrement gracieux. Le casque
est beaucoup trop lourd et d'une forme toute de convention. Son exagération de volume
est motivée par le développement du vol répétant les figures du blason. Cette forme de
vol est assez rare en Allemagne : la forme habituelle est celle que l'on peut remarquer
dans les vols-cimiers de la figure n° 156. On remarquera une autre singularité en regret-
tant que ce soit une exception. Quand un vol est représenté de profil comme en 155, le
demi-vol de dextre dont on ne voit qu'une partie ne devrait montrer que l'envers ; ainsi
dans cette figure ce demi-vol ne reproduit pas le dessin de l'écu : il est d'azur, comme si
le vol était doublé d'azur. Il est sommé de plumes d'autruche également d'azur, tandis
que les plumes du demi-vol de senestre sont d'or, comme si ces plumes d'or étaient
doublées d'azur.

J'ai donné la description du blason de KAMMERER, ou KEMMERER, à la REMARQUE CVII.

Nous blasonnerons les timbres à la française :

*Heaume d'argent, lambrequins d'or et d'azur ; le heaume sommé d'un vol vu de profil ; le
demi-vol de senestre aux armes de l'écu, sommé de six plumes d'autruche d'or ; le demi-vol
en perspective, d'azur, sommé de six plumes de même, apparaissant entre les premières.*

Ce vol correspond moralement, sinon physiquement, au vol banneret. — *Voir* FIG. 157.

Je dois seulement ajouter que dans le dessin que je reproduis d'après M. de Hefner, la
barrette des fleurs de lis d'argent, est d'or, ce que l'on ne trouve pas dans les descriptions courantes de ce blason.

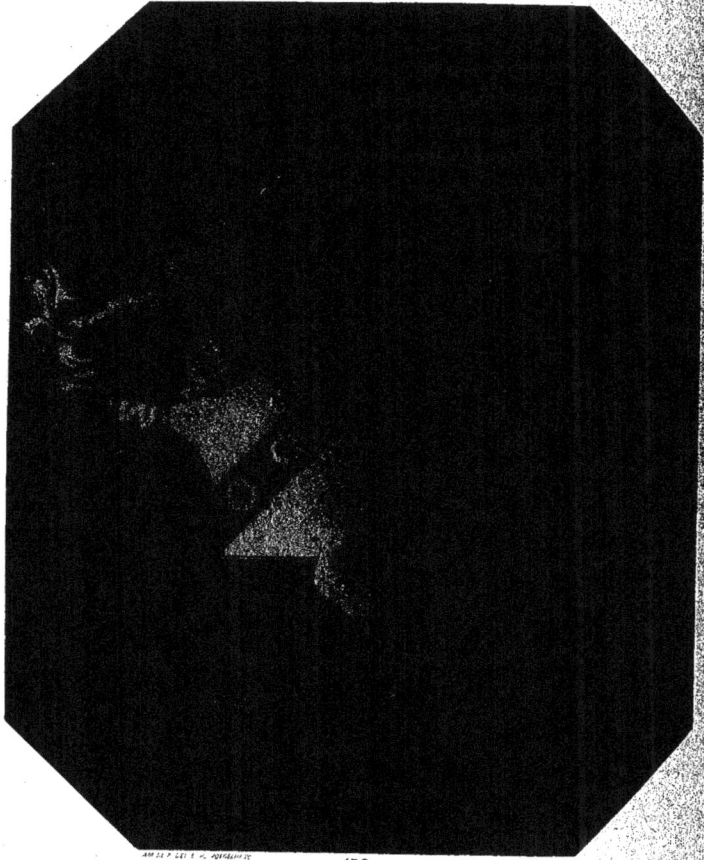

156

BLASON ET CIMIERS DES COMTES DE ROSENBERG.

FIGURE 156. — Je figure ici les armoiries des comtes de ROSENBERG en Carinthie, surmontées de cinq heaumes avec cimiers à la mode allemande.

En voici la description :

*Écartelé : au 1ᵉʳ d'argent à la barre de sable chargée de trois annelets du champ, qui est
d'*HAGENDORF *; au 2ᵒ, parti d'argent et de gueules à la rose à quatre feuilles partie de l'un à
l'autre, qui est de* ROSENBERG *ancien ; au 3ᵉ, d'or à l'étoile de six rais de gueules, qui est
de* RUMPF *; au 4ᵒ, tranché d'argent et de gueules à l'agrafe de fermail en barre, alaisée et
tréflée, tranchée de l'un à l'autre, qui est de* SPANGSTEIN *; sur le tout : d'argent à la rose
tétraphylle de gueules,* qui est de ROSENBERG.

*L'écu, sommé de cinq heaumes couronnés d'or, ayant pour cimiers : le premier, au centre,
couronné à l'antique, un bonnet conique parti d'argent et de gueules, sommé de la rose de*
ROSENBERG *ancien ; le deuxième, l'accostant à dextre, un vol du premier quartier; le troisième, accostant à senestre, un demi-vol du quatrième quartier; le quatrième, à dextre
un demi-vol du troisième quartier ; le cinquième, un ours de sable issant tenant une pique
d'argent, qui est pour marquer l'origine des comtes de* ROSENBERG *issus des princes* ORSINI
de Rome.

D'après Imhoff (*Notitia procerum,* etc.), les lambrequins sont de *sable* et d'*argent* dans
la partie supérieure ; dans la partie inférieure d'*or* et de *gueules.*

Je ne me suis pas cru tenu de copier servilement les indications d'Imhoff, ni son dessin
naïf, ni l'ordre des cimiers ; le premier, notamment, revenait de droit à ROSENBERG
ANCIEN, etc.

On observera que les deux heaumes à dextre ne sont *contournés* que pour la symétrie
et nullement dans une intention contournante : même remarque pour le demi-vol aux
armes de RUMPF; il figure un demi-vol dextre, mais par le fait, c'est un véritable demi-
vol (senestre) comme celui de SPANGSTEIN.

Les ROSENBERG ont tous les droits à la couronne à piques, la véritable couronne à l'antique (*Voir* COURONNE).

Imhoff ne couronne pas le heaume ayant pour cimier le « pileum turbinatum » de
ROSENBERG ANCIEN : il dit pourtant « quinque galeae coronatae. »

Les autres couronnes sont aussi d'ancienne forme allemande ; elles n'ont pas de relation connue avec la qualité des personnages qui en ornaient leur heaume ; suivant quelques auteurs, ce seraient des couronnes de chevalier !

Tous ces blasons des grandes familles allemandes, qui sont très compliqués par l'adjonction de plusieurs écarts, ont souvent besoin d'interprétation ; une description sévère
est bien difficile.

Fig. 157. — Cette figure de composition aurait pu convenir à un Électeur de Bavière.

Ecartelé de Bavière (V. Fig. 365) et de sable au lion d'or couronné, armé et lampassé de gueules, qui est du Palatinat.

Lambrequin aux émaux des deux écarts.

Heaume d'or sommé d'un lion de l'écu, issant, ailé d'un vol banneret de Bavière, orné en chef de dix feuilles d'or se tigeant sur le vol.

Ces feuilles faisaient partie du cimier de l'Électeur qui affrontait le premier lion du Palatinat ailé d'un vol (à l'allemande) de Bavière, d'un autre lion entre deux proboscides garnies de feuilles piquées sur des bâtons.

157

L'Électeur Palatin de Bavière a porté aussi trois écus joints ou accolés, deux et un, le premier du Palatinat (ci-dessus), le deuxième de Bavière, le troisième de l'Électorat, *qui est de gueules au monde d'or,* suspendu par un lac aux deux autres écus.

Supports : deux lions léopardés d'or. Cimier : un lion d'or de front assis, couronné de gueules entre deux proboscides losangées de Bavière. La figure en est donnée par Palliot et Menestrier.

Mais on trouve ces blasons et cimiers très diversement combinés. — *Voir* à Ornements, Remarque CCCXX.

CLARINÉ. — Qualificatif de disposition pour les animaux, bœufs, chameaux, moutons, etc., représentés avec une clochette du même ou d'un autre émail, suspendue à un collier, qu'il faut toujours blasonner. Nous avons dit que le collier s'appelle *accolé*.

CLÉCHÉ. — Qualificatif de disposition qui se prend *habituellement* dans le sens de VUIDÉ. C'est-à-dire qu'une croix, un sautoir, ou toute autre pièce serait appelée *cléchée* ou *vuidée* lorsqu'elle est ouverte ou percée à jour (comme si elle était chargée d'une autre pièce semblable) laissant voir le champ au travers.

Nous qualifions cette ouverture faite en lignes parallèles aux lignes extérieures de la pièce, laissant voir le champ, par VUIDÉ du champ ou REMPLI de tel émail; et nous laissons le mot CLÉCHÉ à la forme de la croix de Toulouse.

CXX. — Les héraldistes ne sont point d'accord sur la forme du vide qu'ils appellent, par suite de confusion, *cléché*. Ecoutons Palliot : « Le P. Petra-Santa, dans son *Tesseræ Gentilitiæ*, représente deux « Escus, l'un *de gueules à la Croix clechée d'or*, l'autre *d'azur au Sautoir cheché* (sic) *d'or*, lesquels il dit « estre vuidés, terme que je suivrois plustôt que Cleché si ce n'estoit que les Armoristes François s'en « sont servis au blason de la Croix de Thoulouse entendant seulement le vuidé, l'eschancrure des flancs « et bouts de la croix, comme il est rapporté sous le mot VUIDÉ. »

Et à VUIDÉ, Palliot rapporte que ce mot « veut dire eschancré, « enfoncé aucunement au dedans d'une entailleure proportionnée « au huitiesme d'un rond. Un exemple fera mieux reconnoistre ce « que c'est que VUIDÉ par la Croix de TOLOSE qui est, » (158) : « *d'or cleschée, vuidée et pommetée en chacune des trois pointes* « *qui finissent ses quatre branches de gueules.* » (C'est-à-dire sur champ de gueules.) « Es flancs et costez de chaque branche et « aux extrémités d'icelle, l'on verra qu'elles ne sont pas tracées « à droite ligne, ains qu'il y a une petite enfonceure et encaveure « qui rend le milieu *(sic)* et les bouts de la Croix plus larges que « le corps des branches. » — *Voir* FLANQUÉ.

158

Menestrier décrit *cléché* « l'arrondissement *(sic)* de la croix de « Toulouse dont les quatre extrémités sont faites comme les an« neaux des clefs »; le vide est sous-entendu, comme le montre sa figure pareille à celle de l'ex. 158 ci-contre.

Si *cléché* vient du grec κλείς, il est juste qu'il se rapporte, non au vide, mais à la forme semblable de celle des anneaux de clef. Palliot regrettait de devoir dire *cléché* au lieu de *vuidé* : il a eu tort de ne pas faire prévaloir son avis sur celui des « Armoristes françois » qui blasonnaient *cléché* le vide de la croix de Toulouse. Avec moins d'autorité, mais avec plus de hardiesse que lui, je vais remplir ses intentions.

CXXI. — Observons que les anneaux de clef ont eu de tout temps des formes très variées : on en voit en losange, en carré, en rond, en deux demi-ronds assemblés, en trois demi-ronds, en trèfles, etc.; on en faisait même de plats et pleins, l'ouvrier se contentant d'aplatir avec son marteau le bout de la tige pour donner de la prise aux doigts.

Ainsi en s'appuyant sur des modèles vus aux Musées d'antiquités, on pourrait dire *fleuronné*, *losangé*, *plein*, *rond*, etc. Il faut donc enlever cette acception de vide au *cléché*, et choisissant entre toutes les

formes d'anneaux de clefs, adopter celle que l'on donne habituellement à la croix de Toulouse que nous blasonnerons (158) *cléchée* (à cause de sa forme) *vuidée* (à cause du champ qu'elle laisse apercevoir) et *pommetée* (à cause des pommes qui enrichissent chacun des angles de ses quatre branches).

Nous blasonnerons BUFFEVENT, (159) : *d'azur à la croix fleuronnée d'argent, vuidée* (sous-entendu *du champ*), comme le blasonnent Chorier et Allard, les deux hérauts d'armes dauphinois.

Cette description remplace celle que Palliot, d'après Pietra-Santa, a donnée d'une croix *cléchée* (première citation, remarque CXX). Pour la seconde citation, au lieu *d'azur au sautoir cheché*, ou *cléché d'or*, nous dirons : *d'azur au sautoir d'or* VUIDÉ. Si au lieu de l'émail du champ on voyait un autre émail, nous blasonnerions : *d'azur au sautoir d'or, REMPLI de gueules*, par exemple.

159

CLÉCHÉ et VUIDÉ auront ainsi chacun un sens propre et bien déterminé.

Quant au mot REMPLI et à sa distinction d'avec BORDÉ, *Voyez* REMPLI.

CLEF. — La position naturelle d'une clef dans un blason est d'être en pal, le panneton tourné à dextre, en chef. Il est inutile (à moins de circonstances particulières, *Voir* CCCIV) de blasonner cette *position*. Les clefs en nombre figurent *adossées*, *affrontées*, etc., les anneaux *enlacés* et *passés* dans toutes les directions des partitions. Les figures du panneton, de la tige et de l'anneau sont très variables : il ne manque pas de vieux modèles à copier de préférence à la clef Fichet. Voici une forme très employée anciennement.

CLERMONT, (160) : p. *de gueules à deux clefs en sautoir d'argent.* — *Voir* note 1 à COURONNE PAPALE.

160

CLOCHE ou CLOCHETTE. — Quand leur battant est d'un autre émail, on les dit *bataillées* de tel émail, autre que celui du corps de la figure; dans le cas contraire, on n'exprime pas qu'une cloche est bataillée.

Le fait par un animal d'avoir une clochette au cou, se dit *clariné*.

CLOCHER. — Une église avec un clocher est dite *campanée* par quelques auteurs. Mot inutile; toute église devant avoir un clocher, à moins que le *clocher* ne fût d'un autre émail que l'*église*.

CLOU. — Voici la forme que l'on donne habituellement aux *clous* : leur position naturelle est en pal, la
pointe en bas. CLAVEL, (161) : p. *parti d'or et d'azur à
trois clous, deux de l'un en l'autre, un de l'un à l'autre.*

CXXII. — Si c'est en mémoire des Clous de la Passion que
cette figure a été mise dans les armoiries, on n'en a pas gardé la
forme. — *Voir* DICTION. DES ANTIQ. CHRÉT., par l'abbé Martigny.

CLOUÉ. — Qualificatif pour les *colliers*, les *fers de cheval*, les *frettes*, le *treillis*, les manches *d'épée* et de toute
autre figure paraissant *clouée*, mais seulement quand ces
clous sont indiqués par un émail différent.

161

Comme synonyme de *cloué*, en certains cas on se sert de RIVÉ.

COCATRIS, COCKATRICE. — Les Anglais en font un animal fabuleux, dragon ailé,
avec la tête et les pattes d'un coq.

CŒUR. — Ce mot se prend en trois acceptions :
1º Pour la partie la plus noble du corps de l'homme que l'on représente assez souvent
avec sa forme de convention dans les armoiries. — *Voir* FIGURE 222, premier quartier.
2º *Cœur* est le point central qui s'appelle aussi *point d'honneur* de l'écu (le point E de la
figure 293). — *Voir* ÉCU.
3º Une figure qui est mise en ce point s'appelle *mise en cœur*, ou *en abime*, ou *au point
d'honneur.*

COGNATION. — *Voir* PARENTÉ.

COIFFÉ. — Qualificatif pour le sanglier, quand il est comme arrêté par un chien ou
deux chiens.

COLLATÉRAUX. — *Voir* PARENTÉ.

COLLETÉ. — Se prend dans le sens de *coiffé* et dans le sens d'*accolé* première acception.
Se dit aussi de la *molette d'éperon*, représentée avec sa tige.

COLLIER. — *Voir* ACCOLÉ, BOUCLÉ. — On le trouve *bouclé* ou non ; cela n'a point
d'importance à moins que la boucle ne soit d'un autre émail, il faudrait alors le blasonner.
L'exemple 7 relevé sur un très ancien modèle, montre la boucle faisant partie du collier.
Quelques auteurs appellent *maille*, la boucle.

COLLINE. — *Voir* MONTAGNE.

COLOMBE. — Sauf dans Bara, le pigeon héraldique est toujours une *colombe*. Elle est représentée habituellement posée. COLLOMB, (162) : p. *d'azur à trois colombes d'argent.*

COLONNE. — Il peut y avoir cinq parties à blasonner dans une colonne : le fût, la base, les cordons, le chapiteau et la frise. Habituellement pourtant les seules parties d'un autre émail que le *fût* (et qu'il faut nommer en ce cas) sont la *base* ou *socle* et le *chapiteau*. La colonne est souvent *couronnée, sommée, surmontée, accolée, accompagnée, accostée,* etc.

162

COMBLE. — Serait un synonyme pour *chef-retrait*. — *Voir* CE MOT et REMARQUE CVII. On appelle aussi *comble* la partie supérieure du manteau royal. — *Voir* PAVILLON.

COMÈTE. — Par le temps de comètes qui court, tout le monde les connaît. Mais dans l'astronomie particulière au Blason, comment se représente-t-elle et comment se distingue-t-elle de l'étoile ?

CXXIII. — Vulson nous apprend qu'il y a une grande différence entre l'étoile, feu vivifiant, fécondant la terre et les semences, donnant la santé, et la comète, feu brûlant les semences, rendant la terre stérile, nous envoyant les maladies et surtout la peste. Selon cet auteur la comète se peint habituellement comme une étoile à huit pointes. Il en donne plusieurs figures : l'une *caudée de trois rayons tirans vers la pointe* (en pal) ; ces trois rayons forment un des huit ; l'une de huit rayons qu'il appelle *hérissée* (ce qu'il nomme *rayonnant* pour le soleil) ; une autre qu'il blasonne *chévelée en bande*, placée au canton dextre du chef avec sept rayons et le huitième s'étendant en chevelure.

Palliot, quoique Nostradamus appelle *Comète* l'étoile à seize rais de la maison de BAUX, dit que si l'on veut représenter une vraie comète il faut qu'un des rayons soit plus grand que les autres et ondoyant pour lui servir de chevelure, pour en faire « ce que nostre vulgaire appelle *Estoille* à longue queüe ». Cela ne l'empêche pas immédiatement après de blasonner comètes les étoiles aux seize rais de BAUX et de BOULAINVILLIERS. Dans d'autres exemples il dessine la comète comme Vulson : il adopte sa comète *caudée chévelée* et même la *hérissée*. — *Voir* HÉRISSÉ.

Que la lumière de la comète soit bienfaisante ou maligne, il s'agit d'en soumettre la figure à des règles fixes.

CXXIV. — COMÈTE, comme le disent Vulson et Palliot, sera une étoile à huit rais ou rayons, dont un — celui de la pointe — sera plus long du double environ que les autres et ondoyant. N° 163 : p. *d'or à la comète de gueules.* C'est ce rayon qui constituera la *comète*, la comète dans sa *position*.

Si une comète n'a que cinq rayons, mais l'un d'entre eux plus long et ondoyant, nous blasonnerons *comète de cinq rais*. Nous ne nous servirons pas du mot *caudé* — puisque ce rayon est constitutif de la

163

comète — à moins qu'il ne soit d'aventure d'un autre émail, ou se divisant en
deux ou trois. Le n° 164 : p. *d'azur à la*
comète caudée de trois rayons d'or, ti-
rants vers la pointe.

Si le rayon constitutif se transforme en
chevelure, cela modifie la *disposition* de
la comète que nous blasonnerons alors :
n° 165 : p. *de gueules à la comète, caudée*
chevelée d'argent mise en bande. (Vulson
dit *en bande* et la fait mourir dans les
flancs mêmes de l'écu, comme finirait

164   165

une véritable bande, ce que sa description n'exprime pas. Palliot, qui reproduit cet exemple de Vulson,
ne dit rien de la *situation* de la chevelure, mais il la représente comme 165, et *mise en bande* y répond).

Nous supprimerons le mot *hérissé* (*Voir* CE MOT) que *rayonnant* remplace avec avantage. Quant aux
étoiles de seize rais de BAUX et de BOULAINVILLIERS nous les blasonnerons *étoiles à seize rais*, ainsi
que l'étoile de BLACAS (*Voir* FIG. 562 et ÉTOILE).

Nous ne sommes qu'à la quatrième journée : nous n'avons aucun droit à nous reposer.

COMÉTÉ.

CXXV. — Vulson est l'inventeur de ce mot, pour lui faire exprimer la disposition d'un pal affectant le rayonnement ondoyant
du rais constitutif de la comète. Ce mot est bien trouvé sans doute
au point de vue de l'étymologie, mais avant Vulson le Blason possédait le mot *flamboyant* pour marquer la même idée. Du reste, le
motif de Vulson est vraiment puéril. Il veut que l'on blasonne
cométés, les pals qui meuvent du chef et tirent vers la pointe
« pour ce que les rayons ou queues des comètes tendent tousiours
« en bas », et *flamboyants* dans le sens contraire « parce que la
nature du feu est de tendre en haut vers son élément. » Ces raisons ne sembleront pas suffisantes sans doute. Il y a déjà beaucoup de termes synonymiques pour des attributs fort rares :
Comété me semble mériter plus particulièrement l'expulsion. Quoi
qu'il en soit, l'emploiera qui voudra. Pour mon compte je blasonnerai RABOT, (166) : p. *d'or* (*d'argent*, suivant Palliot) *à cinq*
pals flamboyants de gueules, deux mouvants du chef, trois de la
pointe, au chef d'azur chargé d'un lion léopardé d'or et non *deux*
cométés et trois flamboyants, etc. C'est une concession que je fais.
Voir plus bas. Je blasonnerai BLANTZEN, (167) : *d'azur à la*
fasce flamboyante (et non cométée) *d'or, accompagnée de trois*
fleurs de lis de même. Autre concession.

166

167

CXXVI. — Palliot dit avec naïveté que « par le même senti-
« ment » qui lui a fait adopter le mot comété [*pour un pal*
mouvant du chef], il appelle cométée *une fasce qui meut du flanc*
dextre !

Spener, en blasonnant l'écu de BLANTZEN, dit : « Flamma aurea (*vel radium si malis*, dit-il un peu plus haut) ex latere dextro prodiens inter tria lilia aurea cæruleo scuto impressa ». Le héraut d'armes allemand (f° 274) nous met sur la véritable voie. Le blason de BLANTZEN (167) ne représente ni une fasce (cométée ou flamboyante), ni un pal (comété ou flamboyant), mis en fasce : *c'est un rayon d'or flamboyant mouvant du flanc dextre, en fasce, accompagné de trois fleurs de lis de même, sur champ d'azur.*

Les prétendus pals de RABOT, (166), ne seraient-ils pas tout bonnement cinq rayons flamboyants, mouvants deux du chef et trois de la pointe ? C'est fort probable. En tout cas cette description serait au moins aussi bonne et plus claire. En les appelant *pals* on pourrait les représenter comme des *pals ondoyants* ou simplement *ondés*, ce qui ne les *alaiserait* pas.

COMPAS. — Sa position est en pal, demi-ouvert, les pointes en bas. Autrement il serait *renversé* (les pointes en l'air). Il faut blasonner s'il est muni du quart de rond destiné à fixer son ouverture, et si le quart du rond est tourné à dextre ou à senestre.

COMPON. — Pièces carrées d'émaux alternés qui composent le

COMPONÉ. — Palliot définit le componé en ces termes : « Veut dire composé comme une Bordure com-
« ponée, qui est composée de deux esmaux séparés ou
« divisés par filets en forme longuette, fors ès recoins
« que les iointures sont faites en pied de chèvre.
« Compon est chaque pièce de la Componeure. »

Je conteste presque tous les termes de cette définition très inexacte. — *Voir plus loin.*

Le nombre des *compons* ne se blasonne pas. Le *componé* n'a jamais qu'une seule tire, en quoi il se distingue de l'*échiqueté* qui a au moins deux tires. Voici la véritable figure du *Componé.*

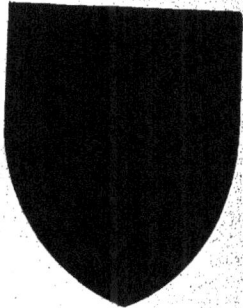
168

SAVOIE-NEMOURS, (168) : p. *de* SAVOIE *à la bordure componée d'or et d'azur.*

L'on voit qu'il est inutile de tailler et trancher le compon des cantons du chef, comme on le fait habituellement. Il est à désirer que les dessinateurs adoptent de préférence cette forme (168) beaucoup plus raisonnable.

CXXVII. — Ce mot insignifiant en apparence nous fournit plusieurs observations.

Les hérauts d'armes officiels de la Maison de SAVOIE ont introduit, il y a quelques années, une manière nouvelle, mais fantaisiste, de représenter la bordure de brisure de *Nemours*, variante de la mauvaise figure de Guichenon. Ils donnent à l'écu une forme ovale, mais cela ne change rien au blason. La figure 169 est pareille à celle insérée dans la grande et magnifique

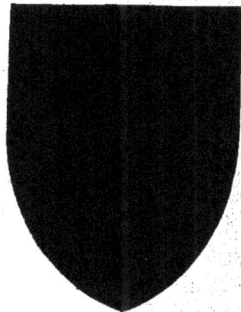
169

Généalogie de la Maison de Savoie (Lyon, Perrin). Pour blasonner officieusement cette forme officielle, nous blasonnerons : *de Savoie à la bordure d'or, remplie d'azur en prolongation et en suivant l'épaisseur de chaque branche de la croix.*

Mais nous serons loin des tournures héraldiques et encore plus loin du *componé.*

Le même tableau contient encore une grave erreur à propos des armoiries de SAVOIE-CARIGNAN (ANCIEN). Cette branche, maintenant la Royale, brisait de SAVOIE *à la bordure endentée d'argent*, ainsi que la branche des Comtes de Soissons qui en était issue.

Guichenon, un autre officiel, dit *engrêlée* au lieu d'*endentée.* Or, dans la gravure de la *Généalogie* citée plus haut, ces blasons sont rendus comme en 169 *bis*, d'une manière presque intraduisible en termes héraldiques. Il faut commencer par créer un nouveau terme, *croix-bordure* (par analogie avec *chef-pal*, etc.) : expliquer ensuite que la bordure est endentée et que la croix ne l'est pas. On pourrait essayer de blasonner 169 *bis* : *de gueules à la croix-bordure d'argent : la bordure s'endentant dans les quatre cantons, d'un bras de la croix à l'autre seulement.*

169 *bis.*

On comprendra que ce dessin est faux : la bordure doit, avec ses dents, passer sur la croix et des traits d'ombre marqueront que la bordure charge la croix, ce qui est clairement indiqué par la description SAVOIE-CARIGNAN : *p. de Savoie, brisé d'une bordure endentée d'argent.*

Le *componé* ne doit point avoir « une forme longuette », mais doit régulièrement être composé de compons en carré parfait. — Voyez la figure que Palliot donne au pal *componé d'or et d'azur sur champ de gueules*, de la figure 170! Quelle différence entre ce *componé* et *un pal fascé d'or et*

170   171   172

d'azur? Aucune. Si vous donnez aux compons la même hauteur que la largeur du pal, c'est-à-dire la forme carrée, vous aurez, comme à la figure 171, *un pal d'or chargé d'une fasce d'azur.*

Palliot a dessiné un pal parce qu'ayant lu que VERFEY portait *de gueules au pal componé d'or et d'azur*, il a donné au pal la largeur de *position;* mais c'est un pal qu'il faut diminuer (ce que quelques auteurs appelleraient *vergette*) pour pouvoir correctement s'adapter au *componé.*

Voyez la figure 172. Voilà ce qui *correspond* à un *pal componé.* Impossible de le confondre avec un *fascé* ou avec un *échiqueté* (au moins de deux tires). Comme il faut à tout prix éviter ces confusions regrettables, nous formulerons pour règle : *le componé se compose avec des compons carrés, autant que possible ; en dessinant un componé, proportionnez la figure aux compons et non les compons à la figure.*

Toutes les bandes, et elles sont assez nombreuses, dites *componées*, deviennent ainsi des *cotices* ou des *bâtons* mal interprétés.

CXXVIII. — Nous aurions encore bien des choses à dire. Bornons-nous à prier ceux qui possèdent Palliot de comparer *la croix componée* de SAINT-MESMIN avec le *bâton componé*, prétendue brisure des

SAVOIE-NEMOURS. Pourquoi le vide entre les branches de la croix est-il bien carré et les autres compons de largeur inégale ? Pourquoi, dans le bâton, les compons sont-ils parfaitement carrés ?

Nous avons dit dans la règle (fin de la REM. CXXVII), *autant que possible*. En effet, s'il n'y a aucune nécessité, pour une bordure *componée*, de *tailler* et de *trancher* les compons aux angles du chef, il est évident que dans les contours inférieurs de l'écu, les compons ne seront plus carrés puisqu'ils sont concentriques. — *Voir* la FIGURE 168. Dans une *bande* ou *cotice componée*, les compons du chef et de la pointe ne peuvent pas non plus rester carrés.

COMPONÉ (CONTRE-).—Figure qui n'existe que dans l'imagination de Menestrier et les livres de ceux qui ont suivi ses errements.

CXXIX.— Menestrier blasonne *contre-componée* la bordure des SÈVE [1], parce que, dit-il, « *l'écu étant* fascé *d'or et de sable et la bordure componée de même, les compons d'or répondent aux fascés de sable et ceux de sable aux fascés d'or.* »

Mais pas du tout !

La figure 173 représente le blason des SÈVE *fascé d'or et de sable à la bordure componée de même.*

En disant *contre-componé* et en se servant des termes cités plus haut de la définition de Menestrier, nous construisons logiquement la figure 174. Voyez la différence !

173   174

Il ne serait possible de faire un *contre-componé* qu'avec un *componé* auquel les émaux du *contre-componé* seraient opposés. Mais comme alors cela formerait un *échiqueté... delenda Carthago !* — *Voir* REMARQUE CXXXII.

CONFANON. — *Voir* GONFANON.

CONNÉTABLE. — Le connétable de France accostait l'écu de ses armes, de deux épées nues comme marque de sa dignité.

CONTOURNÉ. — Qualificatif de disposition pour les animaux. Ils doivent toujours dans leur *position* naturelle — inutile à exprimer — avoir le corps et la tête tournés à dextre. Si l'animal a le corps et la tête dans le sens opposé, il est *contourné*. Si, comme la femme

---

[1] Les anciens Marquis de CEVA, en Piémont, portaient simplement : *fascé d'or et de sable.*

de Loth, il se borne à tourner la tête pour regarder Sodome, l'animal ne se change pas en sel, mais on le blasonne *la tête contournée.*

REGEL, (175) : p. *d'azur au bar contourné d'argent.*

CHAROLAIS, (176) : *de gueules au lion la tête contournée d'or armé et lampassé d'azur.*

Cela, bien entendu, se rapporte à des animaux comme lions, ours, loups, etc. Un aigle, une aiglette, dans leur *position (voir* AIGLE) sont représentés

175   176

de face. Le *contourné* ne peut donc agir que sur leur tête, qui, au lieu de regarder à dextre, regardera à senestre. On les blasonnera dans ce cas, *contournés* et non la *tête contournée.*

Au mot COUCHANT, Palliot blasonne un chien couché, « le derrière tourné à dextre. » *Contourné* serait plus honnête et plus exact.

Par extension, pour les figures inanimées ayant un sens, comme une clef dont le panneton serait tourné à senestre, un croissant dont les pointes seraient tournées vers la senestre, on les dit *contournées.*

CXXX. — La règle pour la *position* de toute pièce pouvant recevoir la *situation* du *contourné*, est invariable. Ce que nous avons dit plus haut des aigles et aiglettes n'est pas une exception, puisque, grâce à leur *position* spéciale, la tête est la seule chose qui puisse se contourner.

Un traité de Blason, paru en 1863, dit, à propos du *contourné*, que les animaux « peuvent et doivent « être figurés à gauche sur une enseigne ou cornette de guerre... ou bien quand ces animaux sont « brodés sur des caparaçons ou couvertures de chevaux, parce que l'animal doit regarder la tête du « cheval, de sorte que sur ces caparaçons, il y en aura d'un côté figurés à droite et de l'autre à « gauche (!). En supposant que l'homme de guerre porte son écu en avant dans un combat, l'animal « figuré (regardant du côté gauche de l'écu) au lieu d'être tourné contre l'ennemi semblerait fuir et « tourner le dos » (!)

En suivant cette théorie renversante, il faudrait aussi peindre sur les panneaux d'une voiture le lion d'un blason dans sa *position* naturelle sur le panneau de gauche, et *contourné* sur le panneau de droite pour qu'ils regardent tous deux la tête du cheval.

L'écu est toujours censé défendre la poitrine d'un chevalier. Or, que ce chevalier avec son écu, l'un portant l'autre, sorte par la portière de gauche ou la portière de droite, le blason est toujours le même.

Qu'arriverait-il à deux héraldistes examinant les blasons peints, suivant le système que je combats, sur les panneaux d'un huit-ressorts : celui de droite voyant un écu *d'azur au lion* CONTOURNÉ *d'or*, *armé et couronné de gueules*, dirait : voilà le carrosse d'un GUELDRES (177). Celui de gauche voyant un écu *d'azur au lion d'or, armé et couronné de gueules*, dirait : voici le carrosse d'un SALCE (178). C'est en effet la seule différence (bien tourné ou *contourné*) entre ces deux blasons [1]. Cette prétendue règle serait le chaos pour le Blason.

Dans quelle position cet auteur peindrait-il un lion, figurant dans un écu mis sur le coffre d'une voiture « pour qu'il regarde la tête du cheval » ? Ce lion devrait donc montrer son dos !

177   178

CXXXI. — Je sais fort bien que l'on a peint, sous un prétexte respectueux, des blasons entièrement contournés. Palliot en cite deux exemples, f°s 290, 291. « Ce qui estant ignoré par ceux qui ne sont pas « versés dans les secrets de l'art des Armoiries se persuadent que c'est une faute du Peintre ; toutefois « pour en dire mon sentiment, i'aymerois mieux suivre la règle ordinaire. » Très certainement ces peintres, avec une bonne intention, ont commis une faute très grave en tournant non seulement les animaux à senestre, mais en intervertissant les écartelés, les partis, faisant des barres avec des bandes, etc. L'écu contenant ces figures doit être toujours le même, quelle que soit la place où on le suspend.

Il est inutile de discuter plus longtemps une chose aussi évidente.

Ceux qui sont versés dans les « secrets » de la distraction humaine, savent aussi que souvent un graveur grave un lion tel qu'il le voit : les épreuves de cette gravure, les empreintes de ce cachet deviennent *contournées*. Le dessinateur qui calque son esquisse à l'envers produit aussi un dessin *contourné* pour toutes les figures représentées.

Dans les vieux recueils, notamment dans ceux de provenance allemande, on ne paraît pas attribuer d'importance à ce qu'un animal soit contourné ou non. Souvent c'est dans une vaine recherche de la symétrie et non dans une intention contournante.

Quelle que soit l'origine du *contourné* de ce genre, rien n'empêche qu'à l'origine des armoiries un chevalier ait adopté un lion tourné à senestre ; mais quant à la prétendue règle ou au prétexte respectueux, en vertu de quoi on *contourne* les blasons, si c'est avec intention, c'est absurde ; si c'est par distraction ou ignorance, c'est malheureux.

[1] Si l'on peut se fier aux descriptions variables de ces écus.

CONTRE. — Cette préposition, jointe à un terme du Blason, indique opposition comme *bretessé* et *contre-bretessé*. — *Voir* CONTRE-PALÉ à PALÉ, et ainsi des autres. — *Voir* REMARQUE LXXXIII.

CXXXII. — Il faudrait pouvoir supprimer dans les traités de Menestrier toutes les pages que ce savant homme a cru devoir consacrer aux *contre*. Ce n'est pas une vaine critique, mais une démonstration profitable que nous entendons formuler.

Le *contre* indique habituellement une opposition d'émaux plutôt que de pièces; le *palé*, le *fascé*, étant *contre-palé* et *contre-fascé*, sont toujours des pals et des fasces en rebattement. Le *contre-bretessé* indique opposition du vide au plein, mais n'en reste pas moins composé de *bretesses*. Doit-il en être de même pour le *contre-bandé* ? Non !

179

Menestrier blasonne l'écu d'HORBLER, (179) : *parti et contre-bandé d'or et de gueules.*

La *barre* est appelée *contre-bande* parce qu'elle est l'opposé de la *bande* : le *barré* doit donc être synonyme de *contre-bandé*.

Vouloir conserver à la *barre* le sens de *contre-bande* et enlever ce sens au *barré* pour le *contre-bandé* est une chose inadmissible.

Mais je vais bien plus loin, par la dissection de la figure 179.

Voici un écu (179 *bis*) : *bandé d'or et de gueules* : n'oublions pas que *bandé* et *contre-bandé* par nécessaire extension, sans indications, sont obligatoirement de six pièces. Reportons sur un autre écu (179 *ter*) la moitié dextre de 179 *bis*. Qu'obtenons-nous ? Nous n'avons plus pour cette moitié un *bandé de six pièces*, ni même un *bandé* : nous avons *de gueules à deux bandes d'or*.

PAULISPER VACAT.

179 *bis*   179 *ter*

Sur la moitié d'un autre écu (179 *quarto*) [pour le premier parti] mettons un *bandé d'or et de gueules*.

Sur l'autre moitié (pour le second parti) mettons un autre *bandé* (de six pièces), *de gueules et d'or* cette fois, pour l'opposition des émaux (179 *quinto*).

Rapprochons ces deux parties dans un seul écu, 179 *sexto*. Ces deux *bandés* juxtaposés par un *parti* nous donnent pour l'ensemble *huit pièces* (et non six) ! C'est la figure de Menestrier : sa description est donc fautive.

179 *4e*   179 *5e*   179 *6e*.

Nous blasonnerons 179 *sexto* : ou 1° : *parti, bandé d'or et de gueules* (de six pièces), *et bandé de gueules et d'or ;* ou 2° : *de gueules à quatre bandes, la première d'or, les trois autres parties de l'un à l'autre.* Cette dernière description baroque nous fera réfléchir.

Mettons maintenant ce tracé, en le modifiant nécessairement, sur un écu en carré long comme on le fait d'habitude (malheureusement), ou dans un écu triangulaire comme en 179 : la même description ne nous servira plus ; nous dirons : *parti au premier, bandé d'or et de gueules, au second de huit pièces de gueules et d'or*.

Dans le dessin de Menestrier, où les *bandés* ne sont pas parallèles — ils vont en s'élargissant de la dextre à senestre en descendant, — nous avons bien un *bandé de six pièces* dans le premier parti, mais dans le second — malgré la déviation calculée des lignes — on voit encore un fragment du dernier *bandé* de gueules : il faudrait donc blasonner ce second parti : *de gueules à trois bandes d'or*.

Ainsi Menestrier s'est gravement mépris. Comme d'ailleurs dans le dessin carré 179 *sexto* (et même dans celui de Menestrier), les *deux bandés* du chef à senestre et les *deux bandés* de la pointe à dextre, ne sont opposés à rien du tout qu'au vide, nous pouvons conclure que le *contre-bandé*, comme l'entend Menestrier, n'existe pas : il n'y a qu'un contre-sens.

Pour moi, si l'écu de HOBBLER est, comme le dit Menestrier, *parti contre-bandé d'or et de gueules*, me basant sur la *contre-bande*, synonyme de barre, et les observations précédentes, je le dessinerai comme au nᵒ 180. On pourrait aussi le blasonner : *parti chevronné contre-chevronné renversé d'or et de gueules de l'un à l'autre*.

Je me sers de cette variante pour démontrer que la description même de Menestrier est détestable. Suivant la rigueur des termes, *parti* me dit que je dois partir mon écu. Que mettrai-je dans chacun de ces *partis* ? Ce que la description me dit, un *contre-bandé;* c'est-à-dire un *barré* (de six pièces) dans chacun d'eux. Ceci serait évité si notre auteur avait dit *parti, bandé, contre-bandé d'or et de gueules*. Mais comme avec ces termes nous aurions opposition de *pièces* (bande et barre) et non d'émaux (un *barré d'or et de gueules* devant avoir sa première pièce *d'or,* l'or répondrait à l'or, le *gueules* au gueules du *bandé*), nous devrons y ajouter *de l'un à l'autre*.

180

CXXXIII. — Menestrier blasonne *contre-bretessé* ce que nous appelons *bretessé* et réciproquement. Ceci est une affaire d'appréciation (*Voir* REMARQUE LXXXIII) ; mais... il blasonne *contre-écoté* ce qui n'a jamais été qu'*écoté*, et il le nomme ainsi lui-même à la page suivante.

Son *contre-componé* nous l'avons, croyons-nous, réduit à néant. — *Voir* COMPONÉ (CONTRE -).

Pour *contre-fleurdelisé, Voir* REMARQUE CCXVII.

CXXXIV. — Ce qu'il appelle un *contre-manché* est une grave impropriété et il l'aggrave en blasonnant OTTEMBERGER , (181) : *parti coupé et contre-manché de sable et d'argent de l'un en l'autre*.

Il faut dire : *parti d'argent et de sable, coupé denté* (ou *emmanché* si l'on veut) *de l'un à l'autre*. Il n'y a pas ombre de *contre-manchure* dans cet exemple. On blasonne plus simplement et élégamment, 181 : *écartelé d'argent et de sable, la ligne du coupé dentée*.

181

CXXXV. — Il blasonne monstrueusement WESTERHOLL, (182) : *contre-fascé de sable et d'argent de trois pièces!* On ne peut blasonner que d'une seule manière, savoir : *de sable à la fasce d'argent parti de l'un à l'autre;* et plus clairement : *parti de sable et d'argent à la fasce partie de l'un à l'autre.* Il n'y a pas trace de *fascé :* le *contre* ne saurait donc être opposé à ce qui n'existe pas.

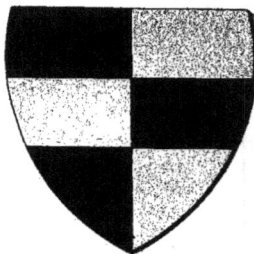

182

CXXXVI. — Son *contre-échiqueté,* c'est un *échiqueté* de deux tires.

Il n'y a rien à objecter à son *contre-palé* et à son *contre-potencé* pourvu que nous ajoutions *palé* avant *contre-palé,* comme il a mis *potencé* avant *contre-potencé.*

Son *contre-passant,* son *contre-posé,* son *contre-rampant,* son *contre-issant* sont absolument inutiles.

Le *contre-vairé* existe réellement, mais nous ne suivrons pas la figure de Menestrier et encore moins sa description. — *Voir* VAIR.

CONTRE-BANDE. — *Voir* BARRE.

CONTRE-FLEURDELISÉ. — *Voir* REMARQUE CCXVII.

CONTRE-POINTÉ. — *Voir* REMARQUES CXII, CCCLVII et suiv. Exprime la situation de deux chevrons, dont l'un, renversé, a sa pointe opposée à l'autre, les deux pointes étant adhérentes. — On dit *contre-pointé en pal* si les chevrons meuvent l'un de la pointe et l'autre du chef — *contre-pointé en fasce,* s'ils meuvent des flancs.

COPEAU ou COUPEAU ou COPET. — *Voir* COLLINE, MONTAGNE.

COQ. — « La sentinelle de la nature qui « resveille les Soldats à la quatriesme veille « et ne souffre point que le Soleil se lève sans « les en advertir », comme dit Palliot, se représente habituellement *posé,* quelquefois avec la patte droite levée, ce que quelques auteurs blasonnent par le mot *hardi.* Les termes qui lui conviennent pour les parties de son corps, quand elles sont d'un autre émail, sont *becqué, crêté, barbé* et *membré.*

MICHAL, (183) : p. *de sinople au coq (marchant,* ajouté Palliot) *d'argent, becqué, crêté et barbé de gueules.*

Voir INDUCTIONS.

COQUATRIS. — *Voir* COCATRIS.

183

COQUERELLES. — Sont trois noisettes jointes ensemble en triangle avec leur enveloppe, telles qu'elles poussent sur les noisetiers; on les représente deux en dessous, la troisième vers le chef.

COQUILLES. — Quelques auteurs divisent les coquilles en *coquilles de Saint-Michel*, quand elles sont petites, et *coquilles de Saint-Jacques*, quand elles sont plus grandes. — Cette distinction, qui ne peut se vérifier que par comparaison, est purement théorique.

CXXXVII. — En pratique elle est d'autant plus inutile que l'on se borne en blasonnant à dire *coquille*. Sa forme est celle de la coquille *de pèlerin* ou *de Saint-Jacques*, avec deux petites pointes en forme d'oreilles pour lesquelles on a inventé le mot *oreillé*, si elles étaient d'un autre émail, ce que je n'ai jamais rencontré. La coquille est fréquente dans les armoiries où elle figure seule et beaucoup plus souvent en nombre, chargeant ou accompagnant. Elle est toujours représentée montrant le dehors, en pal, les oreilles vers le chef, sauf les dispositions à blasonner; si elle montre son intérieur, elle change de nom. — *Voir* VANNETS.

MARESCHAL, (184) : p. (en dehors des écarts de DUYN [1] et de LUCIANE [2]) *d'or à la bande de gueules chargée de trois coquilles d'argent.* — — *Voir* LIGNÉ.

COR, CORNET. — *Voir* HUCHET, CORS. — *Voir* plus loin.

184

CORBEAU, CORNEILLE. — Se représentent de même, posés. On blasonne s'ils sont volants. N'ont pas de termes particuliers. — *Voir* OISEAUX.

CORDELIÈRE. — Corde d'argent avec des nœuds, comme la corde de Saint-François, que les veuves mettaient autour de leur écu en losange. Les femmes mariées ornaient l'écu de leurs armes de branches de palmier ou de myrte.

CORDÉ. — Qualificatif pour les arcs et instruments de musique dont les cordes seraient d'un autre émail.

CORNE. — Il faut, quand on les voit séparées de la tête, blasonner la nature des cornes, si de cerf, de bœuf ou de bélier : la situation, si *en fasces* ou *en pal*.

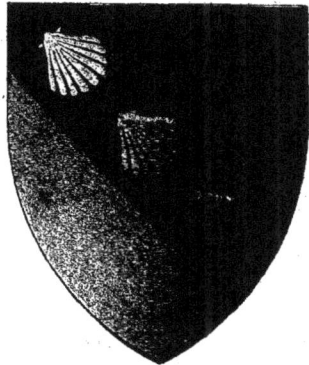

[1] *D'or à la croix de gueules.*
[2] *D'or à deux brochets d'azur adossés en pal.*

Par induction, une corne seule devrait être la corne droite. Avec la ou les pointes tournées à senestre on devrait les dire *contournées*. Si elles sont en *fasce* ou en *fasces* avec les cors vers le chef, comme les trois cornes de cerf de WURTEMBERG, il suffira de dire qu'elles sont en *fasces*.

Si les cors sont dirigés vers la pointe, on devra dire *en fasce* ou *en fasces renversées*. Dans cette situation, la naissance de la corne est à dextre, autrement elles seraient *en fasces renversées contournées*.

CORNIÈRE. — Anse de pot, de marmite ou poignée de coffre. LABENSCHKLER, (185) : p. *d'azur à la cornière d'argent.* LOHE, (186) : p. *d'argent à la cornière cramponnée* (Menestrier dit *hérissée) de sable.* Spener, en parlant de ce blason à l'article des *Hameçons*, dit : *peculiaris figura est in semicirculum flexa et utriusque his hamata :* c'est une cornière.

185   186

CORS. — *Voir* CHEVILLÉ.

COTICE. — Bande diminuée d'un tiers environ. Nous avons déjà parlé suffisamment de la *cotice* à l'article BANDE. (*Voyez* REMARQUE LX.) Suivant quelques-uns, passé le nombre de huit, les bandes s'appellent *cotices*. Rappelons sommairement que la *diminution* de la bande, et non le *nombre* de bandes, fait seule la *cotice*.

Il en résulte qu'un champ ne peut être *cotice*.

CXXXVIII. — Quelques auteurs admettent que la cotice puisse être mise en barre, même Palliot. A la rigueur c'est possible pour le *bâton*, uniquement parce qu'on le confond avec la *traverse*, chacun rendant à sa fantaisie l'épaisseur du *bâton* et de la *traverse*.

Quant à la *cotice*, c'est une extravagance qui ne peut être admise qu'à ce titre. Pourquoi, quand nous avons un bras gauche, au lieu de le blasonner : *bras gauche*, nous amuserions-nous à dire : *bras droit mis à gauche ?* S'il y a une raison à cela, on doit la trouver aux environs de Charenton.

COTICÉ. — *Voir* COTICE. Il faudrait au moins dix cotices en ordre alterné pour que le *bandé* devint *cotice*, suivant quelques auteurs; huit selon quelques autres.

Je les mets tous d'accord en supprimant le *cotice*. (*Voir* REMARQUE LX ; COTICÉ et RECOTICÉ.) Se dit aussi pour FRÉTÉ. (*Voir* CE MOT.)

COTOYÉ. — *Voir* REMARQUE XIII et ACCOSTÉ.

COUCHANT, COUCHÉ. — Qualificatif de disposition pour les animaux représentés dans cette posture. — *Voir* BILLETTE, CHEVRON-COUCHÉ, DAUPHIN.

COULEURS. — Les *couleurs* du Blason sont comprises sous le nom générique d'Émaux ; ce dernier mot s'applique aux Métaux (*Voir* Métal) et aux Couleurs.

Il y a quatre couleurs héraldiques : le *gueules*, l'*azur*, le *sinople* et le *sable*. D'autres admettent le *pourpre*. Je suis de l'avis de ceux qui ne l'acceptent qu'à titre de fait accompli. *Voir* Pourpre. Pour la couleur blanche, en tant qu'elle représente l'Argent, *Voir* ce mot, Hermines, Vair.

Les anciens armoristes pour marquer les couleurs se servaient des initiales : R *(rubeum)* pour le gueules ; C *(cœruleum)* pour l'azur ; V *(viride)* pour le sinople. Le sable se marquait tout noir et le pourpre n'existait pas alors [1].

Les Allemands employaient les initiales : R *(roth)* pour le gueules ; B *(blau)* pour l'azur ; S *(schwartz)* pour le sable, et pour le sinople *grün* (vert) qui aurait fait confusion avec le G *(gelb*, or), ils le marquaient par un trèfle.

Depuis le XVIᵉ siècle, la pratique universellement admise pour la gravure figure les couleurs par des *hâchures verticales* (187) pour le gueules ; *horizontales* (188) pour l'azur ; *diagonales de droite à gauche* (189) pour le sinople ; *verticales et horizontales croisées* (190) pour le sable.

187   188

Les Anglais nomment ces couleurs *azure, gules, vert, sable, purpure* ; ils les hâchent comme nous, mais dans la description, ils emploient des sigles, *az, gu, sa, vert, purp.*

Les Italiens les nomment *azzurro, rosso, nero, verde, porpora.*

Les Espagnols *azur* ou *azul, gules* ou *rojo, sable* ou *negro, sinople* ou *verde, purpura* ou *violado.*

189   190

Les anciens hérauts d'armes ont donné carrière à leur imagination, à propos des significations multiples des couleurs. Nous en avons donné un exemple pour l'*azur* dans l'Avant-Propos, fᵒ x, et c'est plus que suffisant.

CXXXIX. — Le *gueules* doit se représenter en peinture par le vermillon (cinabre). On a quelque peine à le trouver maintenant ; les fabricants de couleurs faisant volontiers du vermillon dit de Chine, c'est-à-dire avec adjonction de carmin.

L'*azur* par de la cendre bleue ou de l'outremer avec une pointe de blanc. — *Voir* Azur.

[1] On les marquait aussi de différentes autres manières qu'il me semble inutile de rapporter. On les trouvera notamment dans la *Science Héroïque* de Vulson.

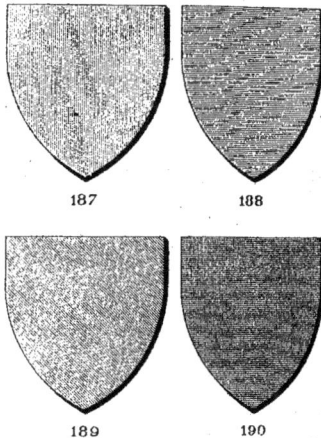

Le *sinople* par du vert avec une pointe de blanc ou de la cendre verte.

Le *sable* par du noir d'ivoire ou un noir quelconque ; il vaut mieux que la teinte ne soit pas intense.

Des tons d'ombre pour les ombres portées, sont à peu près nécessaires en peinture.

Le brun-rouge ou sang-dragon ombrera le *gueules ;* le bleu foncé l'*azur ;* le vert foncé le *sinople*, et le bleu de Prusse le *sable* ou le noir foncé si l'on a tenu la première teinte un peu plus claire. (*V.* OMBRÉ.)

Il y a encore deux couleurs en Blason : la *carnation*, couleur de chair, pour les parties du corps humain vues à nu ; au *naturel*, pour la *couleur naturelle* d'un objet, ainsi une pomme calville *au naturel*.

Il y a aussi, pour les inventeurs, *la couleur de plaisance* donnée à une pièce contrairement aux règles reçues.

Les Anglais admettent encore l'*orangé*, le *tanné* et le *gris*, couleurs inconnues dans le Blason français.

D'autres admettent encore la *sanguine* ou couleur de sang qui serait représentée par des hachures de *gueules* et de *pourpre*.

CXL. — Ces dernières couleurs ne sont pas techniques ; autant vaudrait dire que toutes les couleurs sont reçues en Blason ; ce qui est vrai avec la *carnation* et *au naturel*.

Mais que l'on crée une nouvelle dénomination pour une couleur quelconque, c'est absolument inadmissible. Du reste ces couleurs, peu usitées en Angleterre et en Allemagne, ne se voient (sauf exceptions, *Voir* POURPRE) que dans les blasons de famille de noblesse relativement très récente. Ce serait donc aux nouveaux à se conformer aux anciennes règles du Blason et non au Blason à se prêter aux fantaisies de couleur des nouveaux anoblis. Faudra-t-il donc admettre la couleur *carotte jaune tirant sur le rouge* et un rinceau de vigne vierge *couleur de fin d'été* ?

COULEUR SUR COULEUR. — Une des règles les plus connues du Blason est qu'il ne faut jamais mettre couleur sur couleur, ni métal sur métal, ce qui constituerait une arme fausse. — *Voir* ENQUÉRIR, CHEF COUSU.

CXLI. — Cette règle doit être bien comprise. La pièce principale étant de couleur, ne saurait être mise sur champ de couleur, sans que l'on crie haro ! Mais il n'en est pas ainsi pour les accessoires. Un lion de *gueules* sur champ d'*or* peut être *chargé d'une cotice de couleur* ou *de métal, lampassé d'argent*, etc.

Dans les champs factices où l'on ne voit pas d'émail constitutif, comme en présentent les *fascés, pallés* et similaires ; les *échiquetés, losangés* et similaires ; les *coupés, les partis* et similaires ; les *semés*, etc.; les *écartelés*, les *tiercés*, etc.; l'addition de toute pièce implique nécessairement un émail qui sera impunément de couleur ou de métal, sur le métal et la couleur du champ.

Il en est de même pour les *fourrures* qui se mettent sans risque d'erreurs sur couleur ou métal et qui reçoivent de même, couleur ou métal ; au *naturel* et *carnation* se mettent aussi impunément sur couleur ou métal.

Dans un écu écartelé d'alliances, métal ou couleur ne jurent point à côté de métal ou couleur.

A plus forte raison, les brisures, comme *lambel, franc quartier*, etc., peuvent sans inconvénient braver la règle que nous pensons avoir fait suffisamment connaître.

COULEUVRE. — *Voir* SERPENT.

COULISSÉ. — Qualificatif pour une tour ou château figurés avec une herse, et encore mieux si cette herse était d'un émail différent.

COUPE. — Tasse ou verre à pied de forme ancienne. COPPIER, (191) : p. *d'azur à trois coupes d'or.*

On en voit nommées *coupes couvertes* qui ressemblent beaucoup plus à des ciboires ; on en voit aussi avec des anses. Spener se demande si ce ne seraient pas des jarres.

191

COUPÉ. — Une des quatre partitions fondamentales du Blason, formant une des figures héraldiques. Elle se fait par un trait divisant horizontalement l'écu en deux parties égales. Le canton de FRIBOURG, [V.] (192) : p. *coupé de sable et d'argent.* LOMELLINI, (193) : p. *coupé de gueules et d'or.*

CXLII. — Palliot blasonne, (192) : « p. *de sable coupé d'argent* », et fait remarquer qu'il faut « commencer par le haut qui est le chef... c'est-à-dire que le sable est au-dessus et l'argent au bas. »

192

193

Les deux modes de blasonner donnent un résultat identique pour les blasons très simples ; pourtant il est indiscutable qu'il vaut beaucoup mieux, avant d'énoncer les émaux, fixer d'abord la pensée sur la grande partition qui partagera les émaux [1] ; cela devient nécessaire quand le *coupé* est compliqué. (*Voir* PLUS LOIN.) Dans de certains cas, comme on n'a pas toujours affaire à des savants, il convient de blasonner séparément le premier coupé pour arriver au second. Comprenez-vous facilement cette description : *d'argent taillé de gueules, coupé du premier recoupé du second ?* C'est le blason d'ALTEN-

---

[1] Ce que je dis du *coupé* s'applique à toutes les partitions.

BURG, (194), que nous blasonnerons plus clairement : p. *coupé, au premier taillé d'argent et de*

gueules ; au second, re-
coupé des mêmes émaux ;
c'est-à-dire : *coupez* votre
écu, au milieu, d'un trait
horizontal qui le divise
en deux parties ; vous
taillerez la première partie d'un trait diagonal de
gauche à droite, argent
en dessus, gueules en
dessous ; dans la seconde
partie, *recoupez* (coupez
de nouveau) avec les mê-
mes émaux, c'est-à-dire
l'argent en dessus, le
gueules en dessous.

194   195

Voici encore un joli exemple de *coupé* extrait de mon vieux manuscrit : ARMA ILLORUM DE CANRONIS,
(195) : p. *coupé, tiercé d'or, de sable et d'argent ; retiercé des mêmes.*

Il faut insister sur la nécessité indiquée plus haut de blasonner la partition avant les émaux ; si
évidente qu'elle me paraisse, elle peut ne pas l'être pour d'autres. Faisons le raisonnement suivant qu'il
faut appliquer à toutes les partitions.

En disant *d'argent coupé de gueules*, nous ne pouvons guère interpréter autrement que si l'on nous
avait dit *coupé d'argent et de gueules*. Mais nous allons voir que cette interversion est vicieuse puisqu'elle le devient en procédant du simple au moins simple.

Supposons cette description : *d'argent à l'aigle de gueules coupé d'azur*. Qui est-ce qui est coupé ?
Est-ce l'argent ? Est-ce l'aigle ? Pourquoi couperai-je un émail, être impersonnel, plutôt que la figure
qui anime mon écu ? Aussi, après quelque hésitation, je me déciderai à peindre sur champ *d'argent* un
aigle moitié *gueules*, moitié *azur*, la séparation des émaux faite par un trait de *coupé*. On m'objectera
que l'on n'a pas dit : *aigle coupé de gueules et d'azur*, mais *aigle de gueules coupé d'azur*. Pour moi,
c'est identiquement la même chose ! Je refuse même de comprendre l'objection ; j'en ai le droit puisque
d'autre part on refuse d'admettre l'éblouissante évidence qu'en disant : *coupé, d'argent à l'aigle de
gueules et d'azur*, l'on évite toute fausse interprétation possible.

Compliquons encore la description : dans celle de Palliot, pour le nº 194, qu'arrive-t-il ? Nous avons
un émail, l'*argent*. Ce métal, on nous dit de le tailler de *gueules*. *Taillons*, je le veux bien ; mais comment procéderons-nous aux deux autres sections ? Nous devons en effet le *couper du premier* : le
premier, c'est l'*argent* : nous devons le *couper* d'argent ? ! ! après l'avoir déjà *taillé* de gueules ? ! Comment ferons-nous pour le *recouper du second* ?? *Recouper* qui ? *Recouper* quoi ?

Notons que, suivant la rigueur des termes, *d'argent coupé de gueules* ne veut rien dire du tout. Nous
y voyons un champ factice de deux émaux, réunissant chacun leur teinte propre suivant une ligne
horizontale, pour former le champ de l'écu ; ce champ n'est pas plus *d'argent* que *de gueules*. Ce qui
donne à l'argent droit de priorité dans la description, ce n'est pas son entité propre ; ce qui lui donne
la vie, c'est la partition énoncée. Nous avons ici un *coupé* : c'est la seule figure de notre écu tenant lieu
de *champ*, parce qu'elle est *d'argent* et de *gueules*.

Je comprends un écu *coupé d'argent et de gueules* ; un écu *d'argent coupé de gueules* est absurde. En
effet, voulez-vous prendre *coupé* dans son sens strict ? C'est un trait, une ligne horizontale sur le

centre de l'écu. Vous repoussez ce sens qui, *sur un écu entièrement d'argent, nous donnerait un filet horizontal de gueules.*

Vous voulez sans doute le vrai sens de *coupé*, c'est-à-dire que ce qui est *au-dessus* de cette ligne sera du premier émail énoncé ; ce qui est *au-dessous*, de l'autre émail. Très bien ! Vous dites donc, 1° d'*argent ?* Voici un écu d'argent — 2° *coupé de gueules ;* je mettrai donc, *au-dessus* de l'argent (dont vous faites une catégorie à part), le *gueules*. Mais où le mettrai-je par-dessus ? Sans doute *au-dessus* de l'écu *énoncé d'argent ?* A 25 centimètres, à 1 mètre, ou dans les nuages ?

Cette discussion est importante : elle porte sur les bases essentielles de notre science. Pour faire manœuvrer un régiment, un champ de manœuvres est de quelque nécessité. Commençons à nous entendre sur les limites et la vraie nature de notre *champ.*

Soyons logiques ! Repoussons absolument dans les cas simples comme dans les cas compliqués, le système décevant qui consiste à blasonner les émaux à séparer, avant les partitions qui séparent les émaux ; système aussi raisonné que celui de mettre la charrue devant les bœufs. — *Voir* CLXX B, et CLXXVII.

Je fais une exception — comme dans l'exemple 123 — quand une partition divise l'écu *en deux parties similaires* avec les émaux *de l'un à l'autre.* Au lieu de dire, 123 : p. parti d'azur au chef-pal d'or et du second au chef-pal du premier, il est plus concis et même plus clair de blasonner : *d'azur au chef-pal d'or, parti de même de l'un à l'autre.* Les mots *parti de même de l'un à l'autre* ne peuvent laisser de doute à l'esprit le plus méticuleux. Avec d'autres émaux pourtant je croirais nécessaire de blasonner, suivant la règle, par exemple : *parti, d'azur au chef-pal d'or, et d'argent au chef-pal de gueules.* Cette règle, je ne me lasserai pas de le répéter, est d'importance capitale.

Coupé. Se prend encore en deux acceptions :

1° Quand ce n'est pas le champ qui est *coupé,* mais bien la où les figures le meublant, comme des pals *coupés,* un lion *coupé,* de deux émaux, sur l'émail du champ, ou bien sur le coupé du champ, ce qui fait un *coupé de l'un à l'autre.*

Aragon, (196) : p. d'azur à la bande coupée (par rapport à l'écu) d'argent et de gueules. (Pour l'explication de ces mots *par rapport à l'écu,* Voir Remarque CCCLXIX.)

Ce n'est que la figure qui meuble qui est *coupée.* Dans l'exemple suivant le champ et les figures sont *coupés.* Arma illorum de Revelis, (197) : *coupé d'argent et de gueules au lion coupé de l'un à l'autre.*

196

197

2° Enfin, quand une tête ou un membre quelconque d'un animal figurent dans l'écu avec une *coupure* nette, sans que cette coupure soit couverte de lambeaux de poils ou de plumes, ce que l'on blasonnerait ARRACHÉ.

CXLIII. — Ce n'est pas seulement le coup de couperet, tranchant net un cou ou une jambe que l'on entend blasonner par le mot *coupé*, mais généralement c'est que cette coupure est faite dans le sens du *coupé*. Ainsi TAMDORF, (198) : p. *d'or à la tête et col de griffon coupés de sable*. PROCKENDORF, (199) : p. *d'or à deux pattes d'ours de sable coupées et posées en sautoir*.

198 199 200

Étant en sautoir, le trait qui les sépare du corps est toujours le *coupé*. Mais dans l'exemple VIGNEROT, (200), que donne Palliot, je ne dirai pas avec lui : *d'or à trois hures de sanglier* coupées, mais *taillées de sable*. Le trait qui les sépare du corps n'est plus le *coupé*, mais le *taillé*. Il faut noter que la hure est nécessairement *coupée* ou *arrachée*. En disant simplement *taillée*, on comprendrait qu'elle n'est pas *arrachée* et que le trait de coupure est dans le sens de la barre.

Il est regrettable que le Blason français ne nous offre pas, dans sa terminologie, un mot pour préciser la différence avec *arrachée*, et ne se confondant pas avec le trait de partition.

Les termes *coupé, tranché, taillé*, sont conventionnels et n'expriment pas, par eux-mêmes, une action horizontale ou diagonale — nous ignorons comment la Parque *coupera, tranchera* ou *taillera* « le fil de nos jours » — mais une action qui sépare.

Au moins ne faudrait-il pas dénaturer le sens admis pour ces partitions.

COUPEAU ou **COUPET**. — Cime d'une colline ou montagne. — *Voir* MONTAGNE.

COUPLE. — Bâton avec liens à chaque bout pour accoupler deux chiens. BEAUPOIL, (201), p. *de gueules à trois couples d'argent liés d'azur, les bâtons en pals, les liens en fasces*. — *Voir* PLÉONASMES.

COUPLÉ. — Selon Menestrier se dit des chiens de chasse liés ensemble. Je n'en connais point d'exemple.

Menestrier applique ce terme à un gland et à une olive *couplés* et *liés ; liés* suffirait.

201

COUPONÉ. — *Voir* DENTICULÉ.

COURANT. — Ce mot, appliqué aux animaux, a sa signification dans son étymologie. Se dit aussi pour exprimer la position des *rivières* courant ou courantes en pointes ou *en fasces,* ou *en bandes,* etc., etc.

COURBÉ. — Qualificatif de position naturelle pour les bars et les dauphins, qu'il est inutile d'exprimer; on dit aussi *courbé* pour les pals, les fasces et autres pièces droites naturellement. C'est alors un qualificatif de *situation* et de *disposition* qu'il faut blasonner si l'on rencontre un pal, par exemple, en arc de cercle; il est synonyme de *cintré,* mais *cintré* a un emploi particulier; également synonyme de *tordu.* COYSIA, (202) : p. *d'azur à deux pals courbés d'or, mouvant des angles du chef aux angles de la pointe, accompagnés de trois croisettes de même, deux aux flancs, une en pointe.*

CXLIV. — Palliot, au lieu de les nommer pals courbés, les nomme *demi-cercles,* on ne sait pas pourquoi. Dans les preuves de Malte on les nomme toujours *pals.*

202

COURONNES. — Palliot assure que *Couronne* vient de Corne, parce que le peuple d'Israël voyant la figure de Moïse conférant avec Dieu, entourée de rayons « le crut estre cornu ». Ce serait alors la même étymologie que pour *Céramique.*

Nous dirons quelques mots du moral des couronnes au mot TITRES. Donnons rapidement ici une énumération des couronnes dans leur forme matérielle.

Les couronnes changent de forme suivant les personnes qui ont droit à les porter; seuls les Papes, les Empereurs, Rois et Princes souverains, les mettaient sur la tête; les autres devaient se borner à les mettre sur leurs armoiries, dont elles sont un des principaux ornements, inférieur comme antiquité au heaume pourtant; cette restriction est tombée en désuétude depuis fort longtemps.

COURONNE PAPALE ou TIARE (A). — C'est une mitre cerclée de trois couronnes fleuronnées, symbolisant les trois puissances : divine, ecclésiastique et séculière, sommée d'une croix fichée dans un monde. Le tout est en or enrichi de pierreries.

La tiare est très souvent placée sur les deux clefs d'or et d'argent [1] passées en sautoir, garnie en dessous de pendants volants.

[1] Il est à noter que les clefs papales figurant dans quelques blasons comme marque de fiefs de l'Église, ou comme concession papale, par exemple les CLERMONT, sont toutes deux d'argent. Le blason de la SAINTE ÉGLISE ROMAINE est de gueules à deux clefs d'argent en sautoir surmontées de la tiare de même.

COURONNE IMPÉRIALE. — Cercle d'or enrichi de pierreries surmonté de huit fleurons tréflés et fleurdelisés (dont on ne voit que trois et deux demis). Sur le cercle, derrière le fleuron du milieu, sont posés trois cercles d'or, couverts de gemmes et de perles, s'élargissant du centre à la circonférence. Les deux des côtés supportent une espèce de bonnet (ouvert en Autriche, fermé en Russie) d'étoffe d'or. Le cercle du milieu s'élargit en diadème supportant un monde d'azur, d'or selon les autres, cintré et croisé de même, sommé d'une croisette d'or ou de perles. On trouve dans les anciens recueils d'assez nombreuses variantes de détails auxquels il serait puéril de trop s'attacher. — *Voir* FIGURE 310.

COURONNE ROYALE. — La couronne royale de France (*Voir* FIGURE 349) est un cercle d'or et de pierreries supportant huit fleurs de lis au pied nourri (on n'en voit que trois et deux demies) couvrant la naissance de huit demi-diadèmes dont on ne voit qu'un de face, deux de trois quarts et deux de profil, fermant la couronne et aboutissant à une *fleur de lis carrée*, cimier de la maison de France, en usage depuis François Ier.

La couronne royale ordinaire a des fleurons en feuille d'ache ou d'artichaut. Les huit demi-diadèmes sont rehaussés de perles. Les globes qui les surmontent sont sommés d'une croisette simple (ESPAGNE), d'une croix de Saint-Maurice (SAVOIE, *Voir* FIGURE 221), d'une croix de Malte (PORTUGAL, *Voir* FIGURE 558).

La forme des fleurons change aussi; les couronnes sont ou peuvent être doublées, sous les diadèmes, d'un bonnet écarlate ou de pourpre. La couronne royale d'Angleterre a une forme très particulière (*Voir* FIGURE 417), on la représente avec ou sans bonnet. Le grand cercle est posé sur un rebord d'hermines. Les quatre demi-cercles (dont trois paraissent) naissent derrière quatre fleurons en forme de croix de Malte (un visible de face et deux de profil). Le grand cercle supporte encore quatre fleurs de lis au pied nourri dont deux seulement paraissent. Les diadèmes sont sommés d'une croix de Malte.

COURONNE DU DAUPHIN, DES ENFANTS DE FRANCE ET DES PRINCES DU SANG. Le Dauphin portait la couronne de France avec quatre demi-diadèmes dont trois seulement visibles.

Les Enfants de France, la couronne de France sans diadème.

Les Princes du sang remplaçaient deux des fleurs de lis visibles par des fleurons ou bien portaient la couronne de France, moins les diadèmes ou cercles. — *Voir* FIG. 413.

COURONNE DE PRINCE. — Anciennement les princes et les seigneurs possédant une souveraineté, portaient la couronne à l'antique ou à piques. (*Voir* FIGURE 156, la couronne centrale), c'est-à-dire un cercle d'or orné ou non de pierreries, surmonté de douze pointes ou rayons aigus dont sept seulement devaient être visibles. Maintenant ils portent la couronne ducale (B).

Les princes du Saint-Empire portaient jadis en guise de couronne un simple bonnet d'écarlate rebrassé d'hermines, sommé de deux demi-diadèmes d'or enrichis de perles, supportant un globe de même. Maintenant ils y ajoutent deux autres demi-diadèmes (un seul visible de face) se fermant sur les deux premiers (C) et portant le globe.

COURONNE DUCALE ou DE PRINCE. — Cercle d'or enrichi de pierreries, surmonté de huit hauts fleurons, dont cinq seulement paraissent (B) ; celle que je donne Fig. 553 est une couronne ducale avec des feuilles d'artichaut.

COURONNE DE MARQUIS (D). — Cercle d'or et de pierreries surmonté de quatre fleurons (trois visibles) entourés de douze perles (six visibles). Anciennement ces six perles étaient placées une par une sur une tige basse, trois dans chacun des vides laissés par les trois fleurons visibles. Maintenant on réunit ces six perles en deux pyramides de trois, portées par une tige.

COURONNE DE COMTE (E). — Cercle d'or et de pierreries surmonté de seize grosses perles, dont neuf visibles, élevées sur des tiges arrondies. C'est ainsi que la portaient les comtes souverains; les autres comtes mettaient les perles directement sur le cercle. Cette distinction n'est plus observée, si elle l'a jamais été.

CXLV. — Les peintres héraldiques se sont rendu compte, sans doute, qu'en peignant les neuf perles gracieusement espacées, nous faisons de la convention. En prolongeant les points du plan a sur la ligne plus ou moins arrondie b, donnant la partie supérieure d'une couronne de comte, voici l'agréable perspective que cela donnerait pour la disposition des perles. La convention vaut mieux.

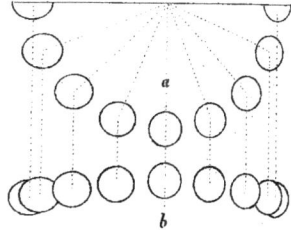

COURONNE DE VICOMTE (F). — Cercle d'or et de pierreries surmonté de quatre grosses perles, dont trois visibles, exhaussées sur une tige.

On en voit formées d'un cercle d'or sans pierreries, surmonté de quatre groupes (trois visibles) de trois perles en pyramides sans tiges. D'autres encore surmontent le cercle de quatre grosses perles (trois visibles) et de douze petites perles (six visibles) placées directement sur le cercle une par une (G). — Voir REMARQUE CCXXXIX. Cette dernière forme, G, est très employée maintenant pour la couronne de baron.

COURONNE DE BARON ou TORTIL. — Se porte ou se portait de trois façons.

Un cercle d'or simple sans rebords; ou un cercle d'or garni de pierreries, avec rebords, orné de trois rangs visibles de perles, enfilées, entourant le cercle dans le sens de la bande. C'est la forme la plus habituelle (H).

Favre en rapporte une troisième composée d'un cercle d'or pur, sans pierreries, surmonté directement de douze perles, dont sept visibles (I).

Nous avons dit plus haut que l'on porte aussi la forme G pour la couronne de baron.

COURONNE DE BANNERET. — Cercle d'or sans pierreries, avec rebords, orné de neuf perles visibles mises trois par trois, en pal, entre les rebords.

J'ai trouvé dans les anciennes Preuves de Saint-Maurice, une couronne attribuée à un vassal (vassal de la couronne, correspondant à peu de chose près à un banneret) composée d'un cercle d'or, surmonté de six perles, dont quatre visibles.

Les barons et bannerets devaient, suivant Palliot, mettre leur couronne non sur les armes, mais seulement sur le heaume. C'était, sauf pour les souverains, l'ancienne règle pour toutes les couronnes et non seulement pour celle de baron.

En l'admettant pourtant, la restriction est illusoire, puisque le heaume se mettait sur l'écu, et qu'on pouvait mettre la couronne sur le heaume.

CXLVI. — Les Allemands ont, sauf détails insignifiants, les mêmes formes de couronnes qu'en France. Ils n'emploient pas la couronne de vicomte.

Les Anglais ont des formes de couronnes très élégantes, plus légères et plus hautes que les nôtres. Leur couronne à piques *(Eastern crown)* n'a que cinq piques visibles. La couronne ducale *(Duke's coronet)* est identique à la française. Celle du marquis *(coronet of marquess)* est comme la nôtre, mais les deux rayons entre les fleurons ne portent qu'une perle. Le rebord extérieur est orné, dans chacun de ses quatre vides visibles, d'une pyramide de trois petites perles.

La couronne de comte anglais *(Earl's coronet)* de même que celle des *Counts* est de cinq rayons visibles sommés chacun d'une perle ; chacun des quatre vides est orné d'un petit fleuron.

La couronne de vicomte *(Viscount's coronet)* est comme notre couronne de comte : les neuf perles visibles placées sans tige sur le cercle. — La couronne de baronnet *(Baron's coronet)* est un cercle d'or surmonté de quatre perles visibles, espacées directement sur le cercle.

En Italie les couronnes sont comme en France.

Quelques familles ont des couronnes personnelles, par exemple les MAILLY ont une couronne sommée d'une fleur de lis et de deux demies, par concession royale.

COURONNE. — Les couronnes figurent comme meubles d'armoiries. A moins de désignation spéciale, la forme à donner raisonnablement à une couronne dans un blason, est la forme antique, à piques.

COURONNÉ. — Il doit en être de même pour les animaux couronnés dont nous avons déjà donné des exemples.

CXLVII. — A moins que la description ne le comporte, la couronne d'un animal ne doit avoir aucune affectation correspondant à un titre. AL-BERT-LUYNES, (203) : p. *d'or au lion couronné de gueules.* Pour cette famille même, quoiqu'elle ait tous les droits à une couronne ducale *sur ses* armes, je ne sommerai pas *son* lion d'une couronne ducale, puisque la description ne le demande pas.

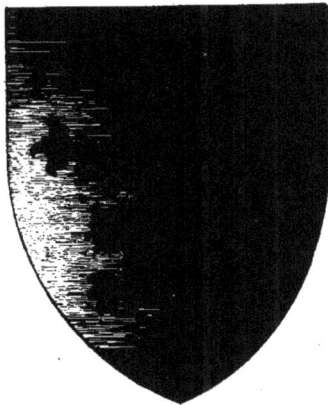

203

Palliot dit que pour les couronnes figurant comme meubles d'armoiries il n'a « pas adiousté... le mot « de Ducales parce qu'il n'est pas besoing de le dire, puis-qu'elles sont toutes faites de fleurons, « mais s'il y en avoit de Comtales ou autres, il faudroit nommer sa façon comme l'on fait aux Couronnes « Royales... et aux antiques. »

Notez les mots « faites de fleurons... ducales. » Tous les exemples que donne Palliot dans ses figures, sont des couronnes à fleurons, mais de marquis et non de duc. Première inconséquence !

Secondement, puisqu'il faudrait, d'après notre auteur, blasonner si la couronne était de roi, de comte « ou autres », on ne comprend pas pourquoi il ne faudrait pas le dire si elle était de duc.

Le même raisonnement s'applique aux couronnes à mettre sur les animaux.

Dans les deux cas, à moins que la description ne dise *royale, marchionale, ducale* ou *comtale*, il est très logique de mettre une couronne n'ayant point de caractère hiérarchique.

Tous les blasons anciens, ayant des animaux couronnés, remontent à une époque antérieure aux couronnes actuelles; ils ne pouvaient avoir que des couronnes à piques, à l'antique, celle que Palliot (son n° XV) attribue aux seigneurs ayant des terres *en principauté*, ce que l'on aurait tort de prendre au pied de la lettre. Palliot lui donne, on ne sait sur quel fondement historique, douze piques ou rayons visibles — ce qui en comporte vingt, dont huit non visibles. Admettons ce nombre.

Pour éviter — c'est un excès de soin — toute idée d'usurpation, mettons cette couronne à l'antique de quatre, cinq, six ou sept rayons, peu importe, pourvu qu'il n'y en ait pas douze. Nous emploierons ainsi une forme de couronne certainement antique.

Les Allemands emploient comme meubles et comme timbres une espèce de couronne à trois fleurons en volute, de forme variable, dans le genre de celles qui somment quatre des heaumes de ROSENBERG (FIG. 156), mais ne comportant aucune intention hiérarchique. Il leur fallait un type de couronne sans caractère spécial. En suivant ce que j'ai dit plus haut, nous serons plus précis qu'eux, puisque notre couronne n'affecte, même de loin, aucune ressemblance avec celles qui correspondent aux titres de nos jours.

COURONNEMENTS DE L'ÉCU. — Quelques auteurs se servent de ce mot en lui donnant le sens de *timbres.* — *Voir* ORNEMENTS.

COURTINES. — On appelle ainsi le manteau royal. — *Voir* PAVILLON et FIGURE 558.

COUSU. — Qualificatif de tolérance.

CXLVIII. — Une règle formelle déjà exposée à COULEUR SUR COULEUR est que l'on ne doit jamais mettre *figure de* MÉTAL, *sur champ de* MÉTAL, ou *figure de* COULEUR *sur champ de* COULEUR. Pour dissimuler la fausseté qui résulterait de la violation du précepte, on a adopté le mot de *chef-cousu* (*Voir* CE MOT) quand il est de métal ou de couleur sur champ de métal ou de couleur.

CXLIX. — Palliot dit avec une vaine apparence de raison, à propos du mot COUSU : « l'estime qu'il « ne doit pas estre si particulier pour le chef que l'on ne s'en puisse servir pour les autres pièces « honorables et même aux rebattements puisque par là on esvite la fausseté. »

Aussi il blasonne *cousus* des chevrons et des bandes, couleur sur couleur !

Au fond, il y a des motifs pour le *chef :* un chef de patronage ou de concession, peut être, par la force des choses, couleur sur couleur ou métal sur métal. C'est même un motif tellement honorable que, dans ce dernier cas, on ne devrait pas dire chef cousu, mais *chef à enquérir*. En outre, le chef est très souvent une pièce d'adjonction ; aussi le chef *charge,* et en sculpture doit être en relief sur tout le reste du blason. Il n'en est point ainsi pour les autres pièces honorables.

Si pour *éviter fausseté,* il suffisait de dire *cousu,* on pourrait, par induction de couture, changer impunément tout ce qui existe. Pourquoi n'appellerait-on pas un aigle un lion *cousu* ! Et si l'on me demande : Ne portez-vous pas trois croissants ? Je répondrais : Non ! Ce sont des étoiles cousues !

Pour mon compte, sauf pour le chef et les autres exceptions prévues (*Voir* Couleur sur couleur et Enquérir), j'appellerai *armes fausses* des armes fausses, qu'elles soient cousues ou décousues.

COUVERT. — Se dit d'une tour quand elle a un toit — ce qui n'est pas ordinaire pour une tour dans le Blason — quel qu'en soit l'émail. Pour les édifices dont le toit serait d'un émail différent, on blasonne *couvert de tel émail.* — *Voir* Essoré.

CRAMPON. — Instrument de fer en forme de Z, à bouts aigus, dont on se servait, en le fichant dans les murs, pour escalader les places.

Cette figure est assez commune dans les armoiries allemandes. Spener les appelle « Unci supe- « rius et inferius hamati, seu fibulæ ».

La position naturelle est debout, la pointe supérieure tournée à dextre ; toute autre situation, en bande ou autrement, est à blasonner. Sotern ou Zoetern, (204) : p. *de gueules au crampon d'argent.* Suivant Modius, Sotern : p. *trois crampons.* — *Voir plus loin* Remarque Cl.

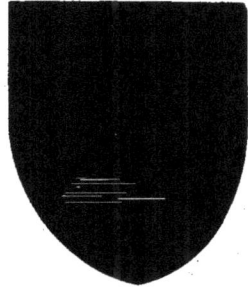

204

CRAMPONNÉ. — Menestrier le dit « des croix et autres pièces qui ont à leurs extrémités une demi-potence ». Palliot dit *cramponné* ce « qui a quelque extrémité en façon de crampon », mais non dans la forme aiguë du crampon. Hamin , (205) : *d'azur à une potence cramponnée à senestre, croisonnée potencée à dextre d'or.*

CL. — Étant donnée la forme du *crampon,* le composé *cramponné* ne répond que très imparfaitement à ce que l'on attend de lui. Il ne serait pas difficile de le remplacer par des locutions héraldiques, mais cette figure est tellement rare qu'il ne vaut pas la peine de changer ce qui existe, même pour rectifier la description hétéroclite que Menestrier donne du blason de Lieutaud *(Nouvelle Méthode raisonnée.* Lyon, mdcclxi, f° 80). Il faut pourtant relever la description qu'il donne de la figure de Squarciaficiii qui, « étant potencée, c'est-à-dire terminée par quatre plates bandes, est repotencée ou cram-

205

« ponnée en quatre endroits, au
« bout droit d'en haut, au droit
« du côté dextre et aux deux d'en
« bas. » Cette description comporte évidemment le dessin de la
fig. 206. Mais ce n'est pas du tout
le dessin que Menestrier donne
de ce blason, conforme à 207,
et nous en ferons la description
suivante : *de gueules à la croix
potencée d'or dont le bout senestre en chef et le bout supérieur
de la branche de dextre, se pro-
longent en se repotençant, le pre-*

206   207

mier en bande, le second en barre : les branches du bas, en barre et en bande, vers les angles de la pointe.

CRANCELIN ou CANCERLIN. — De l'allemand
Kranzlein : doit être une couronne de fleurs ou de
feuilles de rue, mais se représente comme un cercle
de couronne traversant tout l'écu comme une bande
courbée. On l'appelle aussi couronne de rue *(Rauten
Kranz).* SAXE-ÉLECTORALE, (208) : p. *fascé d'or et
de sable, de huit pièces* ou *de sable à quatre fasces
d'or) au crancelin de sinople brochant sur le tout.*

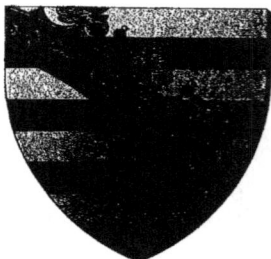

CRÉNEAU. — Ce qui forme le crénelé : on blasonne d'habitude le nombre de créneaux pour les
pièces honorables.

CRÉNELÉ. — Nous avons déjà vu à BASTILLÉ et
à BRETESSÉ en quoi ils sont différents du CRÉNELÉ. Le *crénelé* se dirige vers le chef,

208

le *bastillé* vers
la pointe. (*V.*
BASTILLÉ.)
WARTH, (209) :
p. *d'argent à
trois fasces cré-
nelées de gueu-
les, la première
de trois pièces,
la deuxième de
deux, la troi-
sième d'une.*

209   210   211

WINEGK, (210) : p. *de gueules à la bande ployée, maçonnée et crénelée de quatre pièces d'argent.* LUHE, (211) : p. *d'argent à une bande maçonnée et crénelée à plomb de cinq pièces d'azur.*

CRÉNELÉ étant le type se prend aussi comme *ligne de bordure*. — *Voir* ce mot et REMARQUE CLXVIII.

CLI. — Si vous avez une bordure dont la disposition soit en créneaux, vous ne pourrez pas dire : *une bordure bastillée, crénelée et sur les flancs garnis de créneaux*. Vous blasonnerez alors, *bordure crénelée*, c'est-à-dire que la ligne de votre bordure est *crénelée*. BRUNET, (212) : p. *d'or au lion de gueules à la bordure crénelée de sable*.

C'est une exception à la règle du crénelé, mais elle est parfaitement motivée.

Il arrive de trouver des bordures de deux émaux séparés par une ligne quelconque de bordure,

212

213

la *dentée*, l'*ondée*, etc. Voici comment on blasonnerait l'écu 213 : *d'or à la bordure crénelée d'argent et d'azur*. Du moment où la bordure se compose de deux émaux, cette ligne agit seulement *dans* la bordure pour séparer les deux émaux : l'adhérence de la bordure avec le champ restant en ce cas unie comme le serait une bordure simple.

Les tours sont toujours *crénelées ;* il est inutile de le spécifier, à moins qu'elles ne le soient d'un émail différent.

CRÉNELÉ en BORNES. — *Voir* PALISSÉ.

CRÉQUIER. — Est-ce « un prunier sauvage qui « croit en Picardie, qui porte un fruit qu'on ap- « pelle craque ? » Est-ce « un cerisier sauvage, « mal représenté dans le temps où les peintres et « graveurs n'étaient pas fort habiles ? » Est-ce un chandelier à sept branches ?

D'après le Glossaire de DU CANGE ce sont des pruniers sauvages qui croissent dans les haies, surtout en Picardie, « qui ont poy de feuilles et « ont foison de picans. »

C'est bien ce qu'il y a de plus probable, c'est le blason des CRÉQUI, (214) : *d'or au créquier de gueules*. Mais on le figure comme un chandelier,

214

aussi Palliot trouve cet arbre extraordinaire et imaginaire ; il en rapporte un exemple d'un à cinq branches.

CRÊTÉ. — Nous avons vu que *Crêté* est un qualificatif pour les coqs quand ils ont la crête d'un autre émail que le corps. — *Voir* Coq.

CRÊTÉ se dit aussi pour le DAUPHIN, par extension.

CRI D'ARMES ou DE BATAILLE. — Cri de ralliement, d'exhortation ou d'invocation composé de peu de paroles. MONTJOYE-SAINT-DENIS ; NOSTRE-DAME-BOURBON ; c'était très souvent le nom de famille : VARAX, etc.

Le *cri* se confond quelquefois avec la *devise*.

Le cri était réservé à l'aîné, mais le fait que les cadets en changeaient prouve que s'il y avait un cri héréditaire pour une famille, le cri, comme la devise, comme le cimier, est personnel.

Il se met habituellement au timbre, sur une banderole flottante, au-dessus du heaume.

CROISÉ. — *Voir* MONDE.

Menestrier l'applique aussi aux bannières (et par induction aux pièces) chargées d'une croix. Ainsi il appelle *croisés* de gueules, des besants d'argent. Cette locution, quoique très commode, est fort peu employée. Se dit aussi comme synonyme de *recroisetée*. — *Voir* CROIX CROISÉE, MONDE.

CROISETTES. — Petites croix en nombre, ou sans nombre, dans un écu. Dès qu'il y a plus d'une croix dans un blason (sauf pour la croix chargée d'une autre croix), il faudrait en faire des *croisettes*.

Quand une croix seule (forcément *alaisée*, ce qu'il est inutile de dire) est très petite par rapport à l'écusson, aux pièces qu'elle accompagne ou qui l'accompagnent, on la nommera *croisette* ; mais il ne faut pas confondre. *Croisette* est surtout un qualificatif de nombre. — *Voir* REMARQUES C, CCCLXVI et suiv. Au n° 239, la *croix fendue*, quoique très petite, parce qu'elle se trouve dans une fasce, n'est pas une *croisette*. La croix du quartier de DELMENHORST, au blason 222, est une *croix* et non une *croisette*. Aux n°s 202 et 503 on voit des *croisettes*.

La *croisette* peut recevoir toutes les dispositions de la croix. — *Voir* CROIX.

CROISON. — Au mot CRAMPONNÉ nous avons vu que *Croison* se prend pour un des bras de la croix ; et

CROISONNÉ pour exprimer l'action de ce bras.

CROISSANT. — Le croissant n'étant que la lune dans ses premiers quartiers devrait figurer parmi les figures naturelles ; mais on fait une différence entre *croissant* et *lune* (*Voir* CE MOT) et *croissant* devient une figure héraldique du second ordre. Elle est assez fréquente dans les armoiries, seule ou en nombre, chargeant ou accompagnant.

La position ordinaire du *croissant*, que l'on ne blasonne pas, est d'être *montant*, c'est-à-dire ayant les pointes dirigées vers le chef. MONTAIGU, (215) : p. *de gueules au croissant d'argent*.

215

216

CROISSANTS ADOSSÉS. — HAUTZENBERG, (216) : p. *d'or à deux croissants adossés de sable*.

CROISSANTS AFFRONTÉS ou APPOINTÉS. — C'est la disposition opposée.

CROISSANTS ENTRELACÉS. — *Voir* REMARQUE CCXI.

217

CROISSANT RENVERSÉ ou COUCHÉ. — Lorsque les cornes du croissant sont dirigées vers la pointe. CASTELNAU, (217) : p. *d'or au croissant renversé de gueules*.

CROISSANT TOUR-NÉ. — Vers le flanc dextre en fasce. BO-DENHAUSEN, (218) : porte *d'argent à trois croissants tournés de gueules*. DETI, (219) : p. *d'azur à trois croissants tournés en bande d'argent*. FULACH,

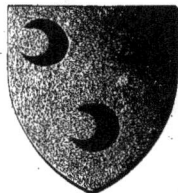
218

219

220

(220) : (un des partis) p. *d'azur au croissant contourné d'argent*.

CLII. — Les croissants adossés sont donc, le premier *tourné*, le second *contourné*. Les croissants affrontés, le premier *contourné*, le second *tourné* ; mais il suffit de nommer leur situation par *adossés* ou *affrontés*. — *Voir* POSITION, etc. FIGURES 110, 111 et LUNE, LUNELS.

CROIX. — Figure héraldique ordinaire honorable du premier ordre. En suivant l'ordre des partitions, ce serait la troisième, mais c'est la première puisque c'est le symbole de notre Rédemption.

La croix doit occuper théoriquement le tiers de l'écu environ, avec chacun de ses bras ; en pratique on le fait un peu moins pour donner plus de grâce à l'écu ; il devient très souvent nécessaire de le faire quand la croix est *accompagnée*.

Le type de la croix est celle dont nous venons de parler. — *Voir* CROIX PLEINE.

SAVOIE [MAISON ROYALE DE], (221) : p. *de gueules à la croix d'argent.* — *Voir* CLXX, A.

221

Il ne peut y avoir deux croix pleines dans un blason. Une croix chargée d'une autre croix, même, n'est plus une *croix pleine*, puisqu'elle reçoit la disposition du chargement. Bien entendu, dans un blason composé de plusieurs écarts, rien n'empêche que plusieurs d'entre eux ne contiennent une croix pleine.

Lorsque la croix est en nombre, elle est forcément *alaisée* (*Voir* CE MOT); lorsqu'elle est très diminuée, elle change de nom et s'appelle *croisette* (*Voir* CE MOT).

Les dispositions que reçoit la croix sont fort nombreuses : elle peut être *cantonnée, bordée, vairée, échiquetée, losangée, chargée*, etc. (*Voir* CES MOTS); elle peut recevoir toutes les *lignes de bordure* (*Voir* CE MOT).

Nous nous bornerons à donner ici les dispositions plus spéciales à la croix, dont on trouvera l'explication dans les descriptions des blasons correspondants, et encore mieux dans les figures traduisant clairement les définitions.

CROIX ACCOMPAGNÉE. — Ce terme ne s'applique que par inadvertance à la croix : un terme spécial lui est consacré (*Voir* CANTONNÉ). Nous en avons plusieurs exemples, 96, 416, etc.

CROIX A DEGRÉS. — Croix haute supportée par des degrés ou escaliers, comme celles que l'on rencontre encore sur les routes. Il faut blasonner le nombre de degrés, quoique le nombre habituel soit de trois.

CROIX ALAISÉE. — *Voir* ALAISÉ, REMARQUE XXXV et Ex. 38. La croix *alaisée* peut recevoir à son tour toutes les dispositions compatibles avec sa forme. Dans l'exemple 38, il faut dire que la croix est *alaisée*; elle l'est indispensablement dans l'exemple 35 et il serait oiseux de le dire puisque la croix est *ancrée*.

CROIX ANCRÉE. — Nous en avons des exemples aux figures 35 et 43, etc. Cette disposition de la croix implique l'*alaisement*.

CROIX ANILÉE. — *Voir* NILÉE et REMARQUE XLVI.

CROIX BANDÉE. — Nous en avons un exemple pour le blason SCHWARTZBURG. — *Voir* CROIX CABLÉE.

CROIX BATONNÉE. — *Voir* CROIX ÉCOTÉE.

CROIX BORDÉE. — *Voir* BORDÉ et REMARQUES LXXVIII et LXXX. Les Anglais la nomment improprement *cross fimbriated*, ce qui paraît se rapporter à ce que nous appelons CROIX RESARCELÉE (*Voir* CE MOT). Cette disposition peut s'appliquer à une croix *alaisée* ou *non alaisée*.

CROIX BOURDONNÉE. — *Voir* à CROIX POMMETÉE, non son identification, mais sa différence d'avec cette dernière, et les deux figures distinctes du BOURDONNÉ et du POMMETÉ.

CROIX BRETESSÉE. — Est celle dont les bords sont garnis de créneaux en dessus et en dessous horizontalement et sur les deux flancs, sauf dans les points où les branches de la croix meurent sur les lignes extérieures de l'écu. Cette disposition de créneaux en dessus et en dessous s'appelle *bretessé* (*Voir* ce mot et LIGNES DE BORDURE.

SALICETI, (A) : p. *d'or à la croix bretessée de sinople.*

Les Italiens traduisent cette disposition par *doppio addentellata*. Leur langue si riche devrait leur fournir un terme plus précis, car *doublement crénelée* ne signifie rien. Soit en italien, soit en français, on pourrait se borner à dire simplement, *crenelée.* En effet, si la description ne porte pas que la croix est crenelée seulement à dextre ou à senestre, il va sans dire qu'elle l'est sur tous ses côtés.

A

CROIX CABLÉE ou CORDÉE. — *Voir* CABLÉ. Est celle qui serait faite avec des câbles ou des cordes tordus, d'un seul émail ou de deux émaux.

On en voit une *câblée d'argent et de gueules* dans l'écu de SCHWARTZBURG, au dire de Palliot; mais l'éminent héraldiste bourguignon s'est gravement mépris, soit pour cet écu, soit pour celui de DANEMARK, qu'il met côte à côte au f° 593 de la *Vraye et parfaite science des Armoiries.*

CLIII. — Que Palliot ait mis dans le premier une croix *câblée* au lieu de *bandée*, changé les émaux et interverti le nom et l'ordre des quartiers, cela peut s'expliquer s'il a vu un mauvais dessin ou une méchante description ; on trouve d'ailleurs en Allemagne même des versions différentes.

J'ouvre ici une parenthèse pour réunir sous la même rubrique ces deux blasons, quoique celui de DANEMARK n'ait rien à voir avec le *câblé :* je les laisse ensemble pour faciliter la comparaison avec le texte de Palliot, au mot SOUS LE TOUT.

En blasonnant l'écu de DANEMARK, Palliot débute par ces mots : p. d'ALDENBURG *qui est de gueules à la croix d'argent cantonnée,* etc., etc.; c'est une méprise considérable en fait et en héraldique. Ce n'est pas dans Bara, mais dans les auteurs allemands qu'il aurait dû puiser ses renseignements. J'invite ceux qui voudront faire du *haut-Blason* à comparer la description de Palliot avec celle que je traduis ou interprète d'après Imhof. (*Notitia procerum*, etc., 1732.) L'analyse de cet in-folio est nécessaire si l'on veut essayer d'aborder les arcanes des blasons d'Outre-Rhin que tous les traités français citent à tort et à travers. Sans doute il faut leur donner la *lettre* française si l'on veut donner une description présentant quelque précision, mais il n'est que juste de s'inspirer de l'*esprit* allemand de ces blasons. L'ordre des quartiers a subi une réduction depuis Palliot : tous ceux qu'il donne sont inscrits dans Imhof. On en trouvera les figures dans Palliot, Imhof, Henninges, etc. Je me conforme autant que possible au dessin d'Imhof.

Voici la description que je propose :

DANEMARK, (222) : Ecu divisé en quatre quartiers par la croix de DANEBROG (qui est *d'argent pattée bordée de gueules)* [1].

Au premier quartier *(d'or semé de cœurs de gueules à trois lions léopardés d'azur l'un sur l'autre [2] couronnés d'argent* [3] *armés et lampassés du champ*, qui est) de DANEMARK.

Au deuxième *(de gueules au léopard lionné couronné d'or empoignant de ses pattes antérieures une hache à deux tranchants [bipennis] d'argent, le manche courbé de même* [4], qui est) de NORWÈGE.

Au troisième, coupé *(au premier d'azur à trois couronnes d'or*, qui est) de SUÈDE, et *(au second d'or à deux lions passants d'azur*, qui est) de SLESWIG.

Au quatrième, coupé *(au premier d'or au lion léopardé couronné* [5] *d'azur* [6] *surmontant neuf cœurs de gueules, quatre, trois et deux* [7], qui est) de GOTHIE, et *(au second de gueules au dragon d'or couronné*, qui est) de VANDALIE [8].

Sur le tout ; coupé : au premier du coupé, parti *(au premier de gueules à l'écusson coupé d'argent et du champ* (sic) *entouré de trois feuilles d'ortie d'argent et de trois clous de même, alternés, les premières 1 et 2, les seconds 2 et 1, mouvants de l'écusson*, qui est) d'HOLSACE [9] et au second du parti *(de gueules au cygne d'argent membré de sable, accolé d'une couronne d'or*, qui est) de STORMARIE [10] ; au second du coupé *(de gueules au cavalier armé d'or* [11] *sur un cheval d'argent brandissant une épée de même*, qui est) de DIETHMARSIE.

Sur le tout du tout ; parti *(au premier, d'or à deux fasces de gueules*, qui est) de OLDENBURG [12], et *(d'azur à la croix d'or en abîme* [13], qui est) de DELMENHORST.

[1] On voit l'étrange confusion faite par Palliot dans sa description, dont le début, comme je l'ai dit plus haut (au folio 131, dernier paragraphe), est *de gueules à la croix d'argent cantonnée*, etc. C'est à peine compréhensible en voyant la figure.

[2] Palliot dit *d'azur* ou de *sinople* (f° 178) ; Imhof les appelle *léopards* et les dessine comme des *lions léopardés* ou *passants*.

[3] On trouve plusieurs versions pour ces attributs des *lions passants*. Palliot appelle, à tort, ce quartier d'ESCLAVONIE.

[4] Imhof ne fait empoigner que par les pattes de devant ; le manche ne passe pas sous les membres inférieurs, comme on le voit habituellement et notamment dans Henninges. Mais ce dernier, au lieu de mettre un *lion*, donne un *léopard lionné*.

[5] Imhof, comme à la note 2.

[6] Palliot dit de sinople.

[7] Cette situation des cœurs et leur nombre sont très variables suivant les auteurs.

[8] Palliot appelle, à tort, ce quartier de SCLAVIE. Situation et forme du dragon extrêmement variables.

[9] *Voir* REMARQUE CCCXI. Ce n'est que par distraction que Palliot a pu appeler de DIETHMARSIE, le quartier d'HOLSACE qu'il blasonne ailleurs comme il est.

[10] C'est par erreur que Palliot appelle ce quartier de SCLEVIC.

[11] Imhof le dit *aureo thorace*. En général le cavalier se fait d'argent comme toute la figure.

[12] Voilà le vrai blason des OLDENBURG (ou ALTENBURG selon Henninges).

[13] Imhof dit : « cruce in imo speculata » ; on ne peut traduire que croix en abîme (croix qui considère, qui examine) ; dans son dessin, c'est une croix *alaisée* dans ses bras verticaux seulement. Henninges représente une *croix* simple ou *croix alaisée* légèrement *pattée* (est-ce avec intention ?) et *au pied fiché*, ailleurs *non fiché*.

222
DANEMARK.

Voici maintenant le blason des SCHWARTZBURG (223), dans lequel nous allons trouver la prétendue *croix câblée*, sujet de cet article.

Imhof décrit ce blason dans ses grandes lignes : un écu divisé en quatre quartiers par une croix bandée (sans nombre) d'or, d'azur et de sable.

Aux premier et troisième quartiers, parti d'ARNSTADT et de SONDERSHUS? aux deuxième et quatrième partis de HOHENSTEIN et de LAUTERBERG.

Sur le tout des premier et troisième, de SCHWARTZBURG ; sur le tout des deuxième et quatrième de LOHR ? et de CLETTENBERG ; sur le tout au centre, etc.

Cette description traduite de l'allemand latinisé d'Imhof, donnant des résultats faux pour la distribution des quartiers, demande une interprétation à la française. Je ne peux suivre non plus la description de Palliot étrangement compliquée et inexacte.

Voici comment, à mon avis, on devrait blasonner cet écu :

Parti [1] : au premier du parti, écartelé : aux premier et quatrième *(d'or à l'aigle de sable, qui est)* d'ARNSTADT ; aux deuxième et troisième *(d'argent* [d'après la gravure] *au massacre de cerf de gueules, qui est)* de SONDERSHAUSEN [2].

Au second du parti, écartelé, aux premier et quatrième *(coupé de quatre, parti de deux traits d'argent et de gueules, qui est)* de HOHENSTEIN, et aux deuxième et troisième *(coupé, de gueules* [3] *au lion d'or, et de gueules à quatre fasces d'or* [4]*, qui est)* de LAUTERBERG.

Une croix *bandée d'or, d'azur et de sable (sans nombre)* [5], est intercalée entre le grand parti et le grand coupé.

Sur le tout du premier écartelé et brochant sur la croix, un écu *(d'azur au lion couronné d'or, qui est)* de SCHWARTZBURG.

Sur le tout du second écartelé et brochant sur la croix *(d'argent au cerf de sable, chaque bois sommé de six cors, que l'on croit être)* de LOHRA ou de CLETTENBERG [6].

La croix chargée en cœur d'un écu brochant *(d'or à l'aigle du Saint-Empire Romain empoignant le sceptre, l'épée et le globe, surmonté d'une couronne impériale et chargé en cœur d'un écusson d'or à la couronne ducale* [7] *de gueules.*

Sous le tout *d'argent au râteau d'or surmonté d'une fourche de gueules* [8].

CROIX CANTONNÉE. — *Voir* CROIX ACCOMPAGNÉE.

CROIX CARRÉE (QUADRATET). — Les Anglais nomment ainsi une croix alaisée flanquée en cœur d'un carreau ou point, le tout d'une seule venue (A).

A

---

[1] Si l'on veut commencer à blasonner par la croix, on dira : Écu divisé en quatre quartiers par une croix bandée, etc. (*Voir* 19e ligne).

[2] Imhof écrit : SONDERSHUSANUM et SONDERHAUSEN, comme il dit HOHNSTEIN et HOHENSTEIN, et SCHWARZBURG, SCHWARTZBURG, que d'autres écrivent SCHWARTZENBURG. Je décline toute compétence.

[3] Selon la gravure : le texte dit *d'azur.*

[4] Dans la gravure, il met une fois *fascé d'or et de gueules de huit pièces* et l'autre fois *d'or à trois fasces de gueules.*

[5] Il est difficile de traduire « crux aureis cœruleis et nigris tæniis exarata » par *la croix câblée d'argent et de gueules* de Palliot. La gravure met également une croix bandée ; il est bon d'ajouter *sans nombre*, car il n'est pas possible de compter les bandes. Le dessin d'Imhof met des *bandés d'azur, d'or et de sable.*

[6] Ne serait-ce pas de GLEICHEN ?

[7] *D'or*, suivant la gravure, qui donne une couronne impériale.

[8] Imhof ne fixe pas l'attribution de ce *sous le tout* d'une manière précise.

223

SCHWARTZBURG.

CROIX CERCELÉE ou RECERCELÉE. — Est celle dont les branches, dans le genre de l'*ancrée*, se terminent en bouts se recourbant en cercles. Les Anglais l'appellent *cross recercelee*. L'évêque Antoine BEC, (224) : portait *de gueules à la croix cercelée d'hermines*. (English Heraldry.)

Palliot en donne deux exemples : l'un est une croix *cercelée*, l'autre une croix *nilée cercelée*; en regard l'une de l'autre ; la *nilée cercelée*, beaucoup plus mince, se distinguerait de la *cercelée*. Ici, comme ailleurs, je n'admets pas une différence essentielle entre des figures de même forme dont la proportion est indéterminée. Pour pouvoir arrondir les bouts en cercles, il faut nécessairement donner à la croix *cercelée* une importance bien moins grande qu'à la croix ordinaire. Elle est donc forcément *nilée*, en donnant à ce mot un sens diminutif. Pour

224

moi, les deux exemples de Palliot fournissent deux croix *cercelées*, également identiquement *cercelées*, quoique l'une soit près de moitié plus mince que l'autre.

CROIX CHARGÉE D'UNE CROIX. — Ne pas la confondre avec *bordée*. — *Voir* BORDÉ.

CROIX CLAVELEE. — Palliot la confond avec la croix *bâtonnée* qu'il est bien difficile de distinguer de l'*écotée*. Elle peut être *alaisée* ou non, garnie de claveaux, ou ayant des tronçons de branches. THOMASSIN, (225) : p. *d'azur à la croix alaisée, clavelée d'or*. — *Voir* CROIX ÉCOTÉE.

CROIX CLÉCHÉE ou de TOULOUSE. — *Voir* CLÉCHÉ et REMARQUES CXX et CXXI.

CROIX COMPONÉE. — *Voir* COMPONÉ et REM. CXXVIII *in fine* confirmée par le blason SAINT MESMIN, que Palliot dessine (conformément à ce qui devrait être) à CROIX autrement qu'à COMPONÉ.

225

CROIX CONTRE-ÉCARTELÉE. — *Voir* CROIX ÉCARTELÉE.

CROIX COTICÉE et RECOTICÉE. — *Voir* CROIX FRÉTÉE.

CROIX COUPÉE. — *Voir* CROIX ÉCARTELÉE.

CROIX CRAMPONNÉE. — *Voir* CRAMPONNÉ.

CROIX CROISÉE. — *Voir* CROIX RECROISETTÉE.

CROIX D'ALCANTARA. — *Voir* CROIX FLEURDELISÉE.

CROIX DE BOURGOGNE. — *V.* CROIX DE SAINT-ANDRÉ.

CROIX DE LORRAINE. — *Voir* CROIX PATRIARCALE.

CROIX DE MALTE. — *Voir* CROIX DOUBLEMENT FICHÉE.

CROIX DE MOULIN. — Quelques auteurs nomment
ainsi le *Fer de Moulin*. SAINT-CHÉRON, (226) : p. *d'or à
la croix de moulin de sable*, prononcez *fer de moulin*. Si
l'on peut appeler cette figure une croix, il est permis
tout aussi bien de dire que c'est un sautoir.

CROIX DE SAINT-ANDRÉ. — C'est le sautoir. —
Voir ce mot.

CROIX DE SAINT-ANTOINE. — *Voir* TAU et PO-
TENCÉ.

CROIX DE SAINT-MAURICE. — *Voir* CROIX FLEU-
RONNÉE.

CROIX DE TOULOUSE. — *Voir* CLÉCHÉ et REM. CXXI.

CROIX DOUBLE. — C'est une croix à deux branches horizontales pleines, c'est-à-dire allant jusqu'aux bords de l'écu, en quoi elle se distingue de la
patriarcale. Le cardinal de BROGNY avait pris pour
armoiries, (227) : *d'azur à la croix double de gueules,
qui est à enquérir, à la bordure d'or*. C'est peut-être une
croix *patriarcale* qu'il avait voulu mettre dans ses
armes.

CROIX DOUBLEMENT CONTRE-ÉCARTELÉE. — *Voir
ci-dessous*.

CROIX ÉCARTELÉE, CONTRE-ÉCARTELÉE, DOUBLEMENT CONTRE-ÉCARTELÉE.
— La croix peut recevoir chacune des quatre partitions, c'est-à-dire qu'elle peut être

226

227

228

229

230

231

232

233

234

235

tranchée, 228 [1] : *partie*, 252 : *coupée* et *mi-partie*, 229 [2] : *partie* et *coupée*, ce qui forme la *croix* *écartelée*, 230 [3] ; *tranchée* et *taillée*, ce qui forme la *croix écartelée en sautoir*, 234 [4]. Elle peut recevoir deux traits de *parti* et de *coupé*, et devient ainsi *contre-écartelée* (en croix : 231 [5], 232 [6]); enfin les quatre à la fois, ce qui forme le *contre-écartelé en sautoir* 235 [7]; et le *doublement contre-écartelée en sautoir* en redoublant chacun de ces traits, 233 [8].

[1] *D'argent à la croix tranchée d'azur et de gueules.*
[2] *D'argent à la croix coupée, au premier de gueules, au second mi-partie d'azur et de sable.*
[3] *D'argent à la croix écartelée d'azur et de gueules.*
[4] *Écartelé en sautoir d'argent et de gueules à la croix écartelée en sautoir de l'un à l'autre.*
[5] *D'argent à la croix contre-écartelée d'azur et de gueules.*
[6] *Écartelé d'argent et de gueules à la croix contre-écartelée de l'un à l'autre.*
[7] *Gironné (de huit pièces) d'argent et de gueules à la croix contre-écartelée en sautoir de l'un à l'autre.*
[8] *Gironné d'argent et de gueules à la croix doublement contre-écartelée en sautoir de l'un à l'autre.*

CLIV. — Palliot s'est mépris en définissant la croix écartelée « divisée par un filet qui la partit en « hauteur, la coupe en largeur, la tranche et la taille en cœur. » Cette définition ne peut concerner que le *contre-écartelé en sautoir*.

Ainsi d'après lui, TIGNY, (236) : p. *d'argent à la croix pattée, alaisée et écartelée* (sic) *de gueules et de sable ;* la figure que je donne est de lui.

236   237

Si l'on veut bien comparer cette croix (236) avec celle de la figure 235, on verra que sauf le *patté*, l'émail et l'*alaisement* elles sont identiques.— Or, la croix de 235 est *contre-écartelée en sautoir* exactement comme celle de la figure 236. — C'est en 230 que nous voyons ce que l'on doit appeler une *croix écartelée*.

La croix de 236 n'est pas *écartelée*, puisque dans chaque quartier de l'écu paraissent les deux émaux de gueules et de sable.

Vulson blasonne une disposition identique à celle de 236, *croix pattée, partie, taillée, tranchée et coupée*. Donc, c'est un *contre-écartelé*.

Écart implique l'idée quaternaire ; puisqu'il y a huit pièces, c'est un multiple, c'est-à-dire un *contre-écartelé*.

Pour en revenir à l'exemple de Palliot, ou sa description est exacte, et alors il faut dessiner comme en 237 ; ou bien la figure est juste, et alors il faut : 1° changer ce qu'il appelle *écartelé* en *contre-écartelé ;* 2° modifier la définition de l'*écartelé* qui ne répond plus à ce que l'on attend de lui.

S'il fallait encore une preuve matérielle et indéniable, essayez sur un *écartelé de sable et de gueules, d'écarteler* la croix de 236, *de l'un à l'autre*. Quand vous serez convaincu que ce n'est pas possible, essayez avec 237, vous y trouverez facilement le véritable *écartelé*.

On remarquera que le *contre-écartelé* (le véritable, c'est-à-dire *en croix*), comme en 231 et 232, paraît avoir autant de tires que chaque branche de la croix *doublement contre-écartelée en sautoir* du n° 233, prise individuellement.

A   B

En procédant pourtant à la dissection et prenant en A le premier quartier de 232 et en B le premier quartier de 233, on verra, en les rétablissant à côté des autres quartiers, une croix *contre-écartelée* en A et *doublement contre-écartelée en sautoir* en B.

Je n'ai jamais trouvé mentionné le *doublement contre-écartelé* dans aucun traité : il n'est pas en usage fréquent en effet ; il nous sert pourtant à blasonner le n° 618. Théoriquement, il doit exister et il fait même un très bon effet en peinture. .

Voilà une figure disponible pour les hérauts d'armes officiels qui ont tant de mal à trouver pour les anoblis des blasons qui ne soient déjà pas employés par des familles existantes. — *Voir* REMARQUE CLXXVIII.

CROIX ÉCOTÉE, BATONNÉE, ou CLAVELÉE, ou NOUEUSE.

CLV. — La terminologie pour certaines figures de la croix est très flottante.

Nous avons vu à — CLAVELÉE que Palliot l'identifie avec — BATONNÉE. Menestrier appelle *noueuse* la croix de THOMASSIN, (225). D'autres qualifient ainsi un attribut similaire au BRETESSÉ. *Écoté* a un sens fixe (*Voir* ÉCOTÉ), *Écot* aussi. — Or, que l'on mette des *claveaux* sur une croix, ou que cette croix paraisse formée de bâtons ou de troncs d'arbres ou d'écots, dont les branches coupées ne montrent que les bouts sur les côtés, cela en pratique se confond l'un avec l'autre. J'en fais des synonymes en excluant le *bretessé*, forme bien distincte. (*Voir ce mot*.)

CROIX ENHENDÉE. — Modification de l'*ancré* ajoutant aux bouts entre les deux demi-ronds une pointe comme l'extrémité d'une pique.

Les Anglais l'appellent *cross Patonce*. VESCI, (238) : (selon Burcke, VESCI porte une croix patriarcale d'or, sur une croix de sable et champ d'or) p. *de gueules à la croix enhendée d'argent*. (Gul a Cross patonce arg. English Heraldry by Ch. Boutell.).

On trouve aussi des croix au pied *enhendé*. D'après Menestrier, ce mot viendrait de l'espagnol : *enhendido*, refendu.

Est-ce par distraction que dans un recueil périodique on dessine périodiquement la croix des DAMAS-CRUX, *enhendée*, et qu'on blasonne régulièrement, *d'or à la croix ancrée de gueules?*

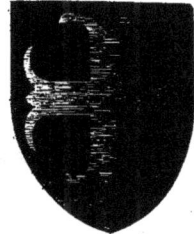

238

CROIX ENSERRÉE DE QUATRE DEGRÉS. — Celle dont chaque bras serait terminé comme le pied de la croix à degrés.

CLVI. — Il est à noter que cette figure dont les blasons, que je sache, ne fournissent point d'exemples, est consignée dans tous les traités où quelqu'un finira par la ramasser. Elle s'appelle enserrée de quatre et il faudrait la blasonner enserrée de douze ou de seize degrés. Vulson l'appelle *Péronnée;* mais un nom est déjà plus que suffisant pour un objet peut-être sans emploi.

CROIX FENDUE. — Un des quartiers du blason de SCHMIDTAW, (239) : p. *d'argent à la fasce d'azur chargée d'une croix fendue alaisée d'or*.

CLVII. — Palliot oublie de dire *alaisée*. Notons que c'est une croix et non une croisette, quoique Spener blasonne « cruciculas « duas dimidias seu unam dissectam auream ». Il serait bon d'ajouter comment elle est fendue, comme ici *en pal*.

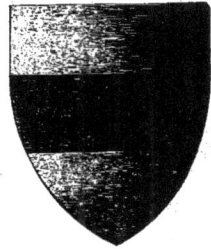

239

CROIX FICHÉE ou A PIED FICHÉ. — Qualificatif pour une croix quelconque dont la

branche inférieure en pal
se termine en pointe, c'est-
à-dire qu'elle est *aiguisée*.
Quand le genre de la croix
peut recevoir ou non l'*alaisement*, il ne faut pas oublier
de le dire comme le fait Palliot. ROUSSET, (240) : p. *de
gueules à la croix fichée d'argent*. SCUDAMORE, (241) : p.
*d'argent à la croix pattée,
alaisée, au pied fiché de gueules.* — *Voir* AIGUISÉ.

240

241

CROIX DOUBLEMENT FICHÉE ou CROIX DE
MALTE. — Croix doublement aiguisée. (CROSS
OF EIGHT POINTS ou MALTESE CROSS des Anglais.)
D'autres la nomment croix pattée à huit pointes.
Il paraît que dans sa forme ancienne, la croix
avait les huit rayons un peu évidés en ovale.
LEUSSE, (242) : p. *de gueules à deux brochets adossés
d'argent accompagnés de trois croisettes de Malte d'or,
une en chef, deux aux flancs.*

CROIX FLEURDELISÉE ou FLORENCÉE, ou
D'ALCANTARA. — Ses quatre bouts sont garnis
d'une fleur de lis au pied nourri (*fleuretee* des Anglais). VILLEQUIER, (243) : p. *de gueules à la croix
fleurdelisée d'or, cantonnée de douze billettes de même.*
— *Voir* REM. XCIII.

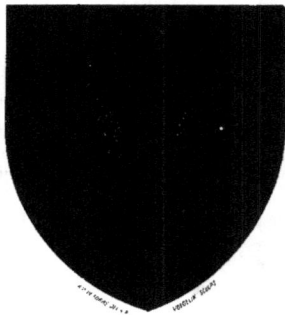

242

CROIX FLEURON-
NÉE ou TRÉFLÉE ou
de SAINT MAURICE.
(BOTONEE OR TRE-
FLEE, des Anglais).
Ses bouts se termi-
nent en tierces feuil-
les. SAINT MAURIS,
(244) : p. *coupé d'azur
à l'aigle d'or, et de
gueules à la croix fleu-
ronnée (ou de Saint
Maurice) d'argent ;* on

243

244

trouve aussi ce dernier blason décrit : *de gueules à la croix*, etc., *au chef cousu d'azur*, etc. Selon d'autres encore l'aigle serait *éployé*.

CROIX FLORENCÉE. — *Voir* CROIX FLEURDELISÉE.

CROIX FOURCHÉE. — Celle dont les branches carrées se terminent en trois pointes ou plutôt en une et deux demies ; est forcément alaisée ainsi que les trois précédentes. LA ROCHE CHEMERAUT, (245) : p. *d'azur à la croix fourchée d'argent*. (La croix fourchée des Anglais est une croix dont les bouts se bifurquent et sont coupés carrément). Elle a une différence étymologique conventionnelle avec la suivante.

245

246

CROIX FOURCHETÉE. — Celle dont les branches se terminent comme les piques à fourchettes destinées à supporter les anciens mousquets. ESCHENPACK, (246): p. *d'argent à la croix fourchetée de sable*.

CROIX FRÉTÉE. — La différence que quelques auteurs veulent établir entre la *frétée* et la *coticée* et *recoticée* est purement théorique. — *Voir* FRÉTÉ. Bien entendu que par *coticée* j'entends chargée de cotices. — *Voir* COTICÉ.

CROIX GRINGOLÉE ou GUIVRÉE. — Ses quatre branches se terminent chacune en deux têtes de serpent recourbées, adossées. MONTFORT, (247) : p. *d'argent à la croix de gueules gringolée d'or*. Le *gringolé* ou le *guivré* peut être naturellement du même émail que la croix.

Menestrier blasonne *guivrée* (f° 80) une croix de fantaisie dont chaque branche se termine en tête de guivre ou serpent, mais dont le dessin donne des têtes d'oiseaux ressemblant à des têtes de perroquet.

247

CROIX HAUSSÉE;
HAUTE, ou LONGUE,
ou LATINE. — Celle
dont le bras en pal en
dessous est beaucoup
plus long que l'autre.
BECDELIÈVRE, (248) :
p. *de sable à deux croix
haussées, fleuronnées au
pied fiché, rangées en pals
d'argent et en pointe une
coquille de même.* BON-
DELMONTE, (249) : *d'ar-
gent à une croix haussée
sur un coupet mouvant*

248   249

de la pointe d'azur, au chef de même. La forme des croix de 248, prise à Palliot, exige,
selon moi, que la description porte que la croix n'est pas fleuronnée dans le pied qui se
fiche. — *Voir* FICHÉ.

CROIX JUMELÉE. — *Voir* REMARQUE CCLXXIV.

CROIX LATINE. — *Voir* CROIX HAUSSÉE.

CROIX LONGUE. — *Voir* CROIX HAUSSÉE.

CROIX LOSANGÉE. — Il ne faut pas confondre une croix losangée avec cinq ou six
losanges mises en croix. — *Voir* LOSANGÉ.

CROIX NELÈE. — *Voir* NILÉE.

CROIX NILÉE, ou ANILÉE, ou NELÉE. — Serait une
croix ancrée beaucoup plus mince. AUBUSSON, (250) :
p. *d'or à la croix nilée de gueules.* Les Anglais la nomment *cross moline*, mais la dessinent comme une croix
ancrée dont les bouts arrondis sont diminués.

Palliot appelle une croix *nilée cercelée*, faite comme
la *cercelée* (*Voir* CE MOT), mais plus mince. C'est une
adjonction de *disposition* (nilée) inutile avec *cercelée*.
On confond souvent le *nilé* avec l'*ancré*: cette confusion
est difficile à éviter, aussi pour AUBUSSON on trouve
ancré au lieu de *nilé*. En pratique, il n'y a guère de différence.

250

CROIX NOUÉE, ou NOUEUSE. — *Voir* ÉCOTÉE.

CROIX PARTIE (GÉNÉRIQUEMENT). — *Voir* CROIX ÉCARTELÉE.

CROIX PATTÉE. — Celle
dont les bouts, partant du
cœur, vont en s'élargissant
du double environ par un
trait les évidant en ovale.
Elle peut être alaisée ou non;
spécifier si elle l'est. ROUGÉ,
(251) : p. *de gueules à la croix
pattée d'argent.* SANTACROCE,
(252) : p. *parti d'or et de gueules, à la croix alaisée pattée,
partie de l'un à l'autre.*

251

252

CROIX PATRIARCALE ou de LORRAINE. —
Alaisée à double traverse horizontale; la deuxième
plus longue que la première. SWIENEZIC, (253) :
p. *d'azur à la croix patriarcale d'argent.*

Les Anglais rapprochent les deux branches et
donnent ainsi plus de longueur au bras vertical.

CROIX PLEINE. — Ce terme désigne en théorie
la croix type, dans sa véritable *position;* c'est un
barbarisme que blasonner une *croix pleine.* En
disant *croix*, chacun sait ce que cela signifie.

Cette règle n'est pas seulement de convention,
elle est logique; en effet, toute autre croix reçoit
une *disposition* à blasonner, qui, en l'alaisant ou
non — suivant les cas, — modifie son état.

Le contour n'étant pas modifié, la croix (pleine)
peut recevoir la disposition du chargement ou du
cantonnement. Dans ces cas, il est aussi barbare
d'ajouter que la *croix pleine* est *chargée* ou *cantonnée
d'étoiles,* par exemple : 1° A proprement parler, la
croix étant chargée ou cantonnée, n'est plus une
croix pleine; souvent on la diminue pour faire place
aux pièces qui cantonnent; 2° Quand aucune disposition d'*engrêlure,* etc., n'est adjointe au mot
croix, nous avons toujours une croix, *pleine* dans sa
configuration matérielle, mais non moralement
puisqu'elle reçoit une *disposition.* LA CROIX-CAS-
TRIES, (254) : p. *d'azur à la croix d'or.*

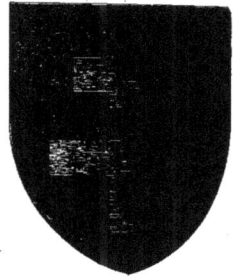

253

254

CROIX POINTUE. — Les Anglais nomment ainsi *(cross pointed)* une croix alaisée fichée ou aiguisée aux quatre bouts.

CROIX POMMETÉE, QUE L'ON CONFOND A TORT AVEC LA CROIX BOURDONNÉE. — La *bourdonnée* se termine en ses quatre bouts comme un bourdon de pèlerin. La *pommetée* est celle dont les quatre bouts sont ornés d'une ou de plusieurs pommes ou boules.

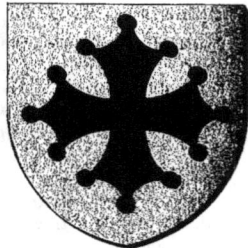

255   256

CLVIII. — Palliot et Menestrier mettent indifféremment *bourdonnée* ou *pommetée*.

Voici deux figures : 255 et 256. Est-il possible de les blasonner avec les mêmes termes, comme le font les deux célèbres héraldistes ? Nous les blasonnerons plus loin.

Palliot renvoie pour la croix *bourdonnée* à croix *pommetée*. A l'article croix *pommetée* ou *bourdonnée*, il dit que c'est celle qui est faite en forme de bourdon. Il définit *bourdon* « baston de pèlerin orné de deux grosses pommes un peu distantes l'une de l'autre, etc. », et donne la forme que j'ai reproduite à la figure 82. — Au mot *bourdonné*, il appelle ainsi les croix « qui sont garnies aux extrémités de pommes « ou boutons pareils à ceux de ces bastons de Pelerins, que d'autres plus proprement ont nommé pom-« metées à cause de leur rondeur et forme. »

Menestrier définit aussi le bourdonné « croix dont les branches sont tournées et arrondies en bourdons de pèlerin. » Ce qui ne l'empêche pas pour ROCHAS qui porte, *d'or à la croix bourdonnée ou pommetée de gueules au chef d'azur chargé d'une étoile d'or*, de donner comme figure un modèle identique à mon n° 257 et de mettre l'étoile *d'argent*. Palliot donne aussi pour ROCHAS la même figure qu'il appelle *bourdonnée* ; mais il ajoute un petit rebord entre les boules et les bras de la croix. Je blasonne 257 plus loin.

257

Il s'agit donc de savoir quelle était la forme du *bourdon*. Palliot, nous l'avons vu, en donne quatre exemples pareils à 82. C'est la forme généralement acceptée. Bourdon vient de *borde*. Du Cange nous dit que c'est « un baston de bois de cornailler... ung grant « baston », et au mot *bola:* « clava cujus extrema pars « qua percutitur crassior est et in globum desinit. » Le bourdon en effet a été d'abord, sans nul doute, un bâton avec tête naturelle (A); ou bien — il n'y a rien de nouveau sous le soleil — il a été comme l'*alpen-stock* de nos jours orné d'un bouton vissé (B) ou emmanché (C) sur ou dans le bâton (D). Il n'est pas probable qu'un bâton de voyageur, lui servant d'appui et de défense, eût un pommeau maintenu sur un seul point de sa circonférence, n'ayant ainsi que fort peu d'adhérence avec le bâton (E).

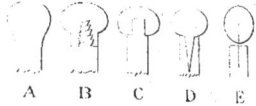

A   B   C   D   E

Pour donner à la croix bourdonnée la forme du bourdon, parmi les cinq échantillons ci-dessus, nous laisserons de côté précisément celui (E) qui est employé par Palliot et Menestrier.

Les Anglais donnent à leur *cross pommee* la forme ci-contre semblable à F, sans trait de séparation entre le pommeau et les bras. En la modifiant par l'adjonction du trait que tout le monde met au *bourdon*, c'est la forme que nous adoptons pour la *croix bourdonnée* et nous la voyons pour L'ISLE SAINT-AIGNAN en 258.

Palliot dit plus loin que la croix pommetée ou bourdonnée « n'est pas de figure plate... ains ronde comme un baston ». Il n'a pas suivi cette règle dans les nombreux exemples figurés qu'il donne. — Plus loin encore, sentant que sa synonymie n'était pas parfaite, il ajoute, après avoir toujours identifié la *croix pommetée ou bourdonnée*, que l'autre croix *différente*, que l'on dit *aussi pommetée* (sic), a les branches terminées en façon de losanges garnies à chaque angle d'une pomme ou boule, le nombre desquelles doit être nommé « afin de sçavoir la différence de la première » ! Il entend parler de la figure semblable à 256.

F

CLIX. — Il est évident qu'il est bien plus rationnel de donner un nom différent à ces deux formes si différentes 255, 256. Nous appellerons la première *croix pommetée;* la seconde, *croix cléchée pommetée;* et *bourdonnée* la croix du nº 258, suivant leur sens légitime. — Le *pommeté* garde ainsi son véritable sens qui s'associe très bien et ne se confond pas avec le *cléché* et avec les *rais pommetés*.

258

Nous blasonnerons donc THOMAS, (255) : *écartelé de gueules et d'azur à la croix d'or alaisée, chaque bout pommeté d'une pièce* [1], et si elle est réellement *bourdonnée* [2], nous lui donnerons la forme de 257. Nous blasonnerons MANFREDI, (256) : *d'argent à la croix cléchée et pommetée de douze pièces d'azur.* ROCHAS, (257) : *d'or à la croix de gueules alaisée, chaque bout pommeté d'une pièce, au chef d'azur, chargée d'une étoile du premier;* et L'ISLE SAINT-AIGNAN, (258) : *de gueules à la croix bourdonnée d'or.*

Je n'ai pas le mérite de l'invention. Vulson (*Voir* ses folios 140, 141) figure le *bourdonné* comme il doit l'être, et il blasonne une croix comme celle ci-contre, *chaque bout pommeté de trois pièces*, à quoi il aurait bien fait d'ajouter la situation *en fasce*, car autrement on reste libre de les disposer *en trèfle*.

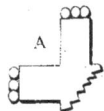

A

Si par hasard je rencontrais une croix pareille à 257, une autre pareille à 258,

---

[1] Selon d'autres la croix *est tréflée au pied fiché.* — *Voir* AVIS au fº XVIII.
[2] Si la croix est *bourdonnée* on lui donne la forme de 258.

dont les boules fussent d'un autre émail que la croix, je blasonnerais la première : *croix alaisée de gueules, chaque bout pommeté d'une pièce d'azur ;* la seconde : *croix alaisée d'or bourdonnée d'argent.*

CROIX POTENCÉE. — Est celle dont les quatre bouts se terminent en potence, ou pour parler plus élégamment, en *croix de Tau.* (*Voir* CE MOT.) JÉRUSALEM (LE ROYAUME DE), (259) : p. *d'argent à la croix potencée d'or, cantonnée de quatre croisettes du même, qui est à enquérir.* Ce sont les armoiries prises par Godefroy de BOUILLON. — *Voir* REMARQUE CCV.

CLX. — Cet illustre blason étant très souvent mis dans des écarts, en *tiercé* ou en *écartelé*, un peu à l'étroit, les dessinateurs ont pris l'habitude de mettre les croisettes (comme ils pouvaient) dans les branches de la croix. L'ordre chevaleresque du Saint-Sépulcre la porte aussi de cette manière. Pourtant dans de vieux manuscrits et suivant l'idée du *cantonné*, les croisettes doivent être dans les cantons et non dans le vide laissé dans l'intérieur des potences. C'est ainsi que je la dessine. Les Anglais l'appelle CROSS POTENT. — *Voir* CHAMPONNÉ et FIGURES 206, 207.

CROIX RECERCELÉE. — *Voir* CERCELÉE.

CROIX RECROISETTÉE. — Est celle dont chaque branche finit en croix. C'est la *cross crosslet* des Anglais. On l'appelle aussi CROISÉE ou CROISETTÉE. — CROISIL- LES, (260) : p. *de sable à trois croix recroisettées d'or.*

CROIX RESARCELÉE. — Ne pas la confondre avec *croix recercelée.* — Est une croix ordinairement pleine, orlée en pals et en fasces d'un filet de l'émail du champ. MARCILLY, (261) : p. *d'or à la croix resarcelée de gueules,* c'est-à-dire qu'elle est *resarcelée du champ,* d'où il résulte qu'il ne faudrait pas blasonner avec Palliot comme dessus, mais *d'or à la croix de gueules resarcelée.* Si le filet qui resarcèle était d'un autre émail que du champ, on dirait par exemple, *d'or à la croix de gueules resarcelée d'argent.*

CROIX SUR CROIX. — *Voir* CROIX CHARGÉE D'UNE AUTRE CROIX.

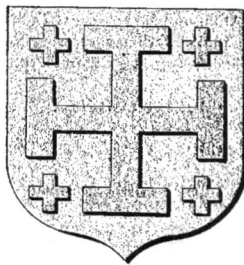
259

260

261

CROIX TAILLÉE. — *Voir* CROIX ÉCARTELÉE.

CROIX DE TAU ou CROIX DE SAINT-ANTOINE. —
Ainsi appelée du TAU hébreu; c'est avec le TAU que
se fait la croix potencée. QUELO, (262): p. *d'azur à trois
taus d'argent*. — *Voir* POTENCÉ.

CROIX TRANCHÉE. — *Voir* CROIX ÉCARTELÉE.

CROIX TRÉFLÉE. — *Voir* CROIX FLEURONNÉE.

CROIX VUIDÉE. — *Voir* VUIDÉ, CLÉCHÉ, REMPLI.

CROIX (MIS EN CROIX). — *Voir* ABOUTÉ, APPOINTÉ.

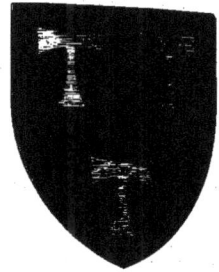

262

CLXI. — Je me suis attaché à donner une synonymie raisonnée
des croix, pièce au sujet de laquelle il y a de nombreuses différences, et je pense n'avoir point omis de figures en usage pour les différencier.

Il y a encore plusieurs autres formes, inventées sans nécessité, puisqu'on n'en trouve point d'exemples : Ainsi les croix, *croissantée*, *croissantée-ancrée*, *étoilée*, *moussue*, etc. — Palliot ne juge pas
nécessaire de les décrire ; c'est avec un véritable plaisir que j'imite son exemple, ayant d'ailleurs bien
d'autres sujets nécessaires à traiter.

CROSSE. — La crosse d'évêque ou d'abbé figure dans quelques armoiries d'églises
avec sa forme ordinaire. La *crosse* est une des *marques de dignité*. — *Voir* TIMBRES ECCLÉ-
SIASTIQUES.

AIM. — Il y a entre le cerf et le daim deux différences, l'une théorique et l'autre pratique. Selon quelques armoristes le daim est plus petit que le cerf; mais à moins de donner la mesure métrique, ou de voir dans un blason deux animaux semblables, dont le plus petit serait un daim, cette différence n'est pas admissible.

263

Le *daim* et le *cerf* se distinguent par les cornes; le premier est représenté avec des cornes larges et plates et ne se terminant pas en croissant comme chez le cerf, mais par un abondant développement de la matière cornée. DANZEL, (263) : p. *d'azur au daim ailé d'or*.

DANCHÉ. — *Voir* DENCHÉ.

DARD. — Selon les uns, c'est un javelot qui se lançait avec la main ; selon les autres, c'est une flèche qui se lançait avec un arc. Il se confond avec *flèche*, puisqu'il en a les attributs, et notamment l'*empenné* spécial à la flèche. — *Voir* FLÈCHE.

DAUPHIN. — Le cétacé, amateur d'harmonie, qui jadis transporta Arion en Lacédémone, est peu commun dans les armoiries, paraissant presque réservé aux Dauphins du Viennois et d'Auvergne, puis aux Dauphins de France.

Si rare qu'il soit, les hérauts d'armes se sont pourtant complus « à entester la postérité » d'une foule de termes pour ses prétendus attributs. On le dit *allumé*, si son œil; *loré et crêté et barbé*, si ses nageoires; *oreillé*, si ses oreilles ; *peautré*, si sa queue (ce dont il n'y a pas d'exemples) sont d'un autre émail. On le dit *pâmé*, si de sa gueule béante il semble laisser échapper le dernier soupir; *vif*, quand il a la bouche fermée, ce qui serait sa position naturelle. Il est représenté la tête et la queue tournées vers la dextre de l'écu, la tête en chef, courbé en demi-cercle, *position* inutile à exprimer. S'il est étendu, on le dit *nageant*. S'il a sa tête et sa queue tournées vers la pointe, on le dit *couché*. On lui a attribué un corps écailleux et une foule d'appendices en dessus, en dessous et à l'entour, dont on peut voir plusieurs abracadabrants spécimens dans la Salle des Croisades, à Versailles.

D'autres le *lampassent !* Écoutons Palliot : « Ceux qui blasonnent les *armes* du Dauphiné au Dauphin vif, adjoustant qu'il est *lampassé, oreillé* et *barbelé de gueules*, se trompent sous correction, parce que le Dauphin ayant la gueule close ne peut être lampassé ny jetter sa langue au dehors. »

Enfin ce cétacé a eu le privilège d'exciter l'imagination, non seulement des poètes de l'antiquité, mais aussi des hérauts d'armes. Nous chercherons la réalité dans la remarque suivante.

CLXII. — Quel est le type du dauphin ? Où le trouver plus facilement qu'en Dauphiné ? Au dire de Valbonnais, le Dauphin a été pris pour blason par le dernier Dauphin de la deuxième race, c'est-à-dire vers la fin du XIIIe siècle.

Un sceau de l'an 1271, de Béatrix de Savoie, dauphine de Viennois (*Sigilli dei Princ. di Savoia*), conservé aux archives de Turin, nous représente le dauphin *pâmé, barbé, loré* et tourné vers la senestre.

En voici la figure exacte, (A) : on remarquera qu'il est à peine infléchi en arc. D'autres sceaux des Dauphins du Viennois (troisième race), sires de Faucigny, dont il m'a passé par les mains d'assez nombreuses empreintes, représentent le dauphin ou *pâmé* ou *vif*, mais plus habituellement *pâmé*, c'est-à-dire avec la gueule entr'ouverte. Les hachures n'existaient pas alors; on ne peut donc voir si les attributs sont d'un autre émail. Je crois donc relativement moderne, la différence entre *pâmé* ou *vif* à laquelle il n'est pas important de s'attacher, et encore plus modernes le *crêté, oreillé, barbé* et *loré* de gueules. Dans les dessins de Valbonnais et dans les sceaux que j'ai vus, le dauphin n'est ni *crêté*, ni *oreillé*. L'oreillé se confond avec le *loré*; mais j'ai le regret de devoir avouer qu'il est indignement goitreux sous prétexte de *barbé*. Il faudrait donc blasonner, DAUPHINÉ : *d'or au dauphin d'azur barbé et loré de gueules*. Je suis très décidé à croire que toutes ces minuties de détail n'existaient pas au début du Blason et que le caprice d'un peintre a seul pu ajouter à un dauphin les attributs d'un coq ou d'un dindon.

Dans ce luxe de termes inutiles, on ne trouve pas les nécessaires. Il n'y en a point pour la situation suivante qu'on ne peut marquer que par des périphrases. PICOLET D'HERMILLON, (264) : p. *d'azur au dauphin d'argent, la tête vers le canton dextre de la pointe, accompagné de trois étoiles d'or, une en cœur, une à chaque canton du chef et d'un croissant de même en pointe*. Je m'inspire pour les contours (sauf pour la tête que je fais plus pointue) de la forme donnée par Viollet-le-Duc dans son Dictionnaire d'Architecture; elle ne se rapproche que de très loin de celle que nous pouvons admirer au Musée du Louvre, sur des vases grecs de la plus haute antiquité.

264

Le dauphin est rare dans les armoiries ; il le serait encore davantage si on ne baptisait pas *dauphins* des poissons d'un tout autre acabit. Palliot cite le dauphin de Lucia en Piémont ; il y a cent à parier contre un, en vertu de l'arme parlante, que ce prétendu dauphin est un brochet, en italien *luccio*. Il cite encore les dauphins de Nernier. Mais si l'on songe que le château des seigneurs de Nernier était baigné par les eaux du Léman, dont l'azur nourrit beaucoup de brochets et peu de dauphins, on peut aussi supposer que ces prétendus dauphins sont des brochets. — *Voir* Inductions.

DEBOUT. — Qualificatif pour les animaux, dont on veut marquer cette situation, dressés sur leurs pieds.

DÉ. — *Voir* Tablette.

DÉCAPITÉ. — J'ai trouvé ce terme dans un vieux glossaire, comme synonyme d'Étêté ; animal dont la tête serait coupée par un trait franc. — *Voir* Rem. CXLIII.

DÉCOLLÉ. — Autre synonyme d'Étêté.

DÉCOUPÉ. — Se prend en deux acceptions :
1° Pour les lambrequins *découpés* en feuilles d'acanthe ou autrement.
2° Comme synonyme de Moucheté ou Plumeté. — *Voir* ces mots.

DÉFAILLANT. — Quelques auteurs se servent de ce terme pour décrire le blason des Riquet-Caraman. Suivant Grandmaison, au f° 65 (Saint-Allais, Milleville, etc.), ils portent *d'azur à la bande d'or accompagnée d'une demi-fleur de lis défaillante à dextre du même, florencée d'argent, et en pointe de trois roses de même en orle.* Pour le blason des Riqueti-Mirabeau (f° 53), la demi-fleur de lis *défaillante* devient une *demi-fleur de lis de Florence d'or défeuillante à droite.*

Suivant La Chesnaye des Bois, c'est une *demi-fleur de lis d'or, fleuronnée de même.*

Ce mot, Défaillant, nous paraît inutile. Aucun de nos grands auteurs ne l'a employé. *Défaillant* veut dire *qui fait défaut.* Or, nous avons ici *une demi-fleur de lis ;* si elle est en outre *défaillante à dextre,* le *défaut* doit encore logiquement agir sur la fleur de lis déjà réduite de moitié ! Il faut donc supprimer le *défaillant* ou le remplacer par une expression dont le sens unique sera de marquer sur quelle partie de la fleur de lis porte la diminution de moitié.

Nous croyons être parfaitement clair en blasonnant, sans amphibologie possible, Riquet-Caraman, (265) : p. *d'azur à la bande d'or accompagnée en chef d'une moitié*

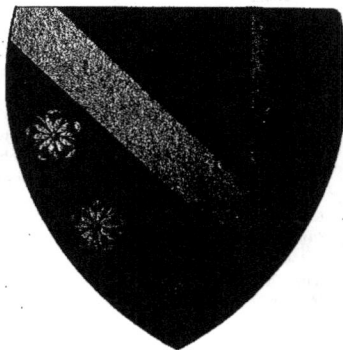

265

verticale senestre de fleur de lis du même, épanouie d'argent, et en pointe de trois roses de même en orle [1].

Au lieu de *fleur de lis d'or épanouie d'argent*, on pourrait dire *fleur de lis de Florence d'or épanouie d'argent*. Le qualificatif de *florencé* ne peut le remplacer, à moins qu'un F majuscule ne prouve que l'on veut parler de la fleur de lis de Florence, et non du vrai *florencement*, qui est bien différent. — *Voir* ÉPANOUI, FLEUR DE LIS ÉPANOUIE, Remarques XVIII, CCXII, CCXXXVI et FLEURDELISÉ, synonyme de FLORENCÉ.

DÉFENDU. — Qualificatif pour le sanglier dont la défense serait d'un autre émail que la hure ou le corps.

DÉFENSE. — C'est la dent extérieure du sanglier. — *Voir* DÉFENDU.

On dit d'une licorne qu'elle est *en défense* quand elle a sa corne baissée comme pour attaquer ou se défendre. Palliot dit qu'un hérisson est *en défense*, quand il a ses aiguillons un peu plus dressés que d'habitude. Quelques auteurs appellent aussi *défense* la tête du léopard. — *Voir* LICORNE.

DEGRÉ. — Nous avons déjà vu à l'article ARBRE comment on établissait ses quartiers composés des ascendants paternels et maternels. Ce nombre double à chaque degré; ainsi pour les ascendants correspondant à une filiation directe de vingt générations (qui dépasse la moyenne prouvée par les plus anciennes familles), il faudrait un arbre de cinq cent vingt-quatre mille deux cent quatre-vingt-huit quartiers, et pour un degré de plus, un million quarante-huit mille cinq cent soixante-seize quartiers.

CLXIII. — On compte en moyenne trois degrés ou générations par siècle. De Pépin d'Héristal, mort en 714, à nos jours, il y a trente-quatre ou trente-cinq degrés. Pour un arbre de trente-cinq, il faudrait *dix-sept milliards cent soixante-dix-neuf millions huit cent soixante-neuf mille cent quatre-vingt-quatre* quartiers. En remontant à Arnoald Buggis, duc d'Austrasie, arrière-grand-père présumé de Pépin d'Héristal (38 degrés), il faudrait *cent trente-sept milliards quatre cent trente-huit millions neuf cent cinquante-trois mille quatre cent soixante-douze* quartiers, chacun représenté par un ascendant masculin ou féminin, *tous contemporains*.

C'est-à-dire qu'en supposant très généreusement un milliard d'habitants dans notre globe terrestre,

---

[1] Mon Dictionnaire, ayant pour principale base le raisonnement, doit dans certains cas faire abstraction des descriptions et des formes différentes de blasons employés par les familles. Mes exemples sont d'ordre purement didactique et ne constituent pas un Armorial; je n'ai d'ailleurs rien d'officiel; si bien que les intéressés sont libres de ne pas suivre mes idées et de préférer la possession dont j'indique les termes.

Dans le cas présent, je crois savoir que les CARAMAN, se basant sur un long usage, portent une moitié de fleur de lis d'or plein, entre les deux fleurons de laquelle est logée une tige feuillée ou non, supportant une espèce de fleur de muguet d'argent : elle existait encore sculptée ainsi en 1674, sur le fronton de l'hôpital de Seyne. Cette sculpture exécutée sans doute par un ouvrier inexpert, contenait plusieurs inexactitudes; il est donc bien admissible que la demi-fleur de lis ait été mal représentée dans sa forme, comme elle l'est dans sa situation (mouvant en pal de la bande). Quoi qu'il en soit, pour décrire la fleur de lis de CARAMAN, les termes héraldiques précis faisant défaut, il faudrait employer les termes d'une enquête de l'an 1584 « une demi-fleur « de lys (d'or), dont sort certaine autre petite fleur (d'argent). »

Ce fait accompli est rédigé en termes bien vagues. Mieux vaudrait peut-être interrompre la prescription.

les mêmes ascendants devraient être répétés quelques milliards de fois sur la même ligne; d'où il résulte que sans remonter à Adam, aïeul commun à tous les hommes, en prenant l'humanité tout entière, au septième siècle, empereurs et savetiers auraient plusieurs milliards de chances d'avoir exactement les mêmes ascendants ! — Cette pensée vaut bien un chapitre de l'IMITATION DE JÉSUS-CHRIST !

CLXIV. — Pour les généalogistes, les générations comptent chacune pour *un* degré; entre le père et le fils, il y a *un* degré; entre le père et le petit-fils, *deux* degrés, etc. Mais le père fait *un* degré, son fils en fait un *deuxième*, le petit-fils un *troisième*. Le *degré* pourtant a pour les généalogistes la même valeur soit qu'on l'envisage comme *génération* ou comme *intervalle* existant entre le père, le fils, le petit-fils, etc. — *Voir* ARBRE, PARENTÉ.

Il y a deux genres de computation pour les degrés : la *civile* et la *canonique*.

Voici comment opère la computation *civile :* G ayant établi sa *filiation, directe, ascendante,* jusqu'en A, veut savoir quelle parenté il a en ligne *collatérale* avec M. Il remonte jusqu'en A, auteur commun, mais sans le compter, il passe à H et suivant la *ligne collatérale descendante* jusqu'à M, il découvre qu'il est son cousin au sixième degré, ce qui, par une opération mystérieuse, mais laïque et obligatoire, le crée cousin au douzième degré avec M !

La computation *canonique* indique la seule chose à savoir, le degré entre l'auteur et les lignes collatérales qu'il a formées ou pu former en ligne directe; c'est le nombre de générations (*Voir* PARENTÉ) : au lieu de dire que deux frères sont au *deuxième* degré, les canonistes disent qu'ils sont au *premier*, et ils ont bien raison.

De célèbres commentateurs légistes soutiennent qu'au fond le résultat des deux computations est le même; dire que deux frères sont à un degré de l'auteur commun, ce serait équivalent à dire qu'ils sont à deux degrés entre eux; la différence ne serait que dans les termes.

CLXV. — J'avoue humblement ne pas comprendre le besoin de nouveauté qui a décidé nos législateurs à compter quatre lorsqu'il suffisait, selon la loi de la nature, de compter deux. Avant tout, l'article 735 du Code civil dit que le degré est une génération, et il est clair qu'il confond le degré avec l'intervalle entre deux personnes engendrées l'une par l'autre. Ainsi entre mon père et moi il compte un intervalle; entre mon frère et notre père un second intervalle, donc nous sommes frères au deuxième degré; et par rapport à notre aïeul paternel commun, frères au troisième degré, sans doute (?)

La proposition des commentateurs voulant identifier la computation canonique : *deux frères sont à un degré de l'auteur commun,* et la civile : *deux frères sont à deux degrés entre eux,* revient à l'argumentation suivante :

Voici un triangle équilatéral : B et H sont placés sur une ligne commune (le degré commun), chacun à une lieue de distance d'A (leur père), donc ils sont à deux lieues de distance l'un de l'autre !

C'est avec un *degré* commun qu'ils remontent à A leur père; ils en sont ensemble à une lieue et séparés à l'intervalle d'une lieue également, en remontant de la base égale B H au sommet A.

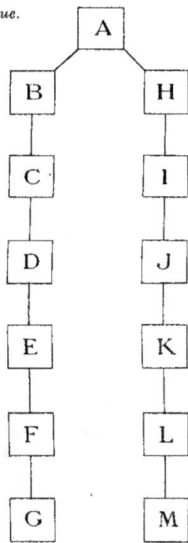

Bonne ou mauvaise, il faut suivre la computation civile pour le degré successible. Mais pour ce qui nous concerne, nous ne connaissons que la parenté canonique, c'est-à-dire naturelle. Nous en parlerons avec plus de détails à PARENTÉ.

DELTA. — *Voir* PENTALPHA.

DE L'UN A L'AUTRE } Je réunis ces deux expressions sous le même article, quoi-
DE L'UN EN L'AUTRE } qu'elles aient deux significations bien distinctes, qui s'expliquent mutuellement sans longs commentaires.

A l'article BESANT-TOURTEAU j'ai annoncé le blason ABTOT. Le voici, FIG. 266 : p. *parti d'or et de gueules à trois besants, deux de l'un en l'autre et un de l'un à l'autre.*

Cet exemple élucide les deux termes qui sont très généralement fort mal entendus, même par Palliot. *De l'un à l'autre* signifie donc JUXTAPOSITION d'émail. *De l'un en l'autre*, TRANSPOSITION réciproque d'émail à émail. Ces termes sont assez employés et, s'ils le sont convenablement, ils font éviter bien des circonlocutions et des incertitudes.

266

CLXVI. — Au mot AJOURÉ, note 1, j'ai blasonné avec Menes-
trier l'exemple 35 : *parti d'argent et de gueules à la croix ancrée, ajourée en carré de l'un en l'autre.* On voit facilement à présent que cette description est mauvaise; il faut blasonner 35 : p. *parti d'argent et de gueules à la croix ancrée, partie et ajourée en carré de l'un à l'autre.* L'adjonction du mot *partie* est absolument nécessaire ; la transposition des émaux ne se fait point par *de l'un en l'autre,* mais par *de l'un à l'autre.*

DE ou DU MÊME. — *Voir* MÊME (DE ou DU) et DU CHAMP.

DÉMEMBRÉ. — Menestrier l'applique sans en donner d'exemples à l'aigle, au lion ou à tout autre animal dont les membres sont séparés. Vulson le dit d'un oiseau qui n'a ni pieds, ni cuisses (qui est sans membres inférieurs s'entend). Il a donc tort de blasonner REICHAW, fig. 29 (REMARQUE XXVIII) : *d'argent à une aigle démembrée et diffamée de sable.* Du moment où elle est *démembrée,* elle ne peut pas être *diffamée ;* cette disposition fait partie intégrante du *démembré ;* il est donc inutile de le dire.

DEMI-VOL. — *Voir* VOL.

DENCHÉ. — *Voir* DENTÉ.

DENTÉ ou ENDENTÉ. — Ligne de bordure faite avec des dents.

Suivant Palliot le *denté* est fait en dents plus grosses que le DENTELÉ.

CLXVII. — Cette différence est purement théorique ; on n'a pas toujours, comme ci-contre, devant les yeux, deux exemples pour comparer. VAUBERTIÈRE , (267) : *de sinople au sautoir denché ou denté d'or.* PELOUX, (268) : p. *d'argent au sautoir dentelé d'azur.*

267

268

Pour mon compte, en pratique, je ne les distingue pas l'un de l'autre. — *Voir* FEUILLE DE SCIE. FASCE. On dirait aussi *denté*, pour un animal dont les dents seraient d'un autre émail que le corps.

DENTICULÉ. — Palliot se sert de ce mot pour une bordure de dents autour de l'écu, « à la façon des denticules qui se mettent aux chapiteaux des colonnes et autres orne- « ments d'architecture », et donne comme exemple FERRIÈRES-SAUVEBŒUF, (269) : qui porte *de gueules au pal bretessé d'argent à la bordure denticulée de même.*

CLXVIII. — Suivant un exemple rapporté par Palliot, Justel appellerait une bordure de ce genre, *couponée.* D'Hozier (REG. I. 36) blasonne pour AUDIFFRET une figure identique à celle de Palliot, *l'écu bordé d'une bordure de sable* (sic) *crénelée.* Selon d'autres, la bordure d'AUDIFFRET serait *componnée de vingt-quatre pièces d'or et de sable ; d'or et de gueules* selon d'autres encore.

Blasonnera qui voudra cette figure une bordure ! Pour moi je m'y refuse. Il n'est pas admissible de dénaturer le sens des mots. *Bordure* exclut absolument l'idée d'interrompre la figure qui encadre l'écu ou une pièce de l'écu. — *Voir* BORDURE. Personne n'a jamais dit une *croix de croissants*, une *bande de compons.*

Il faut donc impérieusement et nécessairement blasonner 269, (et la bordure d'AUDIFFRET, si elle n'est pas simplement *com-*

269

ponnée), *le tout chargé de denticules* (ou *créneaux*, ou *coupons*) *sans nombre* (ou bien les compter) *mis en bordure*, ou bien *mouvants des bords de l'écu.* Il ne serait pas exact, au lieu de *des bords*, de dire *de la bordure*, ce qui impliquerait une bordure de laquelle seraient *mouvants* les denticules ou créneaux et donnerait, comme à la figure 213, *une bordure crénelée.*

D'ailleurs, le *denticule* ou *modillon* que les architectes emploient comme ornement des chapiteaux n'est pas toujours carré, il varie suivant les ordres, et le *metatome* est de diverses dimensions. L'expression *denticulé* est donc en tout cas incomplète et peut prêter à une facile confusion avec le *denté.*

DÉPLOYÉ. — *Voir* ÉPLOYÉ.

DÉROGEANCE. — La condition de noble était un contrat synallagmatique par lequel certaines exemptions, des privilèges et des droits délimités, lui étaient accordés en échange de charges et de devoirs nombreux.

Il est de tradition dans certaine catégorie d'historiens, dont le siège est toujours fait d'avance, de crier haro sur la noblesse et ses privilèges écrasants, de dénigrer systématiquement le passé pour glorifier d'autant le présent. Les véritables historiens ont étudié l'ancien régime sur des documents ; ils savent au contraire que ce passé d'imperfections et d'abus portait dans sa rude et grossière enveloppe le germe nécessaire de notre civilisation.

On a bien peu approfondi les événements des siècles écoulés, si l'on n'est pas frappé de l'ordre divin avec lequel, depuis le Sinaï, les lois d'un peuple ont toujours été en corrélation avec la progression naturelle à ce peuple. Une révolution violente a retardé en France la sage évolution que la force des choses ouvrait devant les idées plus larges du progrès chrétien, le seul véritable. Privé de son directeur naturel, ce mouvement légitime s'est arrêté, affolé dans le sang et les saturnales de 93.

Les sophistes, contempteurs de tout ce qui précède 89, ne devraient pas user si ouvertement leurs dents sur la lime. Si leur parti-pris n'était incorrigible, nous signalerions à leurs méditations l'attitude du radicalisme, d'après lequel notre démocratie actuelle ne serait ni la vraie, ni la bonne.

En effet, pour nous restreindre à notre sujet et en l'envisageant de haut, les noms des choses ont beaucoup changé ; les choses ont fort peu changé ! Les tailles, les dîmes, les corvées, considérablement augmentées, existent toujours, converties sous d'autres trompeuses appellations ; les nobles ont disparu, ceux qui les ont chassés les ont remplacés. Quel avantage pour le peuple, si au lieu de l'appeler marquis, il appelle son maître, monsieur tout court ? L'avantage n'est que pour ce dernier.

Il y aura toujours des pauvres et des riches. La fraternité de l'Évangile ne date pas de 89. La charité chrétienne nous montre des frères dans les petits et les faibles ; elle est plus profitable que la plus fastueuse philanthropie proclamée à son de trompe !

Je voudrais avec une baguette magique, reculant de trois cents ans, bloquer dans un donjon branlant, seigneur féodal de sa paroisse, un de nos hauts fonctionnaires. Les immortels principes en frémiraient ; mais principes à part, il ne tarderait pas à demander à grands cris de redevenir haut fonctionnaire de 1883, Gros-Jean comme devant.

Échanger les bénéfices de sa condition présente contre ceux d'un de ces malheureux seigneurs, accablé de charges parce qu'il était seigneur, contraint au premier signal du suzerain de quitter château et famille, de partir en guerre, armé, équipé et suivi à ses frais, et d'en revenir estropié, toujours à ses frais, serait un marché de dupe.

Un mot flatteur du Roi, un titre, une croix de Saint-Louis récompensaient parfois, mais alors suffisamment, les sacrifices et les blessures du gentilhomme. Un homme du jour se dirait : c'est très beau, mais combien cela rapporte-t-il ?

Parmi les nombreux devoirs que les nobles avaient non seulement envers le Prince, mais envers la Société, il en était un, celui de vivre et de dépenser noblement. Quand il n'était plus à même de défendre et de secourir ses vassaux, quand il s'était ruiné pour paraître en équipage convenable aux *monstres*, à la guerre ; quand ses biens étaient engagés aux Lombards, il n'avait plus qu'un privilège, celui de mourir de faim, noblement. Pour essayer de se relever, voulait-il essayer d'un métier lucratif ? il lui fallait suspendre son épée et renoncer à sa condition. Il était cotisé avec les autres manants de la paroisse ; il n'avait plus de privilèges ; ayant renoncé à sa noblesse, il n'en avait plus les charges.

C'est ce que l'on appelait une *dérogeance*, c'est-à-dire un acte contraire aux mœurs de la noblesse, par lequel on sortait, plus ou moins volontairement, du rang des privilégiés par droit de naissance.

Voir Gentilhomme, Lois nobiliaires, Noblesse, Parchemins, Titres.

CLXIX. — Avant 1789 les métiers mécaniques constituaient *dérogeance* pour les nobles qui les exerçaient. Suivant les provinces, certaines fonctions étaient exclusives ou non de la noblesse. Mais presque partout la verrerie, la haute industrie, le grand commerce ne nuisaient point à son exercice. L'agriculture exercée de ses propres mains sur ses terres a toujours été considérée comme profession noble [1].

Relativement à la dérogeance, il faut noter un fait. Si le noble qui dérogeait avait été lui-même anobli, il annulait par sa dérogeance ses lettres de noblesse ; il lui en aurait fallu de nouvelles. Mais pour un noble de famille ancienne, des lettres de réhabilitation suffisaient. Comme il n'avait pas le pouvoir de suspendre, à l'égard de ses enfants, l'effet d'une noblesse qu'il avait reçue de ses aïeux, sa postérité pouvait toujours, si elle vivait de nouveau noblement, obtenir des lettres de réhabilitation et rentrer dans tous ses droits.

Maintenant il n'y a plus dérogeance dans la loi, pour la noblesse, puisqu'il n'y a pas de loi en réglant l'exercice et plus de privilèges pour le motiver. Il n'y a plus de sot métier s'il y a encore de sottes gens. Un gentilhomme peut se faire serrurier s'il n'a pas de meilleur moyen d'élever chrétiennement ses enfants ; il restera noble de fait et peut le rester de cœur.

Il n'y a plus de dérogeance que dans l'ordre moral, mais celle-là a existé de tout temps ; elle existait déjà du temps de Boileau pour ces prétendus nobles

> Qui ne peuvent offrir aux yeux de l'univers
> Que de vieux parchemins qu'ont épargnés les vers.

DÉSAILÉ. — Employé par Palliot pour un griffon sans ailes, au mot Engoulant.

DÉSARMÉ. — Qualificatif de disposition pour les aigles dont les pattes ou membres sont représentés sans ongles ou serres, c'est-à-dire n'ayant pas ce qui constitue pour

---

[1] Lors de la dernière assemblée de la noblesse, comme corps sous l'ancien régime, tenue à Chambéry à l'arrivée du roi Charles Félix, on vit à côté des plus fiers seigneurs de sa cour, un vieux paysan, M. de C., l'épée au côté, assisté de quatre grands gaillards, ses fils, avec épée et souliers ferrés. Ils cultivaient eux-mêmes leur propre bien et reçurent de l'excellent Roi, qui en était informé, un accueil particulier.

eux l'*armé* : l'*armé* est un terme de disposition à blasonner seulement en cas d'émail différent. GA-NAY, (270) : p. *d'or à l'aigle désarmé de gueules.*

270

DESCENDANCE. — *Voir* PARENTÉ.

DESCRIPTION. — Il ne servirait à rien de savoir le nom scientifique des moellons et des matériaux composant un mortier, si devant en bâtir une maison, vous n'en connaissez pas l'emploi et l'ordre pour les employer.

Pour l'art héraldique également, on peut savoir exactement la valeur de quelques termes, distinguer une figure de l'autre et donner une description barbare. La description est le redoutable Charybde que l'on évite pour retomber en Scylla. Voici les principales règles pour la description.

Avant de les formuler, il est bien nécessaire de dire ce qui, pour les héraldistes est le commencement et la fin de la Sagesse, la Sagesse elle-même.

En donnant une description, n'oublions jamais, même quand nous en donnons la figure en regard, que cette figure est censée ne pas exister devant nos yeux.

La précision de la description doit être telle que :

1° Non seulement un héraldiste ne puisse avoir de doute pour la manière de la rendre uniformément à Rome ou à Saint-Pétersbourg, mais que

2° Tout homme intelligent, instruit et raisonnant, quoique absolument inexpert en Blason, puisse, avec le secours du Dictionnaire et un crayon, rendre cette figure exactement, si ce n'est élégamment.

Pour nous convaincre des énormités auxquelles on arrive par de mauvaises descriptions, comparons les figures 299 et 300, et les figures 612, 613, 614, 616, 617 et 618. Le cruel spectacle de célébrités embourbées jusqu'au cou, ayant excité dans nos âmes une crainte salutaire, ne tremblons pas trop pourtant ! Nous serons bien forts quand nous aurons la logique pour nous à défaut de profonde science, et à défaut de raisonnement quintessencié, le vulgaire bon sens qui appelle vulgairement les choses par leur nom.

Des sentiments poétiques, des pensées profondes sont choses estimables en temps et lieu; mais trop souvent on se perd dans le vide, on se noie dans les abîmes.

Voir INUTILITÉS, PÉDANTERIE, PLÉONASMES, SCIENCE HÉRALDIQUE, TERMINOLOGIE.

CLXX. — Nous avons vu dans la synopsis distributive de ce Dictionnaire, que la description, c'est la manière d'exprimer par l'écriture ou la parole en termes spéciaux, brefs et absolument précis, la *position*, la *disposition*, la *situation*, les *émaux* d'une ou de plusieurs figures meublant des armoiries, en les énonçant, chacune successivement, dans un ordre déterminé.

En renvoyant à leur place les notions spéciales à POSITION, etc., nous ne nous occuperons ici que des fondements de la description, en supposant toujours un blason que nous n'avons pas devant nos yeux.

A. La première chose à blasonner dans un écu d'armes c'est l'*émail*, savoir le *métal* ou la *couleur*, ou la *panne* prédominant dans le champ. (*Voir* CHAMP et REMARQUE XCIV.) Reportez-vous à la figure 221. Il ne peut y avoir de doute, l'émail dominant est le *gueules*; ajoutons ensuite la figure principale, c'est une *croix, pleine*, mais il est inutile de le dire. Nous avons blasonné SAVOIE : p. *de gueules à la croix d'argent*. Un héraldiste se contentera de dire porte *de Savoie*.

B. S'il n'y a pas d'émail dominant, c'est qu'un trait de partition divise le champ en deux parties égales : *parti, coupé, tranché, taillé* (*Voir* CES MOTS), ou en trois parties égales : *tiercé en pal* ou *en fasce* (*Voir* TIERCÉ), ou en quatre, six, huit, neuf, dix ou douze parties égales : *écartelé, pallé, fascé, bandé* (*Voir* CES MOTS), etc. Alors blasonnez le trait de partition, *coupé* ou *bandé*, ou *écartelé*, etc., d'or et de gueules par exemple. Malgré de nombreuses autorités, il faut dire *coupé d'or et de gueules* et non *d'or coupé de gueules*. — *Voir* REMARQUE CXLII.

J'ajoute un corollaire à cette remarque. Quand vous énoncez *parti*, ou *coupé*, ou *tranché*, ces mots indiquent que dans la première partie de l'écu ainsi divisé, vous mettrez ce que la description énonce, jusqu'à ce que le sens de la description vous prouve qu'il faut passer à la seconde partie.

Ainsi : *Coupé d'or au lion de gueules enclos de neuf étoiles d'azur en orle et de sinople semé de croissants d'argent*. Sur le premier *coupé* vous mettrez *le lion et les étoiles*; le sens — sur lequel une description bien faite ne doit jamais laisser de doute — vous indique qu'ayant fini avec le premier *coupé*, vous mettrez sur le second *coupé le semé de croissants*.

Ainsi : *Parti d'azur à trois fleurs de lis d'or et de gueules à la croix d'argent*. Le premier *parti* sera *d'azur* et contiendra *les fleurs de lis*, rangées nécessairement 2 et 1 ; le second *parti*, la *croix*.

Comme nous l'avons dit plus haut, vous vous trouvez ici devant des blasons très connus, vous blasonnerez simplement : *parti de* FRANCE *et de* SAVOIE. C'est-à-dire que le premier parti contiendra *les armes pleines* de FRANCE ; le second, *les armes pleines* de SAVOIE. Par un trait vertical au milieu de votre écu, vous créez deux divisions, chacune desquelles contient un blason plein ; *parti* se rapporte à l'écu, non aux armes qui sont dans l'écu ; si d'aventure elles sont *parties* à leur tour, cela se rapporte à ce second écu ou seconds meubles d'un autre écu. MI-PARTI est tout autre chose. — *Voir* CE MOT.

C. Il faut encore énoncer ces émaux dans l'ordre voulu. Il faut toujours commencer par l'émail que l'on voit en chef et non par le métal avant la couleur, comme étant le plus noble (un traité récent avance cette hérésie dont il est inutile de discuter l'énormité). Métal ou couleur, blasonnez premier, l'émail que vous voyez en chef, très généralement à dextre et quelquefois, dans les bandés par exemple, à senestre. Cet ordre à observer constitue fort souvent la seule différence entre deux blasons.

Dans la figure 271, nous voyons en chef, à senestre l'*azur*. Dans la figure 272, nous voyons l'*argent*. Sachant d'ailleurs par l'examen du champ factice rempli de bandes d'émail alterné, que nous avons un *bandé* (*Voir* CE MOT), nous blasonnerons FIESCHI, (271) : *bandé d'azur et d'argent*, et ROCHEMAURE, (272) : *bandé d'argent et d'azur*. C'est le véritable *bandé, composé de six pièces*, ce qu'il est inutile de blasonner.

271   272

D. Sauf ce cas et d'autres excessivement rares, blasonnez toujours premier, l'émail que vous voyez en chef à dextre (*Voir* DEXTRE et SENESTRE), et notamment dans les figures composées avec les lignes de partition.

E. Nous arrivons alors aux figures diverses qui meublent les armoiries et à celles qui peuvent les charger et les accompagner. — *Voir* FIGURES. Plusieurs d'entre elles ont des termes qui leur sont consacrés; ils sont énoncés à l'article spécial à chaque figure. Dans la figure, il faut observer la POSITION, la DISPOSITION et la SITUATION. — *Voir* CES MOTS.

F. Évitez les longueurs, sans nuire à la clarté pourtant — première chose à rechercher — les mots inutiles et les périphrases en termes vulgaires, autant que possible. — *Voir* PLÉONASMES. Ne cherchez pas à faire preuve d'érudition en donnant pour le même blason deux ou trois descriptions différentes. Très généralement, s'il y a deux ou trois manières de blasonner quelques écus, il y en a presque toujours une qui est la meilleure.

273

CLXXI. — Il faut donner ici un exemple saisissant à propos du *gironné* des SEYSSEL (273), par exemple, que des auteurs de marque (de minimis non curat prætor) blasonnent concurremment : *gironné d'or et d'azur :* ou *parti, coupé, tranché et taillé d'or et d'azur.* En voici la figure.

Appliquons les règles B et D; nous voyons des *girons*, tenant lieu de champ (champ factice) : c'est le vrai *gironné*, composé de huit pièces, ce que l'on ne blasonne pas; les émaux sont *d'or et d'azur;* c'est bien blasonné : *gironné d'or et d'azur.*

Mais « un souriceau tout jeune et qui n'avait rien vu », n'ayant pas la figure sous les yeux, ne sachant pas ce que c'est qu'un *gironné* veut se prévaloir de la description d'érudition et connaissant les quatre traits de partition prétend dessiner ce blason aussi bien qu'un savant. Il trace sur un écu, fig. 274, *parti* A A, *coupé* B B, *tranché* C C, *taillé* D D. Appliquant la règle D, il commence à pointiller l'or à dextre du *parti* en chef, d'A en o et C; où le placer ailleurs? L'or du *coupé*, il le mettra de B en o et D. L'or du *tranché*, trouvant prise la case A, o, C, il le placera de B en o et C. L'or du *taillé*, d'A en o et D. Abordant alors l'azur et commençant par le *parti*, il ne saura où le mettre, il tâtonnera, puis ayant vainement épuisé toutes les combinaisons, il biffera son esquisse.

Un trait de lumière a traversé son esprit, il a vu que son blason était divisé par les deux premiers traits, en quatre quartiers. Dans chacun de ces quatre quartiers, en suivant l'ordre des partitions et des émaux, il va loger une des

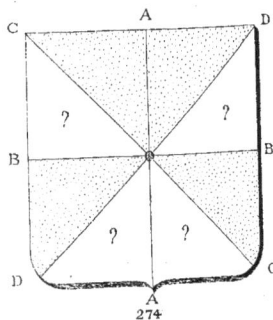

274

partitions et dessine fièrement la figure 274 *bis*. C'est tout ce que l'on peut obtenir avec un *parti, coupé, tranché et taillé d'or et d'azur*. Voyez comme 274 *bis* ressemble à 273. Si vous tenez absolument à faire de la science, pour vous rendre obscur, blasonnez 273 : *écartelé* (sous-entendu aux premier et quatrième quartiers) *tranché d'or et d'azur, et d'azur et d'or ;* et (sous-entendu aux troisième et quatrième quartiers) *taillé de même de l'un à l'autre.* Cette description est matériellement correcte, mais ce n'est pas la meilleure, il s'en faut.

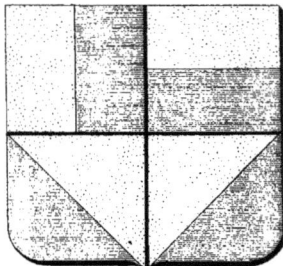

Le mot *description*, pour être complet, devrait comprendre le Blason tout entier. Il faut donc se borner à ces données générales et chercher à leur place les renseignements complémentaires (*Voir*

274 *bis.*

à SINGULIERS BLASONS et à l'article consacré à chaque figure ce qui peut la concerner).

DEUX ET UN. — Position ordinaire relative de trois pièces dans un écu, c'est-à-dire deux en chef, une en pointe, complètement inutile à exprimer. — *Voir* POSITION, DISPOSITION. — Dans certains cas d'accompagnement, il vaut mieux ajouter comment elles accompagnent, ainsi pour les trois étoiles de la figure 264. — *Voir* TROIS (PIÈCES).

DEUX, DEUX ET DEUX. — *Voir* ÉCU, POSITION.

DEVISE. — A proprement parler, la *devise* devrait avoir une figure symbolique, le corps, et une légende, qui en serait l'âme. Il y a quelques blasons qui font corps de devise avec la légende qui les accompagne. L'aigle de MONTMAYEUR et la devise *Unguibus et rostro* forment une devise complète.

D'autres fois on met dans le timbre une figure et une légende faisant aussi *devise* complète. — *Voir* CIMIER.

Devise, pourtant, se prend généralement pour la sentence que l'on met au bas de ses armes. Nous avons vu à CIMIER que si une famille a une devise héréditaire, la devise est facultative et dépend du caprice de chaque particulier. Il existe des volumes consacrés à des collections des devises des maisons nobles.

Devise se prend finalement dans un sens proprement héraldique. C'est une fasce diminuée des deux tiers, dit-on. Il ne faut pas la confondre avec le trait de *coupé*, ce qui pourrait arriver si l'on considérait des blasons frustes ou mal gravés.

Cette *fasce en devise* peut être chargée, peut accompagner, être placée en chef, etc. — *Voir* TRANGLE et FASCE. Il ne doit y en avoir qu'une dans un écu, et deux, à la grande rigueur, si deux devises par exemple accompagnaient une fasce en chef et en pointe. Elle est fort rare, heureusement pour nous, car il est bien facile de faire confusion avec l'usage de cette pièce.

DEXTRE. — Veut dire *droite*, le côté droit, le côté de la main droite.

DEXTROCHÈRE. — Se dit du bras droit de l'homme paraissant avec la main dans un écu. Il faut blasonner, s'il est *nu*, ou *habillé*, ou *paré*, ou *armé* (ou *armé* seulement d'un brassard ou d'un gantelet), s'il serre une épée ou un autre instrument; s'il est *mouvant* d'une nuée, ou d'un angle, ou d'un flanc de l'écu; s'il est accompagné. A moins d'une indication de mouvance, le dextrochère est représenté un peu replié sur le coude, coupé en dessous de l'épaule, dans le centre de l'écu autant que possible. — *Voir* FOI.

MANNO, (275) : p. *d'azur à la bande d'argent accompagnée d'un dextrochère armé brandissant un poignard du même, mouvant du chef à senestre; et d'une étoile de même en pointe.*

275

DIADÉMÉ. — Vient de diadème (*Voir* COURONNE IMPÉRIALE), et se dit du cercle d'or que l'on met sur l'aigle éployé de l'Empire. Il se fait de deux sortes. Anciennement c'était un simple nimbe, puis avec deux ou trois demi-cercles d'or sommés d'un bouton et d'une croix on a imité la couronne impériale. Il est inutile de dire que l'aigle de l'Empire (276) est de *sable, éployé, diadémé* ou *nimbé*, ou *couronné*, *membré* d'or, *armé* et *langué* de gueules; tout cela est sous-entendu.

276

On représente souvent, actuellement, l'aigle de l'Empire tenant dans ses serres le sceptre et l'épée à dextre; le globe à senestre. A en juger par tous les vieux traités allemands que je possède, l'aigle, avec ces derniers attributs, ne serait pas l'aigle de l'Empire germanique, mais l'aigle du saint Empire romain. Imhof, dans la première de ses figures, où il est ainsi représenté, l'appelle Römischen Kayser.

En Italie, et même quelquefois en Allemagne, on représente l'aigle de l'Empire avec une seule tête; c'est, paraît-il, la forme vraiment antique.

DIAPRÉ. — Est une espèce de damasquinure ou de broderie sans dessin fixe, qui se met sur le champ ou une pièce du blason.

Il se fait d'un seul émail en Angleterre et en Allemagne, où il est assez répandu. Varnier, (277) : p. d'or diapré de gueules à la bande d'azur chargée de trois taus de sable.

277

CLXXII.— Rien n'empêche que l'on ne diapre un écu de fleurs en arabesques; c'est une broderie. Mais il est difficile d'admettre comme diapré l'écu du Chevalier de la Table-Ronde qui, au dire de Palliot, portait d'or diapré d'aiglettes et de Lyons (sic) de gueules, membrés et armés (sic) de sable. Or, chacun de ces animaux est entouré d'un annelet et dans l'interstice, entre quatre grands annelets, se loge un petit annelet. Comment cela a-t-il pu jamais constituer un diapré ? Qui pourrait deviner cette forme de diapré ? Ce n'est pas la seule méprise de Palliot. Ayant remarqué dans les écus du Nord de l'Europe un trait que les dessinateurs mettent en orle, comme simple ornement (on ne le blasonne pas) pour le prétendu diapré (ils en recouvrent souvent un champ plein), il a encadré ses diaprés d'un trait, ce qui, suivant la figure, dénature les blasons.

CLXXIII. — Mais il y a de plus graves reproches à lui faire; je ne conteste pas que depuis que les hérauts d'armes ont mis à la mode le mot diapré, quelques nouveaux anoblis n'aient reçu un diapré, tel que l'entendaient ces hérauts d'armes. Mais ceux-ci n'ont pris en Allemagne et ils n'ont pas remarqué que c'est un simple ornement qu'ils ne blasonnent pas. Ainsi Palliot donne les exemples : de Sax : diapré d'or, parti diapré de gueules ; Grafeneck : diapré d'argent vêtu de gueules; Magdebourg : diapré de gueules, coupé, diapré d'argent; Mengershausen : de gueules, coupé, diapré de sinople au lion naissant d'or sur gueules, mouvant du coupé (détestable description, diapré à part); Augsbourg : diapré de gueules, parti diapré d'argent; Prague : diapré de pourpre à la fasce d'or. Or, si nous consultons les Wappenbücher, nous voyons que Sax porte : parti d'or et de gueules; Grafeneck : de gueules à la losange d'argent ; Magdebourg : coupé de gueules et d'argent ; Mengershausen : coupé de gueules au lion naissant d'or et de sinople ; Augsbourg : de gueules et d'argent; Prague : de sable (et non de pourpre) à la fasce d'or. Dans aucun de ces cas on ne fait mention du diapré.

L'exemple 277 pourrait être un vrai diapré, tel que l'ont créé — sans s'en douter peut-être — des hérauts d'armes mal avisés. Cet exemple est pris sur des patentes de confirmation de noblesse du XVe siècle.

Un archéologue très distingué me demandait, il y a peu de temps, comment dans quelques sceaux antiques on voyait des figures couvertes de traits diversement combinés, bien antérieurement à l'époque admise pour l'introduction des hachures. C'est l'origine du *diapré*, c'est-à-dire un simple ornement n'impliquant aucune idée de couleur correspondante.

Où ai-je donc lu que l'on peut ajouter le *diapré* parmi les couleurs du blason ? N'approfondissons pas.

DIFFAMÉ. — On trouve dans quelques écus étrangers des animaux représentés sans leur queue — on les dit *diffamés*. Le chien d'Alcibiade était *diffamé*. Le renard, « grand preneur de lapins, qui, au piège attrapé, pour gage y laissa sa queue », était également *diffamé*. — *Voir* DÉMEMBRÉ et REMARQUE XXVIII.

DIMENSION. — *Voir* SÉANTES PARTITIONS.

DIMINUTION. — *Voir* RÉDUCTION.

DISPOSITION. — Modification de la *position*, soit par rebattement, soit par chargement, soit par accompagnement, etc. — *Voir* POSITION.

DISSECTION. — Les savants chirurgiens n'ont pas besoin de disséquer un corps bien constitué pour savoir où se trouve tel muscle, tel organe.

Si on leur présente pourtant un monstre à deux corps, à bosse par devant et par derrière, etc., ils seront bien obligés de le disséquer pour se rendre un juste compte de la déviation possible des organes dans ce pauvre corps contrefait.

Des blasons déjetés, monstrueux, d'une organisation singulièrement compliquée, il en existe à foison.

Pour bien les décrire, pour vous rendre un compte exact des figures que vous voyez ou croyez voir, opérez d'une main légère une dissection, comme les remarques CXXXII et CDXXIV de ce livre vous en fourniront des exemples.

En portant le scalpel de l'observation sur toutes les parties séparément, l'une après l'autre, en les étudiant compas et équerre à la main, vous ferez parfois de véritables et utiles découvertes.

DIVISE. — Synonyme de DEVISE pour la fasce.

DIVISION. — *Voir* PARTITION.

DOLLOIRE, DOLOIRE ou DOULOIRE. — Hache dont se servaient les tonneliers pour dégrossir les douves de tonneau. TRZINSKY, (278) : *de gueules à la dolloire d'argent* (ou au naturel) *en bande futée d'or*. Quelques auteurs dessinent la dolloire sans manche ; c'est possible, mais alors il faut le blasonner.

DONJON, DONJONNÉ. — *Voir* TOUR.

278

DOUBLE DELTA. — *Voir* Pentalpha, Triangle.

DOUBLET. — *Voir* Papillon.

DOUBLURE. — Synonyme de Fourrure ou Panne.

DRAGON. — Animal fabuleux ailé, à deux pattes et à queue en pointe. Voici une figure de dragon donnée par Viollet-le-Duc ; car on lui donne plusieurs autres formes. Vervins, (279) : p. *de gueules au dragon d'or.* D'après cette figure et celle similaire que je trouve dans quelques auteurs, la position naturelle du dragon, qu'il serait inutile d'exprimer, serait d'être *assis.*

279

DRAGONNÉ. — Si un lion, un coq ou tout autre animal, dont la tête est reconnaissable, se termine en dragon, on le dit *dragonné.*

DRAGU. — Vulson appelle ainsi, d'après des livres anglais, une figure qu'il représente de cette manière. J'en ignore la signification.

DU CHAMP. — Si, sans nuire à la clarté, on trouve une figure du même émail que le champ, on la blasonnera *du champ* sans répéter le nom de cet émail. — *Voir* Même (de ou du).

DU PREMIER, DU SECOND. — *Voir* Même (de ou du).

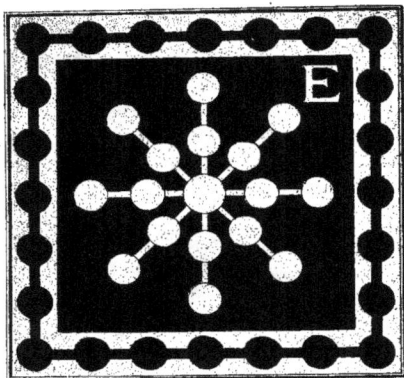

BRANCHÉ. — *Voir* ÉCOTÉ.

ÉCAILLÉ. — Qualificatif pour les poissons dont les écailles seraient marquées d'un autre émail que le trait d'ombre nécessaire à indiquer les écailles. Je n'en connais point d'exemples, pas même pour les *dauphins*, que les hérauts d'armes ont ornés pourtant d'attributs si nombreux.

On a trouvé un synonyme pour *écaillé*, c'est *ombré*.

Un poisson type, un brochet, une carpe, seront représentés avec des écailles. On ne dirait *écaillé* que si l'on trouvait par exemple : *un brochet d'or écaillé de sinople*.

ÉCART. — *Voir* QUARTIER.

ÉCARTELÉ. — Figure honorable héraldique du deuxième ordre. Elle se fait de deux manières :

1° Par le *parti* et le *coupé*, formant le véritable *écartelé*, que l'on nomme aussi *écartelé en bannière*. L'écu est ainsi divisé en quatre parties qui s'appellent *quartiers* ou *écarts*, division que l'on nomme fort rarement. CORDON, (280) : p. *écartelé d'argent et de gueules*. Cela correspond à *écartelé* (sous-entendu *en bannière*) *aux premier et quatrième* (sous-entendu *quartiers*) *d'argent, aux deuxième et troisième* (sous-entendu *quartiers*) *de gueules* : ces détails ne se blasonnent pas.

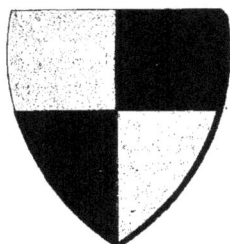

280

2° Par le tranché et le taillé formant *l'écartelé en sautoir*. BERTRAD, (281) : p. *écartelé en sautoir d'argent et de gueules*.

Comme pour l'autre, cela sous-entend que les *premier* et *quatrième* sont d'argent, les *deuxième* et *troisième* de gueules.

Voir REMARQUE SUIVANTE.

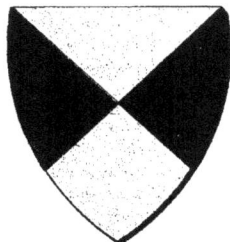

281

CLXXIV. — Pour les deux *écartelés*, si un, ou deux, ou trois, ou les quatre quartiers étaient chargés de figures différentes, il devient nécessaire de blasonner séparément ce ou ces quartiers. On blasonnera, par exemple, *écartelé d'argent et de gueules, le premier chargé d'une étoile d'azur* et ainsi de suite. Mais si *un* et *quatre* sont similaires, on blasonnera *écartelé d'argent à l'étoile d'azur* (cela sous-entend que les premier et quatrième sont chargés chacun d'une étoile) *et de gueules* (c'est-à-dire que *deux* et *trois* sont de gueules). Pour l'écartelé en sautoir, on ajouterait *en sautoir*. — *Voir* REMARQUE SUIVANTE et QUARTIER.

ÉCARTELÉ (d'alliances) se prend dans le sens de partition pour exprimer le fait de plusieurs écus d'alliances réunis dans un seul, ce qui se fait, par un ou plusieurs traits de parti et de coupé, depuis quatre jusqu'à un nombre indéfini de quartiers. — *Voir* ALLIANCES.

L'*écartelé d'alliances* se fait très souvent par l'*écartelé* (en bannière). Dans bien des cas il serait préférable d'accoler deux blasons par un *parti* sur le même écu.

282

FAUCIGNY-LUCINGE, (282) : p. *écartelé aux premier et quatrième, pallé d'or et de gueules, qui est de* FAUCIGNY ; *aux deuxième et troisième, bandé d'argent et de gueules, qui est de* LUCINGE. La mention des premier et quatrième et deuxième et troisième quartiers peut être omise en ajoutant *et avant bandé,* etc. L'on peut blasonner aussi : p. de FAUCIGNY, écartelé de LUCINGE. Au lieu de l'*écartelé*, on trouve aussi ce blason parti de Faucigny et de Lucinge. C'est un écartelé d'alliance simple, c'est-à-dire par le *parti et le coupé* qui ne se blasonnent pas. Pour les autres écartelés, il faut blasonner le nombre de traits qui coupent ou partissent.

CLXXV. — L'*écartelé en sautoir* ne s'emploie que pour deux paires de quartiers. Pour l'*écartelé en sautoir d'alliances* — comme ARAGON et SICILE — on suivra le numérotage des quartiers de l'écartelé en sautoir ordinaire (*Voir* REM. CCXXXIII), c'est-à-dire comme en 284. Suivant Palliot, il se ferait comme en 283 (chiffres rouges). S'il peut y avoir des doutes sur les autres quartiers, il ne saurait y en avoir pour celui du chef; aussi le numérotage 283 (chiffres bleus) de Menestrier est vicieux. — *Voir* DESCRIPTION D. J'adopte le numérotage

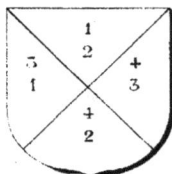

283

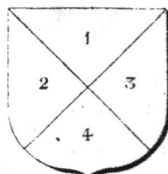

284

284, parce que, comme dans l'*écartelé en bannière*, 1 et 4 (en chef et en pointe) sont relativement opposés, parce que 2 se trouve au flanc dextre.

CLXXVI. — L'*écartelé* s'applique aussi à des figures divisées par le *parti* et le *coupé* en deux émaux différents. Nous avons vu à la figure 23 un aigle *écartelé*. On trouve aussi des lions écartelés. Ainsi

L<small>ESCURE</small>, (285) : p. *écartelé d'azur et d'or au lion écartelé de l'un à l'autre.*

ÉCARTELÉ (CONTRE-). — Ce mot ne signifie pas opposition d'émaux ou de pièces, comme pour d'autres mots précédés de *contre*. C'est un redoublement de quartiers, donnant seize quartiers par trois traits de parti et trois de coupé. — *Voir* F<small>IG</small>. N, au mot A<small>LLIANCES</small>.

Contre-écartelé se prend encore dans une autre acception. Celle-ci s'applique quand un *écartelé* (en bannière, de quatre quartiers) a deux quartiers recevant la disposition de l'*écartelé* (ou en bannière ou en sautoir) pour leur compte particulier. Ainsi Q<small>UARQUES</small>, (286) : p. *écartelé, d'or à deux pals d'azur, contre-écartelé en sautoir d'azur et d'or.* — *Voir* R<small>EM</small>. CLIV.

285

286

CLXXVII. — Palliot, auquel j'emprunte cet exemple (f<small>os</small> 301, 302), le blasonne : *d'or à deux pals d'azur, escartelé d'azur, contre-escartelé d'or en sautoir.* C'est déjà bien assez de blasonner avec lui la figure 280 : *d'argent écartelé de gueules,* comme il blasonne du reste tous les *partis, coupés, tranchés,* etc. Ces figures constituant un *champ factice* (*Voir* C<small>HAMP</small>), il est mauvais d'énoncer l'émail d'argent avant les partitions, comme s'il constituait un champ, tandis qu'il n'y a pas plus d'argent que de gueules. *Voir* D<small>ESCRIPTION</small> B et R<small>EM</small>. CXLII. Mais s'il fallait une nouvelle preuve évidente de l'inexactitude que j'y signale, nous la trouverions ici en nous reportant à la description que Palliot donne de 286. Pour être d'accord avec lui-même, il énonce d'abord *d'or à deux pals d'azur,* puis il *écartèle,* non les deux quartiers restants, mais il *écartèle d'azur,* quoi ? *Un contre-écartelé d'or en sautoir.* C'est une erreur grave ! Ce qui est *contre-écartelé,* ce sont les deux quartiers 2 et 3, et ils sont *contre-écartelés* parce que les deux quartiers 1 et 4, formant déjà deux écarts, l'écartelé en sautoir qui les remplit devient un *contre-écartelé* : cela me semble plus que clair.

Nous ne saurions donc trop répéter que la description, énonçant l'émail avant la partition, est vicieuse ; même pour les cas simples où à la rigueur elle n'enfante pas la confusion, il vaut infiniment mieux suivre la règle appliquée à D<small>ESCRIPTION</small>, B.

CLXXVIII. — Je renvoie mes lecteurs à C<small>ROIX</small> É<small>CARTELÉE</small> pour une remarque importante où l'on verra clairement par des exemples figurés que les plus graves auteurs confondent *l'écartelé* et *le contre-écartelé* et qu'ils ont oublié de marquer *le doublement contre-écartelé.* Figure absolument nécessaire, à moins que l'on ne supprime le chiffre 8 parce qu'il est représenté par deux 4.

Il est bien entendu pourtant que le *doublement contre-écartelé* ne peut s'appliquer qu'à la croix ou au sautoir. Un écu *doublement contre-écartelé d'or et de sable,* par exemple, constituerait *un échiqueté de huit tires* ou un blason d'écarts de soixante-quatre quartiers ; ces deux dernières acceptions prises seulement au point de vue physique.

ECCLÉSIASTIQUES. — *Voir* TIMBRES.

ÉCHELLE. — Ce meuble figure quelquefois dans les armoiries. Il faut en blasonner la *situation*, si elle n'a pas sa *position* qui est d'être en pal; on doit compter aussi les passants ou montants, ou échelons qui réunissent les deux pièces de bois. WAYSEN, (287) : p. *d'azur à l'échelle à six passants d'argent posée en bande.*

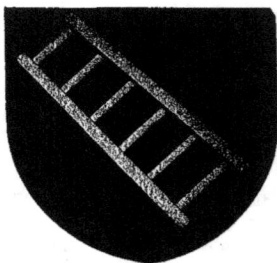

287

ÉCHIQUETÉ ou ÉCHIQUÉ.— Figure honorable du deuxième ordre. C'est un champ factice composé par plusieurs traits de *parti* et de *coupé* en *carreaux* ou *points* alternés de métal et de couleur, ou *vice-versa.* Les auteurs ne sont point d'accord sur le nombre de carreaux nécessaires pour constituer l'*échiqueté*. Suivant Palliot, il est composé de six tires — c'est par erreur qu'il dit traits, *Voir* TIRES, TRAITS — et s'il y en avait moins, il faudrait le spécifier.

CLXXIX. — L'*échiqueté* se compose de six tires en tous sens. Mais à moins d'avoir un écu en bannière, il est impossible, avec un écu plus ou moins allongé et s'arrondissant en bas, de dessiner des points en carrés égaux, en nombre égal en chef et en pointe. C'est donc en chef, horizontalement, que l'on comptera les six points et directement sur la grande ligne normale du *parti*, sans s'inquiéter des tires inférieures ; avec ces six points en chef on se contentera de blasonner simplement échiqueté. MOUXY, (288) : p. *échiqueté d'or et d'azur.* S'il y avait moins de six tires en chef, il faudrait le spécifier. Suivant la règle D au mot DESCRIPTION, dans l'exemple 288, le premier carreau en chef à dextre étant d'or, il implique tout l'ordre alterné des autres carreaux.

288

Un *échiqueté* régulier doit avoir en chef le premier carreau qui détermine l'alternance, d'un émail, et le dernier, d'un autre émail.

Quelques auteurs comptent les carreaux et fixent au moins à vingt le nombre de carrés nécessaires pour constituer un échiqueté. En effet, seize carreaux se confondraient avec le *contre-écartelé* résultant de trois traits de *parti* et trois de *coupé*, soit quatre tires, ce qui donne seize carreaux. Deux traits de *parti* et deux de *coupé* constituent trois tires qui donnent neuf carreaux : on les compte et les blasonne *points équipollés* (*Voir* CE MOT); ils perdent le nom d'*échiqueté*.

Sauf ces deux cas, on dira *échiqueté de cinq tires*, et simplement *échiqueté* pour six tires, comptées également en chef. Passé le nombre de six, on compterait en théorie, *échiqueté de sept*, etc., mais en pratique il se pourrait bien que les exemples que l'on en trouverait résultassent d'un dessin mal fait, sans intention de mal faire.

L'*échiqueté* est souvent une disposition reçue non seulement par les pièces honorables comme *bande croix*, *pal*, *chef* (*Voir* fig. 1, 65), mais aussi par les animaux. Il doit y avoir au moins deux tires pour une bande par exemple; une seule tire constituerait un *componé*. — *Voir* CE MOT.

ÉCHIQUIER. — Palliot entend par ce mot la table servant au jeu d'échecs composée de huit carreaux par côté, soit de huit tires.

ÉCLATÉ. — Palliot définit ce mot « qui est rompu, brisé « avec force, qui est par esclats comme l'escu (289) tran- « ché, esclaté d'argent et de sable que représente le sieur « de la Colombière. » Cet exemple est d'imagination; les deux autres exemples donnés par Palliot ne me persuadent pas que ce mot soit bien nécessaire. — *Voir* REMARQUES XXII et CDXVII.

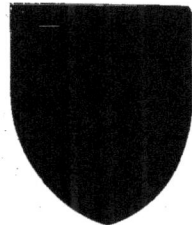

289

ÉCLOPÉ. — Tenez-vous à être renseigné sur ce mot? Écoutez Palliot :

CLXXX. — « Escloppé, c'est-à-dire taillé et tranché quand l'Escu est « divisé de l'angle senestre du chef au costé dextre de la pointe, et « que la taille en son milieu est tranchée, en sorte que le bas de « ladite taille est plus espais que le haut (que quelques-uns blason- « nent », [c'est Vulson, et voici la figure qu'il en donne. *Science héroïque*, fᵒ 87, que je reproduis à ma figure 290.] « *Taillé, Escloppé* « *en cœur et retaillé d'or et de gueules*, mais comme il n'y a que le « tranché qui donne le mot Escloppé, il suffit de dire, porte, ou portoit « *Taillé, Escloppé*.) Il y en a qui tiennent que cette sorte d'Armoiries « est propre aux Bastards. Scohier..., parlant des différentes marques « des Bastards, dit que Escloppé est la sixième et donne pour exem- « ple les Armes de Philippes de Bourgongne, seigneur de Sommerdick, « Bastard du bon duc Philippes qui portoit, dit-il, les Armes *de Bour-* « *gongne, en forme de chevron* (c'est-à-dire deux Emmanchures à dex- « tre et senestre, qu'il met pour la cinquiesme marque de Bastardise.)

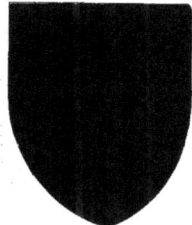

290

« *Escloppé à dextre et senestre d'or à la pointe de mesme*, cette pointe est celle qu'il appelle pointe trian- « glée que portait Jean de Bourgongne, seigneur de Froimont, et qu'il dit estre la quatriesme « marque des bastards. Les sieurs de Sainte-Marthe les blasonnent au *manchure et à la pointe de* « *l'Escu Escloppée d'or*, c'est-à-dire, disent-ils, *Taillée et Tranchée et enclavée l'une dans l'autre*. Pour « moy, je dits que ce seigneur de Sommerdick portoit *de Bourgongne, vestu, Escloppé en pointe* « *à dextre et senestre d'or, à la pointe en pointe, ou pointe, coupée de mesme.* »

CLXXXI. — La dernière description de Palliot n'a pas dû dissiper toute obscurité dans votre esprit. Pour mon compte, n'ayant pas le secours de la figure, car le fᵒ 288 reproduit pour l'Éclopé les gravures expliquant l'Éclaté du fᵒ 287, je serais embarrassé si je ne savais, d'autre part, quelle figure doit néces- sairement correspondre à cette description.

Nous verrons quel soin il faut avoir de donner des descriptions claires, quand, au mot SINGULIERS

BLASONS, nous blasonnerons par traits et lignes. — *Voir* POINTE et surtout à FAILLI qui correspond à *éclopé*.

ÉCORCHÉ. — Ce mot exprimerait la disposition d'un animal ou d'un membre d'animal qui, étant privés de leur peau, paraîtraient de gueules.

CLXXXII. — Palliot, Menestrier acceptent ce mot. Palliot en donne quatre exemples : « VACHEPOIGNANT EN SAVOIE, dit-il, p. *d'argent à trois pieds de vache escorchés de gueules.* » Cette famille m'est absolument inconnue. Ce blason et les trois autres gravés pour élucider ce mot n'indiquent aucunement que ces figures soient *écorchées*. Le fait qu'elles sont de *gueules* ne peut suffire à constituer un *écorchement*, sans une marque spéciale qui vous indique que dans certaines circonstances le *gueules* signifie *écorché*. Cette marque spéciale n'existant pas, le mot devient sans emploi.

ÉCOT, ÉCOTÉ. — Écot est un tronc d'arbre ou branche dont les rameaux ont été coupés à une légère distance et en ligne parallèle au tronc.

ÉCOTÉ. — Qualificatif de disposition pour les figures honorables qui affectent la forme de l'*écot*. Nous en avons déjà parlé à l'article Croix *écotée*, synonyme de *clavelée* ou *noueuse*. Voici encore un exemple : LESCHERAINE, (291) : p. *d'azur à la bande écotée d'or.*

CLXXXIII. — J'ai indiqué à l'article CONTRE les méprises de Menestrier. Il donne (*Voir* ses figures) la même disposition à l'*écoté* et au *contre-écoté*. Ce dernier n'a pas d'emploi à ma connaissance : en tous les cas, les claveaux d'un côté devraient répondre, de l'autre, au vide laissé entre deux claveaux. — *Voir* NOUEUX.

291

ÉCU. — Ce mot se prend en deux sens :

1º Le sens propre indique le bouclier sur lequel les nobles mettent leurs armoiries. L'écu ou bouclier a des formes variées à l'infini. La véritable forme est celle du triangle allongé, plus ou moins arrondi dans les deux lignes qui, partant de l'horizontale de chaque côté, viennent se rejoindre à la pointe ; c'est, pour ainsi dire, la seule forme que l'on trouve sur les monuments et les sceaux jusqu'à la fin du XIVe siècle. Aussi, est-ce la seule que les dessinateurs soigneux de la tradition doivent employer, ou du moins conserver dans ses lignes principales, même quand ils les échancrent ou les contournent à la mode allemande.

CLXXXIV. — Voici un moyen pratique pour tracer un écu de forme
très élégante (A). Sur la ligne *a*, *e*, marquez *b*, *c*, *d*, qui partagent cette
ligne en quatre parties égales. Prolongez en équerre les lignes extérieures de l'écu. Tirez une ligne horizontale sur les points *f*, *g*, placés
à une distance, entre *a* et *e*, égale à celle qui sépare *a* de *b* et *e* de *d*. En
partant avec une branche de compas de *f* à *g*, puis de *g* à *f*, l'autre
branche vous donnera un contour parfait. Le centre réel de l'écu est en *o*,
v est le centre visuel, notre centre héraldique avec des formes semblables, à une hauteur égale de la moitié de la ligne *a*, *e* : soit *a*, *c*, $=$ *c*, *v*.
Nous ne tiendrons pas compte de tout ce qui dépasse le point *p* pour
laisser à l'écu plus de hauteur que de largeur.

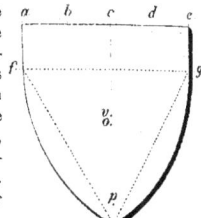

·(A)

Il va sans dire qu'en modifiant la distance des points *f*, *g*, en les éloi-
gnant ou en les rapprochant ou bien en les plaçant plus près ou plus loin
d'*a* et d'*e*, vous obtiendrez un contour plus allongé, plus arrondi, et même absolument rond en
partant du centre, suivant les nécessités du moment.

A moins que vous ne soyez forcé d'adopter un modèle uniforme de grandeur — et dans ce cas les
proportions ci-dessus sont généralement bonnes — tracez une forme d'écu convenable au blason que
vous devez y loger. Puisque la forme est facultative, n'hésitez pas à prendre toute autre forme, même
s'il le faut, la carrée si malheureusement en usage, pour que les figures de votre blason soient en
séante partition. Ainsi, vous avez, par exemple, une bordure componée comme en 168. Proportionnez
la partie horizontale de l'écu de manière à obtenir un nombre de points régulièrement carrés, etc. Si
les dessinateurs employaient ce moyen très simple, il y aurait beaucoup moins de blasons estropiés de
par le monde. — Les Allemands ont des formes contournées, très gracieuses, avec ou sans cartouches ;
elles produisent un très bon effet. En voici huit spécimens que l'on peut varier et contourner à l'infini.

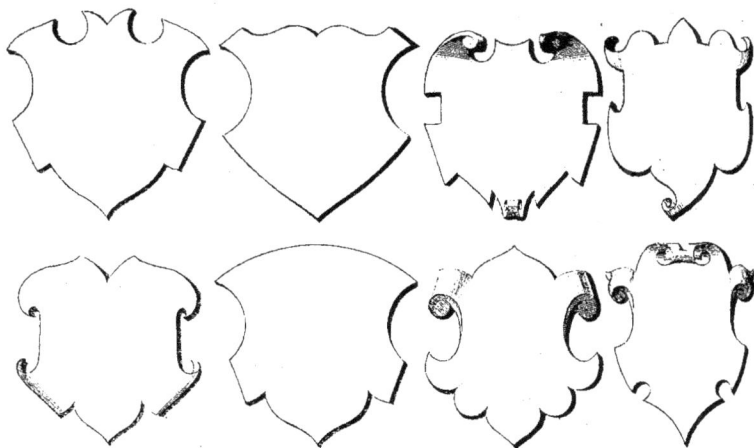

Les Italiens employaient jadis la forme ronde ou ovoïde.

Les Espagnols arrondissent le bord inférieur de l'écu.

Les Anglais emploient presque exclusivement la vieille forme de l'écu.

Il y a enfin une forme absolument de convention, celle que les traités de Blason ont introduite en France, d'où elle tend beaucoup trop à se répandre dans l'univers blasonné. C'est la forme presque carrée se terminant par une accolade. Elle est très commode pour la distribution des pièces d'un blason ; mais on chercherait vainement, dans les musées d'armes, un écu de guerre ou de tournoi, avec cette forme de fantaisie.

CLXXXV. — L'*écu en bannière* n'est point un écu ; c'est un écu qui affecte la forme d'une bannière ; c'est ainsi que les chevaliers, les bannerets portaient une bannière flottante armoriée. Quelques anciennes familles de France ont gardé l'habitude de peindre leur écu carré en forme de bannière. C'est fort honorable, mais ce n'est pas un écu. On ne dira pas que les Turcs portent un chapeau, parce qu'ils portent un *fez*.

La forme de l'écu est entièrement facultative ; on ne saurait pourtant trop se rapprocher du type ancien. Comme l'écu couvrait le buste, et le casque la tête, quand on surmonte l'écu d'un casque ou d'une couronne, il faut observer la proportion du corps à la tête. En général la couronne et le casque sont beaucoup trop grands par rapport à l'écu.

Les femmes portaient l'écu en losange, ce n'est pas obligatoire, ni gracieux, surtout avec des écus accolés.

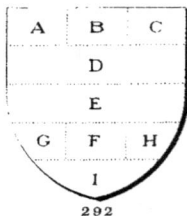

CLXXXVI. — Pour faciliter la description de la situation des pièces placées sur un écu, on a adopté ce qu'on appelle des *points*. Il y a deux systèmes. Voici le moins bon pour commencer (292) :

A, B, C, seraient le premier, le deuxième, le troisième point de l'écu. *D,* le point ou lieu d'honneur. *E,* le point de la fasce, le milieu de l'écu que l'on nomme aussi cœur ou abîme. *F,* le point ou place appelé le nombril (*Voir* aux.ERRATA de Palliot). *G,* le point de la dextre de la pointe. *H,* le point de la senestre de la pointe. *I,* le point ou bas de la pointe. Il saute aux yeux de tout expert armoriste que cette division est à la fois incomplète (les flancs de l'écu n'ont pas de points *D*) et inutilement chargée des points *D* et *F*. Il est donc inutile de la discuter.

CLXXXVII. — La division introduite par Menestrier — je crois — est parfaite et donne une très juste idée des dispositions de rapport. Je me borne à modifier l'ordre des lettres, laissant la priorité de l'ordre alphabétique aux points du chef. (FIGURE 293). A, *canton dextre du chef,* ou *canton d'honneur.* B, *en chef.* C, *canton senestre du chef.* D, *flanc dextre.* E, *en cœur,* ou *point d'honneur,* ou *abîme.* F, *flanc senestre.* G, *canton dextre de la pointe.* H, *en pointe* (*Voir* POINTE COUPÉE). I, *canton senestre de la pointe.*

CLXXXVIII. — Cet ordre répond merveilleusement aux grandes dispositions qui se divisent très souvent en parties ternaires.

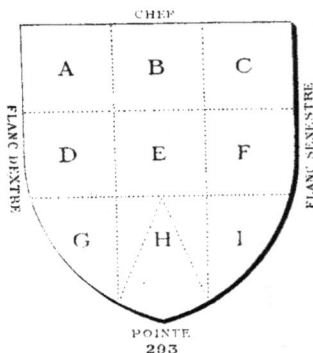

Avec ces neuf lettres nous avons presque toutes les situations[1] des figures, en tant qu'elles ne dépassent pas le nombre de neuf.

Trois figures en A, B, C sont rangées *en chef;* en D, E, F, *en fasce;* en G, H, I, *en pointe;* en B, E, H, *en pal;* en A, E, I, *en bande;* en C, E, G, *en barre;* en A, D, G, *en pal au flanc dextre;* en C, F, I, *en pal au flanc senestre;* en A, C, H, *deux et une;* en B, G, I, *mal ordonnées.*

Quatre figures en A, C, G, I, sont *deux et deux;* en A, C, E, H, *en pairle.*

Cinq figures en B, D, E, F, H, sont *en croix ;* en A, C, E, G, I, *en sautoir.*

Six figures en A, C, D, F, G, I, sont *deux, deux et deux.*

Huit figures en A, D, G, H, I, F, C, B, sont *en orle.*

Neuf figures suivant les neuf lettres, sont *trois, trois et trois.*

Toutes ces dispositions sont régulières ou irrégulières, directes ou relatives, et comportent une situation entre elles et une autre situation par rapport à l'écu. On trouvera plus de détails et les compléments nécessaires à Position, Situation et Pièces en nombre.

C'est sur l'écu que se mettent le *champ* et les *figures* (*Voir* ces mots), toutes les *partitions* (*Voir* ce mot), et tout ce qui constitue l'art du Blason, en y ajoutant les *ornements.* — *Voir* Couronnes, Timbre, etc.

2° Dans le sens figuré, le mot *écu* est souvent employé pour exprimer, d'un seul mot, les émaux et les figures constituant le blason d'une famille ; on dit par exemple : *l'écu de* France.

En tant que *meuble*, l'écu s'appelle Écusson. — *Voir* ce mot.

ÉCUREUIL. — A sa figure naturelle, n'a point de termes spéciaux qui lui soient consacrés.— *Voir* Animaux.

ÉCUSSON. — L'écu figure seul ou en nombre dans les armoiries, chargeant ou accompagnant.

Bouvier d'Yvoire, (294) : p. *de gueules à la fasce d'argent accompagnée de trois écussons de même.*

Les Anglais qui appellent l'écu *escutcheon,* nomment l'écusson, figure, *inescutcheon.* Cela donne de la précision aux deux termes.

EFFARÉ. — Synonyme d'*effrayé.*

EFFAROUCHÉ.— Qualificatif pour le chat quand il est rampant, c'est-à-dire debout sur ses pieds de derrière.

Quelques auteurs appliquent ce terme au cheval et au taureau; ils n'en ont pas besoin, puisqu'ils ont des mots spéciaux pour peindre « leur action rampante », comme dit Palliot.

294

[1] Il nous manque par exemple, *trois, deux et un.*

EFFRAYÉ. — C'est encore un synonyme de *cabré* pour le cheval. Action du cheval (d'autres le disent *gai*) « quand il prend frayeur ou ombrage de quelque chose » c'est-à-dire quand il est sur ses deux pieds de derrière.

CLXXXIX. — Pour ceux qui n'ont pas une préférence pour le type du cheval de course, je donne ici une bonne forme ancienne du cheval héraldique, extraite des *Pandectæ triumphales* de Modius. SAXE ANCIEN, (295) : *de gueules au poulain ou cheval effrayé d'argent.* Suivant quelques auteurs, contredits par d'autres — avec raison, je crois — ce cheval serait *contourné.* — *Voir* CONTOURNÉ. REMARQUE CXXXI.

ÉLANCÉ. — Qualificatif pour le cerf courant que d'autres appliquent à la position d'un cheval *effrayé.*

CXC. — Les héraldistes employant à tort et à travers ces divers synonymes pour exprimer à peu de chose près la position de plusieurs animaux, il sera bien difficile de les mettre d'accord.

295

ÉLÉPHANT. — Ce grave animal « que l'on prend pour le hiéroglyphe de la douceur, qui représente un empire juste et bien réglé », n'a pas de termes de position qui lui soient propres. Il est dans les blasons étrangers, où il figure, posé sur ses quatre pieds. — *Voir* PROBOSCIDE.

ÉMAILLÉ. — Composé ou enrichi d'émaux.

ÉMAUX, ÉMAIL. — Nom générique sous lequel sont compris les deux métaux et les quatre couleurs (cinq si l'on adopte le *pourpre*) employés dans le Blason. — *Voir* MÉTAUX : OR, ARGENT. COULEURS : AZUR, GUEULES, SABLE, SINOPLE, POURPRE.

CXCI. — Un traité de Blason récemment paru dans une revue spéciale, me fournit trois observations sur ce sujet :

1° Il appelle « *émaux*, les couleurs employées dans le blason. » Définition fausse; émaux comportant les *métaux* et les *couleurs*.

2° Il divise immédiatement après les *émaux* « en *métaux, couleurs, fourrures* ». Les fourrures forment une catégorie indépendante des émaux : on ne peut les ranger sous le nom très générique d'*émaux*, que parce qu'elles sont composées de métal et de couleur; mais elles ne sont ni *métal* ni *couleur*. M. de La Palisse dirait : une fourrure est une fourrure.

3° Notre auteur continue : « Si nous avons dit, pour nous faire mieux comprendre, que les émaux sont les couleurs employées dans le Blason, dans la langue rigoureusement héraldique, on ne doit pas confondre les émaux et les couleurs. Ces dernières sont une subdivision des premiers. » Ce troisième paragraphe « dans la langue rigoureusement héraldique » se compose de paroles inutiles résultant de prémisses inexactes. La proposition « on ne doit pas confondre les émaux et les couleurs, ces dernières sont une subdivision des premiers » est identique à celle-ci : on ne doit pas confondre le bronze fait de cuivre et d'étain avec le cuivre et l'étain : ces derniers sont une subdivision du premier.

Les figures du Blason peuvent être de tout émail : il y a pourtant des émaux déterminés pour les *fourrures*, les *besants*, les *merlettes*, etc. — *Voir* CES MOTS.

EMBOUCHÉ. — Qualificatif pour le cor ou la trompe dont le bout, qui se met contre les lèvres pour en sonner, est d'un émail différent. — *Voir* HUCHET.

CXCII. — Palliot ne veut pas que l'on se serve du mot *enguiché*, comme le font beaucoup d'auteurs pour *embouché*. *Embouché* est le véritable terme et Palliot a bien raison. — *Voir* ENGUICHÉ.

EMBOUCLÉ. — *Voir* BOUCLÉ.

EMBOUTÉ. — Encore un mot de signification flottante. Palliot, qui l'appelle aussi *Morné*, le définit : « ayant un cercle ou virolle d'argent *[sic]*, comme un Marteau au bout de son Manche », et il donne comme exemple un marteau embouté *d'or;* sa figure représente bien un marteau dont le bout de manche a une virole, mais le tout est en or.

Menestrier définit *embouté :* manches de marteaux dont les bouts sont garnis d'émail différent. Il ne donne pas d'exemple; mais au moins la définition est précise. C'est bien assez pour un mot qui n'est pas employé. — *Voir* MORNÉ.

EMBRASSÉ.

CXCIII. — Palliot et Menestrier ne sont pas ici d'accord entre eux, ce qui arrive souvent. Mais, ce qui est beaucoup plus grave, ils sont loin d'être clairs séparément. Il résulte pourtant de l'ensemble que *l'embrassé* — sauf la position — serait un *chapé* dont la pointe, au lieu de mourir en chef, viendrait mourir au flanc senestre, ce qu'il serait inutile d'exprimer, car pour une autre situation, il faudrait spécifier, par exemple, d'or *embrassé à dextre* d'azur, si la pointe était tournée *au flanc dextre*.

Menestrier dit que *l'embrassé* est un écu *parti*, ou *coupé*, ou *tranché* (il ne pourrait pas être *taillé*, paraît-il), d'une seule emmanchure qui s'étend d'un flanc à l'autre. Dans le seul exemple qu'il donne, il blasonne simplement *embrassé*, sans dire, ce qui serait nécessaire d'après lui, si c'est par le *coupé*, ou par le *parti*, ou le *tranché;* sa figure est comme celles de Palliot, tournée vers la senestre.

Mais Palliot qui, d'après sa définition, place *l'embrassé à* senestre, ajoute que si *l'embrassé* est à *dextre*, il faut aussi l'exprimer. Ceci prouve que pour Palliot, en ce cas, il n'y a point de règle, mais seulement des exceptions.

CXCIV. — Pour moi, Chapé sera la règle ; *embrassé à senestre* ou *à dextre*, seront les exceptions du chapé quand la pointe sera à senestre ou à dextre au lieu d'être en chef. Avec la pointe dirigée en bas, nous avons vu que c'était Chaussé, c'est-à-dire l'opposé de Chapé. — *Voir* Chapé, Chaussé, Mantelé, Vêtu. Voici un exemple d'Embrassé. Domantz, (296) : *d'argent embrassé à senestre de gueules.*

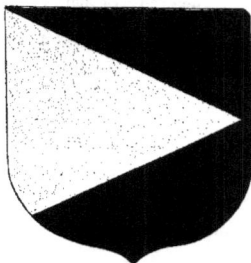

296

EMMANCHÉ ou EMANCHE. — Se prend en deux sens :

1° Ligne de bordure similaire à *l'endenté* , mais composée de dents beaucoup plus larges et longues, de manière que les émaux qui le composent paraissent s'emmancher l'un dans l'autre.

Le véritable *emmanché* se compose, pour l'émail énoncé le premier, d'une pointe et de deux demies, ce qui constitue deux pointes pour le second émail ; sauf ce cas, il faut toujours blasonner le nombre de pointes, même les demies ; *l'emmanchement* des deux émaux doit occuper environ le tiers de l'écu en hauteur, autrement la différence entre *l'emmanché* et le *denté* ou *endenté* est purement théorique, c'est-à-dire nulle.

CXCV. — J'ai dit que les emmanchures doivent occuper environ le tiers de l'écu en hauteur. J'ajouterai, *suivant le sens où elles sont mises*, car *l'emmanché* n'a pas de position ; ce n'est qu'*une ligne de partition*. Je blasonnerai donc Vaudrey, (297) : *coupé emmanché de gueules et d'argent*, et non simplement *emmanché de gueules et d'argent*, comme le fait Palliot qui blasonne plus loin des *parti-emmanchés*, des *tranché-emmanchés*, des chefs *emmanchés*. Tout ceci se rapporte à *l'emmanché normal* qui se distingue ainsi de *l'endenté*. Menestrier blasonne Hotman : *parti-emmanché d'argent et de gueules*. Sa figure comporte trois pointes et deux demies (quoiqu'elle soit fort mal dessinée). Si ce nombre — que Menestrier aurait dû spécifier — était sensiblement dépassé, la longueur des dents, seule, indiquerait si l'on voit un *emmanché* ou un *endenté*. C'est en ceci que *l'emmanché* est différent du *vivré*. — *Voir* Remarque CDVI et Lignes de bordure.

297

2° *Emmanché* se prend aussi pour exprimer les manches des *faux*, des *marteaux*, et autres instruments, s'ils étaient d'un émail différent. Dans ce sens, Menestrier dit *emmanché* ; dans le premier, il dit *emanché*, que « d'autres appellent *emmanches* ou *ammenches*. »

CXCVI. — Scohier le prend dans une autre acception. Il appelle *d'or emmanché de sable au dextre*, la figure 298.

Palliot déclare ne pouvoir « l'approuver, parce qu'en cette sorte « de figure... il n'y a rien qui approche de la qualité de l'*Emman-* « *che*.... Neantmoins.... si j'avois rencontré pareil figure dans « quelque famille, je ne dirois pas *emmanché*, mais EMMANCHURE, « puisqu'il n'y a qu'une pièce, et je blasonnerois, il portoit *(d'or)* « *à une emmanchure (de sable) à dextre* ». (J'ai pris les émaux de Scohier.)

298

CXCVII. — Si je rencontrais cette figure d'imagination, ne voyant pas quelle différence il peut y avoir entre *emmanchure* et un *emmanché* — aucune des deux expressions ne répondant à la figure — je chercherais un autre moyen de me faire comprendre et je dirais : p. *d'or au giron de sable en chef, mouvant du chef au flanc dextre;* ou bien par similitude avec l'*enchaussé (Voir plus loin)*, je créerais le mot *enchapé*, si la première description par le giron n'était pas assez claire.

EMMUSELÉ. — Qualificatif pour les animaux dont la tête est *géhennée* par une muselière.

ÉMOUSSÉ. — Qualificatif pour les fers de lances ou de flèches, dont les pointes seraient arrondies ou disposées pour une lutte à armes courtoises, tout comme nos fleurets d'assaut ont un bouton en guise de pointe. C'est peut-être un terme de luxe; en tous cas, il n'est pas, à proprement parler, héraldique; la forme de l'*émoussement* étant indéterminée. — *Voir* MORNÉ et à ROC, comment Palliot et Menestrier *émoussent* ou *mornent* des fers de lance.

EMPENNÉ. — Qualificatif pour les flèches, dards, quand leurs ailerons sont d'un autre émail.

EMPIÉTANT. — Exprime l'action de l'oiseau de proie tenant une proie dans ses serres; l'aigle du second Empire *empiétait* un foudre.

EMPOIGNANT, EMPOIGNÉ. — Ce mot est clairement expliqué par la figure 299. BONS D'ENTREMONT : p. *d'or à la patte de lion de sable, mouvante du flanc dextre, empoignant une bande d'azur chargée de deux étoiles du champ.*

299

CXCVIII. — J'ai reproduit la figure de Menestrier qui blasonne : *d'or à la bande d'azur, chargée de trois étoiles d'or et empoignée par une patte de lion de sable, mouvante du flanc dextre de l'écu.*

Vaut-il mieux dire que la patte de lion *empoigne*, ou que la bande est *empoignée* ? Je crois que c'est équivalent pour le résultat. Pourtant, il paraît convenable de blasonner en premier lieu la figure la plus saillante ; l'actif avant le passif. Menestrier dit qu'il y a *trois* étoiles *d'or* (il les figure *d'argent*) : mais on n'en voit que *deux*. S'il y en a une troisième cachée par *l'empoignant*, il est regrettable que rien n'en dénote l'existence, car on ne doit blasonner que ce que l'on voit.

Je vois aussi que ces deux étoiles sont mal gravées : elles devraient être en bande. — *Voir* Remarque CCCLXXVII.

Palliot blasonne ce même écu des Bons d'Entremont : *d'or à la bande d'azur chargée de deux étoiles du champ et empoignée d'une patte de lion de sable.* La figure qu'il en donne est conforme à 299 *bis*, bien différente de 299. Quelle est la bonne version ? je l'ignore. A n'en pas douter et en tout état de cause, Palliot ne devait pas négliger de nous dire la mouvance de la patte de lion, etc.

Cet exemple, entre cent et un, où l'on trouve les deux plus renommés héraldistes français dans une discordance aussi complète de mouvance, de position, de disposition, et de situation — on a de la peine à croire que ces deux dessins représentent le même blason — démontre que sans bonne description on ne saurait bien blasonner.

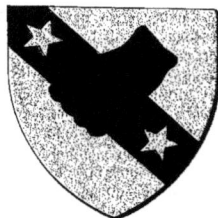

299 *bis.*

Mais comment donner une bonne description sans règles précises et logiques ?

Cherchez dans Palliot et Menestrier comment ils les entendent et comment ils s'entendent. Vous en avez ici un spécimen... à qualifier avec l'adjectif en tête de cet article. — *Voir* Remarque CDXXV *in fine*.

CXCIX. — Menestrier énonce encore le mot *empoigné* en lui donnant le pouvoir de représenter trois flèches, une en pal, deux en sautoir, assemblées et croisées au milieu de l'écu et liées au milieu pour être empoignées ! Et il blasonne Subramont : *d'azur à trois flèches empoignées d'or.* Il aurait au moins dû dire, *prêtes à être empoignées.* Cette acception est fausse et inacceptable : il faut blasonner avec Palliot, Subramont : *d'azur à trois flèches, une en pal, deux en sautoir d'or, liées de deux serpents de sinople,* ou bien *d'azur à trois flèches passées deux en sautoir une en pal, l'une sur l'autre,* etc.

Palliot n'inscrit dans son dictionnaire ni peu ni beaucoup le mot Empoigné. Il s'en sert incidemment au f° 59 pour le blason Bons-Entremont, mais avec le sens logique d'*empoigné* et non le sens dénaturé de Menestrier qu'il faut repousser sans pitié.

EN ABIME. — Ne doit pas se confondre avec *sur le tout.* — *Voir* CE MOT et Chargé.

ENCEPPÉ. — Mot de Vulson pour un lion, par exemple, ayant un *cep* ou un bout de chaîne lui enserrant le corps. Il le représente comme un collier.

ENCHAPÉ. — *Voir* Remarques CXCIII, CXCIV.

ENCHAUSSÉ. — Suivant Menestrier, c'est le synonyme de CHAUSSÉ et l'opposé de CHAPÉ.

Suivant Palliot, *enchaussé* se dit lorsque l'écu est *taillé* (ou *tranché*) depuis le milieu de l'un des côtés *(flancs)* tirant au bas, à côté de la pointe (*à la pointe* pour être plus clair) et se dit *enchaussé à senestre* ou *à dextre* suivant le côté où le *taillé* (ou le *tranché*) commence.

CC. — Cette expression, modificative du *chaussé*, est commode, nous devrions l'accueillir avec reconnaissance, si elle était nécessaire. Mais comme les blasons où l'on rencontrerait cette figure peuvent être blasonnés autrement, nous laisserons *enchaussé* parmi les mots à peu près inutiles. — *Voir* fin de la REMARQUE CXCVII.

CCI. — Une observation ! Sur les quatre exemples donnés par Palliot de ce qu'il a baptisé *enchaussé*, il faut éliminer, probablement, son n° IV qui pourrait être *un barré de quatre pièces*, et presque certainement son n° III qui doit être un *bandé de six pièces*. Mais les deux figures I et II répondent bien à son *enchaussé*. Le savant Spener (Opus Heraldicum), citant le blason de PELCKEN (II de Palliot), le décrit « Scutum in quo ex sinistro angulo e nube prodit armatum brachium gladio « minax, pede scuti sed linea obliquata præciso » [1]. Spener donne ce qu'il qualifie par « pede scuti « linea obliquata præciso » comme une variante de ce que les Français appellent CHAMPAGNE, qui est, comme on le sait, le tiers inférieur de l'écu d'un émail différent. Cette variante pourrait s'appeler *enchaussé à dextre* ou *à senestre*, si l'on y tient absolument ; mais, comme *enchaussé*, dérivé de *chaussé*, n'y ressemble qu'à moitié, puisque le *chaussé* est double (un sur chaque flanc) et monte jusqu'au chef, il vaudrait bien mieux dire *mi-chaussé à dextre* ou *à senestre* : le *mi*, portant uniquement sur la diminution de hauteur (au moins de moitié) puisque l'indication du flanc montre que c'est sur le *flanc* énoncé, *dextre* ou *senestre*, qu'il faut seulement mettre le *mi-chaussé*.

ENCHÉ. — *Voir* ANCHÉ.

ENCLAVÉ. — Se dit quand sur une des partitions quelconques de l'écu, une de ces partitions *s'enclave* dans l'autre en forme carrée (et non en forme d'une longue liste comme l'avance bien à tort Menestrier). En d'autres termes, *enclavé* se dit de créneaux mis sur une des partitions. — HOLNSTEIN : « cuius parmam gentilitiam superius « coccineam inferius argenteam duæ pinnæ ascendentes « dirimunt » (Spener) : c'est-à-dire (300) *coupé de gueules et d'argent enclavé de deux pièces du second sur le premier*. — WARDSTEIN, (301) : porte *parti d'or et de sable enclavés chacun de trois pièces*.

300

CCII. — L'exemple d'*enclavé* que donne Menestrier (pour expliquer probablement *sa longue liste*) est le résultat d'une grave méprise. Il blasonne, PELCKOSEN : *parti enclavé d'argent en gueules à la senestre*. Les mêmes armoiries blasonnées par Spener qui écrit PELCKOFEN, donnent un écu *parti au premier d'argent ; au second de gueules à la fasce du premier*.

Il n'y a pas trace d'*enclavé* dans cette figure.

Palliot donne un exemple de pals *enclavés à senestre*, formant un quartier des PATARIN, alliance des BAUFFREMONT.

Pour les deux exemples 300, 301, on pourrait blasonner plus simplement : *coupé de gueules et d'argent crénelé de deux pièces*, et : *parti d'or et de sable, crénelés chacun de trois pièces*, et pour

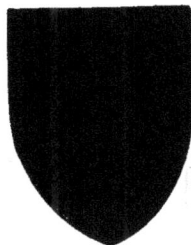

301

[1] Écu dans lequel de l'angle senestre, mouvant d'un nuage, sort un bras armé brandissant une épée ; la pointe de l'écu coupée, mais par une ligne oblique.

l'exemple cité de Palliot : *pals crénelés chacun d'une pièce à senestre*. Mais le *crénelé* (*Voir* CE MOT et REMARQUE CLI) était trop banal : il fallait créer un nouveau mot pour compliquer la chose. Les savants ont souvent cette habitude !

Le mot *enclavé* pourrait donc être supprimé sans inconvénient.

ENCLOS. — Qualificatif pour le lion , d'Ecosse, par exemple, *enclos dans* un trescheur, *voir* FIG. 313. *Dans* suffirait, le lion ne pouvant manquer d'être enclos s'il est dedans. — *Voir* ESSONNIER.

ENCOCHÉ. — *Voir* ARC.

ENDANCHÉ. — *Voir* DENTÉ.

ENDENCHÉ. — *Voir* DENTÉ.

ENDENTÉ. — *Voir* DENTÉ.

ENFILÉ. — Qualificatif pour les figures de longueur passées dans des couronnes, annelets, etc. — Ainsi *la bande d'azur* des DU FAURE est *enfilée de trois couronnes d'or, sur champ d'argent*. Menestrier blasonne inexactement les armoiries de cette vieille famille du Dauphiné.

ENFLAMMÉ. — Synonyme d'ALLUMÉ (deuxième sens) et ARDENT.

ENGLANTÉ. — *Voir* CHÊNE, ARBRES.

ENGOULANT, ENGOULÉ. — L'animal qui engoule ou paraît engloutir une fasce, une croix, une bande, un sautoir ou même un enfant ou un autre animal est *engoulant*. L'avalé est *engoulé*. INFANTADO (LE DUC DE L'), (302) : p. *tranché de gueules et d'argent à la bande tranchée (par rapport à l'écu) d'or et de sinople engoulée de deux têtes de lions d'or*. On le trouve aussi blasonné autrement pour les émaux.

302

CCIII. — Palliot blasonne : « *tranché de gueules et d'argent à la bande tranchée d'or sur gueules et de sinople sur argent engoulée de deux testes de lions mouvans des angles.* »

Une distraction dont tout le monde est capable lui fait oublier de dire l'émail des têtes : son dessin donne l'*or :* mais le célèbre armoriste a donné une pitoyable description.

1° Il était inutile de dire que la bande était tranchée *d'or sur gueules*, etc. Cette bande étant sur un tranché, il suffisait de dire *tranchée*. J'ai ajouté *par rapport à l'écu*, pour éviter toute amphibologie ; *Voir* REMARQUE CCCLXIX ; 2° il était oiseux de dire que les têtes mouvaient des angles ; puisqu'elles *engoulent* une bande, elles ne peuvent mouvoir des flancs.

La bande d'ailleurs n'est pas *alaisée :* les têtes de lion doivent forcément naître des angles dextre du chef et senestre de la pointe.

D'autres armoristes blasonnent *d'azur* et donnent *une bande* simplement *d'or* ainsi *que les têtes de lion qui l'engoulent.*

ENGRÊLÉ. — Ligne de bordure. — *Voir* CE MOT et CANNELÉ, où j'ai figuré un *engrêlé* en regard du *cannelé.* L'*engrêlé* a ses pointes en dehors, le *cannelé,* en dedans.

ENGUICHÉ. — Presque tous les auteurs confondent *enguiché* avec *embouché,* Menestrier, par exemple. *Enguiché* se dit des cordons ou cordelettes qui servent à pendre un cor ou une trompe. — *Voir* HUCHET. Palliot le remarque avec raison. En effet, le vieux mot français *guiche* ou *guigue,* veut dire courroie, lien. *Enguiché* correspond donc à *lié.*

ENHENDÉ. — *Voir* CROIX ENHENDÉE.

ENLEVÉ. — Mot inventé par Menestrier.

CCIV. — Il a fait des frais d'imagination pour le blason d'ANGLURE : on le décrit bien plus simplement et clairement avec Palliot, *d'or semé de grillets d'argent, soutenus de croissants de gueules.* Comparez avec la version suivante de Menestrier : *d'or à pièces enlevées à angles ou en croissants de gueules, soutenant des grelots d'argent dont tout l'écu est semé.* Une troisième version est peut-être la bonne : *d'or semé de croissants de gueules* (vous évitez ainsi métal sur métal) *soutenant chacun un grelot d'argent.*

ENNOBLIR. — Les vocabulaires français insèrent ce verbe, mais non ses dérivés légitimes, *ennoblissement* et *ennoblisseur.*

Ils sont un peu plus généreux pour le verbe *anoblir,* mais insuffisamment. En effet, *anoblissement* nécessite, en saine politique, un *ennoblissement* préliminaire; l'un ne peut se passer de l'autre. Ceci posé, on admettra que le mérite est le véritable *ennoblisseur.* Vient ensuite un roi qui consacre ce mérite, et par le fait qu'il exerce son droit de *nobilitation* (de *nobiliter,* verbe actif et inconnu) il devient *anoblisseur.*

L'Académie française devrait peut-être, dans sa prochaine édition, enrichir son dictionnaire de ces substantifs. J'insère d'office dans le mien ces néologies qui valent à elles seules des poèmes de chevalerie.

EN NOMBRE. — *Voir* PIÈCES EN NOMBRE.

ENQUÉRIR (ARMES A) ou à ENQUERRE. — « Sans métal sur métal ni couleur sur couleur » est une des règles les plus sacrées du Blason. Elle supporte deux exceptions. Nous avons déjà parlé du *cousu* (*Voir* CHEF COUSU, COUSU, COULEUR SUR COULEUR). Disons quelques mots des *armes à enquérir.* Sauf ces exceptions, toutes les armes qui violent la règle seraient des *armes fausses.*

Dans certaines armes on a — parait-il — violé sciemment la règle pour que cette anomalie pût fournir un sujet de s'enquérir de la cause déterminant un *métal sur métal*, un *couleur sur couleur*.

CCV. — Nous avons déjà donné (à Croix potencée) le blason de Jérusalem dans lequel une croix potencée d'or, cantonnée de quatre croisettes de même, embellit un champ d'argent. C'est le blason type de l'*enquérir*, destiné à perpétuer la mémoire de la prise de Jérusalem à la première croisade.

Il se présente ici un autre sujet d'enquête. Le Conseil des barons chrétiens, qui donna le trône de Jérusalem au plus méritant d'entre eux, le pieux et vaillant Godefroy de Bouillon, avait-il vraiment l'intention de fixer ce souvenir par *un métal sur métal?* Je doute fort qu'en 1099, les règles du Blason fussent déjà aussi minutieusement formulées et même qu'elles fussent formulées.

CCVI. — En revanche, nous devons hardiment classer parmi les fables le blason *d'or à la croix d'argent*, que Lisbius, seigneur de Montmorency, le premier des Gaulois convertis à la religion chrétienne par la prédication de saint Denis (vers l'an 250) aurait — au dire de Palliot — adopté pour sujet d'enquérir. Plus tard cette croix d'argent, miraculeusement changée en *gueules*, à une époque que Le Feron ne précise pas, aurait été *cantonnée de quatre alérions d'azur*, par Bouchard, sire de Montmorency (en l'an 977).

CCVII. — Un fait à noter pourtant, est que ces *armes à enquérir* sont excessivement rares. Palliot en cite huit exemples, celui de Lisbius y compris, que nous pouvons repousser, ainsi que les exemples des blasons des Assyriens de Sémiramis et des Perses de Cyrus. Celui de Michaeli, portant *21 besants d'or, 6, 5, 4, 3, 2 et 1, sur un fascé d'azur et d'argent*, est sans doute un blason *à enquérir d'intention*, mais non *de fait* puisqu'il ne viole pas la règle [1] — *Voir* Champ, Couleur sur couleur. Sur les huit exemples il n'y en a qu'un bien constaté, celui de Godefroy de Bouillon. Admettons pourtant que l'on trouve encore deux ou trois blasons historiquement à *enquérir*.

Cette excessive rareté — quelques auteurs réservent l'enquérir aux princes, idée antinobiliaire s'il en fût; car le chevalier, marchant de pair avec le prince, pouvait aussi bien que lui accomplir des faits lui méritant l'*enquerre* — est-elle le résultat du hasard ou d'une règle admise très anciennement?

CCVIII. — Personne n'a encore fixé le moment précis de la transition de la fable à l'histoire. Personne n'a déterminé l'année où les hérauts d'armes, successeurs des Féciaux, ont commencé à réglementer les blasons. Au XIVe siècle on admet pourtant leur existence, mais non leur rôle de juge d'armes. Il faut encore descendre à des temps bien plus modernes pour trouver des signes fixes pour marquer sur les sceaux et les monuments, l'émail des armoiries. On portait un aigle, une bande, etc. La figure était connue [2], on la voyait partout. Quant aux émaux on les connaissait par ouï-dire de ceux qui les avaient vus peints sur un écu de tournoi, ou brodés sur des tentures. Les versions devaient être très indécises, comme tout ce qui se transmet de bouche en bouche.

Je conjecture donc qu'au moment — sans le dater nettement, je ne crois pas qu'il remonte plus haut

---

[1] A ce compte tous les blasons seraient à enquérir : ne fût-ce que le caprice, tout blason avait un motif pour celui qui l'adoptait. Le caprice serait donc à enquérir. D'ailleurs ce blason représentant un *fascé* nécessairement de couleur et de métal, forme un *champ factice* (*Voir* Champ) sur lequel on peut mettre indifféremment métal ou couleur. La règle ne s'applique pas dans ce cas.

[2] Mais loin d'être invariable; on en a de nombreux exemples, notamment dans les familles souveraines.

que le commencement du XIVᵉ siècle [1] —où les hérauts d'armes ont commencé leurs opérations et leur recueils, ils ont trouvé une quantité de blasons à émaux très indéterminés : ils ont fixé ces émaux d'après les témoignages oraux ou oculaires qu'ils avaient pu réunir. C'est alors qu'ayant eu connaissance du blason de JÉRUSALEM, et de quelques autres probablement dont le souvenir s'est perdu, ils ont établi la défense *du métal sur métal*, réservant *l'enquérir*, en mémoire de faits glorieux, pour les rares blasons historiques, autorisés ainsi à violer cette règle.

Il se peut parfaitement que les blasons *à enquérir* n'aient pas violé la règle, si elle n'était pas encore formulée — ce qui est fort probable — quand les blasons ont été adoptés. Ce serait donc un enquérir rétroactif.

J'émets des conjectures : elles sont bien plus probables que les sornettes remontant à CYRUS et SÉMIRAMIS.

On voit, d'après ce que nous venons de dire, qu'entre *enquérir* (faire exprès de violer la règle) et *cousu* (ne pouvoir faire autrement que la violer) il n'y a qu'une différence d'intention.

M'est avis qu'*enquérir* pourrait se prendre dans un sens plus large : ainsi pourquoi le *chef cousu* du blason 122 ne formerait-il pas sujet à enquérir ?

Si l'on m'accorde pourtant que le *cousu* doit être uniquement réservé au chef, nous pouvons bien admettre la différence qui existe entre un homicide commis pour sa défense ou bien avec préméditation. Autrement nous demanderions comment, en voyant le corps, on ferait pour distinguer s'il est gisant à la suite de l'un ou de l'autre.

Enfin n'oublions pas que parfois l'*enquérir* peut être dû uniquement à une réaction chimique, modifiant l'*argent* par l'oxydation, ou bien à la distraction ou à une confusion d'un collectionneur d'armoiries qui aurait transmis à la postérité le résultat d'une méprise; ou bien encore — la lumière héraldique ne parcourant pas 75,000 lieues par seconde, et n'ayant pas eu le temps de parvenir en tous pays, — on a pu se donner des *armes fausses*, sans douter que métal sur métal et couleur sur couleur étaient prohibés. Ici c'est l'ignorance qui serait à enquérir.

ENRICHI ou ORNÉ. — On se sert de ce terme, dans son sens usuel, pour blasonner les gemmes ou pierreries des couronnes. Ce n'est pas à proprement parler un terme héraldique.

ENTÉ. — Ligne de bordure par laquelle deux émaux d'un blason s'*entent* l'un dans l'autre avec des ondes arrondies par des lignes fortement prononcées.

FREGOSO, (303) : p. *coupé enté de sable et d'argent* ; suivant Della Chiesa, l'*enté* serait de *trois pièces*.

L'*enté* ne s'applique pas seulement à une des lignes de partition : on trouve des *bandes*, des *fasces*, etc., *entées*, ou en rebattement de nombre ou en rebattement de situation.

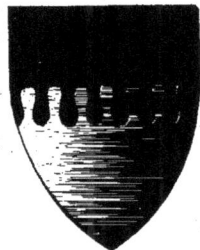

303

[1] Dans son édit touchant l'établissement d'une grande maîtrise et d'un armorial (1696), Louis XIV cite comme précédents les Lettres de Charles VIII du 17 juin 1487, par lesquelles il avait créé un juge pour faire peindre et blasonner les armes des nobles y ayant droit.

Ainsi Maillé, (304) : p. *d'or à trois fasces ondées entées de gueules.* Selon d'autres, les fasces seraient « nébulées » : on trouve aussi « fascé ondé enté d'or et de gueules. » Rochechouart, (305) : p. *fascé enté ondé d'argent et de gueules.* Selon le grand Pal

304   305

liot qui en donne deux fois la description et la figure (f°⁵ 282 et 304), ils portent : « de gueules à trois fasces entées d'argent. » — *Voir plus loin.*

CCIX. — On fait presque toujours de l'*enté* un qualificatif de disposition de l'*ondé* : *fasces ondées entées.* Cette adjonction me paraît inutile. Il est impossible que l'*enté* se fasse sans l'*ondé* dont il n'est qu'une exagération et très probablement une corruption.

La forme de l'*enté* est diversement traitée, plus ou moins entaillée ou avec les dents plus ou moins écartées, c'est-à-dire plus ou moins nombreuses; l'important est que l'on ne puisse confondre *enté* et *ondé.* — *Voir* Lignes de bordure, Nébulé, Nuagé, Ondé.

Les deux blasons 304 et 305 sont figurés d'une manière variable suivant la fantaisie des peintres ou les multiples descriptions que l'on en trouve. Un auteur récent décrit le blason des Rochechouart, « *ondé enté en fasce* de six pièces *de gueules et d'argent* ou bien *de gueules à trois fasces ondées entées d'argent,* » comme si c'était la même chose; mais le dessin qu'il en donne représente un « *fascé enté d'argent et de gueules* » et il ajoute que c'est « ainsi que porte le duc de Mortemart. » C'est en effet la véritable version suivant l'histoire de la Maison de Rochechouart (Paris, Allard, 1859) : elle correspond à 305.

Quelle que soit la forme (304, 305) donnée à l'*enté,* il faut bien distinguer entre *trois fasces entées* (304) et un *fascé enté* (305). Cette confusion regrettable est beaucoup trop fréquente. Elle existe pour les Maillé, les Rochechouart et une infinité d'autres familles, dans des rebattements similaires. On va même jusqu'à intervertir l'ordre des émaux : le premier à énoncer dans les deux cas est toujours celui que l'on voit en chef, soit pour des fasces, soit pour un fascé. — *Voir* Remarque CCXXVII *in fine.*

ENTÉ EN POINTE. — Est, presque exclusivement, un quartier d'écart que l'on *ente* dans un *parti,* dans un *écartelé,* par deux traits droits ou légèrement arrondis, formant comme un triangle en pointe.

CCX. — Ainsi le blason d'Angrie (*Voir* fig. 83) *enté en pointe* dans le grand écu de Savoie : le blason de Savoie, *enté en pointe* dans le grand écu de la Trémoille, etc.

Voici pourtant un exemple donné par Palliot, Coq-Reaumont, (306) : p. *d'azur à deux étoiles d'or mises en fasce, enté en pointe de même.* Ici l'*enté en pointe* serait une figure comme un *giron* ou une *pointe.* Sauf meilleure information, qui sait si jadis, au lieu du conditionnel *serait,* on n'employait pas le présent *est.* Le mot *mises* est de trop, il serait vicieux avec d'autres figures. — *Voir* Mis.

306

Menestrier blasonne « parti d'argent et d'or, enté en pointe d'azur » la figure ci-dessous. Or l'*enté en pointe* ne peut dépasser sensiblement la hauteur marquée H de la fig. 293. Spener nous apprend que ce blason est un tiercé « per lineas in medio concurrentes ». Il faut donc blasonner Haldermansteten, (307) : p. *d'azur, mantelé en parti d'argent et d'or,* et j'ajouterai, pour éviter toute confusion, *les lignes de partition aboutées en cœur.*

On pourrait aussi blasonner : *tiercé en Y ou pairle renversé d'argent, d'or et d'azur.* Je rendrais ainsi la pensée de Spener mais avec précision, car avec ses mêmes termes je pourrais tiercer en pairle véritable (non renversé).

D'autres héraldistes blasonnent cette figure : *tiercé en mantel d'argent, d'or et d'azur.* Ils n'ont pas réfléchi que cela correspond à un *tiercé en chevron.* Tant que rien ne m'indiquera que je dois partir le *mantelé,* le tiercé en mantel appliqué à 307 est aussi clair pour moi que si l'on disait *tiercé en lion.* Je repousse donc cette description souverainement illogique. — *Voir* Mantelé.

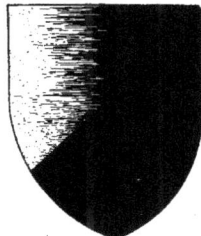

307

ENTRAVAILLÉ. — Menestrier l'applique aux oiseaux ayant le vol éployé et un bâton ou autre chose passé entre les ailes et les pieds. — *Voir* Éployé. Se dit aussi d'un animal quelconque, placé entre des bandes, des fasces, recouvert par et recouvrant quelques-unes de ces pièces. La restriction du *vol éployé* pour les oiseaux est inacceptable : c'est par erreur, d'ailleurs, qu'*éployé* s'applique aux ailes.

ENTRELACÉ. — Qualificatif pour des croissants, des chaînons, des anneaux, passés l'un dans l'autre. Menestrier l'applique à trois pièces, mais donne dans ses figures plusieurs exemples de deux pièces entrelacées. Bourgeois, (308) : p. *d'azur à trois annelets d'or, deux et un, entrelacés.*

308

CCXI. — Inutile d'ajouter *l'un dans l'autre en triangle :* ils ne peuvent être entrelacés autrement : *deux et un* remplace avantageusement *en triangle* qui ne dit pas où le triangle a sa pointe. Menestrier appelle inexactement *entrelacés les trois cyprès* de Carpanica : ils sont *liés* d'une gumène entrelacée supportant une ancre. — *Voir* Pentalpha, Chaînons. Voici (A) encore un joli modèle de *croissants entrelacés* reproduits souvent au château de Fontainebleau.

A

ENTRETENU. — Qualificatif pour deux clefs en pal, par exemple, dont les anneaux se tiennent ensemble, passés l'un dans l'autre.

ÉPANOUI. — *Voir* FLEUR DE LIS, à laquelle cette expression doit être réservée. Toute fleur naturelle est *épanouie*, mais il est inutile de le dire, autrement ce serait un *bouton*.

CCXII. — La forme de l'*épanouissement* de la fleur de lis (héraldique) n'est point arrêtée : il est probable qu'à l'origine il était très simple. Le type de la *fleur de lis épanouie* est celui de la ville de FLORENCE que l'on fait remonter à l'époque de Charlemagne! Ses fleurons, au lieu d'être pleins ainsi que dans la fleur de lis ordinaire, se développent en arabesques variées comme s'ils paraissaient s'épanouir. On en voit avec des espèces de tiges, mises entre les fleurons, se terminant en points arrondis ou boutons, ou même par une espèce d'efflorescence ou réunion d'étamines.

S'il faut de la précision dans les termes et l'essence des formes, il est bon de laisser à chacun la liberté d'employer un des nombreux modèles de la fleur de lis *épanouie* ou *de Florence*. Nous donnons au nº 350 la forme employée par Palliot.

En A c'est la forme de Menestrier. Dans sa première édition (Lyon, 1659) il définit « fleur de lys dont sortent « des lys de mesme » ce qui ne s'accorde point avec ses figures. Dans d'autres éditions il définit *épanoui :* « fleur de lys dont il sort des boutons « entre les fleurons et dont le fleuron « d'en haut est comme ouvert, comme « en celle de Florence. »

En B je donne la forme très disgracieuse employée par Vulson : en C et D d'autres formes courantes.

On remarquera en A, B et C que l'appendice floral ajouté entre les fleurons n'a aucun caractère qui l'assimile à une autre *fleur de lis*, à un *lis de jardin* ou toute autre fleur naturelle. Dans ces conditions cet appendice est facultatif : en ajoutant que les fleurons doivent paraître s'ouvrir, nous aurons fixé de justes limites à l'*épanouissement*. En deux mots , c'est la fleur de lis héraldique elle-même, qui doit paraître fleurir naturellement , par elle-même, sans adjonction d'autres fleurs. C'est une *disposition* qui ne modifie point son essence *(position)* de fleur de lis héraldique. On peut sans doute lui annexer des fleurs de *lis de jardin*, des fleurs caractérisées, lui

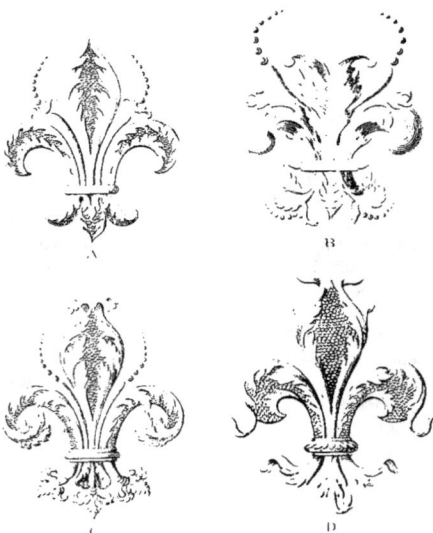

donner, au lieu du pied réglementaire, des racines, etc., etc., il faudrait alors que la description exprime ces dispositions étrangères à *la fleur de lis épanouie.*

On trouve de par le monde des fleurs de lis héraldiques, auxquelles des peintres à imagination exubérante ont ajouté des arabesques, inoffensives à leurs yeux. On voit même aux salles des Croisades à Versailles, le blason de TILLY, d'or à la fleur de lis de gueules, représenté avec une fleur de lis largement, mais inexactement *épanouie.* Ainsi Palliot blasonne *épanouie* la fleur de lis de DIGBY, qui, pour les Anglais, est une simple fleur de lis à laquelle ils ajoutent souvent des arabesques sans y attacher d'importance.

ÉPÉE. — La position naturelle (inutile à exprimer) d'une épée figurant seule dans un blason, est d'être la pointe en haut, en pal. Elle peut être, seule ou en nombre, dans toute autre situation qu'il faut blasonner : par exemple, si elle est ou si elles sont rangées *en fasce* ou *en fasces, en pals, en bande* ou *en bandes ; en sautoir, pointes en bas, appointées par deux en pointe, par trois en cœur, en pairle, en pal, en chevron,* etc. L'épée peut charger, accompagner, ou être accompagnée. Elle peut avoir la garde de la poignée d'un autre émail que la lame, que l'on blasonne séparément, la *garde et la poignée* de tel émail, ou simplement *garnie* de tel émail, mais seulement si l'émail est différent.

On trouve sur de vieilles pierres tombales des écussons accostés d'une épée ou bien avec l'épée passée en pal ou en bande derrière l'écu. C'était la marque des anciens chevaliers.

ÉPERON. — *Voir* MOLETTE. — ÉPERONNÉ. — *Voir* HOUSEAU.

ÉPERVIER. — *Voir* OISEAUX.

ÉPI. — L'épi de blé, habituellement, d'orge, de millet, etc. (*Voir* INDUCTIONS), figure dans quelques armoiries avec sa figure naturelle et sa position de nature : en blasonner le nombre, la situation.

ÉPLOYÉ. — Veut dire aigle à deux têtes. « Il y en a qui ont pris ce mot pour desplié, « qui dirait desployé et de là ils ont creu que quand l'on blasonne une Aigle Esployée, « c'estoit à dire qui avoit les aisles ouvertes et estendues : ce qui n'est point, dans « ce mot ESPLOYÉ s'entend de la teste et du col, qui estants ouverts et comme separés « en deux, semblent faire deux cols et deux testes, ainsi qu'en l'Aigle de l'Empire que « l'on qualifie, Esployée, autrement à deux testes cerclées, à ce seul sujet et non pas « pour avoir les aisles ouvertes : ce qu'il faudroit dire de toutes les Aigles, par ce « qu'il ne s'en représente point en armoiries, sinon fort rarement, qui n'ayent les « aisles de cette sorte. »

Les héraldistes qui raisonnent, se rangeront tous à l'avis parfaitement motivé de l'illustre Palliot. En effet, il est inutile de dire qu'un aigle est *déployé* ou *éployé* — en le rapportant aux ailes étendues — puisque c'est la position indispensable du roi des airs. — *Voir* ESSORANT.

CCXIII. — Si j'ai ajouté cette glose à la démonstration péremptoire de Palliot, c'est uniquement pour relever les mots « sinon fort rarement ». Je crois que le « fort rarement » est encore de trop. Dans les cas « fort rares » où l'on trouverait un aigle n'ayant pas les deux ailes ouvertes de face, également, ce serait un aigle *au naturel*, ou bien *dans l'assiette d'un oiseau s'essorant*, etc. Ceci prouverait que l'aigle, éployé ou non, doit toujours avoir les ailes ouvertes.

Voici une figure des armes de l'Empire (309) extraite des *Pandectæ Triumphales* de Modius [1]. L'aigle éployé porte en cœur un écu sur lequel les Empereurs mettaient le blason de leur Maison. La figure 309 y met *sur champ de gueules la fasce d'argent* d'AUTRICHE. L'aigle est de sable, éployé, sur champ d'or, nimbé, becqué, et membré du champ, langué et armé de gueules. Un aigle de ce genre est tout blasonné en disant *aigle de l'Empire*. — Il peut être DIADÉMÉ (*Voir* FIGURE 276).

Les archéologues et les héraldistes ne sont pas d'accord sur l'époque précise où l'aigle de l'Empire a été représenté éployé, quand le nimbe ou cercle s'est changé en couronne impériale et encore moins sur les causes de l'*éployé*. En Italie, où le chef de l'Empire est très répandu dans les blasons des vieilles familles, on représente souvent l'aigle avec une seule tête. Il y a aussi la plus grande divergence sur les émaux de disposition de l'aigle.

Il n'y a pas lieu de s'arrêter trop minutieusement aux détails de l'*armé, membré*, etc., etc.,

309

que chacun blasonne à sa manière en s'appuyant sur une autorité ancienne. On comprend également que dans une peinture, où l'aigle serait figuré dans un petit espace, il est difficile de noter ces mêmes détails.

ÉQUERRE. — *Esquierre*, *escarre* que d'autres nomment *potence*. Figure semblable à l'outil connu des charpentiers.

CCXIV. — Palliot blasonne un des quartiers de l'écu d'AUCHER en Angleterre : *d'hermines à quatre escarres (ou équerres) posées en croix mouvant du chef et de la pointe de gueules*. Sa figure est pareille au n° 310. Je ne conteste pas, ne le sachant point, que ce ne soient en réalité des équerres, mais comme il est impossible de le deviner d'après la description et la figure, comme d'ailleurs la description est insuffisante, — les équerres mouvant aussi bien des flancs que du chef et de la pointe, — je blasonnerai, 310 : *d'hermines à la croix de gueules, vidée du champ*.

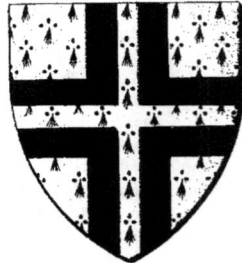

310

---

[1] Cet auteur n'emploie pour ainsi dire jamais les traits de convention pour marquer les émaux, à peine introduits de son temps. Malgré cela, j'ai marqué les émaux de l'écusson d'AUTRICHE.

ÉQUIPÉ. — Qualificatif, pour les navires ou nefs, à employer seulement si les voiles, banderoles ou cordages étaient d'un émail différent, puisque tous les navires sont *équipés*.

ÉQUIPOLLÉS (POINTS). — Se dit de neuf *points* ou *carreaux*, dont cinq d'un émail (que l'on blasonne les premiers) et quatre d'un autre émail. Il se distingue facilement de l'*échiqueté* par ce nombre invariable. Cinq points sont placés (*Voir* Fig. 293) en A, C, E, G, I, les quatre autres en B, D, F, H. Cusani, (311) : p. *cinq points d'or équipollés à quatre de sinople.*— *Voir plus loin,* Fig. 314.

CCXV. — Tous les vieux sceaux des anciens comtes de Genevois paraissent prouver qu'on leur a bien à tort donné pour armoiries *cinq points d'or équipollés à quatre d'azur*.

Ils portaient à l'origine une croix ajourée carrément en cœur. A cette époque la croix (comme toutes les figures honorables) n'avait pas la dimension que lui ont attribuée plus tard les hérauts d'armes : elle tenait de chacun de ses bras beaucoup moins que le tiers de l'écu. Si bien que pour admettre son identification avec des points équipollés, il faut croire ce que l'on ne voit pas. D'autant plus que l'ajourement, étant souvent moindre que l'épaisseur des branches de la croix, est très clairement indiqué.

Certains archéologues prime-sautiers ne se gênent pas pour donner à une conjecture ou à une impression particulière la valeur d'une certitude : pour moi, je sais par une très longue expérience avec quelle difficulté on parvient à se former une opinion certaine dans un sujet où trop souvent l'on tâtonne dans l'obscurité. Avec toutes les réserves exigées par le respect de la vérité, qui n'est pas encore sortie de son puits, je me demande si les *neuf points équipollés* ne sont pas une transformation relativement moderne, résultant uniquement de figures mal dessinées, de croix ajourées ou même d'un échiqueté [1].

311

ESCARBOUCLE. — Pierre précieuse, cabochon naturel, espèce de grenat (d'améthyste ou de topaze) qui, dans l'antiquité, remplaçait la lumière électrique de nos jours. Aussi le « carbunculus » était la plus estimée des gemmes ardentes chez les anciens. Pline (37, 7) nous apprend leur rang et le lieu de l'origine de ces remarquables cailloux. Ceux qui venaient des Indes n'étaient pas « claros sed plerumque sordidos ac semper fulgoris « horridi » : ceux d'Éthiopie « pingues lucemque non emittentes aut fundentes sed « convoluto igne flagrantes. Optimos vero amethystizontas quorum extremus igniculus

---

[1] Bien des années après avoir écrit ceci, M. Demole, le très obligeant conservateur du Médaillier de Genève, a eu la bonté de me communiquer une empreinte du sceau de Rodolphe , comte de Genevois, 1253-1265. †. SECRETUM RADULFI GEB. Il représente dans un triangle équilatéral, un échiqueté de quatre tires en chef, ce qui donnerait seize carreaux dans un écu carré et non douze comme le dit Blavignac. S'il y a parenté entre cet échiqueté, cette croix ajourée, avec les points équipollés, elle n'est pas naturelle ; ce ne peut être qu'une parenté d'adoption.

« in amethysti violam exeat : proximos illis, quos vocant autitas, innato fulgore radian-
« tes.... Principatum autem habent *carbunculi* a similitudine ignium vocati cum ipsi
« non sentiant [1] ignes, ob idem a quibusdam pyropi appellati. »

Cette pierre n'était pas taillée : elle resplendissait par sa propre vertu naturelle
« innato fulgore radiens » d'où αὐτίτης. Pline se plaint que les lapidaires la contre-
faisaient en taillant à la meule des matières vitreuses. Il est bien regrettable que nous
ayons perdu même le secret de la contrefaçon.

Suivant Chassenouz *(De gloria mundi)*, des escarboucles de grande dimension, placées
au sommet d'une colonne, illuminaient pendant la nuit les cités des Éduens. J'ignore si
tel était l'emploi de l'« escarabouche ou œil de statue » dont Guichenon (I. 48) nous
donne la figure et qui était placée sur une colonne de marbre de quatorze pieds de
hauteur, au sommet du Petit-Saint-Bernard.   -

CCXVI. — Tout ceci ne nous explique pas pourquoi et comment cette pierre éblouissante est passée
dans le Blason avec une forme inexplicable que les uns appellent rayons, d'autres sceptres ou glaives.
Le blason, type de l'escarboucle ou du rais d'escarboucle, est celui des anciens comtes de CLÈVES.

Spener nous dit que c'est un soleil avec huit rayons finissant chacun en trois pointes, mais, suivant
le même auteur, quelques-uns lui ont donné la forme d'un écusson d'où meuvent les rais [2] et d'autres
encore le nomment « pyropus solaris cum octo divaricatis sceptris vel carbunculis radians *(sic)*. »

M. de Hefner (Musterbuch, 24) nous apprend que dans les
armoiries allemandes on nomme cette figure *gleven-rad :* il af-
firme, d'une part, que ce sont des glaives ou lances ayant la forme
de rayons : un peu plus loin, que ce n'est pas autre chose que les
fermoirs ou agrafes enrichis du Blason. Suivant cet auteur, le
point du milieu se marque par une pierre précieuse bleue : il
suppose que l'écusson d'argent devait être primitivement beaucoup plus grand, de sorte que le blason des CLÈVES devrait être
décrit : « un écusson d'argent bordé de rouge, couvert par des
« fermoirs avec des rayons d'or se dirigeant vers les bords de
l'écu avec une pierre précieuse au milieu. » (Ceci reviendrait à la
française à : d'argent à la bordure de gueules au rais d'escarboucle, etc.) Mais d'après la figure qu'il donne suivant un modèle de
sa collection datant de 1490 à 1510 et dont je reproduis les linéa-
ments à 312, il faudrait blasonner : *de gueules à l'écusson d'ar-*
gent et à l'escarboucle arrondie d'azur bordée d'or ; de cette bor-
dure meuvent huit rais fleurdelisés de même.

312

Palliot blasonne « un escu de gueules chargé d'un autre Escu d'argent ayant un Torteau de sinople
« en cœur, duquel sortoient huict sceptres pommetés et fleuronnés d'or. » Description inexacte : les
rayons ne sortent pas du « torteau » mais de la bordure d'or du prétendu « torteau. »

---

[1] Suivant d'autres versions il faudrait lire *sentiantur*, c'est-à-dire qu'on ne les sentait pas, mais qu'on les
voyait reluire comme des charbons ardents, d'où leur nom de pyrope, dont se sert Ovide... « flammasque
imitata pyropo. »

[2] C'est ainsi que la figure Imhof dans un des quartiers de PFALTZ-SALTZBACH.

Vulson blasonne « de gueules à huit sceptres d'or fleur-
« delisés mouvants d'un escarboucle qui est au milieu de
« l'écu, le tout d'or. » Ici pas trace d'écusson ni de pommeté, ni d'escarboucle de sinople ou d'azur.

Henninges (fin du XVI⁰ siècle) donne, sans émaux, la
figure 312 *bis* : elle répond à peu près à la description de
Vulson.

Je trouve dans d'autres auteurs des versions avec [1] ou
sans écusson, avec l'escarboucle *percée* de sinople ou bien
percée sans mention d'émail, ce qui la perce d'argent, émail
de l'écusson sur lequel on le poserait, avec les rayons
pommetés ou non.

L'érudit auteur de l'*Armorial du Nivernais* blasonne :
*de gueules au ray d'escarboucle fleurdelisé d'or enté en
cœur d'argent à l'escarboucle de sinople*. La figure qu'il
donne (reproduite en 312 *ter*) n'est pas très conforme à la
description, mais, nous y voyons qu'*enté* correspond à
chargé d'un écusson. Il faut blasonner : *de gueules à huit
rais pommetés et fleurdelisés d'or à l'écusson d'argent brochant en cœur chargé d'une escarboucle taillée à facettes
de sinople* [2].

Quoi qu'il en soit, il faut garder le vocable d'*escarboucle*
ou *rais d'escarboucle* pour blasonner la figure de CLÈVES
que l'on pourrait, à l'imitation du *Gleven-rad* allemand,
nommer *escarboucle de Clèves*. Quant à la forme à donner à
cette figure, je n'hésite pas à choisir la plus simple, celle
de 312 *bis*. En passant de succession en succession, et de
héraut en héraut d'armes, il est bien plus admissible qu'elle
ait été modifiée par le chargement, par des additions, par
le pommeté, etc., plutôt que simplifiée.

Pour ceux qui voudront me suivre, il est donc entendu
qu'*escarboucle* comporte cette *position*, savoir : un annelet

312 *bis.*

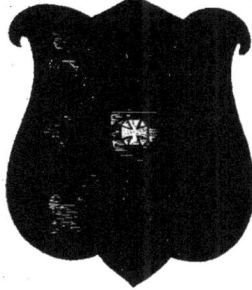

312 *ter.*

rempli auquel adhèrent huit rayons fleurdelisés, quatre en croix, quatre en sautoir. Suivant les termes
de *disposition*, on le remplira d'*azur* ou de *sinople*, on le pommétera, etc.

§

Quoique les lumières de la civilisation aient fait perdre à l'escarboucle son pouvoir éclairant, il est bon,
pendant que nous la tenons, d'étudier une question très connexe, celle du vieux blason de NAVARRE.

Palliot (f⁰ 46) dit qu'en l'an 1212, Sancho le Fort, vingt-unième roi de Navarre (1), changea son

---

[1] Dans l'une d'elles on met un lion de sable sur l'écusson d'azur !
[2] Il donne plus loin un autre dessin, où l'escarboucle est de pourpre. — On remarquera l'analogie de 312 *ter*
avec 312 sauf trois points : que l'écusson broche au lieu de brocher : que l'escarboucle est d'un autre émail et
taillée à facettes, ce qui ne doit pas être, l'escarboucle étant une pierre naturelle : que 312 *ter* est *pommeté*,
ou a la prétention de l'être.

ancien blason et adopta un treillis composé de croix, sautoir et orle
de deux pièces, de chaînes d'or en champ de gueules : armoiries
retenues par tous les rois de Navarre. Il reproche à Bara d'avoir ignoré
ce fait et blasonné NAVARRE : de gueules aux rais d'escarboucle accolés
et pommetés d'or. Mais au f° 3, Palliot (*in verbo* ACCOLÉ) reproduit la
figure de Bara en se bornant à dire que « d'autres la donnent pour
« Armoiries à ce Royaume-là » et blasonne : *de gueules aux rais d'es-*
carboucle accolée et pommetée d'or (sic). Je reproduis cette figure à 313.

313

Menestrier, dont j'ai dû critiquer plus d'une fois les tergiversations
et les méprises, mais dont la profonde érudition est admirable, nous
apprend, f° 44, que NAVARRE p. « de gueules au Rais d'écarboucle
« pommeté d'or » : c'est ainsi, dit-il, qu'elles sont figurées dans la Cha-
pelle et dans le Collège de Navarre, dans de vieux sceaux et en quelques autres monuments, notamment
dans les testons d'Antoine et de Jeanne (de Navarre). Il cite la *Notice de Gascogne* dont l'auteur établit
qu'il n'y a que soixante ans (la date du livre est 1659) que l'on a changé le rais d'escarboucle en chaînes... qui ne paraissent ni dans les monuments ni dans les monnaies. Pourtant dans sa figure au f° 67
(*Véritable Art du Blason*, Lyon, Coral), Menestrier accole *France* et *Navarre*, et pour celui-ci met des
chaînes! L'orle est simple [1], l'escarboucle centrale est carrée, taillée à facettes.

Paradin (*Alliances généalogiques*, 1606, donc sous Henri IV)
donne les armes de NAVARRE : *de gueules au rais d'escarboucle*
pommeté d'or et les dessine une cinquantaine de fois avec l'accolé (?) arrondi en dessous [2], ou bien carré comme en 313 *bis*. Il
renvoie au f° 53 (lisez 69) pour expliquer l'origine de ces armes.
Il narre le conte des chaînes rompues par le roi Sanche dans la
bataille contre Miralmunin ou Miramolin (Mahomet le Verd, roi
de Maroc), lequel était surnommé Enasir ; ce qui voulant dire Vert
en langue punique « peut estre a donné occasion à aucuns de le
« surnommer Smaragdus et dire que pour raison de ce, ce Roy
« Sancho le Fort print pour armoiries l'Esmeraude enchaînée. »
— Cette bataille eut lieu en 1212 ; les chroniqueurs ont beau jeu
pour donner carrière à leurs combinaisons posthumes.

bis.

313

Dans ce conflit il me semble que l'opinion de Menestrier [3],
appuyée sur des monuments et des monnaies anciennes, devrait
avoir la préférence. Le véritable blason de NAVARRE serait donc une escarboucle ; quant à sa figure,
celle donnée par Paradin (il nous dit dans sa préface qu'il a suivi les meilleurs auteurs), est peut-être

[1] Mon mst du XV° siècle dessine le quartier de NAVARRE écartelé, 2 et 3, avec celui de FRANCE, avec la forme
que l'emploie dans le centre de la lettre ornée E, en tête de cette catégorie. La forme ronde de la figure n'est
pas motivée par le contour de l'écu : elle est certainement intentionnelle.

Je le trouve dessiné exactement de la même manière pour CLÈVES dans un grand sceau des Mis de Lullin,
de mes archives.

[2] Dans cette figure l'escarboucle centrale est du double plus grande.

[3] Dans ses *additions et corrections* insérées à la fin du *Véritable art du Blason* (Lyon, 1659) au f° 26, sur la
foi de Joseph Morete, l'historien de Navarre, il change de sentiment malgré les vieux sceaux et les monnaies
sur lesquels il avait basé sa première affirmation. Ceci importe peu si on figure l'escarboucle comme des
chaînes ou réciproquement.

Ainsi dans l'*Arbre séraphique* de 1650, les armoiries de Blanche de Navarre figurent une escarboucle centrale
de laquelle meuvent des chaînes (?) qui ressemblent à des cordes.

la meilleure, 313 *bis* : elle a la disposition du *pommeté*. Nous blasonnerons donc : *de gueules à huit rais d'escarboucle pommetés et fleurdelisés réunis en orle (en double orle* selon d'autres) *le tout d'or* [1].

L'incertitude de la figure a facilement pu la faire modifier en chaînes, ou changer les chaînes en escarboucles et y faire ajouter le pommeté, simple similitude peut-être avec la croix de Toulouse, car précisément la femme de Sanche le Fort était Constance de Toulouse.

En faisant de l'érudition sur des bases très douteuses auxquelles de nombreux savants, pour étonner le vulgaire, ont ajouté chacun un peu d'incertitude, on arrive souvent à ne pas pouvoir se créer une opinion bien arrêtée. Autant d'auteurs comparés, autant de contradictions, quand ces auteurs ne se contredisent pas eux-mêmes. Que je serais heureux de ne rien savoir ; je ne douterais de rien !

ESCARRE. — *Voir* ÉQUERRE.

ESSONNIER ou TRESCHEUR. — *Voir* ce mot qu'il faut prononcer *trécheur.*

Figure héraldique ordinaire du 2me ordre : les traités ne sont point d'accord sur son entité. Vulson le confond avec *orle,* mais ne lui conserve pas sa largeur proportionnelle quand il le met double ; c'est un *orle diminué* selon d'autres. Suivant Palliot, c'est l'*orle* diminué *de moitié* et cette mesure précise serait à adopter si en pratique ce n'était bien difficile. — Menestrier dit que c'est *un orle double l'un dans l'autre.*

Puisque la majorité pourtant s'accorde à dire qu'il peut être *simple* ou *double,* l'opinion la plus certaine, à mon avis, est que c'est un *orle diminué* ; du moment où celui-ci n'aurait pas sa largeur typique (*Voir* ORLE), ce serait un *trescheur* ou un *essonnier.* Ceci admis, non seulement il peut être unique ou en rebattement de nombre (l'un dans l'autre), mais, si sa

314

position est d'avoir les bords unis comme l'orle, il peut recevoir toute *disposition*, à blasonner, modifiant son contour. Le trescheur le plus connu est celui des armes d'ÉCOSSE (314), que nous blasonnerons provisoirement avec la masse des hérauts d'armes : *d'or au lion de gueules enclos d'un double trescheur fleurdelisé et contre-fleurdelisé de même.*

---

[1] Nous avons dit à ACCOLÉ que nous ne comprenions pas ce que ce mot avait à faire dans la description de ce blason pour expliquer la réunion des rais en orle. L'écu de Navarre *accolé* à celui de France, c'est autre chose. — *Voir* REMARQUE IX.

CCXVII. — Ce blason figure au second quartier des armes royales d'ANGLETERRE. En Angleterre comme en France, on le blasonne *double trescheur fleurdelisé et contre-fleurdelisé*, double qualificatif que je n'ai jamais compris, appliqué à la figure du trescheur d'ÉCOSSE.

On dessine les deux trescheurs rapprochés l'un de l'autre, habituellement à une distance égale à leur largeur. Suivant la rigueur des mots — et il ne faut pas jongler avec les mots — ces qualificatifs devraient s'appliquer à chacun des deux trescheurs : ce n'est pas du tout le cas ! Dans le dessin 314 (forme habituelle) la fleur de lis a sa moitié supérieure sur le bord extérieur du premier trescheur et le restant sur le rebord intérieur du second, et réciproquement en ordre alterné, pour motiver le *contre-fleurdelisé* : le vide entre les deux essonniers ne contient pas le restant de la fleur de lis, pour tout ce qui n'est pas caché par les deux tresses. Bref, ce ne sont pas des fleurs de lis, mais des tronçons supérieurs ou inférieurs de fleurs de lis, adhérant aux bords supérieurs du premier et inférieur du second trescheur.

Il serait téméraire de vouloir empêcher les Écossais de dessiner et d'appeler cette figure comme bon leur semble. C'est une forme et un nom de convention que nous devons admettre spécialement pour ce blason : mais il faudrait alors donner un autre nom au *double trescheur* du commun des mortels, ou bien le blasonner autrement pour être correct [1].

J'expose humblement aux doctes membres du « College of arms » et du « Lyon office » que la *situation* des fleurs de lis peut s'accorder avec une « Tressure », mais non avec une « double Tressure « flory counterflory. » La distance réglementaire entre les deux trescheurs n'est pas observée : les demi-fleurs de lis extérieures exigent que le premier essonnier soit beaucoup plus éloigné que sa propre largeur du bord de l'écu : il faudrait donc laisser la même distance entre le premier et le second essonnier. Les trescheurs prenant ainsi une grande place dans l'écu, il faudra diminuer en proportion la grandeur du lion. Ce très léger inconvénient — il ne change en rien l'essence de ce blason — ne doit pas suffire à justifier que l'on défigure les trescheurs.

Nous formulerons donc ces règles : un trescheur (*orle* diminué de moitié environ) doit être placé, dans sa *position*, à une distance égale à son épaisseur des bords de l'écu, sauf modification exigée par la *disposition.* Pour deux essonniers, le second sera à une distance du premier égale à son épaisseur, — et en cas de *disposition*, égale à l'adjonction dispositive. Quand on dit UN *trescheur fleurdelisé* [2] on entend qu'il est garni de fleurs de lis placées de manière à ce que le trescheur remplace la barrette qui sépare de sa queue le corps de la fleur de lis, les têtes dirigées vers les bords de l'écu. *Contre-fleurde-lisé* [3] serait la disposition opposée pour les fleurs de lis ayant leurs têtes dirigées vers le cœur de l'écu. Lorsque l'on dit UN *trescheur fleurdelisé et contre-fleurdelisé*, on entendrait que les fleurs de lis

---

[1] Je trouve dans Boutell (*English Heraldry*, f° 274) le sceau de Marie STUART : il représente un *trescheur* (et non *un double trescheur*) et il n'est pas *contre-fleurdelisé*, quoique les queues des fleurs de lis apparaissent dans l'intérieur. Par instinct, je suppose qu'originairement le *trescheur* d'ÉCOSSE devait être simple et régulièrement fleurdelisé. La forme actuelle doit résulter d'une corruption.

[2] [3] J'ai employé jusqu'ici les mots *fleurdelisé* et *contre-fleurdelisé* dans le sens écossais actuel; mais je dois formuler les réserves les plus expresses. Pour moi, le double trescheur d'Écosse n'est ni *fleurdelisé* ni *contre-fleurdelisé*. — *Voir* FLEURDELISÉ et REMARQUE CCXXXVII.

Un trescheur fleurdelisé régulièrement, ne peut l'être qu'avec trois fleurs de lis *au pied nourri* (quatre ou davantage suivant la forme de l'écu), unies une à chaque angle extérieur. Un double trescheur c'est la répétition du premier. Si *contre-fleurdelisé* a un sens, il comporte la même disposition en sens opposé. Palliot a donc erré (au f° 643) en contre-fleuronnant le trescheur de MOYENVILLE, dans son dessin, ou en ne disant pas que ce trescheur est *fleuronné* et *contre-fleuronné*, dans la description de ce blason.

Tout ceci ne se rapporte pas à 314, qu'il faut blasonner comme je le fais plus loin. — *Voir* la note de la page suivante.

s'alternent tête en haut, tête en bas. Donc, quand on dira DOUBLE *trescheur* — c'est-à-dire deux trescheurs l'un dans l'autre — *fleurdelisé* et *contre-fleurdelisé*, chacun d'eux doit l'être, proportions gardées, EXACTEMENT COMME S'IL ÉTAIT SEUL DANS L'ÉCU.

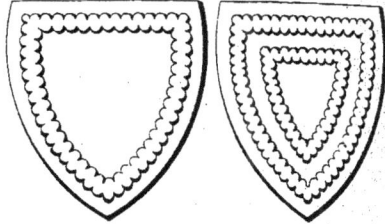

Nous voyons en A *un trescheur cannelé*. En B, *un double trescheur cannelé*. Qui songerait, si la description ne l'exige pas, à le dessiner comme en C, en *cannelant* seulement le bord extérieur du premier et l'intérieur du second ? C'est, très exactement, sauf la disposition différente, le cas du prétendu double trescheur fleurdelisé et contre-fleurdelisé [1].

A   B

Armé de ces prémisses indiscutables, nous blasonnerons 314, pour tourner la difficulté : *de gueules au lion d'or enclos dans le trescheur d'Écosse*, et suivant les règles de la logique : *d'or au lion de gueules (enclos* est inutile) *dans un double trescheur enrichi de têtes et de queues de fleurs de lis adhérant sur le rebord extérieur du premier trescheur, en ordre alterné répondant sur le rebord intérieur du second, tête à queue, queue à tête.*

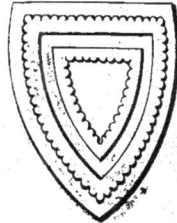

C

Il y aurait un moyen de tout concilier, la forme actuelle du fleurdelisé et contre-fleurdelisé du trescheur d'Écosse est une description raisonnée; ne pas y voir un *double trescheur*, mais *un seul* trescheur, ou mieux *un orle*. En blasonnant *d'or au lion de gueules dans un trescheur (ou orle) fleurdelisé* [2] *et contre-fleurdelisé de même VIDÉ DU CHAMP*, le fait accompli et spécial marcherait d'accord avec la science. Mais le moyen est trop simple pour prévaloir sur un usage invétéré, depuis que Charlemagne, en 809, permit à Achaïus, roi d'Écosse, d'enfermer ainsi le lion de gueules; que Fergus Ier, roi d'Écosse, avait pris pour armes, 330 ans « avant l'Incarnation de nostre Redempteur » au dire de Palliot.

ESSORANT. — Qualificatif pour l'oiseau qui prend son essor pour s'envoler. J'ai dit à AIGLE et à ÉPLOYÉ que l'aigle parfois figure *en assiette d'épervier* (par exemple) *qui s'essore*. Palliot donne un *épervier*, c'est le blason d'Attila, roi des Huns! en *assiette d'aigle*. C'est un échange de bons procédés.

L'on n'oubliera pas que la *position* de l'aigle étant d'avoir le vol ouvert, dire qu'il est *éployé* — dans son sens faux ou vrai — constitue un pléonasme.

ESSORÉ. — Qualificatif pour les toits ou couvertures de maison, tour, etc., quand ils sont d'un émail différent : synonyme de *couvert*.

[1] *Voir* notes 2, 3, folio précédent. Vulson met des fleurs de lis *au pied nourri*.
[2] Dans le même ordre d'idées que dans les notes du folio précédent, il faudrait, pour le commun des mortels, dans la description à laquelle elles se rapportent, supprimer le mot *double* et ajouter, à la fin, *le trescheur vidé du champ*. Il faut noter que l'existence du *contre-fleurdelisé* implique la création antérieure de la *contre-fleur de lis*. Si bien que l'on pourrait blasonner *trescheur enrichi de fleurs de lis* et de *contre-fleurs de lis* !

ESTACADE. — Menestrier appelle ainsi la figure du chef des PALLAVICINI de Gênes.

CCXVIII. — Elle serait, selon lui, composée de pals liés les uns aux autres : il risque même, pour expliquer cette figure, le jeu de mots PALAVICINI (pals voisins). Cette prétendue *estacade* n'est qu'une *fasce bretessée et alaisée*. C'est ainsi que blasonnent les armoristes italiens : Della Chiesa ajoute « in forma di « porta-scarpe » ce qui n'explique rien. Nous blasonnerons PALLAVICINI, (315) : p. *cinq points d'or équipollés à quatre d'azur au chef du premier chargé d'une fasce de sable alaisée et bretessée de trois pièces.* — *Voir* REMARQUE CCCL.

315

Les Mis PALLAVICINI, du Piémont, portent un blason très diversement décrit et que l'on décrira toujours ainsi tant que la logique universelle n'aura pas remplacé l'interprétation individuelle. Les uns disent : *huit points de gueules équipollés à sept d'argent, au chef de l'Empire ;* les autres : *échiqueté de trois tires, chacune de quatre pièces de gueules et d'argent, au chef de l'Empire.* Ces descriptions sont vicieuses : ce blason ne nous présente pas des *points* et ils ne sont pas *équipollés.* Ce n'est pas un *échiqueté* non plus (*Voir* CE MOT) — en tout cas il ne faudrait pas dire *que chacune des quatre tires est de gueules et d'argent,* ce qui ferait commencer toutes les tires par le *gueules.* En suivant le dessin des Catalogues DES CHEVALIERS DE L'ANNONCIADE, nous blasonnerons 315 *bis : parti de deux, coupé de trois, de gueules et d'argent, au chef de l'Empire.* — *Voir* la REMARQUE CCCL et l'explication de la FIGURE 315 *bis* à *Points équipollés.* Toute amphibologie avec des *points équipollés* ou avec l'*échiqueté* est ainsi évitée. Cela n'est pas à dédaigner, puisque, à mon avis, ce sont trois figures qu'il faut pouvoir, au premier coup d'œil, distinguer l'une de l'autre, quel que soit l'emplacement dont elles jouissent dans un écu.

Pour le chef de l'Empire ayant un aigle avec une seule tête. — *Voir* REMARQUE CCXIII.

315 *bis.*

ESTREZ. — Le Féron appelle ainsi la croix pleine de Montmorency et Palliot conjecture que c'est « à cause qu'elle fut diminuée de sa « largeur pour donner place dans l'Escu aux seize Allerions, et qu'estant ainsi retraisie, « elle estoit dite *Estrez.* »

C'est une conjecture et non un article de foi.

ÉTAI ou ESTAYE. — C'est ainsi qu'on appellerait un chevron très diminué, si on le trouvait dans les armoiries. Palliot n'en a jamais rencontré. D'ailleurs, si le chevron était diminué pour faire plus de place à d'autres pièces ou se *rebattre*, il ne devrait pas changer de nom. — *Voir* REMARQUE CDI.

ÉTERNITÉ. — Quelques auteurs la symbolisent ainsi, avec un serpent, formant un cercle, en se mordant le bout de la queue.

ÉTÊTÉ. — Aigle ou autre animal représenté sans tête, comme le poisson *étêté* d'Islande, en pal, surmonté d'une couronne.

ÉTINCELANT, ÉTINCELÉ. — Se dit des *étincelles* représentées en guise de flammèches comme en lance un fer rouge battu par le forgeron. Noyel-Bellegarde, (316) : p. *d'azur à la fasce haussée courbée en sphère rayonnante vers la pointe, mouvante des angles du chef et étincelante d'or*, à quoi ils ont ajouté, par concession impériale de l'an 1549, un *chef de l'Empire*. — C'est à tort que Menestrier fait une demisphère pleine de ce qui est une fasce, en se basant peut-être sur le « dimidius circulus solis... radiis « emicantibus, etc. » des patentes de Charles-Quint [1]. J'ai suivi le dessin uni à ces patentes — où l'aigle n'est pas couronné, par inadvertance sans doute, puisque c'est bien un chef de l'Empire.

316

ÉTOILE. — Figure très répandue ; on ne blasonne pas le nombre de ses rais (cinq), mais on spécifie de six, huit, dix, douze ou seize rais. Elle figure, seule ou en nombre, chargeant ou accompagnant ; en blasonner le nombre et la *situation* en temps et lieu. — *Voir* Accompagné, Comète, Position, Rais. — Incisa, (317) : p. *d'azur à neuf étoiles d'or 3, 3, 2 et 1.* — Waldeck, (317 bis) : *d'or à l'étoile à huit rais de sable.*

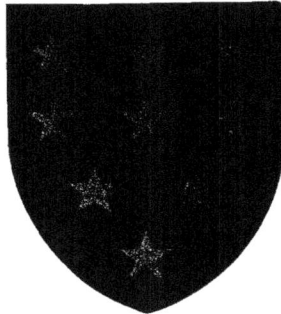

317

317 *bis.*

[1] Les descriptions des Patentes impériales ne sont pas conçues héraldiquement ; bien loin d'être précises, elles ne peuvent guère se passer d'interprétation. La figure annexée — quand elle y est — fait heureusement comprendre ce qu'elles ont voulu exprimer.

ÉTRIER. — Si l'*étrier*, figure connue, a des chappes ou courroies, quel qu'en soit l'émail, il faut ajouter : *les chappes liées de tel émail.*

ÉTUI DE CROSSE. — C'est la figure que donne Menestrier (sauf le *contourné*) des armoiries de la ville de BALE, (318) : *d'argent à l'étui de crosse de sable.*

318

CCXIX. — Menestrier dit que l'Armorial allemand de Sibmarcher (ou Sibmachen) blasonne cet écu : un écu blanc et ce qui est dedans noir ; ce qui n'est pas d'un grand secours pour ceux qui veulent apprendre à blasonner. Il ne manque pas de descriptions qui, avec une apparence plus scientifique, sont encore plus naïves que celles ci-dessus. D'autres appellent cette figure une fleur de lis renversée.

ÉVIRÉ. — Se dit du lion ou autre animal représenté *sans vilenie.*

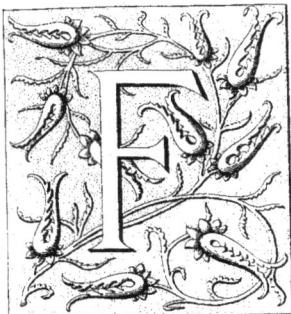

AILLI. — Quelques auteurs l'emploient comme synonyme de *rompu* pour le chevron. — *Voir* Fig. 146.

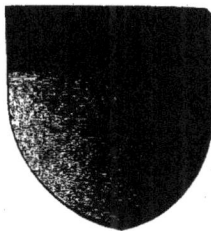

CCXX. — On pourrait réserver ce mot, dans les blasons à *demi-partitions*, pour exprimer un trait interrompant la ligne de partition. Un exemple me fera mieux comprendre. Arpo, (319) : p. *de gueules, mi-coupé en chef* (c'est-à-dire sur la ligne du chef en partant nécessairement de la dextre) *failli en taillant* (c'est-à-dire de la ligne du *coupé* à la suivante) et *recoupé en pointe* (c'est-à-dire sur la ligne séparant horizontalement le flanc de la pointe : un tiers de l'écu) *vers le bas du flanc senestre d'argent* (c'est-à-dire depuis la ligne où s'est arrêté le *failli-taillé*, en tirant à senestre). — *Voir* Remarque CDVII, Éclopé, synonyme de *failli*, et Singuliers blasons.

319

FAISSE. — Vieux mot pour *fasce*.

FANON. — Manipule comme celui des prêtres, figurant quelquefois sur les *dextrochères* ou *senestrochères*.

FASCE. — Une des huit figures principales honorables héraldiques du premier ordre. Elle remplit le tiers environ de l'écu, entre le chef et la pointe; sa place occupe D, E, F, de la figure 293. (Villers-la-Faye), (320) : p. *d'or à la fasce d'azur*.

320   321   322

La fasce figure très souvent en rebattement de nombre. Harcourt, (321) : *de gueules à deux fasces d'or*. Corbeau, (322) : p. *d'or à trois fasces de sable*.

MOLAMBAY, (323) : *d'argent à quatre fasces d'azur.* BEAUJEU, (324) : p. *de gueules à cinq*

323 324 325

fasces d'argent. HEMART, (325) : *d'argent à six fasces de sable.* RATAULD, (326) : p. *d'argent à sept fasces d'azur au bâton de gueules brochant sur le tout; suivant d'autres : d'argent à trois jumelles d'azur à la cotice croisée de gueules brochant sur le tout [1].*

Avec tous ces rebattements, la fasce diminue de largeur en proportion. La manière de répartir facilement les fasces est donnée dans la REMARQUE LXII en appliquant à la fasce et aux dispositions de ses rebattements, ce qui y est dit à propos de la bande.

326

CCXXI. — Par ce rebattement de nombre, quoique la fasce su-bisse nécessairement une réduction, cette réduction ne lui fait pas changer son nom de *fasce*. L'opinion de quelques auteurs qui, passé le nombre de 5, de 6 selon d'autres, appellent les fasces, *burelles*, ne me semble pas fondée. — *Voir* BURELLÉ et plus loin au rebattement du second genre. — *Voir* DEVISE, TRANGLE, JUMELLE, HAMADE, TIERCE. —

La *fasce* est très souvent accompagnée ou chargée. Seule, ou en nombre, elle reçoit toutes les dispositions des *lignes de bordure* (*Voir* CE MOT et des exemples de *crénelé*, 200, de *crénelé ajouré*, 37, de l'*enté*, 305). Nous avons des fasces *flamboyantes*, en *sphère* ou *arrondies* et *étincelantes*, etc.

Parmi toutes les lignes de bordure, une seule change de nom pour la fasce quand elle est *dentée*, ou *denchée*, ou *endentée*, seulement en dessous. Dans ce cas, la fasce dentée devient *feuille de scie.* — *Voir* CE MOT et plus loin FASCÉ DENTÉ.

CCXXII. — Quelques auteurs, au lieu de dire, par exemple : *d'or à trois fasces de sable,* disent : *d'or*

[1] Il me semble inutile de relever l'incohérence de cette *cotice croisée.* Comment, d'ailleurs, peut-on confondre trois jumelles (six fasces accouplées par deux) avec sept fasces ?

à une fasce de trois pièces de sable. Si l'on veut bien songer que trois fasces occupent chacune la septième partie de l'écu environ, et forment chacune un corps séparé, on concluera que cette locution est aussi impropre qu'*ormoire* pour *armoire ;* aussi inexacte que si l'on disait, FRANCE : p. *d'azur à une fleur de lis de trois pièces.*

Il en est autrement dans un *fascé* (et rebattements similaires, quel que soit le nombre), pour lequel il faut dire (sauf pour le fascé type) *fascé de tant de pièces.* Dans ce cas, ce ne sont plus des fasces isolées ; c'est une réunion de fasces, formant un champ factice, que l'on ne saurait énoncer autrement et correctement.

FASCE-CANTON. — Faute de mieux, faut-il se contenter de ce terme pour les figures suivantes : WOODVILLE, (327) : p. *d'argent à la fasce-canton à dextre de gueules.* YATTON, (328) : p. *d'argent à deux fasces de gueules, la première fasce-canton à dextre ?*

327

328

327 *bis.*

CCXXIII. — On peut préférablement, à mon avis, blasonner 327, avec Palliot, *de gueules au canton senestre d'argent, à la champagne de même,* ce qui comporte le dessin de 327 *bis.*

Quant au blason 328, la description : *d'argent à deux fasces de gueules, la première unie à un canton à dextre de même,* me semble plus héraldique et plus compréhensible.

FASCE DISJOINTE. — La figure expliquera ce que de longues explications ne suffiraient pas à rendre parfaitement clair. GLEISENTHAL, (329) : p. *de sable à la fasce d'argent disjointe au milieu : la première moitié haussée, l'autre abaissée, les deux parties s'aboutant en cœur.* Menestrier ajoute à haussée, *vers le chef,* et à abaissée, *vers la pointe...* comme s'il était possible de faire autrement.

FASCE (EN). — *Disposition* et avec l'adjonction *mis* ou *posé,* *situation* de deux ou plusieurs figures qui sont rangées dans l'assiette d'une fasce, par exemple : les étoiles de 306.

329

Je trouve quelque part cette description : d'azur au sautoir d'argent à trois colombes d'or *en fasce. En fasce,* c'est vite dit ; je les mettrai *en ligne horizontale.* Mais il n'est pas aussi vite fait de deviner où je la placerai ; sera-ce *en chef* ou *en pointe, brochant sur le sautoir ?* C'est aussi clair qu'un quatrain de Nostradamus.

CCXXIV. — Chaque figure a sa position naturelle ; la *billette*, par exemple, est *debout*. La figure 330 se blasonnerait : *six billettes : trois en chef, celles-ci rangées*, ou *mises*, ou *couchées*, ou *posées en fasce : et trois en fasce*.

L'expression *mises en fasce* indique que les trois billettes supérieures forment une fasce entre elles, double *situation ;* elles doivent donc être *couchées*. — Les *trois* inférieures *en fasce* gardent leur position de billettes (debout) et sont placées *en fasce* seulement par rapport à l'écu. — *Voir* BILLETTES, MIS et POSITION.

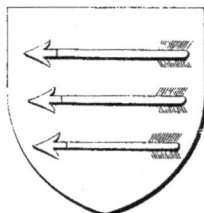

330   330 bis.

FASCES (EN). — Indique la *situation* de deux ou plusieurs pièces de longueur que l'on voit rangées *chacune* dans la disposition de la fasce, affectant *chacune* une forme de fasce.

CCXXV. — Ainsi dans la figure 330 bis nous voyons *trois flèches rangées en fasces, la pointe tournée à dextre*. Dans ce cas il est inutile de dire *l'une sur l'autre*. On pourrait même supprimer le mot *rangées*, la marque du pluriel *en fasces* comportant nécessairement la *situation* des trois flèches, assimilée à celle de trois fasces. — *Voir* PLURIEL, SINGULIER.

FASCÉ. — Second genre de rebattement (de situation) : quand l'écu est entièrement *rempli* de fasces, alternativement de métal et de couleur, ou de couleur et de métal, ce qui donne un *champ factice*.

331   332   333

Disposition similaire au *bandé*, *barré*, etc. ; passé un certain nombre de pièces, on l'appelle *burellé*, dont le nombre type est de dix.

GUINGAMP (Ville de), (331) : *fascé d'argent et de gueules de quatre pièces*.

CRUSSOL, (332) : *fascé d'or et de sinople*. C'est le véritable *fascé de six pièces*, nombre que l'on ne doit pas exprimer ; c'est aussi le *fascé* le plus répandu.

POLIGNAC (333) : p. *fascé d'argent et de gueules*.

BOURLEMONT, (334) : *fascé d'argent et de gueules de huit pièces.* BAR, (335) : *fascé d'or, d'argent et d'azur de neuf pièces.* Nous avons déjà le burellé (de dix pièces) de LA

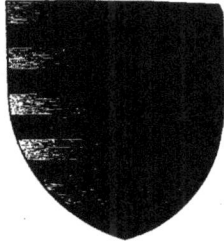

334   335   336

ROCHEFOUCAULD à la figure 86. AVOGADRO, (336) : p. *burellé d'or et de gueules :* quelques-uns de ce nom y ajoutent le *chef de l'Empire.*

On dit aussi *fascé* pour les animaux chargés de *fasces* alternées.

CCXXVI. — On remarquera l'exemple 335 composé de neuf pièces : tous les autres sont en nombre pair, ce qui est la règle pour tous les rebattements de situation similaire au *fascé.* Les émaux sont ici disposés trois par trois : mais il n'y a pas moyen de confondre cette figure avec des fasces, on pourrait également la blasonner : *tiercé en fasce de trois pièces d'or, d'argent et d'azur.* — Il pourrait exister aussi physiquement un *fascé de trois pièces,* mais on l'appelle *tiercé en fasce,* si l'on rencontrait un écu comme le tiers horizontal de 335, de trois émaux (*Voir* TIERCÉ). Avec le même émail en chef et en pointe, la partie du milieu ne serait plus qu'une *fasce.*

FASCÉ (CONTRE-). — D'un nombre indéterminé de pièces, se dit lorsqu'un écu *fascé* est *parti*[1]. *Fascé, contre-fascé d'or et de gueules,* revient à dire, *parti : au premier fascé d'or et de gueules; au second fascé de gueules et d'or,* c'est-à-dire que les émaux du second parti s'opposent aux émaux du premier. Il en résulte que le *contre-fascé* n'existe pas seul : il faut nécessairement qu'il soit *contre* un *fascé,* au deuxième rang dans la description, mieux encore, au troisième. TAPPARELLI , (337) : p. *parti, fascé et contre-fascé d'argent et de gueules. Fascé, contre-fascé d'argent et de gueules,* reviendrait au même résultat : j'insiste pourtant sur l'avantage, dans tous les cas

337

[1] Il pourrait être également *tranché* ou *taillé.*

possibles, de blasonner la partition maîtresse, avant toute autre chose. — *Voir* REMARQUE CXLII.

Si je trouvais un *fascé contre-fascé* de dix pièces, je le nommerais *burellé, contre-burellé.*

FASCÉ-DENCHÉ. — Défini par Palliot « lorsque toutes les fasces sont dentées et de « telle façon que l'escu en est autant plein que vuide... Quelques autheurs le nomment « Herminettes à cause que cette manière d'escu en approche. »

CCXXVII. — Je ne peux suivre sur ce terrain le grand héraldiste bourguignon. Il en donne trois figures. Voici celle de CANCELLIERI, (338), qui porterait : *fascédenché de gueules et d'or.* Je reproduis exactement cette figure. Comment sans le savoir, de science infuse, pourrait-on deviner que c'est là *un fascé denché ?*

Tout homme intelligent en cherchant dans un dictionnaire de Blason ce que veut dire *fascé,* puis à *denché* la notion

338   339

complémentaire, doit pouvoir arriver à dessiner correctement (*Voir* plus bas) un *fascé-denché.* Comme nous visons à introduire la logique dans notre art, nous ne saurions blasonner autrement 338 que par ces mots : *fuselé de gueules et d'or : chaque fuselé coupé de l'un à l'autre.* Tout le monde comprendra cette simple description [1].

Pour pouvoir faire quelque chose qui ressemble à un *fascé-denché* — exactement ce n'est pas possible — je dessinerai comme au nº 339.

A la page suivante Palliot donne une *fasce denchée* dont la configuration est semblable à 339, comme elle doit l'être. Comment ces *fasces denchées* peuvent-elles, par le rebattement, former le *fascé-denché* si extravagant de 338 ? Pas plus qu'avec beaucoup de corvettes on ne saurait faire un vaisseau de ligne. Une plus longue démonstration me paraît superflue.

J'ai dit tout à l'heure « exactement ce n'est pas possible. » En effet, ce *fascé-denché* ne peut l'être ni en chef ni en pointe. Ce n'est pas non plus exactement un *fascé en feuille de scie,* puisqu'on pointe le dernier fascé n'est pas *en scie.* Je manque de documents pour décider si au lieu du fascé de 339, il ne faudrait pas mettre *trois fasces denchées ou dentées d'or* sur champ de gueules ou réciproquement. Dans ma conviction pourtant — si ce n'est dans le cas présent — c'est très souvent par confusion que l'on a fait un *fascé* de ce qui, dans l'origine, surtout pour les fasces recevant une ligne de bordure, devait être simplement un écu chargé de *plus ou moins de fasces.*

[1] En revanche, si je blasonnais comme certains autres : *fusclé de gueules et d'or coupé de l'un à l'autre,* le coupé n'agirait que sur la moitié inférieure de l'écu. — *Voir* REM. CXLII.

FASCE TOMBANTE. — D'anciens auteurs nomment ainsi la bande. Terme absolument inutile et impropre : à laisser tomber.

FAUCILLES. — *Voir* FAUX.

FAUCON. — *Voir* OISEAUX.

FAUSSES-ARMES. — Nous en avons suffisamment parlé à COULEUR SUR COULEUR et à ENQUÉRIR.

FAUX et FAUCILLE. — Sont représentées dans quelques blasons avec leur figure naturelle, *emmanchées* ou non, dernière disposition à blasonner ainsi que leur assiette et situation. Le fer de la faux, seul, s'appelle RANCHIER.

FEMME. — « Cette si charmante partie de l'homme, tirée de sa substance qui luy a « esté donnée pour fidelle compagne, pour sa consolation particulière.... se trouve « assés souvent représentée dans les escus des estrangers. » Palliot, cite entre autres : « AMANT, le bel jousteur, chevalier de la Table-Ronde, qui portoit *de sable, à une fille de* « *carnation, les cheveux espars d'or* », pour seul vêtement.

On en voit dans les cimiers de quelques maisons françaises.

Je ne puis, dans le cours de cet ouvrage, renvoyer mon lecteur « pour sa consolation particulière » qu'à de rares exemples : au n° 26, et encore c'est une *harpie ;* au n° 624, mais elle finit en queue de poisson.

FERS. — *Fer de cheval* (A) ; on le blasonne *cloué* ou *rivé*, s'il l'est d'un autre émail. *Fers de lance* (B) ; *de flèche* (C) ; *de pique* (D) ; ils figurent assez souvent dans les blasons. Ils peuvent être renversés (la pointe en bas), en bande, en bandes, accompagner, charger seuls ou en nombre. Le fer de lance est quelquefois nommé *roquet, cotrel* ou *cotterel.*

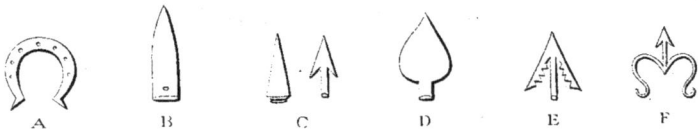

On trouve, en Angleterre, le *phéon,* fer de flèche (E), barbelé en dedans ; en Allemagne, un fer de *dard* ou de *flèche,* abouté sur une cornière (F). — *Voir* ÉMOUSSÉ, MORNÉ, ROC.

FER DE MOULIN. — J'ai déjà donné sa figure au n° 226. Menestrier donne une figure différente pour BOISCHOT, qu'il blasonne : « fer de moulin en sautoir, alésé, paré, anché et ouvert en losange *(sic).* » Je le représente ici en G : quoiqu'il le dise *ouvert*, la losange est également du même émail que le reste.

FERMAIL, FERMAUX, FERMEAUX, FERMALES
ou FERMALETS. — Ce sont de grandes boucles
rondes ou en losange, de formes diverses, ou agrafes garnies d'un ardillon. GRAVILLE, (340) : p. *de
gueules à trois fermeaux d'or*. Ces nobles prétendaient
avoir été nommés sires de Graville par Jules César.

FERMAILLÉ. — Se dit d'une bordure chargée de
fermeaux : on pourrait également nommer *fermaillée*
de cinq pièces, une croix chargée de cinq fermeaux,
dans la situation relative de cinq pièces chargeant
une croix.

FESSE. — *Voir* FASCE.

FEUILLE. — Elles figurent quelquefois seules :
si on reconnaît leur espèce, il faut la blasonner.
C'est plus facile quand elles sont unies à une tige
soutenant une fleur. On blasonnera, par exemple,
une *rose feuillée et soutenue* de tel émail. — *Voir*
SOUCI, VIOLETTE et INDUCTIONS. FAILLY, (341) : p.
*d'argent au houx de trois feuilles arraché de gueules,
accompagné de deux merlettes affrontées en pointe.*
Naturellement les merlettes sont *de sable*.

FEUILLE DE SCIE. — Nous avons vu à FASCE
et à la REMARQUE CCXXVII que la *feuille de scie*
est une *fasce dentée* ou *denchée*, mais seulement dans
sa partie inférieure. COSSÉ-BRISSAC, (342) : p. *de
sable à trois feuilles
de scie d'or :* inu-
tile d'ajouter avec
Palliot qu'elles
sont en fasces. LA
FAYETTE, (343) :
p. *d'or à la feuille
de scie de gueules
en bande, les dents
en haut.*

Ici il est abso-
lument nécessaire
de dire que la
feuille de scie re-
çoit la situation

340

341

342

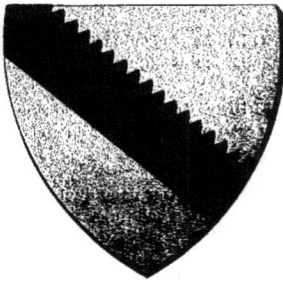

343

des dents en haut et qu'elle est en bande. Il serait même plus correct de blasonner *d'or à la bande en feuille de scie de gueules*, les dents en haut. On conviendra qu'il est inutile d'énoncer une *fasce [feuille de scie]* pour dire tout de suite après que c'est une *bande*.

FEUILLÉ. — Se dit non seulement d'une fleur *feuillée,* mais d'un arbre qui aurait son feuillage d'un autre émail que le tronc.

FICHÉ. — Nous en avons des exemples, 33, 34, 240, 241, 503. Qualificatif pour ce qui a le pied aiguisé comme pour être fiché en terre.

En Angleterre « fitchee » correspond à notre *pied fiché* (*Voir* REMARQUES XXX, XXXI). Mais pour les croix recroisettées, par exemple, on n'y recroisette pas le bout inférieur de la croix que l'on fiche simplement ou que l'on aiguise depuis son départ du bras horizontal. Ainsi pour les *six croisettes recroisettées au pied fiché d'argent qui, sur champ de gueules, accompagnent* (on ne sait pas trop comment) *la bande du premier,* des HOWARD (DUCS DE NORFOLK). Pourtant quand on dit *recroisettée* et *fichée,* une croix doit être *recroisettée sur tous ses bouts* et son pied *fiché* par dessus le marché. Croix, *position;* recroisettée, *disposition* pour toute la croix; au pied fiché, *disposition spéciale pour le bout inférieur* de la croix recroisettée, bout qui doit être *recroisetté* et *fiché.*

Supposez un blason *de gueules à la croix recroisettée au pied fiché* d'argent. Un sceau de cette famille me passe par les mains, malheureusement brisé; il ne reste de l'écu que la partie inférieure. Il est figuré à l'anglaise; je serai en droit de blasonner *de gueules au pal fiché* ou *aiguisé d'argent.* Si je vois un vestige du bras horizontal vers le centre, je blasonnerai *croix aiguë, croix aiguisée sur tous les bouts.* Dans les deux cas, appuyé sur l'essence des pièces j'aurais raison — et tort par le fait de ceux dont la description ne correspond pas à la figure.

FIER. — Qualificatif pour un lion hérissé, dit Menestrier. Comme — que je sache — le lion n'est jamais *hérissé,* ce mot est inutile : il est dans la nature du lion d'être fier, autrement il ne serait pas lion.

FIERTÉ. — Qualificatif inventé par Bara pour exprimer que la baleine a les dents, les ailerons et la queue de gueules. Aussi inutile que *Fier.*

FIGURE HUMAINE. — Se représente de face ou de profil avec la naissance du cou; elle est de *carnation* ou de tout autre émail. Les *têtes de More,* à moins de désignation contraire, sont de profil et de sable. Si elles sont ceintes d'une bandelette on les dit *tortillées.*

On voit figurer dans quelques écus l'œil humain, seul ou en nombre, *au naturel* ou *de carnation,* d'habitude.

FIGURÉ. — Se dit théoriquement du soleil ou de la lune dans son plein, sur lesquels on met les traits du visage humain, et, pratiquement, d'une autre pièce ayant cette effigie;

FIGURE 209

comme un miroir, reflétant; des besants, paraissant frappés à l'effigie humaine. Le cou ne paraît pas dans le *figuré*.

Ceux qui admettent l'*ombre de soleil* (*Voir* CE MOT) et lui donnent le sens de soleil représenté sans les traits de la figure humaine, pourraient, afin d'éviter toute plus grave confusion, le blasonner *soleil non figuré*, car dans sa position le soleil est *figuré*, ce qu'il est inutile de dire.

FIGURES. — Il y a plusieurs systèmes de classification pour les figures.

Sans m'inquiéter de l'opinion de tel ou tel héraldiste, je présente ici des catégories bien déterminées, en suivant cette filiation :

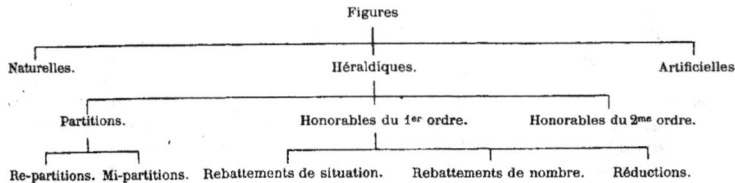

Figures

Naturelles.   Héraldiques.   Artificielles

Partitions.   Honorables du 1er ordre.   Honorables du 2me ordre.

Re-partitions. Mi-partitions. Rebattements de situation.   Rebattements de nombre.   Réductions.

La FIGURE — on l'appelle aussi PIÈCE — est donc tout ce qui paraît dans les blasons : ils sont tous composés, en effet, d'un émail au moins, et d'une figure au moins. — *Voir* CHAMP.

Les figures sont de trois espèces :

1º Lés figures héraldiques;

2º Les figures naturelles;

3º Les figures artificielles.

CCXXVIII. — L'importance de cette classification, absolument tranchée, est surtout théorique. Les bases sur lesquelles elle repose seraient bien longues à discuter et ce serait pure affaire d'érudition. — En deux mots : un généalogiste ne saurait faire du clan des *re*, autre chose que des descendants au deuxième degré des figures héraldiques : pour ce qui concerne les figures héraldiques du premier ou du second ordre, pour ne pas établir des distinctions difficilement explicables, il faut restreindre à huit le nombre du premier. Les deux ordres sont faits avec des traits de partition. Où s'arrêterait le premier ? où commencerait le second ? Tout le monde est d'accord pour mettre au premier rang les huit figures énoncées plus bas (*Voir* FIG. HÉRALD., 2º). Toutes les autres seront au deuxième rang. — *Voir* 3º et REM. CCCXXXV.

Quelques auteurs admettent aussi les *figures chimériques*, comme les dragons et autres animaux fabuleux. Je les classe parmi les figures naturelles, ainsi que les *figures célestes* comme anges, chérubins : toutes deux, *chimériques* et *célestes* avec l'effigie *naturelle* de convention qui les personnifie dans les blasons.

FIGURES ou PIÈCES HÉRALDIQUES. — Elles se divisent :

1º En partitions. Il y en a quatre: *parti, coupé, tranché* et *taillé*. — *Voir* CES MOTS : plus les *mi-partitions* et les *re-partitions* ;

2º En pièces honorables du premier ordre. Il y en a huit : *pal, fasce, croix, chef, bande, barre, chevron* et *sautoir* (*Voir* REMARQUE CCCLII). Elles ont presque toutes des *rebattements de nombre* qui les multiplient et des *rebattements de situation* qui transforment les pals en *pallé*, les fasces en *fascé* et *burellé*, les bandes en *bandé*, etc. Elles ont aussi des *réductions* ou *diminutions* qui changent le pal en *vergette*, la fasce en *devise*, la bande en *cotice*, etc. On trouvera à chaque figure héraldique honorable du premier ordre, ce qui la concerne ;

3º En pièces honorables du deuxième ordre. — *Voir* SYNOPSIS, page 5, et tous les mots qui y sont inscrits, au Dictionnaire.

FIGURES NATURELLES. — Sont celles qui sont tirées de la nature, comme les animaux, les astres, les arbres, les eaux, etc.

CCXXIX. — On rencontre dans les blasons d'Italie (centrale et méridionale) et ailleurs, des figures naturelles comme une allée de peupliers sur une terrasse, ou bien mouvantes, par exemple, de la pointe (en pal, en bande ou en barre), le tout *au naturel*. On en voit même avec un ciel *au naturel*, etc., etc.

Une famille VON VISCHER du Wurtemberg (Wappenbuch, Tiroff. 1847. *Dritter Band*, fº 59) a l'armoirie suivante : une grève ou terrasse de sinople se terminant à dextre par un tertre gazonné surmonté d'un rocher orné d'un buisson. Sur ce tertre est assis et adossé au rocher un pêcheur à la ligne contourné, en manches de chemise et en bas d'argent, la figure de trois quarts et les mains de carnation, coiffé de sable, avec une veste (sans manches) de gueules et des culottes de sinople. De ses mains il tient une canne à pêche de... avec une ligne de... dont l'hameçon est avalé par un poisson d'argent issant en pal d'une mer d'azur ne dépassant pas la hauteur du genou senestre du pêcheur. Un soleil d'or mouvant de l'angle senestre du chef éclaire la scène, sur un ciel au naturel, chargé de quelques légers nuages flottant vers le sommet dextre du chef.

On voit qu'encadrée dans le *au naturel*, la nature entière peut figurer dans les paysages héraldiques.

FIGURES ARTIFICIELLES. — Sont celles qui sont faites par la main de l'homme : *armes, instruments, édifices*, etc.

CCXXX. — Dans toute figure il y a trois choses essentielles à blasonner : la dénomination (ce qui comporte sa *position*), l'émail, et, si c'est le cas, la *disposition* et la *situation*.

Toute figure a sa *position* : si elle est régulière — celle d'une fasce par exemple — il n'est pas nécessaire de l'exprimer, puisqu'il n'y a pas de *situation*. Mais si cette fasce est chargée de trois étoiles c'est une *disposition* qu'il faut blasonner. Si cette fasce, au lieu d'avoir sa position naturelle ou régulière était *haussée* ou *abaissée*, c'est une *situation* qu'il faut exprimer. On dirait par exemple *une fasce d'or abaissée*. Si au lieu d'une fasce, il y en a deux, *c'est un rebattement de nombre* et une *diminution* : mais cette dernière, si elle n'est que *relative* à la largeur proportionnelle que deux fasces doivent occuper dans un écu, n'est pas à exprimer : on dira *deux fasces d'or*. Si la diminution est directe sur les fasces elles-mêmes, c'est une *réduction* : on dira *deux fasces en devise d'or*. Si ces fasces reçoivent un *rebattement de situation*, tellement que l'écu est également chargé de listes plates, dans le sens de la fasce, constituant un *champ factice* (*Voir* CHAMP) alternativement d'or et de gueules par exemple, on dira *fascé de quatre pièces*, etc.

La figure est *principale* ou *secondaire*. La principale est celle qui occupe la partie la plus importante de l'écu. S'il y a plusieurs figures dans un blason (*Voir* Fig. 101), l'examen vous montrera quelle est la principale. Quoi qu'en dise un traité moderne, les pièces honorables ne sont pas toujours *principales*.

On trouvera encore d'autres renseignements à Description, Position, Situation.

FILET. — Se prend en deux acceptions :

1° Le *filet* serait une pièce honorable héraldique du deuxième ordre. Diminution au tiers ou au quart de l'*orle* (*Voir* ce mot). Quand, au lieu de suivre comme l'orle, les bords de l'écu, le filet affecte une forme carrée, Vulson l'appelle Cadril. Figure excessivement rare en tout cas et résultant fort probablement de fausses interprétations;

2° Le *filet* est encore un trait « un gros trait de plume » qui se tire dans le sens de la barre, comme marque de bâtardise (*Voir* Barre) ou sans cette intention, ou dans toute autre direction, *bande, croix*, etc.

CCXXXI. — Il n'y a pour ce terme rien de précis. Je crois que l'on a appelé *filet* ce que d'autres appelleraient *bâton, cotice, traverse*. Un simple trait d'ombre inoffensif a pu être pris pour un filet. J'ai remarqué souvent que rien n'est plus difficile que juger de la dimension d'une pièce, si on n'a pas deux blasons sous les yeux, l'un ayant une *cotice*, l'autre un *filet en bande*. Avec un seul blason, Paul appellera *cotice* ce que Pierre baptisera *filet*. — *Voir* Filière.

FILIATION. — *Voir* Arbre généalogique, Degré et Parenté.

FILIÈRE. — Serait aussi une pièce du deuxième ordre : diminution de la bordure. — *Voir* Remarque précédente. On n'en trouve point d'exemples authentiques. Palliot remarque que la bordure peut être diminuée par la faute du peintre qui n'aurait pas observé la largeur ordinaire que l'on donne à la *bordure*. Il faut tenir bon compte de cette remarque très judicieuse.

FIZELÉ. — Vieux mot pour *fuselé*.

FLAMBANT. — *Voir* Flamboyant.

FLAMBEAU. — *Voir* Allumé (second sens).

FLAMBOYANT. — Qualificatif pour les figures aiguisées et ondées comme des flammes ou des rayons. — *Voir* Comété, Fig. 167 et Remarques CXXV, CXXVI.

FLAMME. — Elle est « plus agréable à voir dans les « escus que parmy les plus effroyables incendies. » Voici sa figure. Montaigu, (344) : p. *d'or à trois flammes de gueules*.

344

CCXXXII. — Palliot donne la figure de trois *flammes* de gueules, mouvantes de la pointe, exactement semblables à ce qu'il a blasonné *pals flamboyants* à COMÉTÉ. — *Voir* CE MOT.

FLANC. — *Voir* ÉCU.

FLANQUÉ. (FLANCHÉ, FLANQUIS). — Sa véritable signification exprime une partition mouvant du chef ou des angles du chef à la pointe, *sur les deux flancs* de l'écu, laissant libre une partie du champ, qui se fait presque exclusivement par des traits ovales ou arrondis, mais peut se faire de toute manière indiquée par la description. BAUDRY, (345) : p. *d'azur à trois fleurs de lis d'or en pal flanquées en arc de cercle d'argent.*

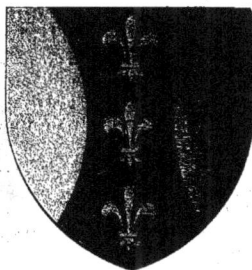

345

CCXXXIII. — On peut flanquer *en pal* : la ligne sera droite. Un chef *tiercé en pal* se compose de trois parties égales *(Voir* FIG. 613 à 617) : une fasce *tiercée en pal* également. Si les deux points à dextre et à senestre sont pareils, on peut blasonner le troisième, *flanqué de...* (les autres points) : correspond à *adextré* et *senestré.*

Palliot appelle *flanqué en sautoir* « deux demies lo-« sanges » *(sic)* partant des angles supérieurs du chef, aux inférieurs de la pointe (!). Définition très imparfaite. Je me refuse à blasonner avec lui, PUDSEY, (346) : *d'or flanqué en sautoir d'argent à la croix pattée et alaisée d'azur,* ce qui n'est qu'un *écartelé en sautoir.*

346

346 *bis.*

À la description de ce blason, qui ne serait tenté — pour mon compte je cède carrément à la tentation — de répondre en dessinant comme en 346? Ce n'est pas du tout ainsi que l'a entendu Palliot, lequel a dessiné comme en 346 *bis*, chacun des prétendus *flanqués* portant une croix. En donnant à cette figure (346) son véritable nom, nous dirons, ne pouvant faire autrement : *écartelé en sautoir d'or, et d'argent chargé d'une croix,* ou bien *à la croix d'azur alaisée et pattée, brochant sur le tout.* C'est absolument, comme pis aller, que nous nous servons de ces expressions : *chargé* ou *brochant sur le tout,* et voici pourquoi : sur un écartelé d'alliances, le *chargé,* et sur un écartelé de métal et couleur le *brochant sur le tout,* enlèveraient toute ambiguïté et seraient réguliers ; mais en voyant un écartelé de métal et de métal je n'ai pas le droit de supposer une *arme à enquérir,* j'ai le devoir de ne pas supposer une *arme fausse.* Je devrais *à priori* en faire un champ factice que la croix alaisée pattée ne charge pas plus qu'un lion d'or ne *chargerait* moralement un champ d'azur. Le *flanqué en sautoir,* figure abstruse et aussi mal définie que possible, vient encore compliquer la difficulté. Quoi qu'il en soit, en changeant le *flanqué en sautoir* en *écartelé*, il faut bien employer la description précédente pour 346. Quant à la figure 346 *bis* (de Palliot) je la blasonnerai : *écartelé en sautoir d'or et d'argent, chaque écart d'argent portant une croix pattée alaisée d'azur ;* ou bien : *écartelé en sautoir d'or ; et d'argent à la croix, etc. ;* ou bien plus préférablement encore : *écartelé en sautoir aux 1 et 4 d'or, aux 2 et 3 d'argent à la croix pattée alaisée d'azur.* — *Voir* REMARQUE CLXXV. On évitera ainsi toute confusion.

Quoique ceci me paraisse indiscutable, il est bon de l'appuyer sur l'autorité de Palliot lui-même. Pourquoi dans l'exemple de MOUGON, (347, que je dessine comme lui), blasonne-t-il : *d'azur à quatre bandes d'or flanqué d'hermines en sautoir ?* Dans l'exemple de PUDSEY (346 *bis*) il flanque l'écart d'argent d'*une* croix, et dans celui de MOUGON il flanque l'écart

 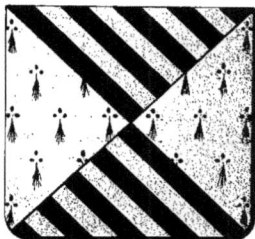

347   347 *bis.*

d'azur non de *deux* bandes — ce qu'il aurait dû faire pour être d'accord avec lui-même — mais de *quatre* bandes d'or! Très sciemment je trouve insuffisant que le *flanqué* précède au lieu de suivre [*Voir* REMARQUE CXLII, et confirmation à l'exemple ci-dessous d'ARAGON). Pour nous, d'accord avec nos principes, nous blasonnerons, 347 : *écartelé en sautoir ; d'azur à deux bandes d'or, et d'hermines.* Ici pourtant les deux bandes se rapportent évidemment au quartier d'azur que l'on vient d'énoncer, on pourrait supprimer la ponctuation. Quant à la description de Palliot, on ne peut la figurer que comme dans le n° 347 *bis.*

CCXXXIV. — Voici encore une figure de Palliot, qu'il blasonne *écartelé, flanqué d'argent et de sinople de l'un à l'autre à la bordure de même.* Mauvaise description! Notamment : l'écartelé est de *sinople* et d'*argent* et le flanqué constitue un *contre-écartelé.* Il faut donc blasonner PRUDHON, (348) : *écartelé de sinople et d'argent, à la bordure écartelée de l'un à l'autre, au flanqué en arc de cercle contre-écartelant le tout de l'un à l'autre.*

Je ne conteste pas l'existence de l'exemple de LE GOUX (VII de Palliot), mais il n'a pas eu d'imitateurs. Cet écu *d'azur à deux clefs d'or en pal, entretenues, à moitié cachées par deux flanqués en sautoir à dextre* de LE GOUX, et *à senestre* de PAISSEAU, est, à mon avis, très illogique.

Flanqué comportant nécessairement la similitude sur chaque

348

flanc de l'écu, si un flanqué diffère de l'autre, ce n'est plus un *flanqué.* L'exemple très connu d'une disposition de ce genre est celui d'ARAGON-SICILE. Palliot blasonne : *écartelé en sautoir d'or à quatre pals de gueules et d'argent à l'aigle de sable ;* « ou bien autrement dire » : *d'or à quatre pals de gueules, flanqué en sautoir d'argent à deux aigles de sable ;* notons ce *flanqué de DEUX aigles* et comparez avec le *flanqué d'UNE croix* de 346. Palliot nous prouve encore que cette dernière description est mauvaise, puisqu' immédiatement après (à ÉCART, f° 300) il blasonne MENDOCE, non *flanqué*, mais *écartelé en sautoir de sinople, à une bande d'argent chargée d'une autre de gueules* (il blasonne mon n° 347 : *d'azur à quatre bandes*) *et d'or aux mots AVE MARIA à dextre et GRATIA PLENA à senestre d'azur*. Si Palliot avait pensé dire comment sont placés les mots, sa description serait parfaite ; elle serait très imparfaite s'il avait encore *flanqué* à tort et à travers. Il ne faut donc pas faire un *flanqué en sautoir* d'un *écartelé en sautoir* : la démonstration me paraît suffisamment claire.

Quant au blason LE GOUX, il faut bien pouvoir le blasonner et nous le ferons un peu longuement mais clairement ainsi : p. *de* CLUGNY *chargé de deux embrassés, l'un à dextre, l'autre à senestre, s'accolant en forme de sautoir : celui de dextre de LE GOUX, celui de senestre de PAISSEAU*.

FLANQUIS ou FLANCHIS. — Quelques auteurs appellent ainsi les sautoirs diminués et alaisés figurant en nombre dans un blason, correspondant à ce que la *croisette* est à la *croix*. D'autres appellent ainsi le *sautoir rétréci*. Ces deux dénominations me paraissent inutiles.

FLÈCHE. — Sa position ordinaire est d'être *en pal*, le fer en chef ; mais elle peut avoir toute autre situation, *en bande* ou *en bandes, appointée, en sautoir, fer en bas*, etc. Elle peut être *émoussée, empennée, encochée, liée*. — *Voir* EMPOIGNÉ et FIG. 330 *bis*.

FLEURS. — Elles figurent dans les blasons avec leur forme et leur couleur naturelles, c'est-à-dire *au naturel*, ou avec les émaux du Blason. — *Voir* INDUCTIONS. — Elles peuvent être *soutenues* ou *tigées* et *feuillées* d'un autre ou du même émail. Suivant Palliot, elles se nombrent jusqu'à seize, et passé ce nombre, cela constituerait un *semé*, à tort à mon avis. — *Voir* SEMÉ. — Nous n'inscrivons que les principales fleurs dans ce Dictionnaire. — *Voir* LIS DE JARDIN, RENONCULE, SOUCI, VIOLETTE.

FLEUR DE LIS. — Est la fleur héraldique par excellence. C'est la « plus belle du « parterre du Blason » dans lequel elle a une forme spéciale, une entité bien déterminée et absolument indépendante, actuellement, de toute fleur naturelle. La MAISON DE FRANCE, (349) : p. *d'azur à trois fleurs de lis d'or* et plus simplement *de France moderne*.

CCXXXV. — C'est à peine si en ma chétive qualité de Français annexé, j'ose donner ici cette figure. Favin nous avertit en effet « qu'il est fort difficile de bien faire et représenter une fleur de lis mignonne- « ment troussée à qui n'est peintre excellent et François de nation et de courage. » Pourtant j'ai la certitude de me rapprocher du type ancien, fort allongé, comme on le voit figuré notamment sur les plus vieux vitraux de nos cathédrales. D'innombrables dessinateurs, surtout les dessinateurs officiels depuis trois cents ans, leur ont — quoique Français de nation et sans doute de courage — donné une forme ramassée, presque arrondie, avec un fleuron central énorme, fort peu archaïque.

C'est en voyant un modèle semblable à Nîmes que Jean de Tournes [1] a pu les prendre de loin pour des « crapeaux ou grenouilles... mais m'en estant approché pour en estre plus certain, i'apperceus « clairement que c'estoyent vrayes Fleurs de lis. »

_____

[1] Dans ses préliminaires aux *Alliances généalogiques* de Paradin.

Je donne à 360 une autre forme également ancienne de la fleur de lis : elle se rapproche de la forme de nature, dont les autres ne sont très probablement qu'une corruption, car la forme actuelle ressemble à un fer de hallebarde plus qu'à toute autre chose.

La fleur de lis est, depuis le XIIe siècle, l'arme du *terrestrium rex regum*, suivant l'expression de Mathieu Paris.

Louis VII paraît avoir été le premier à porter les fleurs de lis *sans nombre*, comme elles l'étaient sur les ornements royaux. Depuis Charles V, elles ont été réduites à *trois*.

La *fleur de lis héraldique* ne saurait être blasonnée, dans ses *dispositions*, avec les termes qui s'adaptent aux fleurs naturelles : tout au moins, ces dispositions ne doivent pas modifier les caractères qui la distinguent de toute autre fleur. Elle figure seule, ou en nombre, ou en *semé*, de tout métal et de toute couleur.

On en trouve dont les bouts inférieurs sont coupés, que l'on nomme *sans queue*, ou *au pied coupé* ou *au pied nourri*. — *Voir* CES MOTS.

On voit quelquefois des *demi-fleurs de lis*, dont il faut blasonner soigneusement la nature et la situation. — V. REMARQUE XVIII et FIG. 265 où nous avons *une moitié* de *fleur de lis*. J'en connais deux autres exemples en Allemagne. Il sera toujours bon d'exprimer par quelle section est divisée cette moitié, dextre ou senestre.

349

FLEUR DE LIS DE JARDIN ou AU NATUREL. — *Voir* LIS DE JARDIN.

FLEUR DE LIS ÉPANOUIE.— Ce terme est presque exclusivement réservé à la disposition de la fleur de lis de la ville de FLORENCE, (350): p. *d'argent à la fleur de lis épanouie de gueules,* c'est-à-dire chargée d'arabesques que l'on représente d'une foule de manières. — *Voir* ÉPANOUI.

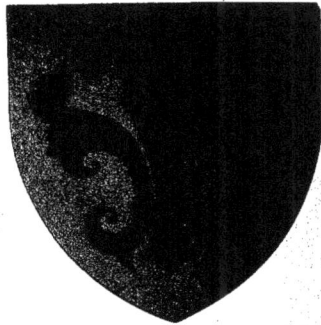

350

CCXXXVI. — Ces armes municipales donnant le type de la fleur de lis héraldique *épanouie*, il serait très élégant de blasonner, par exemple, BONAGURI : *parti de gueules et d'azur à la fleur de lis Florencée d'argent,* ou à *la fleur de lis de Florence d'argent,* c'est-à-dire comme est celle de la ville de Florence. Ce terme ne pourrait être confondu avec le *florencé,* synonyme de *fleurdelisé,* d'autant plus que si une description bien catégorique ne l'exige, on ne peut admettre une fleur de lis héraldique se terminant en ses bouts par d'autres fleurs de lis héraldiques, encore moins par des fleurs de lis au naturel. Dans ce dernier cas il faudrait dire *fleur de lis épanouie* (ou *Florencée* ou *de Florence*) *fleurie de lis au naturel.* — *Voir* FLEURI.

Nous avons à la fig. 265 un exemple de fleur de lis d'or dont l'épanouissement (ou le *Florencement)* est d'argent. Si elle avait été d'or entièrement, j'aurais simplement dit *fleur de lis de Florence* ou *fleur de lis épanouie d'or.*

FLEURDELISÉ ou FLORENCÉ. — La définition en est très précise. Se terminant en fleur de lis (héraldique). Ne peut donc s'appliquer qu'à des figures comme *croix, sceptre, bâton,* etc. C'est le véritable sens.

CCXXXVII. — Palliot met sous la même synonymie, avec les deux qualificatifs ci-dessus, *fleuronné, flouré (fleuré?)* et *fleureté.* Les dessins qu'il donne prouvent surabondamment que *fleuronné* est très exactement le *trèflé* avec lequel nous l'identifions.

Flouré, fleuré, fleureté, sont pour nous synonymes de *fleuri.* — *Voir* CE MOT.

Fleurdelisé ou *florencé,* comme nous l'avons dit, désignent des figures quelconques (sauf la *fleur de lis héraldique*) dont le ou les bouts se développent en forme de fleur de *lis.* Nous en avons donné une figure pour la croix *fleurdelisée* ou *florencée* de VILLEQUIER (243): on remarquera que dans ce genre de *fleurdelisé* ou *florencé,* les fleurs de lis ont toujours le *pied nourri.*

Fleurdelisé, dans un sens spécial et corrompu à mon avis, s'applique au *trescheur* d'ÉCOSSE (*Voir* FIG. 313) qui est *fleurdelisé* et *contre-fleurdelisé,* c'est-à-dire garni sur sa circonférence de fleurs de lis entières, en ordre alterné, tête en bas et tête en haut. Pour mon compte, je blasonnerai *fleurdelisé* un trescheur ou essonnier si ses bouts se terminent réglementairement par des fleurs de lis au pied nourri

(*Voir* CE MOT), mais le trescheur d'Écosse et figures similaires ne sont pas *fleurdelisés*, ils sont ornés de *fleurs de lis* dont il faut exprimer la situation. — *Voir* à Essonnier, Remarque CCXVII et les notes se rapportant à Fleurdelisé et Contre-fleurdelisé.

· *Fleurdelisé* enfin, dans un sens plutôt descriptif que technique, se dit aussi de toute pièce *semée de fleurs de lis*. Le champ de l'ancien écu de France est *fleurdelisé*, c'est-à-dire *semé de fleurs de lis*. Il sera facile de ne pas confondre ce sens avec le véritable. Une *croix fleurdelisée d'or* : on ne peut la fleurdeliser qu'avec le sens véritable. Un *champ* ou une *bande de gueules, fleurdelisés d'or* : on ne peut les obtenir qu'en les semant de *fleurs de lis d'or*.

Une bordure chargée de *fleurs de lis sans nombre* est très élégamment blasonnée *fleurdelisée*. On dira par exemple *bordure de sinople fleurdelisée d'argent*. Si elle était chargée de huit fleurs de lis, au lieu de dire pléonasmiquement, *fleurdelisée de huit fleurs de lis*, il faudrait décrire *bordure de sinople chargée de huit fleurs de lis d'argent*.

Il va sans dire que dans le cas où ce champ ou cette bordure seraient une concession, il n'y a qu'une seule manière de les blasonner : *champ de* France, ou *semée de* France, *bordure de* France, etc.

FLEURÉ, FLEURETÉ. — Synonymes de *Fleuri*.

FLEURI. — Qualificatif pour un rosier, par exemple, chargé d'une ou de plusieurs fleurs (que l'on compte habituellement) : pour un rameau d'aubépine chargé de *fleurs*, etc. Cela comporte des fleurs correspondant à la nature de l'arbuste énoncé, suivant leur forme naturelle. *Fleuri* se distingue ainsi de tous les qualificatifs ayant *fleur* pour radical, et ne peut s'appliquer aux figures de forme héraldique, comme la *fleur de lis*, par exemple, sans des circonlocutions pouvant en justifier l'emploi. — *Voir* Défaillant et Remarques CCXXXVI et CCXXXVII.

FLEURONNÉ. — Synonyme de *Tréflé*. Se rapporte à la *Croix de Saint-Maurice* : nous en avons donné la figure au n° 244.

FLORENCÉ. — *Voir* Fleurdelisé et Remarque CCXXXVI.

FLOTTANT. — Un navire, un poisson sur l'eau, sont dits flottants. — *Voir* Nef.

FLOTTÉ. — Se prend quelquefois pour exprimer une rivière ondée passant en pointe : que l'on blasonnerait *flotté de* .... Cette expression ne précisant rien, ni figure, ni situation, est mauvaise. — *Voir* Rivière.

FONTAINE (HÉRALDIQUE). — Figure très rare et fort singulière : les héraldistes français, que je sache, ne la mentionnent pas dans leurs recueils ou l'appellent *vivier*.

CCXXXVIII. — L'excellent traité de Spener nous apprend que la *fontaine* est une « figura rotunda « argentea quam plures transmeant ad modum fasciarum undulæ. Unde talis semper intelligenda est « cum fontis mentio fit. » Sous le nom de fontaine on entendra toujours une figure ronde d'argent traversée par une ou plusieurs fasces ondées. Spener cite les armoiries des Barons de Stourton qui, dans un écu de sable, « baltheo aureo 6 fontes adjiciunt quia Stour flumen ex 6 fontibus oriatur. » Il n'en donne pas la figure malheureusement, car sa description est assez confuse ; traduite littéralement elle comporterait : *de sable à la fasce, ou bande (?) d'or chargée* ou *accompagnée (?) de six fontaines, d'argent,* suivant sa définition plus haut donnée.

L'*Armorial historique du canton de Vaud* par M. de Mandrot, nous donne les armoiries de Bugnion, qui, selon cet auteur, seraient : *de gueules à la fontaine d'azur bordée d'argent et chargée de trois sources de même.* On saisit facilement que cette figure, mal comprise, ait été rendue de diverses manières. Pourtant, d'après des documents que j'ai en mains, s'il peut y avoir du doute sur l'existence d'un *fascé* ou de *fasces*, il n'y en a point sur les émaux du champ et, ce qui nous intéresse davantage, sur les émaux de la *fontaine.* Nous blasonnerons donc 351 : *d'azur à la fontaine d'argent remplie de gueules, chargée* ou *traversée par trois fasces ondées* (ou *ondes,* ou *sources*) *du second;* ou bien : *d'azur à la fontaine de gueules bordée d'argent chargée* ou *traversée par trois fasces ondées* ou *sources du même.*

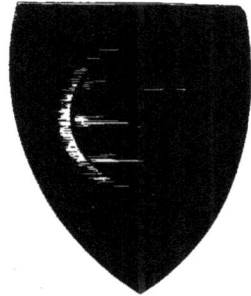

351

Ici comme pour la *rivière* (*Voir* ce mot) il serait bon de mettre quelques traits pour marquer l'agitation sur ce que l'on appelle *fasces ondées,* mais qui, en réalité, sont des sources, des ruisseaux.

Si l'on ne connaissait pas cette figure, on blasonnerait autrement 351 : *d'azur au tourteau de gueules bordé d'argent chargé de trois fasces ondées du même.*

Cette figure (*fountain*) est portée par quelques familles en Angleterre. L'*English Heraldry* nous dit que c'est une figure ronde fascée ondée d'argent et d'azur. Il cite les Welles et les Sykes pour lesquels c'est une arme parlante. Il donne cette figure comme en A , où l'on voit *trois fasces ondées* et non un *fascé ondé* (le texte dit *barry wavy*) et sans la bordure de ma fig. 351.

A

Vulson (f° 306) donne les armes des Viviers la Branansière : « d'argent à trois « viviers ou réservoirs ronds remplis d'eau azurée, les bords de sinople. » La figure qu'il en donne (f° 307) est semblable à celle de mon n° 351, les fasces ondées en moins.

Palliot donne aussi le même blason (f° 65) et le décrit (f° 67) : *d'argent à trois viviers ronds de sinople remplis d'eau d'azur.* Pour les Viviers ce serait une *arme parlante.*

Palliot donne aussi les armoiries des La Font qui, comme arme parlante, p. *de gueules à la fontaine d'argent, au chef cousu d'azur chargé de neuf étoiles d'or posées 5 et 4.* La figure qu'il en donne est comme une fontaine de place publique, composée d'un Triton soutenant sur ses épaules une coquille recevant un double jet d'eau, l'eau s'épanchant dans une vasque octogone? d'où émerge le Triton.

Malgré ces deux *armes parlantes de fontaine* (monument) et de *fontaine* (vivier) dont l'une exclut l'autre, j'insiste à maintenir le nom de *fontaine* héraldique à la figure 351.

D'une part, ces deux exemples sont peut-être les seuls connus en France. D'autre part, je trouve :

les Fontaine-Baquetot, qui portent de gueules à trois *besants* d'or ;

les Fontaine-Ramburelles, qui portent d'or à trois *écussons* de vair *bordés* de gueules ;

les Fontaine-Lavagan, qui portent d'argent à la croix de sable chargée de cinq *besants* d'or ;

les Fontenay, qui portent d'azur à cinq *annelets* d'argent ;

d'autres Fontenay, qui portent d'hermines à la fasce de gueules chargée de trois *annelets* d'or (que d'autres transforment en merlettes);

les Fons, qui portent de gueules à une *molette* d'argent.

Qui oserait affirmer que ces familles n'aient porté, à l'origine, comme *armes parlantes*, des *fontaines* métamorphosées plus tard, grâce à l'ignorance de la véritable figure de la fontaine, en *besants*, en *annelets* et même en *molettes* et en *écussons bordés*? En tout cas, la coïncidence est assez singulière pour mériter l'attention d'un observateur sérieux et justifier la restitution de la *fontaine* dans le Blason français.

Cela n'empêche pas que, suivant la remarque CCLXVIII, non seulement on peut, mais on doit blasonner Viviers par *viviers* et non par *fontaines;* d'autant mieux que vu l'excessive rareté de cette figure et l'incertitude de sa *position*, il sera toujours prudent d'en décrire les caractères *dispositifs.*

Quant à l'exemple de La Font (fontaine-monument), on ne saurait la blasonner simplement par *fontaine*, puisque sa forme est variable à l'infini depuis celle de la place Navone à Rome, jusqu'à la borne-fontaine Wallace à Paris. Du moment où l'on en blasonnera les détails ou du moins les principales lignes, on ne pourra la confondre avec notre *fontaine.*

FORCENÉ. — Est pour quelques rares auteurs un synonyme d'*effaré.*

FORCES. — Ciseaux dont la forme est connue. Suivant Palliot, il y en a de deux façons, les unes pour couper les cuirs, qu'il appelle simplement *forces;* les autres pour tondre les draps, qu'il appelle *forces de tondeur.* Voici la figure qu'il en donne. Aldenberg, (352): p. *d'argent à une force de tondeur de gueules posée en bande.* La position naturelle est d'être en *pal* : toute autre situation doit être blasonnée.

FORME (EN). — *Voir* Lièvre.

FOY ou FOI. — Symbole d'alliance ou d'amitié représenté par deux mains enlacées. Ordinairement la *foy* est représentée en fasce; on lui applique au besoin les termes propres du dextrochère.

352

FOURCHÉ ou FOURCHU. — Se prend en deux sens :

1º Nous en avons déjà donné la figure au nº 246 et la description à *croix fourchée;*

2º Qualificatif de disposition pour la queue des animaux, du lion particulièrement, lorsque, à quelque distance de sa naissance, elle se bifurque et habituellement se croise, ce que l'on appelle *queue fourchue et passée en sautoir*. LUXEMBOURG, (353) : p. *d'argent au lion de gueules, couronné, armé et lampassé d'or, la queue fourchue et passée en sautoir*.

CCXXXIX. — Palliot assure que la queue du lion de la maison de LUXEMBOURG est *nouée*, c'est-à-dire que les deux pendants de la queue sont noués l'un avec l'autre par un véritable nœud.

Je n'ai pas remarqué cette disposition sur plusieurs sceaux de cette famille; du moins dans la branche de François de Luxembourg, vicomte de Martigues, possesseur de grands fiefs en Savoie, du chef de Louise de Savoie (fille de Janus, comte de Genevois, et d'Hélène de Luxembourg-Saint-Pol), sa femme. Dans ces empreintes la couronne est-elle détachée de la tête du lion de LUXEMBOURG (*surmontant* et non *sommant*) comme la dessine Guichenon (II, 103, 105)? Il faudrait blasonner alors : *lion de gueules armé et lampassé d'or surmonté d'une couronne de même*, etc. C'est difficile à décider d'après l'état des empreintes.

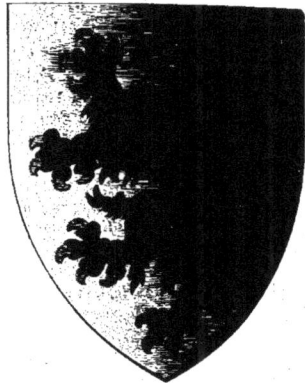

353

La figure que je donne de la *queue fourchue et en sautoir* est imitée d'un lion gravé dans la Cosmographie de Münster (1548).

Une particularité à noter, vu l'importance du personnage, est que la couronne de vicomte placée sur l'écu se compose de six perles visibles.

FOURRURES ou PANNES. — Il y en a deux reçues en Blason, *l'hermines* et le *vair*. Elles se composent de métal et de couleur : l'argent pour les deux : le sable pour l'*hermines*, l'azur pour le *vair*. — *Voir* HERMINES, CONTRE-HERMINES, VAIR, CONTRE-VAIR, etc.

Quelques vieux auteurs appellent les fourrures *doublures*.

Les fourrures s'accordent également bien avec métal ou avec couleur, tant pour le champ que pour les figures. Les Anglais ont encore d'autres fourrures. — *Voir* PEAN, POTENCÉ, VAIR.

FRANC-QUARTIER ou F.-CARTIER, F.-CANTON, CANTON D'HONNEUR.

CCXL. — J'ai déjà indiqué ce qu'est le *canton*, au sujet duquel il se commet des méprises aussi graves que journalières. Je prie mes lecteurs de se reporter au mot ÉCU et aux FIGURES 292 et 293 reproduisant les deux systèmes de *pointage* de Palliot (repoussé) et de Menestrier (admis). Les deux célèbres héraldistes sont d'accord sur le point A; mais Palliot, qui au f° 291 appelle A *le premier point de l'écu* et D le point d'honneur, au f° 345 baptise A *franc-quartier* ou *canton d'honneur*. Il est du reste évident par tout ce que dit Palliot, soit *franc-quartier*, soit à *leveure de quartier*, que ce franc-quartier est moindre qu'un vrai quartier. En effet, malgré tout les ergotages possibles, la chose est évidente : *canton* est la neuvième partie environ de l'écu, soit un des quatre vides laissés par la croix *pleine* (de grandeur normale); *quartier* est la quatrième partie de l'écu environ, soit un des quatre quartiers de l'*écartelé*, et si c'est franchement un de ces quartiers, il n'y a pas moyen de le confondre avec le *canton*. Ainsi ce que l'on appelle *franc-quartier* c'est le *canton*. Nommez-le *franc-quartier* s'il vous plaît de ne pas appeler les choses par leur nom, pourvu que l'on entende en faire un *canton*. ARCES, (354) : p. *d'azur au canton d'or*, comme le blasonne Palliot au mot SINISTRÉ, en supprimant la *rose*, simple brisure de cadet.

Dans le blason de cette vieille famille, le canton est une figure honorable héraldique du second ordre. Mais il est très souvent une pièce de brisure, ce qui nous donne la matière d'une nouvelle remarque.

354

CCXLI. — Un *échiqueté*, un *semé*, un *bandé*, etc., *chargés d'un canton* ne laissent point de doute sur l'identité de la figure chargée. Mais quand un écu porte trois étoiles, par exemple, dans la position réglementaire (deux et un), si l'on charge cet écu d'un canton, celle des trois pièces qui est en chef à dextre, disparaît en totalité, ou en partie suivant sa dimension ou celle qu'un dessinateur trop généreux donne au *canton*. Doit-on blasonner avec Palliot dont je copie servilement les deux figures : BAURAN, (355) : *de gueules à deux étoiles d'argent au franc-quartier de même*, et AELST, (356) : *d'or à deux fers de*

355

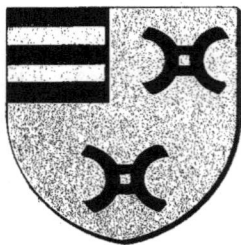

356

moulin de sable au franc-quartier de même, chargé de deux fasces d'argent? C'est une question délicate, mais facile à trancher avec le simple bon sens.

Certainement on ne doit pas transformer l'art héraldique en art de sorcier; ainsi il paraît évident que l'on ne doit pas blasonner des pièces que l'on ne voit pas. Dans les exemples 355 et 356, vous ne voyez que *deux étoiles, deux fers de moulin* : vous ne devriez blasonner que ce que vous voyez. D'un autre côté, la situation très insolite de ces deux pièces — que la description ne vous explique pas — doit éveiller votre attention.

Devez-vous rédiger un signalement? En arrivant aux yeux, si l'un d'eux est masqué par un bandeau, vous ne concluerez pas que vous voyez un cyclope : vous marquerez que l'un des deux yeux est caché.

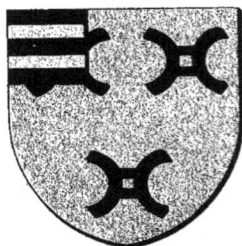

357

Il en est de même pour les exemples 355 et 356. Palliot a très mal blasonné l'exemple 355. Il aurait dû blasonner ou 1° : *de gueules à deux étoiles d'argent, l'une à dextre en chef, l'autre en pointe, au franc-quartier de même*, c'est ce que l'on voit ; ou 2° : *de gueules à trois étoiles d'argent au franc-quartier, c'est-à-dire canton de même, brochant sur l'étoile de dextre.*

En nous reportant à la figure 357 (*Voir* au folio précédent), nous voyons que si on laissait au *canton* sa valeur nominale, il permettrait souvent la vue de quelques parties de la pièce cachée, ce qui trancherait toute difficulté.

Dans les exemples 87, 88, nous voyons des *quartiers d'écart*. On doit donc les blasonner *quartiers* ou *francs-quartiers*, si cette dernière expression reçoit un sens différent du *canton*.

FRANGÉ. — Menestrier le dit des gonfanons qui ont des franges d'un autre émail qu'il faut spécifier.

FRETAUX. — Employé pour *frettés*.

FRÉTÉ ou FRETTÉ. — On appelle *fretté* un écu chargé de trois bandes et de trois barres passant l'une sur l'autre, alternativement, laissant un vide en forme de losange entre chacun de leurs enlacements en sautoir. C'est en *cœur* que la bande doit passer sur la barre, ce qui règle tout le mouvement. Diffère du *treillissé* qui est cloué. — *Voir* TREILLISSÉ. LA MOUSSAYE, (358) : p. *d'or fretté d'azur*, selon d'autres, *d'azur fretté d'or.*

CCXLII. — C'est très improprement que quelques auteurs appellent *cotiçé* et *recotiçé* le fretté. Le vide entre les bandes étant égal à la largeur des bandes, il est clair que ce sont des *bandes* et non des *cotiçes*. A la grande rigueur, quand, pour loger une figure dans chaque vide, ou quand le fretté dépassant le nombre réglementaire, on diminue les bandes, on pourrait dire *cotiçé* et ce serait un cotiçé de circonstance, mais on devrait ajouter *contre-cotiçé* et non *recotiçé* : cette dernière expression n'indique aucunement que ce second cotiçé est dans le sens de la barre. — *Voir* REMARQUES LIX, LX, BANDÉ, COTICE, COTIÇÉ. Il sera toujours préférable de dire *fretté de dix, fretté de douze*, etc.

Quelques auteurs disent aussi *fretté* pour la nef qui a deux termes *équipé* et *habillé* qui lui sont spéciaux.

Les Anglais appellent maintenant *a fret* ou *a frette* (A) ce que nous nommerons *frette alaisée*, c'est-à-dire

358

deux bâtons alaisés s'entrelaçant en bande et en barre dans une macle : ou *frette anglaise*, quand les deux bâtons, comme dans un des quartiers de VERNON, passant dans la macle, viennent mourir aux quatre angles de l'écu ; c'est un dérivé du *fretty* (frété), pour lequel ils n'observent ni le nombre des pièces, ni leur épaisseur, comme nous, se bornant à entrelacer en barre et en bande un nombre indéterminé de bâtons.

FRÉTÉ ou FRETTÉ, se dit aussi pour les figures honorables qui reçoivent cette disposition. LA FOREST, (359) : p. *de sinople à la bande d'or frettée de gueules* [1] !

359

360

On dispose aussi des pièces de longueur dans l'ordre du *fretté*. VILLENEUVE — TRANS — BARGEMON, etc., (360) : p. *de gueules fretté de six lances d'or ; chaque vide portant un écusson de même, et en cœur un écusson d'azur à la fleur de lis du second.*

Pour trancher une description très controversée, je proposerais la suivante : *de gueules à six lances en fretté d'or, accompagnées de treize écussons de même, un dans chaque vide : en cœur, un écusson d'azur à la fleur de lis du second.*

CCXLIII. — Les descriptions et les figures du blason des premiers marquis de Provence sont nombreuses et discordantes.

Palliot blasonne « de gueules fretté de lances d'or semé d'écussons de même à un écusson en cœur d'azur chargé d'une fleur de lis d'or. » Je repousse absolument cette détestable description. Rien ne peut autoriser ici l'introduction du *semé ;* même si deux écussons, en chef ou aux flancs, étaient, grâce à un mauvais dessin, perdus dans les bords de l'écu, nous nous refuserions à blasonner cette situation par *semé*. Palliot, après avoir dit que le *fretté* se compose de six pièces, trois en bandes, trois en barre, met dix lances au *fretté* de VILLENEUVE et en noie les bouts dans les bords de l'écu. Du moment où il ne spécifie pas le nombre des lances, il est intolérable qu'il sorte de la règle générale du *fretté*, car au lieu de six je pourrais en mettre vingt ou quarante. En outre, le *fretté* agit sur la situation des lances,

---

[1] Naturellement ce *fretté* a été interprété de différentes manières. J'ai vu des sceaux de cette ancienne famille, où le *fretté est de huit pièces* et dans un autre sceau le *fretté* se transforme en *quatre sautoirs alaisés*.

Pourtant, si la bande est frettée (*Voir* Guichenon, t. IV, fo 184), il n'y a pas possibilité morale de la dessiner autrement qu'en 359. Si elle n'est pas frettée, la description doit l'énoncer.

mais non sur leur position de lances, qui, à moins d'indication spéciale dans la description, doivent figurer entières ! Du reste, le *semé* concorde fort mal même avec un véritable fretté (358). Aussi dans deux exemples qu'en donne Palliot, en son f° 348, il intervertit l'ordre réglementaire en blasonnant: *semé de cerfs de sable*, *semé d'écussons d'argent*, avant *fretté de même* et *fretté d'or*. Il voulait faire comprendre que chaque vide entre les bandes et les barres portait un cerf ou un écusson : il tourne la difficulté sans la résoudre autrement que par un trompe-l'œil. Avec des lignes régulières en quinconce, on ne saurait loger, ou dans le chef ou dans les flancs, même une apparence de *semé*. — Ce ne serait possible qu'avec des traits ou filets *en fretté*, mais alors la description devrait l'expliquer.

La Chenaye appelle ces vides des interstices : il oublie de blasonner le champ, mais comme compensation, après lances d'or il répète écussons d'or.

Roger *accompagne les six lances de petits écussons semés dans les claires-voies et sur le tout un écusson d'azur chargé*, etc. Il est très inexact de dire que les petits écussons sont semés dans les claires-voies : cela comporterait plusieurs petits écussons semés dans chaque claire-voie. Il est très inexact de dire pour l'écusson en cœur qu'il est *sur le tout* ; très inexact de dire qu'il est *chargé*.

Grandmaison en donne trois versions. Au f° 474 il *remplit* (!) les claires-voies d'écussons. Passons ! Au f° 387, il blasonne : fretté d'or et de gueules (!!) par six lances (!!), un écusson à la fleur de lis de France *en comble* (!!). Au f° 660, enfin : de gueules fretté de lances d'or, *semé* d'écussons du même dans les claires-voies : sur le tout d'azur à la fleur de lis d'or. Cet auteur ne nous fixe guère ; dans sa seconde version, il intervertit même l'ordre des émaux.

Milleville blasonne comme Roger : mêmes observations ; mais dans son dessin les deux *claires-voies* du chef et celle de la pointe *n'ont point d'écussons*.

Dans la salle des Croisades, à Versailles, ce blason, figuré comme il était avant l'adjonction des petits et du grand écussons, représente un *fretté de douze hampes de lances*.

L'Armorial du héraut Berry, blasonne : *de gueules fretté de lances d'or, entre-semé d'écussons du même*. En mettant que le *fretté* fût alors déterminé de six pièces, cette description est de beaucoup la plus claire. *Entre-semé* n'est pas un mot héraldique, mais au moins il ne laisse pas de doute que Gilles Le Bouvier n'a pas voulu *semer* les écussons, mais en *placer un entre* chaque fretté, dans les vides.

Mon vieux mst (fin XV° siècle) donne un *fretté de dix cotices*.

Voici encore un exemple — j'insiste sur cet état de choses — de l'embarras de tout héraldiste qui cherche la vérité. Autant d'auteurs consultés, autant de versions. Il s'agit pourtant ici d'une famille de noblesse historique, et l'adjonction des écussons n'est certainement pas la seule cause de cette incertitude, puisque les auteurs ne s'entendent même pas sur le *fretté*.

Je manque de documents pour donner la véritable configuration de ce blason. Si la figure 360 est exacte, mes descriptions y répondent.

On voudra bien remarquer dans cette figure, que même en le voulant, on ne pourrait augmenter régulièrement le nombre des écussons : que les lances se *frettent* bien d'équerre pourtant. Cette double considération devrait faire prévaloir ma seconde description qui ne laisse rien à l'interprétation individuelle.

FRETTES. — Ce dont se compose le *fretté*.

FRUIT. — Les fruits des arbres figurent habituellement, représentés le pédoncule en haut, avec la forme naturelle de leur espèce. — *Voir* INDUCTIONS.

FRUITÉ. — Qualificatif pour l'arbre chargé de fruits. — *Voir* ARBRE.

FURIEUX. — Qualificatif pour le taureau debout sur les deux pieds de derrière.

FUSEAU. — Palliot dans sa figure le représente comme le fuseau des fileuses. Il ajoute que « ces Fuseaux sont plus estroits que les Fusées, lesquelles se mettent d'autres fois « sans nombre, l'Escu en estant plein esgallement de métal et de couleur, d'où vient « qu'on les blasonnent FUSELÉ. — Voyons ce qu'il dit à FUSÉE.

FUSEE. — « Les Fusées en Armoiries prennent leur dénomination des Fuseaux. « Elles sont longues et pointuës haut et bas et grosses par le milieu où elles sont un peu « arrondies. Les Escus des femmes sont aussi en fuseaux et approchant de la losange. « L'on en met avec un nombre arresté que l'on spécifie soit en fasce, soit en bande, et « en l'une et l'autre de ces assiettes elles sont toujours costes à costes, c'est-à-dire flanc « contre flanc, quoy qu'un particulier ait avancé que lors que *l'on dit mis en bande elles* « *sont droites à plomb et non couchées, n'estant ce mot* EN BANDE *que pour exprimer la* « *disposition.* » Palliot cite plusieurs autorités « où toutes les Fusées en bandes *[sic]* sont « représentées couchées en barres *[sic]* costes à costes. Il est vray qu'ores d'estre mises « en bandes, elles sont tousiours droites en pal. »

CCXLIV. — Il y a plusieurs observations à faire sur ce texte.

Palliot donne un exemple de *fuseaux de fileuse* : il ajoute que les fuseaux sont plus étroits que les fusées et qu'on les appelle *fuselés* lorsqu'ils remplissent l'écu. Au mot *fuselé*, il identifie les *fuseaux* et les *fusées*. Les *fuseaux de fileuse* sont pourtant bien distincts des *fusées*.

Palliot dit que les fusées « sont un peu arrondies sur les flancs » mais tous ses *fuselés* — composés de fusées — sont pointus sur leurs flancs. C'est ainsi en effet que l'on dessine universellement les *fusées* et le *fuselé*. Ainsi, HAMAL (DU), (361) : p. *de gueules à cinq fusées d'argent, accolées en fasce mouvante des flancs* [1]. — *Voir* ACCOLÉ, REMARQUE X, FASCE (EN) et MIS.

Il est certain que les fusées mises *en fasce*, sont toujours côte à côte, si à la description on ajoute *accolées* [2] : mais ce dernier qualificatif n'est aucunement impliqué par *mises en fasce* [3]. Pour ce qui concerne des fusées *mises en bande*, je ne partage ni l'avis du « particulier » critiqué par Palliot, ni l'avis du critique. Peu m'importe que tels ou tels auteurs aient déraisonné sur ce sujet. Il est inutile d'appeler Paris, Paris, si quand il faut

361

[1] Dans une « Notice historique sur la famille de GEER » issue des HAMAL, on voit huit fois leur blason gravé; émaux intervertis; description : *d'argent à cinq fusées de gueules placées en fasce!* Or, ces cinq fusées, non-seulement s'accolent en fasce mouvante des flancs, mais elles meuvent aussi du chef et de la pointe! Il faudrait blasonner cette figure insolite : *d'argent fuselé d'une tire de gueules, cette tire composée de cinq pièces.*

[2] C'est une erreur considérable de croire que les *fusées* doivent toujours être *accolées*. Sur cinq exemples de *fusées* donnés par Palliot, cinq contredisent cette croyance. Il ne faut pas confondre avec ce que Palliot appelle *fuselé* : notez que le célèbre héraldiste en blasonnant pour la figure 12 de ce livre *fasce fuselée*, tout comme il blasonne *fuselé* un écu similaire à celui de ma figure 366, commet une impropriété évidente.

[3] Les héraldistes anglais disent bien que PERCY-NORTHUMBERLAND porte *d'azur à cinq fusées conjointes d'or en fasce*; cela ne dit point qu'elles doivent toucher les bords de l'écu.

le dessiner, on lui donne la figure de New-York. Or, étant établi que la POSITION NATURELLE DE LA FUSÉE EST D'ÊTRE EN PAL, tout le monde conviendra de l'impossibilité d'admettre que pour représenter des fusées *en bande*, il faut les mettre *couchées en barre*. Si l'on me donne à dessiner le blason de LA BRETONNIÈRE : *de gueules à trois fusées d'or mises en bande*, je n'hésiterai pas à donner la figure 362. Pour trois fusées d'or *en bande à plomb*, je donnerai la figure 363. Si l'on me demande de

362   363   364

blasonner la figure attribuée par Palliot au susdit blason (figure 364), je prononcerai *de gueules à trois fusées d'or en bande couchées en barres*, en prenant pour devise BIEN FAIRE ET LAISSER DIRE. Il me semble inutile d'insister plus longtemps.

Un dernier point. Quelle différence entre *fusée* et *losange* ? La fusée est plus allongée : on les confond souvent, ce qui ne devrait pas arriver si l'on fixait bien la valeur des termes [1]. — *Voir* LOSANGE. La *position* de ces deux pièces est d'être debout, comme en 363.

FUSELÉ. — Qualificatif pour l'écu rempli de fusées alternées de métal et de couleur, adhérentes en tous sens. BAVIÈRE, (365) : *fuselé en bande d'argent et d'azur*. GRIMALDI, (366) : p. *fuselé de gueules et d'argent*, d'autres disent *losangé*. — *V.* LOSANGÉ.

Des pièces honora-

365   366

[1] La réglementation excessive que nous subissons et la nécessité d'éviter des méprises, nous contraint maintenant à distinguer le *fuselé* du *losangé*. Je suis convaincu qu'au XIIe siècle on ne faisait aucune différence entre l'un ou l'autre.

bles, fasces, bandes, des animaux, lions, aigles, etc., peuvent être *fuselés,* c'est-à-dire couverts d'émaux en fusées.

On dit aussi vulgairement pour le blason Fig. 12, par exemple, *fasce fuselée de trois pièces et deux demies;* c'est le résultat de distraction ou d'ignorance. — *Voir* à la REMARQUE CCLXXXVI, les blasons 435 et 436 en appliquant à la *fasce fuselée* ce qui y est dit de la *fasce losangée,* bien différente d'une fasce *faite avec des losanges.*

Le nombre de pièces constituant le *fuselé* ne se blasonne pas. Il doit y avoir au moins deux tires horizontales de chaque émail énoncé. Un auteur moderne blasonne BAVIÈRE : fuselé en bande d'argent et d'azur de *vingt-une pièces.* C'est du luxe, surtout quand le dessin, au lieu de *vingt-une,* en donne *quarante* environ.

FUTÉ. — Qualificatif pour le bois d'une lance, d'un javelot, *fûtés* d'un émail différent; pour un arbre dont le tronc est d'un émail différent. Dans ce dernier cas vous avez le choix de dire *un chêne de sinople fûté* de sable, ou un *chêne de sable feuillé de sinople,* ce qui vaut mieux, le bois étant plus important.

AI. — Qualificatif inutile (fait partie de la *position)* pour le cheval dont les « larges flancs » ne portent pas « la selle ni le harnais « de l'étranger. » On blasonne, en revanche, s'il est *bardé*, *harnaché*, etc.

GARANT. — Espèce de flèche dont on se servait pour assommer le gibier. Palliot en donne la figure à DEUX ET UN. BOLTON, (367) en Angleterre : p. *d'argent à trois garants les pennes en haut de gueules.* Peut être une variante du *morné.*

367

GARDE. — La *garde* d'une épée peut être d'un émail autre que celui de la lame et de la *poignée.* — *Voir* ÉPÉE.

GARNI. — Quand l'épée a la garde et la poignée d'un émail autre que la lame, on peut simplement dire *garnie.* — *Voir* ÉPÉE.

GEMELLE. — *Voir* JUMELLE.

GÉNÉALOGIE. — Il y a cette différence essentielle entre généalogie et arbre généalogique que la généalogie doit comprendre toutes les branches d'une famille (*Voir* ARBRE GÉNÉALOGIQUE) avec les faits et les dates pouvant l'illustrer.

Filiation se prend en général dans un sens plus restreint. Elle énumère directement la descendance du père au fils, de celui-ci à son fils, etc., etc. Quelquefois elle remonte seulement au personnage *de successione de qua agitur*, ou à celui qui a testé, en 1340, par exemple. Elle se bifurque alors, marquant souvent aussi la descendance collatérale pour justifier la discussion d'un fidéicommis, ou la transmission d'un fief par quenouille.

J'ai trouvé une belle pensée de saint Chrysostôme sur les généalogies. « Il est assez « inutile — dit-il — de faire constater par écrit que l'on descend d'une longue suite « d'aïeux si cela ne contraint les nobles à ne pas dégénérer de leurs ancêtres. »

« Ce n'est pas au cinquième ou sixième aïeul que l'on donnera la palme, mais au « descendant, si par une action d'éclat il a imité cet aïeul. »

On ne saurait mieux exposer la principale utilité des généalogies.

Quant à la manière de les dresser, inspirons-nous de l'inimitable Montaigne.
« Contentons-nous, de par Dieu ! de ce de quoi nos peres se sont contentez, et de ce
« que nous sommes ; nous sommes assez si nous le sçavons bien maintenir : ne
« desadvouons pas la fortune et condition de nos ayeuls, et ostons ces sottes imagina-
« tions qui ne peuvent faillir à quiconque a l'impudence de les alléguer. »

GENTILHOMME DE NOM ET D'ARMES. — La quadrature du cercle est un problème
que l'on ne comprendra jamais. Il en est ainsi du *gentilhomme de nom et d'armes;* tout
le monde en parle sans trop savoir ce que cela veut dire. « Tot capita, tot sensus ! »
Cette diversité d'opinions s'explique aisément, car, à proprement parler, que peut
bien vouloir dire cette locution ? Pour en motiver l'emploi, il faudrait que l'on pût
être gentilhomme *de nom,* sans l'être *d'armes.* Or, comme tout gentilhomme a un nom,
comme il a des armes, comme toutes les armes, sous peine de n'être pas des armoiries
sont des emblèmes réservés aux nobles, il en résulte que la formule *gentilhomme de nom
et d'armes* est très majestueuse, mais incompréhensible, à moins que ce ne soit une
vaine redondance de mots.

CCXLV. — Du Cange a consacré sa dixième dissertation (*Dissert. sur l'Hist. de saint Louys* par le
sire de Joinville. Didot. 1850. *Glossar. med. et inf. lat.*, t. vii, f°s 42 et suivants) aux *gentilshommes de
nom et d'armes.* Résumons rapidement. Philippe, duc de Bourgogne, dans la fondation de la Toison
d'or (1429), Louis XI pour l'ordre de Saint-Michel (1469), Henri III pour l'ordre du Saint-Esprit (1579)
exigent cette qualité pour les chevaliers; le dernier ajoute, de trois races pour le moins. Du Cange
conclut que cette qualité semble relever ces gentilshommes au-dessus du commun, quoique dans la
condition de noblesse il n'y ait aucune prérogative qui élève l'un plus que l'autre *(Voir plus loin).*
    Il énumère ensuite l'opinion : 1° de Schier, que ceux-là sont *gentilshommes de nom et d'armes* qui
portent le nom de quelque province, ville, château, seigneurie ou fief noble ayant armes particulières
quoiqu'ils ne soient (plus) seigneurs de telle seigneurie [1].
    2° D'autres tiennent que les *gentilshommes de nom et d'armes* sont ainsi appelés non à cause des
armoiries, mais à cause des armes dont ils font profession pour les distinguer des chevaliers en lois
qui sont ceux de la robe [2].
    3° D'autres croient que les *gentilshommes de nom et d'armes* sont ceux qui portent les armes
affectées à leur nom de famille [3].
    Du Cange tient pour plus probable que l'on appelle *gentilhommes de nom et d'armes,* ceux qui

---

[1] Cette opinion est à rejeter : un traitant anobli a acheté un fief avec armes; il serait gentilhomme de nom et
d'armes; un duc et pair ne portant le nom d'aucune terre, ne le serait pas.
[2] Du Cange repousse cette opinion. Il faut avoir peu manié d'anciennes chartes pour ne pas savoir que les
chevaliers de lois prenaient rang sur les chevaliers d'épée. Il était naturel que ceux-ci fussent revêtus des
Ordres militaires. Mais qui songerait à exclure de la vieille noblesse la noblesse de robe ?
[3] Cette opinion a le mérite d'être peu claire : c'est pourtant celle à laquelle semble s'être rangé Palliot. Il
dit que le sire de CRÉQUI était gentilhomme parce qu'il portait le nom de CRÉQUI et les armes aussi, qui sont
un *Créquier* (*Voir* CE MOT). Il cite encore les LA TOURNELLE qui portaient trois tournelles, les SAFFRE qui
portaient cinq saffres, les BOUBERS qui portaient trois bers ou berceaux. Ces quatre familles étaient sans
doute de très vieille noblesse. Mais étaient-elles nobles de nom et d'armes parce qu'elles portaient des armes
parlantes ? Si ce n'était pour ce motif, elles se trouveraient dans le cas de toutes les familles nobles qui ne
portent pas habituellement d'autres armes que celles attachées à leur nom de famille.

peuvent justifier leur noblesse non seulement d'état de nom et d'armes, mais de quatre quartiers ou lignes, c'est-à-dire aïeux et aïeules, tant du côté paternel que maternel.

Il serait désagréable de repousser l'autorité du célèbre auteur du *Glossarium*, s'il l'avait clairement formulée ; je me permets de dire qu'en se contentant de quatre quartiers ou lignes, il est beaucoup trop peu exigeant. Les preuves de chevalerie et des chapitres nobles en demandaient, en grande généralité, au moins huit ou seize ; plusieurs exigeaient en outre qu'il n'y eût point d'anoblissement connu, ou deux cents ans de noblesse prouvée. Quand on ne relevait que du prince, on le faisait sonner bien haut.

Dans certaines provinces, la transition de *l'anobli* à l'état *d'ancienne noblesse* s'opérait au bout de cinquante à soixante ans, à dater de l'anoblissement : il pouvait donc arriver que le petit-fils d'un *anobli*, n'étant pas encore *ancien noble*, c'est-à-dire vrai noble, fût gentilhomme de nom et d'armes, en ayant les quatre quartiers indiqués par Du Cange [1]. Telle n'était certainement pas la pensée des inventeurs de la qualification *gentilhomme de nom et d'armes*, qui — si elle a jamais eu une portée bien précise — devait impliquer une noblesse bien au-dessus d'une noblesse à peine naissante.

Qu'était donc cette condition? Il serait plus facile de dire ce qu'elle n'était pas. Affaire d'appréciation!

Gentilhomme est celui qui tient sa noblesse de ses pères : c'est le noble par droit de justice. Un *anobli*, c'est-à-dire un noble par droit de grâce, quoiqu'il doive faire souche de gentilshommes, n'est pas gentilhomme ; en effet, il pouvait, et son fils pouvait, suivant le plus ou moins de longévité de son père, être soumis aux recherches pour fait de noblesse (*Voir* LOIS NOBILIAIRES). C'était donc, AU PLUS TÔT, à la troisième génération que pouvait se vérifier la qualité de gentilhomme.

Gentilhomme de noblesse immémoriale ou *historique* est celui dont la noblesse remonte plus haut que la mémoire des hommes, dont la famille n'a pas reçu de lettres de noblesse ou pour laquelle il n'en résulte pas. Il semble nécessaire que ce manque de mémoire, que cette incertitude remontent au moins au XIVe siècle.

Gentilhomme de noblesse chevaleresque est celui dont la famille a produit plusieurs membres revêtus de la *chevalerie militaire* (XIIIe, XIVe siècles). Quoique vouée au célibat, il faut y ajouter l'ancienne *chevalerie régulière* (Temple, Saint-Jean de Jérusalem, etc.) et même la *chevalerie honoraire* (ordres chevaleresques donnés par les Princes, XIIIe, XIVe, XVe, XVIe siècles).

---

[1] En voici la démonstration figurée, mais de fantaisie.

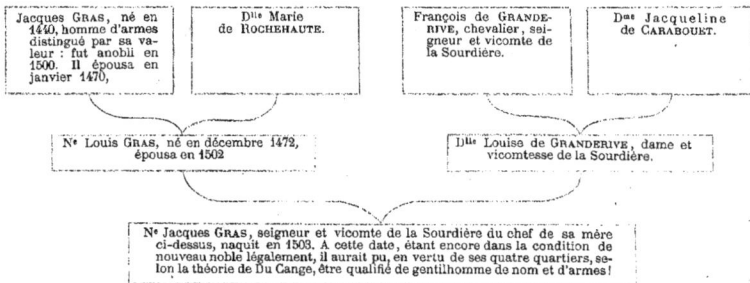

Jacques GRAS, né en 1440, homme d'armes distingué par sa valeur : fut anobli en 1500. Il épousa en janvier 1470,	Dlle Marie de ROCHEHAUTE.	François de GRANDE-RIVE, chevalier, seigneur et vicomte de la Sourdière.	Dme Jacqueline de CARABOUET.

Ne Louis GRAS, né en décembre 1472, épousa en 1502	Dlle Louise de GRANDERIVE, dame et vicomtesse de la Sourdière.

Ne Jacques GRAS, seigneur et vicomte de la Sourdière du chef de sa mère ci-dessus, naquit en 1503. A cette date, étant encore dans la condition de nouveau noble légalement, il aurait pu, en vertu de ses quatre quartiers, selon la théorie de Du Cange, être qualifié de gentilhomme de nom et d'armes!

Si ce n'est toujours, ces qualités *immémoriale* et *chevaleresque* marchent souvent ensemble.

Une de ces qualités, ou les deux réunies, en y ajoutant quatre ou huit quartiers et seize encore mieux, suffisent à donner à la noblesse une valeur que certainement la vague qualification, *gentilhomme de nom et d'armes,* ne devait pas dépasser.

Cette condition une fois obtenue, j'admets volontiers avec Du Cange qu'un gentilhomme « quoyque « pauvre n'est pas moins gentilhomme qu'un seigneur riche et opulent, non plus qu'un roy n'est pas « plus roy qu'un autre, quoy qu'il soit plus riche. »

Rousseau a dit quelque part : « il vaut mieux déroger à la noblesse qu'à la vertu. » Connaissait-il la vertu ? A coup sûr il avait une fausse idée de la noblesse, ou bien il a prononcé une sentence à la La Palisse. On ne peut pas déroger à la vertu sans déroger moralement à la noblesse. — *Voir* DÉROGEANCE, NOBLESSE, PARCHEMINS. Aussi pour résumer cette discussion, si l'on veut maintenir cette expression *gentilhomme de nom et d'armes,* il faut admettre que cela veut dire maintenant *gentilhomme de nom et de fait,* comme dans un autre ordre d'idées, soldat de *cape et d'épée* personnifiait jadis le véritable soldat.

GERBE. — Sauf indication contraire, quand on dit *gerbe,* c'est un faisceau d'épis de blé *lié.* On blasonne le lien seulement s'il est d'un autre émail. — *Voir* INDUCTIONS. READ, (368) : p. *de guleues au sautoir d'or, cantonné de quatre gerbes de même.*

368

GIBECIÈRE. — Espèce de bourse ou de sac que l'on représente avec ou sans les liens qui servent à les fermer.

GIRON. — Figure honorable du deuxième ordre. C'est la huitième partie de l'écu en triangle, c'est-à-dire en supposant le quartier dextre du chef, la moitié de ce quartier divisée par le *tranché.* Avec les *girons* se compose le *gironné.*

GIRONNÉ. — La remarque CLXXI traite déjà du *gironné,* j'y consigne la figure 273 représentant le *gironné-type* de huit pièces, obtenu par le parti, le coupé, le tranché et le taillé. Nous avons vu qu'il est pourtant très inexact de blasonner le *gironné* sous le nom des quatre partitions [1].

---

[1] Vulson (f° 80) après avoir blasonné BÉRENGER, *gironné d'or et de gueules* et donné la figure correspondant à notre n° 374, inscrit GROLÉE en Dauphiné pour lequel il blasonne, *parti, coupé, tranché, taillé d'argent et de sable* et donne une figure correspondant à notre n° 273, c'est-à-dire le *vrai gironné* (huit pièces, position inutile à mentionner). Il ajoute immédiatement après : « SEYSSEL porte party, taillé, tranché, coupé d'or et « d'azur. Quelques-uns confondent ce blason avec le gironné, MAIS IL Y A GRANDE DIFFÉRENCE. »

Je comprends très bien la différence. — *Voir* ce que j'en dis aux REMARQUES CLXXI et CCCXXXVI. Mais je me demande si Vulson comprenait bien ce qu'il disait. A la page suivante (82), il blasonne MAUGIRON, gironné de *six pièces* « comme qui diroit mal gironné, pource que le vray gironné doit estre de huict pièces ! »

Il est donc bien entendu qu'en disant CAMPBELL-ARGYLL p. *gironné d'or et de sable*, cela correspond à la figure 369, que l'on ne doit pas blasonner autrement.

CCXLVI. — Le *gironné* peut se faire de six pièces et il faut spécifier ce nombre. MAUGIRON, (370) : p. *gironné de six pièces d'argent et de sable*.

Palliot et Allard dessinent comme au n° 370. C'est assez choquant dans la figure d'Allard dont les écus ont une forme très allongée. On peut distribuer les six girons tout aussi géométriquement — (*Voir* à la fin de la Remarque suivante), mais d'une manière plus agréable à l'œil ; étant donnée la forme de l'écu, la plus élégante disposition d'un *gironné de six pièces* devrait être comme en 370 *bis*.

369

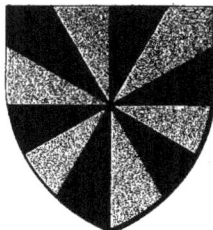

370

Chorier blasonne *parti, coupé, tranché et taillé d'argent et de sable;* ce qui correspondait pour lui au gironné reproduit à la figure 369.

Il paraît pourtant que cette armoirie est parlante, étant *mal gironnée*, c'est-à-dire, autrement que le vrai gironné de huit pièces.

Le *gironné* se fait encore avec un nombre moindre ou plus considérable de girons, qu'il faut toujours énoncer.

BUGNONS, (371) : p. *gironné d'or et de gueules de dix pièces.*

370 *bis.*

371

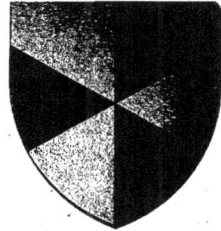

372

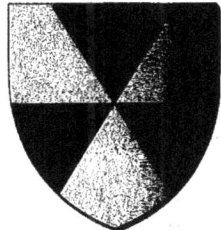

373

STUCH, (372) : p. *gironné de sable et d'or de douze pièces.*

BECOURT, (373) : p. *gironné d'argent et de gueules de seize pièces et un écusson d'or en abime.*

CCXLVII. — Palliot dit avec raison qu'à la réserve du gironné de huit pièces, il faut en nommer le nombre. Mais il divague en blasonnant BERENGER, (374) : *gironné d'or et de gueules de huit pièces* : « j'adjouste », dit-il, « ce mot de huit pour spécifier l'assiette des girons contraire « aux précédents, si l'on ne veut blasonner de gueules à qua- « tre girons d'or posés en sautoir » ! !

La réserve de Palliot peut se traduire ainsi : Un cheval a quatre jambes, il ne faut pas en nommer le nombre ; mais si j'énonce un cheval *à quatre jambes*, cela spécifiera que ces jambes sont sur le dos.

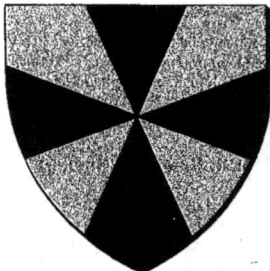

374

L'illustre famille de BERENGER porte, je crois, le véritable *gironné* comme celui de SEYSSEL (273). On trouve, il est vrai, d'autres versions, *gironné de six*, etc. L'écu de Raymond BERENGER, grand-maître de l'Ordre de Saint-Jean de Jérusalem (salle des Croisades, à Versailles), donne le véritable gironné (en intervertissant les émaux : *de gueules et d'or*) écartelé au 1 et 4 de son Ordre. Là n'est pas pour moi la question. Suffira-t-il de dire *gironné de huit* pour spécifier l'assiette des girons de la fig. 374 ? Non certainement et mille fois non. Il faut toujours supposer ne pas avoir sous les yeux la figure ; or l'adjonction des mots *huit pièces* ne suffit pas à expliquer cette assiette à qui ne le saurait pas d'ailleurs. Palliot propose une autre version : *de gueules à quatre girons d'or posés en sautoir*. Le champ d'or sautant aux yeux les moins prévenus, il serait peut-être plus naturel de dire : *d'or à quatre girons de gueules posés en croix*. En réfléchissant pourtant que le vrai giron est un triangle rectangle, dans le vrai gironné (de huit) ; que dans les gironnés multiples, quelques-uns des girons gardent encore cette configuration de rectangle, configuration qui disparaît totalement dans la figure 374 où tous les girons sont isocèles, nous donnerons comme une meilleure description de cette figure, tout en ne croyant pas à son authenticité : *d'or à quatre pointes de gueules, mouvantes du chef, de la pointe et des flancs se réunissant en croix au cœur de l'écu*. Cette description est un peu longue, mais tout le monde la comprendra, c'est le but que doit viser une description, en restant d'ailleurs correcte. — *Voir* REMARQUE CCLXIX. D'ailleurs, il est facile de la simplifier. Quatre pointes se réunissant en croix au cœur de l'écu sont nécessairement mouvantes du chef et des flancs, celle de la pointe gardant sa mouvance naturelle. On peut donc, pour donner plus de cachet héraldique à la description, se borner à blasonner : *d'or à quatre pointes de gueules se réunissant en croix au cœur de l'écu.*

On observera que si l'on disait *s'aboutant en croix*, les pointes ne devraient pas se toucher. — *Voir* REMARQUE CCCLVIII.

Si l'on tient pourtant à blasonner 374 par le *gironné*, ce ne sera pas en le spécifiant *de huit pièces* que l'on obtiendra sa con-figuration. Il faudra blasonner : *gironné de huit pièces d'or et de gueules, les quatre de gueules disposées en guise de croix.*

Quel que soit le nombre de pièces d'un gironné, distribuez sur un cercle, à égale distance l'un de l'autre, autant de points que vous avez de girons.

Par exemple, en A, six points pour un gironné de six pièces.

Placez ce tracé dans un écu de forme quelconque, sans vous

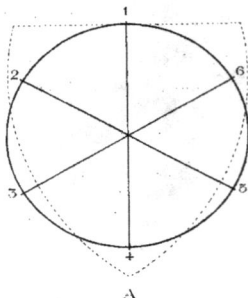

inquiéter de ce qu'il faut ajouter ou retrancher aux pièces pour combler les vides. En mettant le centre de ce tracé sur le *centre visuel* (*Voir* ÉCU, REMARQUE CLXXXIV), votre gironné sera géométriquement exact. Pour un écu carré c'est le *centre réel* qui doit naturellement correspondre au centre du tracé.

Suivant la forme de votre écu, vous pouvez, pour obtenir une apparence plus régulière, placer ce tracé comme nous l'avons fait pour 369 et 371, de préférence à 370, en ayant bien soin que le premier émail énoncé soit en chef à dextre.

GIROUETTE. — *Voir* TOUR.

GIVRE. — *Voir* GUIVRE.

GLAND. — *Voir* CHÊNE.

GLOBE. — *Voir* MONDE.

GOMÈNE. — *Voir* GUMÈNE.

GONFANON ou GONFALON. — Bannière de l'Eglise à trois pendants habituellement, quelquefois à quatre, ce qu'il faudrait blasonner ainsi que la frange, si elle est d'un autre émail. Les pendants sont arrondis par le bas. AUVERGNE, (376) : p. *d'or au gonfanon de gueules frangé de sinople.*

CCXLVIII. — Quelques auteurs ajoutent *bordé* par superfétation. J'ai donné à BANNIÈRE et à la figure 66 le blason des CONFALONIERI. C'est une singulière anomalie que cette famille, qui porte évidemment une arme parlante, ait adopté une autre forme que celle reçue universellement pour le gonfanon.

Peut-être y aurait-il lieu de distinguer le *gonfanon papal* du *gonfanon*, simple drapeau.

375

GORGE. — Se dit du paon et, paraît-il, d'autres oiseaux qui ont la gorge d'un autre émail. Le paon du cimier de BÉTHUNE est *gorgé de France.*

GOUSSET ? ?

CCXLIX. — Si cette figure existait dans les armoiries, comme elle existe dans les traités, ce serait une figure honorable du deuxième ordre et non « une espèce de rebattement ou blason irrégulier fait en « forme de poulpitre... terme tiré de l'architecture... c'est aussi une espèce d'armure sous l'aisselle « voire de nos chemises ordinaires » comme le dit Palliot. Si d'aventure on m'en fournissait un exemple, je le blasonnerais *pairle plein* (*Voir* PAIRLE) plus volontiers que *gousset*.

Le Laboureur appelle *goussets* les deux aires que laisse aux flancs un écu chargé d'un *chef-pal*. C'est peut-être l'origine de la confusion.

GOUTTE. — *Voir* LARME.

GOUTTÉ. — On le dirait pour un écu *semé de gouttes*.

GRELOT. — *Voir* GRILLET.

GRENADE. — Le fruit du grenadier se représente fermé : quand il est crevé, montrant ses grains, on le blasonne *ouvert*.

GRÊLÉ. — Synonyme de *semé*, employé quelquefois pour la description des couronnes *grêlées* de perles de compte.

GRIFFON. — Animal spécial à la faune héraldique. Il se représente moitié *aigle,* moitié *lion :* aigle avec ses ailes dans la moitié supérieure du corps, en y ajoutant des oreilles droites; lion pour le reste, en quoi il diffère du *lion ailé,* auquel on ajoute seulement des ailes. La position ordinaire, que l'on ne blasonne pas, est pour le griffon d'être rampant, la queue tournée en dehors ou passée entre les deux jambes de derrière.

Le griffon est *armé* et *lampassé* comme le lion, *becqué* comme l'aigle, ce qu'il faut blasonner si ces appendices sont d'un émail différent. MEFFRAY, (376) : p. *de gueules au griffon d'or.*

376

CCL. — Palliot dit que le Griffon, le Minotaure, le Centaure, « ont esté tenus comme fabuleux et « néantmoins on pourroit les prendre pour simples monstres qui ayent esté en nature » et il cite le cheval-cerf, Hippocervum, envoyé en 1634 par le duc de Mantoue au roi François. « Il avoit la partie de « devant comme un cheval et le derrière comme un cerf : il souffroit d'estre monté et bridé, mais avec « cette incommodité que tantost il se cabroit, sauteloit et bondissoit et tost après secouoit si rudement « son monteur qu'il le mettoit hors des arçons. »
J'emprunte la figure du griffon à Viollet-le-Duc, en y ajoutant les oreilles qu'il a oubliées.
Il se présente à propos du griffon une question — c'est la seule que je ne me charge pas de trancher — dont je me borne à signaler les incertitudes.
Palliot blasonne parmi ses exemples de griffons celui de STYRIE : « d'azur (*sic*) au Griffon des-ailé « d'argent iettant par la bouche des flammes de gueules. » *Azur* est une faute d'impression, son dessin met de *sinople*.
Spener dit que l'on range parmi les griffons « feram, alis tamen destitutam, ex cujus oculis, cruribus « (*auribus*, très probablement) et ore flammæ promicant : in insignibus Styriæ (Vocatur *Steir* s. *Stier*) « ea fera argentea ornat clypeum viridem. » Il en donne la figure où ce griffon — si griffon il y a — est simplement lampassé d'argent. Spener cite encore plusieurs familles d'Allemagne portant des griffons sans ailes, avec ou sans flammes : les STAHRENBERG, les STEIRER DE BERNECK, les HOHENBERG, les

GOLDSTEIN , les UNRUHE, les OETH et enfin les TEUFFEL DE PIRCKENSEE , pour lesquels « respicitur ad nomen cum hoc « fere modo cacodœmon pingi soleat. »

Menestrier dit : « la Styrie, province d'Allemagne, de sino- « pie au taureau furieux d'argent ardent de gueules par les « oreilles, la gueule et les naseaux. Ceux qui n'ont pas en- « tendu que *Stier* signifie en allemand un taureau et qu'il « fait des armoiries parlantes dans l'écu de Stirie *(sic)*, en « ont fait un animal monstrueux de la forme d'un griffon. »

Je suis bien tenté de suivre avec Menestrier l'induction de l'arme parlante et de croire que réellement on a voulu mettre un taureau dans les armes de Styrie. Malheureuse- ment le savant jésuite donne le dessin de ce taureau et le figure exactement comme un griffon sans ailes.

Je trouve dans Modius pour les armoiries de la ville d'IN- GOLSTADT une figure qui doit être comme celle de STYRIE : c'est celle que j'imite, quoique la tête ne soit pas plus d'un taureau que d'un griffon, en 377.

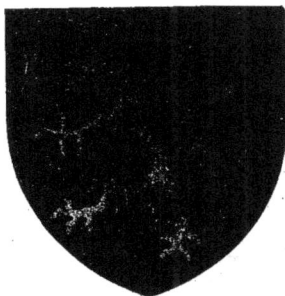

377

Laissons aux héraldistes allemands le soin de fixer et la figure et le nom de cette bête. Si par hasard c'est un taureau il faudrait ajouter qu'il est sans cornes.

GRILLE. — Se prend en deux sens : 1º pour la grille ou herse des portes des tours ; 2º pour les grilles du heaume que d'autres blasonnent *Mezail.*

GRILLET ou GRILLOT.— Espèce de sonnette ronde que l'on mettait au cou des animaux ou aux pattes des oiseaux de chasse. Ils figu- rent en nombre ou en semé. GRILLOT-PREDELYS, (378) : p. *d'azur à trois grillets d'or.* Quand un épervier ou faucon est garni de *grillets,* on l'ap- pelle GRILLETÉ. TONNELIER, (379) : p. *d'azur à l'épervier s'essorant d'or grilleté et longé de même.*

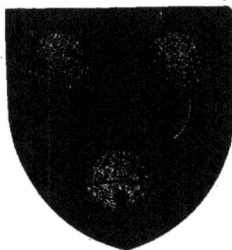

378

379

GRILLET. — Insecte : figure aussi dans quelques armoiries avec sa forme ordinaire.

GRINGOLÉ ou GUIVRÉ. — *Voir* CROIX GRINGOLÉE, c'est-à-dire se terminant en tête de serpent.

GRUE. — Elle se représente ou posée ou passante. Elle figure dans quelques

armoiries avec le pied droit levé empiétant un cail-
lou, que l'on appelle *vigilance*. FAVIER, (340) : p. *de
gueules à la grue d'argent tenant sa vigilance de même,
au chef d'azur chargé de trois bandes ondées du second.*

CCLI. — Comme le philosophe de l'antiquité qui tenait
sa main garnie d'une boule, sur un bassin d'airain, pour
être averti si le sommeil venait troubler ses doctes élucu-
brations, la grue, sentinelle préposée à la garde de ses
compagnes, tient une pierre dans sa patte droite pour ne
pas s'endormir, ou être réveillée en cas de faiblesse.

Étant donné cette action spéciale à la grue dans les blasons, on devrait la personnifier avec l'oiseau et sa pierre de
vigilance. Il serait très héraldique de blasonner sans périphrases, comme je le fais, la figure 380 : *de gueules à la
vigilance d'argent au chef d'azur chargé de trois bandes
ondées du second.* — *Voir* FOY, IMMORTALITÉ, PIÉTÉ.

380

Il faudrait dédoubler ce mythe, si la pierre était d'un autre émail : ainsi l'on dirait : *de gueules à la
grue d'argent tenant sa vigilance de sable.*

GUEULES, GULES, BELIC ou BELIF, COULEUR
DE SANG. — Une des quatre couleurs du blason. —
Voir COULEURS. C'était la première et la plus noble de
toutes : on la mettait comme valeur au-dessus des
métaux. Elle avait plusieurs significations, la hardiesse, la charité ; elle représentait parmi les planètes
Mars, parmi les mois, mars et octobre, et le mardi
parmi les jours de la semaine. Le gueules représentait
encore la colère, l'automne, les nombres trois et
dix, etc.

Nous avons vu, FIGURE 187, comment on représente
cette couleur dans la gravure. En couleur c'est le vermillon de cinabre pur. ALBRET, (381) : p. *de gueules
plein,* ou *champé de gueules.* — NARBONNE, RUBEI,
portent de même. — *Voir* CHAMP, CHAMPÉ.

381

GUIDON. — Banderole étroite et fendue sur le bord qui se met au bout de la lance.
On blasonne par exemple, BARONNAT : p. *d'azur à trois guidons en pal* (2 et 1 suivant
Palliot) *d'azur, au chef de gueules, chargé d'un léopard d'argent.* Ne serait-il pas plus exact
de blasonner *d'or à trois lances d'azur en pals, 2 et 1, guidonnées de même, etc., etc.?*

GUIVRE, ou GIVRE, ou VIVRE (ou BISSE, de *biscia*). — Couleuvre (ou serpent) que l'on
représente ondulée en pal ; ou *rampante,* situation qu'il faut exprimer. En voir le modèle

aux Cimiers, Figure 154. — *Voir* Issant. La guivre des Visconti est appelée *issante* et par d'autres, improprement, *lissante* ou *marissante*.

GULPE. — Pour ceux qui admettent le *pourpre* comme une cinquième couleur héraldique, c'est le tourteau de pourpre.

GUMÈNE. — Cordages de l'ancre. — *Voir* Ancre.

GUSE. — C'est le nom particulier, peu employé, du tourteau de gueules.

ABILLÉ. — Se prend en deux sens : pour les vêtements humains et pour les voiles et agrès d'un navire, s'ils sont d'un autre émail.

Vêtu n'est pas toujours un synonyme d'habillé. — *V.* VÊTU.

HACHE. — Synonyme de DOLLOIRE.

HACHE D'ARMES. — Hache avec un manche que l'on portait à l'arçon de la selle. LA SORAYE, (382) : p. *d'hermines à deux haches d'armes de gueules adossées en pal.*

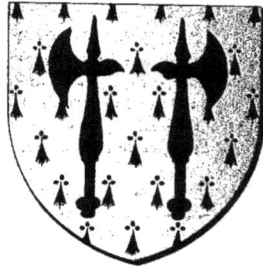

382

CCLII. — Mazarin portait dans ses armes une *hache consulaire*, comme celle des anciens licteurs romains, enveloppée dans un faisceau de verges soigneusement liées.

Chacun le sait ! C'était dans l'intention philanthropique de laisser à ces bons consuls — pendant que les licteurs dénouaient leurs verges — le temps de réfléchir s'il fallait couper la tête aux malheureux qui n'avaient pas salué assez bas, ou simplement les fustiger.

La *hache danoise*, comme celle qu'empoigne le lion de NORWÈGE, a le manche courbé et beaucoup plus allongé (*Voir* FIGURE 222) que la hache ordinaire.

HACHEMENT. — *Voir* LAMBREQUIN.

HACHURE. — Traits par lesquels on marque les émaux en gravure. — *Voir* MÉTAUX, COULEURS.

Ces hachures sont censées remplacer les couleurs. En voyant des hachures verticales, c'est comme si nous voyons du *gueules.* Elles doivent donc toujours être tracées suivant l'émail qu'elles représentent, toujours par rapport à l'écu et jamais par rapport aux pièces qui le meublent, ni par rapport à la *situation* de ces pièces, quelle qu'elle soit.

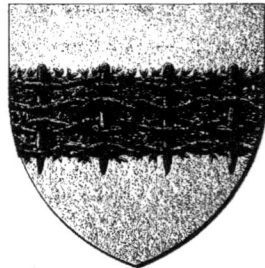

HAIE. — Se forme avec des fascines entrelacées autour de pieux. LA HAYE, (383) : p. *d'argent à la haie de sinople.* — Elle se met toujours, en *position*, comme une fasce, d'un flanc à l'autre de l'écu.

383

HALLEBARDE. — Arme des gens de pied formée d'une haste emmanchée dans un fer en croissant, terminé par une pointe.

CRENAN, (384) : *porte d'argent à deux hallebardes adossées en pal de gueules.* On la dit *hastée,* si le manche est d'un autre émail.

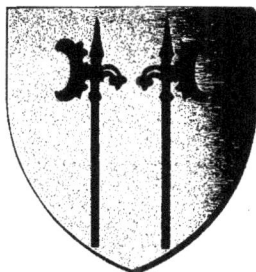

HAMADE, HAMAIDE ou HAMEYDE. — Figure honorable héraldique du deuxième ordre, composée de trois fasces alaisées qui constituent une seule pièce, de manière qu'il est inexact de dire au pluriel des *hamaides,* les trois ne faisant qu'une figure. HAMEYDE, (385) : p. *d'or à la hamaide de gueules.*

384

CCLIII. — Il me semble nécessaire, si l'on fait de la *hamaide* une figure différente de *trois fasces alaisées,* de la dessiner de manière à l'en distinguer absolument.

Au lieu d'espacer régulièrement les fasces alaisées dans l'écu, comme le fait Palliot, on obtient une situation facile à reconnaître en rapprochant les trois parties de la *hamaide.* Je dessine ainsi la figure 385.

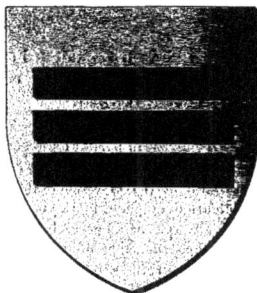

On se rappellera que *trois fasces, alaisées* ou non, doivent régulièrement occuper chacune une septième partie de l'écu environ, soit ensemble trois parts sur les sept, les autres quatre parts étant occupées par les vides du champ en-dessus, entre et sous les fasces.

385

HAMEÇON A LOUP. — Figure que l'on rencontre surtout en Allemagne et que l'on dessine comme en A.

HARDI. — *Voir* Coq.

HARNACHÉ. — Attribut pour le CHEVAL.

A

HARPIE. — Au dire de Palliot « elle n'est pas si rare parmy les hommes que parmy « les armoiries. » C'est un aigle ayant la tête et le buste d'une jeune fille; j'en ai donné la figure au n° 26. Vulson prétend que c'est proprement ce que les Poètes « ont feint estre « une harpie. » Elle peut être *couronnée* ou non. Nous avons déjà dit que le *couronné* est une disposition qu'il faut toujours blasonner.

HAUSSÉ. — Qualificatif de situation pour blasonner une fasce, par exemple, mise plus haut que sa position ordinaire ne le comporte. — *Voir* REM. CCXXIII.

HAUT. — Se dit de l'épée droite, *haute* ou *pointe en haut ;* bien inutilement, puisque c'est sa position naturelle dans un écu.

HEAUME. — Le heaume, armet ou casque, est le premier des ornements de l'écu, le véritable indicateur de la noblesse.

CCLIV. — C'était une des marques du chevalier, les hommes de pied ne portant que des salades, des pots, des bassinets, des morions. Il n'est pas absolument prouvé que les premiers croisés aient combattu avec le visage couvert, ou du moins que cet usage fût général alors. Il est pourtant certain qu'à une époque très reculée le visage était préservé par des grilles ou une visière à jours. Les tournois, où l'on ne tenait pas absolument à se tuer, ont généralisé les heaumes entièrement fermés avec visières, à trous fixes ou mobiles, nasal, ventail ou mentonnière, grilles, etc., le tout destiné à amortir, par des surfaces arrondies, la direction et la violence des coups. La durandal qui fendait des montagnes, fendait pourtant le casque le mieux trempé et le mieux fermé.

L'usage de mettre le heaume par-dessus son écu armorié ne s'est généralisé dans les sceaux qu'au commencement du XIVe siècle, mais ce heaume ne ressemble guère à celui de nos jours. La prétendue réglementation qui fixe le métal, le nombre de grilles d'un heaume mis de face, de trois quarts ou de profil, suivant le rang ou le titre du noble qui devrait s'en servir, est très moderne. C'est un produit de l'imagination des hérauts d'armes du XVIIe siècle. Pas plus que moi, aucun observateur n'aura remarqué sur les sceaux ou monuments antérieurs à cette époque, des signes distinguant régulièrement un heaume de l'autre, sauf le caprice du graveur ou le goût du gravé.

Voici rapidement l'énumération de ces heaumes de fantaisie :

Empereurs et rois : d'or, de front, visière entièrement levée, sans grilles.

Princes souverains : comme dessus, mais *un peu moins ouvert !*

Princes, ducs non souverains, grands officiers de la couronne, généraux d'armée, gouverneurs, etc. (catégorie plus ou moins ouverte selon les auteurs) : d'argent, de front, visières, bordure, clous d'or, avec neuf grilles ou barreaux.

Marquis : d'argent, taré de front, à sept grilles.

Comtes, vicomtes, vidames, etc. : d'argent taré de deux tiers, à sept grilles.

Barons et anciens gentilshommes ayant eu justice : d'argent bruni, taré de deux tiers et cinq barreaux.

Barons et anciens gentilshommes n'ayant pas eu haute justice ou gentilshommes de trois races paternelles et maternelles : d'acier poli taré de profil, nasal relevé, ventail abaissé, trois grilles.

Écuyers : de fer, de profil, fermé, sans grilles : le nasal qui est le dessus, le ventail qui est le dessous joints, légèrement entr'ouverts selon quelques auteurs. — *Voir* REMARQUE suivante.

Nouveaux anoblis : comme dessus, entièrement clos.

Bâtards : comme dessus, mais contourné, c'est-à-dire tourné vers la senestre.

CCLV. — Les deux avant-dernières formes étaient très employées, spécialement pour se préserver des coups de lance. Le combattant s'avançait, regardant l'adversaire par la visière du nasal ou, quand

elle était d'une seule venue (forme habituelle), par le
vide entre la partie supérieure et le ventail (A). Au
moment du choc il suffisait de renverser légèrement
la tête en arrière (B), la lance ne trouvait à frapper
qu'une surface aiguë et évidée en proue de navire.
Quelques trous percés en bas, dans la surface déjà en
retour, introduisaient l'air et la lumière. Cette forme
ancienne est très répandue dans les blasons d'Allemagne.

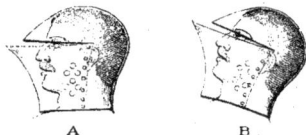

A   B

Il faut noter que les casques, comme on les dessine de nos jours, ont tous un gorgerin ou hausse-col,
se contournant plus ou moins en volutes. Cette partie de l'armure, quoique annexe du casque, en est
aussi indépendante que la botte l'est du pantalon.

Les officiers de guerre, non gentilshommes, pouvaient, suivant Palliot, « au lieu de heaume mettre un
« haussecol et une pique passée par dedans, mise en pal, au milieu et derrière *ledit* escu. » Ce *ledit* se
rapporte à un écu de noble. Mais, si l'officier n'était pas gentilhomme, il ne pouvait avoir un écu
d'armes. Passons !

CCLVI. — Chacun sait que, dans leur ensemble, les règles du Blason français ont été universellement
adoptées. Ses prescriptions pour les heaumes n'ont jamais été suivies à l'étranger et d'une manière fort
irrégulière, — si elles l'ont jamais été — même en France. Ces formes sont tellement de convention [1],
elles sont si absurdes au point de vue nobiliaire en mettant le heaume du baron ou ancien gentilhomme
chevalier ayant eu haute justice, au-dessous du heaume d'un marquis ou d'un comte qui peuvent être les
premiers de leur nom [2], elles sont si peu raisonnées [3] que je ne crois pas devoir concourir à en répandre l'image.

J'aime mieux donner (C, D, E, F, G) de bonnes formes de heaumes anciens, prises à bonne source,
à Viollet-le-Duc ; elles sont du XIIIe siècle.

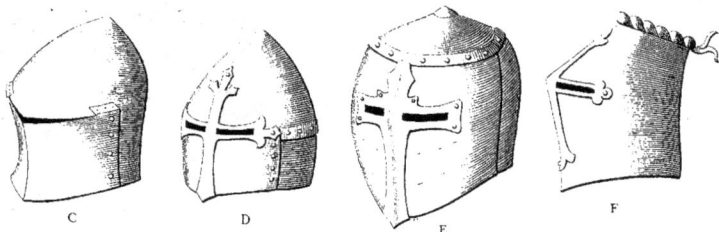

C   D   E   F

[1] Dans la plupart de ces heaumes à hérauts d'armes, on ne saurait loger une tête d'homme à moins qu'on ne
supprime le menton.

[2] Il en est de même pour les couronnes : elles ne constituent pas un rang, elles prouvent que vous êtes
marquis ou comte ; il n'y a pas, pour marquer la qualité de gentilhomme, de couronnes généralement
adoptées.

[3] Par exemple les casques tarés de deux tiers ou de profil, doivent-ils *montrer* ou *avoir* sept ou cinq grilles ?
Le heaume de comte a sept grilles ; étant de deux tiers, une des grilles au moins ne peut se voir : il a donc
au moins *huit grilles*, une de plus que celui de marquis qui n'en a que sept !!

Le *bourrelet* que l'on met (F) ou que l'on ne met pas au-dessus du heaume, se compose d'étoffes ou rubans entrelacés, dont les bouts flottent quelquefois, aux émaux du blason timbré par ce heaume.

Sur le heaume on place ou l'on ne place pas des *lambrequins,* la *couronne* et le *cimier* par dessus. — *Voir* CES MOTS.

Les heaumes sont maintenant généralement remplacés par des couronnes.

Tous les couronnements de l'écu s'appellent, en termes génériques, *timbres;* on dit *timbré* d'un heaume, *timbré* d'une couronne, d'un cimier; ils font tous partie de ce que l'on appelle ORNEMENTS ou COURONNEMENTS.

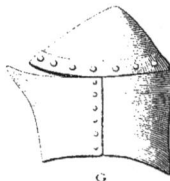

G

CCLVII. — Un auteur qui, dans son *Dictionnaire héraldique,* a réuni d'excellentes choses, dit que les Allemands sont les premiers qui aient multiplié les casques pour distinguer leurs fiefs. Il ne faudrait pas en conclure qu'ils aient jamais observé la classification de fantaisie française, pour spécifier la nature de ces fiefs, titrés ou non. En Allemagne, le heaume se porte à l'antique, ouvert ou fermé, avec ou sans grilles, *contourné* ou non, sans y attacher d'importance. On y met au-dessus de l'écu plusieurs heaumes presque toujours timbrés de cimiers : ce sont les heaumes des familles dont on porte un écart, ou dont on a hérité. — *Voir* ROSENBERG, FIG. 156.

En définitive, il en est des heaumes comme des autres ornements de l'écu et même comme de certaines figures de l'écu. L'usage a été plus fort que la loi, quand loi il y avait. Spener, héraldiste allemand très sérieux, fait la judicieuse observation suivante : « toutes ces choses sont comme les « peintres (race d'hommes auxquels, avec les poètes, il a été donné de tout oser) ont voulu les faire : « ils n'admettent pas le raisonnement et l'examen : *hoc unico securi, ita placuit et stat pro ratione* « *voluntas.* »

HEAUME. — Il figure quelquefois non comme *timbre,* mais comme meuble de l'écu. SAINT-PHALE, (386) : p. *d'azur à trois heaumes d'argent.*

HÉRAUT ou ROI D'ARMES. — Entre autres fonctions, il avait la charge de dresser les généalogies, de composer les armoiries, d'en régler l'emploi, d'en corriger l'abus. Favin, Vulson, Palliot en parlent longuement.

CCLVIII. — J'ai déjà, trop librement peut-être, dit ma façon de penser sur ces fonctionnaires de l'ordre héraldique. Stentor, le plus célèbre d'entre eux, pouvait, avec sa formidable voix, faire triompher ses décisions. Ses successeurs, doués, à défaut d'autre prépondérance, de beaucoup d'imagination et de peu de réflexion, ont laissé blasonnés et

386

blasonnerie dans l'état de confusion que vous savez ; leurs décisions ont beau avoir été officielles, elles ne sont que trop souvent justiciables d'une critique raisonnée.

Comme il y a fagots et fagots, il y a eu hérauts et hérauts. Palliot déplore pourtant que déjà de son temps « au lieu d'Heroës ils soient devenus des zéros presque inutiles. »

J'ai dit plus haut qu'ils avaient peu de réflexion. C'est me montrer très courtois et pénétré des suites

du péché originel. En effet, de deux choses l'une : s'ils n'ont pas vu qu'ils piétinaient dans un gâchis, ils avaient la vue singulièrement courte. S'ils l'ont vu et que, loin de donner un écoulement aux eaux croupies, ils ont officiellement soutenu que ce gâchis était terrain solide, nous céderons la parole à La Fontaine (Livre VII, fable VII) :

> Certain chien qui portait la pitance au logis
> S'était fait un collier du dîné de son maître.
> . . . .
> Ce chien-ci donc étant de la sorte atourné,
> Un mâtin passe et veut lui prendre le dîné.
> Il n'en eut pas toute la joie
> Qu'il espérait d'abord. Le chien mit bas sa proie
> Pour la défendre mieux, n'en étant plus chargé.
> Grand combat. D'autres chiens arrivent :
> Ils étaient de ceux-là qui vivent
> Sur le public et craignent peu les coups.
> Notre chien se voyant trop faible contre eux tous,
> Et que la chair courait un danger manifeste,
> Voulut avoir sa part; et, lui sage, il leur dit :
> Point de courroux, Messieurs, mon lopin me suffit :
> Faites votre profit du reste.
> A ces mots, le premier il vous happe un morceau,
> Et chacun de tirer, le mâtin, la canaille,
> A qui mieux mieux : ils firent tous ripaille,
> Chacun d'eux eut part au gâteau.

HÉRISSÉ. — Nous avons déjà parlé de ce qualificatif au mot *Comète*. Créé par Vulson, il est avantageusement remplacé par *rayonnant*.

CCLIX. — Vulson emploie encore ce mot pour un chevron *hérissé* d'argent. Exemple de fantaisie : la gravure *hérisse* seulement en haut, ce qu'il aurait fallu expliquer. *Rayonnant* peut remplacer aussi dans ce cas ; on dirait : *chevron rayonnant en chef, en dents de scie;* ou bien *feuille de scie mise en chevron, les pointes en chef,* suivant la longueur des rayons ou des dents.

HÉRISSON. — *Voir* PORC-ÉPIC.

HÉRISSONNÉ. — Qualificatif pour le chat ramassé et en train de jurer. Mot tiré de *hérisson* qui figure dans quelques blasons, mais quand le hérisson est hérissonné, on le dit *en défense*.

HERMINÉ. — *Voir* REMARQUE CCLXII.

HERMINES. — Une des deux *fourrures* ou *pannes* : composée de métal et couleur, argent ou blanc, et de mouchetures de sable. BRETAGNE, (387) : p. *d'hermines*.

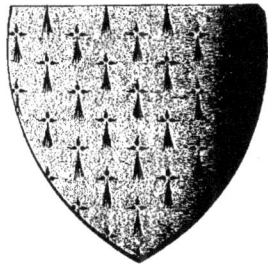

387

CCLX. — Quelques auteurs disent *d'hermines plein*, d'autres *semé d'hermines*, d'autres comptent les mouchetures. Quand il s'agit de l'exemple 387, il suffit largement de dire : p. *de Bretagne*, et pour les quartiers d'alliance dans lesquels figure l'hermine de Bretagne, *quartier de Bretagne*. — *Voir* Fig. 87, 88. Pour les autres blasons où paraît cette fourrure, il faut faire une distinction importante.

Au dire de Vulson, l'écu de Bretagne, selon qu'il était petit ou grand, portait jadis sept, onze ou treize mouchetures; mon vieux manuscrit héraldique en met dix, c'est-à-dire quatre, trois, deux et une. Plus tard, les mouchetures furent figurées *sans nombre* ou *en semé*.

Il suffira de dire ici pour ce qui concerne *l'hermine* :

1° Que le nombre de mouchetures ne signifie rien, pourvu que sur les bords de l'écu, en chef et en pointe ou sur les flancs, quelques-unes d'entre elles figurent fragmentées — les autres figurant entières — comme si un manteau blanc, *semé régulièrement* de queues d'hermines, avait été découpé sur le patron de l'écu qu'il recouvre entièrement. Dans ce cas, quel que soit le nombre des mouchetures proportionné à la grandeur de l'écu, vous avez *hermines plein*, c'est-à-dire un champ ou une figure pleins d'hermines;

2° Si dans un écu ou dans une figure de l'écu, vous voyez des mouchetures d'hermines *toutes représentées entières*, quel qu'en soit le nombre, comptez-les et dites d'argent *à cinq, neuf, douze, dix-huit ou vingt mouchetures d'hermines*.

Un TRAITÉ DE BLASON figure et décrit fort inexactement le blason de LA PALUD : *de gueules à la croix d'hermines de cinq mouchetures*. Il faut dire LA PALUD, (388) : p. *de gueules à la croix d'hermines*. Quant à la figure 389 (celle du TRAITÉ en question), il aurait fallu blasonner — non *croix d'hermines de cinq mouchetures*, ce qui est une double et fort grave impropriété — mais *de gueules à la croix d'argent chargée de cinq mouchetures d'hermines*.

388

389

Le même auteur blasonne SOTOMAYOR (?), (390) : *d'argent à la fasce de gueules et sept mouchetures d'hermines de sable;* si je ne voyais la figure, rien ne m'indiquerait la situation de ces sept mouchetures. Il faut donc blasonner : p. *d'argent à la fasce de gueules accompagnée de sept mouchetures d'hermines* (nous supprimons de *sable*, cela va sans dire), *trois en chef rangées en fasce; trois de même et une en pointe.*

En deux mots, c'est l'essentielle différence entre les pièces *en nombre* et les pièces *sans nombre*. Cette règle, absolument nette, ne comporte point d'exceptions.

Cette distinction faite et reconnue absolue, il deviendra

390

puéril d'énoncer *hermines plein* ou *semé d'hermines*. Tout *champ d'hermines* est nécessairement plein. Toute *pièce d'hermines* sera recouverte de pleine fourrure d'hermines.

Du moment où nous devons énoncer *le nombre de mouchetures,* l'opposition est complète.

Les émaux de la fourrure d'hermines sont fixes, d'argent ou blanc, et de sable. Inutile de le dire, ainsi que pour les *mouchetures.* Ce sont des émaux de *position.*

Les exemples de mouchetures d'un autre émail sont excessivement rares. Vulson ne cite qu'un chevalier de la Table Ronde, le CHASSEUR D'OUTRE LES MARCHES, qui portait *d'or semé de mouchetures en guise d'hermines de sinople.* J'ai vu cité le blason de LA GARDE en Dauphiné qui porterait *d'azur à une bande d'or accompagnée de six mouchetures d'or* : inconnu à Chorier et Allard. Chorier cite dans cette même province : BAYSSE, qui p. de gueules à *cinq mouchetures d'or, trois et deux.* Dans ces cas et autres qu'on pourrait rencontrer, on se souviendra qu'Achille, déguisé en Pyrrha à la cour du roi de Scyros, n'en était pas moins l'élève de Chiron, le belliqueux centaure. Des émaux *autres qu'argent et sable,* c'est le déguisement *(disposition)* : l'*hermines,* c'est le fils de Thétis.

CCLXI. — J'ai déjà indiqué à ARGENT la méprise de ceux qui repoussent l'argent et veulent le blanc pour le fond de la fourrure d'hermines ; *argent* ou *blanc* c'est la même chose exactement, quant au résultat héraldique. — *Voir* REMARQUE L.

On représente la queue *d'hermines* avec trois ou cinq petits pendants ou davantage, nombre facultatif, ou bien comme une touffe de poils.

On peut sur l'*hermines* (fourrure) mettre à volonté métal ou couleur : habituellement, on voit couleur sur hermines ou figure d'hermines sur couleur.

HERMINES (CONTRE-). — Le *contre-hermines* est l'opposite des émaux de l'hermines ; le fond est de *sable* et les mouchetures d'*argent.* DACRE, en Angleterre, (391) : p. *taillé d'hermines et de contre-hermines au lion d'or.* Il est inutile d'ajouter *brochant sur le tout.* — *Voir* CHAMP.

CCLXII. — La même règle indiquée ci-dessus est valable pour le *contre-hermines.* On dira : *porte de contre-hermines* ou *de sable à tant de mouchetures en guise d'hermines d'argent.*

Il serait très naturel de réserver le *contre-hermines* aux émaux autres que ceux réguliers de l'hermines, émaux qu'il faut toujours énoncer. On blasonnerait, par exemple, BAYSSE (cité à la Remarque CCLX) : *de gueules à cinq mouchetures de contre-hermines d'or.* Quelques auteurs appellent aussi un cas semblable HERMINÉ. On blasonnerait, par exemple : *de gueules herminé de cinq mouchetures d'or.*

391

D'autres — l'expression est très élégante, mais prête facilement à l'amphibologie si elle se rapporte à l'*hermines* véritable — disent : un pal *herminé,* un chevron *herminé,* pour *pal* ou *chevron d'hermines.*

Les Anglais appellent *Ermine* notre hermines : *Ermines* le contre-hermines : *Erminois* une fourrure dont le fond est de sable et les mouchetures d'or, et *Pean* celle dont le fond est d'or et les mouchetures de sable.

HERMINETTES. — *Voir* Fascé-denché. Cette expression est singulièrement impropre et doit être soigneusement écartée.

HERSE. — Se prend en deux sens :

1º Pour l'instrument bien connu de l'agriculture. Morinville, (392) : p. *d'azur à la herse d'or.*

2º Pour la coulisse ou porte-coulisse qui défendait l'entrée des portes de villes ou de châteaux. Quelques auteurs l'appellent *herse sarrasine* pour la distinguer de

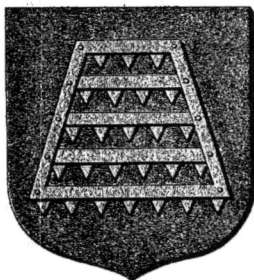

392

393

l'autre; dans ce cas il serait inutile de blasonner *les pieds fichés.* Vieillemaison, (393) : *d'azur à la herse aux pieds fichés d'argent (ou herse sarrasine).*

HERSÉ. — Palliot donne ainsi la figure de l'écu des Palevesion, (394), qu'il blasonne : *d'argent hersé aux pieds fichés de gueules.*

CCLXIII. — La figure seule peut faire comprendre que ce *hersé* est une *herse mouvante en bordure du chef et des flancs de l'écu aux pieds fichés.* Il n'en serait pas de même pour une porte que l'on dirait *hersée.* — *Voir* Coulissé.

HEURTE. — Qualificatif très peu employé pour le tourteau d'azur. — *Voir* Tourteau.

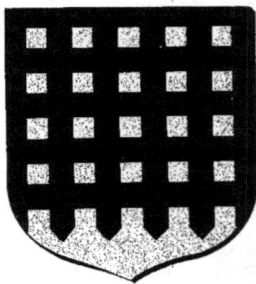

394

HIE. — « Piece des plus rares qui se voyent en « Armoiries ; sa figure est longue, large par le mi- « lieu et menüe par les deux bouts, garnis chacun « d'un anneau, l'un d'un costé, l'autre de l'autre. » Palliot n'en connaît qu'un exemple, celui des Damas-Jouancy, que ceux de cette famille appelaient *poteau de mer.* Il en donne cette figure.

Menestrier donne la même figure et dit que c'est « un « instrument à battre les pavés, quand on pave. » Si cette version est vraie, bien plus que pour la *hie* ou

demoiselle de nos paveurs, on peut en dériver l'étymologie du verbe latin *hiare.*

HOMME. — L'*homme* est presque inconnu dans les blasons français. Il y figure assez souvent pourtant ou comme cimier ou comme tenant.

CCLXIV. — Si le Blason avait existé du temps de Diogène, il aurait pu diriger sa lanterne vers les armoiries allemandes, notamment, où il aurait trouvé plus d'un homme, et quels hommes!

Sous cette catégorie on range les chevaliers, les moines, les rois Mores, les sauvages, etc., qui figurent dans les blasons, en spécifiant leur situation, la qualité, l'émail ou l'absence des vêtements, leur action, etc. On en trouvera de nombreux exemples dans Palliot ou dans les Wappenbücher.

HONNEUR (POINT D'). — J'en ai suffisamment parlé à Écu. Sa place est marquée en E à la figure 293. On appelle aussi *canton d'honneur* le canton dextre du chef marqué en A de la même figure. On se sert fort peu de ces termes.

HONORABLES (FIGURES ou PIÈCES HÉRALDIQUES) DU PREMIER ORDRE. — *Voir* FIGURES. Je n'en admets que huit; les voici toutes ensemble. ERSKINE, (395): *d'argent*

395   396   397

398   399   400

au pal de sable. GUEFAUT,
(396): *d'argent à la fasce de
sable.* FORAS, (397) : *d'or à la
croix d'azur.* CAULAINCOURT,
(398): *de sable au chef d'or.*
NEDONCHEL, (399) : *d'azur à
la bande d'argent.* HENIN,
(400) : *de gueules à la barre
d'or,* selon Palliot; selon
d'autres, une *bande.* NETTAN-
COURT, (401) : *de gueules au
chevron d'or.* BRIGNAC, (402) :
de gueules au sautoir d'argent.

401

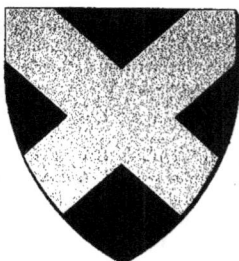

402

CCLXV. — S'il fallait admettre avec quelques auteurs le *giron*
et le *gironné,* il serait déraisonnable de ne pas ranger parmi les
figures héraldiques ordinaires du premier ordre toutes les partitions et leurs dérivés. D'autres ajoutent l'*écusson,* la *bordure,* le
trescheur, etc. — *Voir* FIGURES.

Le meilleur parti me semble de restreindre à huit les pièces
incontestées, admises au premier rang par tous les héraldistes.

CCLXVI. — Très habituellement on ne voit figurer qu'une
seule des figures honorables du premier ordre dans un écu. Il y
a pourtant d'assez nombreux exemples où l'on en trouve deux.
Ainsi LA ROCHE-LAMBERT, (403) : p. *d'argent au chevron d'azur
au chef de gueules :* — THIBAUD LA-ROCHE-THULON, p. *d'argent
au chevron d'azur au chef du même,* etc. — *Voir* REMARQUE CVI
et FIG. 496.

403

HOUPPES. — Cordons de soie pendant des chapeaux
des dignitaires de l'Église. — *Voir* TIMBRES ECCLÉSIAS-
TIQUES.

HOUSEAU, HOUSETTE. — Bottes ou bottines « habil-
« lement de jambes » selon Palliot. KOLBESHEIM, (404) :
p. *de gueules au houseau d'argent éperonné de même.*

CCLXVII. — Palliot s'est mépris en blasonnant RABENSTEINER :
de gueules à trois houseaux quantonnés (!) (cela voudrait dire
que les pieds tournent aux extrémités de l'écu, l'un à l'angle
dextre du chef, un autre au flanc senestre [suivant sa figure], et le
troisième à la pointe et les dessus se joignent au cœur) *armés et
éperonnés d'argent.* Spener nous apprend que ce ne sont point

404

des *houseaux*, mais des jambes : « nec crurum vel pedum dedignantur figuras scuta. Monstrose con-
« jungunt tria crura argenteis ocreis aureis calcaribus in parma rubea RABENSTEINER[1]. » Palliot a pris
le contenant pour le contenu. Son expression *quantonnés* ne répond d'ailleurs en aucune manière au
sens usuel du mot *cantonné.*

HOUSSÉ. — *Voir* CHEVAL.

HUCHET. — Cor ou cornet de chasseur. Ils sont
liés ou *enguichés, virolés, embouchés.* Nous avons vu
à ENGUICHÉ que c'est le véritable sens de *lié.* Quand
toutes les dispositions du huchet sont du même
émail, on ne les blasonne pas. La position normale
du huchet est d'avoir le pavillon vers le chef et
l'embouchure à dextre. VERGER (DU), (405) : p.
d'azur à trois huchets d'or.

HURE. — *Voir* SANGLIER. — On dit quelquefois
hure pour la tête de brochet, coupée ou arrachée.

HYDRE. — *Voir* SERPENT.

405

---

[1] « On ne refuse pas dans les écus les figures des jambes et des pieds. Les Rabensteiner réunissent
« monstrueusement trois jambes avec des houseaux d'argent et des éperons d'or sur champ de gueules »; ce
que nous blasonnerions de gueules à trois jambes réunies, armées et vêtues de houseaux d'argent éperonnés
d'or ; les pieds dirigés en chef à dextre, au flanc à senestre et en pointe.

MMORTALITÉ. — Symbole représenté par le PHÉ-
NIX. — *Voir* CE MOT.

INDUCTION. —.Elle peut être fort utile pour
l'interprétation de quelques blasons.

CCLXVIII — Lorsque vous avez le nom d'une famille et
que dans le dessin de son blason vous hésitez sur une
figure indécise, mal gravée, un peu effacée ou oblitérée,
voyez si *l'arme parlante* ou *chantante* peut vous aider à la
déchiffrer [1].

La *gerbe*, en petit ou mal dessinée, ou sur une empreinte
fatiguée, peut se prendre pour un arbre, un roc ou tout
autre chose. Vous penchez pourtant à y voir une gerbe. La
famille s'appelle SEIGLE? Déduisez, non certainement, mais probablement que vous voyez des *gerbes
de seigle*. CAMPDAVENE? *gerbes d'avoine*. ALORGE? *gerbes d'orge*. Mais de ce que le nom patronymique
des comtes de SONNAZ est GERBAIS, ne concluez
pas qu'ils portent des gerbes dans leur chef.
Nous blasonnerons leurs armes (406) : p. *d'azur
au chef d'argent chargé de trois étoiles de gueules*.

Ainsi pour les arbres auxquels il est si difficile
de donner un nom dans les armes ; au lieu de
blasonner génériquement *arbre* (comme nous
devons le faire quand nous ne sommes pas certains de l'espèce), nous pouvons risquer une induction tirée du nom. CASTAGNA : c'est un châ-
taignier. ROURE (DU) : c'est un chêne. Mais de
ce que le nom patronymique du duc de SAINT-
SIMON était ROUVROY, ne concluez pas que les
coquilles chargeant sa croix sont des chênes.

Ainsi pour les animaux : TIERSAULT a un tier-
celet : CHEVALIER, un héron qui pourrait bien
n'être que l'échassier du nom de *chevalier (tota-
nus)* : ARUNDELL, des hirondelles : MORAND, des
cormorans : SIGENHEIM, des cigognes, quoique
le nom allemand de cet oiseau soit *Storch* :

406

---

[1] Si nous connaissions tous les vieux mots patois français et étrangers, tous les noms ou surnoms des
familles tombés en désuétude, nous verrions que les armoiries parlantes sont extrêmement fréquentes.

CULDOE, des oies : CAILLARVLLE, des cailles : CHEVESTRE, des chevêches : PALOMEGA, des ramiers (palombes): PHENIS, un phénix : CAPPONI, des coqs que vous blasonnerez chapons : BRACHET, un chien braque : LUPARELLA, une louve : CORBIE, des corbeaux : CORBIN, de même : CORNILLON, des corneilles, etc., etc. Mais ne concluez pas que les marquis de Vaulserre du nom de CORBEAU ou CORBEL, portent un corbeau dans leurs armes (*Voir* FIGURE 321). Ne concluez pas que le phénix des MORAND de Savoie (*Voir* FIGURE 502) soit un cormoran.

Il en est de même pour les poissons. — *Voir* REMARQUE CLXII et FIG. 242.

Il en est de même pour les fleurs. VILLY, a des violettes. HAMELIN, des fleurs de lin. PAVYOT, des pavots. FIGUEROA, des feuilles de figuier. Mais ne prenons pas les molettes de ROSIÈRES pour des roses.

Ne prenons pas la fasce des SABREVOIS pour un *sabre que l'on voit.*

Remarquez si dans les langues des pays étrangers d'où provient le blason, ou si dans le vieux français quelque vocable démodé ou même si les mots du patois ne peuvent pas vous aider à blasonner plus exactement. Si ce mot favorisant votre induction vous est connu, servez-vous en de préférence. Ainsi pour BOVET vous ne direz pas *taureaux*, mais *bovets* (bovillons, jeunes taureaux). Vous ne direz pas DU FOUG porte un arbre, mais qu'il porte un foug (fayard, hêtre).

Soyons pourtant sobres d'inductions ; car de loin, certain objet est un puissant navire ; après, l'objet devient brûlot,

> Et puis nacelle et puis ballot,
> Enfin bâtons flottant sur l'onde.

INUTILITÉS. — La prodigalité d'un trop grand nombre de descriptions me force à insérer ce mot dans le dictionnaire.

CCLXIX. — Quelques héraldistes (!) naïfs croient donner une preuve de science en surchargeant les descriptions de détails tout à fait oiseux. Ne serait-ce pas plutôt preuve d'absence d'érudition ?

Quand je décris un gendarme , pour faire preuve de connaissances anatomiques je ne détaillerai pas son nez, ses oreilles , ses deux yeux. Pour me faire croire capable de commander une armée , je ne détaillerai pas son uniforme et son sabre d'ordonnance.

Si d'aventure mon gendarme vient de perdre dans quelque bagarre un œil ou une oreille , je dirai qu'il est éborgné ou essorillé : si je le rencontre en grande tenue de service, un parapluie à la main, je dirai un gendarme armé d'un parapluie ; mais quand je dis *gendarme*, j'entends parler d'un brave soldat jouissant de sa tenue et de tous ses membres réglementaires.

Le langage du Blason doit être aussi précis qu'une formule chimique. Un adjectif de plus ou de moins modifie sa composition (*Voir* par exemple REM. CCCXVIII) ; s'il ne la modifie pas, il la surcharge au détriment du préparateur, en attirant son attention sur des points qu'il hésite à croire inutiles.

Il est naturel et même nécessaire qu'un ignare chargé de décrire des armoiries se serve de périphrases vulgaires, qu'il inscrive les détails les plus absurdement minutieux, pouvant servir à rendre claire une description faite sans prétention à la science.

Mais je trouve souverainement insupportables les savantasses qui croient devoir nous apprendre qu'une bande va de la droite du chef à la gauche de la pointe , ou que *trois pièces* sont *deux en chef* et *l'autre en pointe*, que le lion est *rampant*, etc., etc.

Insérer des inutilités dans les descriptions alors que chaque mot a une essence déterminée , c'est donner le droit aux lecteurs soupçonnés d'ignorance, de dire au cuistre bavard : *nosce te ipsum !* — *Voir* PÉDANTERIE et PLÉONASMES.

A chaque mot de ce dictionnaire, je me suis attaché à marquer ce qu'il faut dire et ce qu'il faut ne pas dire , suivant les nécessités d'une description correcte et précise.

IRIS. — C'est *l'arc-en-ciel* qui figure dans quelques blasons, en fasce courbée habituellement, de plusieurs émaux.

ISSANT, NAISSANT. — Je réunis ces deux qualifications. En général, on tient — Menestrier est du nombre — qu'*issant* se dit des lions, aigles et autres animaux dont il ne paraît que la tête avec bien peu de corps, et *naissant*, des animaux qui ne montrent que la tête sortant à l'extrémité du chef, ou du dessus de la fasce, ou du second du coupé.

CCLXX. — Palliot, après avoir résumé et discuté les opinions de divers auteurs, formule la sienne. Il dit *issant* le lion (ou tout autre animal) qui se met sur le chef ou qui sort de quelque bois ou maison... qui ne montre que la plus petite partie du corps, la supérieure ou antérieure.

Dans les figures qu'il donne, les animaux montrent dans un chef la tête, le cou, la naissance d'une patte et le bout de la queue. Quand il sort d'un bois ou d'une maison, en revanche, sauf la queue, l'animal montre plus que la moitié antérieure du corps.

Au mot *naissant* il précise et le distingue de l'*issant*, en ceci que « le lion *naissant* (aussi bien que « tous les autres animaux qui se blasonnent naissants) est celuy qui ne monstre sinon la teste, les « espaules, les pieds et les iambes devant avec le bout de la queuë, le reste du corps estant comme « caché sous l'escu du champ duquel il semble sortir et naistre. » En suivant sa définition, il faudrait exclure plusieurs des animaux qu'il figure, bouc, ours, qui ne peuvent montrer le bout de leur queue et l'aigle qui ne peut montrer « les jambes devant. » Ce serait une chicane. Pourtant comme il blasonne *naissants diffamés* des lions figurés sans queue, il aurait dû montrer le bout de la queue de ses chevaux, chiens, loups et au moins du léopard, ou bien les blasonner également *diffamés*.

Il me semble, en théorie, très facile à distinguer ainsi en les figurant l'un à côté de l'autre, l'*issant* du *naissant*. En pratique, cela devient extrêmement difficile pour ne pas dire impossible. Suivant le plus ou le moins qu'un peintre aura fait figurer d'un animal, je devrai hésiter entre *issant* et *naissant*. Il me faudra interpréter s'il a eu l'intention de faire l'un ou l'autre; je tomberai juste ou à faux, au hasard. Et pour les aigles qui n'ont « pattes de devant » et qui paraissent de face avec deux ailes, devrai-je les blasonner *issants* ou *naissants*? Cette différence scolastique sur un tête d'épingle plus ou moins sortie est trop sujette à controverse. Pour moi, *issant* ou *naissant* c'est la même chose; tout animal qui montre un peu moins que la moitié supérieure du corps — *servatis servandis* — est *issant* ou *naissant* comme l'on voudra. Cette identification sera admise volontiers par tous ceux qui aiment à avoir des idées arrêtées et raisonnées; les autres continueront à issir à l'aventure [1].

CCLXXI. — Un autre point plus délicat reste à traiter.

Issir, sortir, naître impliquent nécessairement l'idée concomitante que l'on *issit*, que l'on *sort*, que l'on *naît* de quelque chose. — *Voir* REMARQUE CCCXC. Qu'un lion ou tout autre animal soient

---

[1] Un compilateur très récent qui a voulu faire œuvre de science et non de fantaisie, citant pourtant un blason *d'hermines au lion naissant de gueules*, interprète par le crayon cette naissance d'une manière toute particulière. Le lion est représenté *passant, de la moitié supérieure du corps seulement, privé horizontalement dans toute sa longueur, des épaules à la queue, du reste de son corps.*

Cette situation césarienne résulte probablement des efforts que fait ce lion pour naître d'un champ d'hermines... qui n'est pas un champ d'hermines, mais *d'argent chargé de dix-sept mouchetures d'hermines, 3, 4, 3, 4 et 3.*

dits *issants* ou *naissants*, dans un chef, d'une fasce, d'un coupé, d'un tranché ou d'un taillé, cela se comprend facilement: on le fera *issir* ou *naître* de la pièce ou de la partition indiquées. Ainsi je blason-nerai VULLIET-LA-SAUNIÈRE, (407): *coupé d'or et de gueules au lévrier issant ou naissant d'azur accolé d'argent*. MONTEYNARD, (408): *de vair au chef de gueules chargé d'un lion issant d'or*. Mais dois-je blasonner VENDEUIL, (409):

407   408   409

d'azur au lion naissant d'or ? Malgré l'autorité de tous ceux qui le blasonnent ainsi, malgré Palliot qui, au f° 471, donne quinze exemples de *naissant* de ce genre, le cas me semble fort douteux. Sans même relever quelques-uns de ces exemples inexactement figurés, car suivant les armoriaux alle-mands il y en a où les animaux devraient être entiers, ou mouvants d'une partition, je demande de qui et de *quoi* le lion de VENDEUIL est *naissant*. Du champ? Mais un lion entier, rampant, est aussi naissant du champ. Tout ce qui est sur le champ, naîtrait du champ en vertu de ce principe. Mais le champ a neuf points. Naîtrai-je en pointe, en cœur ou en chef? En cœur sans doute, environ au milieu de l'écu, comme toute pièce, figurant seule, sans autre indication?

Du moment où une figure a une disposition qui la modifie au point de la couper en deux, c'est bien le moins de dire dans quelle situation je dois mettre cette moitié. Autrement je la ferai naître du milieu de l'écu, vers le chef, en mutilant le lion de toute la partie inférieure dépassant la ligne du milieu de l'écu.

CCLXXII. — Ce n'est pas encore assez.

Si le mot *lion naissant* implique absolument l'idée de la moitié supérieure d'un lion, au milieu de l'écu, naissant (comme en 409) de l'émail dont on indique la maternité, pour être consé-quent je dessinerai le lévrier de VULLIET non comme en 407, mais comme en 410. Ceci, je pense, prouvera irréfutablement que l'on ne devrait pas être *naissant* si l'on ne naît pas d'une ligne bien précise, d'une partition ou d'une figure de l'écu. Admettons, si vous voulez, une ligne fictive. Nous devrions bla-sonner 409 *d'azur, au lion d'or, naissant en cœur*, mais il faut être intolérant, il n'y a qu'une seule manière de blasonner cor-rectement 409, savoir: *d'azur au demi-lion d'or*, c'est-à-dire un lion coupé de la moitié inférieure du corps. Nous ne dirons pas *démembré*, car alors on ne verrait plus de queue et nous aurions un *demi-lion diffamé*.

410

S'il fallait encore une démonstration que l'on est *naissant* ou *issant* de quelque chose forcément — le même mot devant servir pour tous les cas possibles — je demanderais comment on

blasonnerait la figure d'i-
magination B donnée par
Vulson au f° 237. Il faudra
bien blasonner à peu près
comme lui : *lion issant en
chef et naissant en pointe.*
J'ai dit à peu près; en effet,
si les mots *naissant en
pointe* expriment parfaitement la *situation*, les mots
issant en chef ne disent aucunement, à celui qui ne
verrait pas la figure, que
l'on doit mettre en chef
seulement la moitié infé-
rieure du corps du lion.

A cette description je répondrais *à priori* par la figure A, ou
mieux encore par la figure C, où le lion *naît* ou *issit* en *chef,*
exactement comme Vulson le fait naître en *pointe.*

Pour en revenir à la figure B, il faudra une circonlocution pour
l'expliquer, par exemple : lion, dont la moitié supérieure du
corps est issante de la pointe et la moitié inférieure est en chef
mouvant du bord de l'écu. Il vaudrait encore mieux dire, *une
moitié supérieure de lion, une moitié inférieure de lion,* car rien
ne me prouve qu'on ne voit pas en B une partie du lion de Némée
en pointe, et en chef l'arrière-train du lion d'Androclès.

ISSANT. — Se dit aussi de l'enfant que la guivre de
VISCONTI est en train d'avaler. En voir la figure à CIMIER,
FIG. 154.

CCLXXIII. — C'est bien assez de blasonner *issant* le pauvre enfant qui entre et ne sort pas. Mais
blasonner comme Palliot *d'argent à la givre d'azur couronnée d'or, issante de gueules,* ce qui signifie
« un enfant que le serpent engloutit, » c'est vraiment un peu trop renverser les rôles. Issante, en ce
cas, serait donc synonyme d'engloutissante! *Guivre à l'issant,* ou *avec son issant de gueules,* sera
héraldique et correct.

ARS. — Oie mâle ; ne pas le confondre avec *cygne*.

JAVELOT. — *Voir* Dard.

JOUANT DE LA PATTE. — Quelques auteurs se servent de ce mot, au lieu d'*affronté*, pour deux lions. — *Voir* Figure 20.

JUBE. — Vulson appelle ainsi une tête de lion arrachée. Le même auteur a une quantité de termes à lui pour le lion : *deshaché*, *démembré*, *imparfait*, *membré* (pour les quatre pattes d'un autre émail!!) *en descente*, *effelonny*, etc. Le *membré* dans ce sens n'existe pas (*Voir* Membré). Les autres termes sont sans emploi ou bien peuvent être remplacés par les autres vocables ordinaires du Blason.

JUMELLE. — Figure honorable héraldique du deuxième ordre. C'est à proprement parler un rebattement spécial à la fasce. Il consiste dans l'accouplement de deux fasces diminuées, occupant chacune le tiers d'une fasce ordinaire, séparées par un espace comblant, avec l'émail du champ, l'autre tiers.

La jumelle occupe donc avec ses deux tiges et le vide qui les sépare, égal à une de ces tiges, exactement l'emplacement d'une fasce véritable ; deux jumelles ; l'emplacement de deux fasces, etc.

Parc (du), (411) : p. *d'argent à trois jumelles de gueules.* Tinteniac, (412) : p. *d'or à deux jumelles d'azur à la cotice de gueules brochant sur le tout.* — *Voir* aussi Fig. 623.

411   412

CCLXXIV. — La *jumelle* peut se mettre *en bande*, mais il faut alors exprimer cette situation. Menestrier avance que *jumelé* se dit d'un sautoir et d'un chevron *de deux jumelles*. Il répète ailleurs qu' (outre les fasces et les bandes) il y a des sautoirs et des chevrons *jumelés*. Il n'en donne pas d'exemple, si bien que je serais embarrassé, pour *deux jumelles en sautoir*, de savoir comment les dessiner. La jumelle en bande brochera-t-elle sur la jumelle en barre? *Fretterai*-je les quatre tiges? Ou bien dessinerai-je comme un *sautoir vidé*? Il est encore plus difficile de faire un *chevron de deux jumelles*; avec *une* jumelle, passe, mais ce sera très exactement un *chevron vidé*.

Je crois donc prudent de dire que la *position* (inutile à exprimer) d'une ou de plusieurs jumelles est d'être *en fasce*: que la *situation en bande* peut être employée.

Un auteur ayant lu de travers ou trouvé mal écrit l'ancien mot *iumelle*, a fait de cette erreur un mot du Blason sous le nom d'*immolé*, qui signifierait des petites fasces jumelles.

Il ajoute que ce mot est inconnu à Palliot..... Je le crois sans peine!

LAC D'AMOUR. — Figure connue. On l'appelle aussi *Nœud de Salomon*. On voit des *lacs d'amour* dans le fond de la figure 221.

Les Anglais emploient plusieurs espèces de nœuds (knot).

LAMBEL. — Pièce de brisure et la plus noble de toutes. Elle se compose d'une liste mise en chef, ordinairement garnie de trois pendants. Il faut blasonner un nombre supérieur de pendants ou une situation autre qu'en *chef*. Le *lambel* ne doit toucher aucun des bords de l'écu [1]. Il était quelquefois chargé d'autres pièces comme *sur-brisures*. Dans les brisures de la Maison de FRANCE, ORLÉANS, (413) : *brisait* FRANCE *d'un lambel d'argent*.

CCLXXV. — Le *lambel* aurait dû toujours être mis, puisque ce n'était qu'une brisure, sur les armes laissées dans leur forme, sauf cette adjonction. Je remarque dans le P. Anselme à LÉVI (pour les branches de Lautrec, de Florensac et de Couzan) des lambels mis au chef de l'écu dans leur po-

413

[1] À moins que la description ne le porte. En Angleterre on ne paraît pas observer cette règle.

sition réglementaire. Mais pour laisser de la place à ces lambels, on a (Édit. de M. Potier de Courcy. Paris, Didot, 1868) *abaissé* les trois chevrons de sable dans une situation insolite, à coup sûr étrangère au blason des Lévis [1]. La légende porte de *Lévis au lambel,* etc. Mais les chevrons de Lévi n'ont jamais été *abaissés.* Cela constitue donc une armoirie de fantaisie. Le lambel aurait dû brocher sur le premier chevron laissé dans la disposition régulière du premier des trois chevrons qui meublent un écu. Au surplus, ce lambel n'est qu'une brisure de cadets. Lévi-Mirepoix : p. d'or à *trois chevrons de sable.* Lévi-Florensac, (414) : p. *de Lévi brisé d'un lambel de trois pendants de gueules.*

Il faudrait blasonner la figure du P. Anselme : *d'or à trois chevrons de sable surmontés d'un lambel à trois pendants de gueules.*

Il est bon d'ajouter qu'en énonçant tel écu *brisé d'un lambel,* c'est exactement comme si l'on disait *chargé d'un lambel pour brisure.* Le lambel *broche* donc toujours, même quand, grâce à la conformation du blason, il ne broche pas physiquement.

Vulson blasonne Beaujeu, d'or au lion de sable chargé d'un lambeau de gueules en devise de cinq pendants « car le pendant, c'est ce que l'on nomme lambeau » ! Exactement comme s'il avait dit : une hydre a cinq têtes « car la « tête c'est ce que l'on nomme hydre. »

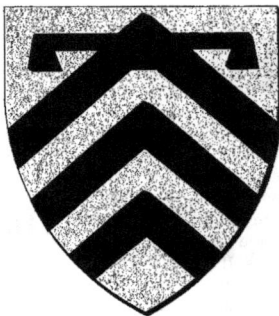

414

LAMBREQUINS ou **HACHEMENTS.** — Font partie du *timbre.* Ce sont des étoffes découpées et entrelacées, ou des plumes, ou des rubans, ou des feuillages, aux émaux de l'écu, sortant de derrière le heaume, l'entourant et descendant plus ou moins sur les flancs de l'écu. — *Voir* des modèles à Cimier.

LAMPASSÉ. — Qualificatif pour la langue du lion et du léopard, quand elle est d'un autre émail. Puy (Du)-Montbrun, (415) : p. *d'or au lion d'azur lampassé et armé de gueules.*

CCLXXVI. — Pour tout autre animal on dira *langué.* Quelques auteurs le disent aussi pour l'aigle et autres animaux. Tout le monde (sauf d'Hozier) le dit du lion, du léopard et du griffon, en tant que moitié de lion ; il est juste de leur réserver ce terme, car autrement il faudrait aussi *lampasser* un lapin.

Ordinairement le *lampassé* va avec l'*armé* qui se dit des ongles. Quand la langue du lion et du léopard est du même émail que le corps de ces animaux, il est inutile de le bla-

415

[1] Le même ouvrage abaisse aussi les fleurs de lis de France p. le *lambel* d'Orléans, etc. Mais pour La Ferté-Senneterre-Clavelier le lambel broche sur les cinq fusées.

sonner LAMPASSÉ. Contrairement à la civilité puérile et honnête, le lion doit toujours montrer son *lampassé*; s'il était assez mal-appris pour ne pas le faire, on le blasonnerait *morné*.

LANCE. — Forme connue de la lance de tournoi. — *Voir* FIG. 360. Il faut indiquer sa situation; si elle est *fûtée* d'un autre émail; si le fût est brisé, guidonné, etc.

Les *fers de lance*. figurent dans quelques blasons. LE GOUZ-ST-SEINE, (416) : p. *de gueules à la croix dentée d'or cantonnée de quatre fers de lance d'argent*. Ce que l'on appelle *arrêt de lance* se figure ainsi — *Voir* ÉMOUSSÉ, MORNÉ, ROC.

LANGUÉ. — Sauf pour le lion, le léopard et le griffon, on dit *langué* pour tous les autres animaux. — *Voir* LAMPASSÉ.

Par similitude avec le *membré* (qui comprend généralement l'*armé* dans sa *position*), le *becqué* pour un aigle, par exemple, devrait comprendre le *langué*.

LARME. — La larme et la goutte se figurent de même. Forme de pompe funèbre. Palliot blasonne pour SÆKE : *de gueules à quatre larmes d'argent posées en sautoir, les pointes en cœur*. Nous voyons dans Spener que ce sont des *sacs* et non des *larmes* que porte cette famille. L'induction sur l'arme parlante (Sack) aurait pu mettre Palliot sur la voie (*Voir* INDUCTIONS).

LÉOPARD. — Palliot nous apprend que « cet animal est engendré d'un lion et d'une « panthère. »

CCLXXVII. — Quelques auteurs le différencient du lion par un peu moins de poils; distinction de fantaisie. Les véritables différences consistent :

1° Dans la position : le léopard est *passant*, le lion est *rampant*, ce que l'on n'exprime pas en blasonnant. Quand le léopard est rampant, il devient *léopard lionné*, c'est-à-dire dans la position du lion ; en revanche, quand le lion est *passant*, on l'appelle lion *léopard*, ou lion *léopardé*, ou lion *passant*. On pourrait donc les confondre dans cet échange de positions, qu'il faut blasonner, si,

2° Le *léopard* et le *léopard lionné* n'étaient pas toujours représentés la tête de face, montrant les deux yeux et les deux oreilles, et le *lion* (rampant), ainsi que le *lion léopardé* toujours de profil.

Régulièrement la queue du léopard a le bout tourné en dehors et celle du lion en dedans; plusieurs armoristes négligent ce détail, peu important, puisque les deux caractères énoncés plus haut suffisent, dans tous les cas, à distinguer le léopard du lion.

Le léopard figure seul, ou en nombre de deux ou trois, *l'un sur l'autre* ou autrement.

ANGLETERRE, (417) : p. *de gueules à trois léopards d'or l'un sur l'autre.* Cette forme est empruntée à Modius. On blasonne plus simplement d'ANGLETERRE. — *Voir* REMARQUE CCLXXIX.

417

KERSANDI, (418) : p. *d'azur au léopard d'argent*. Également forme de Modius, très héraldique, dans laquelle la tête n'est pas vraiment en face. INTEVILLE,(419) : p. *de sable à deux léopards d'or, l'un sur l'autre*. Cette forme est de Viollet - le - Duc, je n'y ajoute que le *lampassé*. GANTELET , (420) : p. *de sinople au léopard lionné d'or, la patte dextre en chef passée dans un gantelet d'argent*.

418

419

Tous les qualificatifs du *lion* (*Voir* LION) s'appliquent au léopard. On en voit accompagnant, chargeant, etc.

Quelques auteurs appellent *défenses* les têtes de léopard. — *Voir* TÊTES et REMARQUE CCCVII.

LÉOPARDÉ. — *Voir* LION.

LETTRES. — Des lettres alphabétiques de divers types, des mots entiers figurent dans les blasons. En voici un joli exemple de mon vieux manuscrit ARMA ILLORUM DE POLOTIS, (421) : p. *parti de gueules et d'argent à deux p minuscules gothiques, de l'un en l'autre, surmontés d'un signe d'abréviation de l'un à l'autre.*

420

421

LEVÉ. — *Voir* DEBOUT.

LEVEURE ou LEVURE. — Correspond à *canton* et selon d'autres à *quartier*.

LÉVRIER ou LEVRETTE. — *Voir* CHIEN, ACCOLÉ et FIGURE 7. Un des chiens dont on reconnaît facilement l'espèce dans le Blason.

CCLXXVIII. — Sa position naturelle, inutile à exprimer, devrait être, ainsi que pour les autres quadrupèdes, *passant*. Mais, comme, suivant quelques auteurs, il devrait figurer *courant;* comme d'autre part on en rencontre souvent de *rampants,* je crois permis de spécifier toujours la *situation.* A défaut d'indication, bien entendu, l'on se servirait de la règle générale.

On emploie pour le collier du *lévrier* les mots *accolé* ou *colleté.* Le collier peut être *bordé, bouclé* d'un autre émail.

Il faut toujours blasonner l'*accolé,* car il ne fait pas partie intégrante du lévrier. J'ai vu quelque part que le lévrier sans collier s'appelle *levron.* Pour mon compte, je l'appellerai *lévrier,* et s'il a un collier, je le dirai *accolé de même* où d'un *autre émail.*

LICORNE. — La plus furieuse et la plus pure des bêtes, du temps de Pline. On la figure avec le corps d'un cheval; la tête d'un cerf (sauf les cornes); le pied du taureau (on le blasonne *onglé*); la queue du sanglier, et au milieu du front une longue corne.

CCLXXIX. — « Si cette corne » dit Palliot « est précieuse elle est esgalement rare » et c'est bien dommage, puisqu'elle « redonne la vie à ceux qui ont pris du poison. » Sa position ordinaire dans l'écu (inutile à exprimer) est d'être *passante,* la corne dirigée vers l'angle dextre du chef. Si elle est debout sur ses pieds de derrière, on la blasonne *saillante; assise* ou *accroupie,* si elle est dans cette situation. Quelques auteurs l'appellent *en défense* lorsqu'elle a sa corne en bas comme si elle se défendait. Cet animal passant pour être rageur, on pourrait aussi bien dire *en attaque,* mais les hérauts d'armes n'y ont pas songé.

La licorne qu'on appelle aussi *unicorne* est un des supports de la MAISON ROYALE D'ANGLETERRE, et très employée dans les supports de la noblesse anglaise. On la voit aussi dans les blasons français, meublant ou supportant l'écu. J'en donne la figure à 417.

Il est bien difficile de spiritualiser cet animal, composé de parties appartenant à des animaux si divers; sauf la corne, les pieds et la queue, on dessine la licorne en Angleterre exactement comme un cheval. Les Anglais donnent aussi au léopard formant l'autre support, la plus grande ressemblance possible avec un lion naturel. Physiquement, ce support représente un *léopard lionné.* Moralement, comme il est probable que c'est un léopard de l'écu, on peut se contenter de dire *léopard.* — *Voir* REMARQUE CDXXX.

LIÉ. — Qualificatif pour les gerbes et autres pièces attachées avec un lien d'émail différent. — *Voir* ENGUICHÉ, GERBE. Se dit aussi pour les tonneaux ou barils dont les cercles sont *liés* d'un autre émail.

LIÈVRE. — Se confond avec le lapin. Un seul terme lui est spécial, *en forme,* quand il est posé comme s'il rongeait.

LIGNE. — *Voir* DEGRÉ, PARENTÉ. — *Voir* PARTITION (LIGNES DE), POSITION, LIGNES DE BORDURE.

LIGNÉ. — Qualificatif qui marquerait les traits des *coquilles,* faits d'un émail différent.

CCLXXX. — Cette épithète est inutile :

1° Parce que ce détail est un infiniment petit, et d'ailleurs sans emploi, que je sache ;

2° Parce que les coquilles ont toujours des traits qui marquent leurs nervures. Or, pour faire ressortir ces nervures, il faut bien que l'émail d'ombre soit autre, plus clair ou plus foncé que la coquille ; toutes les coquilles seraient donc *lignées,* ce qui est beaucoup dire.

LIGNES DE BORDURE. — Les voici toutes figurées ensemble au n° 422. — *Voir* les mots et PALISSÉ.

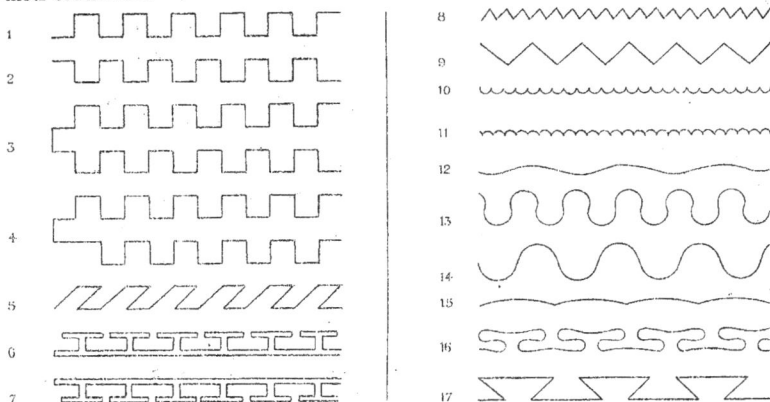

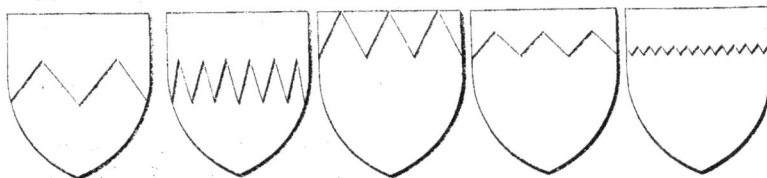

1 Crénelé.
2 Bastillé.
3 Bretessé.
4 Contre-bretessé.
5 Crénelé en barre (*ragulee* des Anglais).
6 Potencé (cotice potencée).
7 Contre-potencé (cotice contre-potencée).
8 Denté, denché, dentelé, endenté, endanché.
9 Vivrée (angles d'équerre) (*Voir* CE MOT).
10 Engrêlé.
11 Cannelé.
12 Ondé.
13 Ondé enté.
14 Ondé enté.
15 Ondé enté nuagé.
16 Ondé enté nébulé.
17 Ondé enté en queue d'aronde (*dovetail* des Anglais).
18 Emmanché (coupé) type.
19 Emmanché (coupé) de cinq pièces et deux demies.
20 Chef emmanché de deux pièces et deux demies.
21 Chef vivré.
22 Chef endenté.

LIGNES DE PARTITION. — *Voir* Partitions.

LION. — Le lion « terreur des forêts » est l'animal le plus fréquent dans les armoiries de tous les pays.

Le lion, dans sa position naturelle, est toujours de profil, ne montrant qu'un œil, la tête et le corps tournés à dextre et *rampant, armé* et *lampassé*.

Tous ces attributs vont nécessairement avec le lion, sans qu'il soit permis de les exprimer.

Sabran, (423) : porte *de gueules au lion d'or* (*d'argent* selon d'autres).

S'il est *armé* (griffes) et *lampassé* (langue) d'un autre émail, il faut le blasonner. Ferrero-La-Marmora, (424) : *d'argent au lion d'azur armé et lampassé de gueules*.

Si le lion est *couronné*, il faut toujours le blasonner. — *Voir* aux Figures 177, 178, deux lions armés et couronnés. Le n° 178 est *contourné*, disposition qu'il faut toujours blasonner, puisque, selon la règle, le lion doit toujours être tourné vers la dextre.

Si le corps est à dextre et la tête seule tournée à senestre, on le blasonne *la tête contournée* (*Voir* Figure 176 et Contourné).

Le lion peut être *adossé*, disposition contraire à l'*affronté* dont nous avons la figure 20 qui nous montre deux lions *affrontés* et *issants*.

Nous avons des lions *issants* ou *naissants*. — *Voir* Remarq. CCLXXI, CCLXXII.

On le dit *morné* quand il est figuré sans lampassé; *diffamé* quand il est *sans queue*; *vilené*, *éviré*, *dragonné* (*Voir* ces mots), *à queue fourchée*, Figure 353, où le lion est également *couronné, armé et lampassé*.

423

424

Le lion peut charger ou accompagner; il peut également être chargé ou accompagné; au lieu d'être d'un seul émail, il peut être *bandé, vairé, fascé, échiqueté, coupé* ou *tranché de deux émaux, écartelé*, etc. Il peut être *brochant* sur un rebattement de situation, ou autrement *(voir* FIG. 647). On en voit aussi sur lesquels broche une figure (FIG. 89).

Nous avons déjà vu, à LÉOPARD, les caractères essentiels qui le distinguent absolument du *lion.*

Quand ce dernier, dont la *position* invariable est d'être rampant, prend la *situation* du léopard (dont la *position* fixe est d'être passant), on l'appelle *lion léopardé*, ou *passant.*

HÉDOUVILLE, (425) : p. *d'or au chef d'azur chargé d'un lion léopardé* (ou *passant*) *d'argent, armé et lampassé de gueules.*

425

CARREGA, (426) : p. *parti d'or et de gueules au lion léopardé, parti de l'un à l'autre,*

426

427

empoignant de sa patte dextre antérieure une fleur de lis. QUARRÉ, (427) : p. *échiqueté d'argent et d'azur au chef d'or chargé d'un lion léopardé de sable.* Cette figure de *lion passant* est de Viollet-le-Duc.

Voir JUBE, MEMBRÉ, MUFLE, PATTES, TÊTES.

CCLXXXI. — Les lions ont été pris si souvent pour meubles de l'écu, que pour les distinguer l'un de l'autre, on leur a donné une grande variété de dispositions. On en voit tenant des épées, des haches ou autres armes dans des actions diverses ; avec des têtes d'homme, de loup ou des queues de paon, ce qu'on appelle des *lions monstrueux*. — *Voir* MARINÉ.

Il est impossible de donner des exemples de tous ces lions. Mais avec de bonnes formes de lion, vraiment héraldiques — car il ne faut pas chercher ses modèles dans les ménageries — il est facile à tout dessinateur de leur donner la disposition désirée, qui doit toujours être exactement blasonnée.

LIONNÉ. — Qualificatif pour le *léopard* mis dans la position rampante du lion. Nous en avons donné des exemples aux figures 417, 420.

LIONCEAU, LIONNET, LYONCEL. — On les blasonne avec les mêmes termes que le lion.

Les héraldistes ne sont pas d'accord sur le nombre précis, passé lequel, les lions, en nombre dans un écu, deviennent *lionceaux*. En général pourtant, le nombre trois est le minimum. Palliot, en blasonnant FOURCHÉ-QUENILLAC, dit déjà deux lionceaux. TALLEY-RAND, (428) : p. *de gueules à trois lionceaux d'or couronnés, armés et lampassés d'azur.*

CCLXXXII. — Suivant Palliot, les lions en nombre se représentent plus petits « à ce sujet on les blasonne lionceaux. »

Je crois que le nombre seul et non la diminution transforme lions en *lionceaux*. S'il en était autrement, un *lion* que le nombre de pièces l'accompagnant forcerait un dessinateur à diminuer, deviendrait *lionceau*. A quelle limite s'arrêterait cette petitesse relativement à l'écu ? On ne peut répondre que par le vague ! Puisqu'il y a le choix entre les nombres deux ou trois, il est très simple (comme pour l'*aigle* et les *aiglettes*) de dire *lionceau* dès qu'il y a plus d'un lion dans un écu; pour mon compte, c'est ce que je fais. Cela du reste, pratiquement, a peu d'importance, car si l'on me demande *quatre lions* je les dessinerai proportionnellement à l'espace dont je dispose exactement comme *quatre lionceaux*. Bien entendu, si plusieurs écarts chargés chacun d'un seul lion figurent dans un blason, on serait mal venu de les appeler *lionceaux*.

428

LIS ou LYS DE JARDIN. — On l'appelle aussi *lis au naturel :* c'est la fleur que chacun connaît; on la représente avec sa tige et des feuilles — que l'on appelle *soutenue* si elle est d'un autre émail — avec la forme que Dieu lui a donnée. Se distingue ainsi de la *fleur de lis* de France, la fleur de lis héraldique.

CCLXXXIII. — L'expression *lis au naturel* prête à l'amphibologie en l'énonçant avec un autre émail; par exemple un lis au *naturel d'argent, soutenu de sinople*. Puisque la fleur de lis de jardin est blanche, en la disant *au naturel* vous impliquez qu'elle est blanche ou d'argent. Or rien n'empêche que vous ne rencontriez dans un blason *un lis de jardin* d'un autre émail que l'émail habituel qui est d'argent. Ainsi les DU PUY du Languedoc portent *d'azur au lis de jardin d'or*. En second lieu, l'expression *lis de jardin* comporte, outre la fleur, sa tige avec ses feuilles. Or, en disant *au naturel*, vous devez logiquement conclure que si la fleur de lis est blanche ou d'argent, sa tige et ses feuilles sont vertes ou de sinople, comme dans la *nature*.

Dans ce cas il faudrait blasonner, pour éviter tout malentendu, *lis de jardin au naturel*.

Dans tout autre cas je ne dirai jamais *lis au naturel;* on doit blasonner uniquement *lis de jardin*, même si l'on trouvait un lis jaune ou de Saint-Jacques, qui serait alors un lis de jardin *jaune (au naturel* est sous-entendu).

Le lis de jardin se représente toujours comme s'il avait été coupé par un sécateur. Palliot cite les DONDORF qui, *sur un champ de gueules, portent un dextrochère, armé d'argent, tenant trois lis au naturel* (d'argent) *avec les oignons de même.* C'est une exception. Spener qui, dans ses figures, met ce blason sous la rubrique « lilia », dit dans son texte (f⁰ 206) « tres flores (Goldblumen) candidos cum bulbillis « eiusdem coloris. » Il laisse entendre, en renvoyant au Chap. IX, parag. XIII, que ce serait une espèce d'arme parlante : « allusio longius petita, non ipsa figura rei a qua nomen *qui parlent par raport.* » Étrange allusion à laquelle Spener déclare ne pas tenir beaucoup, au reste !

Palliot, dans le dessin du blason de TARTULLE, accoste sur une même tige une fleur de lis de jardin de deux boutons, le tout soutenu et feuillé d'or, et blasonne simplement *lis au naturel soutenu d'or.* D'après cela on peut donc ne pas blasonner les boutons qui, *au naturel*, accompagnent presque toujours les fleurs de lis déjà épanouies.

LISSANTE. — *Voir* GUIVRE.

LITRE. — Bande noire peinte ou d'étoffe que l'on mettait sur les murs d'une église ou d'une chapelle, en signe de deuil, pour la mort du seigneur de l'endroit, ou de celui qui en avait le jus-patronat. Elle était de distance en distance (la litre) chargée des armoiries du défunt.

LOIS NOBILIAIRES. — Il faudrait un gros volume pour contenir les titres et une brève analyse des lois, des édits, des arrêts, des ordonnances, des déclarations sur la noblesse. Elles ont été trop souvent faites, refaites, défaites, surfaites et trop rarement parfaites. C'est peut-être le seul chapitre pour lequel on a vu la loi avoir un effet rétro-actif.

Pour expliquer cette incohérence de législation, il suffit de se rendre compte de l'esprit qui l'a dirigée.

La loi de restriction nobiliaire n'a jamais été faite pour les grands. Ceux qui ne relevaient que de Dieu et de leur épée n'avaient que faire de réglementations auxquelles ils n'accordaient aucune attention. Richelieu se bornait à les frapper dans leur puissance en tant qu'elle nuisait à l'unité du pouvoir, il ne contestait pas leurs titres de noblesse.

C'est pour les anoblis et les nouveaux nobles que l'on légiférait, dans un but purement fiscal ; les nobles ont été sous ce rapport, beaucoup plus qu'on ne le croit, les véritables taillables et corvéables à merci. Il arrivait parfois qu'une action d'éclat, un service signalé motivait la délivrance de lettres de noblesse sans paiement de finances. Cela n'empêchait pas le fisc, par des voies détournées, de faire payer chèrement la gloire de patentes aussi justement méritées : il fallait une confirmation de ces lettres, etc.

Cette place presque conquise pourtant, de bonne foi ou par vanité, les nobles croyaient pouvoir ou essayaient de faire ce qu'ils voyaient pratiquer aux grands feudataires, ou ce qui avait été toléré dans d'autres circonstances. Cela réussissait selon les moments, selon le caractère des intendants ou commissaires, selon les besoins de l'État[1].

Ici sévérité excessive, là relâchement quand il n'y avait pas complaisance de la part des rechercheurs et commissaires. De là cette diversité d'appréciations et de réglementations, où, les usages provinciaux aidant, l'on trouvait, à tort ou à raison, une maille assez large pour sortir du filet. A l'excessive difficulté de fixer des bornes à la vanité humaine, la faveur royale ajoutait encore des complications, en créant des exceptions particulières dont chacun s'efforçait de faire une généralité.

En un mot, la législation sur la noblesse se composait de lois de finances plutôt que de règlements d'ordre public.

C'est un arsenal immense où, dans les créations, les révocations, les constitutions, les reconstitutions, les exceptions, les abolitions et les rétablissements, vous trouverez toujours une vieille rondache pour parer la botte de la rouillarde qui voudrait vous navrer. Aussi quand j'entends parler gravement de lois sur la noblesse, je pense toujours à l'astrologue de la fable, qui, pour avoir trop regardé la lune, s'est laissé choir dans un puits.

LONGÉ. — Se dit d'un épervier par exemple avec des *longes,* lanières, attachées à ses pattes.

LORRÉ. — Qualificatif pour les nageoires des poissons. — *Voir* DAUPHIN, POISSONS.

[1] Nous citons à la REMARQUE CDXL (note 2) les fournées de nobles faites par Louis XIV. Citons aussi, pour prouver la triste condition des nobles de cette époque, l'édit de 1664 par lequel Louis XIV supprima toutes les lettres de noblesse que lui et ses prédécesseurs avaient accordées depuis 1614 en Normandie, et depuis 1611 dans le reste du Royaume. L'édit du 6 décembre 1666, par lequel le Conseil d'État révoque les privilèges des maires, échevins et greffiers des villes du Royaume; ceux en charge et les descendants légitimes de ceux qui avaient acquis lesdits privilèges depuis le 1er janvier 1600, seront confirmés en payant les sommes auxquelles ils sont taxés. Les édits de mars, mai, octobre 1667, sur le même sujet, expliquant que ceux qui ont joui bien et dûment desdits privilèges et les descendants de ceux qui l'ont fait depuis 1600, continueront d'en jouir en payant des taxes modérées, selon leurs facultés, pour être confirmés en la jouissance desdits privilèges. L'édit de 1691, sur le même sujet, mais accordant à ceux des maires, des échevins et officiers qui n'avaient pas payé la taxe, à ceux qui avaient renoncé au titre de noblesse, à ceux qui, sans avoir financé et sans avoir renoncé, n'avaient laissé de jouir du privilège de noblesse, le droit d'en jouir également et sans distinction à l'avenir, avec dispense de prise de lettres, mais à la charge de payer les taxes fixées par le Conseil. Citons encore les deux édits de 1669 révoquant, le premier la noblesse accordée auparavant aux officiers du Parlement et de la Cour des Aides de Paris; le second, la noblesse au premier degré accordée auparavant aux officiers du Grand Conseil; un troisième de la même année accordant cette noblesse au procureur général et aux présidents de la Chambre des Comptes de Nantes; un quatrième de 1694, l'accordant aussi aux officiers du Parlement de Besançon. D'autres arrêts revenant partiellement sur ceux de 1669, accordaient également les privilèges de noblesse à certains maires, échevins et greffiers, Angers, Bourges, Nantes, en payant chacun 1,000 livres et ce qui s'en suivait. Citons enfin l'arrêt du 31 juillet 1696 par lequel tous ceux qui avaient obtenu des lettres de réhabilitation, de maintenance ou de rétablissement de noblesse depuis le 1er janvier 1600 ou leurs descendants, furent contraints de les présenter de nouveau par-devant les commissaires des généralités, pour être taxés et jouir de la confirmation de noblesse, etc., etc.

LOSANGE (ou RHOMBE). — Palliot nous dit « c'est une figure quadrangulaire un peu « plus large en hauteur, que non pas en sa largeur, avec cette proportion qu'estant de « sept en hauteur elle doit estre de cinq en largeur : différe de la Fusée qui est plus « reserrée par le milieu et un peu en rond et non si aigue par les bouts. » — *Voir* REMARQUES CCLXXXIX et CDLXIV, où l'on constatera que Palliot donne parfois à la losange, malgré la proportion indiquée plus haut, une figure RÉGULIÈREMENT CARRÉE.

CCLXXXIV. — Nous avons vu à FUSÉE que Palliot est le seul à arrondir les bouts des fusées et qu'il ne conserve pas cette disposition au FUSELÉ.

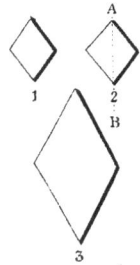

La définition géométrique de la losange est un parallélogramme ayant quatre angles égaux, deux obtus, deux aigus. En langage vulgaire c'est un carré plus ou moins parfait posé sur un de ses angles. La proportion indiquée par Palliot n'est point constitutive de la losange; lui-même, dans d'autres circonstances donne la proportion cinq sur cinq. (*V.* CCLXXXIX, CDLXIV); elle est figurée ci-contre (1). Remarquez que les n⁰ˢ 2 et 3 ont, tout comme le n⁰ 1, des angles égaux, dont pour 1 et 3 deux obtus et deux aigus, mais ce sont trois losanges plus ou moins allongées, plus ou moins élargies. Le n⁰ 3 pourtant, soit sa proportion, tout en étant *losange* perd son nom dans le Blason pour devenir *fusée*.

La proportion 5, 7 (le n⁰ 1 a pour proportion 10, 14) est très agréable; mais peut-on toujours avoir le compas dans l'œil pour juger si cette proportion est dépassée et savoir, d'après un millimètre de plus ou de moins, si nous voyons une *losange* ou une *fusée*?

Il y a une règle bien simple à poser pour remplacer le compas. LOSANGE est un carré de quatre angles droits égaux mis de biais (n⁰ 2) la ligne à plomb passant d'A en B. Cette forme sera reconnue par l'observateur le plus superficiel; toute losange dont deux angles seront plus ou moins obtus, les deux autres plus ou moins aigus, ne sera plus losange, mais *fusée*. Nous blasonnerons donc LIVET (un des quartiers), 429 : *de gueules à trois losanges d'argent* (écartelé d'or à la colombe de sable).

429   430

CORDOUENNE, (430) : p. *d'argent à sept losanges de gueules* 2, 3 et 2. Nous avons des exemples de *fusées* de 362 à 367. L'on évitera ainsi la confusion qui règne entre *losange* et *fusée*, entre *losangé* et *fuselé*. Palliot lui-même, au f⁰ 433, blasonne *losangé* pour BAVIÈRE, et au f⁰ 434 dessine un *fuselé*. Aussi rien n'est plus commun que de confondre l'un avec l'autre. — *Voir* FIG. 431.

La losange figure seule et en nombre. Il y a plusieurs exemples où l'on en compte dix, dont il faut exprimer la situation, 4, 3, 2 et 1, ou bien 3, 3, 3 et 1. Il faut les compter tant que leur situation prouve qu'elles sont en nombre; que ce n'est pas un *sans nombre* que l'on a voulu faire, ce qui constituerait un *losangé*. — *Voir plus loin.*

La *losange* diffère donc: de la *fusée* par ses quatre angles droits égaux; du *carré*, *quarreau* ou *point*, par son assiette en biais; de la *macle* et du *rustre*, parce qu'elle n'est pas évidée comme les deux dernières figures.

Toutes sont des figures héraldiques du deuxième ordre.

LOSANGÉ. — Définition de Palliot et de Menestrier. Écu ou figures couverts de losanges.

CCLXXXV. — Les hommes qui raisonnent trouveront insuffisante la définition des deux célèbres héraldistes, en la comparant avec ce qu'ils en tirent. Voici deux blasons que je m'excuse de tracer avec la forme actuelle française et au second desquels, pour me faire mieux comprendre, je supprime un quartier de *gueules* qui l'*écartèle aux 2 et 3.*

CRAON, (431): p. *losangé* (pour moi, c'est un *fuselé, voir* plus loin) *d'or et de gueules.* Ce blason est couvert de losanges, comme le suivant, SAN-MARTINO, (432); mais celui-ci ne serait plus *losangé.* Du moins la plupart des armoristes, Palliot et Menestrier (pour des blasons similaires),

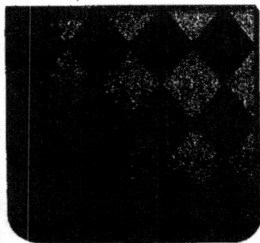

431

432

Capré, Guichenon, Cigna-Santi, Ponza, Franchi-Verney, etc., le décrivent *d'azur à neuf losanges d'or* (remarquons qu'ici les losanges sont carrées comme je les veux!). Les plus méticuleux ajoutent *accolées* et *appointées*, d'autres *trois par trois*, d'autres *en fasce*, etc.

Malgré tant d'autorités, je cherche en vain ce qui, *pour ces auteurs*, peut distinguer les tracés 431 et 432, si ce n'est le nombre de tires, quatre dans le premier, trois dans le second; douze losanges entières dans le premier, neuf dans le second. (Pour moi, 431 est *fuselé*; 432, *losangé de trois tires.*)

Étant donnée la définition du *losangé*, la description du n⁰ 432 ne s'y conforme pas. Mais cette description est-elle exacte? Le langage héraldique est trop souvent peu précis; pourtant Della Chiesa blasonne très clairement « inquartato nel 1 e 4 nove lose azurre in campo d'oro e nel 2 e 3 rosso » c'est-à-dire *écartelé aux 1 et 4 d'or à neuf losanges d'azur et aux 2 et 3 de gueules.* (Le même auteur pour *losangé* dit « lose senza numero »). Il ne dit pas comment ces neuf losanges doivent être placées, et il est seul de son avis en blasonnant *d'or à neuf losanges d'azur* au lieu *d'azur à neuf losanges d'or.*

433

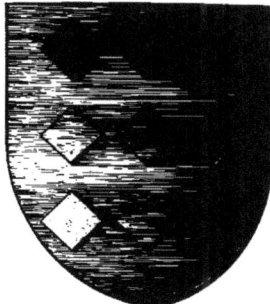

434

Quoi qu'il en soit, et peu importe à ma discussion, ces losanges sont-elles *appointées* et *accolées?* Nous dessinerons comme en 433. En suivant le texte de Della Chiesa, comme en 434 (sauf les émaux).

Si les comtes d'Aglié, descendants, dit-on, des anciens rois d'Italie, portent comme en 432 (c'est ainsi que dessinent les catalogues des Chevaliers de l'Annonciade, notamment), je ne saurais y voir *neuf losanges,* mais un *losangé de trois tires.* La disposition de l'*accolé* exclut l'idée que les losanges puissent toucher les bords de l'écu. L'*appointé* non plus n'a rien à voir ici. — *Voir* ACCOLÉ, APPOINTÉ, MACLES et FIGURES 12, 361. Il suit de là que l'on pourrait blasonner 432 *d'azur à neuf losanges d'or, accolées en forme de losangé, remplissant tout l'écu;* mais c'est une périphrase vicieuse, puisque *losangé d'or et d'azur de trois tires* est clair et complet.

Nous avons dit que la fig. 431 est pour nous un *fuselé;* pour en faire un *losangé,* nous laisserons les quatre tires perpendiculaires, mais en losangeant en équerre, les tires horizontales seront plus nombreuses.

Le *losangé type* comporte quatre tires comptées pour l'émail qui semble charger, en chef, perpendiculaire-ment, sans s'inquiéter des flancs arrondis et de la pointe, ce qui, loin de nuire, favorise le *sans-nombre* des lo-sanges constituant un *losangé.* — *Voir* VÊTU.

Ce mot *sans-nombre* — et nous avons dit que Della Chiesa s'en servait pour exprimer *losangé* — ne doit pas laisser supposer que nous confondions un *losangé* avec un *semé de losanges.*

Le *losangé* veut dire un écu couvert ou rempli de lo-sanges dans un ordre alterné et adhérent en tous sens de deux émaux. C'est un rebattement de situation, si j'osais

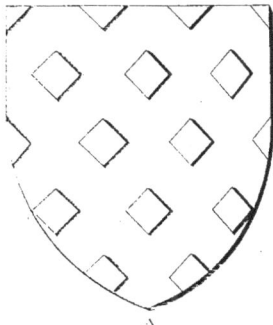

A

me servir de cette expression. Le *semé* de losanges représente, comme tous les autres semés, un écu A où, sur un champ quelconque, on voit des losanges en quinconce régulier plus ou moins espacées, dont plusieurs entières et plusieurs mourant dans les bords de l'écu.

Il y a donc une grande différence entre *losangé* et *semé de losanges* ou *losanges sans-nombre*.

CCLXXXVI. — Comparons maintenant comment la définition du *losangé* donnée par Palliot, peut s'accorder avec ce qu'il dit des figures *losangées*. Cette seconde partie éclaircira notre discussion.

Voici comment Palliot, au f° 558, blasonne LORAS : *écartelé aux 1ᵉʳ et 4ᵐᵉ de gueules à une fasce* LOSANGÉE *de trois pièces et deux demies d'or ; aux 2ᵐᵉ et 3ᵐᵉ de gueules à une fasce* LOSANGÉE *d'or et d'azur*. La figure qu'il donne est conforme à mon 435, sauf que je rétablis une *fasce* au lieu de la *bande* que Palliot a laissé graver. Ces quatre quartiers n'en faisant que deux, j'en fais un *parti* pour être mieux compris. Il ne faut pas être bien savant clerc pour être frappé par la vue de ces deux fasces *losangées également*, et si *différentes* l'une de l'autre. C'est qu'en effet il faudrait blasonner 435 : *parti au 1ᵉʳ de gueules à trois fusées et deux demies d'or, accolées en fasce mouvante des flancs, au 2ᵐᵉ de gueules à la fasce d'or chargée de trois fusées d'azur accolées dans la fasce* (ou *fuselée d'une tire de 3 pièces)*.

Nous sommes loin des fasces losangées ! Quant au vrai blason des LORAS, le voici, (436) : *de gueules à la fasce losangée d'or et d'azur*, tel que le donnent Chorier et Guy Allard. L'autre quartier est la brisure d'une branche.

J'espère que l'on ne trouvera pas cette discussion oiseuse. Au point de vue où je me place, il n'est jamais inutile de rectifier ce qu'un héraldiste de la valeur de Palliot a pu dire d'inexact.

435

436

LOUP. — Comme pour tous les animaux, sa position naturelle est d'être *passant*.

CCLXXXVII. — « Le loup de fortune passe, » La Fontaine l'a dit. Je ne sais pas pourquoi l'usage a prévalu, de blasonner s'il est *passant* ou *rampant*, ce que l'on appelle *ravissant* pour le loup. Faute d'indication, la règle générale servirait. LUBERSAC, (437) : p. *de gueules au loup* (passant) *d'or*. AGOULT, (438) : p. *d'or au loup ravissant d'azur armé et langué de gueules*.

437

438

Selon quelques auteurs, le *loup* se distingue du *renard* par sa queue qu'il aurait toujours pendante, celle du renard étant relevée. La figure du loup passant est de Viollet-le-Duc.

Palliot représente la queue comme je l'ai fait ci-dessus, suivant que le loup est *passant* ou *ravissant*. Suivant Menestrier, *ravissant* se dirait « d'un loup portant sa proie. » Définition à repousser. Quand le loup *ravit* une proie, il court. Du reste il est plaisant de mettre à côté de la définition du savant jésuite, la figure qu'il donne du loup *ravissant* d'AGOULT. Comme ci-dessus (438) *il ne porte aucune proie.*

L'UN A L'AUTRE (DE). — *Voir* DE L'UN A L'AUTRE.

L'UN EN L'AUTRE (DE). — *Voir* DE L'UN EN L'AUTRE.

L'UN DANS L'AUTRE. — *Voir* VIRES.

L'UN SUR L'AUTRE. — Qualificatif de situation pour les pièces ou animaux, comme nous les montrent les figures 417 et 419. Plus particulièrement employé pour les figures de longueur. Trois étoiles, par exemple, seraient en *pal* et non *l'une sur l'autre.*

L'UN VERS L'AUTRE. — Se prend comme synonyme d'*affronté.*

LUNE. — Dans quelques écus d'Allemagne, la *lune,* au lieu d'être représentée simplement par le croissant (nouvelle lune), reçoit les traits d'une figure humaine. Palliot, pour blasonner ces différentes phases allemandes, se sert des termes suivants : *lune en croissant* quand la face est de profil, tournée à dextre ; *lune en décours,* si le profil est tourné à senestre ; *lune en croissant couchée,* si elle regarde le chef ; *lune en décours renversée,* si elle regarde la pointe ; *lune au plein,* si la figure humaine est de front.

CCLXXXVIII. — Il serait bien plus simple de blasonner *lune,* un *croissant* orné d'un profil humain ; de lui appliquer les termes du croissant — en disant *lune* au lieu de *croissant* — *lune montante* (en chef) ; *lune renversée* ou *couchée* (en pointe), *lune tournée, contournée* ou *tournée en bande,* etc., suivant la direction des cornes de la lune. *Pleine lune* quand la figure est de face, sans rayons : ils sont réservés au *soleil.*

LUNELS. — Menestrier appelle ainsi un groupe de quatre croissants appointés (A) en forme de rose.

Beaucoup de mots dans notre langue sont de convention. Admettons donc que le vocable *lunels* implique la situation ci-contre.

Le P. Anselme blasonne SOUZA en Portugal : *d'azur à quatre croissants d'argent les pointes opposées en dedans.* Opposées, c'est vite dit, mais comment le sont-elles ? *Opposé* (*Voir* CE MOT), Palliot nous l'apprend, s'applique à des figures dont les pointes sont posées au contraire l'une de l'autre, mais dans un sens propre difficilement applicable ici.

A

Comment traduirons-nous par le crayon cette description? Sera-ce comme les *lunels*
dessinés en A? Ou bien, en
conservant ce groupe, oppo-
serons-nous les pointes « au
« contraire l'une de l'autre »
comme en B? Comme en C?
Ces croissants sont-ils opposés deux par deux, com-
me en D, ou comme en E??

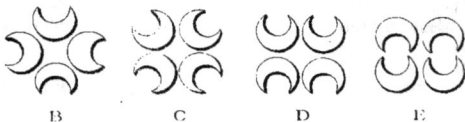

B   C   D   E

Je suis vraiment fort aise de ne pas le savoir. Cela prouvera une fois de plus que si ce
n'est pas nécessaire pour le commun des mortels, un esprit faible comme le mien a
besoin d'une description précise et claire pour ne pas tâtonner dans l'obscurité.

LYS. — *Voir* Fleur de lis et Lis de jardin.

ACLE. — Est-ce une maille de cotte d'armes ou bien un cristal disséminé dans un schiste noir ou bleuâtre que l'on trouve en Bretagne, près de Saint-Brieuc, au lieu dit les Salles de Rohan, ou bien encore autre chose? Question en litige.

Pour nous, c'est une figure quadrangulaire comme la losange dont elle diffère parce qu'elle est percée en losange et vuidée du champ, c'est-à-dire laissant voir le champ par son évidement en losange. LONG-PERIER, (439) : p. *d'azur à trois macles d'or.*

CCLXXXIX. — Palliot lui donne la même proportion qu'à la *losange* (*Voir* LOSANGE, LOSANGÉ). Mais dans la figure de ROHAN, (441), il fait ses *macles* EN CARRÉ PARFAIT. Il faudrait alors définir *macle* : figure quadrangulaire allongée ou carrée, suivant le besoin : comme la *losange* quand cela ne gêne pas, et carrée en biais quand cela convient.

La macle figure seule — TREANA en fournit un exemple *(d'argent à la macle d'azur)* — ou en nombre. KERCADO-MOLAC en porte sept, 3, 3 et 1; TIGNONVILLE en porte treize, 4, 4, 4 et 1.

Elle charge ou accompagne, etc. FEU, (440) : p. *de gueules au chevron d'argent chargé de cinq mouchetures d'hermines accompagné de trois macles d'or au chef d'azur chargé d'un lion passant d'or, armé et lampassé du premier.*

CCXC. — Je ne veux pas recommencer ici une discussion (déjà contenue dans la remarque CCLXXXV) à propos du blason 432 donnant avec des *losanges* une figure similaire à celle du 441, avec des *macles.* Cette figure est identique à celle que Palliot donne à

439

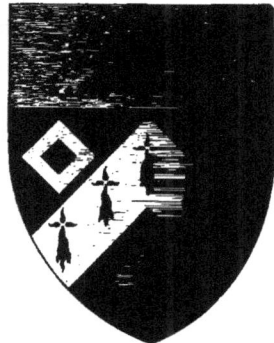

440

Rohan ; je la mets dans un écu en bannière, pour plus de clarté. Palliot la blasonne de gueules à *neuf macles d'or posées 3, 3 et 3*, et donne la figure 441. D'autres blasonnent *accolées, accolées et appointées, accolées et aboutées, en pal*. Aucune de ces descriptions ne cadre avec la figure.

En renvoyant aux raisons déjà données, je me borne à dire ici : si Rohan porte comme au n° 442, je blasonnerai *de gueules à neuf macles d'or 3, 3 et 3*. Si les macles sont *accolées*, je dessinerai comme au n° 442 *bis*; et c'est ainsi qu'elles sont figurées dans le P. Anselme, quoiqu'il blasonne toujours 3, 3 et 3, ce qui correspond à 442. Si les *macles accolées* sont comme au n° 441, il faudra nécessairement que la description exprime cette situation, contraire à la règle que l'*accolé* ne doit pas toucher les bords de l'écu. — *Voir* Remarques IX et X.

441

MACLE. — Vulson définit ainsi un écu rempli de *macles* au lieu de *losanges*. On pourrait également dire *rustré*, si, au lieu de *macles*, l'écu était rempli de *rustres* dans l'ordre de la Fig. 431.

442

442 *bis*

MAÇONNÉ. — Se dit d'un trait très ténu, qui marque, sur une muraille, sur une pièce quelconque et même sur un *champ*, des assises de pierre, ou le mortier qui les réunit. Ce trait de *maçonné*, très habituellement de sable, peut être de tout autre émail. Les châteaux, les villes, les tours, sont toujours *maçonnés*. — Awer, (443) : p. *de gueules à la fasce d'argent maçonnée de sable, crénelée de trois pièces et deux demies*. Perez, (444) : p. *d'argent maçonné de sable à la fasce de gueules*.

443

444

CCXCI. — Palliot cite aussi le blason de MARILLAC, qu'il faudrait de longues circonlocutions pour décrire sans le *maçonné* ; il blasonne d'argent *maçonné de sable, cartelé de sept pièces* (ce mot *cartelé* veut dire fait en façon de quarreaux) *rempli de six merlettes de même, celui de l'abisme d'azur à un croissant d'or*. « D'aucuns de cette famille laissent cette abisme du champ et le croissant de gueules », « d'autres y mettent un lion de gueules. » J'ai relevé, sur une attestation du 17 mai 1656, aux archives du Rhône, l'empreinte du sceau de Monseigneur Louis DONI d'ATTICHI, évêque d'Autun. Plus tard, j'ai acquis le sceau lui-même. Comme ce prélat était fils d'Octavien d'ATTICHI et de Valentine de MARILLAC (*Voir* MORERI), il portait aux 1 et 4, écartelé en sautoir de... et d'or, au lion de... en abîme ; aux 2 et 3 de MARILLAC et sur le tout de... au lion de... à la bande ou cotice chargée de trois croissants de... brochant sur le tout. Je blasonne le quartier MARILLAC, (445) : *d'argent maçonné de sable par un trait de mi-parti, un de coupé, deux de mi-parti, un de recoupé et un de mi-parti, divisant le chef et la pointe en deux et le cœur en trois parts ; en abime un lion de gueules* (c'est la variante indiquée par Palliot) *et en orle six merlettes*. (Je me garderai de dire *rempli de six merlettes!!!*] On remarquera que ce *maçonné* étant irrégulier, il est bon de spécifier comment se

445

tirent les traits qui le forment; *cartelé de sept pièces* n'indique pas leur situation, quand on n'a pas la figure sous les yeux.

CCXCII. — J'ai dit plus haut que le *maçonné* est ordinairement de sable et qu'il peut être de tout autre émail. Ajoutons que cet émail doit trancher bien visiblement; si une tour d'or avait quelques traits d'ombre *dans les mêmes tons*, il ne faudrait pas blasonner *maçonné*. Notons que les *châteaux*, les *villes*, les *tours*, sont toujours *maçonnés*. — *Voir* TOUR. Il faut pourtant dire ici qu'à mon avis le *maçonné* est bien souvent innocent des intentions maçonniques qu'on lui prête. Une tour, toute plate, était désagréable à l'œil dans un blason ; on l'a ornée de quelques traits pour figurer les assises de pierre de taille ; un héraut est survenu qui a *maçonné* sans rime ni raison.

Pourtant l'exemple donné par Palliot d'une tour *de sinople, maçonnée de gueules*, doit être intentionnel. Il faudra soigneusement le blasonner.

MAILLE. — *Voir* BOUCLE et COLLIER.

MAILLET. — Espèce de marteau en bois, employé dans plusieurs métiers. MAILLY, (446) : p. *d'or à trois maillets de sinople.*

Palliot appelle *mailloches* des marteaux de ce genre, mais en fer et plus petits. Il est bien difficile de les distinguer des *maillets*. — *Voir* MARTEAU.

446

MAIN. — Quand on dit *main*, cela sous-entend main droite ouverte, en pal, ongles vers le chef, montrant la paume et généralement avec les doigts

légèrement entr'ouverts. Il faut blasonner si la main est fermée, si c'est la main gauche et toute situation ou actions différentes de la réglementaire.

CCXCIII. — Nous avons vu à APPAUMÉ et par ce que nous avons dit plus haut, qu'il est souverainement inutile de dire qu'une main est *appaumée*; à DEXTROCHÈRE, que c'est la main droite figurant avec le bras ; à FOY, que c'est l'union d'une main droite avec l'autre main droite dans une loyale étreinte. — *Voir* SENESTROCHÈRE.

MAISON. — Si elle n'est pas toute d'un seul émail, on en blasonne les parties d'émail différent, avec les mêmes termes dont on se sert pour les TOURS. Forme indéterminée.

MAISTRE. — Figure similaire au CHAPÉ.

CCXCIV. — Figure de hérauts d'armes qui, ayant remarqué dans les écus allemands des *chapés* dont les lignes étaient arrondies, n'ont pas manqué l'occasion de faire de la science aux dépens du public ; ils ont trouvé le mot *maistre* et le blasonnent *ployé* ou *arrondi*. C'est peut-être un mot de trop et, en tout cas, une qualification inutile. Spener nous apprend que « cuspidum nomine plures figuras « complectar, quas aliis aliisque nominibus appellare solent Galli, cum inter nostros discriminis ratio « non æque constet.... et quidem lineæ cum sinuatæ sint, Galli addunt terminum *ployé*, verum pic- « toris phantasiæ potius, quam consilio tribuerem. »[1] Il repousse ce que les Français — sur des exemples allemands — ont appelé *le Maistre*. Nous le repoussons aussi. Mais comme, sur la foi de nos traités, un héraut d'armes a pu concéder intentionnellement un *chevron ployé* ou *chapé ployé*, il faut tolérer ce terme. Sur un blason d'une famille ancienne remontant authentiquement au XIVe siècle, sur lequel on remarquerait ce *ployé*, en Allemagne surtout, on pourrait ne pas y faire attention; il serait fort probablement dû à un crayon ennemi de la ligne droite. Tout au moins, pour un *chapé-ployé*, si l'on veut employer le mot *maistre*, ce serait un barbarisme qu'indiquer son qualificatif de position *(ployé)*. — *Voir* REMARQUE CCCXLVII.

MAL ORDONNÉS. — C'est-à-dire 1 et 2. Toutes les figures paraissant au nombre de trois dans un blason ont leur position relative fixée, deux en chef, une en pointe, soit 2 et 1, ce que l'on ne blasonne pas. Dans le cas contraire, si les figures sont représentées une en chef et deux en pointe, cette *situation* est à blasonner et on le fait en disant *mal-ordonnés* ou *mal ordonnées*. — *Voir* REMARQUE CCCXXIII.

MANCHE MAL TAILLÉE. — On n'en trouve guère que dans les blasons anglais. C'est une manche de robe à l'antique. Palliot en donne deux formes (1 et 2) pour le blason de HASTINGS. L'*English heraldry* lui en donne une troisième (3) en disant que c'est la manche à longs pendants des ladys du temps d'Henri Ier.

---

[1] « Sous le nom de pointes je comprendrai plusieurs figures que les Français ont l'habitude d'appeler avec « des noms divers, tandis que chez nous il ne conste pas justement de la différence... et aussi quand les lignes « sont courbées, les Français ont ajouté le terme *ployé*, ce que j'attribuerai à la fantaisie d'un peintre et « non à une sage résolution. »

MANTEAU, MANTEL, MANTELET. — Casaque, cotte d'armes, ou manteau habituellement « chamarrés des armoiries de celui qui les porte » ou des émaux des armoiries. Les chevaliers mettaient leur écu d'armes sur leur mantelet diversement disposé,
ou bien mettaient le mantel sur le heaume, ce dont on trouve des exemples fort anciens.
Il a été plus tard réservé aux princes ou ducs souverains ou non et aux pairs.

    Les souverains seuls portaient et portent le manteau avec pavillon. — *Voir* CIMIERS
et FIG. 558.

MANTELÉ. — Se prend en deux sens :

    1⁰ C'est une figure honorable du deuxième ordre,
variante du *chapé* mais recouvrant davantage l'écu,
puisque le sommet, réunion des lignes venant des angles de la pointe, s'arrête en cœur, un peu plus haut
que le milieu, au lieu de monter jusqu'à la ligne supérieure de l'écu comme le *chapé.* GHISI (ROME), (447) :
d'argent mantelé de gueules. Il est facile de confondre
cette figure avec le *chapé,* ou même avec une *pointe* si
l'on ne précise pas la valeur des mots.

447

    Il faut observer ici et dans tous les cas similaires,
que c'est le gueules *qui mantèle :* c'est l'argent *qui est
mantelé,* qui *reçoit le mantel.* — *Voir* REMARQUE SUIVANTE.

    Le *tiercé en mantel* est une figure qui n'existe pas, ou
du moins correspondrait à *tiercé en chevron.* — *Voir* REMARQUE CCX.

CCXCV. — Palliot s'est mépris en donnant comme exemple de *mantelé* finissant en pointe de lierre,
le blason de HERMSDORF. C'est au contraire un *chaussé.* — *Voir* à SINGULIERS BLASONS un blason de
ce genre (FIG. 607). *Voir* aussi REMARQUE CCX.

Les Anglais appellent cette figure *per chevron,* c'est-à-dire coupé par une ligne en forme de chevron.
PAUNCEFORT-DUNCOMBE, DUNCOMBE-FEVERSHAM, p. *d'argent mantelé cannelé de gueules, à trois têtes
de chien arrachées de l'un en l'autre.*

Si l'on blasonne à l'anglaise, mantelé de gueules et d'argent, la ligne du mantelé devient *engrêlée,* du
moins dans le texte, car, dans les deux gravures données par le Peerage de Burke (1879), cette ligne
est une fois *engrêlée* et l'autre *cannelée.* Ceci prouve qu'il n'est pas indifférent de blasonner d'une
manière ou de l'autre, quoique avec d'autres lignes de bordure, cela ne présente pas d'inconvénient
matériel. Ainsi que je blasonne KEY, à l'anglaise, *mantelé enté en queue d'aronde* (per chevron,
dovetail) *d'hermines et de gueules,* ou à ma manière, *de gueules, mantelé enté en queue d'aronde
d'hermines, à trois clefs* (Keys) *courtournées d'or,* cela ne modifie pas la ligne de bordure ; la meilleure
des deux manières est celle qui est bonne dans tous les cas.

    2⁰ Qualificatif pour un lion ou autre animal revêtu d'un mantel ou mantelet.

MARCHÉ. — Quelques vieux héraldistes emploient ce terme pour la corne du pied
des taureaux et vaches.

MARINÉ. — Se dit des animaux dont le corps « desinit in piscem ». Le célèbre généalogiste nurembergeois J.-G. IMHOF, (448), auteur notamment de la *Notitia sacri Romani Imperii germanici procerum* (Tubingue, 1732), portait : *de gueules au lion mariné d'or*, comme on le voit sous son portrait en tête de l'ouvrage cité. La queue ressemble à une torsade de feuilles.

J'ai suivi un modèle de lion *mariné* de 1560 donné par le *Musterbuch* de M. de Hefner.

CCXCVI. — La *sirène*, qui est le type de ce qui finit en queue de poisson, ne doit pas être blasonnée *marinée*, puisque sans cette queue elle ne serait pas *sirène*.

448

MARQUES D'HONNEUR. — Sont certains attributs correspondant à de hautes fonctions, ou à des offices. Dans l'ancienne monarchie française, les ornements particuliers aux offices étaient les suivants : on les mettait autour ou sous l'écu de ses armes.

Connétable. — Une épée droite de chaque côté de l'écu, tenues chacune par un dextrochère armé d'un gantelet mouvant d'une nuée.

Chancelier. — Il sommait son heaume d'un mortier d'or rebrassé d'hermines ayant pour cimier la France, sous la figure d'une femme issante, couronnée d'une couronne royale, vêtue d'un manteau royal, tenant de sa dextre un sceptre et de la senestre un sceau royal, et en sautoir, derrière l'écu de ses armes, deux masses dorées.

Maréchal. — Il portait primitivement deux haches d'armes droites ou passées en sautoir derrière l'écu ; plus tard deux bâtons d'azur fleurdelisés de France passés en sautoir derrière l'écu.

Amiral. — Il portait en sautoir deux ancres dorées, les trabes d'azur fleurdelisées de France, passées derrière son écu.

Vice-amiral. — Une ancre en pal derrière l'écu, la trabe passée sur le heaume.

Colonel général d'infanterie. — Il mettait en cimier six drapeaux, blanc, rouge et bleu, couleurs royales, trois de chaque côté.

Colonel de cavalerie. — Quatre cornettes aux armes de France, deux de chaque côté.

Grand maître de l'artillerie. — Deux canons sur leurs affûts, sous l'écu.

Surintendant des finances. — Deux clefs, l'une d'or, l'autre d'argent, en pal, adossées l'une à droite, l'autre à senestre ; les anneaux terminant en couronne royale.

Grand maître de la maison du Roi. — Deux bâtons d'argent doré, se terminant en couronne royale, passés en sautoir derrière l'écu.

Capitaine des gardes du corps du Roi. — Deux bâtons ou baguettes d'ébène en sautoir derrière l'écu.

Capitaine des Cent-Suisses. — Deux bâtons comme dessus garnis de pommeaux et de bouts d'ivoire ; et en dessous de l'écu deux toques avec panache à l'allemande.

Capitaine des gardes de la porte. — Deux clefs d'argent en pal, les anneaux se terminant en couronne royale.

Il y avait encore des marques pour toutes les charges de Cour qu'il est inutile de mentionner ici.

On trouvera ces marques dans les traités de Blason du XVIIᵉ siècle. — *Voir* TIMBRES ECCLÉSIASTIQUES.

MARQUETÉ. — *Voir* MIRAILLÉ.

MARISSANTE. — *Voir* GUIVRE.

MARTEAU. — On le confond facilement avec *Maillet.* Ainsi FEUQUIÈRES, (449) : p. *de gueules au maillet d'or couronné,* que d'autres blasonnent *Marteau ;* ANCIENVILLE, qui porte *sur champ de gueules des marteaux d'or* que d'autres blasonnent *mailloches.*

CCXCVII. — Palliot et Bara proposent d'appeler *maillet* l'outil qui est toujours simple et sans ornement comme ceux des menuisiers, et *marteau* celui qui a le manche *embouté* ou *morné,* ce que l'on spécifie quand l'embouture est de différent émail et parfois garnie d'une boucle.

Il me semble excessivement facile de distinguer le *maillet* du *marteau.* Il suffirait de blasonner et dessiner *maillet* ce qui est un maillet, et marteau ce qui est un *marteau.* Ainsi en supposant qu'ils portent réellement des *marteaux* et des *maillets* nous dirons BACQUEVILLE, (450) : *d'or à trois marteaux de gueules* « aucuns disent marteaux de maçons. »

CONTI, (451) : *d'or à trois maillets de gueules.*

449

450

451

MARRELÉ. — Terme introduit par Menestrier pour décrire les armoiries de NAVARRE « pour éviter tant de termes dont il falloit se servir pour les décrire. La figure est « semblable au jeu des Merreles. » N'est pas usité.

MASQUÉ. — Menestrier le dit d'un lion qui a un masque.

MASSACRE. — On appelle ainsi, suivant l'usage le plus général et le plus raisonné, les cornes du cerf représentées avec une partie de l'os frontal qui les réunit. Le *massacre* est toujours de face.

Quelques auteurs méticuleux comptent le *chevillé*, ce qui me parait une recherche bien minutieuse.

CCXCVIII. — Palliot appelle *ramures* ce que nous nommons *massacre*. *Massacre*, pour lui, c'est la tête entière du cerf avec sa peau, garnie de ses bois ; c'est ce que nous appelons RENCONTRE. — *Voir* CE MOT. — Menestrier qui dit *massacre* dans le même sens que nous, l'applique même aux cornes du taureau avec une partie du crâne, décharné ; il faudrait au moins spécifier *massacre de taureau*.

MASSE D'ARMES. — Ancienne arme de combat. On la voit figurer dans le blason des GONDY.

MASSONNÉ. — *Voir* MAÇONNÉ.

MASSUE. — Longtemps avant l'invention du revolver, c'était une arme héroïque. C'était l' « arme du généreux Hercules de laquelle il se servoit à combattre et dompter « les monstres, elle estoit faite du plus dure chesne et pour ce quelques autheurs « certifient qu'elle estoit le simulacre de la vertu. » On la représente comme un bâton noueux.

MAURE ou MORE. — Ordinairement dans les blasons on n'en voit que la tête et le cou. On la dit toujours *bandée* quand elle a un bandeau sur les yeux et *tortillée*, ce que l'on blasonne seulement quand le bandeau qui retient réglementairement leur chevelure, est d'un autre émail que la tête. Palliot blasonne *au naturel*, une tête de More sans bandeau ; il établit une différence entre *liée* qui se dirait lorsque la tête est ceinte d'un bandeau ou ruban lisse, et *tortillée* lorsque le ruban est tordu. Différence purement théorique. La tête est toujours placée de profil, du moins dans tous les exemples que je connais.

FAVRE, (452) : *d'argent au chevron d'azur accompagné de trois têtes de Maure* (de sable) *tortillées du premier.*

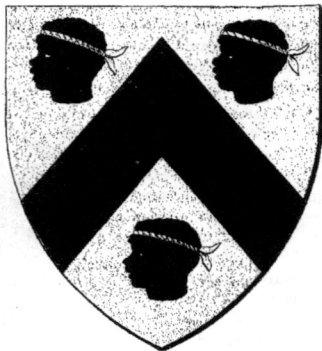

452

CCXCIX. — Ces armoiries sont mal représentées sur le monument que l'on a élevé à Chambéry à la mémoire du célèbre président Favre. Les têtes du chef ne doivent point être *affrontées*.

On devrait dire More plutôt que Maure, quoiqu'il ne s'agisse pas plus de la Mauritanie que de la Morée. *More* doit être pris dans le sens de *noir*, c'est en effet le type nègre, chamitique et non sémitique, qui sert aux hérauts d'armes. L'émail particulier est de *sable* ou *au naturel*. En général on énonce cet émail, on ne sait vraiment pas pourquoi ; il suffit de l'énoncer si l'on trouvait une tête de nègre d'argent, comme Palliot en donne un exemple pour MORELET.

MEMBRE. — Se dit de la patte et jambe antérieure d'un griffon, d'un aigle ou d'un autre oiseau, séparée du corps, seule ou en nombre dans un écu, où, sauf désignation autre, elle est mise en barre, pied vers la pointe.

CCC. — Palliot blasonne « un membre d'aigle que d'autres disent être une patte de lion. » Du moment où le griffon est aigle pour la partie supérieure du corps, et lion pour l'inférieure, il pourrait, comme la chauve-souris de la fable, se réclamer de ses *membres* ou de ses *pattes*. Palliot dit que « cela « s'entend des pattes de devant du griffon : je suis oiseau, voyez mes ailes » ! Mais comment distinguera-t-on dans un blason à décrire si l'on voit des membres d'un griffon ou d'un aigle, ou d'un faucon, ou d'un épervier ? On ne les distinguera pas du tout, à moins d'être sorcier ou de tomber juste par hasard. Certains caractères vous indiqueront si vous voyez des serres d'oiseaux de proie, des pattes palmées, mais c'est tout. Pour mon compte, en pareil cas, j'abuserais du point d'interrogation.

CCCI. — Je trouve dans un vieux manuscrit le blason de la famille ARMELI que je reproduis en 453 et que je décris d'après les *Fiori di Blasoneria* ; un demi-vol d'aigle avec cuisse et jambe de sable sur champ d'argent ; traduit en français : *d'argent au membre d'aigle uni à un demi-vol de sable en pal*, et plus héraldiquement : *membre d'aigle, ailé, en pal*. Le même manuscrit donne le blason d'ALIMANI qui est : *d'argent à deux membres d'aigle ailés d'or, en pals, affrontés*.

Membre est un terme réservé aux oiseaux.

C'est donc une grave impropriété que dire *membré* pour un lion, comme on le trouve couramment dans certains recueils d'armoiries où l'on voit toutes les pattes de cet animal d'un autre émail que le corps.

Ces exemples n'offrent aucune espèce d'autorité et ne peuvent résulter que d'une grossière confusion avec l'*armé* ou bien avec le *membré* des oiseaux.

453

Si quelque nouvel anobli trouvait glorieux de faire nager son *lion d'argent* dans le sang de l'ennemi, tellement que ses pattes fussent teintes de gueules, il serait prié de dire *patté* et non membré *de gueules*.

MEMBRÉ. — Se dit donc exclusivement d'un oiseau dont les pattes et les jambes

jùsqu'à la naissance des plumes sont d'un autre émail que le corps. ALFIERI, (454) : p.

d'argent à l'aigle
de sable becqué et
membré de gueu-
les. LE BLANC,
(455) : p. tranché
d'argent et de
gueules, celui-ci
chargé d'un cygne
du premier, mem-
bré d'or, grimpant
à dextre, les ailes
étendues. — Sauf
indication con-
traire, le membré
devrait compren-
dre aussi les
griffes (l'armé).

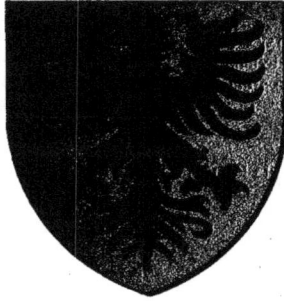

454

455

MÊME (DE ou DU). — Expression dont on se sert comme aussi *du premier, du second, du champ,* pour ne pas répéter dans une description le nom d'un émail, ce qu'il faut chercher à éviter.

CCCII. — Ainsi on dira PORTIER-BELAIR, (456) : p. *d'argent à la bande d'azur accompagnée de deux lions de* ou *du même* (c'est-à-dire *d'azur,* du même émail). On dira MILLIET — ARVILLARS —

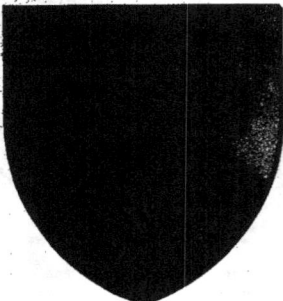

456

457

FAVERGES, etc., (457) : p. *d'azur au chevron d'or chargé d'un chevron de gueules, accompagné de trois étoiles du second;* c'est-à-dire du second émail énoncé *(d'or).*

Dans les blasons compliqués, il est bon d'user avec sobriété de cette circonlocution héraldique afin d'éviter toute confusion. Répétez donc plutôt trois fois qu'une la mention du même émail, si cela donne de la clarté.

MENOTTE. — L'ordre de CALATRAVA portait sur champ d'or, cantonnant aux deux cantons de la pointe sa croix fleurdelisée de gueules, deux menottes d'azur que l'on représente ainsi.

MENU-VAIR. — *Voir* VAIR.

MERLETTE. — Oiseau héraldique de la même nichée que l'*alérion*. Comme lui, il est sans bec et sans membres, mais à la différence de l'alérion, qui est toujours en face les ailes ouvertes, la merlette paraît de profil les ailes serrées. Son émail habituel est de sable, émail tellement habituel qu'il est banal de le dire ; mais il faut spécifier tout autre émail, or, argent, gueules, azur, etc. Ainsi la figure 460 où l'on voit des *merlettes d'argent ;* 479 où elles sont *de gueules.*

458   459

460   461

La merlette figure seule ou en nombre, ou en accompagnement ; la situation et le nombre doivent être soigneusement blasonnés. BILLY, (458) : porte *d'argent à trois merlettes.* DOYNEL, (459) : p. *d'argent au chevron de gueules accompagné de trois merlettes.* DRÉE, (460) : p. *de gueules à cinq merlettes d'argent, 2, 2 et 1*[1]. PIOSSASCO, (461) : p. *d'argent à neuf merlettes, 3, 3, 2 et 1.*

CCCIII. — Quoi qu'en dise Palliot (OISEAUX), il n'est pas exact que, le nombre de merlettes dépassant seize, cela puisse constituer un *semé.* En pratique, le nombre de seize est le plus fort connu ; mais s'il y en avait même davantage *figurant entières* dans un blason, il faudrait les compter et en exprimer la situation ; on dirait *semé* quand même il n'y en aurait que huit ou moins encore, pour les merlettes comme pour toutes les autres pièces, seulement si elles sont dans les conditions qui règlent le *sans nombre* ou *semé.* — *Voir* CES MOTS. — Avec ces règles on évitera toujours des méprises.

[1] L'erreur du graveur qui donne *6 merlettes* sera rectifiée aux errata.

On trouve pour le blason 461 appartenant à l'une des plus vieilles familles du Piémont, dans Capré, Palliot, etc., neuf *merles* au lieu de neuf *merlettes*. On va jusqu'à les becquer et membrer de gueules! Cela résulte d'une mauvaise traduction de l'italien *merlo* (merle). Je n'hésite pas à suivre Della Chiesa, qui, pour éviter toute possibilité d'erreur, dit « Piozzaschi antichi Conti in Piemonte, nove merli negri senza becco e gambe 3, 3, 2 e 1 in campo d'argento ». Ponza, qui blasonne *merlettes,* dessine des *merlettes,* mais les contourne inexactement.

MERLIER (FLEUR DE). — *Voir* Angemme.

MERRELÉ. — *Voir* Marrelé.

MÉTAL SUR MÉTAL. — « Sans métal sur métal, ni couleur sur couleur » c'est une règle dont nous avons déjà parlé à Couleur sur couleur et que nous avons suffisamment expliquée. — *Voir* aussi Enquérir.

MEUBLES. — *Voir* Figures.

MÉTAUX, MÉTAL. — Il y en a deux reçus dans le Blason. — *Voir* Émaux, Or et Argent. Les anciens héraldistes se servaient, pour désigner l'or, des signes suivants : O en français, A en latin. Ils l'appelaient aussi *cytrin* et le désignaient par le chiffre 1. L'argent par AR, B, *aspre* et le chiffre 2.

MEZAIL ou MESAIL. — On nomme aussi de cette manière la partie mobile du casque qui se rabattait sur la figure.

MI. — Cette syllabe précédant *coupé, parti, taillé, tranché,* indique que le trait de partition ne divise pas tout l'écu en deux parties; la ligne du *mi-coupé* ou du *mi-parti* est interrompue. — *Voir* Singuliers blasons. C'est une demi-ligne environ, un demi-trait de partition.

MI-PARTI. — Ce mot indiquant partition modifiée, se prend en deux sens et dans un troisième dont je propose la suppression.

1° Il sert à désigner un écu portant la moitié de deux armoiries, partagées *chacune* par un trait de *parti;* ainsi l'on ne voit dans l'écu ci-contre que la moitié dextre d'un des blasons divisé en deux verticalement, l'autre moitié disparaissant, et la moitié senestre de l'autre. Goulaine, (462): p. *mi-parti d'Angleterre et de France.*

462

Il y a aussi des exemples où l'on ne voit qu'un de ces demi-écus, l'autre moitié contenant le blason plein d'une autre famille. Dans ce cas l'on blasonne également cette disposition spéciale par le *mi-parti* pour cette moitié de blason, l'autre moitié étant considérée dans un simple parti d'alliances.

CCCIV. — Le *mi-parti* a servi aussi pour les femmes qui, dans leur écu en losange, mettaient à dextre la moitié des armoiries de leur mari, séparée par un trait de *parti* de la moitié des leurs, *mi-partissant* ainsi les deux blasons. Cet usage pouvait être touchant, mais il était absurde, puisqu'il devenait souvent impossible de blasonner les figures de ces écus. Dans un *mi-parti*, par exemple, le *chevron* pour le mari devenait une *barre;* pour la femme il devenait *bande; l'écartelé d'alliances* devenait impraticable, se transformant en *coupé;* à en juger par ce que l'on en voyait dans le mi-parti de senestre, le *lion* ne se distinguait pas du *léopard*, etc.

Paradin, dans ses *Alliances généalogiques*, se contente de *mi-partir* l'écu du mari et met dans l'autre moitié de la losange, les armoiries pleines de la femme qui deviennent ainsi d'une forme cruellement estropiée.

Cet usage a été remplacé avantageusement par les écus accolés. On abandonne aussi la forme rhomboïdale pour l'écu de la femme, et c'est fort heureux, car cette forme est disgracieuse à côté de l'écu triangulaire ou carré de son mari.

§

Les armoiries de la ville et canton de GENÈVE nous donnent un exemple de *mi-parti* spécial qu'il est bon de discuter.

Blavignac (*Armorial genevois*, f° 1) les blasonne ainsi : « mi-parti d'or et de gueules chargé au premier « d'une demi-aigle essorante de sable, armée de même, couronnée, allumée, becquée, languée et « membrée de gueules ; au second d'une clef d'or contournée, le panneton ajouré d'une croix, l'anneau « en losange pommeté et engagé sous le parti d'or ! ! »

Nous devons, sans hésitation, repousser cette description inexacte, incomplète et pourtant diffuse jusqu'à l'enfantillage. Nous la discutons uniquement pour expliquer des détails qui ne trouvent pas meilleure place ailleurs.

L'aigle est le symbole de GENÈVE, ville impériale ; il n'y a donc pas lieu de s'arrêter pour l'aigle de l'Empire à ces détails connus *lippis et tonsoribus* pour être variés par chaque auteur ou dessinateur qui les décrivent ou les peignent. C'est pourtant, à ma connaissance, la première fois qu'on l'*arme* de sable.

La clef, quelle qu'en soit l'origine (Évêché, Chapitre ou Vidomnat), est une clef à l'antique, la *clef héraldique* et cela dit tout, quand on a énoncé sa situation et son émail.

Blavignac prétend que l'anneau est *engagé* (le terme héraldique est *passé) sous le parti d'or.* Dans ses belles planches, on compte au moins vingt-et-une figures dans lesquelles l'anneau affleure plus ou moins le parti d'or ou bien n'est pas *engagé* du tout. Il est évident pour moi que ce prétendu *engagement* — on le trouve pourtant sur quelques anciens dessins — est le fait de dessinateurs gênés par le panneton contourné; en le mettant au centre en chef, il est facile, dans les écus finissant en courbes, que l'anneau inférieur soit plus ou moins rapproché de l'autre *parti*, selon l'advertance du dessinateur.

Nous supprimons donc cette situation, et en observant que si nous avons un véritable mi-parti d'Empire, l'autre division n'est plus un *mi-parti*[1], nous blasonnerons très simplement (V. et Cant. de) GENÈVE, (463) : p. *parti, au 1er mi-parti de l'Empire, au 2me de gueules à la clef d'or contournée.* Ou, si l'on préfère une description moins héraldique mais plus accessible au vulgaire : *parti d'or au demi-aigle de l'Empire mouvant de la partition, et de gueules à la clef d'or en pal contournée*[2].

Quoique la clef soit dans sa position normale, comme elle reçoit la situation du *contourné* et comme elle a un rôle synthétique pour les hommes instruits, il est permis, mais nullement obligatoire, de dire qu'elle est *en pal.* Avec la description de Blavignac qui engage l'anneau, il était absolument indispensable de ne pas oublier de le dire[3].

2° *Mi-parti* se dit aussi de l'écu (ou d'une figure meublant cet écu) qui, étant *coupé*, est *parti* dans un des coupés.

463

Dans ce sens, le mot *parti* remplacerait avantageusement le *mi-parti*, puisque ce coupé est réellement *parti* dans toute sa hauteur. Il faudrait supprimer cette acception — il y en a déjà deux et bien différentes, — tandis que, dans le premier sens, *mi-parti* est nécessaire pour exprimer non une partition ordinaire, mais un trait *(de parti)* qui supprime la moitié verticale d'un écu, à dextre pour l'une, à senestre pour l'autre.

3° *Mi-parti* se prend enfin dans une acception plus importante que la seconde pour une demi-ligne, ou une portion fragmentaire de la partition du *parti.* — *Voir* à SINGULIERS (BLASONS), REMARQUE CDVI.

MI-PARTITIONS. — *Voir* PARTITIONS et MI-PARTI.

MIRAILLÉ. — Qualificatif pour les taches des ailes des papillons, ou les marques rondes de la queue des paons. Quelques auteurs s'en servent pour l'émail des yeux des

---

[1] Si c'était un *mi-parti*, est-ce un mi-parti des clefs en sautoir de l'Évêché, ou du Vidomnat ? On devrait voir alors la moitié supérieure de la clef senestre *en barre* et la moitié inférieure de la clef dextre *en bande.* Est-ce, pour pousser la chose jusque dans ses derniers engagements, une des deux clefs en pal du Chapitre (ancien) ? Dans ce cas, c'est celle de senestre ; elle n'est pas *contournée*, mais *adossée.*

[2] Il faudrait aussi une description similaire pour ANHALT-DESSAU qu'il est très inexact de blasonner *parti au 1er d'argent à un demi-aigle de gueules et de SAXE (ELECTOR).* — *Voir* FIG. 208.

Si l'on ne dit pas que l'aigle est *mi-parti* ou mieux qu'il est *mouvant de la partition*, on le dessinera comme il est, parce que tout le monde connaît ce blason, mais tout le monde dessinera mal. Avec cette description, ce *demi-aigle*, dont il faudrait exprimer quelle moitié disparaît, devrait être isolé au centre de cet écart.

[3] En effet, le but d'une description étant de se faire comprendre, en disant l'anneau engagé sous le parti d'or — sans spécifier du reste si c'est pour le tout ou pour une partie — l'idée logique qui en résulte est de mettre la clef *en barre* et d'engager tout l'anneau sous le susdit parti. Si l'on ajoute *en pal*, en revanche, tout héraldiste saisira que ce ne peut être que pour une faible partie : le *contourné* énoncé indiquant à quel côté de l'anneau on a indûment attribué un rôle. Il faut le répéter, la description doit remplacer la figure qu'on n'a pas sous les yeux.

sangliers, différent de celui du corps; d'autres, comme synonyme de *marqueté* ou *picoté*, l'appliquent aux poissons, comme les truites.

MIS, MISES. — Équivaut à *posés, posées* (sens héraldique) pour désigner l'assiette d'une ou plusieurs figures *posées en croix* ou *en pal,* etc.; c'est donc un qualificatif de *situation* et même de *double situation.* Il faut donc être très sûr de ce que l'on dit en prononçant le mot MIS ou POSÉ. Dans l'exemple 464 ci-dessous, il est inutile : *deux molettes en fasce* marquent que les molettes ont la *situation* d'être sur le même rang horizontal. Si, au lieu de *molettes* nous avions des pièces de longueur comme des billettes, les mots *mises en fasce* impliqueraient une toute autre *situation*, qui, n'étant pas donnée par le dessin, rendrait ce dessin ou sa description grossièrement erronés. — *Voir* FASCE (EN), POSITION et notamment REMARQUES CCCXVIII, CCCLXX et CCCLXXI.

MOLETTE. — C'est la rondelle de l'éperon qui figure assez souvent dans les blasons, seule ou en nombre, chargeant ou accompagnant. On lui donne habituellement six rais. Son caractère distinctif de l'étoile est que la *molette* est toujours percée en

464

465

rond. Ainsi, peu importe qu'on la dessine avec cinq ou huit rais. SAINT-HILAIRE, (464) : p. *de gueules à deux molettes d'or* (*Voir* MIS ci-dessus) *en fasce.* PANTIN-LANDEMONT, (465) : p. *d'argent à la croix de gueules cantonnée de quatre molettes de même.* POUR-ROY-QUINSONAS, (466) : p. *d'or à trois pals de gueules, au chef d'azur, chargé de trois molettes d'argent.*

On voit dans quelques blasons figurer la molette avec sa tige, on l'appelle *molette colletée.*

MONDE ou GLOBE TERRESTRE. — Figuré par une boule ronde, où il faut observer trois choses à blasonner, si elles sont d'un émail différent. Le monde, à proprement parler, c'est la boule; si les cercles qui l'entourent toujours sont d'un émail

466

différent, on dit *monde de tel émail, cintré* (d'autres disent *lié*, expression mauvaise), *de tel autre émail.* La croix qui surmonte le *monde* est quelquefois d'un autre émail, on blasonne alors *monde croisé de tel émail,* ce que d'autres appellent *surmonté,* (expression fausse) ou *sommé.*

Autrement, le *monde* comprend génériquement les cintres et la croix. MUN, (467) : p. *d'azur au monde d'argent cintré et croisé d'or.*

467

MONSTRUEUX.— Qualificatif pour les animaux, comme un lion monstrueux avec une tête humaine, un coq monstrueux avec une tête de lion, un bouc monstrueux avec des pattes de lion, etc.

MONTAGNE. — Cette figure est assez commune dans les armoiries allemandes et italiennes. On représente la montagne comme une surface inégale avec quelques traits pour marquer les rochers; elle est quelquefois *mouvante* de la pointe, ce qu'il faut blasonner. Habituellement on la trouve avec un nombre de *copeaux* ou *coupeaux, coupets* ou *pointes* qu'il faut blasonner lorsqu'ils sont bien marqués. La montagne se confond avec la *colline* surtout avec la forme allemande qui se compose de pointes arrondies que l'on blasonne *copeaux.*

TOURNIER, (468) : p. *d'azur au lion d'argent naissant d'une montagne de trois copeaux de sable, mouvant de la pointe.* Elle se confond aussi avec ROCHER. — *Voir* CE MOT.

468

CCCV. — Je trouve dans un estimable recueil héraldique italien, une façon de blasonner bien en dehors des limites tracées au gré de mes désirs, dans la remarque CCCXXXVII. J'avais toujours cru que dans un blason la dextre était à senestre de celui qui le regardait; qu'un chef cousu ne devait pas tellement dissimuler sa couture qu'il ne fût possible de voir ce chef, etc. Ce sont certainement des fautes d'impression. Aussi je me permettrai seulement une observation sur la *montagne*. Il n'est pas question ici d'une erreur qui peut échapper à chacun, mais de tout un système, vicieux à mon avis quoique adopté par les auteurs italiens, dont la *montagne* est un des dogmes. — *Voir* CDXXVI, CDXXVII.

Ce recueil blasonne pour SCIAMANNA-MASTIANI : « di rosso a sei monti naturali di verde *(sic)* disposti « 3, 2 e 1 *(sic)* sostenenti *(sic)* tre spighe d'oro moventi uno dalla sommità del monte superiore e le « altre da ambo i lati della sua base , al capo d'oro caricato dell'aquila *(sic)* spiegata di nero , coronata « del primo, che è dei conti MASTIANI, etc., etc.

Nous traduirons en français : *de gueules à six montagnes au naturel de sinople* (solécisme héraldique : si elles sont *au naturel*, elles ne sont pas *de sinople)* disposées *3, 2 et 1, lesquelles* (paralogisme : une seule *soutient)* *soutiennent trois épis d'or mouvants l'un du sommet de la première*
montagne (on le voit) *et les autres des deux côtés* (tautologie) *de sa base, au chef chargé de l'aigle [?]*
éployé de sable, couronné du premier, etc. (il serait plus simple de dire *chef de l'Empire*).

Avec le crayon nous disposerons en chef *trois* montagnes (en fasce), dont la première (celle de
dextre) supportera trois épis mouvants, l'un au sommet, les deux autres de sa base; puis en cœur
deux autres montagnes; enfin en pointe, *une* montagne. C'est tout ce que le raisonnement le plus
élémentaire permet de tirer de cette description.

Tandis que pour expliquer à tout venant le dessin donné du quartier MASTIANI, il faut décrire, en
Italie comme en France : *de gueules à la montagne de sinople* [1] *mouvante de la pointe* (adjonction
absolument nécessaire) *formée de six copeaux disposés 1, 2 et 3* (et non 3, 2 et 1) *celui du sommet*
supportant un et deux épis d'or.

Nous voyons d'autre part dans Palliot le blason des MONTESCOT, par exemple : *de gueules à trois*
rochers d'argent. Comme la description le marque sans doute possible, ces trois rochers ou montagnes
sont disposés 2 et 1, isolés l'un de l'autre. Puisqu'il n'y a point d'indication de mouvance, la *position*
relative — tellement connue qu'il est puéril de l'énoncer — exige que ces trois pièces soient mises
deux en chef, une en pointe, exactement comme les trois fleurs de lis de France.

Tout comme en Belgique, l'union doit faire la force sur les bords de l'Arno.

Il serait donc à désirer qu'une importante Académie héraldique, en se servant de son autorité
spéciale et abandonnant la routine, se donnât la mission de prêcher d'exemple pour introduire dans une
portion si remarquablement intelligente de l'Europe, une manière de blasonner conforme à la logique
universelle.

MONTANT. — Position ordinaire du croissant. — *Voir* CE MOT.

MONTJOYE. — Quelques auteurs prétendent que l'on appelle ainsi les tas de pierres
cassées amoncelés au bord des routes. Palliot, en blasonnant les armes de GUILLARD, dit
rochers que quelques-uns appellent montjoyes.

MORAILLES. — *Voir* BROYE.

MORION. — Casque à l'antique.

MORNE. — Suivant Menestrier, veut dire cercle ou extrémité ronde « d'un baston,
« huchet et autre chose semblable. » Il viendrait de *murena* ou *murenula,* collier,
bracelet, faits en forme de murène.

Suivant d'autres, c'est un cercle, un anneau que l'on mettait au bout d'une lance
pour un combat à armes courtoises. Dans ce sens, on disait aussi *mornette.*

---

[1] C'est peut-être pour éviter fausseté de couleur sur couleur que l'on dit *au naturel de sinople*, quoique l'un
exclue l'autre. Dans ce cas il faudrait blasonner : *de gueules à trois épis d'or naissants 1 et 2 du sommet d'une*
montagne de sinople de six copeaux accolés en pyramide de 1, 2 et 3, mouvante de la pointe, etc.

MORNÉ. — Si cet adjectif provient du substantif précédent, il doit avoir le même sens. Ainsi Menestrier dit que le roc est le *fer morné* d'une lance de tournoi, mais au mot MORNÉ, il donne pour définition : animal sans dents, bec, langue, griffes et queue. Il faut donc distinguer; *morné* se prend en trois sens :

1º Pour un lion, par exemple, figuré sans dents, sans langue et sans griffes et plus spécialement sans langue, car les griffes et les dents ne se voient pas facilement en petites dimensions. La privation de la queue que Menestrier ajoute à la puissance du *morné,* y est étrangère et se qualifie par le mot DIFFAMÉ ; les griffes en moins pour les aigles et par extension pour les autres animaux , où cette absence serait remarquable, se qualifie par DÉSARMÉ ;

2º Pour une arme courtoise, dont le tranchant ou la pointe ont été supprimés. L'embarras est de savoir comment on représentera cette courtoisie ; pour le tranchant c'est bien difficile, pour la pointe, c'est facile, et alors le *morné* se confond avec l'*émoussé.* — *Voir* ROC ;

3º Pour synonyme d'*embouté.* Ainsi Palliot dit « *embouté* ou *morné,* c'est-à-dire ayant « un cercle ou virolle d'argent comme un MARTEAU au bout de son manche » et il donne comme exemple : « THUMMEL , p. de gueules au Marteau Embouté d'or , accosté de deux « Estoilles à six raiz de sable. » Or, ces mêmes armoiries blasonnées par l'allemand Spener sont : *dans un écu d'azur, deux étoiles de sable et un marteau de fer au milieu.* Rien ne motive donc l'*embouté;* soit qu'on le rapporte au manche, soit à un ornement de ce manche.

En définitive, le deuxième et surtout le troisième sens ont une signification très indécise. *Morné* signifiera donc essentiellement un lion ou un léopard, ou un aigle, etc., figurés sans langue. — *Voir* DÉSARMÉ, DIFFAMÉ, ÉMOUSSÉ, ROC D'ÉCHIQUIER.

Ajoutons enfin que *morné* est écrit par de vieux auteurs *mort-né* pour un animal auquel la langue, les dents et les griffes n'auraient pas eu le temps de venir, apparemment. Vulson ajoute « quelques-uns croient aussi qu'ils sont dits morts-nez lorsqu'ils n'ont « point d'yeux, mais c'est un abus. »

MORTAISE. — Vulson définit « figure quarrée creuse et propre à emboîter et « assembler une autre pièce de bois quarrée dans sa concavité. C'est une pièce et terme « de charpenterie » que nous laissons aux charpentiers. Il n'y en a pas d'exemple. Si par hasard on m'en trouvait un, je le blasonnerais par *carreaux* ajourés en carré ou chargés d'un carreau.

Il y a aussi le MORTAISÉ pour un écu rempli de mortaises, figurant un échiqueté ajouré en carré, ou chargé d'un carreau sur chaque point.

MOUCHE, MOUCHE A MIEL. — *Voir* ABEILLE.

MOUCHETÉ, ou *plumeté,* ou *découpé.* — « Imitation des cizelures que l'on fait sur le « satin et velours ras en petites figures sans nombre posées et distantes les unes des « autres, comme celles de l'hermines; leur forme est ainsi qu'une tierce-feuille ou « trèfle la queue en haut. »

Palliot en cite un exemple de fantaisie, partant sans conséquence.

Menestrier prend *moucheté* dans un autre sens. Il dit un chevron *moucheté* d'hermines ; mais comme il représente un *chevron d'hermines,* ce mot *moucheté* est inutile. Dans une autre édition, cet auteur appelle *moucheté* le milieu du *papellonné* quand il est plein de mouchetures et des hermines *(sic).* Également inutile.

MOUCHETURES. — J'en ai suffisamment parlé à l'article Hermines et dans la remarque CCLX. En tant que *mouchetures,* c'est une figure héraldique honorable du deuxième ordre.

MOUFFLÉ. — Employé par quelques anciens auteurs pour les poils de lion ombrés avec un autre émail. On trouve même *moufflé* pour *armé,* mais c'est à tort. — *Voir* Ombre.

CCCVI. — C'est encore une fantaisie inutile. Des peintres ayant ombré en clair un lion de sable, pour lui donner du relief, on a cru devoir spécifier ce qui n'était qu'un caprice ; du moins c'est mon avis.

MOUTON. — Il ne se distingue que par les cornes en moins du *bélier,* dont les termes sont applicables au mouton. — *Voir* Bélier.

Dans presque tous les exemples connus, le *mouton* est d'argent.

MOUVANT. — Qualificatif de situation important, pour indiquer des figures attenantes au chef, aux angles du chef ou de la pointe, aux flancs ou à la pointe de l'écu, ou à une partition dont elles semblent mouvoir. Nous en avons des exemples à 361 et 468, notamment.

Il va de soi que si la description ne mentionne pas la *mouvance* d'une ou de plusieurs pièces d'un point quelconque de l'écu, elles doivent suivre INVARIABLEMENT les règles imposées aux *pièces en nombre.* — *Voir* CE MOT et Rem. CCCV.

MUFLE. — A l'article Tête nous voyons que les *têtes* d'animaux figurent toujours de profil ; quand elles figurent de face, on les nomme *rencontres ;* la tête du léopard fait seule exception, elle est forcément toujours de face puisque cette *situation* — par rapport à la tête en général — *position* par rapport à elle-même, est la seule chose qui puisse la faire distinguer de celle du lion.

Nous avons vu à Massacre que l'on nomme ainsi une partie de la tête du cerf vue de face, c'est-à-dire un fragment de l'os frontal supportant ses bois.

Une exception de ce genre existe pour le lion, excessivement rare et toute d'intus-susception.

On appelle mufle de lion la figure, par exemple, qui sert de cimier à la royale Maison de Savoie. C'est une tête de lion, de face ou de trois quarts dont on ne voit que la partie supérieure de la tête, mâchoire supérieure comprise ; elle est entre deux ailes paraissant comme engouler le heaume, et on la blasonne *mufle de lion ailé d'or.*

CCCVII. — Pourquoi est-ce un mufle de *lion* et ne serait-ce pas un mufle de *léopard?* Parce que... est la seule raison que l'on puisse donner. Pourquoi appelle-t-on *fleur de lis carrée* la fleur de lis du cimier de la Maison de France? Parce que l'usage le veut ainsi. Si le fleuron central est entouré de quatre demi-fleurons supportés par une tige en croix, elle n'est pourtant pas carrée.

Pour des cas semblables, la connaissance des cimiers historiques indique seule si c'est un mufle de lion ou de léopard que l'on voit, etc.

MUSELÉ. — *Voir* EMMUSELÉ.

MYOSOTIS. — Cette fleur est appelée par quelques vieux auteurs fleur de *Noblemie.* Ainsi MARTIN D'ARVES p. *d'argent semé de fleurs de noblemie d'azur soutenues de sinople, boutonnées de gueules.*

AISSANT. — *Voir* ISSANT.

NATUREL (AU). — Outre les quatre couleurs fondamentales du Blason — cinq si l'on admet le pourpre
— la couleur *au naturel* permet toute espèce de couleur naturelle à une figure. Pour les parties du corps
humain, elle se confond avec CARNATION. — *Voir* CE
MOT. Des animaux, des fruits, des fleurs (*Voir* LIS
DE JARDIN), etc., *au naturel*, seront peints en suivant
l'imitation de la nature à laquelle le Blason fait cette
concession qu'une figure au *naturel* peut être mise,
sans fausseté, *couleur sur couleur*. — *Voir* CE MOT
et FIGURES NATURELLES.

Il est à noter que l'expression *au naturel* permet non seulement toute couleur
étrangère à la palette héraldique (ainsi, un aigle brun), mais aussi une situation particulière pour une figure, et même l'introduction de toute figure *au naturel;* comme un
ruisseau bordé de peupliers ou de saules, passant en pal sur une prairie émaillée de
pâquerettes servant de champ, le tout *au naturel*. Ainsi un aigle au naturel s'essorant,
n'aura plus la *position* et la *figure* normales, mais la forme et la situation d'un aigle
comme sont faits et s'envolent les aigles dans la nature, etc., etc. — *Voir* FIGURES.

NAVIRE. — *Voir* NEF.

NÉBULÉ, NÉBULEUX, NUAGÉ. — Palliot nous avertit qu'il ne faut pas confondre le
nébulé et l'*enté*. L'*enté* se fait par « entures rondes » et le nébulé « en façon de nuées qui
« se meslent les unes dans les
« autres. » Nous avons bien
compris, passons au *nuagé*. Il
est « fait en façon de Nuës
« dissemblable au nébulé. »
Heureusement il ajoute : « la
« représentation en fait voir la
« différence. »

PANICHNER, (469) : p. *tranché nébulé d'argent sur gueules*.
HOCHSTETTER, (469 bis) : p.
d'or tranché nuagé d'azur.

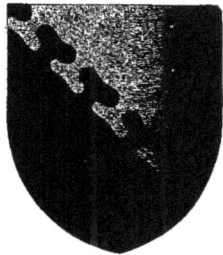

469   469 *bis*.

Menestrier définit le *nébulé* « en forme de nuées « comme la bordure des comtes de FURSTEMBERG » et donne comme figure correspondante : GIROLAMI, (470) : p. *coupé nébulé d'argent et de gueules.* Je reproduis sa figure et je rectifie plus loin cette description.

CCCVIII. — Il n'est pas surprenant, du moment où l'on est dans les nuages, que chacun le représente comme il les voit. C'est l'inconvénient d'une réglementation excessive et toute conventionnelle; il faudrait alors trouver un terme pour chaque caprice de crayon d'un peintre qui représentera à sa manière un nuage.

En Allemagne, pays classique du nébuleux, on l'est au moins franchement, ce qui en diminue les inconvénients. Spener parle de la « scutorum linea in nubium formam sinuata bipartitorum. Galli tribus utuntur terminis... *enté...*

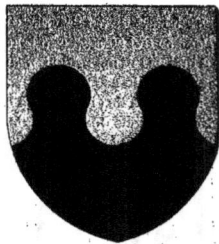

470

« *nébulé*... *nuagé* : differentiam ægre « exprimas vocibus sed picturis. Nos- « trum non est ut Gallis loquendi vel « fecialibus illarum figurarum discer- « nendarum regulas præscribamus. « Ad nostram Germaniam vero quod « attinet dubito an differentia recepta « sit, unde promiscue dicemus... « enté... nébulé... nuagé [1]. »

Pour répondre à la condescendance de Spener, nous devons laisser les hérauts d'armes allemands libres de se contenter de la formule vague « in nubium formam ». Ainsi pour les princes de FURSTEMBERG, (471), nous dirions avec eux : *d'or à l'aigle de gueules, membré et becqué d'azur [2] à la bordure divisée en forme de nuages allemands d'argent et d'azur,* à quoi ils ont ajouté d'après Imhof, vers 1730, *chargeant l'aigle en cœur, un écusson écartelé de gueules au gonfanon papal d'argent qui est de WERDERBERG [3] et d'argent à la bande vivrée ou dentée de sable qui est de HEILINGENBERG.*

471

[1] « Pour la ligne qui divise les écus en serpentant en forme de nuages... les Français emploient trois « termes : *enté, nébulé, nuagé.* La différence s'exprimera bien plus facilement par des figures que par des « paroles. Il ne nous appartient pas de prescrire des règles aux hérauts d'armes français pour nommer et « discerner ces figures. Pour ce qui concerne notre Allemagne pourtant, je doute que cette différence soit « acceptée; c'est pourquoi nous dirons indistinctement *enté, nébulé* ou *nuagé.* »
[2] En thèse générale, le *langué* pourrait être compris dans le *becqué,* et l'*armé* dans le *membré.* J'ai cru pourtant dans le doute devoir suivre servilement le texte « rostro et cruribus cœruleis » d'Imhof. Son dessin ne pouvait trancher la difficulté.
[3] On trouve ailleurs WERDENBERG et d'argent au gonfanon de sable orné et frangé d'or *(Zurich. Wappenr.).* — *Voir* note du folio suivant.

38

Nous ajouterons après cet exemple que Spener a eu tort de restreindre cette ligne à la division des écus : ici elle divise une pièce de l'écu.

Pour ce qui concerne le Blason de notre France et de tous les pays où l'on tient à la précision, il est vrai que ces noms *nébulé, nébuleux, nuageux* sont de pure convention, mais nous nous trouvons en face d'un fait accompli. Devant des formes aussi dissemblables, il me semble nécessaire d'essayer de ramener à des lignes déjà connues, ce qui devrait se faire dorénavant.

Nous laissons donc à *nébulé* la forme donnée par Palliot. — *Voir* au n° 469.

Pour nous la bordure de Furstemberg (471) est *nébulée d'argent et d'azur* [1].

Nous laissons à *nuagé* la forme de Palliot que j'ai reproduite en 469 bis.

Quant à la figure 470, ce n'est point un *nébulé* comme le dit Menestrier, mais un *ondé-enté* vulgaire, soit pour nous un *enté* simplement, que nous blasonnerons *coupé enté d'une pièce et deux demies d'argent sur gueules*, comme nous le voyons, car probablement il faudrait dessiner comme au n° 304. — *Voir* Lignes de bordure, Enté, Ondé.

Nous repoussons avec l'empressement qu'elle mérite, la proposition par laquelle Palliot termine son article *nébulé*, à propos du blason de Blumeneck. Voici ses termes : « D'azur à trois Fasces d'argent « Nébulées. Remarqués que quand la couleur ou le métal de la pièce est nommée devant le Nébulé, « cela signifie que la Bande ou Fasce est formée à l'ordinaire et que sur icelle sont marqués seulement « les traits du Nébulé. » Cela ressemble à une plaisanterie. Dans un cas semblable, pour ne pas jouer misérablement sur les mots, on dira *fasces ombrées ou tracées en traits de nébulé*.

Le qualificatif de disposition mis avant ou après l'indication de l'émail, ne peut faire changer un sens qui se rapporte uniquement au substantif qualifié et non à cet émail.

Si je dis une jument alezane cabrée, c'est bien comme si je disais une jument cabrée alezane. Pas du tout ! Selon Palliot, dans le premier cas, il faudrait la former à l'ordinaire, c'est-à-dire *passante* et sur icelle marquer seulement les traits de *cabré* ! !

NEF ou NAVIRE. — Les termes qui lui sont consacrés sont *équipé* ou *habillé* (d'autres disent *frété*) pour exprimer si les voiles et les agrès sont d'un émail différent ; s'ils sont du même émail que le corps de la nef ou navire, il est inutile de le dire.

Paris (la ville de), (472) : p. *de gueules à la nef d'argent flottant sur des ondes de même mouvantes en pointe, au chef de France ancien.* Inutile de dire que le chef est *cousu*. — *Voir* CE MOT.

Je reproduis l'excellente forme de la nef donnée par Viollet-le-Duc (*Diction. raisonné de l'Architecture française*). On ne saurait donner une figure plus élégante et vraiment héraldique.

472

[1] Dans la *Zuricher Wappenrolle* (de 1280 à 1320) ce blason est représenté sans l'écusson en cœur, d'adjonction postérieure. La bordure est figurée *entée*; ligne de bordure correspondant à celles des figures 304, 305, 306.

NÉFLIER (FLEUR DE). — *Voir* QUINTEFEUILLE.

NELLE, NILLE. — *Voir* ANILLE.

NERVÉ. — Qualificatif pour les feuilles lorsque les fibres sont peintes d'un autre émail. Je trouve dans un vieux manuscrit : ARMA ILLORUM DE FASIOLIS, probablement FASOLI, (473) : p. *de gueules au phaseolus au naturel* (pour ne pas dire *de sinople*, ce qui ferait couleur sur couleur) *fruité, arraché et nervé d'or.*

CCCIX. — Je reproduis la figure de mon vieux manuscrit. Le *nervé* doit être intentionnel dans cet exemple. Il ne faudrait pas appeler *nervée* une feuille sur laquelle, pour éviter la platitude, on remarquerait quelques traits d'ombre.

NIMBE. — Cercle d'or que l'on mettait anciennement et bien avant la couronne impériale ou diadème sur l'aigle de l'Empire. On le représentait quelquefois plein, la tête étant

473

posée par-dessus; c'est, je crois, le type le plus ancien ; d'autres fois, comme un simple annelet entourant la tête ou les têtes ou bien encore comme un demi-annelet posé sur la tête (ou la double tête) simulant un diadème. — *Voir* DIADÉMÉ.

NOBLEMIE (FLEUR DE). — *Voir* MYOSOTIS.

NOBLESSE. — Ce sujet a été traité par trop de penseurs pour que j'essaie de l'approfondir ici. J'ai pourtant des idées très arrêtées sur la noblesse et en peu de mots les voici.

La vérité philosophique n'est pas du côté des détracteurs qui hurlent avec les loups ou qui jugent, d'après de tristes exceptions, là où il faut examiner de haut une thèse générale et nécessaire.

Une longue transmission de qualités élevées concourt certainement — le milieu et les habitudes de famille aidant — à assurer ces qualités dans les descendants. Elle ne paraît même pas inutile, dans bien des cas, à l'homme de génie, malgré les caractères individuels qui le séparent de la foule. Le nier, soit dans l'ordre psychologique, soit dans l'ordre matériel, ce serait nier l'évidence démontrée par l'aptitude des races et l'utilité de l'éducation. L'éducation n'étant autre chose que la formation d'une intelligence dans un moule donné, celle-ci subira bien plus facilement les influences de l'exemple et de l'autorité, si de nobles tendances lui ont été léguées héréditairement, si une position

faite d'avance lui permet de consacrer à s'instruire, à fréquenter les sommités sociales
de tout genre, le temps qu'un Fabert serait contraint d'arracher aux nécessités de la
vie.

Comme tous les hommes descendent d'Adam, tous les chevaux proviennent d'un type
unique ; mais depuis des siècles, certaines races de chevaux ont été appliquées aux gros
services de force, d'autres à la course rapide. Prenez un percheron et un pur sang du
même âge, dressez-les à franchir les haies, à dépasser la tempête en vitesse. Sauf
exceptions, — les phénomènes — avec lequel des deux obtiendrez-vous plus facilement
le résultat désiré ? Aux yeux du philosophe, le percheron ne vaudra pas moins que le pur
sang; non certes! il sera même meilleur pour le service auquel sa nature, préparée par
une longue sélection l'appelle, mais non pour la course.

Je suis bien loin pourtant de vouloir faire une caste fermée de la noblesse de race,
elle serait rapidement éteinte, si le mérite — le grand *ennoblisseur* [1] — ne venait pas y
infuser une énergie nouvelle. Toute illustration de cœur et d'esprit, tout génie qui se
révèle, tous ceux que Dieu destine à être des conducteurs d'hommes, doivent trouver
des institutions politiques assez sages pour les mettre de droit à la tête de la nation, dans
les rangs de la noblesse héréditaire.

Aristocratie ou noblesse, c'est donc la même chose, car devant le résultat final, il
faut confondre la cause avec l'effet; elle se perpétuera, Dieu aidant, par voie héréditaire.
Il est donc souverainement illogique de ne pas admettre en première ligne les familles
chez lesquelles cette cause se transforme en effet depuis des siècles.

Les sociétés humaines, sans s'en rendre compte, consacreront ainsi l'ordre provi-
dentiel qui les soumet à ceux qui ont ou se sont fait un nom.

La noblesse entendue de cette manière, — c'est la vraie et la bonne — loin de blesser
les sentiments égalitaires, en quintessencie tout ce qui est admissible. Chaque homme
pouvant la conquérir, il ne s'agit que de s'en rendre digne, tout comme le dernier
fantassin a dans sa giberne le bâton de Maréchal de France. Bien peu d'hommes arrivent
à mériter ce glorieux bâton; mais n'en déplaise aux myopes, la foule est faite pour obéir
et non pour commander.

Ainsi, les oreilles du roi Midas s'adaptent merveilleusement à celui qui méprise le
sang bleu, bleu par droit de naissance ou de légitime conquête. Du mépris à la suppression il n'y a qu'un pas. Une nation sans aristocratie, celle de naissance en premier lieu,
est condamnée à mort. Une immense démocratie soumise au niveau égalitaire de la
bêtise humaine, ne saurait tolérer l'apparition d'un grand homme. Ce serait un aristocrate
— peut-être le fils d'un savetier — dont la tête devrait subir le sort des pavots de
Tarquin pour ne pas humilier la foule qu'elle dépasse. Confier le sort d'une nation au
suffrage universel d'un peuple de nullités, c'est amonceler des zéros qui seront le jouet
du monde, tant qu'un chiffre les précédant — un aristocrate quelconque — ne leur
donnera la valeur d'une armée avec un chef digne de la commander.

Ces oreilles du roi Midas vont également bien à celui qui, croyant de droit divin son

---

[1] *Voir* ENNOBLIR.

sang bleu plus fibriné que le sang vulgairement rouge, se jugerait dispensé d'en fournir des preuves, à celui qui oublierait que « noblesse oblige. » Pour prouver la couleur de son sang, il faut prier Dieu qu'il vous fournisse l'occasion de le répandre largement. Pour ces nobles de convention, — s'il en existe pourtant — ils ne doivent pas oublier, après tout, que pour la patrie bien mieux vaut :

« Un grand nom qui surgit qu'un grand nom qui s'éteint. »

NOM PATRONYMIQUE. — Est le nom propre à une famille, celui sous lequel, depuis une époque reculée, ont été dénommés les descendants d'une même souche, en ligne directe.

Les hommes se sont primitivement distingués l'un de l'autre par un nom de baptême (prénom), par une appellation tirée d'un défaut corporel, d'une qualité, d'un sobriquet ; les plus puissants feudataires s'appelaient le seigneur Guy, le comte Humbert, le roi Charles, etc. Ce n'est que du XIe au XIIe siècle que les noms se transmirent de père en fils héréditairement.

Ils ont été pris très souvent dans les catégories ci-dessus ou se modifiant dans cet ordre d'idées [1].

D'autres familles n'ont jamais eu, ou bien on ne leur connaît pas de nom patronymique proprement dit. Quand les noms ont commencé à passer de père en fils, elles n'ont eu pour se distinguer que le nom du fief ou de la terre qu'elles possédaient.

Quand ces fiefs changeaient de propriétaires, ceux-ci en gardaient forcément le nom, puisqu'ils n'en avaient point d'autre. Les nouveaux propriétaires en prenaient le nom, en abandonnant parfois le leur ; à leur tour, il s'éteignaient ou se dessaisissaient de la terre qui décorait de son nom toutes les familles par lesquelles elle passait.

Supposons le cas suivant, il s'est certainement présenté : Jacques de Hautmont, possesseur de la moitié du fief de Hautmont, ne laissa qu'une fille mariée à Antoine Le Tortu ; possédant du chef de sa femme une part du fief, il en prit le nom, sa descendance laissa tomber le nom de Le Tortu.

Jacques avait trois frères ; deux d'entre eux firent branche. L'un ayant, par distraction sans doute, commis un crime de lèse-majesté, eut la tête tranchée ; le prince confisqua

---

[1] Voici deux exemples de formation de noms patronymiques. Une famille noble et ancienne s'appelait depuis quelques générations simplement *Vuagnard*, sobriquet probablement tiré du vieux mot *vuagnâ* (semer) ; elle fit bâtir un château, ou avait une propriété sur une montagne qui fut dite *mont de Vuagnard*, d'où le nom de *Montvuagnard* devenu patronymique.

Je trouve un homme de condition libre, qui, peut-être à cause de la couleur de ses cheveux ou de son teint, est nommé simplement *Ros, Rosseti* ou *Ruffi*. Son fils s'appelle *Peronet Rosseti* ou *Ruffi*. Il possédait des biens à Greysié d'où il était et les augmenta par un mariage avec une fille noble et des acquisitions faites des puissants seigneurs de Greysié près Féterne. Peu après on le trouve qualifié, d'abord de *Peronet Rosset, de Greysié* ; puis de *Peronet Rosset alias de Greysié* ; enfin de Nᵉ *Peronet Rosset de Greysié*, puis simplement de Nᵉ *Peronet de Greysié* nom qu'il transmit à son fils qui paraît être mort sans descendance.

Sans la prudence méticuleuse que doit avoir tout généalogiste, j'aurais pu être tenté de faire de ce Peronet un membre de la famille de Greysié.

sa part de fief de Hautmont et l'inféoda à son favori Arthur de Rodilard, qui ajouta d'abord au sien le nom de Hautmont, puis laissa tomber le Rodilard.

Un second frère fit une branche finie en quenouille; une fille apporta sa part du fief de Hautmont à Erchinoald Simplet, son mari, qui, à son tour, porta le nom de Hautmont.

Enfin un autre frère continua la famille.

Deux cents ans après l'on trouve quatre familles portant toutes le nom de Hautmont, possédant toutes une part du fief de Hautmont.

Ce n'est pas tout, une famille libre possessionnée et habituée depuis longtemps à Haut-mont, a fini par être désignée sous le nom de la localité d'où elle était et fut anoblie plus tard. Si bien que cinq familles revendiquent le nom de Hautmont. Cette confusion est inextricable, d'autant plus qu'un hasard malencontreux fait souvent disparaître précisément les actes qui expliqueraient cette multiplication.

L'histoire nous apprend qu'un *Hautmont* gagna une célèbre bataille. Est-ce un véritable *Hautmont,* un *Simplet,* un *Rodilard,* un *Le Tortu,* un *Hautmont* de la cinquième manière? On trouve un sceau de ce vainqueur, il n'avait apparemment qu'une brisure d'altération d'émaux, cela n'apprend rien. Une brisure plus caractérisée ne trancherait pas ce diffé-rend, car dans l'incertitude de l'origine de ces noms, il serait difficile de savoir si ce blason prétendu brisé n'était pas le véritable.

Le nom de terre porté de préférence en guise de patronymique est, comme le funeste usage des brisures, une source perpétuelle d'embarras pour les généalogistes. « C'est un « vilain usage » dit Montaigne « et de très mauvaise conséquence en nostre France [1] « d'appeler chascun par le nom de sa terre et seigneurie et la chose du monde qui faict « plus mesler et mescognoitre les races. Un cadet de bonne maison ayant eu pour son « appanage une terre, sous le nom de laquelle il a esté cogneu et honoré ne peult hon-« nestement l'abandonner; dix ans aprez sa mort, la terre s'en va à un estranger qui « en faict de mesme; devinez où nous sommes de la cognoissance de ces hommes? »

L'usage a pourtant toujours admis que l'on portât le nom de sa terre, même quand ce nom est le seul que puisse porter la famille qui l'a vendue. L'usage est roi, comme les rois de la légende absolue, sans rime ni raison. Il serait donc inutile de s'élever contre un usage invétéré depuis des siècles! Dans le cas présent, la prescription se moque de la proscription. Il faut se borner à le regretter.

Quelle que soit la petite apparence d'un nom patronymique, il ne faut pas s'en inquié-ter, mais songer à ce qu'il voulait dire et à l'effet qu'il pouvait produire il y a cinq ou six cents ans. C'est folie de croire que « la fierté et magnificence des noms... Grumedan, « Quedragan, Agesilan » puissent indiquer qu'ils aient « esté bien aultres gens que « Pierre, Guillot et Michel. »

NOMBRE. — *Voir* Pièces en nombre.

---

[1] Ce n'est pas seulement en France.

NOMBRIL. — Suivant la distribution repoussée des points de Palliot *(Voir* FIGURE 292), on appellerait ainsi le point F.

NOUÉ. — Nous avons déjà parlé de la queue *nouée* ou non, du lion de LUXEMBOURG dans la remarque CCXXXIX. On dira *nouée,* la queue d'un serpent, ou une écharpe dont les plis forment un nœud véritable. Pour toute autre acception, nous dirons *noueux,* car *noué* implique forcément l'idée d'un *nœud* formé par la figure à blasonner.

NOUEUX. — Si ce n'est l'*écoté,* c'est son frère. — *Voir* ÉCOTÉ. — Palliot et Menestrier blasonnent *nouées* des fasces; c'est déjà bien assez de les dire *noueuses* puisqu'elles n'ont ni nœuds d'enlacement, ni nodosités, mais un renflement rond au milieu. Voici la figure qu'ils en donnent : CHESNEL, (474) : p. *d'argent à deux fasces nouées de gueules.*

474

CCCX. — Menestrier appelle *noueuse* une croix identique, comme disposition, à ce qu'il appelle *écoté* pour une bande. Palliot du moins ne dit rien de l'*écoté.* J'ose proposer une autre description pour la figure 474 que Palliot et Menestrier appellent *nouée : fasce s'arrondissant en cœur,* ne prêterait pas à l'amphibologie. Pour moi une fasce *nouée* sera comme en A, et une fasce *noueuse* sera tout bonnement *écotée.*

A

NOURRI. — *Voir* PIED NOURRI OU COUPÉ.

NUAGE. — *Voir* NÉBULÉ et LIGNES DE BORDURE.

ŒIL DE FAUCON.— Certains armoristes appellent ainsi les tourteaux de sable remplis d'argent de la maison de Bais.

L'œil d'un animal peut être *allumé* ou *animé*. — *Voir* ces mots. — On trouve aussi l'*œil* ou les *yeux humains* figurant dans quelques blasons.

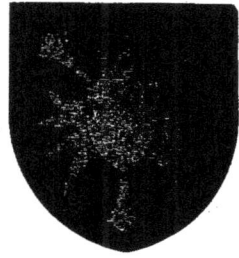

475

ŒILLET. — Cette fleur n'a rien de particulier qui doive attirer l'attention. Je ne l'inscris ici que pour donner la figure du blason de Holsace, (475) : p. *de gueules à trois œillets mis en pairle et trois feuilles d'orties, le tout d'argent mouvant d'un écusson de même.*

CCCXI. — Palliot donne sa figure à la française. Les vieux hérauts d'armes allemands dessinent cette figure comme dessus : il est bon de savoir que cela représente des œillets et des feuilles d'ortie ; ce quartier figure en écart chez plusieurs familles princières d'Allemagne. Je dois dire que suivant d'autres héraldistes, au lieu d'œillets, ce sont des feuilles d'œillet, suivant d'autres des clous de la Passion. Ce sont bien plutôt des clous que des feuilles ou des fleurs qui représente la figure 475. Menestrier blasonne de gueules à une feuille d'ortie ouverte ou étendue d'argent ; quoique sa figure les mette, il ne dit mot ni de l'écusson ni des clous. — *Voir* à Croix cablée, n° 222, où l'on trouvera que le blason d'Holsace est donné aussi avec l'écusson central *coupé d'argent et de gueules.*

OGOESSE. — C'est le nom du tourteau de sable ; fort peu employé.

OISEAUX. — Tous les volatiles de l'arche de Noé figurent ou peuvent figurer dans les armoiries.

L'oiseau peut être de tout émail, seul ou en nombre, accompagnant ou accompagné, chargé ou chargeant.

La position ordinaire de l'oiseau que l'on n'exprime pas est d'être posé sur deux pieds. Toute autre situation, toute disposition, toute action doivent être exprimées. Il est inutile de faire d'un dictionnaire de Blason, un dictionnaire d'Ornithologie. Les oiseaux ayant ou des termes particuliers ou une position spéciale, sont inscrits en leur ordre alphabétique.

Les principaux termes dont on se sert pour blasonner les oiseaux sont : *essorant, le vol abaissé, éployé, volant, tête, membre, membré, becqué, langué, immortalité, piété, vigilance, vol, demi-vol, etc.*

Dans un oiseau on peut blasonner : son espèce, l'*émail*, la *situation*, la *disposition*, son bec, ses membres, ses griffes, sa langue, ses yeux, sa crête, sa gorge, sa queue, etc.

CCCXII. — Sauf les oiseaux héraldiques tels que l'*aigle*, l'*alérion*, la *merlette*, le *phénix* et le *pélican*, les autres gardent leur forme particulière ; aussi tant qu'on le peut il faut en blasonner l'espèce. Mais cela étant fort difficile, à cause de l'interprétation de peintres peu experts, il faut chercher au moins les caractères tranchés du genre, par exemple, si l'on croit voir un oiseau de proie, un échassier ou un palmipède. Autrement, à moins de très fortes présomptions, il vaut mieux se borner à dire simplement *oiseau* (*Voir* INDUCTIONS).

OMBRE. — Tout corps exposé au soleil projette une ombre ; mais dans le Blason, le soleil lui-même devient ombre ; c'est ce que les savants appellent *ombre de soleil*, c'est-à-dire — comprenez bien — un soleil figuré par des « traits légers, minces et déliés, tirés « néanmoins et tracés suivant la forme du corps dont on entend qu'elle l'ombre, « si bien que l'on voit à travers les émaux, les vraies figures qu'elle charge, etc. »

Suivant d'autres qui cherchent un peu de probabilité, *l'ombre de soleil* serait un soleil représenté sans les traits de la figure humaine dont on l'orne d'habitude (*Voir* FIGURÉ).

Selon d'autres, ce serait un soleil d'un autre émail que l'or.

Selon Vulson c'est à tort que l'on blasonne les quatre ombres de soleil qui cantonnent sur champ d'or la croix d'azur de « HURAUT-CHIVERNY, *ombres de soleil de gueules*. « Les ombres » dit-il « n'ont aucune couleur de celles qui entrent dans les armes, mais « seulement une couleur enfumée (et transparente). Quelques autres les ont nommez « rays de soleil, les curieux choisiront le terme qui leur semblera le plus propre. » Il résulterait de ceci que l'*ombre de soleil* ne pourrait figurer que peinte. — On cite aussi des *ombres de lion*, des *ombres de croix*.

CCCXIII. — Les traités de Blason, se modelant l'un sur l'autre, parlent gravement de *l'ombre de soleil*, de *l'ombre de lion*. Pour mon compte, je ne suivrai pas leurs errements. Je n'ai jamais trouvé d'ombre de soleil dans un blason ancien pour laquelle on puisse établir authentiquement qu'elle ne provient pas d'une mauvaise interprétation.

Il est bien difficile de figurer un soleil d'azur ou de gueules et de voir à travers, les pièces qu'il charge. Les exemples que donne Palliot sont une preuve lumineuse que cette prétendue ombre est tout simplement un soleil. Faut-il, avec Vulson, le faire « en couleur enfumée » ? Mais comment le représenterons-nous en gravure ? Et pourquoi Vulson ne met-il pas cette couleur parmi les émaux du Blason ?

On trouve souvent dans les manuscrits, des blasons coloriés dont les couleurs ont pâli, ou sont à moitié effacées. Les anciens peintres mettaient généralement leurs couleurs, par juxtaposition, sur une espèce de gouache ; les couleurs s'écaillent ou disparaissent par le frottement, on voit comme une *ombre* de la figure devenue fruste. C'est fort probablement l'explication du phénomène.

Dans ce même ordre d'idées, il faudrait blasonner *ombre d'écu*, l'écu en saillie effacé sur un vieux sceau en cire ! !

En supposant même un blason authentique postérieur à l'époque où cette ombre parasite aurait été reçue au banquet héraldique, je ne vois pas quel tort je lui ferai en blasonnant *soleil* ce qu'un autre blasonnera *ombre de soleil*. Je trouve, par exemple, que les Dreux-Brézé portent *d'azur au chevron d'or accompagné en chef de deux roses d'argent et en pointe d'une ombre de soleil d'or*. Suivant plusieurs autres héraldistes c'est un *soleil d'or*. On ne pourra jamais s'entendre, par la très simple raison qu'il n'y a point de caractères déterminés pour blasonner et figurer *l'ombre de soleil*.

Je me refuse donc à lâcher la proie pour courir après l'ombre. Pour ceux qui voudraient faire autrement :

> « Au chien dont parle Ésope il faut les renvoyer. »

OMBRÉ. — *Voir* ARRONDI, TRACÉ et ÉCAILLÉ. Se dit de quelques traits destinés à donner du relief aux figures.

CCCXIV. — Terme de luxe, dans ce sens.

A propos de l'*ombré*, une question est à examiner. Doit-on, par exemple, représenter un lion comme une surface absolument plate, ou bien peut-on donner quelques traits d'ombre, marquant la crinière, etc. donnant un peu de modelé au corps ?

En thèse générale toute pièce sur un écu fait ombre ; un lion, par exemple, fait relief et doit avoir une ombre portée du côté opposé à la lumière. Palliot dit que l'ombre « ne se pratique point regulièrement « és Armoiries, ou il suffit de répresenter avec un simple trait de burin, de plume ou de pinceau, les « pièces qui servent de blason ausquelles puis apres l'ouvrier donne les esmaux de la maison. Il n'y a « que les Cigales, les Papillons et quelques Poissons en certains endroits et de là ils sont qualifiés om- « brées comme parfois les terrasses. » Or, notez que dans l'innombrable quantité de blasons donnés par Palliot, les figures honorables même ont une ombre portée, et que toutes les pièces figurées d'animaux, de fleurs, de fruits sont *ombrées* sans qu'il le blasonne.

CCCXV. — Les figures héraldiques se sont faites avec des étoffes : ainsi l'on découpait un lion dans du drap rouge, par exemple ; on le cousait sur du drap blanc, mais le lion faisait saillie, il avait une ombre portée.

Elles se sont faites avec des émaux vitrifiés. Tous les anciens émaux ont des ombres ou étaient sertis dans des alvéoles de métal visible simulant l'ombre.

Elles ont été sculptées sur pierre et sur bois ; leur relief et le modelé donnent forcément des ombres.

Elles ont été peintes le plus souvent. J'avoue que dans quelques anciens manuscrits ces figures n'ont point d'ombre, surtout quand les armoiries sont de petite dimension ; d'autres manuscrits sont ombrés. D'ailleurs même les peintres *plats* marquent l'œil d'un animal par exemple, ce qui est une ombre.

En coloriant ou en gravant au trait un blason, on doit donner une ombre portée pour séparer un émail de l'autre, une fasce ou deux bandes, etc., du champ. Dans un animal, il faut marquer l'œil, relever le corps même de quelques traits à la crinière, à la jonction des membres dans les parties fuyantes, etc. S'il en était autrement, pour les centaines d'exemples où le lion est armé d'un autre émail, il faudrait dire *ombré armé;* pour un cheval *ombré animé*, etc. Si les émaux n'étaient pas séparés par un trait d'ombre, comment distinguerait-on les pièces qui chargent de celles qui sont chargées, en partie du même émail, ce qui arrive souvent ?

Sans doute, il ne faut pas que les ombres puissent engendrer l'équivoque sur une couleur, pour éviter l'équivoque entre des figures non séparées. Évitons l'équivoque, mais *sub tegmine;* c'est une affaire de tact et de goût.

ONDE. — Imitation des vagues par quelques traits ondés. — *Voir* FIGURES 472 et 578.

ONDÉ, ONDULÉ. — Qualificatif pour les figures honorables dont la ligne est en forme d'onde légère. GRENAUD, (476): p. *de gueules à deux bandes ondées d'argent, au*

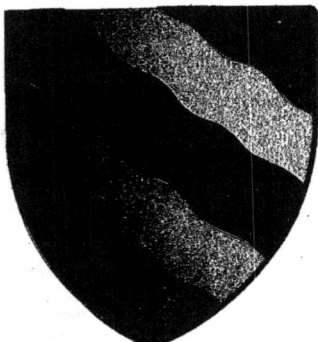

476

477

croissant de même en pointe. TOULONGEON, (477) : p. *de gueules à trois fasces ondées d'or,* selon d'autres, *de gueules à trois fasces jumelles* (sic) *d'argent,* ou *de gueules à trois fasces ondées d'argent.*

CCCXVI. Nous avons déjà parlé de *l'ondé*, à *enté*, à *lignes de bordure* et à *nébulé*. Cette ligne mobile comme l'onde, est très diversement interprétée. Rappelons ici, en présence du véritable ondé, qu'il se modifie en *ondé enté*, en *ondé enté nébulé*, en *ondé nuagé*, en *ondé en queue d'aronde*. — *Voir* LIGNES DE BORDURE et CES MOTS, et REMARQUE CCCXXV.

ONGLÉ. — Qualificatif pour l'ongle des pieds fourchus des quadrupèdes ruminants, quand il est d'un autre émail : taureau, licorne, vache, bouc, chèvre, cerf, etc. — *Voir* MARCHÉ.

OPPOSÉ. — Terme de luxe. — *Voir* SINGULIERS BLASONS, REMARQUE CDX. Selon Palliot « quand sur une pièce coupée il y a deux pointes qui regardent l'une le haut et « chef de l'escu et l'autre la pointe et bas d'iceluy, l'on dit que ces pointes sont « opposées, c'est-à-dire posées au contraire l'une de l'autre ; se dit autrement Chappé, « et Chaussé. »
Dans ce sens, le mot *opposées* ne peut avoir que l'interprétation littérale. — *Voir* LUNELS.

OR. — Le premier des métaux du Blason. Il est « entre les métaux ce que le soleil « est entre les astres, aussi les chimistes luy baillent le nom de soleil. »

Il est avec l'argent et les couleurs du Blason, compris sous le nom générique d'*émaux*.

Les anciens héraldistes le marquaient d'un A, les Allemands d'un G (gelb). — *Voir* MÉTAUX. — La pratique universelle représente l'or : en gravure par un pointillé, en peinture par de l'or ou du jaune.

Palliot cite le royaume d'Aragon et Jean de Menessez, capitaine espagnol, qui portaient d'*or* plein.

CCCXVII. — Au f° 36 il a été question de la superbe dorure et argenture des anciens manuscrits. Voici un procédé qui, paraît-il, donne de très bons résultats; procédé trouvé par le florentin Pierre Ciotti, dont il a dévoilé le secret en mourant, et que le gouvernement Grand-Ducal a livré au public [1]. Le mordant se compose ainsi, par deux opérations :

Gypse des doreurs	34
Sucre cristallisé	12
Vermillon (sulf. de merc. pur)	6
Bol d'Arménie	3
Plombagine (carbure de fer)	2
Miel	1
Sel ammoniac (muriate d'ammon.)	1

Porphyriser longuement les deux premières substances séparément, puis les cinq autres, en additionnant quelques gouttes d'eau. Puis les porphyriser encore intimément réunies; laissez sécher; conservez en poudre pour le mélanger avec le liquide dont voici la recette :

Dans 4 onces 18 den. (123 gr.) d'eau pure, faire fondre 12 den. (15 gr. 372) de sucre cristallisé, 12 den. (15 gr. 372) de gomme arabique pure, 2 den. (2 gr. 562) de miel, 2 den. (2 gr. 562) de suc ou lait de figuier. Filtrer et ajouter à la solution suivante. Dans une livre (369 gr.) d'eau faire fondre 8 den. de colle de poisson, laisser bouillir jusqu'à réduction de moitié en y ajoutant pendant le bouillon 2 den. de sel ammoniac pulvérisé.

Pour avoir votre mordant, prenez de la poudre ci-dessus, *quantum sufficit*, l'étendre sur un petit plat et la recouvrir avec le liquide. Agiter fortement dans un vase en verre ou porcelaine; laisser reposer pendant quarante-huit heures. Il se détermine une fermentation qui se renouvelle souvent trois ou quatre fois ; la matière gonfle si bien qu'il faut avoir soin d'employer un vase d'une dimension convenable.

La fermentation terminée, il se forme un dépôt *qui est le mordant ;* au-dessus surnage une espèce d'huile jaunâtre que l'on décante et garde dans une fiole fermée, pour donner au mordant la fluidité nécessaire à l'emploi auquel on le destine. S'il s'agit de lignes ténues, le mordant aura la fluidité de l'encre; il sera plus épais s'il s'agit de grandes lettres; comme il est nécessaire que malgré son épaisseur la préparation s'étende également et rapidement, on y ajoutera une goutte de fiel.

Avant de tremper son pinceau ou sa plume dans le mordant, il faudra bien le délayer avec une spatule. La dessiccation se fait assez lentement; ne pas attendre qu'elle soit complète. Quand il commence à perdre généralement son aspect luisant, c'est le bon moment; achevez de ternir avec votre haleine et appliquez la feuille d'or en la tamponnant convenablement; juxtaposez une seconde feuille

[1] J'en dois la connaissance à l'amabilité du Comte de Saint-Martin-d'Aglié.

pour cacher tout défaut et donner du corps au métal. M. Ciotti obtenait ainsi une dorure durable, flexible même sur le papier et le parchemin, non inférieure à celle des anciens manuscrits.

Ce procédé est remarquable sans doute, mais il est fort compliqué. Il est possible de le simplifier beaucoup, en perfectionnant, par exemple, le procédé énoncé sommairement à la REM. LI.

ORDRES. — Il faudrait un traité spécial — et il en existe — pour la description, l'historique et les figures des ordres chevaleresques. Pour le but de mon ouvrage, il suffira de dire que les colliers et les croix sont de très beaux ornements d'un écu, quand ces insignes sont mérités, ce qui est toujours entendu.

On entoure l'écu du collier ou du ruban de son Ordre; les commandeurs et dans certains Ordres les chevaliers mettaient leur écu brochant sur la croix, d'autres la pendent à leur écu.

Les chevaliers de MALTE ajoutaient à leurs armes un chef de la Religion (*Voir* CHEF) et — ainsi que ceux d'autres Ordres sur la leur — mettaient leur écu sur la croix à huit pointes. Les commandeurs y ajoutaient une épée en pal; les prieurs et les baillis un chapelet; le grand-maître écartelait ses armes sur celles de l'ordre et sommait le tout d'une couronne de prince.

OREILLÉ. — Se dit pour le dauphin et les coquilles. — *Voir* CES MOTS.

ORIGINES. — Il a été de mode de tout temps, mais particulièrement depuis le XVIe siècle, de découvrir la raison précise pour laquelle une famille porte un lion dans ses armes et non un aigle, un pal d'azur plutôt qu'un pal de gueules. Chacun de ces bons auteurs donne naturellement comme une certitude le conte de son invention.

Doué de peu d'imagination, en matière historique surtout, je me demande pourquoi on n'a jamais pu s'entendre sur l'origine des armes des plus illustres races royales. D'où viennent les fleurs de lis de FRANCE, la croix de SAVOIE, la fasce d'AUTRICHE, les léopards d'ANGLETERRE? Quel auteur moderne sérieux oserait, pour leur origine précise, citer autre chose que des conjectures ?

Sauf pour les armes parlantes, les blasons de concession, ceux des familles anoblies et quelques rares exceptions, on peut hardiment conclure que c'est perdre son temps à faire de semblables explorations au pays d'Utopie.

Beaucoup de familles, même ordinaires, enjambant les siècles à la suite de généalogistes d'aventure, se laissent donner une origine fabuleuse. Les plus modérées se bornent aux consuls romains et aux chevaliers de la Table-Ronde, mais d'autres n'hésitent pas à accepter pour aïeul direct un héros mythologique ou un personnage très célèbre dont l'histoire n'a pas toujours conservé mention — parce qu'il aurait vécu cinq ou six cents ans avant N.-S. J.-C. — Les jeunes entendent raconter aux vieux ces fables glorieuses : ils finissent par les croire de la meilleure foi du monde et trouvent très malséant que l'on ose plaisanter ou révoquer en doute d'aussi nobles sujets.

Il est bon de le répéter. Tout blason prétendu bien antérieur au XIIIe siècle sera imaginaire ou non authentiquement prouvé, quatre-vingt-dix-neuf fois sur cent. Admettons-le comme bien réel, il faudrait encore prouver qu'il était héréditaire; en tout cas, discuter pourquoi il est ainsi et non autrement, c'est chercher trop souvent midi à quatorze heures.

Les noms de famille se sont transmis héréditairement au plus tôt vers la fin du XIIe siècle. Quelques maisons, fort rares, peuvent remonter beaucoup plus haut; ainsi la maison de FRANCE, la plus ancienne qui existe authentiquement. Mais elle n'a pris le nom patronymique de BOURBON que depuis Robert, fils de saint Louis. D'autres familles avaient un nom patronymique du temps de Louis IX, mais elles remonteront difficilement bien plus haut, j'entends par titres irréfutables, et le plus souvent, dans ce cas, ce sera uniquement grâce à des circonstances spéciales, notamment le voisinage d'un monastère dont les Cartulaires ont conservé le nom des libéralités des seigneurs.

Reste la légende ! Souvent elle est évidemment fausse, mais elle flatte et on la garde sans compter qu'elle sert à dissimuler parfois une origine des plus vulgaires. « Plaisante « foy, qui ne croid ce qu'elle croid » dit Montaigne « que pour n'avoir pas le courage de « le descroire ! »

ORLE. — Une des figures héraldiques honorables du deuxième ordre.

Il a en moins que la *bordure*, la moitié de la largeur de cette dernière ; il diffère encore et bien plus sensiblement de la *bordure* en ceci que l'*orle* ne touche pas comme la *bordure* les bords de l'écu : il en est éloigné de toute sa largeur. Ainsi, avec sa largeur propre et celle qui le sépare des bords de l'écu, l'orle occupe dans l'écu la même place que la bordure, c'est-à-dire avec chacune de ses branches, la sixième partie de l'écu environ, en comptant sur la largeur du chef.

AINGEVILLE, (478) : p. *d'argent à l'orle de sable.*

On trouve dans quelques blasons deux, trois et même quatre orles; naturellement on les met l'un dans l'autre, en diminuant leur largeur en proportion. — *Voir* ESSONNIER, TRESCHEUR.

Étant donnée la définition de l'*orle*, c'est-à-dire une figure qui longe les bords de l'écu dans toutes ses sinuosités sans les toucher, on comprendra que l'orle en nombre ne peut figurer *deux et*

478

un, par exemple, c'est-à-dire deux en chef, un en pointe. Un héraldiste prétend que dans ce cas on appellerait les orles des *faux écus!* Je n'en connais pas d'exemples ; si j'en trouvais, je me garderais de les blasonner ainsi, pour ne pas admettre la fausse monnaie. Je blasonnerais *écussons* d'or, par exemple, *vidés* du champ, ou *remplis* de tel émail.

ORLE (EN). — Se dit de la position *relative* de huit pièces dans un écu carré, que l'on n'exprime pas autrement qu'en *orle;* c'est-à-dire que les huit pièces sont rangées en A, D, G, H, I, F, C, B, de la figure 293; une dans chaque point, sauf celui du cœur.

Cette expression que l'on peut appliquer aussi à un plus grand nombre de pièces, mises (dans le sens vulgaire du mot) aux bords de l'écu, sans les toucher, est très juste et répond parfaitement à l'idée de l'orle. CHEMILLY, (479) : p., selon Palliot, *d'or à l'orle de huit merlettes de gueules,* ou, *d'or à huit merlettes de gueules mises en orle.*

479

479 *bis.*

CCCXVIII. — La logique exige que nous repoussions ces deux variantes.

La première constitue une locution vicieuse, car on ne doit pas plus dire *orle de huit pièces* que l'on ne dit *un sautoir de cinq étoiles* ou un *chevron renversé de trois fleurs de lis,* pour les armes de France.

Quant à la seconde variante, il faut noter qu'elle comporte deux situations pour les merlettes : 1° elles sont dans l'orle de l'écu et cela correspond aux mots *en orle;* 2° l'adjonction *mises* ou *posées* implique qu'elles doivent se mettre *en orle, dans cet orle :* non seulement par rapport à elles-mêmes, mais par rapport à l'écu, c'est-à-dire s'infléchir sur les bords de l'écu, en suivant huit rayons répondant à son centre.

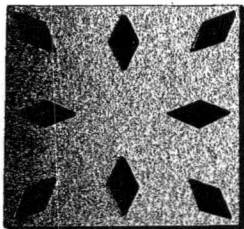

479 *ter.*

479 *quarto.*

La figure 479 *bis* nous montre *sur champ d'or huit fusées de gueules mises ou posées en orle.* La situation que j'y donne aux fusées est de *tolérance artistique* à cause de la forme allongée et triangulaire de l'écu. Dans un écu carré, il faudrait les représenter comme en 479 *ter (mises en orle),* tout comme en 479 *quarto* nous voyons *sur champ d'or huit merlettes de gueules mises en orle.*

Nous blasonnerons donc rigoureusement CHEMILLY : *d'or à huit merlettes de gueules en orle.* Comme, d'ailleurs, c'est la position *relative* de huit pièces dans un écu (*Voir* PIÈCES EN NOMBRE), on se dispensera de l'exprimer quand les règles logiques du Blason seront généralement suivies. Pour mon compte et pour devancer l'âge d'or, je blasonne dès à présent 479 : *d'or à huit merlettes de gueules,* et 479 *bis : d'or à huit fusées de gueules mises en orle.*

CCCXIX. — Encore quelques observations.

Vulson blasonne LUCZENBRUN, (480) : *parti de sable et d'argent à l'orle rond de l'un en l'autre.* Palliot blasonne ORLÉANS, (481) : *fascé d'argent et de sinople à l'orle de neuf annelets de gueules sur l'argent.* Ce sont deux monstrueuses hérésies, surtout la seconde !

Nous blasonnerons 480 : *parti de sable et d'argent à l'annelet parti de l'un à l'autre.* Nous ne saurions l'appeler *orle* — très relativement — que dans un seul cas, savoir, si nous le rencontrions dans un écu absolument rond. Mais comme toute figure doit garder son caractère propre, quelle que soit la forme de l'écu dans lequel on la place, il n'y a pas de doute que c'est un *annelet.*

Quant à 481, rien n'est aussi opposé à l'idée de l'orle que la situation de ces neuf annelets, trois par trois ; nous le blasonnerons donc : *fascé d'argent et de sinople ; chaque fascé d'argent chargé de trois annelets de gueules* et à tout péché miséricorde !

Un héraldiste blasonne FERRIÈRES en Limousin : *de gueules au pal d'argent accompagné de dix billettes de même en orle.* Il saute aux yeux qu'un pal ne peut être *accompagné en orle,* puisque, soit en chef soit en pointe, l'orle est forcément interrompu ; puisque cinq billettes par côté ne peuvent *orler* et le bord de l'écu et le pal, ce que demande la description. Il faut dire *accompagné* ou *accosté* (suivant la situation qu'il ne m'est pas donné de pouvoir deviner) de dix billettes en pal, ou autrement, (cinq billettes de chaque côté) ; ou bien blasonner : *de gueules au pal d'argent ; le champ chargé de dix billettes du second en orle.*

Nous aurons ainsi des descriptions précises.

480

481

ORNEMENTS. — Les *marques d'honneur,* les *ordres,* le *cimier,* la *couronne,* le *heaume,* les *lambrequins,* les *supports* ou *tenants,* la *devise,* le *cri,* sont des ornements, c'est-à-dire tout ce qui accompagne l'écu extérieurement. — *Voir* CES MOTS.

CCCXX. — Il ne faut pas attacher une trop grande importance aux pompeux ornements que l'on admire sur certains blasons ; très souvent « ce ne sont que festons, ce ne sont qu'astragales » créés par le caprice.

L'arrangement et la combinaison de ces ornements divers dépendent uniquement du goût du dessinateur. Ce goût, éclairé par une connaissance suffisante de l'art héraldique, lui fera comprendre quelles choses il n'est pas permis de changer, quelles dispositions sont laissées à son arbitre.

Supposez que l'on mette au concours la peinture de la mort de César ; les personnages historiques, les costumes, les armes, l'architecture, etc., sont des point fixes ; mais la physionomie, l'attitude des corps, la disposition des draperies, etc., relèvent uniquement de l'imagination du peintre.

Il en est de même pour les ornements extérieurs des blasons.

Sans me donner pour modèle, je cite comme exemple de ce qui est permis à un dessinateur, le blason n° 558. L'écu de PORTUGAL est supporté par deux dragons empoignant l'un une bannière aux armes de CASTILLE, l'autre une bannière aux armes de BRAGANCE. J'ai fait supporter ces deux bannières par un seul dragon couché au bas du manteau royal. C'est une fantaisie plus ou moins heureuse, mais dans l'esprit héraldique. Si j'avais mis un aigle au lieu d'un dragon, cela aurait été une hérésie.

Quelques dessinateurs mettent la couronne royale sur un heaume, d'autres la mettent directement sur l'écu. On peut également mettre ou non des lambrequins, leur donner telle ou telle forme. Mais l'on ne saurait faire sortir le heaume de la couronne et donner sans raisons, aux lambrequins, des couleurs autres que celles du blason.

Si une famille a un cimier bien connu, il n'appartient pas au dessinateur de le changer, quoique cela soit permis à tout porteur de *cimier* (*Voir* CE MOT). Dans le cas contraire, si un dessinateur voit un lion dans les armoiries, il peut le faire issir au-dessus du heaume, il peut prendre des lions pour supports ; mais si le lion de l'écu est d'azur, ces lions d'ornement devraient être aussi d'azur.

Que l'on me permette de citer encore la figure 154 ; toutes les pièces d'ornement sont historiques, mais la combinaison du cimier avec les devises et le corps de devise de Galéas VISCONTI est de pure fantaisie, héraldique pourtant, j'aime à le désirer.

L'imagination d'un dessinateur a ses coudées franches dans des limites de goût et de tact; dépasser ces justes limites ce serait transformer la liberté en licence désordonnée, l'art en ignorance.

ORTIE. — *Voir* ŒILLET.

OTELLE, ou OTTELLE, ou ATTELLE. — Figure « à fantaisie » dit Palliot, spéciale aux COMMINGES ou COMINGES. Voici comment on la re-présente, (482) : p. *de gueules à quatre otelles d'argent mises en sautoir.*

482   482 *bis.*

CCCXXI. — On a beaucoup discuté sur l'origine de cette fi-gure. Les uns y voient des amandes pelées et ils s'appuient, outre la ressemblance, sur la devise EN CROYANT NOUS AMANDONS ; les autres, des fers de lance, des blessures enflées, des pignons de toit, des colliers de cheval, etc. Je me garde bien de prendre un parti dans cette mêlée d'hypothèses. Pour ce qui concerne pourtant l'opinion — elle parait s'accréditer maintenant, car on trouve pour COMMINGES, 482 *bis: d'argent à la croix pattée de gueules* — que les otelles représentent une croix pattée dont on a peu à peu agrandi les bras de manière à ne laisser de vide dans l'écu que les otelles actuelles, je me demande comment la croix pattée des COMMINGES serait la seule à avoir subi cette transformation à la Darwin? Comment cette *croix,* si croix il y a, a pu devenir un *sautoir* fait avec quatre otelles ? Comment le *champ de gueules* s'est métamorphosé en *champ d'argent ?* Comment les otelles sont arrivées à point nommé pour aider la métamorphose ?

Après tout il est bien plus extraordinaire de faire descendre l'homme d'un orang-outang !

OURS. — Cet animal paraît toujours de profil, ne montrant qu'un œil. Il est représenté ou *passant,* ou *rampant,* que l'on appelle aussi *debout.* ORLIER, (483) : p. *d'or à l'ours de sable debout, langué et armé de gueules.*

CCCXXII. — Palliot fait une différence entre *debout* et *rampant,* purement théorique.

L'ours du canton et ville de BERNE est-il *passant* comme le voudrait la description ? N'en déplaise aux magnifiques seigneurs de Berne, pour que la description réponde à la figure très connue de leur blason, il faudrait dire de gueules à la bande d'or chargée d'un ours de sable armé et langué du champ, *passant* EN BANDE. Sans cette adjonction, fixant une situation anormale, l'ours est mal dessiné, mais tout aussi *rampant* que celui qui lui sert de support. Un animal *passant* dans une bande doit être figuré en barre par rapport à l'écu. — *Voir* REM. CII et POSITION.

Le type représenté dans la salle du Conseil des États au Palais fédéral de Berne, donne à la bande une importance dépassant de près du double la proportion universellement admise pour cette pièce; il faudrait créer pour elle le qualificatif *envahissant.*

Ce type est officiel; il faut s'incliner quoiqu'il ne soit pas logique.

J'aurais bien encore quelques remarques à faire sur les armoiries des vitraux de cette belle salle. Mais il faut vivre en paix avec ses voisins. — *Voir* les charmantes figures des armoiries des treize cantons avec leurs supports ou tenants dans Palliot, f°s 621, 622 et 623.

OUVERT. — Qualificatif pour les châteaux, tours, murs, dont la porte est d'un émail différent.

Se dit aussi de la grenade dont l'enveloppe est crevée.

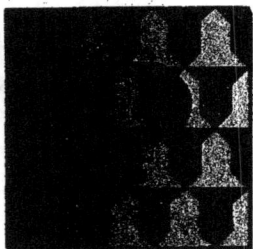

AILLÉ. — *Voir* DIAPRÉ.

PAIRLE. — Figure héraldique du deuxième ordre. Elle est faite en forme d'Y.

C'est le *Shakefork* des Anglais, chez lesquels il serait alésé dans sa *position*.

ISSOUDUN (la ville d'), (484) : p. *d'azur au pairle d'or accompagné de trois fleurs de lis de même.*

484

CCCXXIII. — Palliot ajoute *mal ordonnées* et c'est parfaitement inutile.

Mal ordonné est un qualificatif de situation pour trois figures mises contrairement à la position relative ordinaire de trois figures dans un écu, seules, accompagnant ou chargeant, disposition ordinaire qui affecte grossièrement la forme de l'Y. Dans le cas du n° 484, la situation des trois fleurs de lis saute aux yeux; elles ne peuvent guère accompagner autrement, il est donc oiseux de le dire. Suivant la règle générale elles seraient *mal ordonnées;* mais dans ce cas particulier, si j'osais me servir de cette expression, elles ne peuvent être *bien ordonnées* qu'étant ce qu'on appelle *mal ordonnées.*

Comme figure similaire du *pairle,* on trouve dans les théories, le *gousset* (*Voir* CE MOT). On le représenterait en supprimant l'émail d'azur du chef et en le remplissant du même émail que le pairle sans séparation, comme un *pairle* plein en chef.

PAISSANT. — Qualificatif pour les animaux, vaches, moutons, etc., ayant la tête baissée pour paître ; on le confond facilement avec *passant.*

PAL. — Au pluriel on dit *pals* ou *paulx.* Figure honorable héraldique du premier ordre. Liste plate occupant verticalement le tiers de l'écu environ, quand il est seul; il diminue proportionnellement à son nombre : ainsi deux pals occuperont deux cinquièmes parties de l'écu, les trois autres cinquièmes restant pour le champ, et ainsi de suite pour un nombre plus grand, en calculant ces dimensions en chef. PÉRUSSE-ESCARS, (485) :

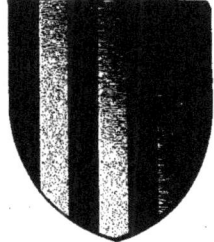

485   486   487

p. *de gueules au pal de vair* [1]; BAZOILLE, (486) : *coupé d'or et de gueules à deux pals coupés de l'un à l'autre;* ESTISSAC, (487) : p. *d'azur à trois pals d'argent.*

Nous avons déjà des figures de pals : 9, *accosté;* 33, *aiguisé;* 34, *au pied fiché;* 46, *chargé d'une croix anglée;* 114, *chaussé;* 123, *pal-chef;* 125, *abaissé;* 167, *flamboyant;* 172, *chargé d'une fasce;* 173, *componé;* 203, *courbé;* 269, *bretessé,* etc.

Voici encore deux dispositions différentes de pals. CROTTI, (488) : p. *d'azur à trois pals d'argent, au chef de gueules chargé de trois coquilles d'or.*

MÉRODE, (489) : p. *d'or à quatre pals de gueules, à la bordure engrelée d'azur.*

Les pals peuvent recevoir toutes les lignes de bordure, et presque toutes les dispositions des figures honorables.

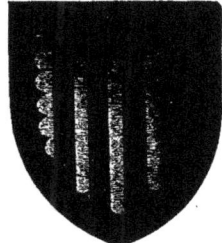

488   489

PAL (EN) : — Disposition de pièces, mises l'une sur l'autre, au nombre de deux, trois ou quatre. Pour les pièces de longueur, on dit *l'une sur l'autre.* — *Voir* PIÈCES.

[1] Je donne la version de Menestrier et de Palliot, ce dernier en donne aussi la figure. Selon les recueils modernes ce serait *un pal de vair appointé; un pal de vair appointé et renversé,* selon d'autres ; ou bien un *pal vairé,* on ne sait pas de quels émaux par exemple. Selon le P. Anselme, le pal de vair serait *aiguisé.* — *Voir* à VAIR, VAIR APPOINTÉ, et les formes qui en résulteraient.

PALISSÉ. — Selon Palliot, signifie ce qui est « fait en façon de paux aiguisés dont on
« se sert pour faire des Palissades pour la deffense d'une place. Bara appelle le Palissé,
« CRÉNELÉ EN BORNES. »

CCCXXIV. — Pourquoi Palliot n'a-t-il pas adopté les termes
de Bara? Jérôme Bara était déjà plus près de la vérité ; mais
Bara et Palliot se sont trompés. Palliot blasonne NAGEL VON
DIERMENSTEIN : *d'or palissé de trois pièces de sable, coupé du pre-*
mier au lion de gueules. Il est vrai que les pointes de ses « paux
« aiguisés » ne vont pas, dans le dessin qu'il en donne, jusqu'aux
bords du chef et du coupé. S'il faut laisser l'Allemagne aux Allemands, son dessin est également fautif. En effet, selon le très
consciencieux héraldiste Spener, NAGEL VON DIERMSTEIN porte un
beffroi d'une tire « unus cymbalorum ordo nempe trium nigro-
« rum... superiori parte aurea. » Nous blasonnerons donc, 490 :
coupé; au beffroi d'une tire vairé d'or sur trois pièces de sable, et
d'or au lion de gueules.

Demandons en outre aux amateurs d'interversions troublantes,
ce que peut bien signifier la formule : d'or palissé de trois pièces
de sable, COUPÉ du premier, etc. — *Voir* au f° 115, la REMAR-
QUE CXLII.

490

CCCXXV. — Palliot blasonne HASLANG « palissé de gueules
« et d'or en fasce de six pièces. » Ici encore, méprise de forme,
car il n'y a pas six pièces, mais deux et demie de gueules et deux
et demie d'or; de fond, car la même Spener nous apprend que
la figure de HASLANG se fait par une ligne figurée en forme de
vairs : « sectio invecta seu *vairée*... linea disterminatrix in figu-
« ram cymbalorum. »

Cette figure n'est donc autre chose qu'une ligne de bordure,
inusitée en France, que nous appellerons *enté en vair.* Nous blasonnerons 490 bis : p. *enté en vair de gueules et d'or, chacun de*
deux pièces et une demie en fasce. Si cette nouvelle *enture* ne plaît pas, on dirait : *parti par une ligne*
se découpant en vairs allongés, deux et un demi de gueules sur or. On ne pourrait blasonner par *beffroy*
d'une tire de vairé d'or et de gueules en fasce : les *vairs* devraient mourir aux flancs.

490 bis.

Le *palissé* que Palliot attribue aux CENCI mériterait une observation, dans le même ordre d'idées
que pour HASLANG, s'il n'y en avait déjà assez pour un terme si peu usité.

PALLÉ. — Rebattement similaire, sauf la direction des lignes, au *bandé,* au *barré,* au
fascé et au *chevronné,* dont nous avons déjà parlé, c'est-à-dire quand l'écu est rempli de
pals alternés de métal et de couleur, ou de couleur et métal, de manière à ce qu'on ne
puisse signaler lequel des deux émaux est le champ. Le *pallé* et tous les rebattements
similaires constituent un champ factice. — *Voir* à CHAMP ce qui en résulte, *voir* aussi les
REMARQUES LIX et CCXXVI.

Il faut énoncer le nombre de pièces qui le composent, sauf le nombre de six, qui est le nombre type du *pallé*. VIRY, (491), p. *pallé d'argent et d'azur*. STACKENBERG, (492) :

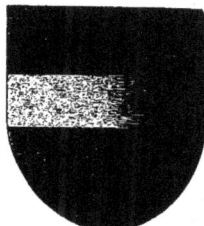

491   **492**   **493**

p. *pallé de gueules et d'argent de quatre pièces*. LANDI, (493) : p. *pallé d'or et d'azur à la fasce d'argent*. HAUTEVILLE, (494) : p. *pallé d'or et de gueules de huit pièces*. DONS, (495) : p. *pallé d'or et de gueules, contre-pallé de l'un à l'autre*, ou *pallé, contre-pallé d'or et de gueules*.

CCCXXVI. — On voudra bien remarquer qu'en blasonnant LANDI, je n'ai pas dit que la fasce *charge*, encore moins qu'elle est *brochant sur le tout*, comme de bons auteurs décrivent des dispositions similaires. Si, au lieu d'un pallé nous avions des pals, la fasce *brocherait*. Mais un pallé constitue un champ factice (*Voir* CHAMP) équivalent à un champ d'émail plein. Nous blasonnerons donc FORESTA, (496) : *pallé d'or et de gueules à la cotice du second*. Presque tous les armoristes disent *pallé de six pièces*, adjonction inutile ; et *bande*. En donnant à la *cotice* sa dimension normale comme je le fais, on voit qu'elle est bien à sa place ; pour une bande il faudrait au moins un tiers de largeur en plus. Ils ajoutent *brochant sur le tout !* — *Voyez* plus haut.

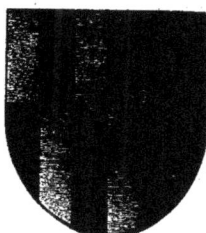

494   **495**   **496**

PALLEFEU. — *Voir* AMPHISBÈNE.

PALME. — Rameau de palmier : forme connue.

PAMÉ. — *Voir* DAUPHIN. — Ce terme s'applique aussi à des aigles mal dessinés, sans yeux, avec un bec de toucas.

PAMPRE. — Synonyme de cep de vigne, avec feuilles et raisins qu'il faut blasonner.

PAN DE MUR. — *Voir* TOUR.

PANELLE ou PANNELLE. — Feuille de peuplier.

PANACHES. — *Voir* PENNES.

PANNES. — *Voir* FOURRURES.

PANNETON. — *Voir* PENNETON.

PAON. — Le seul terme qui lui soit spécial est *rouant*, quand, placé de front, il se *panade* et déploie sa riche queue. — *Voir* GORGÉ.

CCCXXVII. — Palliot propose une locution pour le paon rouant, que l'on blasonnerait *en son orgueil*, comme on dit du phénix, *en son immortalité*, et du pélican, *en sa piété*. Est-ce une épigramme de l'héraldiste bourguignon ? Il faut le croire, car personne n'aurait osé se pavaner avec l'oiseau de Junon ! Quelques auteurs disent *miraillé* pour les marques de la queue d'un autre émail que le corps. Mais il en est toujours ainsi ; on dirait *miraillé* si, un *paon rouant d'azur*, était *miraillé de gueules*, par exemple.

PAPEGAI. — C'est le vieux nom du perroquet, conservé dans le blason. Il n'a aucun terme qui lui soit particulier.

PAPELONNÉ. — Figure remplissant tout l'écu en forme d'écailles de cuirasses ou d'ardoises arrondies pour la couverture des toits, *se composant de demi-cercles évidés*. RONQUEROLLES, (497) : p. *de gueules papelonné d'argent*. MONTI, p. de même.

CCCXXVIII. — Souvent les vides du papelonné sont garnis de *flammes*, de *mouchetures d'hermines*, de *trèfles*, etc. On ne bla-sonnerait pas alors avec Palliot : *à trèfles renversés à flammes*, attendu que cela ne veut rien dire en aucune langue ; encore moins avec un autre auteur moderne : *les écailles chargées de trèfles renversés*, attendu que, si ce sont des écailles, elles ne sont pas vides ; ni *flammetées* avec Capré, attendu que cela ne dit aucunement comment elles le sont ; mais bien avec des *trèfles* ou des *flammes dans les vides*. D'autres auteurs, au lieu de *papelonné*, disent *papellonné*.

497

PAPILLON. — Est toujours volant dans le Blason : les taches sur les ailes, de différent émail, sont appelées *miraillé de tel émail*.

PARCHEMINS. — C'est sur des parchemins que sont écrites les anciennes chartes constatant la noblesse des familles. Les plus recherchés se faisaient avec des peaux d'âne, de veau, de chevreau et d'agneau, en peau de truie, dit-on ; on employait ordinairement la peau de chèvre ou de mouton. Par le mot *parchemins*, on entend généralement ce qui est écrit sur du parchemin.

CCCXXIX. — On demandait à un bon curé de campagne, si l'un de ses paroissiens était vraiment noble. « Je crois bien, répondit-il, j'ai mangé du mouton sur la peau duquel on a écrit ses patentes de « noblesse. »

En 1792, un noble tout fraîchement pondu, apportait sur la place publique ses lettres de noblesse en holocauste propitiatoire. Le bûcher national ne flambait pas! les spectateurs prétendirent que les parchemins étaient encore trop humides.

Ces deux anecdotes doivent nous donner une idée exacte de la valeur des parchemins.

Le curé avait tort de se moquer de la noblesse récente de son paroissien. L'ancienne noblesse est une chose éminemment respectable, mais il est dans l'essence de la noblesse de se recruter parmi les illustrations qui surgissent dans les armes, les sciences, les lettres, les arts. C'est ainsi que s'est formée et que doit se maintenir une aristocratie sans autres privilèges que le dévouement, le sacrifice, la bravoure, la science et l'intelligence. Que la médiocrité jalouse une situation à laquelle elle ne saurait atteindre, cela se comprend et justifie l'existence d'une aristocratie. Cela explique même ce qui se passe en France où nos sénateurs, nos députés, les élus du suffrage universel, constituent une oligarchie républicaine à laquelle tout appartient.

Le gentilhomme de noblesse immémoriale ne sait pas comment sa noblesse a commencé, car elle a commencé certainement; il lui manque un parchemin le constatant, voilà tout. Si d'ailleurs il n'a d'autres titres à la considération que son origine ancienne, sans chercher à la mériter par ses actions généreuses, mieux vaudrait pour lui n'être pas si éloigné des sources de sa noblesse. Le bon citoyen, le fidèle sujet, l'illustre savant, le brave soldat qui ont mérité des lettres d'anoblissement, n'ont reçu du prince que la consécration de leur noblesse native. Ils feront souche à leur tour; c'est en partant des plus modestes origines, que la plupart des familles les plus qualifiées ont commencé ces lignées que de complaisants généalogistes font remonter au déluge.

Quant aux patriotes goguenards de 1792, ils avaient bien et instinctivement raison de se moquer du hobereau qui brûlait ce qu'il avait adoré. Il peut-être ridicule de tirer vanité de ses parchemins ; il est certainement honteux de les renier, il est lâche de renier ses pères.

Quoi qu'en puissent dire ceux qui n'en ont pas, si nos parchemins nous apprennent que nos aïeux n'ont jamais hésité à sacrifier leur patrimoine et leur vie pour Dieu, la patrie et le Roi, nous pouvons être fiers d'exemples que nous nous efforcerons de suivre, et des parchemins dont désormais le seul emploi est de nous servir de modèles. Car si jadis il n'y avait pas de noblesse de naissance sans parchemins, il n'y a plus maintenant de noblesse de parchemin si l'on n'y joint la noblesse de cœur et de sentiments.

Si nos parchemins, enfin, ne sont plus qu'un objet d'archéologie, portons-les aux Musées.

PAREILLES (ARMES). — On appelle ainsi des armoiries de familles différentes, ayant les mêmes figures et les mêmes émaux.

CCCXXX. — Il y en a un grand nombre d'exemples. Quand il s'en rencontre dans des provinces différentes et encore mieux dans des pays différents comme la Picardie et la Vénétie, cela présente peu d'inconvénients. Un héraldiste est pourtant souvent embarrassé de savoir à quelle famille attribuer un blason qu'il trouve sculpté sur un monument, par exemple. Ce n'est qu'en s'entourant de renseignements historiques, en examinant les écarts, les cimiers — s'il y en a — et en tâchant de ne pas se laisser induire en erreur par une brisure d'altération, qu'il pourra fixer avec certitude ou avec probabilité la provenance de ce blason ; s'il est d'ancienne date, il n'aura pas même le secours des émaux pour l'aider à fixer ses incertitudes.

Voici quelques exemples d'armes pareilles, choisies parmi les familles qui portent une simple bande.

Nous avons vu à la figure 54, NOAILLES qui porte *de gueules à la bande d'or*. AUXERRE, BOISRE-GNAULT, CALCAMUGGI, CHALON, HUIRLING, LA FÈRE, LENTILHAC, MENON, SALINS, TONNERRE, TORCY, VASSALLO, portent *de même*.

BADE, BOISBERENGER, BRIDIERS, CHABEU, LIGNE, LONJON, etc., portent *d'or à la bande de gueules*.

BAILLEUL, BARVILLE, BOJON, BOSC, BUZER, CHAVIGNY, FAURE, GUISCARD, GUYSE, HASENBURG, RINIERS, PLANTEY, RICHEBOURG, SAN-VITALE, SOUBEYRAN, VAL (DU), VILLE (LA), etc., portent *d'argent à la bande de gueules*.

AULI, BAYE, CLUSET, COMBOURG, DIDIER, HASENBURG, HEMRICOURT, GRÜN, KAGENECK, NEUFCHATEL, REGZENSTEIN, ROULANS, ROVORÉE, ROYE, SAINT-AUBIN, WEZEL, p. *de gueules à la bande d'argent*.

Nous avons à la figure 55, SCATI qui p. *d'or à la bande de sable*, BELLECOMBE, BRIORD, BLON-DEL, BRUNNENVELDT, GONNECOUR, GRABER, SAN-DOVAL, THENAY, etc., portent *de même*.

BRUYÈRES, GÄLLER, STANGEL, TORCY, p. *de sable à la bande d'or*.

Nous avons à la figure 399, NÉDONCHEL, qui p. *d'azur à la bande d'argent*. BARRE (LA), BESEN-VAL, FRIDINGEN, GONDELMERI, HOHENKRAYHEN, LANGENAU, MARMONT, SAINT-CLAIR, SAINT-LAURENS, TOURNEBU, VAL (DU), etc., portent *de même*.

DURFORT, (498) : p. *d'argent à la bande d'azur*. LANDES, p. *de même*.

ALBERNOZ, MOROSINI, etc., p. *d'or à la bande de sinople*.

BARGE (LA), CRAMERCY, FRANCIÈRES, etc., p. *d'argent à la bande de sable*.

BALME (LA), BAUME (LA), CLÉMENT, MONTRE-DON, ONFROY, PORTE (LA), RAPALLO, TRIE, etc., p. *d'or à la bande d'azur*.

498

AUDOIN, BOLOGNA, CENAC, FAUSSONE, JOSEL, LAIRE, LIGNE, LONGWY, MAJORIE (LA), MONTGEY, NOBLENS, SENFT, THONN, VERGERS (DES), p. *d'azur à la bande d'or*.

ETC., ETC.

Même pour des armoiries aussi simples, on trouve dans les auteurs différentes versions ou brisures pour les émaux et même pour le nombre de pièces de plusieurs des blasons que je viens de citer ; ainsi BARVILLE porte selon les uns *deux bandes*, selon les autres, *une bande* : ainsi LIGNE, HASEN-BURG, etc., etc. Je n'en prends pas la responsabilité. — *Voir* l'AVIS au f° XVIII.

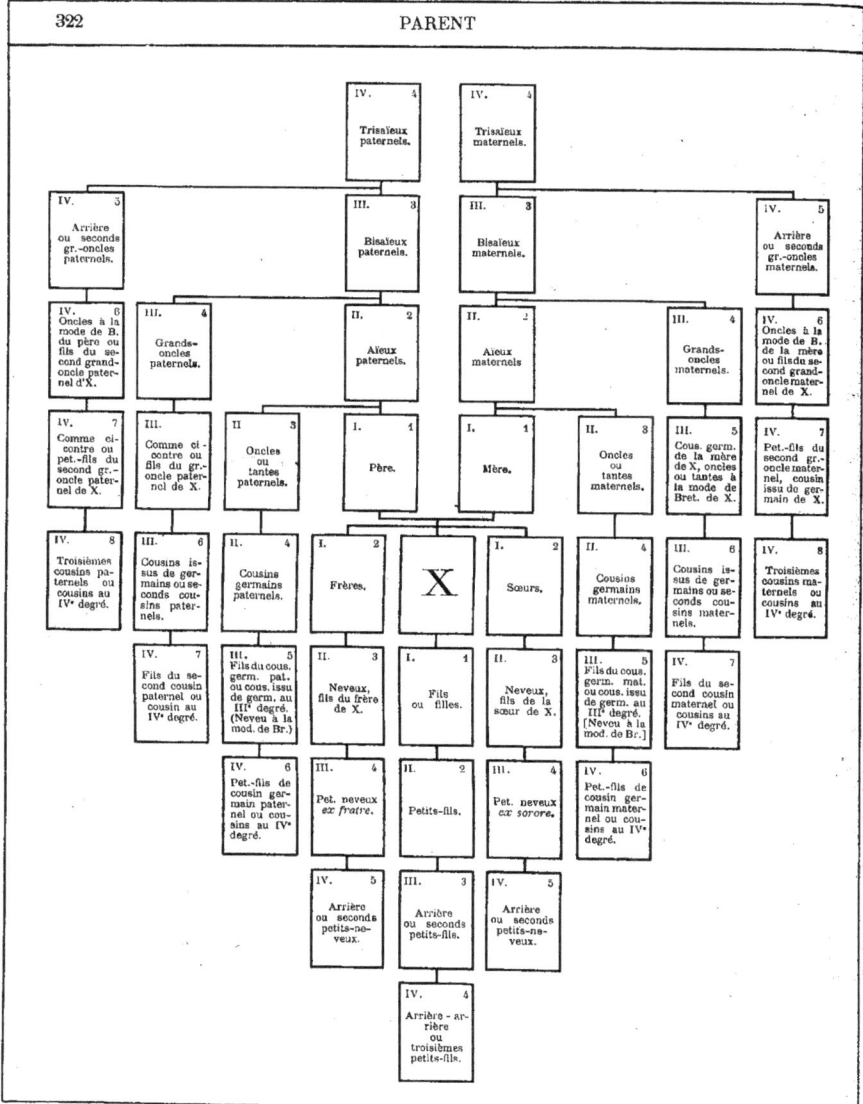

IV. 4 — Trisaïeux paternels.

IV. 4 — Trisaïeux maternels.

IV. 5 — Arrière ou seconds gr.-oncles paternels.

III. 3 — Bisaïeux paternels.

III. 3 — Bisaïeux maternels.

IV. 5 — Arrière ou seconds gr.-oncles maternels.

IV. 6 — Oncles à la mode de B. du père ou fils du second grand-oncle pater-nel d'X.

III. 4 — Grands-oncles paternels.

II. 2 — Aïeux paternels.

II. 2 — Aïeux maternels

III. 4 — Grands-oncles maternels.

IV. 6 — Oncles à la mode de B. de la mère ou fils du second grand-oncle mater-nel de X.

IV. 7 — Comme ci-contre ou pet.-fils du second gr.-oncle pater-nel de X.

III. 5 — Comme ci-contre ou fils du gr.-oncle pater-nel de X.

II 3 — Oncles ou tantes paternels.

I. 1 — Père.

I. 1 — Mère.

II. 3 — Oncles ou tantes maternels.

III. 5 — Cous. germ. de la mère de X, oncles ou tantes à la mode de Bret. de X.

IV. 7 — Pet.-fils du second gr.-oncle mater-nel, cousin issu de ger-main de X.

IV. 8 — Troisièmes cousins pa-ternels ou cousins au IVe degré.

III. 6 — Cousins is-sus de ger-mains ou se-conds cous-ins pater-nels.

II. 4 — Cousins germains paternels.

I. 2 — Frères.

X

I. 2 — Sœurs.

II. 4 — Cousins germains maternels.

III. 6 — Cousins is-sus de ger-mains ou se-conds cous-ins maternels.

IV. 8 — Troisièmes cousins ma-ternels ou cousins au IVe degré.

IV. 7 — Fils du se-cond cousin paternel ou cousin au IVe degré.

III. 5 — Fils du cous. germ. pat. ou cous. issu de germ. au IIIe degré. (Neveu à la mod. de Br.)

II. 3 — Neveux, fils du frère de X.

I. 1 — Fils ou filles.

II. 3 — Neveux, fils de la sœur de X.

III. 5 — Fils du cous. germ. mat. ou cous. issu de germ. au IIIe degré. [Neveu à la mod. de Br.]

IV. 7 — Fils du se-cond cousin maternel ou cousins au IVe degré.

IV. 6 — Pet.-fils de cousin ger-main pater-nel ou cou-sins au IVe degré.

III. 4 — Pet. neveux *ex fratre*.

II. 2 — Petits-fils.

III. 4 — Pet. neveux *ex sorore*.

IV. 6 — Pet.-fils de cousin ger-main mater-nel ou cou-sins au IVe degré.

IV. 5 — Arrière ou seconds petits-ne-veux.

III. 3 — Arrière ou seconds petits-fils.

IV. 5 — Arrière ou seconds petits-ne-veux.

IV. 4 — Arrière-arrière ou troisièmes petits-fils.

PARENTÉ. — La *parenté* est le lien existant entre deux ou plusieurs personnes ayant du même sang, noble ou roturier, dans les veines. Au point de vue où nous nous plaçons, la parenté est la même, soit qu'elle résulte de consanguinité germaine, ou *agnation*, soit de consanguinité utérine ou *cognation :* en deux mots, nous parlons de la parenté naturelle.

CCCXXXI. — Il faut remarquer trois points pour établir la parenté : la souche , le degré et la ligne.

On remonte à la souche par l'*arbre* (*Voir* CE MOT), le *degré* est ce qui marque la *ligne* de consanguinité. — *Voir* DEGRÉ.

Cette *ligne* est *directe* si elle désigne une série de personnes descendues l'une de l'autre : grand-père, père et fils; ou bien elle est *collatérale*, si elle désigne des personnes ayant une souche commune, mais ne descendant pas l'une de l'autre, comme deux frères.

La ligne collatérale est *égale* ou *inégale*, suivant que les consanguins descendent également ou inégalement de la souche commune, comme l'oncle paternel et le neveu, le fils de l'oncle paternel et ce neveu.

Nous avons vu à DEGRÉ que suivant la computation canonique nous n'inscrivons que d'un seul côté les degrés soit en ligne directe soit en ligne collatérale, c'est-à-dire que nous supputons pour la *parenté directe* autant de degrés qu'il y a de générations, en ne comptant pas la souche; pour la *ligne collatérale égale*, autant de degrés que de personnes existant entre la souche (celle-ci non comptée) et celui des collatéraux dont on veut établir la parenté ; *pour la ligne collatérale inégale*, autant de degrés que de personnes trouvées entre la souche (non comptée) et le consanguin le plus éloigné de cette souche. Quant à la parenté naturelle, elle est *ascendante, descendante* ou *collatérale*.

CCCXXXII. — Nous n'avons pas en français, comme en latin, des termes désignant les degrés de parenté.

Voici un tableau, ci-contre, pour quatre degrés, ascendants, descendants et collatéraux, résumant la parenté paternelle et maternelle, dans lequel tout se rapporte à X, fils ou fille.

Les chiffres romains dans les cases indiquent la computation canonique ; les chiffres arabes la computation civile.

On voit clairement ici la confusion du Code civil français entre *degré* pris comme une *génération* et *degré* envisagé comme *intervalle* entre deux ou plusieurs générations.

X est sur le même degré (génération) que son frère, son cousin germain, son cousin issu de germain et son cousin au quatrième degré; il est pourtant au deuxième degré (intervalle) avec son cousin germain ou premier cousin; au troisième avec son cousin issu de germain ou deuxième cousin ; au quatrième avec son troisième cousin, lequel est arrière-petit-fils du second grand-oncle paternel de X.

PARLANTES (ARMES). — *Voir* ARMOIRIES , INDUCTIONS.

PARTI. — Une des quatre grandes partitions héraldiques, qui se fait par un trait perpendiculaire divisant du haut en bas tout l'écu en deux parties égales, d'émaux différents.

CCCXXXIII. — Quelques auteurs se servent du terme générique *parti* et l'adjoignent aux termes des autres partitions en disant *parti coupé, parti taillé,* et en réservant le terme *parti,* seul, à la division verticale. Outre que c'est un mot de trop, *coupé, tranché, taillé,* suffisant à leur destination, il est mauvais d'employer le mot *parti,* parfois dans son sens usuel, parfois dans son sens restreint et héraldique, ce qui engendre la confusion. Il n'y a pas de raisons non plus, au contraire (*Voir* REMARQUE CXLII), pour blasonner un émail avant la partition.

Ainsi je ne dirai pas, THONON : p. *d'or plein, parti d'azur.* La figure du *parti* se compose de l'écu divisé verticalement en deux émaux ; aucun des deux ne fait figure en chargeant l'autre. Je blasonnerai donc THONON, (499) : p. *parti d'or et d'azur* [1].

Parti se dit également pour une figure recevant la disposition qui la divise verticalement en deux émaux différents.

Parti de l'un à l'autre : quand sur un écu *parti,* une figure l'est aussi avec les émaux de l'écu intervertis.

On trouve souvent des écus d'alliances, *partis,* contenant d'une part le blason d'une famille, le blason d'une autre famille sur le second parti. Dans ce cas on blasonne, par exemple : *parti de France et d'Angleterre,* c'est-à-dire sur le premier parti les *trois fleurs de lis,* sur le second parti *les trois léopards ;* chaque *parti* contenant ainsi, l'un le blason plein de France, l'autre le blason plein d'Angleterre. Quelquefois on ne voit que la moitié d'un ou de deux de ces blasons comme s'il avait été divisé dans son

499

milieu vertical en deux parts, dont une ne se voit plus. C'est alors un MI-PARTI. — *Voir* CE MOT, premier sens.

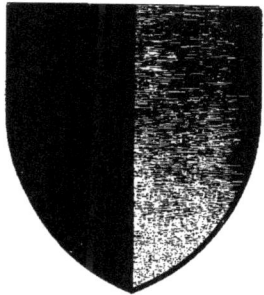

PARTICULE. — La particule (préposition ou article) *de, du, de la, des,* peut être indicative, elle ne peut être constitutive de noblesse et l'impliquer nécessairement et même probablement.

CCCXXXIV. — Prise comme marque du génitif, elle indique seulement la relation qui existe entre le mot qu'elle précède et le mot qui la suit. Ainsi, en disant Jean de Fontainebleau, la particule *de* signifie que ce Jean est seigneur du fief de Fontainebleau, ou qu'il est fils d'un Fontainebleau, qu'il est né ou qu'il doit son origine à Fontainebleau. Fontainebleau, en ce cas, dénué de particule, est un nom appellatif.

Il en résulte que la particule, loin d'être constitutive de noblesse [2], ne fait même pas partie intégrante d'un nom noble ; sans le titre ou sans prénom, la particule n'a aucune raison grammaticale ou nobiliaire de se produire. On doit signer le marquis ou Jean de Fontainebleau ; la particule causative doit disparaître sans le titre ou le prénom et l'on doit alors signer Fontainebleau tout court. Par euphonie, l'on conserve dans la conversation la particule devant les noms commençant par une voyelle, il n'y a pourtant aucune raison d'écrire de cette manière. J'aime à lire dans l'histoire les actes du chancelier Étienne d'Aligre, les vertus du cardinal Georges d'Amboise ; mais quand je vois dans cette histoire que d'Aligre fait ceci et d'Amboise cela, je ne comprends pas pourquoi, sous le même prétexte euphonique, on n'imprimerait pas que d'Adam et d'Ève ont été chassés du Paradis terrestre. Ce n'est point un paradoxe ! Étant donné que la particule ne fait aucunement partie du nom, sans les adjonctions

---

[1] L'interversion des émaux dans la figure sera rectifiée aux *errata.*

[2] Il n'en est pas de même pour le *von* de l'Allemagne.

indiquées plus haut, ou le prétexte euphonique ne vaut rien, ou bien il doit agir sur tous les noms commençant par une voyelle, Abelard, Alberoni, etc., etc. Dans les temps anciens, la particule (ou l'article) précédait aussi bien les noms des nobles que ceux qui ne l'étaient pas. Elle désignait une particularité physique, Pierre le Brun; une qualité morale, Paul le Sage; un surnom ou l'endroit d'où l'on était, Jean de la Montagne; aussi bien que le nom de la terre ou du fief que l'on possédait, Mathieu de Montmorency [1].

Un très grand nombre de familles de bourgeoisie ou de simples artisans, dans le sentiment très digne de ne pas être suspectées d'usurper la noblesse, affectent de faire une faute de français en écrivant leur nom Delamaison, Desplans ou Dumoulin. C'est accorder à la particule un pouvoir réservé uniquement aux lettres de noblesse. Tous ces noms traduits du latin *de Domo, de Planis, de Molendino* doivent être — l'Académie est de cet avis — écrits séparément [2]. Ceux dont le nom commence par un article suivi d'un nom de localité ou de chose, comme Lafrasse, Lacombe, peuvent même rétablir leur nom en écrivant De la Frasse, De la Combe, comme il s'écrivait en latin *de Fracia, de Comba*, car c'est par corruption ou interprétation erronée que l'on a laissé tomber la préposition. Toute crainte d'usurpation serait évitée en mettant une majuscule devant le *de*. D'une part, les nobles mettent toujours la minuscule, ou ne mettent pas la particule; d'autre part, la préposition faisant ainsi partie du nom n'a plus qu'un sens appellatif [3].

En revanche, pour les noms nobles, si la particule est indicative de noblesse, puisqu'elle ne fait pas partie du nom, elle n'a qu'un sens individuel, une marque de possession. C'est dans ce sens que l'on dit un tableau de Corrège ou plus simplement un Corrège, mais non un *de* Corrège.

---

[1] Dans les chartes latines du XIe au XVIe siècle le nominatif est inconnu, c'est exclusivement au génitif (quand ce n'est pas à l'ablatif avec le *de*) que figurent les noms propres, même indiquant des noms de métiers ou des sobriquets devenus patronymiques. *Mugnerii, Mercerii, Fabri, Bruni, Boni, Belli.* Ces noms se traduisaient diversement en français, avec ou sans article; dans la plupart des cas, quand l'article n'y est pas, c'est qu'il est tombé en désuétude.

Un cas singulier est celui du célèbre connétable qui signait d'abord incorrectement, Des Diguières, plus tard correctement Les Diguières. Cette correction parut si singulière qu'on l'a érigée en Duché avec la seigneurie *de les Diguières*, et sans doute aussi la propriété *de les* terres qui en dépendaient.

[2] Quelques modernes écrivent Jeanne Darc; cet effort d'archaïsme ne suffit pas à compléter une prétendue mais servile restitution; ils devraient écrire Jeanne darc.

S'ils ont l'intention de ne pas ravaler une des plus pures gloires de la France en donnant à la sainte bergère de Domremy une apparence de noblesse de naissance — ce dont elle peut en effet facilement se passer — l'intention, à leur point de vue, peut être bonne, mais elle est grotesque.

Ces mêmes écrivains auraient dû noter dans les vieilles chroniques — s'ils les avaient parcourues — d'autres noms précédés de la particule écrits, par exemple Jean dedunoys, Jean dexaintrailles, et les faire imprimer ainsi.

Il y avait une bonne raison pour ne pas écrire Jeanne d'Arc, c'est que l'apostrophe n'existait pas, la préposition étant unie au surnom, sans aucune intention noble ou roturière, ce que l'on peut encore remarquer dans les signatures d'époques bien plus rapprochées de nous. On ne mettait même jamais de majuscule devant les noms.

Il est plaisant de voir des hommes savants, dans la très fausse croyance que la particule est une estampille nobiliaire, essayer de mettre en vigueur une orthographe qui dans cet ordre d'idées n'a jamais existé.

[3] Il est bon d'ajouter que le marquis du *Hâvre*, le vicomte des *Andelys* doivent, s'ils omettent le titre et le nom de baptême, signer le *Hâvre*, les *Andelys*, et non *Hâvre* ou *Andelys*.

Les noms avec particule précédant un article, comme le comte *de l'Épervier*, doivent aussi, sans titre ou sans nom de baptême, poser la particule et, conservant l'article, signer *L'Épervier*.

Dans ces deux cas, les articles *le, les* font partie intégrante d'un nom noble; les particules *de, des* ou *du* ne sont que la liaison qui unira à ce nom un titre ou un nom de baptême.

Plusieurs familles très nobles et très anciennes n'ont point de particule devant leur nom ; d'autres, avec la particule, ont pour seul nom le surnom d'une terre ou d'un fief sans que l'on puisse savoir si elles lui ont pris ou donné cette appellation : ce dernier cas est assez fréquent dans notre région beaucoup plus que dans le reste de la France.

D'autres familles, en recevant des lettres de noblesse, ont ajouté à leur nom la particule dite nobiliaire ; elles avaient tort au fond, mais à qui la faute ? aux législateurs. Sans préciser si cela concernait un nom de terre ou le nom patronymique, ils punissaient d'amendes ceux qui, pour s'attribuer une distinction à laquelle ils n'avaient pas droit, ajoutaient à leur nom la particule. Les législateurs donnaient donc à la particule un caractère indicatif de noblesse ; c'était dire aux nobles sans particule, puisque vous avez le droit, vous avez le devoir de la prendre.

Au point de vue légal, c'est un droit incontestable appartenant à tout noble. Il semblerait plus justifié de nos jours où rien ne distingue plus de la foule un noble non titré. Les qualités de *noble*, de *seigneur* ne se prennent plus. On n'est plus chevalier que d'un ordre, de la Légion d'honneur ou des Saints-Maurice et Lazare ; on n'est plus écuyer qu'au cirque.

Au point de vue logique et même héraldique, il est nécessaire de crier sur les toits que la particule dite nobiliaire est une très simple préposition, très inoffensive de sa nature. Quel que soit le nom que l'on porte, on peut être noble ou ne pas l'être, avec ou sans particule [1].

PARTITIONS. — Il y a quatre partitions dans le Blason : le *parti* que nous venons de voir ; le *coupé* que nous avons déjà vu ; le *tranché* et le *taillé* (*voir* CES MOTS). Ces quatre partitions forment la première catégorie des figures héraldiques. — *Voir* REPARTITIONS, MI-PARTITIONS.

CCCXXXV. — Avec ces quatre grandes partitions on compose plusieurs autres figures que quelques auteurs appellent *repartitions*, c'est-à-dire division de figures déjà divisées. Ainsi l'on place parmi les repartitions plusieurs figures qui se font par le redoublement ou l'agencement des quatre partitions, par exemple les *tiercés*, les *gironnés*, les *écartelés*, le *fuselé*, le *losangé*, les *points équipollés*, le *chapé*, le *chaussé*, le *fretté*, le *treillissé*, etc.—*Voir* CES MOTS. — A ce compte, pourquoi ne pas placer parmi les repartitions, les *losanges*, les *macles*, les *carreaux*, le *canton*, la *billette*, le *franc-quartier* (*Voir* CES MOTS) et même le *vair* ? Pourquoi ne pas y mettre toutes les figures honorables héraldiques du premier ordre : *chef, croix, pal, fasce, bande, barre*, etc.? On ne les obtient que par des repartitions, tout comme le *pallé*, le *fascé*, le *bandé*, etc.

Il est donc indispensable, si l'on veut mettre de l'ordre dans le Blason, de conserver le mot de partitions exclusivement au *parti coupé, tranché* et *taillé*.

Les composés avec les lignes de partition deviennent, suivant leur importance, figures honorables héraldiques du premier ou du deuxième ordre.

Quant au mot de *repartition*, nous l'appliquerons exactement à une partition répétée une ou plusieurs fois dans le même écu. Le préfixe *re* indiquera clairement cette situation. Nous ne conserverons pas ce vocable même pour le *tiercé*. Le *tiercé* tient lieu de figure par le redoublement des lignes de partition. Mais ce n'est pas une partition. Les *tiercés*, les *fascés*, les *bandés* et similaires se composent de

---

[1] On connaît l'anecdote du marquis de Saint-Janvier qui, en 1792, voulait prendre ces qualifications ; l'officier ministériel lui supprima successivement le *marquis*, le *de*, le *Saint*, le *Janvier*, parce que la République les avait abolis. Il n'avait plus de nom. Il était pourtant toujours noble, la preuve est qu'il fut, dit-on, guillotiné comme aristocrate quelque temps après.

rebattements non de *repartitions*, puisque ce sont des fasces ou des bandes disposées de manière à ne plus laisser de champ libre. L'*adextré*, le *senestré*, s'ils existent, ne sont pas plus des repartitions que les *tiercés*, nous les rangerons tous parmi les figures héraldiques du deuxième ordre.

Nous laissons donc à *partitions* son sens générique comprenant les quatre lignes, parce que nous ne pouvons faire autrement. *Parti*, une de ces partitions, a un sens spécial.

Nous laissons également à *repartition* son sens spécial.

Les Anglais se servent généralement pour qualifier nos quatre partitions des expressions *per pale* (parti en pal, le véritable parti), *per fesse* (coupé), *per bend* (tranché), *per bend sinister* (taillé).

Ils expriment même quelquefois l'*écartelé* (quarterly) par *per cross* et l'écartelé en sautoir par *per saltire*. — *Voir* MANTELÉ.

CCCXXXVI. — Palliot dit que « lorsque l'on divise l'écu en *parti coupé*, c'est vrayement escartelé et « quand il est tranché taillé, on le peut blasonner parti en sautoir. » Je respecte infiniment Palliot, mais pour mon compte, si je trouvais cette description : N., p. *parti coupé d'or et d'azur*, sans savoir qu'on entend par ces mots dénaturés de leur sens faire un *écartelé*, je serais bien en peine de figurer ce blason. En suivant les règles élémentaires (*Voir* DESCRIPTION) et les termes de la description, je *partis* et je *coupe;* en passant aux émaux, je mets logiquement l'or à dextre dans le premier quart, l'azur à senestre dans le second quart. Quant aux émaux de mon *coupé*, je ne puis les distribuer autrement qu'or en haut, azur en bas. Voyez comme la figure A ressemble à un écartelé.

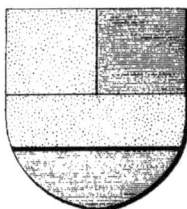

Si je parviens à avoir l'intuition de l'écartelé, je *partirai* jusqu'au bas de l'écu et je *couperai* au seul endroit possible. En passant à la distribution des émaux dans l'ordre voulu, je mettrai l'or dans le premier quartier à dextre, l'azur dans le second à senestre. Entrant ensuite dans l'idée de Palliot, autant que cela est possible avec un *coupé*, je dois envisager cette ligne comme existant seulement par rapport à la séparation qu'elle opère sur la ligne du *parti*. Le premier émail énoncé étant l'or, je mettrai donc l'or à dextre au troisième quartier et l'azur au quatrième comme en B. Ce n'est pas l'*écartelé* rêvé, il faudrait blasonner cette figure insolite sur un thème admissible à un seul point de vue : *quia absurdum*.

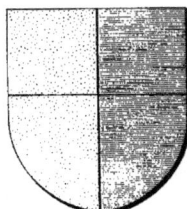

Il en serait autrement si Palliot avait dit : *coupé, mi-parti d'or et d'azur et mi-parti de l'un à l'autre*, ou bien encore : *parti d'or et d'azur, coupé de l'un à l'autre*, ce qui n'est pas d'une clarté éblouissante. *Écartelé d'or et d'azur* est la seule description logiquement possible.

Chacune des lignes ou traits de partition se divise en demi-lignes ou demi-traits, c'est-à-dire n'allant pas d'un bout à l'autre, que l'on blasonne *mi-parti, mi-coupé*, etc. C'est à peu près nécessaire pour la description de certaines armoiries dont je donne les exemples à SINGULIERS (BLASONS). — Le *mi-parti* se prend encore dans un sens différent et spécial. — *Voir* MI-PARTI.

PASSANT. — Qualificatif de la position ordinaire de tous les animaux à quatre pattes, autres que le lion. L'animal semble marcher : la patte droite de devant est levée, les trois autres pattes sont posées à terre. Quand le lion a cette disposition qui ne lui est pas naturelle, on le dit *passant* ou *léopardé*. Nous avons de nombreux exemples d'animaux passants, notamment 425, 426, 437, etc.

PASSÉ en sautoir ou autrement. — Qualificatif de situation, comme deux clefs *passées* en sautoir, par exemple : une épée *passée* derrière l'écu, etc., etc.

PATENOTRES. — Se dit d'un chapelet ou dizaine de chapelet avec une croix, il faut en spécifier la situation et la disposition.

PATIENCE. — Se dit de la salamandre représentée de profil, la tête contournée, entourée de flammes, comme celle de François Ier, et plus proprement de ces flammes quand elles sont d'un autre émail que celui de la salamandre. Dans le cas opposé, il aurait suffi de blasonner *d'azur à la patience d'or*. — *Voir* PIÉTÉ, VIGILANCE, IMMORTALITÉ. — SALLONIER, (500) p. *d'azur à la salamandre d'or dans sa patience de gueules.* — Le modèle de ma salamandre est pris à Fontainebleau.

500

PATRONAGE. — *Voir* CHEF, ARMOIRIES.

PATTE. — Se dit d'une patte de lion, ours, ou autre quadrupède, représentée séparée du corps. On ne sait pas pourquoi Palliot dit que son assiette ordinaire est d'être en barre, ce qu'il n'y aurait pas nécessité de spécifier. — Je crois, au contraire, qu'il est toujours prudent d'énoncer la situation.

PATTÉ. — Nous avons vu ce que c'est à CROIX. Dans sa *position*, une croix pattée n'est pas *alaisée ;* elle peut être *alaisée,* disposition qu'il faut blasonner, excepté quand elle est en nombre, car alors elle doit forcément l'être.

PAUTRÉ. — *Voir* PEAUTRÉ.

PAVILLON. — On appelle pavillon le manteau qui couvre et enveloppe les armoiries des rois et des empereurs. Quelques héraldistes le divisent *en comble* qui serait le sommet ou *chapeau,* et en *courtines* qui seraient le manteau proprement dit. Le pavillon complet aurait appartenu seulement aux rois, non électifs ; les autres souverains non rois auraient dû porter seulement les courtines. Tout ceci est de la théorie, la pratique est différente. On en voit de diverses formes : tombant droits, relevés par des cordes avec des nœuds, etc. Chaque souverain a une forme variable, suivant les dessinateurs, des couleurs et des fourrures diverses ; il serait trop long d'en donner la description. Je donne une figure de pavillon complet à 558.

PAVILLONNÉ. — Terme de luxe, pour le pavillon du cor, si on le trouvait d'un autre émail.

PEAN. — Les Anglais qui appellent l'hermines *ermine*, le contre-hermines *ermines*, désignent sous le nom de *erminois* une fourrure fond d'or et mouchetures *(spots)* de sable ; quand cette fourrure a les émaux contraires, ils la nomment *pean*.

PEAUTRÉ ou PAUTRÉ. — Terme de luxe inventé par Vulson pour exprimer si la queue d'un poisson est d'un autre émail que le corps.

PÉDANTERIE. — « Criez d'un passant à nostre peuple : o le sçavant homme! et d'un « aultre : o le bon homme ! Il ne fauldra pas à destourner les yeulx et son respect vers « le premier. Il y fauldroit un tiers criant : o les lourdes testes!.... Ainsi nos pedantes « vont pillotants la science dans les livres et ne la logent qu'au bout de leurs lèvres.... »

(MONTAIGNE, *Essais*).

CCCXXXVII. On peut paraître pédant tout en voulant ne pas l'être. Je ne voudrais pas être accusé de pédantisme parce que je parais m'attacher à des minuties. Ce n'est pas moi qui ai fait le Blason actuel. Au point où nous le tenons, il faut de gré ou de force observer et noter les vétilles qui distinguent une armoirie d'une autre. Un mot à ce sujet :

Il y a des minuties devenues essentielles, d'autres qui ne le sont point. Fixer méticuleusement l'essence d'une figure c'est une simplification; cette figure sera représentée dans ses parties intégrantes et constitutives par un seul mot. Ainsi le culte raisonné de la définition finirait par détruire le pédantisme avec ses propres armes.

Les règles du Blason français sont admises, au moins en principe, dans toute l'Europe. Chaque peuple devrait admettre, en les appropriant au génie de sa langue, les termes français de manière à ce qu'un mot de convention quelconque rende chez tous la même idée.

Donnons un exemple : Pour nous, une *tête de taureau* sans autres détails, exprime sa position en profil; *rencontre de taureau*, sa position en face, montrant les deux yeux.

Quand nous traduisons de l'anglais, de l'italien ou de l'allemand, nous devons trouver un mot correspondant au même sens précis de *tête*, de *rencontre*, et un autre correspondant à *massacre*, pour que du cap Nord au cap Matapan, du cap Saint-Vincent aux monts Ourals, on dessine la *tête*, le *rencontre*, dans la même *position*. Que les Anglais donnent à cette tête le type *durham*, les Italiens le type du *buffalo*, les Allemands le type primitif du *bos primigenius*, ils sont tous bons, sauf le type de la race *talabot* (obtenue sans cornes). Vouloir fixer la longueur ou la courbe des cornes, les touffes de poils, le crâne plus ou moins large; prétendre empêcher la désignation de l'animal, propre à chaque idiome, serait d'un pédantisme insupportable. — *Voir* REMARQUE CDXLVIII.

Il en est de même pour toutes les proportions des figures honorables; je les ai fixées *environ*, plutôt au-dessous qu'au-dessus.

Exiger qu'un compas à la main, on vérifie si l'on a une *bande* ou une *cotice accompagnée*, cela est bien difficile à obtenir dans les écus de petite dimension. *Bande* ou *cotice* rendent en définitive la même idée, puisque, sauf la proportion, elles ont les mêmes caractères constitutifs. Peut-on partir de cette donnée de juste tolérance pour dire *bandé* ou *coticé* ? Mille fois non. Il faut distinguer entre pédanterie et ignorance. Le *bandé* et le *coticé* ont une différence essentielle, le premier existe, le second n'existe pas.

42

L'imagination, le goût d'un artiste doivent, en dessinant un *lion,* par exemple, pouvoir s'exercer librement sans que la fougue artistique puisse le porter à empiéter sur la position du *léopard.*

Une bonne description simple et correcte devrait être internationale et traduite dans ses éléments nécessaires de la même manière par les dessinateurs de toute provenance. Que chacun y apporte son propre cachet, sa marque individuelle, c'est ce qui distingue l'artiste du barbouilleur ; comme la description séparera l'héraldiste sérieux du janséniste scrupuleux qui voudrait compter les poils de la queue d'un lion, oubliant « qu'en un beau corps il ne fault pas qu'on y puisse compter les os et les « veines ». Mais tant que ce corps ne sera pas parfaitement déterminé et classé, il faudra bien paraître un peu pédant — le moins possible ! Il vaut mieux après tout entendre un tiers crier vingt fois « on la « lourde teste ! » plutôt qu'une fois, « Oh le *rencontre* d'âne ! »

PÉLICAN. — Dans le Blason, le pélican n'est pas un palmipède totipalme, nous lui avons donné des griffes comme à l'aigle ; nous lui avons supprimé son énorme bec orné d'une grande poche ; mais nous lui avons attribué de belles qualités morales. C'est le modèle, le symbole de l'amour paternel. « Saint Hierosme escrit.... qu'il tuë ses pous- « sins avec son bec ; mais.... puis apres s'en repentant, « il en porte le dueïl en son nid pendant trois iours, au « bout desquels il s'ouvre la poictrine, et arrousant ses « petits de son sang, il leur redonne la vie. C'est en « cette action qu'il est le plus souvent représenté, pour « laquelle exprimer il y en a qui se servent du mot de « piété. »

Cette citation est de Palliot. Selon d'autres, ce n'est pas pour ressusciter ses pélicaneaux, mais pour les nourrir de son sang que le pélican se déchire la poitrine.

« Du Coin, 501 : p. *d'or au pélican avec ses petits de gueules.* Si vous ne voulez dire *au pelican en sa piété.* »

501

CCCXXXVIII. — Non seulement je voudrais dire *pélican en sa piété,* mais ce hiéroglyphe étant héraldique, je voudrais, par ce mot *piété,* exprimer l'action entière d'un pélican avec ses petits, se présentant de profil et se perçant la poitrine ; je blasonnerais Du Coin : *d'or à la piété de gueules.* Si la *piété* était d'argent et que le sang parût de gueules, je dirais : *d'azur à la piété d'argent ensanglantée de gueules.* Jamais je ne dirai avec Menestrier : *d'argent au pélican de gueules ensanglanté avec sa piété.*

PENDANT. — *Voir* LAMBEL.

PENNES ou PANNES. — *Voir* FOURRURES.

PENNES, PENNACHES, PANACHES. — De grandes plumes d'oiseaux figurent non seu- lement sur les heaumes, mais aussi comme figure du Blason ; on les représente habi- tuellement droites, le sommet légèrement recourbé, vers le chef. Toute situation et disposition doivent être spécifiées.

PENNETON ou **PANNETON**. — C'est la partie importante de la clef, non seulement parce qu'elle ouvre ou ferme une serrure, mais parce qu'elle fixe la situation des clefs dans les armoiries.

CCCXXXIX. — La position de la clef est d'être en pal, le penneton tourné à dextre. Deux clefs en pal seront *affrontées* ou *adossées* suivant que le penneton marquera cette disposition. Pour une clef le penneton ne s'énonce que lorsqu'elle n'est pas dans sa position, ou dans la disposition marquée par la description. Ainsi une clef *en fasce* sera figurée ainsi (A); par rapport à la clef, le penneton est bien placé et ne se blasonne pas; si vous trouvez une clef de cette manière (B), vous la blasonnerez *en fasce*, le *penneton en haut*. Une clef comme en C sera blasonnée *contournée* ou le *penneton à senestre*. Pour une clef posée en bande, il n'y a pas besoin de blasonner clef en bande, *le penneton en haut*, si elle est figurée comme en D : la disposition du penneton suit la situation de la bande donnée à la clef. Mais dans le sens contraire (E), il faut blasonner avec Palliot *en bande*, le *penneton* en haut.

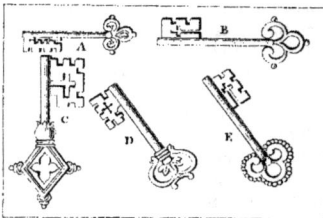

PENNON. — Se prend dans le sens de cornette ou guidon; il a pour nous deux autres acceptions.

PENNON D'ARMES. — C'est un écu d'*alliances (voir* CE MOT) : on l'obtient par plusieurs traits de *coupé* et de *parti*, suivant le nombre de quartiers désiré, 12, 16, 18, 20, 24, etc. C'est un *pennon d'armes direct*, si dans douze quartiers, par exemple, il contient les douze armoiries des alliances des douze ascendants paternels, père, grand-père, bisaïeul, etc., de celui qui présente son pennon. On fait les pennons d'armes de plusieurs autres manières, en y insérant comme les princes les blasons des provinces sur lesquelles ils ont des prétentions; ou bien en faisant dans sa généalogie un choix de quelques quartiers sur lesquels on met ou l'on ne met pas son propre écu, etc.

PENNON GÉNÉALOGIQUE. — C'est l'arbre *(voir* CE MOT) des 8, 16 ou 32 quartiers paternels ou maternels d'un gentilhomme ou d'un postulant à un ordre de chevalerie. On y ajoute quelquefois les blasons des quartiers; d'autres fois les blasons sont sur un tableau à part, c'est alors un *pennon de preuves*. Pour les Ordres ou Chapitres, il fallait les deux, unis ou séparés.

PENTALPHA, DOUBLE DELTA. — Menestrier définit le *pentalpha* un entrelas en forme d'étoile à cinq pointes qui font cinq A entrelacés. Le *double delta* se compose de deux triangles évidés.

CCCXL. — De ces deux mots, le premier ne répond aucunement à l'étymologie, attendu que l'on ne saurait y trouver les cinq alpha annoncés ; le second n'a pas besoin d'un nom grec. — *Voir* TRIANGLES.

PERCÉ. — Menestrier le dit de pièces ouvertes à jour.

CCCXLI. — Mot de luxe ; *ajouré* est plus que suffisant. Cet auteur a fait une méprise à propos de la patte d'ours de BOLOGNE qu'il dit *percée en rond de six pièces, 3, 2 et 1*. Ce sont *six besants d'argent, d'or*, selon d'autres, *3, 2 et 1, qui chargent la patte d'ours*.

PERCHE. — Se dit du bois du cerf; du bâton sur lequel on pose un épervier.

PERCHÉ. — Ce mot exprime la situation de maître corbeau sur son arbre, ou d'un oiseau posé sur une fleur ou sur un autre objet.

PERDRIX. — N'a pas de terme particulier qui lui appartienne.

PÉRI. — Qualificatif de situation pour une pièce de longueur posée de manière à ce qu'elle ne touche pas les bords de l'écu, ce qui constitue la position du *péri*.

CCCXLII. — Menestrier définit : *péri en bande, en barre, en croix, en sautoir*, ce qui est mis dans le sens de ces pièces. Il blasonne : 1° LE BAREV : *d'or au sautoir d'azur, péri en trèfles*. C'est un sautoir alaisé fleurdelisé ! ! 2° LA CHAMBRE : *d'azur semé de fleurs de lis d'or au bâton de gueules, péri en bande ;* c'est une cotice dans sa position et *péri* n'a rien à voir là ; 3° MARENCHES : *d'azur au lion d'or à la tierce de sable périe en bande sur le tout ;* c'est une tierce sur le tout. On voit comme les descriptions marchent d'accord avec la description. Mais sa définition est fausse puisqu'il y manque *sans toucher les bords de l'écu*.

PERROQUET. — *Voir* PAPEGAI.

PERVENCHE. — *Voir* QUINTEFEUILLE.

PHÉNIX. — Cet oiseau se représente de profil, la tête surmontée d'une huppe s'essorant ou posé sur un bûcher allumé, que l'on appelle *immortalité*. Chacun sait que cet oiseau pratiquait volontairement la crémation et avait l'habitude de renaître de ses cendres.

MORAND, (502) : *d'azur au phénix d'or s'essorant, accompagné au canton dextre du chef d'un soleil de même;* ou bien : *d'azur au phénix d'or regardant un soleil de même posé au canton dextre du chef.*

502

CCCXLIII. — Le bûcher faisant partie de la position du phénix, il ne faut blasonner l'*immortalité* que si elle est d'un autre émail que l'oiseau. Ici comme pour la *vigilance*, comme pour la *piété* et la *patience*, je propose une locution très héraldique; on blasonnerait MORAND : *d'azur à l'immortalité d'or au soleil*, etc. Si le bûcher était d'un autre émail, on dirait *immortalité d'azur sur son bûcher de gueules*. En définitive, le bûcher est la cause occasionnante de l'immortalité spéciale au phénix du Blason. L'expression serait donc élégante et exacte.

On voit quelquefois des *immortalités* mouvantes de la pointe ; il est de toute nécessité de le spécifier et si c'est à dextre, à senestre ou en pointe.

PHÉON. — *Voir* FERS.

PICOTÉ. — *Voir* MIRAILLÉ.

PIÈCES EN NOMBRE. — Nous avons déjà parlé des Figures ou Pièces. — *Voir* FIGURES, ACCOMPAGNÉ, ÉCU. — Voici la *position* naturelle des pièces en certains nombres, figurant seules dans les armoiries ; il est inutile de l'exprimer, puisque c'est leur *position* par rapport à l'écu, leur *position relative* par rapport à elles-mêmes et leur pleine *position* par rapport à ce nombre.

Une pièce seule se met au milieu de l'écu en cœur. *Un* besant, *un* lion sont placés en cœur également, c'est-à-dire que leur centre correspond au centre de l'écu environ.

Deux pièces de longueur, comme deux léopards, l'un sur l'autre : (pour trois pièces de longueur, on ajoute habituellement *l'un sur l'autre*).

Trois, se mettent [1] *deux et une.* Dans un chef, dans une fasce, elles doivent, dans leur position, être sur la même ligne.

Quatre, une dans chaque quartier, correspondant à l'écartelé.

Cinq, se mettent en sautoir par rapport à l'écu, c'est-à-dire 2, 1 et 2.

Il en sera de même lorsque, cinq pièces d'accompagnement — sans énonciation de situation — sont sur un écusson (FIG. 558), dans le canton d'une croix (FIG. 506).

Il en serait de même pour tous les cas de position relative ci-dessus et ci-dessous, quoiqu'ils soient peu fréquents. Mieux vaut énoncer les situations.

Huit, se mettent *en orle.* — *Voir* CE MOT.

Neuf, se mettent 3, 3 et 3 (FIG. 655).

Douze, se mettent 4, 4 et 4.

Les pièces en nombre peuvent recevoir toute autre *situation* qu'il faut blasonner.

Cinq, se mettent souvent en croix (par rapport à l'écu), c'est-à-dire 1, 3 et 1 ; mais la position relative de *cinq* pièces dans un écu, non exprimée, est celle indiquée plus haut.

Six, se mettent habituellement 3, 2 et 1 ; c'est presqu'une position relative.

Sept, se mettent 1, 2, 3 et 1, ou 3, 3 et 1.

Dix, se mettent 4, 3, 2 et 1, ou 4, 2, 4, ou bien *en orle.*

Onze, se mettent 4, 3 et 4, ou *en orle.*

Douze, se mettent 4, 4 et 4, ou *en orle.*

Au-dessus de ce nombre, il n'y a plus d'usage habituel de situation. Enfin, non pas quand elles dépassent le nombre de vingt, mais quand les pièces sont situées de manière à ce que quelques-unes apparaissent entières, et quelques autres se perdent dans les extrémités des bords de l'écu, on les dit *sans nombre,* c'est-à-dire *semé.* — *Voir* CE MOT, ÉCU (CLXXXVIII) et ACCOMPAGNÉ.

---

[1] Je prends dans cet article le verbe *mettre* dans le sens grammatical ET NON DANS LE SENS HÉRALDIQUE. (*Voir* MIS ou POSÉ).

PIÈCES HÉRALDIQUES. — *Voir* Figures.

PIED (EN). — Qualificatif de disposition, fort rare en France, pour les animaux dont les quatre pattes touchent à terre, sans autre motif peut-être qu'une distraction du peintre, ou un *passant* mal bâti.

PIED-COUPÉ ou NOURRI. — Se dit de la fleur de lis dont on ne voit que les trois fleurons et le lien qui les unit; le pied disparaissant comme s'il avait été coupé. Vigna-court, (503) : p. *d'argent à trois fleurs de lis au pied nourri de gueules.* On trouve aussi *noirci* au lieu de *nourri!*

PIED FICHÉ. — Se dit des pièces de longueur finissant en pointe. — *Voir* Croix fichée, Fiché.

503

504

504 *bis*

BLONAY, en Suisse, (504) : p. *de sable semé de croisettes recroisettées au pied fiché d'argent, au lion d'or armé et lampassé de gueules brochant sur le tout.*

Les Blonay, de Savoie, branche de cette illustre famille, portent, (504 *bis*), comme ci-dessus, mais sans les croisettes, ce qui nous fournit un bel exemple de brisure, de fait, si ce n'est d'intention.

PIÉTÉ. — *Voir* PÉLICAN. — Quelques auteurs appellent aussi PIÉTÉ la cigogne portant l'auteur de ses jours, comme « Enéas portant son père Anchise! » — Je n'ai jamais rencontré, dans la pratique, de cigogne avec sa piété. Il est vrai que le facies attribué par les hérauts d'armes au pélican, ressemble autant à celui de la cigogne ou de l'aigle héraldique qu'à celui de l'animal qu'il est censé représenter.

PIGNONNÉ. — Qualificatif pour ce qui se termine comme un pignon de muraille en degrés d'escalier.

RIEHEN, (505) : p. *d'azur coupé maçonné pignonné de deux montants d'argent.*

Maçonné ne peut être que de sable, puisque l'émail n'est pas spécifié. — *Voir* d'autres exemples de PIGNONNÉ à SINGULIERS BLASONS.

505

PILE. — C'est une *pointe renversée*, usitée surtout en Angleterre. — *Voir* POINTE RENVERSÉE.

PLAINE. — Ce mot est pris souvent comme synonyme de CHAMPAGNE *(voir* CE MOT). Palliot appelle *plaine* la partie d'un autre émail qui reste en dessous, l'écu étant coupé en carré. On s'est servi de cette figure, paraît-il, comme marque de bâtardise.

CCCXLIV. — Palliot donne à tous ses écus une forme presque carrée; ce qui reste de plus, en-dessous de l'écu coupé carrément (même hauteur que la largeur en chef) est en effet très peu de chose et se distingue aisément de la *champagne*. Mais en dessinant un écu avec la forme ordinaire un peu allongée, on arrivera à donner à la *plaine* à peu près ou même toute la valeur de la *champagne*, c'est-à-dire le quart environ de la hauteur de l'écu. Dans ce cas on ne distinguerait plus si l'on se trouve en Champagne ou en Beauce. Il faut donc ou identifier *plaine* et *champagne*, ou bien donner à la *plaine* le tiers ou le quart en moins que la *champagne*. Ce serait donc une champagne diminuée ou la même chose que la champagne.

Voici en A le blason des STURMEN : *d'or à la fasce de gueules à la plaine de même.* Je donne à l'écu une forme un peu plus allongée que d'habitude, dimension très admissible pourtant. C'est pour appuyer ma thèse.

On y remarquera que j'ai près de deux millimètres de plus qu'il ne m'en faut pour avoir le droit de blasonner, puisqu'il n'y a que deux émaux dans ce blason : *fascé d'or et de gueules de quatre pièces.*

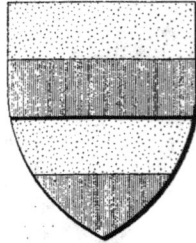

A

PLAISANCE. — Couleur admise par quelques auteurs pour une couleur opposée à la couleur *ordinaire* d'une figure : n'est pas à maintenir, vu sa complète inutilité. — *Voir* REMARQUE CXL.

PLANTE. — D'herbe ou de fleurs, avec leurs racines, ou tenant à une motte, ce qu'il faut décrire, le cas échéant.

PLATE. — Nom spécial du besant d'argent; terme malheureusement fort peu employé. — *V.* BESANT.

WELLESLEY, ducs de WELLINGTON, (506) : p. *de gueules à la croix d'argent cantonnée de 20 plates*, 5, 5, 5 et 5.

Les hérauts d'armes d'Angleterre blasonnent la croix, *entre cinq plates, en sautoir, à chaque quartier*.

Nous préférons aussi dire *cantonné de cinq pièces par quartier.* — *Voir* CANTONNÉ. — Nous nous dispensons d'ajouter *en sautoir :* c'est la position relative de cinq pièces. — *Voir* PIÈCES EN NOMBRE.

PLEIN. — Ce mot, suivant l'énonciation d'un émail, indique que cet émail couvre le champ sans adjonction de figure. On a vu, à CHAMP, que c'est une indication de luxe. Sa seule utilité serait de marquer qu'une distraction n'a pas fait oublier de blasonner la figure.

506

PLÉONASME. — N'est pas un terme héraldique, comme on pourrait le croire en voyant combien ils voltigent nombreux dans le langage de ceux qui décrivent les blasons.

CCCXLV. — J'en ai déjà signalé beaucoup dans le cours de cet ouvrage. (*V.* notamment INUTILITÉS). Ajoutons ici quelques spécimens; prenons-les au hasard..., dans la première partie du cinquième registre de l'*Armorial général de France* du célèbre d'Hozier. Écoutez-le :

AUBER : *d'azur à un pal d'argent accosté de quatre étoiles d'or posées deux de chaque côté! l'une au-dessus de l'autre!! et un chef de gueules chargée* (sic) *d'une fasce ondée d'argent.* Notons en passant les hiatus habituels de d'Hozier *à un et un* et la confusion entre le *numéral* et l'*indéfini.* Un pal accosté de quatre étoiles? Mais cela implique même pour un élève de cinquième que les quatre étoiles sont deux de chaque côté et nécessairement l'une sur l'autre. Il y a douze mots de trop, etc.

BEAUPOIL, DU BOIS ont trois couples et trois coquilles. D'Hozier dit *accouplés* et les dessine mal (*Voir* FIGURE 201 [1].) Pour le vulgaire, cette position de trois pièces est élémentaire; pour d'Hozier, non

_____

[1] Le Mis de la Roche Thulon a l'extrême obligeance de m'envoyer une variante de ce blason, portant sur la situation des liens. Ils sont en quadruples fasces à la dextre de chaque bâton. C'est ainsi que portait le chef et dernier de la branche aînée dite de Gorra des BEAUPOIL, Mis de Sainte-Aulaire (allié à Adélaïde Thibaud de la Roche Thulon), et son frère Mgr Martial de Sainte-Aulaire, dernier évêque de Poitiers avant 1790.

seulement il n'est pas suffisant de dire que les coquilles sont posées *deux et une* (ce qui est déjà de trop), mais pour les *couples*, il dit *deux en chef et l'autre à la pointe*. Ce n'était pas assez, hélas! il ajoute encore *pointe de l'écu!* Mais de quelle autre pointe pouvait-il être question? Évidemment pas de la pointe d'une aiguille.

BRUEYS : *d'or à un lion de gueules langué et onglé! de sable et une! cotice d'azur bordée! d'argent brochant sur le tout! et embrassée des deux pattes de devant du lion.* Quelle accumulation de monstruosités! *A un!* s'il y avait deux lions, il dirait donc à *les deux lions!* Il n'est pas langué et onglé, mais *lampassé et armé!* La cotice n'est pas *bordée*, du moins dans la figure ; elle n'est pas *brochant sur le tout*, puisqu'elle ne broche pas sur les pattes qui l'embrassent.

CAZE : *d'azur à un! chevron d'or accompagné en chef de deux losanges de même et en pointe d'un lion aussi d'or! De même et aussi d'or!!*

ANDRÉ : *parti, au premier tranché de gueules sur or, coupé de taillé de gueules sur or et au second de sables* (sic) *à un lion d'argent langué de gueules et une bordure denchée d'argent.*

Après celui-là il faut tirer l'échelle. Quel sorcier, sans voir la figure, devinera ce *parti tranché coupé de taillé?* Et cette bordure *denchée* dans le texte, *engrêlée* dans le dessin ? Et ce lion dit *d'argent* dans le texte, que la figure pointille en *or* ![1] ?

Sans prolonger cette exposition douloureuse, disons que ce registre, jusqu'au folio 288, contient trente-six blasons. Sept sont bien blasonnés; vingt-neuf sont décrits avec des pléonasmes, des barbarismes, des solécismes ou des tautologies. Voilà la proportion. Si nous passions à des héraldistes moins officiels, on n'en verrait pas davantage.

CCCXLVI. — Pour justifier l'apparition d'un travail comme le mien, je veux citer encore un auteur très estimable dont le Dictionnaire, contenant d'excellentes choses et beaucoup de renseignements, est très commode à consulter; mais il a eu de trop nombreuses distractions dans la description de ses blasons. Je néglige de simples pléonasmes comme pour SUFFREN (*Voir* FIGURE 628) dont le sautoir est accompagné de quatre têtes de léopard, *une en chef, une à dextre, une à senestre et l'autre en pointe*, lorsqu'il serait si simple de dire *cantonné de quatre têtes de léopard*, etc. *Bornons-nous* à citer deux descriptions vicieuses.

RUALLEM : *d'argent au sautoir de gueules cantonné aux trois premiers cantons de neuf feuilles de laurier de sinople 2 et 1, et au dernier de quatre feuilles de même.* Le nombre de pièces n'étant pas pair, comme dans l'exemple de SUFFREN, on ne peut pas cantonner de neuf feuilles par 2 et 1, les trois premiers cantons, mais de trois feuilles 2 et 1. Quant au dernier, il faudrait donner la *situation* des quatre feuilles qu'il m'est impossible de deviner et qui n'est nullement impliquée par la *position relative* de quatre pièces.

COURTALVERT « *d'azur au sautoir d'or accompagné de seize losanges d'or posées, 3, 3, 3, 3, 3 et 1.* » Comment diviser, dans quatre cantons, SEIZE losanges par 3, 3, 3, 3, 3 et 1 ? S'il y avait cinq ou six cantons, ce serait faisable, autrement c'est absolument impossible.

Je pourrais supprimer deux des chiffres 3, en attribuant ces six chiffres à une faute d'impression ; mais alors nous n'aurions plus que dix losanges au lieu de seize.

Saint-Allais décrit ce blason qu'il faut attribuer aux COURTARVEL : *d'azur au sautoir d'or cantonné de seize losanges de même, rangées 3 et 1.* C'est concis, mais cela n'apprend pas comment il faut les mettre

---

[1] Tout le monde n'ayant pas d'Hozier sous la main pour voir la figure, seul moyen possible de comprendre ce galimatias, il faut la blasonner : *parti au premier, tranché de gueules et d'or, coupé, taillé de l'un à l'autre ; au second de sable au lion d'or lampassé de gueules, à la bordure engrêlée* (?) *d'argent.*

par 3 et 1 ; d'ailleurs, d'après cette description, il faudrait les disposer dans le canton de la pointe comme dans les trois autres.

Roger *(Noblesse de France aux Croisades)* blasonne *d'azur au sautoir d'or cantonné de seize losanges de même, rangées 3 et 1 tournées dans le sens de l'orle.*

La forme que je donne à la losange nous dispense du mot *tournées* et facilite la *situation*. Si elles n'étaient pas sur une de leurs pointes, ce ne seraient plus des *losanges,* mais des *carreaux. (Voir* CES MOTS.) Reste le *sens de l'orle.* Qu'est-ce que le sens de l'orle pour des pièces rangées par 3 et 1 ? C'est évidemment un sens dénaturé du sens véritable, pour les losanges autres que les douze qui sont sur les bords de l'écu.

La Chesnaye des Bois blasonne : *d'azur au sautoir d'or cantonné de seize losanges de même en fasce, savoir ceux du chef, 3 et 1, ceux de la pointe de même 1 et 3, ceux des flancs en pointe 3 et 1.* S'il avait

507

dit au moins *en fasces* et *en pals*, nous passerions sur cette description malgré sa pesanteur ; mais elle exprime inexactement la situation des losanges aux flancs et à la pointe. — *Voir* d'ailleurs plus loin.

Le P. Anselme blasonne : *d'azur au sautoir d'or accompagné de seize losanges de même, posées quatre en croix et douze en orle.* Cette description peut paraître juste à un observateur superficiel qui la comparerait à la figure 507. Suivant la logique elle est pourtant singulièrement fausse. Voici à quoi elle nous entraîne invinciblement.

L'usage de blasonner *cantonné de seize ou vingt pièces* et de sous-entendre qu'il faut diviser ce nombre entre les quatre cantons, est dangereux *(Voir* REMARQUE XCIII). Mais ici, non seulement rien ne m'indique la distribution précise des *seize losanges* énoncées en bloc, mais on complique encore le cas en spécifiant que *quatre sont posées en croix et douze en orle.*

Je suivrai donc la priorité des idées que fait naître en mon esprit cette description. Je *poserai en croix* quatre losanges formant une croix entre elles, au premier canton. Je *poserai* les douze autres *en orle*, chacune sur un rayon correspondant au centre. Nous arriverons ainsi, par la force des choses et en suivant les termes de la description, à dessiner comme en A ! ! — *Voir* EN ORLE, MIS ou POSÉ, POSITION, et notamment REMARQUES CCCXVIII, CCCLXX, CCCLXXI.

Pour mon compte, je blasonne COURTARVEL suivant la figure 507 : *d'azur au sautoir d'or, cantonné dans chaque canton de quatre losanges de même, dont trois en orle.*

Me reprocherait-on de ne rien dire de la quatrième losange? Voici ma réponse :

L'avantage de s'occuper d'une science et non d'un conte de fées, c'est que le raisonnement nous tirera

A

d'affaire. — *Voyez* à Losange sa position; à Cantonné et Position, qu'une ou plusieurs pièces *cantonnant*, si l'on ne dit pas *mises* ou *posées,* ne subissent pas de *situation.*

La position relative d'une losange qui cantonne est donc élémentaire. Ici nous avons, par chaque canton, quatre losanges, dont *trois en orle.* La position de la quatrième saute aux yeux, elle se loge dans l'espace entre les *trois en orle* et les angles extérieurs du sautoir, exactement comme si elle était seule à cantonner.

Quand les mots n'ajoutent rien au sens, le pléonasme est vicieux.

Inscrire la position relative de la quatrième losange serait une redondance vicieuse. Donc j'ai raison de ne pas entretenir le vice par une lâche complaisance. « Quod erat demonstrandum ! »

Remarquez que si, comme d'habitude, l'on traçait les *losanges* allongées comme des *fusées,* cette description serait toujours correcte. Celles du P. Anselme, de La Chesnaye, etc., seraient absolument fausses.

Il y en a assez sur ce sujet, on ne peut que l'effleurer. Il faudrait des volumes pour exploiter, même chez les écrivains qui se respectent, un filon inépuisable.

Que serait-ce si j'abordais les littérateurs qui recherchent avec un aplomb remarquable l'occasion de nous donner, sans nécessité, des descriptions bien dignes de ceux qui les admirent !

Et les gentilshommes qui, de science infuse, se croient blasonneurs parce qu'ils sont blasonnés !

Et les docteurs qui nous bâclent, au pied levé, des traités d'aliénation héraldique !

Certainement la connaissance du Blason n'est pas nécessaire à notre salut éternel. Mais s'il est ridicule de faire de fausses citations dans une langue étrangère inconnue, il est absurde d'estropier ce pauvre Blason qui ne peut plus se défendre.

Ce n'est point pour le vain plaisir de critiquer, ni pour dénigrer tout ce qui n'est pas de moi, que je consigne ici ces observations; c'est uniquement dans l'intérêt de la science.

« Homo sum. Nihil humani a me alienum puto ! » Il doit certainement m'arriver de me tromper souvent, de mal interpréter quelques blasons ou quelques détails. Ce sera par faiblesse humaine et non parce que je me serai avisé de voltiger de *redorte* en *redorte* en pays inconnu, comme une corneille qui abat des noix.

Si cela m'arrivait aussi souvent qu'aux plus célèbres héraldistes — dont le plus grand tort est d'avoir inévitablement vu des incohérences sans chercher un système pour les éviter — quel feu de tristesse je ferais avec mon *Dictionnaire !*

PLIÉ. — Menestrier le dit des oiseaux qui n'étendent pas les ailes, particulièrement des aigles que l'on dit alors *au vol ployé.* Cet *on* est personnel : ce n'est que Menestrier qui dit au *vol plié* pour les aigles. — *Voir* Essorant.

CCCXLVII. — Palliot le prend dans le sens de *courbé* et l'applique à quelques blasons d'Allemagne ayant des chevrons, des bandes, des fasces *pliés.* Je crois pouvoir affirmer que cette courbure n'est pas intentionnelle chez les anciens dessinateurs allemands. — *Voir* Remarque CCXCIV.

PLUMETÉ. — Suivant Palliot, est synonyme de *moucheté* ou découpé en forme de trèfles renversés. Suivant Menestrier, c'est le synonyme du moucheté ou *papellonné.*

CCCXLVIII. — Menestrier dessine le *plumeté* comme un *semé* d'œufs et l'attribue à Ceba de Gênes, qui porterait *plumeté d'argent et d'azur ;* il aurait dû tout au moins dire *sur azur.* L'*Armorista* de feu le comte Franchi Verney blasonne CEBA : *fascé papelonné d'argent et d'azur* (de quatre ou six pièces ?) *chaque fascé formé de quatre écailles tournées vers le chef*. Je ne me charge pas de traduire cette description avec le crayon ; je sais seulement qu'elle ne peut en aucune façon correspondre à la figure de Menestrier, et à la définition qui parifle le *plumeté* au *moucheté* et au *papelonné*. Le plumeté doit donc se faire dans le genre d'un papelonné plein ; au lieu d'écailles rondes, y mettre des plumes.

PLURIEL, SINGULIER. — Dans le Blason logique, l'indication de nombre est importante en certains cas, et peut modifier la situation des pièces.

CCCXLIX. — Nous en avons des exemples dans les figures 330 et 330 *bis*. En 330 nous voyons *trois billettes couchées en fasce* et *trois billettes en fasce*. En 330 *bis* nous voyons *trois flèches rangées ou mises en fasces*. Les trois premières billettes de 330 sont *couchées en fasce* au singulier ; les trois flèches de 330 *bis* sont *en fasces* au pluriel. Cette indication remplaçant *mises* ou *rangées* donne nécessairement aux trois flèches la *situation* de se mettre l'une sur l'autre, comme le seraient trois fasces, toute séante proportion gardée.

L'indication du singulier pour les trois premières billettes de 330 ne suffirait pas sans le mot *couchées* qui comporte double situation, par rapport à l'écu dans lequel elles simulent une fasce et par rapport à elles-mêmes puisqu'elles se *couchent* au lieu de garder la simple situation des trois billettes inférieures que l'on voit *en fasce*.

POIGNÉE. — Quand la poignée d'une épée est d'un autre émail que la lame, il faut le spécifier avec ce mot *la poignée de.....*

POINT. — Se prend :

1º Pour une division de l'écu en neuf carrés dont nous avons la figure à 293, représentés chacun par une lettre. A est le *point* dextre du chef, E est le *point* d'honneur, etc. Le point est donc une figure carrée comme la case de l'échiquier, soit dans le premier sens, soit dans le suivant ;

2º *Points équipollés*. Nous avons vu à *équipollés* que ce sont neuf points, dont cinq d'un émail et quatre d'un autre. Ils correspondent exactement aux neuf lettres (soit à leur emplacement) de la figure 293, dont A, C, E, G, I sont du premier émail annoncé, B, D, F, H du second. — *Voir* POINTS ÉQUIPOLLÉS, FIGURES 311, 314.

CCCL. — Ce que j'avance est conforme à ce que dit Palliot au mot ÉQUIPOLLÉS. Mais au mot POINTS cet auteur change d'avis et dit que les *points* « figure quarrée comme celle de un eschiquier se « mettent au nombre de neuf et de quinze ny plus, ny moins, qui toutes font un autre quarré. » J'engage les personnes qui aiment la précision dans ce qu'elles doivent croire, à essayer de faire « un autre « quarré » avec quinze points carrés ; elles se convaincront qu'on ne peut loger trois points en largeur et cinq en hauteur que dans un écu à forme extravagamment allongée. Ou bien, quand on aura quinze points, il faudra les dessiner comme Palliot, de manière à faire un carré avec quinze parallélogrammes, et alors nous ne tiendrons pas compte de sa définition.

Nous ne blasonnerons pas non plus une bordure componée d'argent et de gueules de seize points pour avoir le plaisir, avec Palliot, d'avertir « qu'il n'est pas besoin de les nommer, suffisant de dire « componée, parce qu'elle a ordinairement ce nombre de seize ; si elle en a moins, on les spécifie par

« le mot pièces. » Il était donc tout-à-fait inutile de les nommer points, surtout après avoir dit que les points se mettent « au nombre de neuf et de quinze ny plus, ny moins. »

Dans le second sens, les *points* sont toujours au pluriel. Au singulier, le point est un *carreau ;* il devient *losange* s'il est mis de biais sur un de ses angles.

Il est dans l'essence des *points* d'être carrés *(Voir plus loin).* Si le point pouvait être parallélogrammiforme, on ne saurait le distinguer de la *billette.* Les points doivent être carrés comme les *compons,* comme les *carreaux,* comme les cases de l'*échiqueté.* Il faut donc, quand on rencontre les prétendus *quinze points,* ou douze points qui ne peuvent être *carrés,* blasonner par exemple *d'or et de gueules, parti de deux traits, coupé de quatre,* au lieu de *huit points d'or équipollés à sept de gueules.*

Dans la figure 314, les neuf points ne sont pas précisément carrés: ce sont pourtant *neuf points équipollés ;* l'adjonction du chef entraîne forcément, en diminuant d'un tiers la hauteur de l'écu, la disposition des points dont celui du milieu seul est parfaitement carré, ce qui suffit à caractériser l'essence de la figure. Ce chef explique suffisamment que c'est une juste exception à la règle et qui n'en modifie aucunement la valeur, comme le point carré du milieu indique que ce n'est pas un *coupé de deux et parti de deux* (tous les carreaux devraient être alors paralléogrammatiques); que ce n'est pas un *échiqueté,* car sans parler du nombre des carreaux, tous les carreaux de la première tire en chef, au moins, devraient être parfaitement carrés.

En revanche, nous ne voyons plus des *points équipollés* dans le blason des Pallavicini de Piémont (*Voir* Figure 314 *bis* et Remarque CCXVIII). Je ne saurais y voir qu'un *parti de deux, coupé de trois de gueules et d'argent.*

CCCLI. — Le *point,* les *deux points,* le *point et virgule* et la *virgule* sont très nécessaires pour donner de la clarté aux descriptions, pour bien séparer chaque membre, chaque incidente de la description.

POINTE. — Se prend en deux sens :

1° Palliot, en suivant la nomenclature des *points* (premier sens) de l'écu, appelle *pointe* la partie la plus basse de l'écu, correspondant à la lettre I de la figure 292. Mais cette nomenclature étant incomplète et inexacte précisément pour la pointe, où G et H ne figurent pas en *pointe* avec I, mais avec F, qui est le nombril d'après lui, nous ne nous en occupons pas davantage. En renvoyant à la figure 293, nous dirons que la *pointe* dans ce sens est la troisième partie inférieure de l'écu, représentée par les lettres G, H, I. G et I sont les flancs dextre et senestre de la pointe de l'écu ; I est la pointe. Une figure placée en I est en pointe.

CCCLII. — Mes idées ont dû souvent faire sourire les amants de dame Routine. Que serait-ce si j'avais mis la *pointe,* dans ce sens, équivalant exactement à *champagne,* parmi les figures héraldiques honorables du premier ordre ? Puisque le *chef* qui occupe le tiers supérieur, la *fasce* qui occupe le tiers intermédiaire, sont, de l'avis unanime des héraldistes, des figures de premier ordre, il n'existe aucun motif théorique de ne pas y classer la *pointe* ou *champagne* qui occupe le tiers inférieur de l'écu. En pratique pourtant cette figure étant relativement fort rare dans les armoiries, ce serait plutôt une figure extraordinaire qu'ordinaire. On peut donc laisser la pointe ou champagne dans les figures héraldiques ordinaires du deuxième ordre.

Quand les pièces sont placées au bas de l'écu, il faut dire qu'elles sont en pointe ; mais quand on trouve la *pointe* comme figure, on dira *champagne* pour ne point engendrer confusion avec pointe prise dans le second sens. Nous avons le dessin de la *champagne* à l'exemple 102. — *Voir* aussi Plaine.

2º POINTE se prend aussi pour une pièce montante, mouvante du bas vers la sommité de l'écu en l'effleurant, mais
sans la toucher comme le *chapé*, dont elle se distingue en
ceci qu'elle est beaucoup plus étroite et qu'elle ne touche pas
le bord de l'écu. La *pointe* occupe dans sa largeur inférieure
la moitié environ de l'écu.

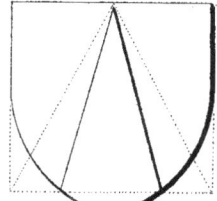

CCCLIII. — La figure A donne la différence entre le *chapé* représenté
par le pointillé et la *pointe* représentée par des traits. Le *pointillé*,
formant un carré dans le bas, montre comment il faut entendre la moitié
inférieure de l'écu pour la *pointe*, et pour le *chapé* comment le taillé et
le tranché se dirigent aux angles de la *pointe* dans son premier sens.

A

La *pointe* (second sens) peut recevoir la disposition de la bande et de la fasce, et figurer
en nombre.
SAINT-BLAI-
SE, (508) : p.
*d'azur à la
pointe d'ar-
gent.* OUGS-
BURG (509) :
*de sable à une
pointe d'ar-
gent mise en
bande.* WE-
CHEIMER,

508 509 510

(510) : *d'argent à deux pointes de gueules en fasces mouvantes du flanc senestre.*

CCCLIV. — On comprend que cette indication de mouvance est nécessaire, car les deux pointes
pourraient être en fasces en mouvant du flanc dextre au lieu du flanc senestre *(Voir* 513, 513 *bis)*.

POINTE COUPÉE ou POINTE EN POINTE. — Serait une pointe dans sa position
physique ordinaire, mais très écourtée ; elle n'occuperait, de la base à son extrémité
aiguë, que le tiers environ de l'écu en hauteur, c'est-à-dire la place du triangle pointillé
dans H, figure 293, sans toucher la ligne qui sépare l'emplacement de la pointe (premier
sens) de celui de la fasce. Je propose plus bas une locution en remplacement des deux
variantes ci-dessus et des deux autres énoncées plus bas.

CCCLV. — Cette figure a été portée comme marque d'illégitimité et Scohier l'appelle *pointe trianglée*.
Palliot, entre autres exemples de *pointe coupée*, blasonne l'écu de MALVENDA « d'azur à une fleur de
« lis d'or à deux cantons (qu'aucuns appellent Anglets) d'argent à la pointe coupée de mesme. Cette
« arme m'a été donnée par le Père Compain, qui l'a tirée de Saint-Pierre de Genève. » Or ce blason, que
l'on voit encore sculpté à Saint-Pierre, fournit, s'il est bien décrit et figuré, le plus bel exemple que je
connaisse de *pointes coupées*. S'il y a divergence sur les émaux, où les uns voient de l'azur ou du

sinople et les autres de l'or ou de l'argent, il est certain que l'écu ne porte pas les cantons du Père Compain.

Ces expressions, 1° *pointe coupée*, usurpant un sens doublement inexact ; 2° *pointe en pointe*, prenant le même mot en deux acceptions différentes et une troisième fausse, en mettant *pointe en pointe, en chef,* par exemple ; 3° *pointe trianglée ;* 4° *anglet,* ne disant rien du tout, je propose, afin d'éviter toute amphibologie, de les remplacer toutes par une locution très héraldique et précise, savoir : POINTE RETRAITE. — *Voir* CHEF-RETRAIT, RETRAIT.

Nous blasonnerons donc MALVENDA, (511) : p. *d'azur à trois pointes retraites d'or, deux renversées mouvantes en bande et en barre des angles du chef,* la troisième *en pointe, à la fleur de lis de même en abime.* Si les pointes du chef sont figurées dans leur proportion normale, on ne les confondra pas avec des cantons.

511

POINTE RENVERSÉE. — Comme le nom l'indique, est celle qui, à l'opposite de la pointe réglementaire, est mouvante du chef, et mourante vers le bord inférieur de l'écu, sans le toucher. Les Anglais appellent *pile,* la pointe renversée ; nous en avons parlé à AIGUISÉ. La pointe renversée peut, au lieu d'être en pal *(sa position relative* par rapport à la pointe, sa *position* en tant que. *pointe renversée),* recevoir la *situation* de la bande et de la barre. KRAFT, (512) : *d'or à la pointe renversée de sable, mise en barre.*

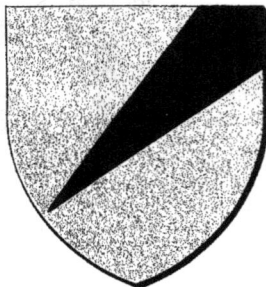

512

CCCLVI. — Pour blasonner clairement, comme il est figuré, l'exemple 374, nous avons employé le mot *pointes* au lieu de *girons.* — *Voir* REM. CCXLVII *in fine.* Nous n'avons pas dit que la *pointe* du chef était renversée pour ne pas commettre un pléonasme ; puisque les quatre pointes sont aboutées en forme de croix, il faut nécessairement que celle du chef soit renversée, que deux soient mouvantes des flancs, la quatrième gardant sa position normale.

POINTÉ. — Palliot inscrit seulement le *pointé-fascé,* et théoriquement il faudrait admettre en même temps le *pointé-bandé,* le *pointé-pallé,* le *pointé-pallé renversé,* etc.

CCCLVII. — Il définit le *pointé-fascé* « lors que les pointes en fasces sont en nombre égal de « couleur et de métal » et donne des exemples de *pointé-fascé* de six pièces et de dix pièces qui ne correspondent pas à la définition. Il figure le blason d'HATTENBACH comme en 513 et le décrit : *pointé-fascé d'argent et de gueules de six pièces.* Cette description est insuffisante, car à moins de me dire si les pointes meuvent du flanc senestre, je reste libre de le desssiner comme en 513 bis. Ces deux écus ne

513   513 bis.

remplissent pas ce qu'exige la définition donnée : j'y vois deux pièces et une demie d'un émail, deux et une demie d'un autre émail, total, cinq pièces et non six. Les pointes adhèrent aux bords de l'écu, contrairement à leur essence.

Si le *pointé-fascé* est possible, il ne l'est qu'en le dessinant comme au n° 513 *ter*. Cela répond *tant bien que mal*
aux « ternis cuspidibus rubeis et argenteis, illis (rubeis) ex
« dextro latere prodientibus » que Spener donne à la famille
HATTENBACH. Il faut se contenter de deux demi-pointes
d'argent pour faire une pointe entière. Il résulte de tout ceci
que le dessin, la définition et la description de Palliot sont
inexacts. Quant au *pointé-fascé*, c'est une création inutile,
puisque, en énonçant le nombre de pointes d'un émail et
leur mouvance, on la remplace très avantageusement et
sans donner lieu à fausse interprétation.

Je blasonnerai donc HATTENBACH en suivant le dessin de
la figure 513 *ter* : *d'argent à trois pointes de gueules, en
fasces, mouvantes du flanc dextre*, et si elles touchent le bord
de l'écu en réalité, j'ajouterai *mourantes au flanc senestre*.

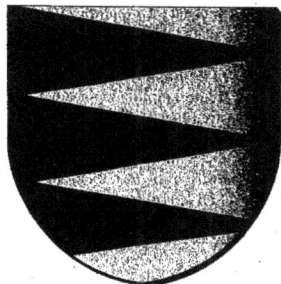

513 *ter.*

CCCLVIII. — Palliot,
au mot POINTÉ (se-
cond sens, *Voir plus
bas)* spécial à la rose,
énonce très incidem-
ment un autre genre
de *pointé*. Il blasonne
KAISERSTUL : *pointé
au flanc dextre de huit
pièces d'argent et de
gueules* et le figure
comme au n° 514. On
pourrait tout aussi
bien, et même bien
mieux, blasonner *gi-*

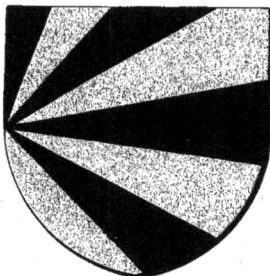

514

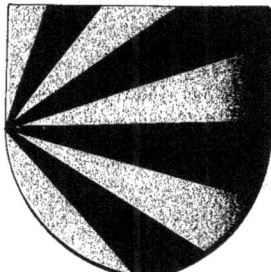

514 *bis.*

ronné d'argent et de gueules de huit pièces, appointées au flanc dextre sur le bord de l'écu.

L'*appointé* ainsi que l'*abouté* indiquent dans leur sens précis la direction des pointes ou des bouts de
certaines pièces vers un point déterminé, mais sans qu'elles se touchent par les pointes ou les bouts.
Ainsi les figures 6, 49, 50.

Dans la figure 514 nous avons un champ factice rempli de pièces en *rebattement de situation*, c'est-
à-dire un *gironné* dont les extrémités aiguës convergent au bord de l'écu au flanc dextre, en se touchant.
Nous nous servirons du mot *appointé* pour exprimer cette situation du gironné — du reste il n'y en a
pas d'autre pour le remplacer — mais non sans réserves.

Puisque c'est un *gironné*, chacun sait que les girons doivent adhérer l'un à l'autre, on ne peut donc
confondre ce sens d'*appointé* avec le véritable sens.

Si au lieu d'un *gironné* nous avions, comme en 514 *bis*, quatre girons de gueules sur champ d'argent,
nous ne nous servirions plus du mot *appointé* afin d'éviter toute possibilité d'amphibologie ; nous le

blasonnerions : *d'argent à quatre girons de gueules (ou pointes de gueules) venant avec leurs quatre pointes s'accoler au flanc dextre au bord de l'écu.*

Pointé, dans le sens ci-dessus, correspond donc à *appointé.* — *Voir* REMARQUE CDLIX.

POINTÉ. — Enfin, c'est un qualificatif pour les roses quand les bouts de feuilles qui paraissent dans les commissures des quatre ou cinq pétales sont d'un émail différent que la *rose.* D'autres auteurs appellent *pointillé,* ce *pointé.*

POISSONS. — Tous les poissons sont admis à nager dans les eaux héraldiques. Sept attributs peuvent être blasonnés dans les poissons :

1º Le genre ou l'espèce. Souvent il n'est pas possible dans des armoiries de dimensions très restreintes, de reconnaître leur espèce; dans ce cas, blasonnez le genre et dites *poisson.* Si vous le pouvez, énoncez l'espèce; pour quelques-unes, cela est toujours facile, ainsi le *dauphin,* le *bar,* le *chabot,* le *brochet.*

CCCLIX. — Il est fort probable qu'à l'origine d'un blason chargé d'un poisson, l'impétrant ou le créateur de ce blason auront spécifié l'espèce, *truite* ou *sardine.* Dans certains cas l'induction (*Voir* CE MOT) tirée de l'arme parlante, pourra vous indiquer l'espèce en la comparant avec le nom. SALMES porte des saumons. TENQUES, des tanches; LEUSSE (*Voir* FIG. 242), LUC, LUCIANE, LUSY, des brochets (lucius); TROUTEBECK, des truites, etc; LE MEUNIER porte suivant Palliot, des poissons; dites hardiment porte trois meuniers (chevanne), etc.

2º L'émail ;
3º La situation.

CCCLX. — Il faut noter ici que la position ordinaire du poisson, genre, est d'être en *fasce,* la tête tournée vers la dextre. Cette position naturelle ne se blasonne pas; mais il faut blasonner la situation, si le poisson est mis en *bande,* en *pal* ou en *barre, contourné, renversé,* etc. Ainsi pour le blason de la ville d'ANNECY, (515) : *de gueules à la truite* (que d'autres nomment *véron*) *d'argent, en bande.* Trois poissons, *le dauphin,* le *bar* ou *barbeau* et le *chabot* ont une position particulière à leur espèce. — *Voir* CES MOTS.

515

4º La disposition; savoir, si le poisson seul est dans une bande, dans une fasce; en nombre, s'ils sont *adossés, affrontés, mis en triangle;* s'ils chargent ou s'ils accompagnent, etc.;

5º L'action: comme celle de la truite que la ville d'ÉVIAN porte dans son blason tenant un petit poisson dans sa bouche;

6º Leurs écailles, si elles étaient d'un autre émail qu'un émail d'ombre; je n'en connais point d'exemple, mais il doit y en avoir, ne fût-ce que pour justifier le mot *écaillé* qui exprimerait cet attribut.

La truite dont on verrait les taches d'un autre émail, se blasonnerait *picotée,* et suivant d'autres, *marquetée* ou *miraillée,* détail de luxe ;

7º Ses nageoires et autres appendices dont nous avons parlé à DAUPHIN.

POMME. — Les fruits du pommier, du pin, etc., figurent dans quelques armoiries. Leur position est d'avoir la *tige en haut* pour le premier — et ne demandez pas pourquoi — la *tige en bas,* la pointe en haut pour la pomme de pin ; la disposition opposée se blasonne *renversée.* Pom-mereul, (516) : p. *d'azur au chevron d'or accompagné de trois pommes de même.* Talhouet, (517) : p. *d'argent à trois pommes de pin renversées, de gueules.*

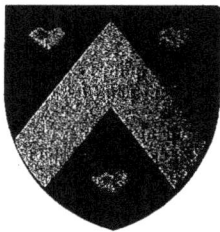

516

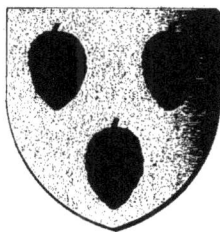

517

POMMETÉ ou POMMÉ. — Se dit de ce qui se termine en boules arrondies comme des pommes. — *Voir* Croix pommetée.

PONT. — Cette œuvre d'art figure assez souvent dans les armoiries, occupant en fasce tout l'écu d'un flanc à l'autre. Le pont n'a qu'une arche dans sa position naturelle ; il faut blasonner un nombre d'arches supérieur au réglementaire. Pontevez, (518) : p. *de gueules au pont de deux arches d'or : (maçonné de sable,* ajoute inutilement Palliot.)

518

PORC. — Les héraldistes établissent cette seule différence entre le *porc* et le *sanglier :* que le porc ne montre point de défenses, ou, selon d'autres, que ses défenses sont beaucoup plus courtes. Il paraît de profil, *passant.* — *Voir* Sanglier.

CCCLXI. — En théorie, le porc domestique a la défense beaucoup moins visible que le porc sauvage ; en pratique pourtant le porc héraldique se confond avec le sanglier. La femelle du porc héraldique se nomme *laie* ou *porque.* En vertu de l'induction pourtant vous ne direz ni *sanglier* ni *porc,* mais *porcelet* pour le vieux blason des Porcelet de Provence.

PORC-ÉPIC. — Se confond avec le *hérisson,* représenté *passant ;* il faut blasonner s'il est en *défense,* c'est-à-dire ramassé, posé sur ses quatre pattes, faisant le gros dos.— *Voir* Hérissonné.

PORTAIL, PORTE. — Le *portail* se représente comme un petit arc de triomphe ; l'ordre de l'architecture est facultatif. La *porte* se figure dans le même genre, avec deux

battants en plus, ouverte en général. Ainsi LA PORTE :
de gueules au portail d'or. RUSSIE, (519) : *de sable à une porte ouverte à deux battants d'or.*

Ce quartier figure dans l'arbre de 33,554,432 quartiers, soit dans le pennon de vingt-six degrés de MONSEIGNEUR LE COMTE DE PARIS, à cause d'Anne de RUSSIE, sa vingt-quatrième aïeule paternelle, femme d'Henri Ier, roi de FRANCE (1050 environ), arrière-arrière-arrière-petit-fils de Robert-le-Fort, Comte de Paris, tige de l'auguste MAISON DE BOURBON. Palliot le figure comme ci-contre.

519

POSÉ. — Qualificatif pour les quadrupèdes représentés sur leurs quatre pieds.

Posé, synonyme de mis, marque la situation de trois pièces, par exemple, *posées en fasce ou en pairle.* — *Voir* MIS, POSITION, notamment REMARQUES CCCLXX, CCCLXXI.

POSITION, SITUATION, DISPOSITION. — C'est à peine si dans les innombrables traités de Blason, plus ou moins cotés à la Bourse héraldique, on trouve mentionnés en courant, ces trois mots D'UNE IMPORTANCE CAPITALE. A ma connaissance aucun auteur n'a approfondi ce sujet; il faut le plus souvent raisonner par induction, en réunissant des notions éparses çà et là, sans méthode, fort confusément et trop souvent contredites. Entraîné par mon sujet, je l'ai déjà entamé en quelques articles de ce Dictionnaire. Essayons de le compléter en priant mes lecteurs de relire à la synopsis (f°s 1 et 2), une comparaison familière qui donne une notion précise de la valeur des mots : *position, situation, disposition.*

CCCLXII. — Toute figure dans un blason a une *position* naturelle que l'on n'exprime pas; ainsi un *chef* occupe naturellement le tiers supérieur de l'écu. Cette *position* naturelle est *régulière :* une position *irrégulière* crée la *situation ;* ainsi un *chef abaissé,* n'a plus qu'une *position modifiée par l'abaissement,* c'est-à-dire une *situation* qui l'abaisse sous un autre chef; celui-ci garde sa *position,* mais reçoit une *disposition* par le fait que, pour loger son confrère, il est obligé de se serrer. Si ce chef abaissé était *emmanché,* ou bien *chargé de trois étoiles,* il recevrait la *disposition* d'une ligne de bordure ou bien du chargement.

Ainsi la *position* en Blason est l'essence extérieure d'une figure, ce qui fait qu'elle est ainsi et non autrement, un *lion* et pas un *léopard :* elle comporte, en outre, la *position* physique de cette figure dans l'écu, ainsi le *rampant* pour le lion et le *passant* pour le léopard.

La *situation* ne change les caractères essentiels d'une figure, que par rapport à l'écu, ainsi un lion *contourné,* etc.

La *disposition* modifie, diminue ou augmente l'essence : ainsi un lion *écartelé,* un lion *désarmé,* un lion *couronné,* etc.

La *position* naturelle peut donc être *directe* ou *relative. Directe* c'est la *position* par excellence, celle d'un lion par exemple : cette position de lion dans un écu est son essence même.

Il faut entendre cela de toute figure, comprenant non seulement son assiette physique dans l'écu, mais les caractères *positifs* de cette figure. Pour continuer l'exemple du lion, non seulement il est *rampant* (*Voir* ce mot), mais il doit être *armé* et *lampassé*, avec une queue, etc., le tout, d'un même émail. S'il était figuré sans griffes et sans langue, ou avec ces appendices d'un autre émail, ce serait une *disposition*.

On arrive à la *position naturelle relative* par la *situation* : ainsi trois lionceaux. Les pièces au nombre de trois ont une *position naturelle relative* à ce nombre (*Voir* Accompagné, Chargé, Écu, Pièces en nombre), c'est-à-dire deux en chef, une en pointe. Le lion répété trois fois, reçoit une *disposition* de nombre et devient *lionceau* : il reçoit une *situation* par rapport avec lui-même ; par rapport avec l'écu pourtant il est en position *naturelle relative*, celle de trois pièces dans un écu. Ces trois pièces étant *mal ordonnées* (*Voir* ce mot) donnent lieu à une véritable *situation* qui doit être blasonnée, la *position relative* ne devant pas l'être.

CCCLXIII. — Dans l'énonciation de la *situation* d'une figure, il faut noter que comme la terre a le mouvement de rotation sur elle-même et le mouvement de translation autour du soleil, toute pièce héraldique frustrée de sa *position*, a ou peut avoir une *situation* double, *par rapport à elle-même* et *par rapport à l'écu*. Ces situations sont innombrables.

Toutes les figures ont une *position*. Dans chaque article de ce Dictionnaire, la *position* que l'on ne doit pas exprimer est toujours inscrite. Dans une grande quantité de blasons, les figures honorables héraldiques, par exemple, n'ont point de *situation* ni de *disposition*. La *situation* et la *disposition*, contrairement à la *position* qui ne s'exprime jamais, doivent toujours être blasonnées.

CCCLXIV. — La *disposition* est une modification de la figure normale, qui charge, augmente, diminue, multiplie, réduit ou accompagne. La *disposition* peut être concomitante avec la *position* : ainsi, une *croix engrêlée* garde sa position physique, tout en recevant la disposition de l'engrêlé ; concomitante avec la *situation* : ainsi un *lion contourné avec la queue fourchue* a la *situation* qui le tourne tout entier à senestre (au lieu de la *position*, être tourné à dextre) et la *disposition* qui fourche sa queue.

Ainsi, *deux bandes*. C'est un *rebattement* (de nombre) qui constitue une *disposition* par le fait, puisque l'on adjoint *une* bande à *une autre* bande, mais c'est une *position relative*, celle de deux bandes dans un écu, que l'on n'exprime pas autrement que par l'énonciation *deux bandes*. Ces deux bandes sont-elles *ondées* ? voilà une vraie *disposition* qui change la ligne unie des bandes, en lignes ondulées.

Autre cas : *bandé de quatre pièces*. C'est un *rebattement de situation* qui vous fera placer ces quatre pièces de manière à ce qu'elles couvrent tout l'écu dans leur ordre alterné : champ factice. C'est une *situation* à blasonner ; c'est une *disposition de la situation*, puisque le bandé véritable a pour *position relative* d'être au nombre de six pièces. Donc ce bandé de quatre pièces comporte *situation* et *disposition*.

Sur ce bandé voyons-nous *en cœur, une étoile* ? Seconde disposition par rapport au bandé auquel on adjoint une figure. Cette étoile est-elle de *huit rais* ? Autre *disposition* : elle agit seulement sur l'étoile. Cette étoile *disposée* par rapport à elle-même (elle ne devrait avoir dans sa *position* que cinq rais) est pourtant dans la *position* d'une figure, isolée dans l'écu, au centre : peu lui importe que ce soit sur un *champ de gueules* ou un *bandé d'or et de gueules*. Au lieu d'être *en cœur* est-elle placée au *canton dextre du chef* ? elle perd sa *position* pour prendre la *situation* indiquée. La description ajoute-t-elle *au canton dextre du chef* en bande? c'est encore une *situation*, *double* par rapport à l'étoile : au lieu d'être à *plomb* elle aura son rais central culminant *dirigé vers l'angle dextre du chef*. Cela ne modifie en rien la *disposition* unique de cette étoile par rapport au *bandé*, en tant qu'elle est sur ce bandé.

On voit donc que parfois la *disposition* se confond avec la *situation* ou par rapport à l'écu ou par rapport à la figure ; que la *situation* peut dépendre de la *disposition;* que la *position relative* par rapport à l'écu, peut devenir une véritable *situation* par rapport aux figures, etc., etc.

Ces distinctions de *position*, de *situation*, de *disposition* peuvent paraître fort subtiles, mais une bonne description les comporte nécessairement ou en les sous-entendant, ou en les exprimant. Ne pas sous-entendre la *position* est un pléonasme ; ne pas exprimer *situation* et *disposition* est un barbarisme qui fait tout confondre. Des exemples figurés en rendront le maniement facile, s'il est vrai que ce que l'on conçoit bien s'énonce clairement.

CCCLXV. — La figure du sautoir est connue. Sa *position* naturelle est de venir avec les quatre bouts de ses tiges diagonales mourir dans les angles du chef et vers les pointes de l'écu. Nous voyons dans la figure ci-contre A, B, la ligne à plomb passer toujours entre ses tiges, tandis que dans la croix, cette ligne à plomb passe toujours parallèlement dans sa tige verticale.

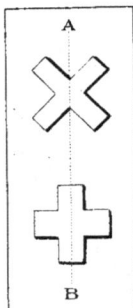

Nous avons la figure du sautoir en 520 ; LA GUICHE : p. *de sinople au sautoir d'or*. C'est un sautoir dans sa *position* parfaite.

L'exemple 521 nous montre un sautoir recevant une *disposition*. LA BOUL-LAYE : p. *d'azur au sautoir alaisé d'argent ;* le sautoir garde sa position matérielle, mais il reçoit la *disposition* de l'alaisement, grâce auquel ses quatre bouts ne touchent plus les bords de l'écu.

L'exemple 522, GRIBALDI : *d'or au sautoir ancré d'azur*, nous fournit une *double disposition* pour le sautoir. Les quatre bouts se terminent en façon

d'ancre, ce qui exige la disposition primordiale de l'alaisement, d'où il suit qu'il suffit de dire *sautoir ancré*, sans ajouter pléonasmiquement qu'il est *alaisé*.

520   521   522

523

Dans l'exemple suivant, BOISLÈVE, (523) : *d'azur à trois sautoirs d'or*, nous avons toujours une *disposition* sous-entendue, *trois sautoirs* étant forcément *alaisés*. Nous avons également une *situation*, puisque nous avons vu à 520 quelle est la *position* du sautoir. Mais cette *situation* devient *position relative*, naturelle à trois figures dans un écu, c'est-à-dire *deux en chef et une en pointe*, ce que l'on exprimerait beaucoup plus simplement par *deux et un*, s'il n'était de règle qu'il ne faut pas l'exprimer du tout. — *Voir* PLÉONASMES.

La description *d'azur à trois sautoirs d'or* comporte absolument les caractères ci-dessus qui vous feront dessiner comme en 523, sans aucune hésitation possible.

CCCLXVI. — Si au lieu de cette *situation* ou *position relative* de trois pièces, vous voyez trois

sautoirs rangés
comme au nº 524,
vous les blason-
nerez *mal ordon-
nés*, ou *1 et 2*.
Nouvelle et *vraie
situation,* contrai-
re à la *position
relative*, et *dou-
ble situation* par
rapport à la figu-
re en elle-même

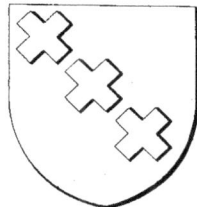

524   525   526

et par rapport à la place que les sautoirs occupent.

Mettez maintenant ces trois sautoirs *en bande*, comme en 525. Nouvelle *situation* : mais faites ici une observation importante. Par ces mots *posés* ou *mis en bande*, vous ajoutez une troisième modification à la *position*. Outre la double *situation* plus haut énoncée, non seulement les sautoirs sont placés diago- nalement de dextre à senestre dans le sens qu'occuperait une bande, mais ils sont *en bande par rapport à eux-mêmes*. En effet, si la description *trois sautoirs mis en bande*, n'impliquait pas toutes ces modifications de la *position*, en vous reportant au nº 525, vous ne sauriez distinguer sur un blason à déchiffrer, si vous êtes en présence de sautoirs ou de croisettes.

La figure 525 répond bien à la description donnée : en revanche elle serait grossièrement inexacte si elle répondait à la figure 526. Nous la blasonnerons ainsi *de.... à trois croisettes en bande* en ajoutant prudemment (en attendant l'âge d'or), *ou bien trois sautoirs à plomb en bande.*

Sans connaissances préacquises sur ce blason (526), vous ne pouvez deviner si ce sont des *croisettes en bande* ou des *sautoirs à plomb en bande*. Vous devriez marquer ce doute pour ne pas confondre ces pièces, puisque cela arrive aux plus savants. *Voyez* par exemple Menestrier à la REMARQUE C. Pour résoudre ce doute — nous ne devons pas en avoir — voici la marche à suivre :

Il faut toujours que vous mettiez en esprit ou devant vos yeux cette *disposition* en bande, comme si elle était à plomb (*Voir* REM. CII) : ou bien remarquez où passe la ligne à plomb dans la figure A, B, du folio précédent. Ceci posé, nous ne devons pas refuser de croire au surnaturel s'il est démontré par de bonnes autorités : nous admettrons toujours *à priori* l'ordre naturel qui règle toute chose ici-bas. Ainsi, si vous relevez sur une vieille pierre une figure comme celle de 525, blasonnez hardiment : *de..... à trois sautoirs mis en bande*, et pour une figure comme celle de 526 : *de..... à trois croisettes mises en bande*. Vous serez dans l'ordre naturel. Tant pis pour le sculpteur ou le dessinateur s'ils ne donnent pas à Rollet la figure d'un fripon.

CCCLXVII. — Nous avons blasonné 525 des *sautoirs mis en bande*. En blasonnant par analogie la figure 527, nous pourrions être tenté de la décrire *trois croisettes mises en chevron*. Résistons à la tentation : ce sont *trois croisettes mal ordonnées*.

Pour les *mettre en chevron*, il faudrait leur donner la *situation* de 528 ; c'est-à-dire que les deux croisettes en pointe fussent celle de dextre *en barre*, celle de senestre *en bande*. Vous avez déjà trop de science pour blason-

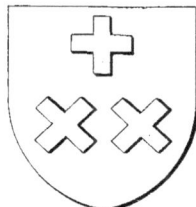

527   528

ner autrement le n° 528 que : *de..... à trois croisettes de..... mises en chevron,* de préférence à la périphrase surnaturelle : *de...... à deux sautoirs en fasce de...... surmontés d'une croisette de.....*
Ici l'ordre naturel est clairement indiqué par la croisette du chef qui doit régler la dénomination des
autres pièces qui lui font cortège.

CCCLXVIII — Il faut insister sur ces observations, puisque le célèbre Palliot — et je le mets au-dessus des meilleurs héraldistes, tout
comme la *croisette en chef* dont je viens de parler — a parfois des
négligences bizarres dans le dessin de ses armoiries de modèle,
résultant de situations qu'il ne s'était pas donné la peine de régler
invariablement. Donnons quelques exemples [1].

Au folio 584 de son admirable *Science des armoiries* (Dijon, 1661), il
blasonne l'écu des DU FRESNOY : *d'or au sautoir de sable chargé de
cinq billettes d'argent.* Incidemment, s'il a voulu parler des DU FRESNOY
de Savoie, il s'est trompé. Les MARTIN portaient *d'or au sautoir de
sable* simplement, et en prenant le nom des DU FRESNOY auxquels ils
succédèrent, ils en ont écartelé les armes qui sont *d'or à la fleur de lis
de sable.* Mais là n'est pas pour moi la question : je cherche bien à
citer des blasons exacts, autant que faire se peut, mais je m'attache
bien plus à conformer leur description avec les figures données.

Au f° 585, Palliot attribue comme correspondant à la description ci-
dessus, la figure que je reproduis exactement en 529. Il saute aux
yeux les plus prévenus que si la figure donnée par Palliot est exacte,
la description ne l'est pas ou réciproquement. Affaire de *position!* Pour
mettre d'accord la description avec la figure, il faudra dessiner celle-ci
comme en 530.

La *position* naturelle de la billette est d'être debout : elle peut être
mise de toute autre manière, mais alors il faut exprimer cette *situation.*

Pour accorder la figure 529 avec la description il faudra ajouter que
les billettes sont *mises en sautoir.* Elles suivront alors la direction des
listes du sautoir : *deux mises en bande, deux mises en barre, celle du
cœur* gardant forcément sa position naturelle, avec d'autant plus de
conviction qu'à moins de se couper en deux, elle ne peut par elle-
même se *mettre en sautoir.* — *Voir* REMARQUE SUIVANTE.

Sur la même plaquette d'armoiries Palliot donne celle des BOURON-
SALARD, reproduites au n° 531. Il les blasonne fort correctement : *de
gueules au sautoir dentelé d'argent, accompagné de quatre billettes
de même.* Pourquoi cette différence entre les billettes des deux blasons
529 et 531 ? Par le fait qu'elles *chargent* ou *accompagnent,* les billettes
changent la *disposition* du sautoir ; mais leur *position naturelle* ne
change pas — quoiqu'elles reçoivent la *disposition* de charger ou de
cantonner — : si on ne leur donne pas l'ordre de se *mettre en sautoir*
ou *en croix,* leur *position,* par rapport à l'écu, ne varie pas.

529

530

531

[1] Je pourrais en fournir par douzaines, sans croire manquer de respect à la mémoire de ce grand
héraldiste. Je désire bien qu'on le sache.

CCCLXIX. — C'est ici la place de faire une remarque importante sur quatre de mes exemples.

1° Figure 196 : J'ai blasonné une bande, *coupée par rapport à l'écu ;*
2° — · 302 : . . . — . . — *tranchée* . — . —
3° — 645 : — — *écartelée par rapport à elle-même ;*
4° — 646 : — — *tranchée, mi-coupée, retranchée par rapport à l'écu.*

Les armoristes experts auront compris que je tenais à ne laisser rien d'incertain, dans mes descriptions, autant que possible. C'est pourquoi j'ai ajouté ce correctif qui paraît pour la première fois ; je le supprimerai dans mes descriptions, si je parviens à faire admettre la logique dans notre art à la place de l'irréflexion.

Ce résultat atteint, certain de ne plus blesser ceux qui croiraient devoir respecter la confusion parce qu'elle remonte à Babel, je blasonnerai sans le correctif qui m'a servi à ne pas avoir l'air de contredire mes règles :

Figure 196 : *bande tranchée d'argent et de gueules, etc.,*
— 645 : — *écartelée, etc.,*
— 646 : — *partie mi-tranchée en remontant et repartie.*

Quant à la bande de 302, en vertu des mêmes principes, on devrait la blasonner *partie d'or et de sinople ;* mais comme elle est sur un *tranché,* il n'est pas possible que la *même ligne tranche* l'écu et *partisse* la bande : je maintiens donc la description donnée au f° 181, sauf les mots *par rapport à l'écu.*

On admettra plus facilement la nécessité de cette manière de blasonner en étudiant les blasons 545 et suivants, exemples où je prie mes lecteurs de vouloir bien se reporter à la REMARQUE CCCLXXVIII. Voir aussi la REMARQUE CXIV.

CCCLXX. — Encore une remarque à propos de Palliot.

Au mot POSÉ, voulant qualifier ce « qui est mis en assiette de « Croix, de Bande, de Pal, ou « d'autres pièces honorables » il donne entre autres blasons ceux de SCINDEL, (532) : « *de gueules à trois billettes d'or* POSÉES EN PAIRLE » et « DES LOGES (533) : « *d'azur à cinq fleurs de lis* « POSÉES EN SAUTOIR d'or ». Je reproduis fidèlement ses figures.

5 3 2   5 3 3

L'incohérence entre ces deux descriptions et les deux figures de Palliot est très évidente.

Si les billettes sont bien dessinées en 532, les fleurs de lis le sont mal en 533. Les mêmes termes *posées en pairle* et *posées en sautoir* doivent indiquer, dans les deux cas, une situation analogue *en pairle* et *en sautoir.*

Que l'on ne m'objecte pas la vaine ressemblance avec un sautoir, affectée dans le n° 533 par les cinq fleurs de lis ! L'exemple et la description 532 sont exacts : les billettes sont *posées en pairle,* c'est-à-dire dans la situation du pairle, non seulement par rapport à elles-mêmes, mais par rapport à l'écu. Double situation ! Quant à l'exemple 533, c'est à tort que par les mots *posées en sautoir,* il a donné aux cinq fleurs de lis une situation *en sautoir,* seulement relativement à elles-mêmes, contrairement aux termes de la description, qui, pour correspondre au dessin, devrait être : *d'azur à cinq fleurs de lis d'or.* Voilà bien la *situation* ou *position relative* de cinq pièces dans un blason. Si la description est exacte, nous la figurerons comme en 534, où nous voyons réellement *cinq fleurs de lis posées en sautoir.*

  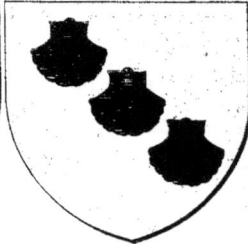

534   535   536

En modifiant la *situation* de manière à faire converger les têtes de fleurs de lis, nous dirions *aboutées en sautoir; aboutées* sous-entendant *posées* ou *mises*, cela nous donne la *double situation* énoncée, ou si l'on veut, une *disposition* de la *situation* posées en sautoir.

Palliot a donc erré! La preuve c'est qu'il blasonne plus loin NEUDECH : *d'argent à trois coquilles de gueules posées en bande* et dessine comme en 535. Et c'est avec raison! car si l'on suivait sa doctrine fluctuante du n° 533 et la vaine ressemblance dont je prévins plus haut l'objection, il faudrait dessiner comme en 536. On voit maintenant que ce serait une grave erreur, à moins qu'on n'ajoute à la description *posées en bande*, A PLOMB, pour justifier ce phénomène de coquilles *posées en bande*, c'est-à-dire en double situation d'une bande sans être en bande *par rapport à elles-mêmes* et *avec l'écu.*

Même le grand Palliot pouvait avoir des distractions et ne pas toujours envisager la *situation* telle qu'elle était. Heureux précédent pour les simples mortels!

CCCLXXI. — Nous avons dit à CCCLXVI que trois sautoirs *posés* ou *mis en bande* doivent être mis en bande, par rapport à eux-mêmes et par rapport à l'écu, comme dans l'exemple 525. Nous avons dit (CCCLXVIII) que si l'on n'ajoutait pas à la description de l'exemple 529, les mots *mises en sautoir*, il fallait dessiner les billettes comme nous l'avons fait à l'exemple 530.

La *position* de la billette est d'être debout, comme celle du sautoir est d'être debout sur deux de ses tiges. Remplaçons dans l'exemple 525 les sautoirs par des billettes : nous aurons un blason : *de...... à trois billettes de...... mises en bande* que nous dessinerons, sans hésiter, comme en A. Plaçons en regard le blason B qui nous exhibe *trois billettes en bande.*

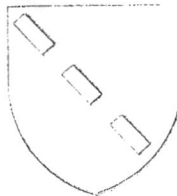 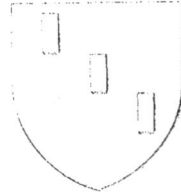

A   B

Mais alors pourquoi critiquer Palliot et sa distribution des cinq billettes (fig. 529) en suivant les lignes du sautoir qu'elles chargent? C'est avec juste raison. Dans la figure 529, les billettes *chargent* un sautoir ce qui constitue une *disposition* pour le sautoir uniquement; quant aux billettes, étant placées *dans un sautoir qu'elles chargent*, elles affectent tant bien que mal la figuration d'un sautoir, mais leur *position relative* de cinq pièces dans un écu n'est pas modifiée par le chargement. En effet, nous voyons à Pièces en nombre et dans la Fig. 293 la position relative de cinq pièces, savoir : en A, C, E, G et I, c'est-à-dire 2, 1 et 2. Répétons que la *position directe* et la *position relative* à l'écu de la billette sont d'être debout. Ainsi si vous n'ajoutez pas : *mises en sautoir*, il n'y a aucun motif pour modifier leur *position* légale et leur donner une *situation* qui n'est pas énoncée. — *Voir* Remarque LXXV.

Les exemples A (f° précédent) et 525 sont identiques dans leur situation de trois billettes *mises en bande* et de trois sautoirs *mis en bande*.

Mais quand on énonce *cinq* billettes *mises* ou *posées en sautoir [Voir 623 bis]*, il faut les *mettre en sautoir*, ce qui est tout autre chose que 2, 1 et 2. Il est bon de donner encore une démonstration figurée.

C   D

Un recueil périodique blasonne Chastelux-Rauzan : *d'azur à la bande d'or accompagnée de sept billettes de même* posées droites, *six dans la direction de la bande et une à l'angle senestre supérieur*, ce qui correspond à C. Heureusement on nous dit *droites*. Sans quoi le mot *posées* nous aurait forcé à dessiner comme en D, en *accostant*.

Suivant Palliot, les Chastelux : p. *d'azur à la bande d'or accompagnée de sept billettes de même, quatre en chef et trois en pointe* mises en orle. Ce mot *mises en orle* nous contraint à dessiner comme en E. Heureusement encore, Palliot donne le dessin que nous reproduisons en 537 ; il correspond à la description suivante, et, je le crois, à la véritable version : *d'azur à la bande d'or accompagnée de sept billettes de même en orle, quatre en chef, trois en pointe.*

E.   537

Nous décrirons l'exemple 538 avec les mêmes règles. Nous y voyons 1° un grand sautoir ; 2° cinq petits sautoirs alaisés chargeant le grand sautoir. Celui-ci a sa *position* physique naturelle ou directe ; elle serait complète s'il n'avait en plus une *disposition* qui le charge de cinq sautoirs, ceux-là gardant la *position relative* de cinq pièces. D'ailleurs la position du sautoir de charge en cœur entraîne forcément la *position relative* des quatre autres ; une ligne à plomb passant entre les grandes tiges du sautoir chargé et les petites tiges des cinq sautoirs chargeant (*Voir* Figures A, B, au f° 349). Nous blasonnerons donc 538 : *de... au sautoir de... chargé de cinq sautoirs de...* Il faudrait une bien bonne volonté pour y voir des croisettes. Si l'on y tient absolument pourtant, il serait possible de dire : *sautoir de..... chargé de cinq*

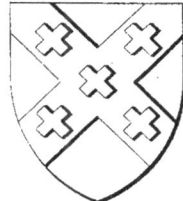

538

croisettes de...., celle du milieu en bande, les quatre autres mises en sautoir. Comme nous le disions à la fin de la remarque CCCLXVI, cette description serait surnaturelle : la naturelle est plus admissible.

CCCLXXII. — Par la même raison nous blasonnerons le n° 539 : *de...
à la croix de... chargée de cinq sautoirs de...*

Les sautoirs gardent leur assiette normale quoiqu'ils changent de
situation par rapport à la pièce qu'ils chargent. Cette assiette, différente
de celle de la croix, est conforme aux lignes de la bande et de la barre
qui, réunies, composent le sautoir.

Vous ne pouvez non plus ici les confondre avec des croisettes. Toujours
dans l'ordre surnaturel, on pourrait blasonner 539 : *de... à la croix de...
chargée de cinq croisettes de... en croix, en bande :* ou *en croix, mises en
bande.* On expliquerait ainsi que les croisettes ont deux situations, dont
l'une les place *en croix* d'abord et l'autre les *couche vers la dextre*, une
par une et non dans leur ensemble, car autrement elles ne seraient plus
en croix.

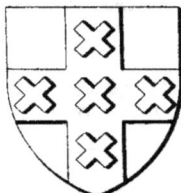

CCCLXXIII. — Si vous voulez rendre avec le crayon la description
suivante : *de... au sautoir de... chargé de trois sautoirs de... mis en
bande*, nous dessinerons comme en 540. L'essence du sautoir étant
d'avoir en face deux pieds sur terre, puisque vous me dites de les *mettre
en bande*, je dois les placer comme si les deux pieds de mes sautoirs,
comme si la partie en bande qu'ils chargent, étaient à plomb devant nous.
Si les sautoirs étaient simplement *en bande*, nous les dessinerions alors
comme des sautoirs, par rapport à l'écu.

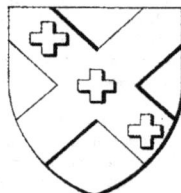

CCCLXXIV. — Si nous n'avons qu'*un sautoir
alaisé chargeant en cœur un sautoir* (Fig. 541),
nous lui laisserons sa position naturelle similaire à celle du grand sautoir. Il n'y a point de
situation ici. Le grand sautoir reçoit la *disposition* de chargement, l'autre la *disposition* qui
l'alaise mais n'affecte pas son assiette, celle
d'une pièce, c'est-à-dire *en cœur* ou *en abîme*

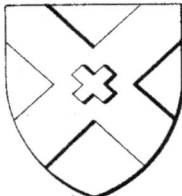

Si nous *chargeons le grand sautoir d'un sautoir alaisé en chef à dextre*, nous suivrons la
même règle et nous dessinerons comme en 542,
seul moyen de ne pas le confondre avec une
croisette. Les mêmes motifs donnés pour 541, sont bons pour 542. Pourtant ici le sautoir de charge est en *situation* par rapport au sautoir qu'il
charge, mais il ne reçoit aucune autre *disposition* que celle de l'alaisement.

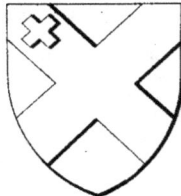

CCCLXXV. — Nous blasonnerons avec les mêmes règles la figure 543 :
de... au sautoir alaisé de... au canton dextre du chef. Le sautoir charge
l'écu dans la situation indiquée; il garde son essence et sa *position* matérielle modifiées par la *disposition* qui l'alaise et la *situation* qui le place
en chef à dextre au lieu de le laisser en cœur.

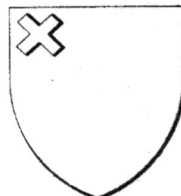

Si vous préférez blasonner : *de... à la croisette mise en bande au
canton dextre du chef*, je comprendrai votre pensée comme si vous me
disiez je monte à cheval sur un mulet.

539

540

541

542

543

CCCLXXVI. — On pourrait objecter ici pour le sautoir de la figure 542, que l'expression *en chef à dextre* devrait impliquer pour lui une situation *en bande* puisqu'il se trouve sur la partie en bande du sautoir. Il faut remarquer au contraire qu'il ne fait que *charger un autre sautoir en chef,* c'est-à-dire au sommet de la branche dextre du grand sautoir. Peu importe que cette branche soit *en bande.* Le sautoir chargeant est, par rapport à l'écu, exactement comme il l'est dans la figure 543, où il charge un écu d'émail plein *au canton dextre du chef,* c'est-à-dire en A de la figure 293.

Les deux expressions *sautoir alaisé chargeant un sautoir en chef à dextre* et *sautoir alaisé chargeant un écu au canton dextre du chef,* impliquent exactement la même situation pour ce sautoir alaisé. Dans les deux cas, on ne saurait le confondre avec des croisettes, ou réciproquement. — *Voyez* REMARQUE CCCLXVI pour les blasons 525, 526.

CCCLXXVII. — J'ai employé presque exclusivement jusqu'ici des sautoirs et des billettes parce que ce sont des figures de longueur et à côtés. Il faut, en effet, observer non seulement la *position,* mais aussi la forme d'une pièce, forme suivant laquelle il faudra adopter ou ne pas suivre les préceptes généraux, en évitant soigneusement toute confusion possible entre une figure et une autre figure.

Les pièces rondes, comme les *annelets,* les *besants,* les *vires* sont plus faciles à bien placer, puisque, par rapport à elles-mêmes ou aux pièces qu'elles chargent, elles sont toujours rondes, quel que soit leur emplacement dans l'écu. En vertu de la *disposition* pourtant, ces figures rondes peuvent être sujettes aux règles précédentes et subir les nécessités de la *situation.* Supposons le blason 544 : *d'or à la bande d'azur chargée de trois besants-tourteaux partis d'argent et de gueules.* Nous les dessinerons comme ci-contre. Si nous divisions nos besants avec le trait de *parti, par rapport à l'écu,* ils ne seraient plus ni *partis,* ni *tranchés,* mais *taillés ;* placez la bande à plomb devant vous et observez ce qui résulterait de la ligne de division de vos besants-tourteaux.

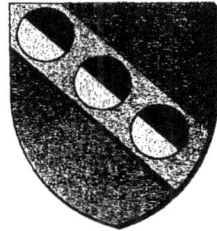

544

CCCLXXVIII. — Nous pensons placer utilement ici un corollaire de la remarque CCCLXIX. Mettons les trois besants-tourteaux partis d'argent et de gueules sur une bande comme celle du n° 545. Comment blasonnerons-nous la partition (générique) qui divise cette bande en deux émaux? Suivant l'opinion vulgaire, ce serait le *tranché* et nous aurions alors cette extravagante situation d'une bande *tranchée* par une ligne qui ferait un *parti* pour les besants-tourteaux; il serait alors absolument inutile de faire de la science, on érigerait pour seul principe : chacun fera ce qu'il voudra. Dans tous les cas semblables (FIGURES 196, 645, 646), il est donc absolument indispensable, suivant les règles énoncées, de blasonner le trait de partition (générique) par rapport à la bande ; ainsi 545 c'est un écu : *d'or à la bande partie de gueules et d'argent à trois besants-tourteaux partis de l'un à l'autre.*

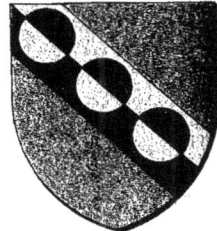

545

C'est la règle, et l'exception suivante n'en atténuera pas la valeur. Plaçons la bande du n° 545 sur un *tranché de gueules et d'argent,* comme en 546, comment blasonnerons-nous cet écu?

J'ai soumis ce cas épineux en apparence, à un homme assez inexpert en Blason, mais d'un esprit délié, sans idées préconçues et habitué aux déductions logiques, précisément ce qu'il me fallait. Il avait admis sans conteste tous mes principes sur la *position*, mais ici il hésita beaucoup. **Enfin** je finis par le convaincre qu'il n'y avait pas ombre de contradiction en blasonnant 546 : *tranché de gueules et d'argent à la bande tranchée de l'un à l'autre, chargée de trois besants-tourteaux tranchés de l'un à l'autre.*

Nous avons un *tranché* primordial, sur ce *tranché* la disposition de la bande *tranchée de l'un à l'autre* ; pour cette bande, la disposition similaire des *trois besants-tourteaux* implique logiquement la nécessité de les trancher par rapport à l'écu, comme le tranché primordial. La disposition des émaux alternés de *l'un à l'autre* ne vous permet de les distribuer que par une triple ligne identique de *tranché* ; autrement les *besants-tourteaux* se transformeraient en *tourteaux-besants*, celui du chef deviendrait de *l'un en l'autre* ; celui de la pointe devrait être blasonné séparément *tourteau-besant de gueules et d'argent* et la partie de gueules serait sur le gueules de la bande ! ! Ainsi, soit dans la règle, soit dans l'exception, nous ne pouvons faire confusion, en ayant des bases précises [1].

546

Pour terminer, voici un écu, 547 : *d'argent à la bande de gueules chargée de trois besants-tourteaux, le premier coupé, le second tranché, le troisième parti d'argent et d'azur.*

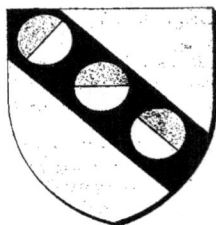

Nous voici rentrés par la grande porte dans la règle ; la bande est sur un champ d'argent ; elle est en pleine *position* ; les pièces de *disposition* qui la chargent, divisées par des traits de *coupé*, de *tranché* et de *parti*, doivent donc se soumettre à la *situation* qui, les plaçant sur une bande, les contraint à se ranger métal et couleur suivant la *disposition* des émaux et des partitions énoncés, comme si cette bande était à plomb devant nos yeux.

547

CCCLXXIX. — Nous pourrions multiplier les difficultés sans avoir grand mérite à les résoudre. Nous en avons dit assez pour que dans tous les cas, avec le raisonnement et en vertu des observations précédentes, chacun puisse régler la *position* et la *situation* d'une pièce, très souvent impliquées ou modifiées l'une par l'autre dans leurs mouvements réciproques ou connexes.

Par une description correcte, rendant bien compte de la *position*, de la *situation* et de la *disposition* de toutes les figures, on arrivera à ne plus donner des signalements que le meilleur dessinateur ne pourrait traduire par le pinceau, si tous les traits sont *moyens*, s'il n'y a point de *signes particuliers*. Cette incertitude est la cause de très nombreux blasons défigurés ou à descriptions divergentes qui courent le monde.

Si vous voulez me faire connaître exactement votre situation de voyageur entre Paris et Calais, il faudra me dire si vous êtes homme ou femme, Anglais ou Japonais; si vous êtes manchot ou privé d'une jambe; si vous avez pris le train rapide, votre position présumée de fortune ne m'apprendra pas si vous êtes dans un *sleeping-car* ou un compartiment de première classe; ces renseignements ne me diront pas si vous êtes ambassadeur ou chanteuse ; si vous êtes accompagné d'un enfant ; chargé en bande

[1] Un cas semblable s'est présenté pour la figure A de la remarque CXIV, où Vulson a cru voir un *écartelé* et que j'ai blasonné *chevron parti* puisqu'il est sur un *parti primordial* de l'écu, ce qui entraîne le *tranché* et le *taillé* des deux branches du chevron renversé.

ou en sautoir d'une ou de plusieurs courroies supportant des sacoches ou des binocles ; si vous êtes debout, assis, à rebours ou regardant la campagne par la portière de gauche ou de droite. Chacun de ces détails peut modifier votre *position*, votre *disposition* et votre *situation*, sans oublier un des plus importants, savoir : si vous venez de Paris ou si vous y dirigez votre voyage.

POT, VASE. — Figurent dans quelques armoiries ; quelques auteurs appellent *pots* les pièces de vair que d'autres appellent *peaux*. — *Voir* VAIR.

POTEAU DE MER. — *Voir* HIE.

POTENCE. — « Cette pièce si ignominieuse » nous dit Palliot « ne laisse de trouver « place en quelque escu, qui ne peut estre que pour quelque mémoire de piété. » Il me semble qu'en place de *potence* on pourrait dire *croix en Tau* ou *de Saint-Antoine*, et alors cette pièce ne serait pas si rare (*Voir* TAU). En tout cas, c'est la même configuration. Avec le *tau* ou *potence* se forme la *croix potencée*. — *Voir* CROIX POTENCÉE.

POTENCÉ. — Outre le sens plus haut marqué, *potencé* se prend aussi comme ligne de bordure (*Voir* CE MOT). On trouve des bandes, des fasces potencées dans lesquelles les *taus* doivent être dirigés vers le chef.

CCCLXXX. — Cette figure est fort rare ; elle l'est moins unie au *contre-potencé*, dans lequel les taus sont dirigés vers la pointe au bas de l'écu. Les comtes de CHAMPAGNE, (548) : portaient, suivant Palliot, *d'azur à la bande d'argent côtoyée de deux cotices potencées et contre-potencées d'or, de treize pièces.* D'autres recueils mentionnent aussi ce nombre de pièces ; aux salles des Croisades, on en compte douze dans un dessin, seize dans un autre[1]. Cette recherche est au moins inutile ; le nombre de pièces dépend de la grandeur et de la forme de l'écu, de l'importance que l'on donne aux cotices ; techniquement, le nombre impair n'est possible qu'en donnant aux *potencés* et aux *contre-potencés* une longueur inégale. Aussi Palliot donne six potences entières inégales et sept fragments de potences, ce qu'il faudrait blasonner si le nombre de treize était requis. D'ailleurs il faudrait dire comment sont distribuées ces treize pièces, six en haut, sept en bas ou réciproquement, ou bien treize par cotices, ce qui ferait cinquante-deux ? ou bien encore treize pour chaque paire de cotices, ce qui ferait vingt-six ? A un autre point de vue, Palliot n'a pas observé les proportions qu'il impose aux bandes et aux cotices (*Voir plus loin*).

548

CCCLXXXI. — Vulson qui a recueilli, dit-il (f⁰ˢ 410, 411), l'écu de CHAMPAGNE dans de vieux manuscrits, blasonne : *d'azur à une cotice d'argent, côtoyée de quatre bâtons d'or, deux de chaque côté, potencés l'un dans l'autre.* Cette description est bien préférable à celle de Palliot, quoique celui-ci

---

[1] Ce n'est pas dans ces salles qu'il faut chercher l'authenticité des formes des blasons.

soutienne son dire en critiquant Pithou et Saint-Jullien. Vulson donne quinze potences dans son très élégant dessin. Quoi qu'il en soit du nombre des *taus* auquel j'attache peu d'importance, je ne peux pas non plus la blasonner comme Vulson. Cet auteur et Palliot n'ont pas conservé la proportion de la cotice aux bâtons ; ils auraient dû, au moins, prendre les termes extrêmes, *bande* et *bâtons*.

L'acception de *côtoyé de quatre bâtons d'or* — sauf mention de dextre ou senestre — comporte nécessairement côtoiement des deux côtés, sans ajouter *deux de chaque côté*. Cependant, il ne faut pas oublier que nous sommes censés ne pas avoir la figure sous les yeux et que la description d'un blason difficile ne saurait essayer d'apporter assez de clarté à ceux qui veulent le dessiner. J'en ai une preuve dans mon vieux manuscrit héraldique. Il donne les armoiries des Pairs de France ; pour celles des comtes de Champagne, préoccupé de l'idée des *deux cotices potencées*, il a accosté sa bande de deux cotices et les a potencées ; quant aux *contre-potencées* ne sachant où les mettre, il se contente de mettre des potences, ne mouvant de rien du tout, dans le sens opposé et dans les vides laissés par les cotices potencées.

Ainsi je blasonnerai 548 : *d'azur à la bande d'argent côtoyée de deux filets (ou traits) d'or par côté, se potençant et se repotençant l'un dans l'autre.*

Si Dieu prête vie à mes théories, on pourra supprimer les mots *par côté ;* ils forment, avec *côtoyé*, une tautologie évidente.

549

550

Potencé, Contre-Potencé, Potent, (549), **Counter-Potent,** (550), ce sont pour les Anglais deux fourrures d'argent et d'azur composées, le *potent* de potences ou *taus* alternés, adhérents en tous sens, de métal et de couleur ; le *counter-potent* de potences ou de taus dont les émaux s'alternent, en pal, tige contre tige, d'argent et d'azur.

CCCLXXXII. — Dans le Blason français, ces *potencé* et *contre-potencé* ne peuvent être admis comme fourrures, mais ils peuvent et doivent l'être pour qualifier des écus remplis de potences sans *nombre*, se touchant de tous côtés dans un ordre alterné ; ce serait un *potencé*, si les potences sont tournées vers le chef ; *contre-potencé*, si elles sont dirigées vers la pointe.

Voici un exemple extrait de mon vieux manuscrit Arma illorum de Secundis, (551). Je ne me charge pas de décider si ces *armes fausses* sont *à enquérir* ni même si le dessinateur a voulu faire des potences. En admettant que cela ait été son intention, — et je l'espère, car je ne saurais quel autre nom leur donner — on blasonnerait cet écu que je copie tel quel en rectifiant les lignes seulement : *potencé de sable, contre-potencé de gueules en barre.*

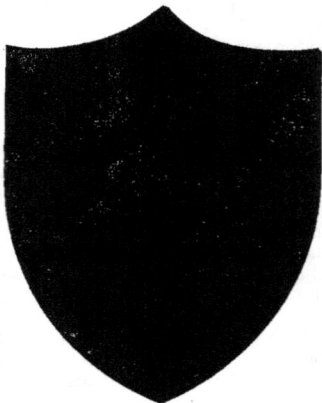

551

Comment pourrait-on le blasonner si l'on n'admet pas cette description? Si les potences ne se touchaient pas, on blasonnerait alors *de sable, semé de potences* ou *taus de gueules en barre*, d'où il suit que l'on pourrait blasonner cette figure — sauf correction si ce ne sont pas des potences — : *de sable potencé de gueules en barre.*

POUDRÉ. — Mauvais synonyme de *contre-hermines.*

POUR ENQUÉRIR. — *Voir* ENQUÉRIR.

POURPRE. — C'est une cinquième couleur héraldique qu'il faut admettre dans le Blason comme l'on admet le phylloxera dans les vignes. On n'a pas encore trouvé d'antidote certain contre cet insecte, mais au moins les naturalistes en ont fixé exactement la provenance, les caractères, les mœurs et la forme. Le *pourpre* n'a pas cet avantage. Il est couleur et n'est pas couleur; il n'est pas métal non plus; il est *métal-couleur.* On peut mettre cette teinte hybride indifféremment sur métal et sur couleur, mais on ne sait pas positivement de quoi elle se compose. Du mélange des quatre autres couleurs avec le jaune et le blanc, selon les uns; du sable et de gueules, selon les autres, ou bien d'azur et de violet. Selon le P. Monet, c'est « coleur de fleur de mauve. » En définitive, l'opinion la plus probable est qu'on le compose *avec le gueules et l'azur;* ce serait donc une teinte violette plus ou moins foncée, plus ou moins rouge ou bleue suivant le goût des amateurs (552).

On représente le pourpre dans la gravure par des traits en diagonale de senestre à dextre, (FIG. 552 *bis*).

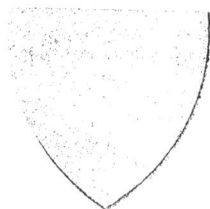

552   552 *bis.*

CCCLXXXIII. — J'ai promis à mes lecteurs de ne pas faire d'érudition, ce serait pourtant facile en résumant le remarquable travail de Menestrier dans le *Véritable Art du Blason* (Lyon, Coral, 1659) et dans l'*Art du Blason justifié* (Ibid., 1661) dans lequel il énumère les rares familles dotées de cette couleur et prouve que cette attribution provient d'erreurs matérielles de traduction ou d'interprétation.

Je me bornerai à dire que le *pourpre* est d'introduction récente, puisque antérieurement au XVIe siècle il n'y avait pas pour les hérauts d'armes, qui marquaient les couleurs par les initiales, de lettre pour cette couleur.

Dans mes observations particulières, je puis ajouter que je n'ai jamais trouvé de famille marquante portant le *pourpre (Voir plus loin);* que l'argent prend en vieillissant, par le fait de l'oxydation, une teinte ressemblant au pourpre à s'y méprendre; que cette illusion est d'autant plus forte que dans les anciens manuscrits l'or et l'argent étaient mis sur une composition rougeâtre (bol d'Arménie) pour donner du relief et de la prise. L'argent s'oxydait, disparaissait en partie par le frottement, mettant en évidence la teinte du bol; il était facile de prendre cette couleur indécise pour le pourpre, tandis qu'il n'y avait que de l'argent dénaturé. On a trop souvent aussi cédé à la tentation de traduire le « purpureus ». des descriptions latines par *pourpre*. Il ne faut pas citer comme autorités les familles récentes. Dans le blason d'une famille authentiquement ancienne, si vous trouvez une pièce dite de *pourpre*, concluez hardiment que c'est une erreur et mettez *gueules*.

Comme couleur de plaisance, le *pourpre* a pu exister de tout temps ainsi que toute couleur autre que les quatre teintes héraldiques; il est très admissible que des raisins, par exemple, soient de pourpre, mais parce qu'ils sont *au naturel* (*Voir* Figure 664). Les Porporato, marquis de Sampeyre en Piémont, portaient (553) : *d'argent à trois coquilles de pourpre* (suivant d'autres, *de pourpre à trois coquilles d'argent)* et la devise Byssus et purpura. Ici le pourpre a une bonne raison d'être, c'est une couleur *parlante* si l'on me permet ce néologisme.

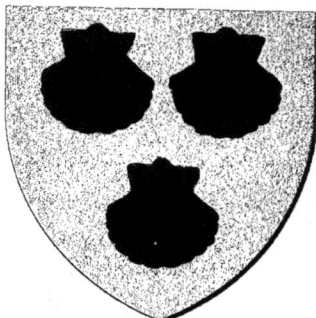

553

PREMIER (DU), DU SECOND. — *Voir* Même (de).

PROBOSCIDE. — Palliot appelle ainsi la trompe de l'éléphant. Admettons-le ! Nous n'aurons guère l'occasion de nous servir dans le Blason de ce mot italien, que pour quelques écus d'Allemagne où figure isolée la proboscide, le naseau vers le chef ou vers la pointe, situation qu'il faudrait blasonner. Il ne faut pas la confondre avec les cornes qui figurent très souvent dans les cimiers allemands.

PROPORTION. — *Voir* Séantes partitions.

PUITS. — Le puits se voit dans quelques armoiries, où il ne faut pas le confondre avec la tour. Il n'a rien de particulier qui le concerne; s'il était *maçonné* d'un autre émail, il faudrait le dire. — *Voir* Maçonné. — Les princes dal Pozzo de la Cisterna, (554, *voir* au folio suivant) : p. *écartelé; d'or au puits de gueules supporté par deux dragons de sinople dont les queues se croisent en sautoir; et d'or à l'aigle de sable, langué, armé et couronné de gueules.*

CCCLXXXIV. — Nous ferons remarquer qu'en ajoutant dans la description, comme on le fait communément (*Voir* les catalogues des chevaliers de l'Annonciade), que les *dragons* sont *affrontés*, on commet un pléonasme; ils le sont forcément puisqu'ils *supportent*. Il est inutile de dire que le puits est *maçonné*, en vertu de ce que nous disons à ce mot. Son Altesse Royale Madame la duchesse d'Aoste, née princesse de la Cisterna, a été la dernière de ce nom.

JORA IN ARMIS REGNARE DEBIS

AM DE FORAS DEL AP.

VOEGELIN SCULP

554

UADRIL. — *Voir* FILET.

QUARREAU. — Nous avons déjà dit à CARREAU que Palliot donne dans ses figures à ce « petit quarré » une forme parfaite ou oblongue, indifféremment; ce n'est pourtant point indifférent, le carré doit être carré.

CCCLXXXV. — Ajoutons ici quelques observations pour décharger l'article POSITION.

Palliot blasonne l'écu de MARSHALL, (555): *de gueules à la bande de quarreaux d'or* et donne la figure que je reproduis ici. Que d'erreurs en peu de mots! Il aurait dû ajouter *accolés*, pour exprimer la situation des carreaux qui se touchent par leurs angles; il aurait dû dire qu'il y en avait six ou sept, et que ces carreaux mouvaient des bords de l'écu. Enfin, ce qui est bien plus grave, sa figure représente des *losanges* et pas autre chose. Une bande de six ou sept carreaux, ou pour parler exactement, *six ou sept carreaux mis en bande* ne peuvent être dessinés que comme dans la figure 555 *bis*.

Prouvons-le par des arguments pris à Palliot lui-même!

Au f° 434 il figure le blason des COATEVEZ, et le blasonne au f° 433: *d'hermines à huit losanges de gueules mises en bande,* ou *d'hermines à une bande losangée de huit pièces de gueules.* Hâtons-nous de repousser cette variante fausse (*Voir* REMARQUE CCLXXXVI) et en corrigeant l'erreur de son dessin qui met *en barre*, reproduisons sa figure en 556. Quelle différence voit-on entre 555 (prétendus quarreaux) et 556 (losanges)? Elle ne consiste que dans un angle tant soit peu moins obtus, ce qui, dans la pratique et dessiné en petit, disparaît totalement. On ne voit pas pourquoi du reste il a *couché en barres* [1] ces losanges en

555

555 *bis.*

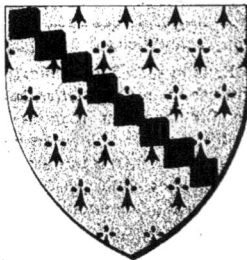
556

---

[1] Par suite de l'erreur plus haut visée elles sont dans la figure de Palliot *couchées en bande.*

bande. Pour répondre à la description de Palliot en y ajoutant qu'elles sont *accolées* et qu'elles sont dans la partie inférieure *mouvantes des bords de l'écu,* je dessinerai comme en 556 *bis.* On voit que cette figure est similaire à celle de 555 ; comme elles représentent deux pièces différentes, il y a évidemment erreur chez Palliot. En suivant les règles de la *position* et de la *situation* (*Voir* Position, Losange) on ne confondra pas *losange* avec *quarreau.*

556 *bis.*

QUARTE-FEUILLE. — Comme le nom l'indique, c'est une fleur à quatre feuilles ; elle se distingue facilement de la rose que l'on peut représenter avec quatre ou cinq feuilles, parce que la quarte feuille n'est pas *pointée.* Rien n'empêche qu'elle soit boutonnée d'un autre émail. On appelle *quarte-feuille double* une quarte-feuille qui a huit feuilles. C'est Jérôme Bara qui a doté les jardins héraldiques de cette fleur inutile ; du moins je n'en connais pas d'exemples. Position inutile à exprimer, la quarte-feuille se pose en croix.

QUARTIER. — Nous avons déjà parlé du *quartier* et de sa différence avec *franc-quartier* à ce dernier mot.

Rappelons ici que dans son sens propre *quartier* ou *écart* est la quatrième partie de l'écu. Un écartelé (le véritable, figure honorable) est bien composé de quatre quartiers accouplés par 1 et 4, 2 et 3, le tout ne constituant qu'un écu — mais à proprement parler il n'y a point de quartiers — on se borne à blasonner 280 *écartelé d'argent et de gueules.*

Aussi Palliot commet une lourde méprise après avoir blasonné plusieurs *écartelés* simples, en disant : « par le moyen de ces escarts d'un escu nous en faisons quatre » : il est nécessaire de ne pas confondre avec quatre ou un plus grand nombre de quartiers reportés dans un écu, grâce à un écartelé quelconque, c'est-à-dire un *écartelé d'alliances.* Le véritable *écartelé,* figure héraldique du deuxième ordre, ne fait qu'un seul écu, composé comme en 280 de deux émaux, exactement comme le sont par le *coupé* les figures 292, 293. La proposition de Palliot est encore fausse, puisque, en tout cas « par le moyen de ces Escarts » dans un *écartelé d'alliances* nous ne mettons pas quatre, mais simplement deux écus répétés par 1 et 4, 2 et 3.

Dans le sens figuré, *quartier* se prend pour le blason qui figure dans ce quartier ; on dit, par exemple, *quartier de Bretagne, quartier de Jérusalem,* pour les armoiries du duché de Bretagne, du royaume de Jérusalem qui figurent dans les écarts d'un *écartelé d'alliances.* C'est dans ce même sens que l'on dit huit ou seize *quartiers* de noblesse (*Voir* Arbre), c'est-à-dire que l'on faisait preuve que les huit bisaïeux ou trisaïeux paternels et maternels étaient nobles ; les huit ou seize ascendants rangés dans un *pennon* d'alliances (*Voir* ce mot) composaient chacun un quartier.

Dans les preuves pour les ordres chevaleresques, le Grand-Maître accordait parfois au mérite d'un personnage, ce que l'on appelait un ou même deux *quartiers cachetés ;*

c'est-à-dire qu'on lui faisait grâce d'un ou de deux quartiers pour lesquels le postulant n'aurait pu fournir preuve de noblesse.

Les quartiers d'alliances se distribuaient de plusieurs manières dans l'écu. — *Voir* ALLIANCES, ÉCARTELÉ.

QUATRE PIÈCES. — Nous avons vu à PIÈCES EN NOMBRE que quatre pièces ont pour *position relative,* inutile à exprimer, d'être placées une dans chaque quartier, c'est-à-dire deux et deux. Ainsi BEAUVAU, (557) : p. *d'argent à quatre lionceaux de gueules, armés, lampassés et couronnés d'or.*

QUEUE. — Nous avons dit à LION, LÉOPARD, GRIFFON, comment on doit représenter leur queue. — *Voir* CES MOTS et FOURCHÉ, ÉCAILLÉ.

QUINOIS. — On appelle ainsi les cinq écussons d'azur de BRAGANCE-PORTUGAL, chargés chacun de cinq besants d'argent, sur champ du même. C'est depuis le douzième siècle l'écu

557

d'armes de la famille royale de PORTUGAL, auquel on ajouta plus tard la bordure de CASTILLE. On blasonne ainsi cette armoirie, (558, *voir* au folio suivant) : *d'argent à cinq écussons d'azur mis en croix à plomb, chargés chacun de cinq besants du champ, qui est de* BRAGANCE; *à la bordure de* CASTILLE *qui est de gueules chargée de sept châteaux d'or.*

L'écu, sous le pavillon, est surmonté de la couronne royale ayant pour cimier un dragon issant d'or. J'ai pris un des supports de Bragance pour le coucher sous l'écu; tenant les deux pannonceaux de Bragance et de Castille. — *Voir* REMARQUE CCCXX.

CCCLXXXVI. — Il va sans dire qu'un héraldiste digne de ce titre se bornera à dire de PORTUGAL, ce qui exprime tout, écu et bordure; comme en parlant des cinq écussons, il peut dire les quinois de BRAGANCE.

J'ai ajouté à la description courante que les écussons sont mis en *croix à plomb* et supprimé que les cinq besants de chacun de ces écussons sont *en sautoir,* ce qui serait un pléonasme (*Voir* PIÈCES. EN NOMBRE). L'adjonction n'est pas de trop, car *mis en croix* donne aux écussons des flancs une situation horizontale], et renversée pour celui de la pointe (*Voir* REMARQUE LXXV). La maison de Bragance a-t-elle porté ces écussons vraiment *mis en croix*? ou bien cette description a-t-elle induit en erreur (matérielle, non littérale) des armoristes? Je ne suis point héraut d'armes officiel pour trancher cette

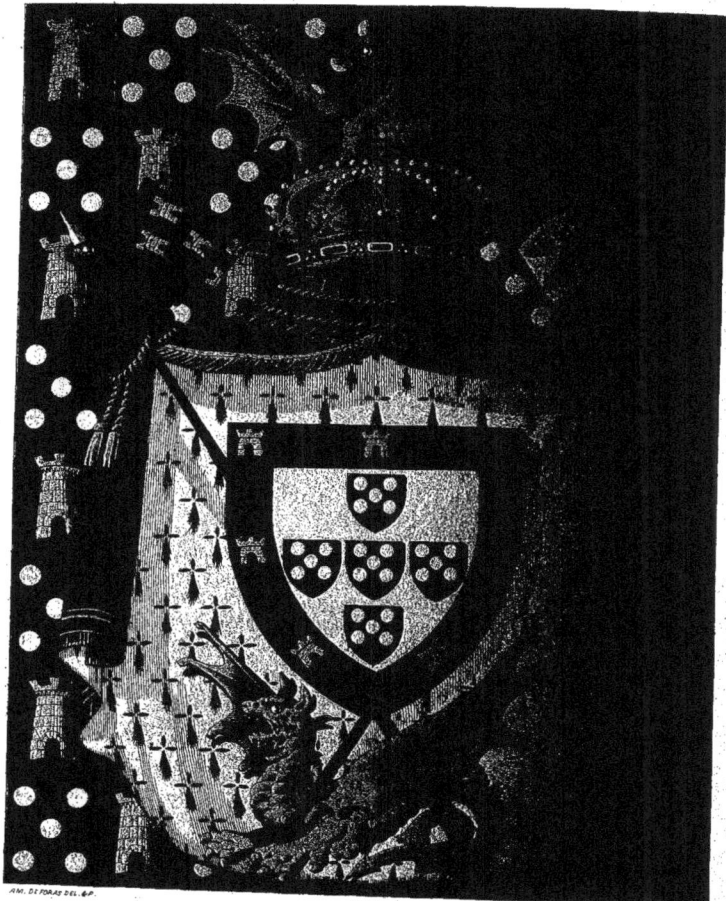

question. Toujours est-il que dans un précieux manuscrit héraldique de la fin du XVᵉ siècle [1], l'*arma Regis Portegalli* est figurée comme en 558 *bis*, ce que je blasonne : *d'argent à une croix formée de cinq écussons d'azur aboutés l'un dans l'autre et appointés en croix contre et dans l'écusson du milieu et la bordure, sans solution de continuité, chargés chacun de trois besants du champ, à la bordure de gueules, chargée de dix châteaux de Castille* [2]. (*Voir* POSITION). Si cette description fait comprendre, sans le secours de la figure, comment elle est représentée dans mon manuscrit, cette description, dis-je, ne me fait pas saigner le cœur. Sauf l'aboutage *l'un dans l'autre*, cinq écussons *mis en croix* doivent affecter la situation donnée en 558 *bis*.

558 *bis.*

QUINTAINE. — Jeu d'adresse usité dans les tournois. On courait avec la lance contre un écusson placé sur un pivot mobile qu'il fallait frapper juste au milieu pour ne pas le faire tourner. Menestrier cite les ROBERT en Poitou, (559) : qui portaient *d'argent à trois quintaines de gueules*.

C'est ainsi qu'on représente la *quintaine* dans le Blason. Dans les tournois elle avait d'autres formes plus usitées, ainsi la forme d'un géant avec ses bras ouverts placés à la hauteur d'un cavalier; il frappait rudement, en pivotant sur son axe, le maladroit dont le coup de lance n'était pas convenablement dirigé.

559

QUINTE-FEUILLE. — Fleur composée de cinq pétales que l'on croit être celle de la pervenche percée au milieu; les pétales se terminent en pointes. Si le rond autour duquel s'enchâssent les feuilles était du même émail, on dirait *boutonnées du même*. La position de la *quinte-feuille* est d'avoir la pointe d'un de ses pétales, le supérieur, dirigé verticalement vers le chef. BREAUTÉ, (560) : p. *d'argent à la quinte-feuille de gueules*.

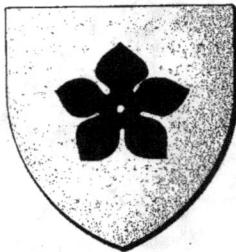

560

[1] Provenant de la bibliothèque du comte de Cavour; je le dois à la générosité de mon excellent ami le comte de Roussy de Sales.
[2] Dans le portrait d'Élisabeth-Marie-Louise, infante de Portugal, accordée pour épouse à Victor-Amédée, duc de Savoie, son cousin (elle était fille unique de Dom Pedro, prince régent de Portugal, et de Louise-Marie-Françoise de Savoie-Nemours), gravé par L'Armessin (Paris), en 1680 (de ma collection), les cinq besants chargeant chaque écu sont *en croix* et non *en sautoir*.

D'autres nomment la *quinte-feuille fleur de néflier*; ainsi
les princes d'ARENBERG porteraient pour armes *trois
fleurs de néflier d'or;* d'autres ajoutent à *cinq feuilles*, ce
sont donc des quinte-feuilles. ARENBERG, (561) : p. *de
gueules à trois quinte-feuilles d'or.* — Imhoff *(Notitia procerum, etc.)* les blasonne « tres mespilos flores penta-
« phyllos » (trois fleurs de néflier à cinq feuilles) et les
dessine exactement comme des *roses.*

L'antique famille des VERGY de Bourgogne portait
identiquement les mêmes armoiries.

Les ducs d'HAMILTON, en Angleterre, p. *de gueules à
trois quinte-feuilles d'hermines.*

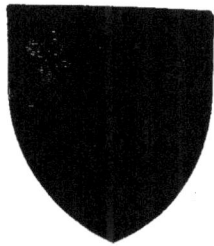

561

ACCOURCI. — C'est un synonyme d'*alaisé* ou de *retrait.* — *Voyez* CES MOTS.

RAIS, RAYONS. — Qualificatif employé pour les corps lumineux comme le *soleil,* les *étoiles,* les *comètes.* — *Voir* CES MOTS.

On le dit aussi pour les traits lumineux qui sont censés partir de l'*escarboucle* (*Voir* CE MOT), quatre en croix, quatre en sautoir. Suivant plusieurs auteurs, ces rais d'escarboucle sont. des *sceptres.*

CCCLXXXVII. — Le nombre des *rais* ne se compte pas dans la position ordinaire des figures lumineuses (*Voir* COMÈTE, ÉTOILE) quand il ne dépasse pas le nombre fixé; en revanche, dès que ce nombre est dépassé, il faut énumérer les rais, d'une étoile, par exemple, qui, règlementairement, n'en doit montrer que cinq.

562   563

BLACAS, (562) : *d'argent à l'étoile de seize rais de gueules* (*V.* COMÈTE).

SALES en Genevois, (563) : *d'azur à deux fasces d'or chargées chacune d'une autre fasce de gueules, accompagnées d'un croissant d'or en chef et de deux étoiles de six rais de même, l'une en cœur, l'autre en pointe.* C'est le blason de la maison de notre grand saint François de SALES, docteur de l'Église.

47

RAISIN. — La grappe de raisin isolée du cep, n'est pas commune dans les armoiries. On la représente pendante. VIGNET, (564) : p. *d'argent à deux fasces de sable chargées la première de deux raisins d'or, la seconde d'un de même.*

RAMÉ. — Synonyme de CHEVILLÉ.

RAMES, RAMURES. — *Voyez* MASSACRE et REMARQUE CCXCVIII.

RAMPANT. — Qualificatif de *position* pour le *lion* et le *griffon*, qui ne s'exprime pas; de *situation* pour tous les autres quadrupèdes, en ce cas il doit s'exprimer toujours.

Quand le *léopard* est *rampant* on le dit *lionné*.

Pour le loup, le *rampant* se transforme en *ravissant*, etc. — *Voir* les noms des animaux.

564

RANCHIER. — Est le fer de la faux, sans son manche; je ne lui connais pas de *position* fixe; il faut toujours en exprimer la situation, le nombre, etc. Ne pas confondre avec RENCHIER.

RANGÉ. — Synonyme de *posé*, affecté principalement aux figures de longueur comme épées, hallebardes, etc., *rangées en fasce* ou *en fasces*, *en bande* ou *en bandes*. — *Voir* FIGURE 53, MIS et POSÉ et REMARQUES CCCLXX, CCCLXXI.

RANGÉE. — *Voir* TIRE.

RANGIER. — Synonyme de RANCHIER.

RATEAU. — Se rencontre dans plusieurs blasons allemands. Sa *position* serait en pal, manche vers la pointe. — *Voir* FIGURE 223.

RAVISSANT. — *Voir* LOUP.

RAYONNANT. — Qui rayonne. — *Voir* COMÈTE.

REBATTEMENT. — Ce mot est pris par les auteurs dans des acceptions différentes. Les uns appellent *rebattements* toutes les partitions composées avec les quatre lignes de partition; les autres, certaines pièces comme la *champagne*, la *billette*, l'*écusson*, etc., ou bien encore des figures de fantaisie, comme si toutes les figures du Blason n'étaient pas des figures de fantaisie. Palliot, qui n'a pas une opinion bien arrêtée sur ce sujet, dit

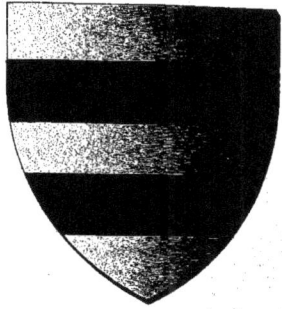

que « ces figures comme il est à croire s'appellent rabatements (en tête il écrit rebate-
ments) à cause qu'elles sont opposites et semblent se rebatre l'une sur l'autre. »

CCCLXXXVIII. — Pour mon compte, dérivant *rebattement* du verbe *rebattre*, « battre de nouveau,
refaire, redoubler », j'adopte pour définition du *rebattement* l'action de rebattre, répéter. Ce mot ainsi
entendu me sert à qualifier convenablement deux cas qui se présentent pour les pièces ou figures
honorables du premier ordre :

1° *Deux* bandes, *trois* fasces, *quatre* chevrons, etc., constituent un *rebattement de nombre*, rebattant
deux, trois, quatre fois ou davantage des pièces honorables ; je l'appelle simplement *rebattement* ;

2° Le *bandé*, le *pallé*, le *chevronné*, etc., constituent des *rebattements* de nombre et de situation que
j'appelle, pour être plus bref, *rebattements de situation*, puisque rebattement implique déjà l'idée de
nombre. Il comprend aussi les *tiercés*. — *Voir* CE MOT.

Le rebattement de situation forme un champ factice.

Il est suffisamment question de ces rebattements, c'est-à-dire de ce qui motive ce classement théorique,
à chacune des pièces ou figures honorables, *bande, barre, chef, chevron, croix, fasce, sautoir* (*Voir* CES
MOTS), et à SYNOPSIS, B, pièces honorables du premier ordre.

RECERCELÉ. — Modification de l'*ancré*; les bouts s'arrondissant en cerceaux. — *Voir*
CROIX RECERCELÉE.

RECOUPÉ. — La particule reduplicative indique qu'un écu supportant déjà la partition
du *coupé*, par exemple, la reçoit une seconde fois par le *recoupé*. Nous en avons déjà un
exemple à 194. Palliot le prend aussi, mais inexactement, pour *mi-coupé* (*Voir* MI-PARTI
2me sens). Nous en avons la figure à SINGULIERS (BLASONS). Le reduplicatif s'applique à
toutes les quatre grandes partitions : *recoupé, reparti, retaillé* et *retranché*.

RECROISETTÉ. — Qualificatif pour la croix dont les quatre bouts se terminent en
croix. Nous en avons des figures aux exemples 260, 504. On ne confondra pas la croix
recroisettée avec la croix potencée.

Répétons ici qu'une *croix recroisettée* est celle dont TOUS LES BOUTS sont terminés en
croix ; pour une croix *recroisettée à pied fiché* également,
le bout inférieur seulement étant FICHÉ OUTRE LE RE-
CROISETTEMENT. — *Voir* à FICHÉ une erreur commune en Angleterre à ce propos.

REDORTE ou RETORTE. — Qualificatif pour une
branche ou rameau d'arbre, souvent retortillés en anneaux dont il faut spécifier le nombre. SECKENDORF,
(565) : p. *d'argent à la redorte de tilleul* (et non *de lierre*
comme le dit Palliot (*Voir* Spener, fo 259) *de deux pièces
feuillée de huit pièces de gueules.* Spener, qui blasonne « ra-
« musculus tiliæ implexus miniatus utrinque quaternis
« foliis instructus in scuto argenteo », donne la figure

565

que je reproduis d'après Palliot en 565. Elle est très souvent inscrite dans les *Pandectæ triumphales*.

CCCLXXXIX. — Pour 565, il faudrait changer dans la description de Palliot les mots *de deux pièces* contre *doublement entortillée*. — Tous les auteurs disent qu'il y a des *redortes* avec ou sans feuilles, ce qui est facilement admissible ; mais qu'il faille représenter une redorte sans feuilles comme on le fait habituellement, c'est difficile à admettre. KNIPPINCK, (566) : *d'or parti de gueules à une redorte de trois pièces de sable sur le tout.* Description de Palliot. Trouvera qui pourra une ressemblance avec une branche ! Il faudrait au moins blasonner *parti d'or et de gueules chargé de trois annelets en redorte en pal, de sable ;* si l'on ne veut pas dire : *trois annelets entrelacés en pal,* ou

566

mieux encore — car il n'est pas dans l'essence de l'annelet d'être de la même venue avec d'autres annelets — : *redorte en guise de chaînon de sable en pal, tordu en trois annelets.* Bien entendu nous supprimons le *sur le tout.*

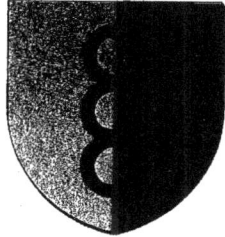

RÉDUCTION ou DIMINUTION. — La diminution des pièces est une disposition qui amoindrit la séante proportion qu'elles ont dans un écu, suivant la dimension de celui-ci.

Elle est : *directe,* quand vous avez, par exemple, une *croisette* au lieu d'une *croix,* une *cotice* au lieu d'une *bande ;*

Relative ; cette diminution agit sur les pièces honorables de deux manières, par les *rebattements :* 1° *de nombre ;* 2° *de situation.*

1° Trois bandes dans un écu sont forcément diminuées dans une proportion déterminée qui les classe comme *bandes ;* cinq cotices, dans une autre proportion qui fixe leur essence de *cotices* différentes de celle des *bandes.* — *Voir* REMARQUES LIX et LX ;

2° Un *bandé* composé de six pièces, trois d'un émail, trois d'un autre, alternés, donne une autre diminution constituant le rebattement de situation. — *Voir* REMARQUE LXI.

La diminution directe est toujours une *disposition* qui peut être accompagnée d'une *situation.*

La diminution relative, tout en étant une *disposition,* constitue forcément une *situation.* Ainsi trois bandes perdent la position affectée à la bande type pour prendre la situation spéciale à trois bandes dans un écu. Ceci acquis, elles ont leur *position relative* par rapport à l'écu. Il va sans dire que la *disposition* causée par la diminution peut être double, *trois bandes, ondées ;* triple, *trois bandes, ondées, chargées chacune d'une étoile,* etc.

Nous avons indiqué à chaque figure honorable héraldique du premier ordre, les noms donnés à leur *réduction.*

Il n'y a point de doute pour moi qu'au XIII° siècle on ne faisait pas de différence entre une *bande* et une *cotice,* par exemple. Ce sont des réglementations qu'il nous faut subir maintenant avec bien d'autres billevesées. — *Voir* SÉANTE PARTITION.

REGARDANT. — Variété de l'*issant* ou *naissant ;* consisterait en ceci que l'animal ne montre que la tête et quelque petite partie du col mouvant d'une des divisions de l'écu.

CCCXC. — J'aime à croire que cette différence est purement théorique ; dans la pratique, le *regardant* se confond avec l'*issant* ou *naissant* (*Voir* CES MOTS). Il y a pourtant dans cette définition des termes qu'il faudrait appliquer à cette situation, pour les animaux issants ou naissants en cœur de l'écu. Ce sont les mots : *mouvant de quelque division de l'écu.* — *Voir* REMARQUE CCLXXI.

Palliot, outre quelques blasons d'Allemagne, où, que je sache, l'on n'est pas si regardant, donne pour exemple de *regardant* l'écu de SERVIEN qu'il blasonne *d'azur à trois bandes d'or au chef d'argent chargé d'un lion regardant de gueules.* D'autres armoriaux disent *issant* et non *regardant*, preuve que les termes se confondent ; notamment Guy Allard met *issant*, et dans le cours de son ouvrage prend indifféremment l'*issant* pour le *naissant ;* il est vrai que dans son dessin, le lion est ce que Palliot appelle *regardant* et sur un chef cousu d'azur. Quant à Chorier, l'autre armoriste dauphinois, il met aussi *regardant*, mais donne un blason très différent de celui de Palliot, puisque les bandes sont *retraites vers la partie du chef* et *surmontées d'un lion regardant.*

REGARDANT, dans une autre acception, est un synonyme théorique de tourné, puisqu'un lion à *tête contournée* est *regardant* à senestre.

On le dit aussi, par exemple, pour l'action du phénix *regardant* un soleil. — *Voir* FIGURE 502.

REGLET. — Menestrier, dans sa première édition, annonce qu'il donnera dans la seconde, notamment, l'explication de ce mot. Je n'ai pas su le trouver dans ses autres éditions.

REMPLI. — Citons Palliot : « Pour distinguer le Remply du chargé et du bordé, aux « pièces honnorable, i'ay observé leur largeur, sçavoir au bordé la sixième partie tout « autour, le Chargé la moitié posant sur tout la longueur de la Fasce, Bande ou autre « pièce et le Remply le tiers et entouré de la couleur de la pièce. »

CCCXCI. — Voilà la théorie ! En pratique c'est une autre affaire, car dans un écusson gravé sur une bague, par exemple, la différence entre 567 et 569 sera bien peu appréciable. Pour moi, la diversité

567   568   569   570

n'est pas dans la proportion ; j'emploie les mots *bordé* ou *rempli* suivant les émaux ; car, en théorie une règle invariable et bien plus primordialement supérieure, est qu'il ne faut jamais mettre couleur sur couleur ni métal sur métal. Ainsi je ne blasonnerai pas, malgré Palliot, l'exemple 567 *de gueules à la fasce d'azur bordée d'argent,* pour ne pas m'écorcher en passant contre ce couleur sur couleur ; je dirai *de gueules à la fasce d'argent remplie d'azur.* L'exemple 568 montre, dans tous les cas, même avec une proportion moindre que la moitié, une *fasce chargée d'une autre fasce*. Impossible de confondre un *chargé* avec un *bordé* ou un *rempli* (*Voir* BORDÉ et CLÉCHÉ). L'exemple 569 est bien une *fasce d'argent remplie d'azur*, mais en intervertissant les émaux, je blasonnerai 570 *de gueules à la fasce d'argent bordée d'azur*. En d'autres termes, c'est la disposition de l'émail de la pièce honorable par rapport à l'émail du champ, qui me fera dire si elle est *bordée* ou *remplie*.

Palliot commet une véritable erreur en blasonnant deux de ses exemples, *vuidé* et *rempli* pour un même émail. Nous verrons à *vidé* que si des croix, par exemple, sont *vidées*... c'est qu'elles ne sont pas *remplies*.

RENARD. — *Voir* LOUP.

RENCHIER. — Espèce de cerf plus grand que le cerf ordinaire.

CCCXCII. — Toutes les différences basées sur une proportion que l'on ne pourra facilement déterminer, sont pour moi purement chimériques. Si j'ai à peindre sur le même feuillet un *renchier* et un *cerf*, c'est très bien; mais comment, sur un blason isolé, distinguera-t-on si j'ai voulu faire un cerf plus grand ou un cerf plus petit? avec des cornes plus ou moins grandes, plus ou moins plates? Différence à repousser.

RENCONTRE. — Qualificatif désignant la tête d'un quadrupède sans le corps, figurant de face, seule ou en nombre, dans un écu. Nous avons un exemple de *rencontre de taureau* à 80.

CCCXCIII. — C'est donc la situation d'une tête en pleine face, montrant les deux yeux, qui fait la position du *rencontre*. Une tête de taureau de profil n'est qu'une *tête* (*Voir* CE MOT). Nous comprenons, contrairement à Palliot, la tête du cerf, vue de face, avec celle de tous les animaux dans cette situation, qu'il faut énoncer *rencontre* et non *massacre*.

Il n'y a que deux exceptions. Le léopard étant *léopard* parce que sa tête est toujours de face, on ne blasonnera pas *rencontre*, mais *tête de léopard* si on la voit séparée, de face. Le lion, dont la position est d'avoir la tête de profil, ne peut être *en rencontre*, puisqu'on ne saurait guère la distinguer de celle du léopard. Quelques auteurs nomment la tête de lion vue de face, *mufle*, et *défense* celle du léopard (*Voir* CES MOTS, MASSACRE et TÊTE).

Un quadrupède dans sa *position* ordinaire *(passant)*, sauf la tête que l'on verrait de face, est blasonné *la tête en rencontre*. Ceci constitue une *situation;* elle correspond pleinement à la *position* du léopard entier, ce qui justifie bien l'exception plus haut visée.

RENONCULE. — On appelle fleur de renoncule la *quarte-feuille* que d'autres auteurs nomment *ranoncule, bacinet* ou *bassinet*.

RENVERSÉ. — Qualificatif de situation, exprimant qu'une pièce quelconque, comme un chevron, par exemple, qui doit avoir la pointe en chef, serait *renversé*, c'est-à-dire ayant sa pointe vers la pointe de l'écu. Un aigle *renversé* aurait sa tête en bas.

REPARTITIONS. — Qualificatif de duplication pour les partitions. En l'appliquant à chacune d'elles, *voir* ce que nous en disons à la REMARQUE CCCXXXV et à RECOUPÉ.

RESARCELÉ. — Nous en avons déjà parlé à CROIX RESARCELÉE.

CCCXCIV. — Ajoutons ici que le *resarcelé* charge une pièce d'un filet, d'un liseré, de chaque côté et non sur les bouts, de l'émail du champ. 571 p. *d'argent à la bande de gueules resarcelée;* sous entendu *du champ,* c'est-à-dire d'argent.

On peut *resarceler* de tout émail énoncé : *disposition.* Ainsi

571   571 bis.

571 *bis* p. *d'argent à la bande de gueules resarcelée de sable.* La différence entre la *position* et la *disposition* est facilement saisissable. Le *resarcelé* sur une pièce unie ou non, peut recevoir toute *disposition* à énoncer d'une ligne de bordure.

RÉSEAU, RETS. — Filet de chasse dont les mailles en losange sont mises sur une pièce de l'écu, ou que l'on tend sur tout l'écu, suivant l'énoncé de la description. La famille VULCANA portait anciennement *d'azur au rets d'or, au chef d'argent chargé de trois coquilles de sable.* C'est évidemment le filet du dieu Vulcain ; toujours un filet de chasse.

RETRAIT. — Synonyme d'*alaisé, V.* CE MOT, AJOURÉ (2me sens, ex. 36) et CHEF RETRAIT.

CCCXCV. — Palliot définit « qui est retiré, qui ne montre qu'une partie de son tout vers le chef. » Menestrier le dit beaucoup plus exactement « des bandes, paux et fasces qui de l'un de leurs côtés seulement ne touchent pas les bords de l'écu. »

Voyons comment le célèbre Palliot a dessiné ce qu'il a défini.

572   573   574

ZIRN, 572 : p. *de gueules à deux pals d'argent, l'un retrait l'autre abaissé, joints par les angles en abime.* ZORKS, (573): p. *d'azur à deux bandes, l'une retraite l'autre abaissée d'argent, jointes par les angles en abime.* — Voir à la REMARQUE suivante les blasons 572 *bis* et 573 *bis.* CANONE, (574) : p. *d'argent à une bande de sable accompagnée de deux merlettes et de deux autres bandes de même,* celle *du chef abaissée et celle de la pointe retraite.* — *Voir* REMARQUE suivante.

Dans ces trois descriptions qui sont de Palliot, nous nous éloignons progressivement de la règle qui, dans le troisième exemple, servirait aussi bien pour la bande *retraite en chef* que pour la bande *retraite en pointe.*

Dans un autre exemple qu'il blasonne au f° 077, RAYNE, (575) : *d'azur à cinq pals retraits en tranché d'or,* il est facile de voir que ces pals ne sont point « retraits vers le chef », mais simplement *alaisés* par un trait, suivant la partition du *tranché.*

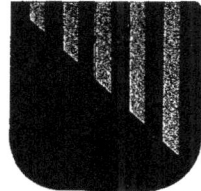

575

CCCXCVI. — Voici l'exemple 576, DE RUESDORF, qui p. *de sable* (et non *d'azur*, comme le dit Palliot) *au pal retrait d'argent,* où ce terme peut s'appliquer. Mais pourquoi serait-il retiré vers le chef, c'est-à-dire en dehors de l'écu d'une manière invisible plutôt qu'*alaisé* ou *coupé* vers le cœur de l'écu ?

Les Allemands appellent ces pals des « pali decurtati » c'est-à-dire raccourcis. Ici, comme au chef retrait (*Voir* REMARQUE CVI) le mot *retrait* est impropre ou inutile (*Voir* FIGURE 36).

Nous demandons à admettre *retrait* pour la *pointe* (*Voir* REMARQUE CCCLV) comme compensation.

Je dois faire remarquer aussi que les exemples 572 et 573 seraient plus clairement blasonnés par *pal disjoint* et *bandes disjointes en cœur.* — *Voir* SINGULIERS (BLASONS).

576

Il faudrait au moins expliquer, dans les deux cas, quelle est celle des deux pièces qu'il faut mettre à dextre, car rien ne m'empêche de dessiner 572 et 573 comme en 572 *bis* et 573 *bis,* en les joignant également par les angles en abîme.

Quant à l'exemple 574, je le blasonne : *d'argent à trois bandes de sable, la première et la troisième alaisées par un trait de taillé* (Voir REMARQUE XXXII) *accompagnées de deux merlettes, l'une en chef, l'autre en pointe.* Il ne peut être question de *retrait* ici, puisque ce n'est pas en chef que les bandes sont

572 *bis.* 　　573 *bis.*

alaisées. Si la situation des merlettes en chef et en pointe n'indiquait pas où il faut alaiser la première et la troisième bande, il faudrait blasonner : la première et la troisième *alaisées par un trait de taillé, la première mouvant du flanc senestre ;* ce qui indique suffisamment que la troisième meut du flanc dextre.

CCCXCVII. — Palliot et Menestrier blasonnent LUDOVISIO, (577) : *de gueules à trois bandes d'or retraites... en chef,* ajoute le dernier auteur. Je reproduis leur figure qui est sans doute la vraie. Il ne faudrait qu'un trait d'ombre marquant le chef pour les blasonner comme pour 577 *bis : de gueules au chef cousu de même chargé de trois bandes d'or.* J'aimerais à pouvoir croire qu'à l'origine la famille du pape Grégoire XV portait ainsi. Cela expliquerait la situation anormale des

577 　　　　577 *bis.*

trois bandes de 577 (*alaisement* à part), tandis qu'elles seraient bien posées dans un chef (577 *bis*). La position relative de trois bandes dans un écu est comme en 577 *ter*, et on ne peut les *alaiser* (ou *retirer*) que par un trait de *taillé*; on ne peut alaiser des bandes sur la ligne du chef que si elles sont au nombre de deux. Cette figure 577 *bis* n'étant pas (ou n'étant plus) la bonne, il faudrait au moins blasonner autrement 577, et, pour éviter toute confusion, dire, par exemple : *de gueules à trois bandes alaisées* (ou *retraites* si l'on veut) *sur la ligne inférieure du chef, comme si elles occupaient dans un chef véritable la place de trois bandes.*

L'adjonction *retraites en chef* de Menestrier ne peut aucunement marquer cette situation. Avec le sens qu'il donne à *retrait*, cela ne pouvait même être dans son intention, si l'on doit en juger par son exemple précédent de trois pals *retraits en chef*, et par le raisonnement; car si *retraites* avait eu pour lui, en ce cas, le sens de coupé ou diminué, cet habile homme n'aurait pas manqué de dire *retraites vers le cœur.*

577 *ter.*

Dans tous les cas, les observations précédentes ont la même valeur ; elles me semblent établir que, sauf pour la *pointe* (REMARQUE CCCLV), le mot *retrait* est non seulement inutile, mais qu'il ne s'accorde pas avec l'étymologie.

RHOMBE. — *Voir* LOSANGE.

RINCEAU. — Se dit d'une branche d'arbre ou d'arbuste, synonyme de *redorte*.

RIVÉ. — *Voir* CLOUÉ.

RIVIÈRE. — Dans les blasons, les rivières courent en pointe ou bien dans la position des bandes, des pals, des fasces, etc., avec la disposition de l'*ondé*.

La *rivière* figure seule ou en nombre, et pour la distinguer des pièces honorables dont elle affecte souvent la position, on donne quelques traits d'ombre pour simuler le flot, l'agitation de l'eau.

RIVERIEULX, (578) : p. *d'azur à la rivière d'argent courant en pointe, surmontée d'un croissant de même en abîme.*

ROC D'ÉCHIQUIER. — C'est la tour du jeu des échecs, comme on la faisait il n'y a pas encore bien longtemps.

578

Les Espagnols la nomment *roque*, d'où nous vient probablement le verbe français *roquer*, pour marquer la transposition du *roc* ou tour avec le roi.

ROQUELAURE, (579) : p. *d'azur à trois rocs d'argent.*

CCCXCVIII. — Menestrier *[Abbrégé méthod. des armoiries, fº 113]*
dit que le « roc est le fer morné d'une lance de tournoy ou recourbé à
« la manière des extremitez des croix ancrées. On l'appelle aussi Roc
« d'échiquier parce que les Tours des Échecs… ont la mesme forme. »
Faites donc une classification avec des identifications pareilles ! —
Voir ÉMOUSSÉ, MORNÉ.

579

Pour mon compte, j'appellerai invariablement la figure correspondant à 579, *roc* ou *roc d'échiquier*, avec Palliot qui ne dit mot du *roc* trans-
formé en *fer de lance morné*. Si cette figure, modifiée dans sa base,
montre la douille dans laquelle on emmanchait le fût de la lance, je la
nommerai *fer de lance en roc d'échiquier*, sans m'inquiéter de savoir si cette forme répond à celle d'une
lance courtoise, forme indécise et variable. Si je vois un fer de lance arrondi, aplati, avec un morne
ou un bouton (*Voir* GARANT) ou tout autre appendice prouvant que l'on a voulu en faire une lance
courtoise, je dirai *fer de lance émoussé* ou *morné*, en indiquant autant que possible la forme de cet
émoussé ou de ce *morné*.

Palliot figure comme en A les fers de lance *émoussés* de SALO. Comme en B, c'est la
figure de Menestrier. La figure A correspondait certainement, dans l'esprit de Palliot,
à un fer *morné*, c'est-à-dire auquel on a ajouté un anneau pour le rendre courtois,
comme les boutons des fleurets de maîtres d'armes.

Pour une famille ayant dans son nom le radical *roc* et pour armoiries des *fers de*
lance, je les appellerai *roquets [alias, fers de lance)*, ce qui est un vieux mot français (*V.* INDUCTIONS).

A   B

En vertu de ce même principe, mais avec la réserve voulue, je me demande, sachant que *coterel* ou
cotrel veut aussi dire en vieux français fer de lance, de coutelas, si au lieu des trois iris ou glayeuls
d'azur qui sur champ d'or accompagnent le chevron de gueules des COTEREL-BONNEUIL, il ne serait
pas permis de supposer qu'il y avait trois *coterels*, soit *trois fers de lance*. Pour COTREL, je ne dirai pas
avec Palliot de gueules semé de fers de lance à l'antique d'argent, mais *semé de cotrels*, etc.

ROC. — *Voir* ROCHER.

ROCHER. — Il se confond avec la *montagne* et avec la
colline. On devrait réserver cette dernière appellation
pour un ou plusieurs copeaux arrondis à la mode allemande, mais ce serait difficile à obtenir. Quant au
rocher, on ne saurait guère le distinguer de la *montagne*.
« On le représente » nous dit Palliot « en son naturel,
« rude et raboteux, large par le bas et pointu en sa som-
« mité ; » ce qu'il ne faut pas prendre au pied de la
lettre, surtout quand le *rocher* est chargé.

Il est mouvant de la pointe ou non, seul ou en nombre ; il faut blasonner si le rocher est terminé par plusieurs pointes bien caractérisées, car on ne saurait
nommer les aspérités mêmes qui constituent le rocher.

BOIGNE, (580) : p. *d'azur au lion d'or sommant et plantant une épée*
d'argent dans un rocher (ou montagne) au naturel mouvant de la pointe. — *Voir* MONTAGNE.

580

ROMPU. — *Voir* Chevron rompu où je le figure. Je serais embarrassé de figurer la description que le P. Anselme donne du blason de Clermont en Anjou : d'azur à trois chevrons d'or, le premier presque rompu *[sic]*. Ce *presque* se réduit à si peu de chose que l'on trouve généralement : *d'azur à trois chevrons d'or*, le premier étant comme les autres.

ROSE. — La rose héraldique a une forme de convention. On la représente ouverte avec quatre ou cinq pétales recourbés dans leur sommité, avec un bouton central que l'on blasonne *boutonné*, s'il est d'un autre émail. Ce qui distingue la *rose* — quel que soit le nombre de ses pétales, quatre ou cinq — de la quarte-feuille ou fleur de renoncule et de la fleur d'aubépine qui a cinq pétales, ce sont de petites feuilles qui apparaissent dans la commissure des grands pétales que l'on blasonne *pointés*, s'ils sont d'un autre émail. Juge, (581) : *d'azur à trois roses d'or.* Roscoet, (582) : *d'argent à trois roses de gueules soutenues et feuillées de sinople* [1].

581

582

Quelques auteurs dessinant la *rose*, cherchent à imiter la nature et mettent une double rangée de pétales : je crois cette pratique vicieuse, car d'autres blasonnent ces roses ainsi dessinées, *roses doubles*, ou *roses au naturel*. La *rose* héraldique est la fleur de l'églantier, c'est-à-dire qu'elle est simple, une rose sauvage.

La *rose* peut être *soutenue* d'une tige ; il faut blasonner, du même ou d'un autre émail, en ajoutant *feuillée*, si des feuilles ornent les tiges.

CCCXCIX. — Un estimable auteur dit que « l'émail particulier de la rose est de gueules, quoiqu'on « en trouve de différents émaux et surtout d'argent. » Pourtant ce même auteur donne cent seize exemples de roses, dont quarante-six sont *de gueules* et soixante-dix *d'autres émaux*. C'est une règle qui supporterait — on le voit — un trop grand nombre d'exceptions.

Si l'on donne quatre pétales à la rose, leur *position* est en croix ; si on lui donne cinq pétales, leur *position* est d'avoir un pétale en chef, deux en pointe. Quand ces figures chargent des sautoirs, des bandes, etc., elles sont, en suivant la règle ci-dessus, sujettes à toutes les exigences de la *situation*. — *Voir* Position, Situation.

ROUANT. — *Voir* Paon.

[1] On trouve aussi simplement *trois roses*, sans les tiges.

ROUE. — Le nombre des rayons n'est point fixé :
on en trouve de six et de huit. ROERO, (583) : *de
gueules à trois roues d'argent.*

On voit des roues dentées sur le rebord extérieur
que l'on appelle *roues de Sainte-Catherine;* des roues
à pignons qui n'ont que quatre rayons sur un
moyeu ajouré carrément, ce que l'on appelle *roue
d'horloge.*

ROUGE. — *Voir* GUEULES.

RUSTRE ou RUSTE. — Espèce de losange percée
en rond. SCHESNAYE, (584) : p. *de gueules à trois
rustres d'argent.*

Se distingue de la *losange* qui est pleine, et de
la *macle* qui est percée en losange. Suivant Palliot,
toutes ces figures devraient avoir un peu plus de
hauteur que de largeur dans la proportion de sept
à cinq, proportion qu'il est loin d'avoir toujours
observée.

Pour mon compte je dessine ces trois figures
avec des angles et des côtés égaux : et je réserve
une autre proportion pour les fusées. Faire autrement n'a aucune importance pour *rustre* et *macle,*
mais en a beaucoup pour ne jamais confondre
losange avec *fusée.* — *Voir* CES MOTS.

RUSTRÉ. — *Voir* MACLÉ.

583

584

SABLE. — Une des quatre couleurs héraldiques; elle est représentée en couleur par le noir plus ou moins intense, et en gravure par des traits quadrillés horizontalement et perpendiculairement. — *V.* COULEURS. — Les anciens comtes de GOURNAY, (585) : p. *de sable plein,* au dire de Palliot.

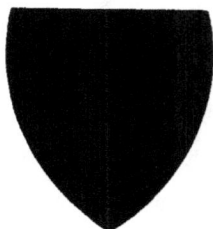

585

SAFFRES. — « Ce sont Orfraies, Aigles de mer qui ont une « de leur pate comme celle d'une Oye. » Palliot dit que c'est le blason des SAFFRES de Bourgogne qui portaient *de gueules à cinq Saffres s'essorant d'argent posés en sautoir.* Ces trois derniers mots constituent un pléonasme et un barbarisme. Les saffres (*Voir* Palliot, fig. III, f° 353) ne sont point posés en sautoir : ils sont 2, 1 et 2, ce qu'il est inutile de dire.

SAILLANT. — Synonyme de *rampant,* que l'on applique à la licorne, au mouton et au bélier. Équivaut en ce cas à SAUTANT ; du verbe *salire.*

SALADE. — Espèce de casque ou morion que l'on voit dans quelques blasons.

SALAMANDRE. — *Voir* PATIENCE.

SANGLÉ. — Se dit du cheval garni d'une sangle ; suivant Menestrier se dit aussi des pourceaux et sangliers qui ont par le milieu du corps une espèce de ceinture d'un autre émail. Le même auteur donne l'exemple de GLAU-BITZER qui p. *d'azur au poisson d'argent en fasce, sanglé de gueules.*

SANGLIER. — Cet animal paraît toujours de profil et ne se distinguerait du porc que par la défense. (*Voir* PORC.) Quoiqu'il soit généralement de sable, il est bon de blasonner l'émail. Sa position ordinaire est comme pour tous les autres animaux d'être passant, comme s'il marchait ou plutôt comme s'il courait. Quand la défense de sanglier est d'un autre émail que le corps, on le blasonne, *défendu de....* TREWARTEN, (586): p. *d'argent au sanglier de gueules.* Cette excellente figure du sanglier est de Viollet-le-Duc. — *Voir* BOUTOIR, HURE.

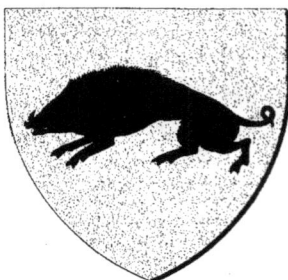

586

SANS NOMBRE. — *Voir* Semé.

SANS VILENIE. — *Voir* Vilenie.

SAUTANT. — Équivaut à *saillant* pour le bélier et ses congénères.

SAUTOIR. — Une des huit figures ou pièces héraldiques ordinaires du premier ordre. On l'appelle aussi *croix de Saint-André* ou *de Bourgogne.* Elle se compose de deux listes plates traversant, mais réunies, dans le sens de la bande et de la barre, venant mourir dans les quatre angles de l'écu. Dans un écu carré la réunion des deux diagonales doit se faire au centre réel ou parfait; dans un écu triangulaire, elle doit se faire au moins au centre visuel (*Voir* Fig. A., Remarque CLXXXIV) : de manière à ce que les angles des lignes soient d'équerre autant que possible.

A moins de trouver *un sautoir chargé d'un autre sautoir,* il ne peut y avoir dans un écu plus d'un sautoir, sans la disposition de l'alaisement.

Le *sautoir* peut, comme toutes les autres pièces honorables, recevoir la disposition des *lignes de bordure :* il *charge,* il *accompagne ;* il peut être *chargé* ou être *accompagné,* ce que l'on appelle *cantonné* plus élégamment. Nous avons déjà parlé du sautoir et de ses dispositions aux Rem. CCCLXV et suivantes.

Voici encore des exemples de *sautoir cantonné* et de *sautoirs chargeants.* Arborio, (587) : p. *d'azur au sautoir ancré d'argent cantonné de quatre fleurs de lis d'or, 1, 1, 1 et 1.* (*V.* la Remarque suiv.) Thésut, (588) : p. *d'or à la bande de gueules chargée de trois sautoirs du champ mis en bande.*

587

CD. — Dans l'exemple 587, il est inutile de dire que le sautoir est *alaisé* puisque la disposition de l'*ancré* l'exige nécessairement.

Dans l'exemple 588, les sautoirs de charge sont aussi forcément *alaisés;* il est donc oiseux de le dire. Suivant les règles données à Position, on ne peut confondre ces *sautoirs* avec des *croisettes.*

Palliot dit que Gattinara (587) porte deux os de mort en sautoir; c'est une erreur certaine, il n'y a jamais eu régulièrement qu'un *sautoir.* A ce blason, les Marquis et Comtes de Gattinara, les Marquis de Brême et Ducs de Sartirana, ont ajouté le chef de concession de l'Empire depuis le célèbre cardinal Mercurin

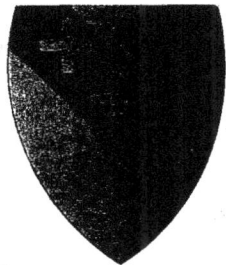

588

Arborio, grand chancelier de l'empereur Charles-Quint. J'ai négligé à 587 ce détail adventif, relativement moderne, pour en prendre occasion d'une remarque de séante proportion, à appliquer dans
une foule de cas similaires.

Les graveurs et dessinateurs pour loger le *sautoir* dans l'écu diminué d'un tiers par l'adjonction du
chef, changent la direction des bras et les aplatissent jusqu'à ce qu'ils les aient adaptés au lit de
Procuste comme
en 587 *bis.*

Le sautoir est
une croix de St-
André dont les
bras doivent être
en équerre parfai-
te, autant que pos-
sible; croix mise
de biais au lieu
d'être à plomb.

Nous avons ici
un sautoir *ancré*,
partant forcément
alaisé; au lieu de
l'estropier en l'a-
vachissant, on n'a
qu'à diminuer sa

587 *bis.*

587 *ter.*

grandeur totale : il gardera ainsi sa configuration typique et réglementaire, comme nous le voyons en
587 *ter.*

Si le sautoir n'était pas *alaisé*, il en serait autrement; il faudra bien alors nécessairement que les
deux diagonales suivent la seule direction régulière possible dans l'aire restée libre. Si l'on m'objecte
que l'adjonction du chef doit modifier dans les deux cas les lignes du sautoir, *alaisé* ou *non alaisé*, je
réponds par ce raisonnement :

J'ai une croix pour blason; on y adjoint un chef de l'Empire. Comment
dessinerai-je ma croix? Si elle est *alaisée* comme celle de la Confédération Helvétique (FIGURE 38), évidemment je donnerai à chaque bras de
la croix *une longueur égale,* proportionnellement à l'espace dont je dispose, car autrement ce serait une croix haute ou longue, ou difforme,
mais non une *croix alaisée* proprement dite qu'il ne faut pas confondre
avec *croisette.* Mais ma croix est *ancrée,* disposition de l'alaisement,
cantonnée de quatre fleurs de lis; s'il faut absolument l'estropier (comme
on le fait pour le sautoir en 587 *bis*) je la dessinerai comme en A, avec
tout autant de logique; pour ne pas laisser de vide, je chantournerai les
fleurs de lis et pour remplir mon chef, je soumettrai également l'aigle
au laminoir [1]. Tandis que si au lieu d'une *croix ancrée*, j'avais une

A

---

[1] Que l'on ne sourie pas trop devant ce blason opportuniste. La prosopopée de certains blasons faits par
des auteurs très savants, ne réussit pas à cacher des gibbosités bien plus formidables.

On remarquera dans les blasons 587 *bis* et 587 *ter* que l'aigle de l'Empire n'a qu'une tête; comme je l'ai
déjà dit, cela est très fréquent dans les innombrables chefs de l'Empire portés par l'aristocratie italienne.

croix pleine, il faudrait bien, pour lui conserver sa configuration normale autant que possible, que chaque bras s'allonge en proportion avec l'espace dont je dispose. Dans ce cas, soit le *sautoir*, soit la *croix*, subissent une cruelle nécessité en se déformant physiquement; moralement et héraldiquement, ils gardent leur pleine position.

Il en serait de même si l'on avait, hélas ! un sautoir à dessiner dans un écu allongé. J'ai déjà indiqué à COMPONÉ (CXXVII *in fine*) et, j'ajoute ici pour les figures en général, qu'un dessinateur soigneux devrait proportionner la dimension et même la forme d'un écu avec les pièces qui doivent le meubler. Cela est possible dans la presque universalité des cas et l'on conserverait ainsi aux figures leurs lignes régulières. La figure c'est le tableau, l'écu c'est le cadre.

Il est vrai que dans une noble cité que je connais, on a coupé des toiles de Bassano pour les loger dans de beaux cadres qui gisaient vides au garde-meuble.

SAUTOIR (EN). — Cinq pièces dans un écu ont pour *position relative* d'être en sautoir par *rapport à l'écu*, c'est-à-dire 2, 1 et 2. On n'exprime pas cette position. Si la description porte *mises* ou *posées* en sautoir, c'est tout autre chose. Elles subissent une *situation* et doivent se *mettre en sautoir par rapport à elles-mêmes*. — *Voir* FIG. 623 *bis*.

SAUVAGES. — Ils figurent dans quelques blasons étrangers, velus, de *carnation* (brune) habituellement ou d'un émail à blasonner, avec une couronne et une ceinture de feuillage et une massue à la main, levée ou non. Ils servent aussi de *tenants*, comme ornements d'armoiries.

SCEPTRE. — *Voir* RAIS, ESCARBOUCLE.

SCIENCE HÉRALDIQUE. — Le Blason forme-t-il une *science* ou un *art*?

Évidemment, en tant que figuration, le Blason est d'autant plus un art que nous avons des formes spéciales pour la traduction extérieure de ses pièces. Ces formes correspondent pourtant à des dogmes qui nous sont particuliers : ils constituent une somme de connaissances précises et certaines, basées sur l'application d'une méthode dont on peut tirer des déductions rigoureuses.

Tellement que si nous n'avons pas assez d'*art* pour figurer élégamment une formule héraldique avec la plume ou le pinceau, nous sommes certains, grâce à une *science* suffisante, de connaître exactement et dans tous les cas, l'essence d'une pièce héraldique avec tous les accidents les plus variés qui peuvent en modifier la structure.

Pour écrire *deux et deux font quatre*, il faut posséder l'art de l'écriture : cela n'empêche pas l'arithmétique d'être une science. Il en est de même pour le Blason.

Je me suis efforcé de remplacer par la logique la folle du logis, et d'extraire du travail de tous mes devanciers des règles formelles et réellement scientifiques.

Sans doute nous nous trouverons encore longtemps en présence d'innombrables blasons très mal ou très diversement décrits et figurés. Il ne nous appartient pas de trancher ces questions : chaque famille a le droit de faire adopter pour ses armoiries le type le plus ancien ou le plus probable. Il nous suffit que ce type régulier admis, il reste enfin invariable, ce que l'on obtiendra si, au lieu de le blasonner avec une marotte, on emploie des descriptions déduites logiquement de principes vrais, que je voudrais incontestables.

Ainsi des barbouilleurs héraldiques peuvent être *savants :* s'ils sont brouillons par dessus le marché, ce ne sont que de misérables *artisans.*

Tout ceci posé, non seulement nous revendiquons pour le Blason la qualité de science, mais nous prétendons que c'est une science très intéressante, un important rameau des sciences historiques.

Il ne faut pas en exagérer la portée, sans doute, mais tout esprit curieux trouvera un véritable intérêt à l'approfondir, à remarquer combien dans les piquantes questions de position, de situation, tout se tient et s'enchaîne. S'agit-il d'une description ? nous devons, comme dans une analyse chimique, en donner les véritables termes, éliminer les inutiles, dégager les principes qui la composent : elle répondra dans notre intellect à une figure exactement déterminée, si ce n'est élégamment dessinée.

Nous laissons aux esprits rêveurs une latitude sans bornes pour se délecter dans la mythologie héraldique, le symbolisme plus ou moins ingénieux, dans les fictions poétiques mêmes. L'HISTOIRE DES CROISADES n'exclut pas la JÉRUSALEM DÉLIVRÉE.

Admettons qu'au XIIIᵉ siècle ces formules cabalistiques eussent un sens déterminé. A mesure que le souvenir s'en perdait et que le Blason se généralisait, elles devaient forcément devenir plus obscures, sujettes à des interprétations diverses et nous laisser maintenant un choix tellement immense que pour sortir d'embarras, mieux vaut s'abstenir. Bornons-nous à réglementer scientifiquement la manifestation extérieure de ce qui résulte de ces formules légendaires ou historiques et leur interprétation littérale, immuable et invinciblement logique, en conformant celle-ci aux vieux monuments que l'on rencontrerait.

Un des plus beaux avantages de notre science est d'être morte.

Nous possédons la *certitude métaphysique,* puisque notre esprit admet sans réserve des raisonnements qu'il a reconnus vrais et fondés.

Nous avons la *certitude physique :* avec le témoignage de nos sens nous établissons intuitivement sur un thème donné une figure correspondant aux principes et comme le veulent des règles fixes.

Nous tenons enfin la *certitude morale.* Tous les hommes raisonnables ne peuvent se refuser à témoigner que si nous nous trompons dans l'emploi de règles certaines, cela ne tient pas au système.

Beaucoup de sciences peuvent-elles présenter une telle splendeur ? Quelques-unes naissent à peine; d'autres se perfectionnent chaque jour; d'autres radotent sous prétexte de perfection.

La nôtre est désormais à l'abri de toute vicissitude, il dépend de nous de la rendre parfaite.

SÉANTES PARTITIONS. — Menestrier (1761) au fᵒ 57, qualifie de ce nom les rebattements de situation comme le *fascé,* le *pallé,* etc. : au fᵒ 85, — et Palliot l'emploie dans ce même sens, — il se sert de ce mot pour exprimer des figures honorables accompagnées par d'autres figures.

CDI. — On voit que le Blason pourrait se passer de ce vocable, quel qu'en soit le sens. Pourtant le terrain étant libre, je me servirai de ce mot suivant la signification étymologique de ce qui est *séant*, *bien séant*, pour exprimer la proportion des figures seules par rapport à l'écu, ou accompagnées, par rapport à elles-mêmes et à ces pièces d'accompagnement. Les figures doivent avoir chacune un volume convenable *séant* à leur situation, une direction *séante* à leur assiette. La partition du tranché, par exemple, qui ne diviserait pas l'écu en deux parties à peu près égales, diagonalement de dextre à senestre, ne serait pas une *séante partition*. Une *croix alaisée* que l'on représenterait assez petite par rapport à l'écu pour que l'on puisse la confondre avec une *croisette*, ne serait pas en *séante partition*.

Je prends donc ce mot dans le sens de proportion, de la juste et artistique dimension des figures entre elles et par rapport à l'écu ; dimension qui souvent, seule, les caractérise.

Dans tous les articles consacrés aux pièces héraldiques, j'ai toujours indiqué la proportion *environ*. *Environ* doit se prendre beaucoup plus DANS LE SENS DIMINUTIF que dans le sens augmentatif. Il est bon de se souvenir que dans les anciens sceaux, les croix, les chevrons, les sautoirs, etc., représentent des figures déliées et minces. L'excessive réglementation introduite par les hérauts d'armes nous force maintenant à observer la proportion des figures.

Il faut pourtant le faire dans des limites que fixera la logique et ne pas oublier que de deux maux il faut choisir le moindre. Une *bande*, une *cotice*, un *bâton* isolés dans un écu auront leur proportion normale. Cette *bande* broche-t-elle sur un lion ? ne craignez pas de la diminuer légèrement pour faire un peu de place au lion. Sous cette bande, le lion doit figurer entier ; il vaut donc mieux prêter à la confusion entre *bande* et *cotice* — après tout c'est la même figure — plutôt que d'estropier un lion pour garnir mal à propos le chef et la pointe de l'écu.

Avons-vous un pal à *componer* ? suivons sans hésiter l'esprit de la règle contenue dans la remarque CXXVII pour la figure 172. Même en admettant la *vergette*, il est peu important qu'on la confonde avec un pal, c'est toujours la même figure. En revanche, il est nécessaire que l'on ne puisse pas prendre un pal *fascé* pour un pal *componé*, etc. Voyez aussi à la fin de la remarque précédente pour la forme de l'écu à choisir suivant les meubles qui l'illustrent.

SELLÉ. — Qualificatif pour le cheval.

SEMÉ ou SANS NOMBRE. — Se dit de l'écu couvert, sur toute sa surface, de figures, comme des étoiles, des billettes, etc., distribuées régulièrement de manière que cet ordre alterné donne quelques-unes de ces figures entières et d'autres paraissant plus ou moins entamées par les bords de l'écu.

CDII. — Nous avons déjà dit à PIÈCES EN NOMBRE que ce qui constitue le *semé* ou *sans nombre*, n'est pas la quantité, variable suivant les auteurs, de seize ou de vingt pièces, mais uniquement la situation de pièces nombreuses dans un écu, dont quelques-unes sont coupées par ses bords.

Supposons une étoffe de lampas d'azur, broché à intervalles réguliers, de fleurs de lis d'or. Vous voulez recouvrir un écu avec cette étoffe ; posez votre écu par dessus et coupez votre étoffe suivant la ligne extérieure des rebords de l'écu. Vous aurez, suivant leur dimension, un certain nombre de fleurs de lis restées entières ; mais vos ciseaux auront nécessairement coupé sur les bords, des fleurs de lis dont vous ne verrez plus que des parties. C'est le véritable *semé* qui vous représentera le blason de FRANCE ancien : *d'azur semé de fleurs de lis d'or*, ou *d'azur aux fleurs de lis d'or sans nombre*.

On sème avec toute espèce de figures, *lionceaux*, *billettes*, *croisettes*, etc. (*Voir* FIGURE 504). Voici le blason de ma province :

CHABLAIS (L'ANCIEN DUCHÉ DE), (589) : *d'argent semé de billettes de sable au lion de même brochant sur le tout*. Les GINGINS, du pays de Vaud, portent *de même*.

On pourrait dire aussi : *d'argent billetté de sable*, etc. Le *billetté* ne saurait motiver l'amphibologie qui peut exister entre *semé de losanges* et *losangé*. — *Voir* CE MOT.

Je trouve dans Vulson (f⁰ 168) une singularité. Il blasonne une figure d'imagination « de gueules à pièces levées d'ar-
« gent sans nombre ; l'on ne dit pas semé car il est impro-
« pre. » Or, il blasonne immédiatement après « de sable
« semé de chausse-trapes d'or. » Pourtant les deux figures sont identiques par rapport à l'écu et constituent toutes deux un véritable *semé* ou un *sans nombre*, car c'est exactement la même chose. Ce que je trouve de très « impropre » dans Vulson, c'est que par le mot *pièces levées* il entend — qui pourrait le deviner ? — des triangles pleins, et qu'il

589

représente la *chausse-trape* comme une étoile à cinq rais, anglée de cinq petits fers se terminant comme des dards.

CDIII. — Palliot blasonne pour HESSELIN : *d'or à deux fasces d'azur semé de croix fleuronnées de l'un en l'autre* et donne pour figure (je la calque) le tracé 590. Cette description est détestable, elle ne me dit pas que les fasces sont aussi *semées*. Grandmaison blasonne HESSELIN : *d'or à deux fasces d'azur semées de croisettes fleuronnées de l'un en l'autre*. Ici ce sont les fasces qui sont *semées* seules, le champ n'est pas *semé*. Il faut blasonner la figure 590 : *d'or semé de croisettes fleuronnées de l'un, à deux fasces du second semées de croisettes fleuronnées de l'un en l'autre*.

590

J'ignore quel est le véritable blason ; cette incertitude, je l'ai déjà dit souvent, est beaucoup trop fréquente, grâce à des descriptions trop ra-
rement exactes. En suivant mon instinct, je serais tenté de blasonner HESSELIN : *d'or à deux fasces d'azur chargées chacune de deux croisettes fleuronnées, accompagnées de neuf croisettes de même, trois en chef, trois en cœur, trois en pointe ; les treize croisettes de l'un en l'autre*. Cette description peut être fausse par le fait, si la figure réelle n'y répond pas, mais elle n'est pas héraldiquement fausse comme celle de Palliot — suivie par La Chenaye — qui me laisse dans l'impossibilité de savoir si les fasces sont semées ou non. Il y a mieux. En me basant sur le nombre de croisettes donné par Palliot, reproduit fidèlement en 590, et en plaçant correctement en quinconce, suivant le tracé rouge, les croisettes comme en 591, on se convaincra que : 1° les bouts inférieurs des croisettes paraissant dans le chef en 590, ne devraient pas y figurer du tout : le champ n'est donc pas un *semé* ; 2° les bouts latéraux des croi-
settes paraissant dans les bandes en 590, sont exclus par le tracé

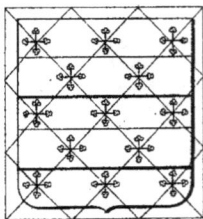

591

régulier 591 : les fasces ne sont donc point *semées*. Ainsi, si je n'ai pas raison dans ma supposition — et je n'y tiens pas — Palliot a certainement tort dans les deux cas : 1° dans son dessin, si un *semé* fallacieux nous trompe; 2° dans sa description, où les fasces seules peuvent être semées d'après les lignes rhomboïdales qui règlent la situation de son *semé*... en mettant qu'il y ait *semé* et non un *chargé* et un *accompagné*. Veuillez reporter le calque A où chaque point noir représente le centre d'une croisette du dessin n° VIII, f° 236, de Palliot. Le réseau rouge montre l'irrégularité des lignes qui forment le quinconce. A coup sûr, si c'est un *semé*, c'est le fait d'un semeur à la volée.

A

SENESTRE. — Exprime le côté gauche dans la langue du Blason. Comme l'on dit *dextre*, l'on devrait dire *senextre :* l'usage contraire a prévalu ainsi que pour son composé *senestrochère*. La *senestre* dans les armoiries est à *dextre* de celui qui les regarde : l'écu étant toujours censé défendre la poitrine d'un gentilhomme, ce qui doit faire réfléchir les amateurs respectueux du *contourné* (*Voir* CE MOT).

SENESTRÉ. — *Voir* ADEXTRÉ.

SENESTROCHÈRE ou SENEXTROCHÈRE. — Comme pour le *dextrochère* (*Voir* CE MOT), mais à l'opposé, c'est la position du pouce relativement aux autres doigts qui le constitue : mêmes règles.

CDIV. — Il résulte de ceci qu'il n'est pas du tout nécessaire, comme le dit un auteur, que le senestrochère soit mouvant du flanc senestre de l'écu. Habituellement il meut du flanc senestre, il est en effet plus naturel qu'un chevalier portant son écu sur la poitrine, fasse sortir sur cet écu son bras gauche à senestre et non à dextre.

Pourtant, comme meuble de l'écu, aucune raison ne s'oppose à ce que le senestrochère, comme le dextrochère, puisse mouvoir d'un point quelconque de l'écu, même du flanc ou du chef dextre. Il est toujours facile de distinguer si l'on voit un *senestrochère* ou un *dextrochère*.

SEREINE. — *Voir* SIRÈNE.

SERPENT. — *Voir* GUIVRE.

SICAMORE. — *Voir* CERCLÉ.

SIGNIFICATION DES ARMOIRIES. — Jeu d'esprit attribuant aux meubles héraldiques une portée au-dessus de la compréhension commune : par exemple, la couleur *gueules* a la spécialité de représenter indifféremment le mois de mars ou le mois d'octobre, le nombre *trois* ou le nombre *dix*. Mais il ne représente parmi les jours de la semaine que le *mardi*, etc., etc.

CDV. — Alphonse Karr, au moins, a dit spirituellement que pour lui le rouge représente la trompette.

J'ai donné dans l'Avant-Propos, note 1, un spécimen des sens mystiques et variés de l'*azur*, car

chaque émail laisse un grand choix parmi ses significations. « Qui vous meut, qui vous poind? Qui
« vous dit que blanc signifie foy et bleu fermeté? Un, dites-vous, livre trepelu... le blason des
« couleurs. Qui l'a fait? Quiconque il soit, en ce a esté prudent, qu'il n'y a point mis son nom. Mais
« au reste, je ne sçay quoy premier en lui je doive admirer, ou son outrecuidance, ou sa bêterie. »
[Rabel. I, IX.]

Chaque figure de l'écu jouit aussi d'une ou de plusieurs significations cabalistiques, différentes au
gré de chaque auteur.

Je néglige toutes ces rêveries ; elles n'ont plus de sens pour nous et n'ont jamais dû avoir une portée
bien précise.

On m'a souvent demandé pourquoi telle maison portait une bande et telle autre un aigle d'azur
membré de gueules.

A ceux qui s'informent pourquoi l'opium fait dormir, on peut répondre avec Molière « quia est in eo
virtus dormitiva. » — *Voir* ORIGINES.

SIMPLES (ARMOIRIES). — On les qualifie ainsi quand elles ne sont pas chargées de
figures nombreuses.

On peut conjecturer avec vraisemblance de l'ancienneté d'une armoirie, d'après sa
simplicité. L'écrasante majorité des vieux blasons nous montre une pièce honorable,
bande, fasce, pal, croix, chevron, etc.; ou des pièces honorables en rebattements de
nombre et de situation — quel qu'en soit le nombre — ou bien un *aigle*, un *lion*, etc.,
ou bien encore une partition, *coupé, parti*, etc.

Quand on rencontre plusieurs écarts dans un blason, si chacun d'eux est simple,
l'ensemble ne constitue pas des armoiries compliquées.

J'ai dit, avec vraisemblance : on ne saurait en effet en induire une certitude. Sans
compter les armoiries parlantes, il y a de nombreux exemples d'illustres familles ayant
des blasons peu simples, ainsi BRAGANCE (558), CLÈVES (312), ÉCOSSE (314), NAVARRE
(313), etc. Enfin cette simplicité peut être due au hasard, car on trouve des familles
de noblesse relativement récente avec des blasons simples; elle peut être aussi affectée;
de nouveaux anoblis en prenant du galon, pour lui donner un air vieux, pensaient
qu'ils n'en pouvaient trop peu prendre.

SINGULIER. — *Voir* PLURIEL.

SINGULIERS (BLASONS). — Il est difficile de classer certains blasons sous une
rubrique précise. On en trouvera quelques-uns ici, formant un bon complément à
l'article DESCRIPTION.

Nous avons déjà étudié les deux grandes *partitions*, le *coupé* et le *parti* : il nous reste
à voir le *taillé* et le *tranché*, en leur ordre. Nous avons vu à *repartitions*, que le dupli-
catif *re*, précédant une des partitions, indique sa répétition dans le même écu. Nous
avons vu également que la particule *mi*, précédant l'énoncé d'une partition la fragmente,
en fait une demi-ligne, une portion de ce trait, n'allant jamais d'un bord à l'autre de
l'écu.

Avec ces traits de partition, de repartition, de mi-partition, l'on forme d'autres figures qui n'ont point de nom propre et que l'on ne peut blasonner que par traits et demi-traits, réunis par des circonlocutions. En voyant donc certains blasons dont l'Allemagne n'a pas absolument la spécialité, il faut observer :

1° Si dans leur ensemble, ou pour une partie notable, ils présentent une configuration connue, comme *chapé*, *chaussé*, *écartelé*, *emmanché*, *enté*, *pointé*, *giron*, etc;

2° Quelles lignes ou demi-lignes, — perpendiculaires *(parti)*, horizontales *(coupé)*, diagonales de dextre à senestre *(tranché)*, de senestre à dextre *(taillé)*, circulaires ou demi-circulaires, s'arrondissant, se dentelant, se potençant suivant un tracé quelconque de bordure — modifient la figure principale;

3° Enfin, si ce blason ne vous rappelle aucune figure connue, blasonnez avec celle qui y ressemble davantage en exprimant par un restrictif, *en guise de*, *comme un*, que vous voulez donner une idée générale sans grande précision. S'il ne vous présente aucune ressemblance, commencez par le chef, à dextre, et en descendant, puis en remontant, observez les plis, replis, angles, ronds ou demi-ronds, l'engrêlure ou la cannelure, etc., etc., etc. Quelques exemples démontreront cette manière de blasonner, car il n'est pas possible de fournir des exemples de tous les cas qui peuvent se présenter. — *Voir* fin de la REMARQUE CDXVI, exemples A, B.

Disons pourtant que s'il existe des blasons vraiment difficiles à décrire, il y en a bien d'autres qui, décrits d'une manière indécise, prêtant le flanc — que dis-je? — les *flancs*, le *chef* et la *pointe*, — à des interprétations de plus en plus disparates, sont *singuliers* à cause d'une mauvaise description, ou d'un mauvais dessin.

Nous allons suivre le célèbre Menestrier pas à pas, dans tous les exemples qu'il a donnés dans sa *Pratique de blasonner par l'ordre des traits et lignes*, que l'on pourrait désigner par pratique de blasonner par périphrases dont plusieurs inutiles : je les blasonne ensuite à ma manière.

CDVI. — Menestrier blasonne FRONBERG, (592) : « mi-coupé, mi-parti vers la pointe et « recoupé d'argent et de gueules ». Il a oublié de dire mi-coupé en chef.

AURBERG, (593) : « mi-coupé en pointe » (on voit qu'il n'est pas inutile de dire où l'on *coupe*) « mi-parti » (il oublie de dire, *en remontant*) « et recoupé en chef. »

S'il est juste de laisser aux Allemands leurs descriptions très souvent mal déterminées — et l'Allemagne par-dessus le marché — il est bon pourtant dans des blasons allemands prétendus *singuliers* de chercher ce qu'ils ont voulu faire et de ne pas leur imposer d'autres idées.

Spener *(Opus Heraldicum)* nous dit[1] : « alia scuta mediantibus quibusdam gradibus in duas partes

592   593

---

[1] D'autres écus sont divisés par quelques degrés (d'escalier) en deux parties égales. Ainsi, en partant de la dextre, FRONBERG en montre deux de gueules sous un champ d'argent, et AURBERG, en partant de la senestre, insère deux degrés de sable sous une aire d'argent.

« æquales dividuntur... Ita a 'dextra parte ducto initio FRONBERG... scuto argenteo duos ejusmodi
« gradus rubeos... a sinistro latere in illis ducitur initium, cum AURBERG duos gradus nigros argenteæ
« areæ insert ». Ce sont des *degrés d'escalier* que les Allemands ont voulu faire. Il n'y a là rien de
singulier, si nous blasonnons simplement 592 : *tranché par deux degrés (d'escalier) d'argent sur gueules,*
593 : *taillé par deux degrés d'argent sur sable.*

La ressemblance avec un escalier s'accuse davantage en augmentant le nombre des marches.
Spener continue : « tres gradus rubeos sumpto a
« læva initio inscribit parmæ argenteæ SEYBOLZ-
« DORF, » (594) : « quatuor itidem a dextera coc-
« cineos argenteæ SCHÜRSDORF, » (595)[1]. Spener plaisante ici Geliot, c'est-à-dire Palliot, qui,
au mot *emmanché,* blasonne 595 tranché emmanché d'argent et de gueules de trois pièces et une
demie. « Verum abludit ejus pictura super qua
descriptio ejus fundatur, a nostra[2]. » En effet,
Palliot dessine comme en 595 *bis,* ce qui n'est pas du tout ce que l'inventeur du blason 595 a voulu représenter.

594

595

Nous blasonnerons donc 594 : *taillé par trois,* et 595 : *tranché par
quatre degrés d'escalier d'argent sur gueules.*

Menestrier, qui ne l'a pas deviné pour 592 et 593, s'en est douté pour
594 (quoique il l'écrive SEYBETTZDORF et SEYBOLSDORF) en blasonnant
« taillé pignonné d'argent et de gueules de trois pièces. »

CDVII. — D'ARPO (*Voir* FIGURE 318). « Mi-coupé en chef failli en
« taillant et recoupé vers la pointe de gueules et d'argent. » Il est fort
probable que ce sont des pointes mal vues ou mal dessinées comme dans
l'exemple qui suit. Passons, en notant que l'indication des émaux serait plus exacte avec les mots :
« de gueules sur argent. »

595 *bis.*

« KANSUNGEN » et non KAWFUNGEN. « Mi-tranché au-dessous du chef,
« mi-taillé en remontant vers le chef et retaillé au flanc de l'écu d'or et
« de gueules. » Il est bon de voir la figure 596 pour comprendre ce que
Menestrier a voulu dire; quoique exacte, sa description tombe à faux.
Nous trouvons dans la planche 8 de Spener un dessin qu'il blasonne :
« antequam de cuspidibus desinamus loqui exemplum notandum est
« scuti... de KANSUNGEN quod bini cuspides (pointes) aurei et ru-
« bei sed oblique collocati dividunt[3]. » Voilà pour l'esprit; mais il
nous faut plus de précision, nous blasonnerons en suivant le dessin

596

---

[1] SEYBOLZDORF porte sur champ d'argent trois degrés de gueules en partant de senestre, et SCHÜRSDORF
quatre en partant de dextre.
[2] Mais en vérité son dessin, sur lequel il fonde sa description, est dissemblable du nôtre.
[3] Avant que nous finissions de parler des pointes, il faut citer l'écu de KANSUNGEN que deux pointes d'or et
de gueules divisent par une ligne oblique.

596 *bis* [1] : *de gueules à deux pointes accolées, renversées en bande d'or, mouvantes du chef et du flanc dextre.*

Pour HALDERMANSTETEN, *voir* REMARQUE CCX, F_IGURE 307. Pour PRIESEN, *voir* à TIERCÉ.

596 *bis.*

CDVIII. — TALE, (597). Menestrier blasonne : « écartelé en équerre de « gueules et d'argent. » Vulson blasonne : « écartelé en cœur de gueules et « d'argent et componné à l'entour de l'écu. » Supprimons la figure qui est devant nous et nous ne serons que bien faiblement renseignés. Recourons à l'héraldiste allemand. « Prorsus singulare est scutum familiæ VON TALE « quod quatuor amussibus » (*Winckelmass*, équerres) « binis rubeis et toti-« dem argenteis in scuti medio coeuntibus distinguitur [2]. » Nous sommes encore dans le vague, n'ayant aucune indication de mouvance.

Je blasonne, *en bannière* pour être très précis, le n° 597 : *écartelé par quatre équerres en potence, deux de gueules, deux d'argent, adhérentes entre elles et aux bords de l'écu, la première en chef coudée vers la pointe* (ceci règle le mouvement des trois autres sans qu'il soit nécessaire de le spécifier), *réunies par leurs angles en cœur.*

597

CDIX. — BEURL, (598). Menestrier blasonne : « de gueules à un coude « en triangle d'or mouvant de l'angle de senestre l'écu en traverse et recou-« pant en burelé rempli de sable. » Quelle accumulation de mots pour ne rien dire de clair ! Il donne une variante : « de gueules à une pointe de « giron d'or mouvante du flanc senestre de l'écu depuis le chef et chargée « d'une autre pointe de sable. » La variante est tout aussi obscure, techni-quement. Il serait pourtant si simple de blasonner 598 : *de gueules au giron d'or occupant presque les deux tiers de l'écu, mouvant de l'angle du chef, du flanc et du cœur à senestre, chargé d'un autre giron de sable,* ou bien *rempli de sable !*

598

CDX. — KOLLERE, (599). La première version de Menestrier « de gueules vêtu d'argent » était bonne sans qu'il eût besoin d'ajouter « ou d'ar-« gent à une grande losange de gueules abou-« tissante aux quatre flancs de l'écu. » Cette variante donne quatre flancs à l'écu qui ne s'en connaît que deux.

CORRARO, (600) : « Coupé d'argent et d'azur « vêtu de l'un à l'autre. »

599

600

---

[1] Nous le modifions pour suivre la description ; en effet, s'il y a *deux* pointes d'or il ne peut y en avoir *deux* de gueules à moins de compter pour une les deux demies, ce qui n'est pas admissible *à priori*. Dans le dessin de Spener (596 *ter*), impossible de voir les « bini cuspides » sur l'existence desquels son texte ne peut laisser de doute.

[2] « L'écu de VON TALE est vraiment singulier ; il se distingue par quatre équerres, deux de « gueules et deux d'argent se joignant ensemble au milieu de l'écu. »

596 *ter.*

Cette figure est de Menestrier; il l'a mal blasonnée attendu que nous voyons un *coupé d'azur et d'argent* (et non « d'argent et d'azur ») *vêtu de l'un à l'autre*. J'aimerais mieux d'ailleurs blasonner 600 : *coupé d'azur et d'argent chapé et chaussé de l'un à l'autre*. — *Voir* VÊTU.

Palliot, pour un blason similaire, crée le mot *opposé* qui est absolument impropre.

Pour GLEISENTHAL, WOODVILLE, YATTON, *voir* FIGURES 329, 327, 328.

CDXI. — LINDECH-ZU-LIZANA, (601). Menestrier blasonne : « d'azur au giron d'or, mouvant du canton dextre de la pointe en forme de croissant versé vers la senestre d'or. »

Je blasonne : *d'azur à la pointe d'or mouvante du canton dextre de la pointe et du flanc dextre, arrondie en arc de cercle vers la pointe à senestre.*

CDXII. — HEINSPACH, (602). Notre auteur blasonne : « tranché cannelé d'or et d'azur. » La ligne de bordure a des ronds beaucoup trop rares et longs pour être autre chose qu'un *tranché nuagé*. — *Voir* CE MOT.

HOCHSTETTER serait similaire à 602 [1].

DOMANTZ, *voir* blason 296 à EMBRASSÉ.

CDXIII. — TANNBERG, (603). Menestrier blasonne : « de gueules à une pointe mouvant de deux coupeaux ronds. » Comme il ne nous dit pas d'où meuvent les copeaux, ni la direction de la pointe, la description est insuffisante ; nous blasonnerons : *de gueules à la pointe d'argent en pal naissant de et entre deux copeaux arrondis du même, mouvants de la pointe.*

CDXIV. — KUNIGE, (604). Encore une

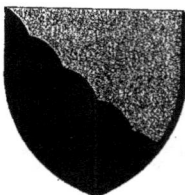

601   602

603   604

description de Menestrier qui me paraît insuffisante. « Tranché d'argent et de gueules fiché sur l'argent. » Il me semble être plus clair en disant : *tranché d'argent et de gueules ; le gueules enté dans l'argent par une pointe courte, mouvant en cœur du tranché vers le canton senestre du chef*. En se reportant à FICHÉ, je cherche en vain dans la ligne du tranché ce qu'il faut ficher, si c'est en pointe, en cœur ou en chef que je dois employer l'idée abstraite du *fiché;* si c'est le tranché entier qui est *fiché*, si mon *fiché* doit aller jusqu'à l'angle du chef, etc. La concision est à rechercher, mais pas aux dépens de la clarté; n'oublions pas qu'il faut toujours être censé ne pas avoir sous les yeux le blason que l'on veut décrire, de manière que, en voulant le reproduire, on n'ait de doute sur aucun de ses attributs essentiels.

CDXV. — Nous avons examiné tous les blasons singuliers de Menestrier.

[1] Palliot blasonne HEINSPACH d'azur taillé nuagé d'or, et HOCHSTETTER d'or tranché nuagé d'azur. — *Voir* ce dernier blason à la figure 469 *bis*.

J'emprunte encore à Spener quelques blasons singuliers en faisant remarquer combien la manière de blasonner à la française est préférable et supérieure à l'allemande. Voici comment il explique les deux figures des armoiries de FREH, (605) et de HILINGER, (606), dans un latin que je traduis servilement.

« La partie supérieure de l'écu (605) « d'argent est séparée de l'inférieure qui « est de gueules par une ligne qui forme « un trèfle dans l'argent (!) Cet écu (606) « est marqué par une ligne figurant trois trèfles. La partie supérieure de l'écu et le trèfle inférieur sont « d'argent, la partie inférieure et les deux trèfles supérieurs sont de gueules. » Il parait que cela suffit au-delà du Rhin ! Pour nous, nous blasonnerons 605 : *d'argent chaussé sur gueules par une double ligne mouvant des cantons du chef, s'arrondissant et se terminant en trèfle vers la pointe.* Le n° 606 exige de nombreuses circonlocutions que je tâche de rendre claires, mais héraldiques : *d'argent chaussé par une double ligne mouvant des cantons du chef, se courbant pour terminer en trèfle vers la pointe de l'écu ; de son point initial, cette double ligne s'arrondit dans chaque canton (du chef) en un trèfle dirigé vers l'angle correspondant ; elle revient ensuite, par deux flanqués courbés, mourir dans la pointe, formant ainsi en chef deux trèfles de gueules, comme tout ce qui est au-dessous de cette ligne, le gueules simulant ainsi deux pointes tréflées courbées vers les angles du chef.* Si l'on trouve cette description trop diffuse, en voici une autre plus courte : *d'argent à deux pointes de gueules mouvant de la pointe de l'écu, se courbant chacune vers un des angles du chef où elles terminent en trèfles ; les lignes courbes médianes qui les séparent forment comme une pointe renversée d'argent se terminant également en trèfle vers la pointe de l'écu.*

La meilleure des deux versions est celle qui paraîtra la moins obscure. Heureusement le cas n'est pas fréquent.

CDXVI. — Encore quelques blasons allemands empruntés à Spener que j'interprète d'après son texte nébuleux et que je blasonne ensuite à la française, en me conformant à ses figures, sans lesquelles il ne serait pas possible de le comprendre.

ROHBOUR. « Écu divisé en deux parties d'or et de gueules par des lignes « en vis d'escargot cannelées. » Ce qui est cannelé va devenir engrêlé [1], car je dois blasonner 607 : *d'or au giron engrêlé de gueules mouvant du canton senestre du chef, flanquant jusqu'à la pointe, s'arrondissant en vis d'escargot du haut de la pointe à senestre, flanquant à dextre et terminant en cœur.*

[1] Dans la figure de Spener, la ligne qui part de la pointe serait plutôt *cannelée* qu'*engrêlée* par rapport au giron jusqu'à son point culminant ; de là jusqu'à la réunion à l'autre ligne, elle est unie. Spener disant que l'écu est divisé par des lignes cannelées (striatis), ce qui n'est pas possible, car ce qui est *cannelé* pour une des lignes devient forcément *engrêlé* pour l'autre, dans le sens inverse ; comme d'ailleurs il interrompt cette ligne, j'interprète que le giron entier est *engrêlé*.

Il faut noter que pour des blasons semblables on ne peut pas donner une description absolument précise.

FRIEDSHEIM : notre auteur se borne à nous dire que c'est « un écu divisé en trois parties par des lignes tirées en escargots, » mais il veut bien nous avertir que les Français énonceraient ce blason tiercé en trois girons arrondis et joints en cœur. En quoi il se trompe, car d'après sa figure, je dois blasonner 608 : *d'argent à deux girons, le premier de gueules mouvant du canton dextre et tenant tout le chef; le second de sable occupant tout ce qui reste du flanc senestre et le canton senestre de la pointe, les deux girons adhérents, s'arrondissant le premier dans le second, se terminant en cœur en vis unie d'escargot.*

608

ELENSHOFEN : Spener qui l'explique « un écu divisé en quatre parties « par des lignes d'escargot d'argent et de sable », nous annonce que les Français blasonneraient d'argent à deux girons arrondis et appointés en cœur, mais ce n'est pas sans quelques modifications que voici; 609 : *de sable à deux girons d'argent, mouvants : le premier du canton dextre du chef descendant en flanquant, le second de la pointe et de son canton senestre remontant en flanquant, s'arrondissant en cœur — mais sans le toucher — autour de l'arrondissement du premier giron, courbé du flanc dextre vers le cœur, un peu en dessous du bout du second.* Menestrier, lui, blasonne : écartelé en girons gironnants d'argent et de sable, ce qui est une description d'un absurde achevé.

609

HELCHNER : « C'est un écu qu'une section singulière divise en deux par-« ties de gueules et d'argent par une ligne descendant de l'angle senestre « en doubles lèvres de lion. » Nous blasonnerons 610 : *de gueules taillé d'argent par une ligne se découpant en saillie vers le cœur en gueule de lion, l'œil tracé de sable.*

610

Il faut encore donner un exemple de la manière de blasonner purement par traits et demi-traits de partition, et j'en donne deux figures. Nous ne nous servirons pas de la méthode ordinaire d'énoncer les traits en réunissant à la fin les émaux. C'est ainsi que fait Vulson, par exemple, et c'est un blasphème contre le bon sens; nous pensons avoir démontré à la REM. CXLII, notamment, la confusion et les faux résultats qui s'en suivent. Nous commencerons par énoncer le champ sur lequel paraissent charger les figures à décrire. Ensuite, si nous avons un ou deux traits entiers, nous les nommerons : en débutant par le chef à dextre (position), en continuant toujours de dextre à senestre, du chef, en cœur et à la pointe nous énoncerons les demi-traits et les figures ou simulacres de figures résultant de l'agencement de ces traits ou demi-traits.

Ainsi, A : p. *d'argent tranché, coupé, mi-taillé, mi-parti, formant trois girons de gueules s'accolant en cœur.* C'est-à-dire : sur votre champ *d'argent* tracez un trait de *tranché* et un de *coupé*, puis un *demi-trait de taillé* commençant en chef à senestre et venant aboutir au point où se réunissent les traits de *tranché* et de *coupé;* de ce point tirez un *mi-parti* jusqu'au bas de l'écu, remplissez l'intérieur des trois triangles ou girons formés par la combinaison de ces lignes, *de gueules.* Vous aurez le blason demandé.

A

Ainsi, B : p. *d'argent mi-tranché , mi-coupé, mi-parti, mi-taillé, s'accolant en cœur, formant deux girons de gueules.* C'est-à-dire : sur votre écu *d'argent* tirez un *mi-tranché* et un *mi-coupé*, garnissez l'aire formée par ces deux demi-traits *de gueules*, puis tracez un *mi-parti* et un *mi-taillé* venant tous deux s'accoler en cœur aux demi-traits précédents, remplissez encore *de gueules* cette seconde aire.

La situation des deux girons est exactement marquée.

Avec un peu de réflexion et en suivant cette règle, on arrivera à blasonner correctement tous les cas de ce genre qui sont du reste fort rares.

B

CDXVII. — Voici enfin, pour régler la question allemande, le blason des princes de OETTINGEN-WALLERSTEIN-SPIELBERG. Il paraîtra facile à déchiffrer à ceux qui le verront en 611. Pour moi, je l'ai trouvé d'abord dans les figures d'Imhof *(Notitia procerum, etc.*, table XI, n° 3), une vingtaine d'années plus tard, dans le Wappenbuch du Wurtemberg, par Tyroff, qui le donne deux fois, une fois avec l'écusson d'or au Z de gueules (2me livre, f° 55), l'autre fois avec les émaux contraires, écusson qui n'est pas dans la figure d'Imhof. Ces trois dessins étant tracés d'une manière très irrégulière, ce n'était que par instinct que je croyais y voir un *vairé* de fantaisie allemande. La description de Palliot (f° 287) *fascé, contre-fascé d'or et de gueules de quatre pièces, vêtu éclaté de même de l'un en l'autre à l'écusson d'azur en cœur au sautoir d'argent brochant sur le tout à la plaine ou sous le tout de....* ; celle de Vulson (481 [1]),

611

encore plus baroque, si c'est possible, ne s'accordaient pas avec les dessins allemands. Heureusement Imhof, dans son livre X, f° 173, blasonne l'écu de ces princes « quadruplici ductu transverse « secatum PELLIBUS VARIIS aurei et coccinei coloris, cordi impresso scutulo cæruleo, decussi autem « argenteo, toti scuto incumbente. » Armé de ce texte, je blasonne correctement à la française en suivant le dessin 611 : *vairé d'or et de gueules de quatre tires, dont la première composée de deux pièces d'or et d'une et deux demies de gueules* [2], *à l'écusson d'azur en cœur, chargé d'un sautoir d'argent brochant sur le tout ; sur le tout du tout, un écusson d'or chargé d'un Z de gueules.*

---

[1] « Écartelé au premier et quatrième de gueules et d'or en écartelure de sautoir éclaté en barre ; au deuxième « et troisième, le contraire, a un écusson d'azur en cœur sur le tout un sautoir d'argent ou, pour mieux dire « un flanchis!! » Vulson et Palliot ont pris tous deux la ligne découpée du vair pour un *éclaté*. Ceci admis, la description de Palliot peut passer. Mais que peut vouloir dire Vulson avec son éclaté en barre et en bande sur un écartelé en écartelure de sautoir, dans un sautoir qui est sur le tout? Renvoyé à SPHINX. Il aurait fallu blasonner — son thème étant donné — contre-écartelé éclaté en sautoir de gueules et d'or à l'écusson d'azur en cœur et un sautoir d'argent brochant sur le tout.

[2] La première tire établie de cette manière implique l'ordre alterné des pièces de vair dans les tires inférieures. Dans la *Züricher Wappenrolle* (de 1280 à 1320) ce blason est figuré d'une manière tout autre, à part l'écusson d'or au Z de gueules qui est d'adjonction postérieure. Il faudrait blasonner : fascé de neuf ou dix pièces coupées entées d'or et de gueules à l'écusson d'azur en cœur au sautoir d'argent brochant sur le tout. C'est, paraît-il, une forme ancienne du *vair* que les Anglais emploient quelquefois avec les émaux réguliers d'argent et d'azur.

Pour dessiner irréprochablement un écu aussi chargé, il faut enlever l'un après l'autre le premier écusson, le sautoir et le deuxième écusson et trouver en dessous le vairé complet. En le dessinant comme Imhof et Tyroff, il faut avoir le diable héraldique dans un corps de héraut d'armes pour deviner ce qu'ils ont voulu faire. Il s'agit ici d'une famille princière, des plus vieilles d'Allemagne. On peut, d'après cela, juger que la précision héraldique n'y est pas très recherchée. — *Voir* REMARQUE CCCVIII.

§.

Après l'Allemagne, nous aurions bien des remarques à faire sur les blasons anglais, dont on trouve un grand nombre — que le « collège héraldique » daigne me pardonner mon audace — bien étrangement blasonnés. Je ne peux pas résister à la tentation d'en donner ici un seul petit exemple.

Voici en A, l'écu des BUTLER, Barons de DUNBOYNE, et sa description : « or a chief indented az, three escallopp shells, in bend, « counterchanged. » (Burke's Peerage, 1879) : c'est-à-dire : *d'or au chef endenté d'azur à trois coquilles en bande contre-changées* (d'émaux).

Je vous présente un diplomate vêtu de noir au chef blanchi par l'âge et les soucis, ayant trois décorations en bande. Qui pourrait s'imaginer qu'un de ces ordres est suspendu à son œil droit ?

Il en est de même pour la description de ce blason, où je ne peux deviner qu'une des coquilles est sur le chef. *Trois coquilles en bande contre-changées*, cela ne me dit pas si elles sont *sur l'or, sur l'azur* ou bien *un peu sur l'un* et *un peu sur l'autre*. Mais comme dans la description elles sont mentionnées après le chef, la logique exige que je les loge comme en B, *en bande*, comme le dit la description et non *mises en bande*. Par distraction, je pourrais les placer toutes trois sur l'or. En Angleterre, on saisit immédiatement — paraît-il — cette description... quand on a la figure sous les yeux.

Nous blasonnerons A : *d'or au chef endenté d'azur, le second chargé d'une coquille du champ, le premier de deux coquilles de l'émail du chef, toutes trois mises en bande;* et plus scientifiquement : *d'or au chef endenté d'azur à trois coquilles mises en bande de l'un en l'autre, la première sur le chef.*

Nous pourrions multiplier les exemples de descriptions anglaises singulières. Celle-ci et celle que je cite à la remarque CDXXI, peuvent justifier mon appréciation.

Une description est-elle destinée à être comprise dans tous ses éléments par les simples mortels? ou bien est-ce une mnémotechnie cabalistique bonne seulement pour les hérauts d'armes de la Grande-Bretagne? *That is the question.*

§.

Après l'Allemagne et l'Angleterre, je devrais m'occuper du Blason de l'Italie, surtout de sa partie méridionale. J'en ai déjà dit quelques mots aux REMARQUES CCCV et CDXXVI et cela suffira. Il m'est vraiment trop pénible de renouveler le

Disperato dolor che il cor mi preme,
Già pur pensando, pria ch'io ne favelli.

CDXVIII. — Nous avons dit que l'Allemagne n'est pas seule à posséder des blasons singuliers. Nous en avons aussi quelques-uns en France. Les traités de Blason citent notamment comme un des plus compliqués, l'écu de MARANS-PRESSIGNY. Des descriptions mal lues ou mal interprétées, des dessins mal vus ou mal rendus sont cause que l'on trouve pour ce blason des versions et des dessins qui n'ont entre eux qu'une très lointaine ressemblance de famille.

La Chesnaye des Bois, citant Piganiol de la Force, dit qu'on voyait ces armes sur la porte du château de Pressigny et que tout passant invité à les décrire recevait un écu s'il les blasonnait correctement. Les propriétaires du château n'ont pas dû se ruiner à ce jeu.

Le résultat de ce concours peut se caractériser avec les paroles de la Genèse : « ecce unus populus « et unum labium omnibus... descendamus et confundamus ibi linguam eorum ut non audiat unus- « quisque vocem proximi sui. »

La Chesnaye les décrit ainsi : « Coupé, la partie du chef encore coupée en deux, la première pallée « contre-pallée d'or et d'azur aux deux cantons gironnés de huit pièces de même; la seconde, fascée « contre-fascée de même; la partie de la pointe aussi de même et un écusson d'argent en cœur. »

C'est d'après cette forte description que paraît avoir été dessiné ce blason aux Salles des Croisades à Versailles. La Chesnaye et le dessinateur n'auraient certainement pas gagné l'écu. Il est à peine possible que dans ce blason il n'y ait pas un chef; dans la première partie du coupé il n'y a ni *pallé* ni *contre-pallé,* mais un échiqueté; la seconde dite *fascée et contre-fascée de même,* c'est-à-dire de *huit pièces,* n'en montre que six; même observation sur le second coupé qui n'est pas de huit pièces.

Il faut blasonner la figure de Versailles, que je reproduis en 612 [1] : *coupé : au premier du coupé, re- coupé : au premier du recoupé, échiqueté, chargé à dextre et à senestre d'un canton gironné; au second du recoupé, fascé et contre-fascé; au second du coupé, fascé et contre-fascé : le tout d'or et d'azur, à l'écusson d'argent en cœur.*

CDXIX. — L'Armorial du héraut Berry (vers 1450) blasonne avec le dicton :

> D'or et d'azur, au pié party,
> Au chef pallé, fessé, contre-fessé,
> A deux quantons gironnés,
> Et un escu d'argent par my
> Sont les armes de Pressigny.

Encore un qui n'aurait pas mérité l'écu. La figure est pareille à 613, et il faut la blasonner : *parti d'or et d'azur à trois fasces parties de l'un à l'autre* (il n'y a point de fascé, ni de contre-fascé): *au chef pallé d'azur et d'or de quatre pièces a dextre et senestré par deux cantons, le premier tranché, le second taillé de l'un à l'autre : à l'écusson d'argent en abime,* ou bien : *au chef tiercé en pal, au premier tranché, au troisième taillé de l'un à l'autre, au deuxième pallé de quatre pièces de l'un à l'autre.*

CDXX. — Menestrier blasonne MARANS-PRESSIGNY « fascé, contre-fascé d'argent et d'azur, au chef « palé, contre-palé de même, flanqué d'azur à deux girons d'argent et sur le tout un écusson d'argent. » Il cite d'après un armorial de 1530 le dicton plus haut rapporté, qui est déjà modifié :

> D'or et d'azur au chef parti (il souligne ce vers)
> Au chef palé, contre-palé, fascé, contre-fascé,
> A deux cantons gironnés,
> Et un écu d'argent parmi,
> Sont les armes de Pressigny.

---

[1] Pour rendre le tableau plus saisissant, je réunis tous ces blasons aux folios 400 et 401.

On ne sait pourquoi il ne suit pas la version qu'il souligne pour les émaux. Au deuxième vers il met *chef* au lieu de *pié*, ce qui ferait deux chefs ! Il ajoute après *palé*, *contre-palé*, et commet une erreur en dessinant pallé et contre-pallé *d'azur et d'argent* et non *de même* comme il l'énonce. On ne saurait trouver trace du *fascé contre-fascé* puisque nous voyons des fasces, etc. Voici la figure qu'il donne, 614 (*Voir* plus loin) et nous la blasonnons : *parti d'azur et d'argent, à deux fasces parties de l'un à l'autre; au chef tiercé en pal, au premier d'argent à la pointe renversée en bande d'azur mourant dans l'angle, au second pallé d'azur et d'argent de quatre pièces contre-pallé de l'un à l'autre; au troisième d'azur à la pointe renversée d'argent en barre mouvant de l'angle, à l'écusson d'argent en cœur,* que nous nous garderons de dire *sur le tout,* quoique le reste de la description du savant jésuite comparée à sa figure, suffise largement à l'exclure du concours.

CDXXI. — Une famille anglaise du nom de MORTIMER — j'ignore quels rapports elle peut avoir avec les PRESSIGNY — portait un écu qui ressemblait autant au leur que les nos 612, 613, 614, 616, 617, 618 se ressemblent entre eux. Il me semble curieux de le reproduire ici. Je le blasonne à la française d'après le dessin de Boutell (*English Heraldry)* en 615 (*Voir* plus loin) : *fascé d'or et d'azur, au chef tiercé en pal, le premier tranché, le troisième taillé de même, le deuxième d'azur au pal d'or à l'écusson d'argent en cœur.*

Je ne saurais blasonner avec le même auteur : *fascé d'or et d'azur de six pièces à l'écusson d'argent; sur le chef d'or gironné du second, deux demi-pals du même.* L'idée de blasonner le chef *d'or* est inadmissible pour nous. Avant tout il ne peut être d'or puisqu'il est *gironné,* ce qui forme un champ factice *d'or autant que d'azur.* Cette impossibilité mise de côté, *gironné* est également inacceptable. Comment, parce qu'un *tranché* et un *taillé* se partagent les deux tiers du chef, cela constituerait un *gironné??!!* Admettons encore ce *gironné* unique dans son espèce. Où le, ou bien où les metronsnous? Et ces deux *demi-pals* (on n'en voit qu'*un),* qui tiennent toute la hauteur du chef! où les placer ? Encore un exemple (*Voir* fin REMARQUE CDXVII) de blasonnement à l'anglaise, absolument irrationnel, nous semble-t-il.

CDXXII. — Saint-Allais blasonne PRESSIGNY « contre-fascé d'or et d'azur, au chef contre-pallé de « même, flanqué à dextre et à senestre d'azur à deux girons d'or appointés en chevrons couchés « mouvants des bords de l'écu, à l'écusson de gueules brochant. »
Nous n'avons pas la figure qui correspondait à cette description fantaisiste, dans la pensée de l'auteur. Nous n'oublierons pas d'ajouter *fascé* et *pallé* avant *contre-fascé* et *contre-pallé* à la description dont la résultante est incontestablement la figure 616 (*Voir* plus loin). Il est peut-être bon d'expliquer que l'écusson de gueules est dit *brochant,* sur quoi? ce n'est pas dit. Le moins que l'on puisse faire est donc de le faire BROCHER au moins un tout petit peu sur le chef et les flanqués énoncés. La séante proportion exige donc qu'il soit allongé en rapport avec sa largeur.

CDXXIII. — Vulson de la Colombière (*Science héroïque,* fos 94, 95) nous fournit une sixième version totalement différente des autres. Voici sa description.
« Coupé, la partie du chef encore coupée en deux (!), la première pallé, contre-pallé d'or et d'azur « aux deux cantons gironnés de huict pièces de mesme, la seconde fascé, contre-fascé de mesme; la « partie de la pointe partie aussi de mesme, sur le tout un escusson d'argent. »
Je reproduis le type de sa figure difforme en 617 (*Voir* plus loin), mais pour la tracer rigoureusement suivant les termes de sa description, je suis forcé de donner à l'écu une longueur inusitée, tellement inadmissible que nous aurons une bonne raison pour repousser du concours une description qui nous entraîne à cet excès.

En effet, on nous dit *coupé*, nous couperons donc au milieu de l'écu ; *encore coupé en deux*, nous partagerons donc ce coupé en deux parties égales ; mais comme le dessin divise la première partie du chef en trois points intentionnellement égaux, nous devons, pour que ces points soient carrés, baisser encore la ligne du *coupé*. Nous pourrions faire un écu moins long, mais alors nous ne pourrions plus tracer un *pallé* et *contre-pallé* qui deviendrait exactement un *échiqueté*.

Sans compter ce vice de forme auquel nous sacrifions, la description de Vulson jure, même en si étrange compagnie .

On remarquera dans le dessin que le *pallé contre-pallé*, le *fascé contre-fascé* n'ont que quatre pièces. Au

612

613

614

615

f° 112, Vulson nous avertit que le « vray pallé est toujours de six pièces » que s'il y en a moins ou « plus, il le faut exprimer. » S'il ne le dit pas pour le *fascé* il le dit pour le *bandé*, etc. Il me semble nécessaire de dire comment sont placés les deux prétendus *cantons*, car par rapport à la *première partie du chef coupé*, il faudrait les dessiner beaucoup plus exigus. Comme les a tracés Vulson, avec sa partie du milieu, ils constituent un *tiercé en pal*. Ils représentent un *gironné* particulier qui ne saurait se passer d'un terme complémentaire (*Voir* GIRONNÉ). Nous pourrions encore signaler la monstruosité du *sur le tout* appliqué à l'*écusson*, mais il est inutile de discuter plus longuement cette description d'un des princes de la science, si tristement fourvoyé.

Nous blasonnerons 617, TEL QU'IL EST : *coupé ; recoupé, au premier du recoupé, tiercé en pal, pallé contre-pallé de quatre pièces d'or et d'azur, les deux autres tiercés le flanquant, d'or à quatre pointes, d'azur se réunissant en croix ; au deuxième du recoupé, fascé et contre-fascé de quatre pièces de même ; au deuxième du coupé parti de même ; à l'écusson d'argent en cœur.*

CDXXIV. — Un
auteur français
moderne enfin
(1863), blasonne
PRESSIGNY « d'or
« et d'azur : fascé, -
« contre - fascé,
« pallé, contre -
« pallé et les con-
« tours *(sic)* con-
« tre-gironnés, à
« un écusson
« d'argent sur le
« tout. » ! !

La figure qu'il
donne — qui le
croirait en la rap-
prochant des pré-
cédentes ? — est celle que je reproduis en 618.

616

Cet estimable auteur ajoute que « cet exemple en renferme plusieurs » ; il renferme surtout un exemple frappant des formes disparates auxquelles entraîne forcément
une description mal faite ou un blason mal interprété.

Passe pour la figure qu'il aura probablement copiée
quelque part ; elle serait encore bien plus extravagante
que cela ne nous étonnerait en aucune manière. Quant à
la description, nous avouons que, pour notre compte, il
nous serait impossible de comprendre ce qu'elle veut dire
si nous n'avions pas la figure de sauvetage sous les yeux.
Aussi sans nous arrêter à discuter les points incohérents
de cette description — pour notre faible compréhension
elle est absolument inintelligible au point de vue scientifique — nous blasonnerons simplement, 618 : *gironné d'or
et d'azur à la croix brochante doublement contre-écartelée
en sautoir de l'un à l'autre, chargée en cœur d'un écusson
d'argent remplissant tout le carré d'icelle* [1]. — *Voyez* FI-
GURE 233, f° 138.

617

618

Profitons de l'occasion pour montrer comment il
faut procéder à la *dissection* de ces blasons compliqués, pour bien saisir leur organisation.

Nous supposerons 618 composé de trois parties appliquées consécutivement l'une sur l'autre.

Il n'est pas nécessaire d'ajouter, puisque je ne dis pas *écusson en bannière*, qu'il se termine parallèlement
aux bords de l'écu, dépassant inévitablement le point E de la figure 293.

Nous avons en A un champ *gironné d'or et d'azur*, le vrai gironné de huit pièces.

En B nous voyons une *croix doublement contre-écartelée en sautoir d'azur et d'or*.

La troisième partie c'est l'*écusson d'argent* qu'il n'est pas besoin de figurer séparément. Notre thème est fait.

Appliquons sur le gironné A, la croix B. Nous avons exactement la situation de l'or et de l'azur dans l'écu 618, régulièrement alternés de l'un à l'autre.

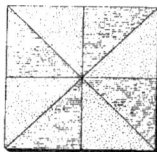 

A   B

Mettons enfin sur la croix, ne chargeant que son carré en cœur et une faible partie de sa partie inférieure, l'écusson d'argent : il cachera les lignes d'intersection du *double contre-écartelé* comme la croix cache B, D, E, F, H de la figure 293.

Le blason sera complet en 618 et nous prétendons l'avoir décrit correctement, tel que nous le voyons représenté au folio précédent.

CDXXV. — Quel est le véritable blason des Pressigny? Je n'en sais absolument rien [1]. Une des six figures données aux folios 400 et 401 peut être la bonne; il faut se garder de l'affirmer pourtant [2]. Pour chacune d'elles, sans tirer vanité de mon gros bon sens, j'ai donné une description juste, et mérité le petit écu, si l'usage n'est pas tombé en désuétude.

Quant aux blasons singuliers, il y en a, holà! mais certaines descriptions nous présentent de bien plus singuliers galimatias, hélas!

Je voudrais bien que cet exemple vraiment frappant, où l'on trouve de célèbres héraldistes et des auteurs connus en désaccord profond, où l'on voit qu'égarés par l'irréflexion, ou bien encore — j'aime à l'espérer — par la multitude de prétendues règles flottantes et irraisonnées, ces auteurs n'ont pas daigné, ou n'ont pas pu rendre avec le crayon ce que disait leur texte; où l'on voit ce que peuvent devenir des armoiries mal décrites en passant de plume en plume, et de crayon en crayon, toujours plus mal interprétées, SERVE DE MORALE A MON LIVRE ET PUISSE EN JUSTIFIER L'APPARITION.

Cet exemple prouve à lui seul la nécessité pour la science du Blason d'ouvrir enfin non seulement sa porte à deux battants, mais ses fenêtres, ses lucarnes à la logique et, au besoin, de faire une brèche à ses murs pour lui livrer un plus large passage.

Si comme jadis à Jéricho, une trompette — à défaut de vibrations éclatantes, la mienne sonne pourtant avec conviction — ne parvient pas à renverser les murailles, opérons une retraite honorable avec nos drapeaux, en emportant nos innombrables morts ou blessés, et ne nous occupons plus de Blason.

Aucun Champollion ne pourra bientôt plus déchiffrer des caractères frustes sur des pierres effritées que chacun d'ailleurs — pour le peu que l'on croit en voir — interprète au gré de sa fantaisie, sans souci de système et de raisonnement.

Aussi, je ne crains pas de l'affirmer, il est fort possible de rédiger un code héraldique meilleur que le mien; mais la nécessité de chercher un fil sauveteur dans un labyrinthe inextricable ne saurait être contestée par les esprits sérieux.

---

[1] S'il fallait choisir, par instinct, je préférerais la figure 613 avec quelques légères modifications pour la mettre d'accord avec la description. — *Voir* REMARQUE CDXIX.

[2] A tout hasard citons encore Palliot, qui pour Pressigny blasonne : *de gueules semé de croisettes d'argent à l'écusson de même*. Rien ne prouve, il est vrai, que ce soit la même famille, mais cet *écusson d'argent* est d'une ressemblance étonnante!

SINOPLE. — C'est le nom héraldique du *vert*, une des quatre couleurs du Blason. — *Voir* COULEURS [1].

SIRÈNE. — En héraldique on écrit plus souvent *Syrène*. — *Voir* CE MOT.

SITUATION. — Il ne faut pas confondre la *position* d'une pièce avec la *situation*. Nous en avons suffisamment parlé à POSITION.

SOLEIL. — Il se représente en rond avec les traits de la figure humaine, entouré de rayons. Suivant Palliot « les uns luy en « donnent huit, et d'autres douze et com- « munément seize et s'il s'en trouve moins « ou davantage, il les faut spécifier : ils « sont ordinairement moitié droits et moi- « tié ondoyants. » La recherche du nombre des rayons me parait superflue, attendu que l'on ne peut confondre le soleil avec la comète ou l'étoile, ni même avec la lune.

La différence véritable est pour moi dans les traits de la figure humaine et dans la disposition des rayons aigus et flam- boyants en ordre alterné, dont le nombre habituel est de seize. ALEXANDRY (D') (619, un des quartiers, proprement d'ALES- SANDRI) : *d'azur à trois soleils d'or*.

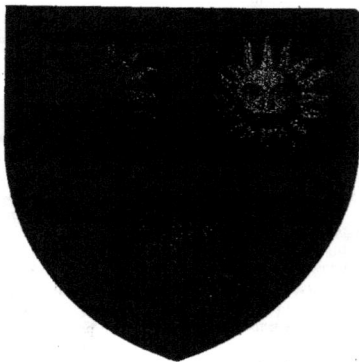

619

CDXXVI. — Les Italiens, suivant les doctrines souvent très peu raisonnées de Ginanni, leur héral- diste classique, blasonnent le *soleil, horizontal à dextre* ou *à senestre*, quand il est mouvant de l'un des angles de l'écu *(sic) ; naissant*, quand il sort du chef et que l'on en voit la moitié ; *couchant*, quand il est situé dans la pointe de l'écu.

J'insiste ici sur ce que j'ai dit (*Voir* REMARQUES CCXXIX, CCCXXXVII, CDXLVIII) de la liberté que doivent avoir toutes les nations de rendre à leur manière, et même avec des variantes à base histo- rique, les blasons de leurs pays. Cette liberté nuirait à l'unité nécessaire si elle dégénérait en anarchie. L'anarchie est la fille ainée du premier lit de l'illogisme : voici comment je l'entends.

Il est très admissible que l'on appelle avec des termes de convention héraldique les situations d'une pièce héraldique. Mais quand il s'agit du *soleil*, figure naturelle qui luit pour tout le monde, comment peindrai-je, moi Français, un soleil avec les taches de Ginanni?

[1] Une personne à idées très arrêtées sur toutes choses, affirmait dernièrement que le *sinople*, dans une armoirie de famille, prouvait que des membres de cette famille avaient été aux croisades. Serait-ce parce que, au retour, ils avaient besoin d'être mis au vert ? répondit un pyrrhonien.

Si je sais l'italien , je commencerai à me demander de quels *angles* de l'écu il veut parler pour son soleil *horizontal à dextre* ou *à senestre*. Du chef, probablement? Pourquoi alors ne sera-t-il plus *horizontal*, mais *naissant*, si au lieu de sortir des *angles*, il est *au milieu du chef?* Est-ce que pour Ginanni l'horizon n'existait qu'à l'Est ou à l'Ouest et non au Sud? Pour son soleil *couchant* qui est en pointe, devrai-je le peindre entier ou mouvant de la pointe, et duquel des trois points de cette pointe? En vertu de quelle astronomie le soleil est-il *naissant* en chef et *couchant* en pointe? En Italie, le soleil ne se lève-t-il pas comme il se couche, à l'horizon; a-t-il l'habitude de *naître en chef* de la partie visible de notre firmament?

Si je ne sais pas l'italien, je chercherai dans un dictionnaire le mot *orizzontale*, et voyant qu'en français cela veut dire tout bonnement *horizontal, parallèle à l'horizon*, fort du bon sens universel, je dessinerai un trait flamboyant horizontal, à dextre ou à senestre, et j'écrirai dessous : ceci est un soleil horizontal!

Cette terminologie (*Voir* CE MOT) spéciale et vicieuse, nullement motivée par le beau soleil d'Italie, me semble facile à remplacer, sans confusion possible, avec les termes héraldiques usités généralement. Un soleil dans sa *position*, est *en cœur*, entier : il peut recevoir toute *situation*, *en chef* ou *en pointe*, ou *aux flancs*, à dextre ou à senestre, où il figurera entier. Un soleil peut recevoir toute *disposition* de ces *situations* : il sera *mouvant* ou *naissant d'un des angles du chef*, *en chef*, *de l'un des flancs*, *de la pointe*, *de la pointe à dextre* ou à senestre et alors on n'en verra que la moitié environ.

Ces termes seront compris et traduits exactement par toutes les nations, *a solis ortu usque ad occasum*.

SOMMÉ. — Qualificatif de ce qui est mis au-dessus d'une autre chose dans une sommité relative. Il s'applique de diverses manières :

1º Un cerf d'or ayant des bois ou des cornes de gueules est *sommé* de gueules; on dit aussi, quand on compte les cors (*Voir* CERF), *sommé de tant de cors*. *Sommé* est appelé *ramé* par quelques-uns; d'autres disent *ramé* pour *chevillé;*

2º Toute pièce qui est sur une autre, mais y attenant, *somme :* ainsi une montagne peut être *sommée* d'une tour, une tour *sommée* d'une autre tour, etc.

Dans ces deux cas il ne faut pas confondre *sommé* avec *surmonté*. — *Voir* CE MOT. Dans le sens ci-dessous l'on dit l'un ou l'autre;

3º On dit *sommé* génériquement pour les ornements au-dessus de l'écu : un écu est *sommé* d'une couronne; un heaume d'un cimier, de lambrequins, d'un liston ou banderole avec la devise, etc. , etc.

. . CDXXVII. — . Une montagne mouvant de la pointe, *sommée* d'une tour, c'est équivalent à dire : une tour posée sur une montagne. Pourtant la *séante partition* exigeant qu'une tour soit moins importante que la montagne, il faut blasonner la montagne *sommée*. Toute règle a des exceptions. Si vous avez un écu *d'argent au lion de gueules* naissant d'une montagne *d'or*, vous ne direz pas que la montagne est *sommée*, mais que le lion *de gueules* est naissant ou issant de la montagne quoique le supporté soit moins apparent que le supportant. En effet, le champ étant de *métal*, le lion de *couleur*, il passe avant la montagne qui, étant aussi de *métal*, ferait violer la règle primordiale : sans métal sur métal, ni couleur sur couleur. — *Voir* COULEUR SUR COULEUR.

SOUCHE. — *Voir* PARENTÉ.

SOUCI. — Palliot nous dit que « beaucoup l'ont plus
« dans la teste, que d'en porter la fleur que quelqu'uns
« mettent en leurs escus. » Le souci, comme toutes les
autres fleurs naturelles, paraît avec sa tige et deux petites feuilles que l'on blasonne *feuillé et soutenu* ou *tigé,*
si ces appendices sont d'un émail différent. MAISTRE,
(620) : p. *d'azur à trois soucis d'or.*

620

SOUS LE TOUT. — Tout écu a ou doit avoir une forme
allongée. Prenez la largeur en chef, supposons cinq
centimètres. Reportez cinq centimètres en hauteur :
vous aurez un carré : tout ce qui est au-dessous du carré
dans la hauteur de l'écu forme le *sous le tout*. En réalité,
comme il faut proportionner l'écu aux figures que l'on
veut y mettre, on donne en cas de *sous le tout* plus de hauteur qu'à l'ordinaire à l'écu
pour avoir plus de place, car le *sous le tout* est souvent chargé. C'est ainsi que Palliot dit
que c'est vraiment ce que l'on appelle *en plaine*. Il résulte de ce que dessus qu'un *sous
le tout* n'est pas possible dans un *écu en bannière* qui, du reste, n'est pas un écu à proprement parler. On trouve plusieurs blasons allemands avec des *sous le tout*. J'en donne
un exemple (dans la FIG. 223 au blason de SCHVARTZBURG). En feuilletant les *Wappenbücher* on en trouvera de variés.

SOUTENU. — Est, à proprement parler, un synonyme de *supporté*. Pourtant tout comme
ce dernier mot se prend presque exclusivement en deux sens (*Voir* SUPPORTÉ), *soutenu*
se prend spécialement dans les deux acceptions suivantes :
  1° Pour les fleurs, arbustes, l'on dit *soutenu* ou *tigé*, et jamais *supporté;*
  2° Pour les pièces honorables. Quand un *chef,* une *fasce* — théoriquement on peut le
dire du *chevron,* de la *bande,* de la *barre* — sont de deux émaux, les deux tiers supérieurs
d'un émail, le tiers inférieur d'un autre émail : ce tiers paraît soutenir les deux autres,
ce que l'on exprime par *soutenu.*
PENSA, (621) : p. *bandé d'argent
et d'azur, au chef du second chargé
de trois étoiles d'or en fasce et soutenu de même.* MOSS, (622) : p. *de
sable à la fasce emmanchée d'argent sur trois dents du premier,
soutenue d'or.*

621

622

CDXXVIII. — Dans le premier de
ces deux exemples on ne saurait voir
une contradiction avec ce que nous
avons dit à CHEF. C'est au contraire une confirmation de la remarque CIX. Nous n'avons pas deux chefs
en 621, c'est un chef unique dont le tiers inférieur est d'un autre émail.

Dans le second de ces exemples (622) nous nous sommes gardé de suivre la description de Palliot, « de sable à la fasce denchée d'argent et du champ soutenu d'or ». Dans son dessin il met trois dents et deux demies d'argent sur quatre de sable, ce qui ne s'accorde pas du tout avec la notion de *denché* ou *denté.* Spener blasonne « fascia aurea quæ in scuto nigro argenteam fasciam tribus majoribus denti- « bus nigris impressam sustinet. » Le nombre étant déterminé, il faut l'énoncer.

SPHINX. — On croit généralement que cet animal est fabuleux : pourtant le Blason est rempli de ses exploits. Comment deviner, sans le secours d'une figure, certaines énigmes proposées à de malheureux héraldistes ! Œdipe lui-même y perdrait son latin.

Voici quelques logogriphes cueillis en Provence. Là et ailleurs, sans faire confusion avec PLÉONASMES (*Voir* CE MOT), nous pourrions en aligner des centaines.

D'azur à la croix d'or écartelée des armes de France, tenant deux anges vêtus de dalmatiques.

Est-ce la croix ou les armes de France qui tiennent les deux anges? Et cette croix d'or écartelée de France !!

De gueules à sept losanges d'or. ???

De gueules, pallé de six pièces d'or et de gueules, à la bande de même brochant sur le tout.

Comment peut-on *paller un champ de gueules* de *six pièces d'or et de gueules*? Et la bande *de même :* dois-je la paller aussi de six pièces. ???

De sinople au coq d'argent, au chef cousu d'azur, à un soleil levant d'or (où??) dissi- pant (où et comment ???) un nuage d'argent.

De gueules à trois chevrons d'or en sautoir et trois étoiles d'or dont deux en chef??? Etc., etc.

J'aime les casse-tête en temps et lieu. Ici on prétend me parler science, aussi sans chercher à deviner, je donne d'emblée ma langue au sphinx. Pantagruel, lui, voulait écorcher vif le Limousin qui, contrefaisant le français, n'employait pas le langage usité et dédaignait « l'usance commune de parler ».

STANGUE. — *Voir* ANCRE.

SUPPORTANT. — Se dit de ce qui supporte directement : une fasce est *supportant* un lion léopardé qui a ses trois pattes posées sur la fasce. C'est la véritable acception de ce mot. Quand un croissant est *supportant* un épi de blé, par exemple, on peut dire, suivant la disposition des émaux, *épi de blé soutenu* ou *supporté.*

SUPPORTÉ. — Nous avons vu que c'est un synoyme de *soutenu :* on l'applique surtout pour une colonne, un arbre, *soutenus* et mieux *supportés* par deux lions, par exemple. En ce cas il n'y aurait pas besoin de dire que les lions sont *affrontés.* On dit aussi un cep *soutenu* ou *supporté*, et cela s'applique au pieu, échalas, qui le maintient.

CDXXIX. — On dit aussi dans un sens métaphysique *supporté*, pour un écu divisé par le coupé; ce coupé, parti d'un ou de plusieurs traits, forme deux ou trois quartiers. Ils sont *supportés* par deux ou trois quartiers du second coupé. Ainsi au lieu de dire A : porte *écartelé*, *coupé d'un, parti de deux : au premier de France, au deuxième de Sicile, au troisième d'Aragon, au quatrième de Savoie*, etc., on dira : porte *de France, de Sicile et d'Aragon, supportés de Savoie, Saxe et Hesse*. Ce *soutenu* correspond à la fig. F et G et même à I du f° 25.

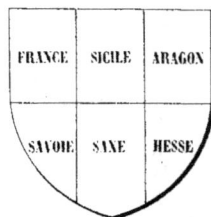

FRANCE	SICILE	ARAGON
SAVOIE	SAXE	HESSE

A

SUPPORTS. — On appelle *supports* par rapport à l'écu, des figures qui le supportent extérieurement. Les supports doubles étaient autrefois réservés aux rois et aux reines; les simples gentilshommes se contentaient d'un seul support.

Le support, comme le cimier, est pris dans l'écu d'armes , ou bien n'a aucun rapport avec l'écu. Il y a des supports de concession, des supports habituellement portés par une famille. Longtemps avant 1789 chacun était libre de faire ce qu'il voulait à ce sujet : et il y a à cela peu d'inconvénients, puisque le support est un ornement de l'écu, tout comme *la devise, le lambrequin*, etc.

CDXXX. — Suivant Palliot la différence entre *support* et *tenant* serait une question de nombre : ainsi les anges de la maison de FRANCE seraient des supports parce qu'il y en a *deux*. La ville de BERNE aurait un *tenant*, parce qu'un ours armé d'une épée suspendue à un baudrier soutient son écu. Suivant d'autres, on appelle *tenants* les chevaliers, les sauvages, etc., et *supports* les animaux. Vulson est de cet avis et le motive sur ceci : à la différence des animaux qui supportent, les tenants tiennent et n'élèvent pas l'écu. Palliot observe que la fantaisie règle exclusivement la manière dont *supports* ou *tenants* soutiennent l'écu. Ainsi la fantaisie qui règle cette matière réglerait aussi la nomenclature. S'il faut faire la part du feu , sauvons au moins la théorie.

Pour mon compte j'appelle *supports* les animaux, et *tenants* les chevaliers, Suisses, sauvages, Maures, etc.

Cette démarcation faite, je ne me servirai pas, comme Palliot, du mot *supports* ni du mot *tenants* pour désigner les étriers de VALPERGUE, le faisceau de flèches de SAINT-MARTIN, les tours à vis de PIOSSASQUE. Ce sont des *corps de devise* qui accostent leurs écus. Pour blasonner les ornements de l'écu des marquis DEL CARRETTO, je ne parlerai pas du *tenant*, et surtout je ne dirai pas avec Palliot que ce *tenant* est *supporté*. Je dirai que cet écu est *mis en cœur sur un aigle de l'Empire supportant de ses serres un chariot d'or tiré par deux lions léopardés couronnés de même*.

CDXXXI. — Dans la description d'un écu avec ses ornements, on dit généralement SUPPORTS, deux lions; TENANTS, deux sauvages. Si l'on tient à se servir du participe, on dirait *supporté* pour le premier, *tenu*, pour le second. Je donne à la figure 417 les supports d'Angleterre. — En énonçant le léopard et la licorne, il est inutile de dire que le léopard ou lion est contourné : il l'est forcément, puisqu'il supporte l'écu à dextre.

SUR-BRISÉ ou CONTRE-BRISÉ. — Signifie double brisure : ce terme était employé pour distinguer la *brisure* d'une des branches de la maison de France, *sur-brisée* à cause d'une nouvelle branche par elle formée. Quelques auteurs, au lieu de *sur-brisée*, disent *sous-brisée*.

SURCHARGÉ. — *Voir* CHARGÉ (SUR).

SUR LE TOUT. — Se dit d'un écusson mis *en cœur* ou *en abîme* sur un écu contenant deux ou quatre ou un plus grand nombre de quartiers. — *Voir* REMARQUE suivante. Cette exception n'est pas du tout synonymique de *en cœur* ou *en abîme*.

SUR LE TOUT DU TOUT. — Se dit d'un écusson placé sur celui qui est déjà *sur le tout*. Souvent ces deux écussons sont eux-mêmes écartelés ou partis.

CDXXXII. — Nous avons dans la figure 613 un bon exemple de ces deux termes. L'écusson d'azur que vous voyez sur le vairé, *n'est pas sur le tout* ; c'est une figure qui *charge en cœur*. Le sautoir d'argent est *brochant sur le tout* ; il broche sur l'écusson et sur le vairé. L'écusson d'or au Z de gueules, à proprement parler, est un SIMPLE *sur le tout* : j'ai blasonné sur le *tout du tout*, parce que le sautoir *broche sur le tout* et l'écusson d'or sur le sautoir ; d'ailleurs je ne savais pas au juste quelle est la position morale de l'écusson d'azur. S'il a toujours fait partie intégrante du blason d'Œttingen, j'aurais commis une inexactitude en disant *sur le tout du tout*. Les écussons d'argent des figures 612, 613, 614, 615, 616, 617, 618, *chargent en cœur* un seul écusson diversement blasonné. Ce n'est donc pas un *sur le tout*.

Nous avons dit que les trois chevrons (dont un écimé ou non) de la fig. 86 n'étaient pas *sur le tout* (*Voir* LXXXV). Les cinq écussons de sable au lion d'argent qui figurent par 3, 2 et 1 sur le burelé d'argent et d'azur de l'écu des CECIL, marquis DE SALISBURY et d'EXETER, ne sont pas *sur le tout* (over all) puisqu'ils ornent un champ factice. Il est même peu élégant de dire qu'ils chargent : *burelé d'argent et d'azur à cinq écussons*, etc., est plus que suffisant.

Dans l'exemple ci-contre, en revanche, qui représente le blason de CHOISEUL : *d'azur à la croix d'or cantonnée de vingt billettes de même, 5, 5, 5 et 5* [1], nous voyons le chargeant en cœur, l'écusson de GOUFFIER : *d'or à trois jumelles de sable*. Ces figures appartiennent à la branche des CHOISEUL-GOUFFIER est donc une adjonction, un écart mis en cœur. Comme pour les autres branches des CHOISEUL, qui écartelaient et mettaient sur le tout des blasons de substitution, il est essentiellement héraldique de blasonner CHOISEUL-GOUFFIER, (623) : p. *de CHOISEUL et sur le tout de GOUFFIER*.

SURMONTÉ. — *Voir* CHEF SURMONTÉ, SOMMÉ. Qualificatif équivalent à SOMMÉ, mais pour une pièce mise sur une autre sans la toucher.

623

[1] On trouve aussi dix-huit billettes pour CHOISEUL-GOUFFIER ; on blasonnerait : *d'azur à la croix d'or*

SYRÉNE, SIRÈNE, SEREINE. — « Monstres mareins
« qui depuis l'ayne iusques - au haut a la figure d'une
« fille et le bas de Poisson » suivant Palliot. — On la
représente tenant un miroir dans sa main droite et de
l'autre peignant ses longs cheveux. Figure à peu près
inconnue dans les blasons français : la syrène sert
beaucoup plus fréquemment comme *cimier* ou *tenant*.
Voici en 624 comment la représente Viollet-le-Duc.

Si la queue était d'un autre émail, on la dirait *écaillée,*
ce serait une *disposition*. Ainsi il est inutile de dire
qu'elle se mire et qu'elle se peigne.

On rencontre dans quelques blasons ou cimiers des
syrènes placées de front, ayant deux queues dont elles
tiennent un des bouts dans chaque main : ainsi FENN-
DEN, CANDIDA-GONZAGA. Cette disposition, ou toute
autre est à blasonner.

624

de même cantonnée de dix-huit billettes, 5, 5, 4 et 4. (*Voir* CANTONNÉ).
Nous nous garderons de blasonner avec un recueil périodique français : dix-huit billettes, cinq POSÉES *en sautoir* dans chaque canton du
chef, quatre POSÉES *en carré* dans chaque canton de la pointe. En
nous reportant à MIS ou POSÉ, on verra que cela nous forcerait à
dessiner comme en 623 *bis.* (*Voir* aussi REMARQUES CCCLXVIII,
CCCLXX). — Ainsi elles ne sont ni *posées en sautoir* ni *en sautoir*, ni
posées en carré, ni *en carré*, mais, comme nous le voyons en 623,
simplement par *cinq* et *quatre*, chacun connaissant la position relative de cinq et quatre pièces. — *Voir* PIÈCES EN NOMBRE.

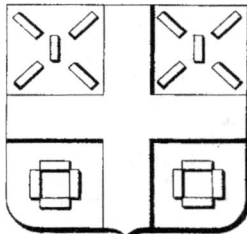

623bis.

ABLE D'ATTENTE. — Suivant Palliot, on appelle ainsi des « escus d'un seul esmail soit couleur, soit « métal, sans estre remplis ny chargés d'aucune « figure », comme ceux de NARBONNE, d'ALBRET, CZERWIANA, RUBEI.

CDXXXIII. — Il ne sert à rien, il est même mauvais de donner à une chose un nom exprimant une autre idée ou le contraire de ce que l'on voudrait faire dire à cette chose. Nous avons vu à CHAMP qu'il n'y a point d'écu sans figure; dans les blasons *champés* d'un seul émail, cet émail sert de figure. Ces écus sont complets, que leur reste-t-il à *atten-dre?* Les possesseurs de blasons aussi simples, aussi rares, se seraient bien gardés de les appeler *tables d'attente*, car ils s'attendaient à ne rien y mettre. Si des hérauts d'armes l'ont jamais supposé, leur table d'attente était sous l'orme.

J'entends par *table d'attente* un écu d'un seul émail, mais dans les circonstances suivantes. Par exemple : dans une nomenclature des chevaliers d'un ordre on ne peut parfois, en dessous ou à côté du nom du chevalier, mettre son blason, qui n'a pas été trouvé. Comme ce blason vide jurerait à côté des autres peints avec leurs émaux, on le met en *table d'attente*, c'est-à-dire d'argent ou blanc, *en attendant* qu'un document ignoré, un vieux manuscrit vous donne ce blason cherché vainement jusqu'alors.

On a aussi des exemples d'écus *accolés* dont un seul est gravé ou peint avec les figures; l'autre restant d'argent pour *table d'attente* en expectative.

Dans mon catalogue des chevaliers de l'Annonciade, j'avais à inscrire le nom de Jean de SERRAVAL; son blason est inconnu. Je l'ai figuré *d'argent pour table d'attente*. Évidemment l'argent (ou le blanc) est l'émail qui permettra, si l'on retrouve le blason *attendu*, de le dessiner ou de le colorier.

Je ne relève pas les incohérences de Palliot [1] dans l'article *table d'attente;* il est bien regrettable qu'il ne nous ait pas appris pourquoi les armes de TORNAQUINCI, *écartelé d'or et de sinople,* sont des armes imparfaites ! D'autres que Palliot — je suis du nombre — les trouveront magnifiques.

TABLETTE. — Selon Vulson ce serait un synonyme de ce que j'appelle *carreau, quarreau* ou *point,* c'est-à-dire une figure absolument carrée, posée sur une de ses faces. Elle serait, selon lui, différente de la *brique* en ce que celle-ci montre son épaisseur et la

---

[1] Il cite notamment, et sans le réfuter, Scohier, qui attribue aux FILLES MORTES SANS AVOIR ÉTÉ MARIÉES, un écu dont la moitié dextre est en blanc « comme une table d'attente pour la remplir des armes du mary (!) « et en l'autre moitié senestre l'on y met les Armes de leur père. »

tablette ou *billetté* n'en montre point. Il en donne la figure, comme en A.

Sur la même planche de blasons, f⁰ 155, il dessine des *dés* qu'il représente (quoiqu'ils doivent être parfaitement carrés) en carré long comme
en B.

A   B

Le *dé à jouer* est facile à discerner, même défiguré comme il l'est par Vulson, grâce aux
nombres marqués sur les trois faces visibles.

Nous croyons pouvoir identifier la prétendue *brique* avec *carreau* et *billette* avec *tablette*.
Nous avons pour cela deux raisons : 1° la logique, car cette épaisseur, dont l'importance
n'est pas fixée du reste, est bien difficilement reconnaissable sur une petite empreinte
et se confond avec l'ombre portée; 2° Vulson s'est appuyé sur le blason des FRANCKENBERG
qui porteraient *d'or à trois briques de gueules*, comme en A. Or, Spener cite ce blason et
celui des STOLTZEN, qui portent *d'argent à quatre figures de gueules similaires* à celles des
FRANCKENBERG (l'autorité de Vulson). Il donne la figure de ces deux blasons dans sa
planche 8 au mot PLINTHIDES (BILLETTES), les dessine comme des *billettes*, et dans son
texte n'accepte pas cette différence d'épaisseur comme pouvant être constitutive.

Vulson a donc pris pour une chose essentielle ce qui n'était qu'un caprice de peintre
ou bien une exagération des ombres. Discuter plus longuement ceci ce serait *laterem
crudum lavare*.

En admettant pourtant l'existence d'un *carreau* comme en A, ou d'une *billette* qui
serait établie sur ce patron, — figures en tout cas excessivement rares, — il faudrait leur
conserver leur nom et ajouter à la description *carreau* ou *billette, montrant une épaisseur*.
A tant faire que réglementer des vétilles semblables, il faudrait encore spécifier *sur le
flanc dextre* ou *senestre* et *en dessous*.

TACHETÉ. — Synonyme de *miraillé*.

TAILLÉ. — Une des quatre partitions de l'écu constituant une des figures héraldiques. Elle se fait par un trait
partageant l'écu en deux parties à peu près égales, diagonalement de senestre à dextre. C'est une partition assez
rare. ZELCKING, (625) : p. *taillé d'argent et d'azur*.

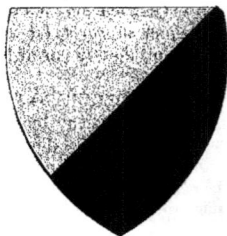

CDXXXIV. — Palliot figure et décrit avec la même figure et les
mêmes émaux [1] le blason de la ville de ZURICH, au f⁰ 620; au f⁰ 618,
sa gravure met *taillé d'or et d'azur*, ce qui est une erreur d'impression.

625

Le type officiel (*Voir* REMARQUE CCCXXII) donne *tranché d'argent et d'azur*. Il est certain que si ce
blason est l'image de la direction du lac de Zurich du Sud-Est au Nord-Ouest [2], ce doit être *tranché* et
non *taillé*. Peut-être au XVII⁰ siècle, le lac avait-il une autre direction; comment Palliot et Menestrier
ont-ils confondu un *tranché* avec un *taillé* ?

[1] Menestrier aussi.
[2] Ingénieuse remarque faite par M. Gautier, héraldiste de grande valeur (*Les armoiries de la confédération
et des cantons suisses*, f⁰ 51.)

Palliot appelle inexactement *taillé tranché* la figure marquée en 626 « quand « au milieu de la taille il y a une tranche » et la blasonne *d'or tranché taillé sur sable* (le dessin met de sinople). Je traduirai cette description par 627. Je blasonnerai 626 : *d'or mi-taillé, mi-tranché en cœur et retaillé de sable*, ou bien *d'or taillé de sable par une ligne faillie en mi-tranchant en cœur.*

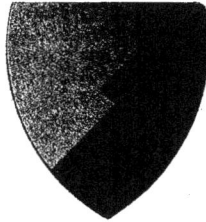

626   **627**

TARÉ. — Qualificatif désignant si le heaume est *taré* (placé) de front ou de profil.

TAU. — *Voir* Croix potencée, Croix de tau.

TAUREAU. — *Voir* Bœuf.

TAVELÉ. — *Voir* Moucheté.

TAVELURE. — Quelques auteurs s'en servent au lieu du terme consacré pour l'*hermines, mouchetures d'hermines*. Le besoin ne s'en fait pas sentir.

TENANT, TENANTS. — Nous appelons ainsi les sauvages, les chevaliers, les Suisses, les anges, les syrènes qui soutiennent un écu : à la différence des animaux que nous appelons *supports*. La syrène, moitié fille, moitié poisson, plus importante comme fille, doit figurer parmi les *tenants*.

TERMINOLOGIE. — Le Blason français est un arbitre qui, toute prétention nationale à part, s'impose au monde entier. Sa nomenclature — que je me suis efforcé d'émonder et de simplifier — devrait être également adoptée universellement, dans chaque langue, avec les termes propres à cette langue, mais correspondant exactement au sens des termes propres français.

Malheureusement plusieurs de ces mots français héraldiques sont entendus diversement par nos auteurs : j'en donne de nombreux exemples dans ce Dictionnaire. Chacun, suivant le traité qu'il a étudié, s'est donné une opinion respectable, mais contredite par un autre traité.

Jadis Don Quichotte parcourait l'Espagne prêt à pourfendre le mécréant qui n'admettrait pas que la Dulcinée du Toboso était la plus belle du monde. Sancho préférait pourtant Jeanne Gutierez, sa ménagère. Avant de discuter sur la beauté, chose éminemment de convention, entendons-nous sur ses caractères.

Dans les cas controversés en Blason, il faut aussi s'en rapporter à un aréopage composé de l'Étymologie, de l'Usage, du Bon-sens, présidé par Dame Logique. Personne ne se chargeant de ce rôle ingrat, je m'en suis, d'une autorité absolument privée, constitué le rapporteur.

A quoi sert de discuter sur des bases éternellement indécises ? Entendons-nous sur la terminologie, nous discuterons ensuite. « Je vous proteste » avec mon illustre grand-oncle, le comte de Maistre « que les ergoteries me sont odieuses, mais je ne crois point « qu'on dispute sur les mots en demandant ce qu'ils signifient. »

On peut appliquer au Blason les préceptes sublimes de saint Augustin : IN NECESSARIIS UNITAS, IN DUBIIS LIBERTAS, IN OMNIBUS CHARITAS.

Nous remplacerons l'expression *choses douteuses*, par *figures spéciales à une nation*. Quand le raisonnement aura pris la place de la fantaisie, ce sera notre devoir à nous, Français, de rechercher dans le Blason des autres nations ces figures spéciales, quand elles auront pour origine l'histoire et non le caprice du premier écrivailleur venu. *Voyez* les REMARQUES CCXXIX, CCCXXXVII, CDXXVI, CDXLVIII, où notre pensée est expliquée plus au long.

Le dernier précepte IN OMNIBUS CHARITAS nécessite un commentaire. Pour obtenir l'unité nécessaire qui mettra enfin l'ordre, la clarté, une harmonie internationale dans le Blason, il faut bien signaler les paralogismes, les inconséquences, les absurdités que l'on rencontre sur son chemin. C'est ce que j'ai été contraint de faire en recherchant la vérité, dans l'intérêt de la science. Je ne crois donc pas avoir contrevenu au précepte ; en tout cas, si bien malgré moi, j'ai manqué un peu de charité envers mon prochain très éloigné, c'est par beaucoup de charité pour le Blason, mon voisin et intime ami.

Personne plus que moi ne respecte les pionniers de la science, les travailleurs sérieux : s'ils ont commis quelques fautes, nous leur devons d'avoir trouvé le terrain défriché et ensemencé, quoique chargé d'ivraie : ceux-là seuls ne se trompent jamais qui ne font rien.

Pour conserver des terres péniblement conquises, il est pourtant permis de repousser les maraudeurs, les astrologues et les vendeurs d'orviétan.

TERRASSE, TERRASSÉ. — La *terrasse* est une faible partie de la *pointe* figurée comme sol. Un arbre (ou une plante), ayant ses racines dans le sol, est dit *terrassé* (ou *terrassée*) de tel émail.

Un *pin terrassé de sinople*, cela implique le même émail pour l'*arbre* et la *terrasse*. Un pin *de sinople terrassé d'or*, c'est dire un pin de sinople surgissant d'une terrasse d'or.

TÊTE. — La tête humaine, la tête des animaux figurent assez souvent dans les blasons.

1° La tête humaine est représentée de face avec la naissance du cou. Il faut blasonner si elle est *chevelée* d'un autre émail, *couronnée, coiffée,* etc. Si c'est une tête d'homme, de femme, d'enfant, etc.;

2° La tête de More ou de Maure, celle qui est la plus commune, est, au contraire, figurée de profil, *tortillée* ou non.

Dans ces deux cas la situation peut être différente, mais il faut la blasonner. — *Voir* FIGURE 452.

Pour les têtes d'animaux, elles paraissent de profil avec une partie du cou; de face on les nomme *rencontres : Voir* CE MOT;

3° Têtes d'oiseaux : il faut toujours blasonner si elles sont *coupées* ou *arrachées*. — *Voir* CES MOTS;

4° Les têtes des quadrupèdes peuvent être *coupées* ou *arrachées*, mais on blasonne seulement la seconde disposition ;

5° La tête de léopard fait une exception. Elle est toujours et forcément de face, car autrement ce serait une tête de lion. On ne dit pas si elle est *coupée* ou *arrachée*, puisqu'on ne peut pas voir la naissance du cou. Quelques auteurs appellent *défense* la tête du léopard. SUFFREN, (628) : p. *d'azur au sautoir d'argent cantonné de quatre têtes de léopard d'or*, *1, 1, 1 et 1*. — *Voir* REMARQUE CCCXLVI. — *Voir* CERF, RENCONTRE, MASSACRE, MUFLE.

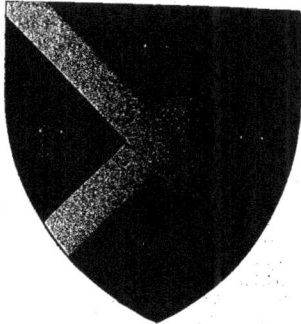

628

CDXXXV. — Les animaux entiers ont toujours le corps et la tête tournés à dextre. Quand le corps garde sa position et que la tête est tournée à senestre, on blasonne cet animal *la tête contournée*. Si tout le corps est tourné à senestre, on le blasonne *contourné*. Dans les deux cas, c'est la tête qui règle le mouvement. Aussi l'on ne comprend pas comment Palliot, au mot COUCHANT, blasonne BRACHET : *de gueules au chien braque* (*Voir* INDUCTIONS) *couché d'argent, le derrière tourné à dextre*. Il serait plus euphonique de dire la *tête tournée à senestre*, mais le terme consacré est *chien braque, couché, contourné*.

TIERCE, TIERCHE. — Rebattement de nombre et de situation similaire à JUMELLE, mais composé d'un filet de plus; d'où son nom *tierce*. Sa position est en fasce, sa situation peut être en bande, en sautoir (deux tierces) ou autrement, ce qu'il faut blasonner. *Une tierce* doit occuper réglementairement, avec ses trois filets et ses deux vides, la place qu'occuperait une fasce; *deux tierces*, celle de deux fasces, etc.

TIERCE-FEUILLE. — Diffère du *trèfle* héraldique; elle est représentée sans queue et dans sa position elle doit avoir une des feuilles en chef; autrement elle est *renversée*. — *Voir* TRÈFLE.

TIERCÉ. — Rebattement de situation par lequel l'écu est divisé, en trois parties d'émaux différents, théoriquement égales, par deux traits de *parti*, formant le *tiercé en pal*; par deux traits de *coupé*, le *tiercé en fasce*; par deux traits de *tranché*, le *tiercé en bande*; par deux traits de *taillé*, le *tiercé en barre*. Il y a aussi des tiercés composés en *chevron*, en *pairle*, en *chappé* ou en *pointe*, en *écusson*.

NOMPAR-CAUMONT, (629) : p. *tiercé en bande d'or, de gueules et d'azur*. TESTA, (630) : p. *tiercé en fasce d'azur, de gueules et d'or, le premier tiercé chargé de trois étoiles de six rais en-fasce du troisième* [1]. GASPARDONI, (631) : p. *tiercé, en chevron renversé d'or, d'azur et de gueules; le second tiercé, chargé de*

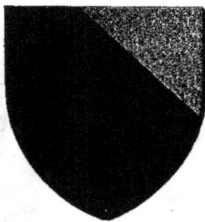

629 — **630**

trois étoiles du premier. VIVIANI, (632) : p. *tiercé en chevron courbé de sable, d'or et de gueules*. PRIESEN, (633) : p. *tiercé en pairle de sable, d'argent et de gueules*.

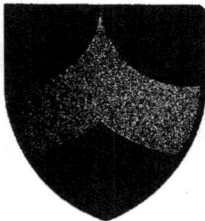

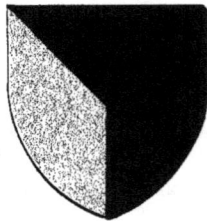

631 — **632** — **633**

On trouve aussi des figures tiercées. Ainsi GUERRA, (634) : p. *d'argent au chevron tiercé en chevron, d'azur, d'or et de gueules*.

Voir pour le *tiercé en mantel* REMARQUE CCX. — Pour le chevron courbé ou plié de 632, *Voir* CCXCIV et CCCXLVII.

CDXXXVI.—Le drapeau actuel de la France est un *tiercé en pal d'azur, d'argent et de gueules;* on commence à blasonner l'émail attenant à la hampe. Le drapeau, tel que l'avait voté la Constituante (octobre 1790), correspondait, en termes héraldiques, à un *tiercé en pal de gueules, d'argent*

634

---

[1] On pourrait blasonner autrement 629 : *tranché d'or et d'azur à la bande de gueules sur le tout.* 630 : *coupé d'azur et d'or à la fasce de gueules sur le tout surmontée de trois étoiles à six rais du second.* On voit qu'il serait inexact de blasonner *coupé d'azur à trois étoiles,* etc., etc. On n'apercevrait que la partie supérieure des étoiles, le reste étant couvert par la bande. Ce qui prouve que blasonner par *tiercé* est bien préférable.

et d'azur. Voir l'intéressant travail sur le *Drapeau de la France* par M. Marius Sepet *(Revue des questions historiques,* XXᵉ livraison).

En termes héraldiques, le tiercé d'argent pourrait être en *table d'attente.*

Pour un *tiercé en pal* ou un *tiercé en fasce,* figuré sur un drapeau, qu'on le voie à l'endroit ou à l'envers, on est toujours fixé par la hampe. Mais pour un drapeau portant un *tiercé en bande* ou *une bande,* par exemple, fait en étoffes colorées des deux côtés, si on le voit à l'envers on aura un *tiercé en barre* ou une *barre.* La connaissance préacquise de ce blason peut seule nous empêcher de confondre la droite avec la gauche. Il serait nécessaire, dans des cas semblables, que le drapeau eût l'envers annulé par une étoffe de teinte neutre, ce qui évi-
terait tout embarras. En partant de la hampe, quelque position que le vent donne au drapeau, les figures héraldiques seront ainsi toujours les mê-
mes. — *Voir* TRANSPARENCE.

TIGE ou QUEUE. — *Voir* FLEUR.

TIMBRE. — C'est le nom générique de tout ce qui se met au-
dessus de l'écu, comme *couronne, heaume, bourrelet, lambrequins, cimier, liston* ou *banderole* avec la *devise* et autres ornements de l'écu. On range aussi les *supports* ou *tenants* parmi ce qui timbre. On *timbre* ses armoiries de..... Un écu est *timbré* de......

Nous avons déjà parlé des tim-
bres séculiers : *Voir* HEAUME, COURONNE, CIMIER, DEVISE, LAMBREQUINS; il ne nous reste plus qu'à dire quelques mots des

TIMBRES ECCLÉSIASTIQUES. — A proprement parler, ils se confondent avec les MARQUES DE DIGNITÉ, sauf les couronnes personnelles au prélat ou apparte-
nant au Siège.

Tiare ou couronne papale : c'est la mitre à trois couronnes, réservée au souverain Pontife. — *Voir* COURONNE, A.

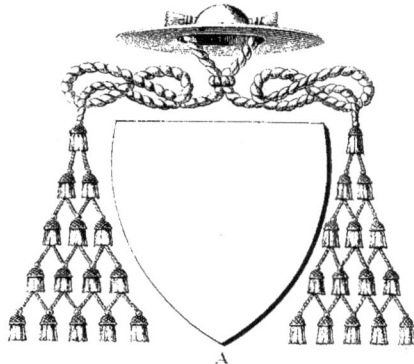

A

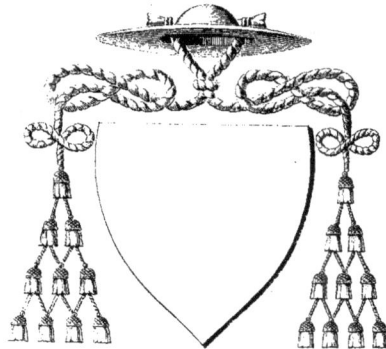

B

Chapeaux. Voici leurs formes suivant Palliot : celui des Cardinaux (A) est rouge ou de pourpre, garni de cordons de soie de même couleur, entrelacés en lacs d'amour sortant du chapeau et venant entourer l'écu, des deux côtés, avec cinq rangs de houppes progressant de une en haut, à 2, 3, 4 et 5 en bas, soit quinze houppes de chaque côté.

Les Archevêques et les Patriarches (B) le portent vert avec quatre rangs de houppes 1, 2, 3 et 4 de chaque côté, et un petit lac horizontal au-dessus des houppes : cordons et houppes verts.

Les Évêques (C) le portent vert avec trois rangs de houppes, 1, 2 et 3 : le second lac est mis verticalement de chaque côté.

Les Abbés (D) le portent noir avec deux rangs de houppes, 1 et 2 : même disposition que la précédente.

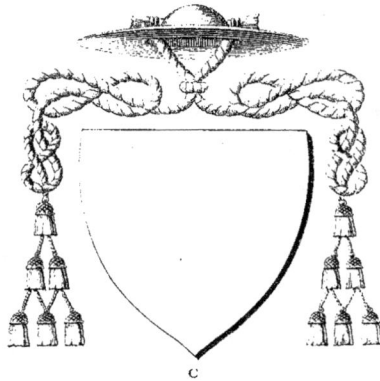

C

Comme marques plus spéciales de dignité, les Patriarches, Cardinaux ou Évêques, les Archevêques primats, les Légats du Saint-Siège, mettent en pal derrière leur écu, sous le chapeau correspondant à leur dignité, une croix double tréflée.

Les Archevêques non primats mettent dans la même situation une croix simple tréflée.

Les Évêques mettent sous leur chapeau, directement sur l'écu,

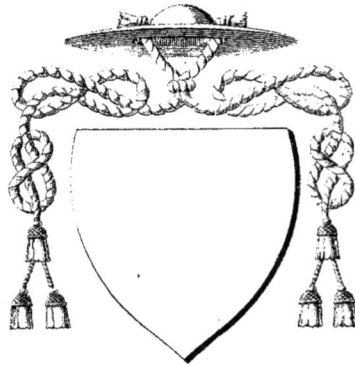

D

la mitre de front à dextre et la crosse contournée à senestre.

Les Abbés crossés et mitrés, de même.

Les Abbés non mitrés une simple crosse.

Les Prieurs mettaient un bourdon en pal derrière leur écu entouré d'un chapelet.

Les Abbesses mettent derrière leur écu en losange, enclos d'un chapelet ou patenôtre, la crosse en pal.

Les Prélats issus de familles titrées, ou dont les sièges avaient un titre, mettent directement sur l'écu la couronne de leur titre [1] surmontée du chapeau, etc., et quelquefois en dessus de la couronne, sous le chapeau, la mitre et la crosse. Quand les prélats étaient souverains, ils mettaient sur la couronne la mitre de front et derrière l'écu, en sautoir, l'épée de justice à dextre et la crosse contournée à senestre.

Les Évêques souverains, électeurs de l'Empire, mettaient la mitre sur un heaume comme cimier, au milieu, et sommaient l'écu de heaumes, de couronnes, de lambrequins exactement comme les séculiers; ils avaient presque tous des armoiries appartenant à leur siège, qu'ils portaient pleines ou qu'ils écartelaient avec les leurs, de diverses manières.

En France également, plusieurs diocèses ont des armoiries, quoique, en général, les Archevêques ou Évêques ne les portent pas; ils se servent de leurs armoiries de famille ou, s'ils n'en ont pas, en choisissent lors de leur préconisation; dans ce cas il est à regretter, *du moment où c'est un blason,* que ce choix soit fort souvent très peu héraldique, constituant des rébus plus ou moins ingénieux ou de petites images de dévotion enfantine, intraduisibles dans notre langage spécial.

Quant aux prélats dont les Églises ont des armoiries propres, il est bien fort à désirer qu'ils les portent — de préférence aux leurs, de famille ou de choix — pour conserver de précieux souvenirs. La naissance n'est pas le motif de leur élévation : ils contractent une union spirituelle avec leur siège; ce siège a-t-il des *armoiries de communauté* et *de dignité?* elles reviennent de droit au titulaire. Ce droit, à mon humble et respectueux avis, implique pour eux un pieux devoir, celui de porter exclusivement le symbole qui les rattache comme un anneau de plus à une chaîne historique remontant à des siècles reculés, le signe de la solidarité qui les unit à leurs illustres prédécesseurs.

On ne saurait contester pourtant aux Prélats la faculté de *partir* des leurs, ou d'*écarteler* avec les leurs, ou enfin de mettre leurs armoiries particulières *sur le tout* des armoiries de leur Siège.

Ce que nous avons dit relativement aux Timbres ecclésiastiques est un résumé des auteurs du XVIIe siècle et ne peut servir que d'indication pour l'avenir. Pour le passé aucune de ces marques n'est régulièrement observée. On trouve de nombreux sceaux d'Évêques, même souverains, qui timbraient leur écu d'une simple crosse, contournée ou non, ou d'une croix simple ou double, tréflée ou non, etc., ou d'une mitre diversement posée, avec ou sans crosse, etc., etc.

On ne saurait donc conclure avec certitude d'après ces marques ou le nombre des houppes — relativement modernes — si l'on voit des armoiries d'un Archevêque, d'un Évêque ou d'un Abbé.

---

[1] Depuis 1630 les cardinaux ne somment plus l'écu de leur couronne de famille.

TIRE. — Correspond à *rangée :* on dit trois ou quatre *tires* d'échiqueté, de vair, etc. :

CENTURIONE, (635) : p. *d'or à la bande échiquetée de gueules et d'argent de trois tires.*

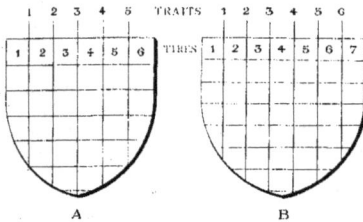

A   B   635

CDXXXVII. — Ce n'est que par exception que dans tous les traités de Blason on ne confond pas *tire* avèc *trait.* Quelle confusion grave cependant ! Un échiqueté (le type) se compose de *six tires* comptées en chef (les six formant une tire horizontale et chaque numéro, la première tire verticale, la deuxième tire verticale, etc.) formées par *cinq traits.* Nous les voyons en A. Un échiqueté de *six traits,* nous le voyons en B, où nous comptons *sept tires,* comme pour avoir six tires il faut tirer *cinq traits* de parti et *cinq traits* de coupé, si l'écu était parfaitement carré.

La *tire* donc se fait avec le *trait,* comme le vin doit se faire avec le raisin.

TITRES. — Ce mot se prend en trois sens :

1º Actes, documents, parchemins ou papiers de famille, originaux ou authentiques, établissant des faits historiques ou les degrés d'une généalogie. On en rencontre rarement dans les archives de famille, antérieurs au XIIIe siècle; sur cent familles qui prétendent remonter à l'an mille, il n'y en a pas dix qui puissent appuyer leur dire par *titres originaux;*

2º Appellations honorifiques devenues héréditaires : *prince, duc, marquis, comte, vicomte* et *baron.* C'est ce que l'on nomme fort abusivement la *hiérarchie des titres,* si l'on entend tirer du port de ces titres une hiérarchie pour les titrés;

CDXXXVIII. — Tous les hommes, titrés ou non, sont égaux devant Dieu : *Non est apud Deum personarum acceptio.* Au point de vue *mondain* si nous remontons à l'époque où les titres appartenaient seulement aux familles souveraines, un titre inférieur ne constituait pas infériorité de puissance, encore moins de naissance. Les Comtes de Savoie, par exemple, étaient supérieurs à bien des rois, comme le mouvement des croisades en établit en Orient.

La hiérarchie des titres, d'origine très moderne, n'aura jamais pour un observateur sérieux qu'une valeur très relative. Un traitant enrichi achetait autant de marquisats qu'il en pouvait porter, et, moyennant finance, obtenait l'agrément du roi. Un gentilhomme de noblesse immémoriale vivait dans ses terres ou à l'armée, mangeant son bien au service du roi et ne recherchait pas de titres. Celui qui était près du soleil pouvait, très loyalement d'ailleurs, mériter de la faveur royale tous les titres, les uns après les autres; mais la volonté absolue du monarque avait des limites. D'un commis il pouvait faire un duc, il ne pouvait en faire un gentilhomme. La hiérarchie pouvait donc exister à la cour, elle n'existait pas devant l'histoire, et Rohan s'en vantait : Roi ne peux, Duc ne veux, Rohan je suis.

CDXXXIX. — A l'origine, tous les titres marquaient des dignités personnelles. *Princeps*, c'était le principal, le premier ; *dux*, celui qui commande, qui dirige; *marchio*, celui qui gardait les marches, les frontières ; *comes*, celui qui accompagnait; *vice-comes*, celui qui tenait les *vices-comitis; baro* ou *varo*, signifiait d'abord un soldat d'ordre infime, puis, au moyen-âge, il est devenu synonyme de magnat, de haut seigneur; ce titre, le plus relevé de tous puisqu'il indiquait non un titre, mais une situation, est maintenant le dernier dans le prétendu ordre hiérarchique. Au dire de Du Cange, il n'y avait qu'une cinquantaine de barons sous le règne de Philippe Auguste; ce sont les noms les plus glorieux de la monarchie. Du temps de la chevalerie, le chevalier marchait de pair avec les princes du sang, il leur commandait même parfois. C'était un grade gagné par de hauts faits; il illustrait et accompagnait la naissance, ce n'était pas, à proprement parler, une qualification nobiliaire. On l'a réservée plus tard à ceux qui n'avaient pas de titres.

CDXL. — Si d'une part le duc de Saint-Simon ne considérait comme titrées que les familles ayant la pairie, il faut noter que parmi ces dernières il y en avait de noblesse relativement récente, tandis que plusieurs maisons féodales remontant aux origines de la monarchie n'avaient point de titres. Aussi Palliot, qui écrivait en 1661, remarque, à propos des couronnes, qu'elles ne sont point « des marques « d'ancienne Noblesse... un Marquis, un Comte, a droit de porter une Couronne, non pas pour estre « ancien Gentil-homme, mais parce qu'il est Marquis, parce qu'il est Comte...... L'on voit ordinairement « en ce temps nombre de Marquis, de Comtes et de Barons qui en Noblesse sont les premiers de leur « race et qui ont eu ces titres par le nombre d'or, outre ceux qui usurpent et affectent ces titres sans « avoir ny Marquisat, ny Comté, ny Baronnie, tant l'abus et le désordre règne, ce qui ne se pratiquoit « anciennement (!). Car outre que l'on n'osoit se qualifier de ces tiltres que par la possession de « terres qui en estoient decorées, il falloit pour estre Marquis trois Comtés, pour estre Comte, trois « Baronnies et pour estre Baron, trois Chastellenies et trois Maladeries et pour lors les Couronnes « estoient les marques d'ancienne noblesse [1] aussi bien que des tiltres des terres que l'on possedoit. »

L'abus et le désordre qui régnaient déjà du temps de Palliot allèrent toujours en augmentant et atteignirent à leur apogée au XVIIIe siècle. Malgré les édits royaux et fiscaux essayant de diguer un torrent débordé, les choses en arrivèrent à ce point que sous Louis XV, Clairambaut, généalogiste du Roi, consulté sur la légalité d'un titre, répondait : « vous pouvez faire là dessus ce que bon vous « semblera ; l'abus en est si grand depuis longtemps qu'il seroit bien difficile de le réformer [2]. »

---

[1] Ce n'est pas un paradoxe mais un paralogisme... car la naissance ne suffisait en aucune manière à fournir les trois Comtés exigés pour être Marquis. Un riche bourgeois habilité à posséder des fiefs, pouvait acheter trois Comtés et du coup il serait passé Marquis. Du reste c'était bien la règle, très modifiée plus tard, mais il est plus que douteux qu'elle ait jamais été appliquée sévèrement. La faveur remplaçait d'un trait de plume le nombre de fiefs ou de clochers manquant à l'appel. En définitive « le nombre d'or » pouvait sans doute accompagner le mérite, mais il ne lui nuisait certainement pas.

[2] L'abus des titres était bien favorisé par une cause première, la prodigalité des lettres de noblesse, succursale de la Monnaie. Chacun sait que Louis XIV créa par édits, cinq cents nobles à la fois en 1696, deux cents en 1702, cent autres en 1711. Un arrêt de cette même année mettait la noblesse à la portée du premier venu pouvant disposer de quelques 7,000 livres, au juste prix.

Étant admis que la noblesse doit se recruter, la vénalité est une cause moins pure qu'une action d'éclat;

A cette époque, tous les gentilshommes admis aux honneurs de la cour, eurent ou crurent avoir le droit de prendre le titre de Marquis ou de Comte. Une fois le titre pris on ne l'abandonnait plus, il passait aux descendants malgré vent et marée.

Les rois furent du reste les premiers auteurs de la multiplication des abus. Du moment où ils avaient créé des titres *à brevet*, c'est-à-dire ne répondant pas à la possession d'une terre, il ne leur restait plus qu'à donner des titres de courtoisie en conversation ou dans des missives, ou dans des contrats. Il semblait, en vertu d'une idée très fausse mais généralement reçue, qu'un titre pût ajouter de la valeur à la qualité d'un gentilhomme. Ceux qui avaient été admis à l'honneur d'une conversation avec le Roi et avaient été appelés Marquis ou Comtes, se paraient de très bonne foi de ce titre ou le faisaient enregistrer, car le Roi donnait les titres, le Roi ne pouvait se tromper. Que la Chancellerie s'y prêtât ou non, l'usage, encore plus souverain que le Roi, le consacrait. Comme le dit Pascal : « Il n'y a point de bornes « dans les choses ; les lois y en veulent mettre et l'esprit ne peut le souffrir. La raison nous commande « bien plus impérieusement qu'un maître, car en désobéissant à l'un on est malheureux et en déso- « béissant à l'autre on est un sot. »

CDXLI. — Anciennement, le titre appartenant à une famille n'était porté que par le chef de cette famille ; les concessions ou investitures étant toujours faites de père en fils par ordre de primogéni- ture, il était bien juste que le titre correspondant à la possession d'une terre ne fût porté que par son possesseur. Tous les cadets de familles titrées et les nobles sans titres — et parmi ces derniers il y en avait des races les plus antiques — se contentaient du titre de chevalier ; il suffisait aux sires de Coucy. Mais tous les privilèges, les exemptions de la noblesse, le droit d'aînesse, les fidéicommis, furent abolis dans la nuit du 4 août 1789. En 1790, la Constituante abolit la noblesse et les titres purement honorifiques respectés jusqu'alors.

Napoléon Ier reconstitua, en vertu du statut du 1er mars 1808, une noblesse dont je suis loin de contester le mérite, s'il est dû à la gloire militaire ou aux talents, tout en faisant mes réserves pour certains farouches citoyens de 93, affublés de titres pompeux mais grassement rétribués.

Louis XVIII, par sa charte de 1814, reconnut tous ces titres et rétablit l'ancienne noblesse. L'art. 71 porte que « la noblesse ancienne reprend ses titres, la nouvelle conserve les siens. Le Roi fait des « nobles à volonté, mais il ne leur accorde que des rangs [1] et des honneurs, sans exemption des « charges et des devoirs de la société. »

L'art. 62 de la Charte de 1830 a reproduit ces mêmes paroles, mais Louis-Philippe abolit l'hérédité de la pairie.

mais l'histoire prouve que par la transmission héréditaire, dans très peu de générations, cette cause devient efficiente.

On saisirait donc bien mal ma pensée si l'on pouvait me supposer hostile à la nobilitation. J'estime, au contraire, comme un des plus beaux privilèges de la Royauté, le pouvoir qu'elle a d'élargir les rangs de la noblesse, quand elle le fait pour des hommes dont le caractère, les talents, les services relèvent cette institution autant qu'ils seront relevés par elle.

Le cas s'est présenté pour plusieurs de ces nobles créés par Louis XIV ; il leur confia les premières charges de l'État qu'ils remplirent grandement.

Si Louis XIV a fait tort à la noblesse, ce n'est pas ainsi. En l'attachant à la grandeur de sa cour, il a diminué la légitime influence que les nobles avaient dans leurs terres, grâce à leur présence, leur exemple et leur fortune.

En enrichissant Paris, il a appauvri la France et... c'est à peine si j'ose le dire, merveilleusement préparé la Révolution.

[1] Les lois contiennent trop souvent des mots vagues, dénués d'un sens précis. En quoi consistaient ces *rangs,* que le Roi pouvait accorder aux nobles ? Serait-ce des *titres* ? Mais un titre ne donne pas un rang ? Cela est au-dessus du pouvoir royal. Le Vicomte dont le sang des aïeux avait « teint les bannières de France » pouvait-il avoir, dans l'esprit de Louis XVIII, un rang inférieur à celui d'un duc qu'il aurait créé par sa grâce ?

La noblesse est donc reconstituée avec ses titres, mais sans aucuns privilèges. Si les questions concernant la noblesse étaient si ardues, si difficiles — disons même impossibles à bien trancher puisque l'usage a toujours prévalu sur d'innombrables et variables réglementations — sous l'ancien régime, il est bien naturel, après quatre-vingts ans de vicissitudes, que la confusion se soit changée en anarchie.

CDXLII. — La dernière ordonnance importante sur la matière [1] est celle du 25 août 1817, par laquelle Louis XVIII réglementa les titres de sa pairie. L'art. 12 est ainsi conçu :

« Le fils [2] d'un Duc et Pair portera de droit le titre de Marquis ; celui d'un Marquis et Pair, le titre
« de Comte ; celui d'un Comte et Pair, le titre de Vicomte ; celui d'un Vicomte et Pair, le titre de Baron ;
« celui d'un Baron et Pair, le titre de Chevalier.

« Les fils puînés de tous les Pairs porteront de droit le titre immédiatement inférieur à celui que
« portera leur frère aîné.

« Le tout sans préjudice des titres personnels que lesdits fils de Pair pourraient tenir de notre grâce
« ou dont ils seraient actuellement en possession en exécution de l'art. 71 de la Charte. »

Cette ordonnance qui aurait dû simplifier la question, puisque d'une part elle fixait la hiérarchie des titres pour les familles ayant la pairie et ainsi la proscrivait pour les familles n'ayant pas la pairie — sans dire pourtant ce qu'elles devaient faire — n'a fait que la compliquer. Mais c'est une base légale, dont l'esprit, au moins, ne saurait être repoussé par la noblesse française. Quant à la lettre, c'est autre chose, car le législateur a été irrationnel : son texte est inconséquent et impraticable. Il aurait fallu au moins établir une démarcation entre les titres hiérarchiques de la pairie et les titres identiques portés également *de droit* par la noblesse française.

Le premier paragraphe revient à dire ceci : en ce qui touche la Pairie, les Marquis n'auront que quatre fils, les Comtes n'en auront que trois et les Vicomtes deux. Quant aux malheureux Barons, on les condamnait au fils unique ou à pire encore. Le titre de Chevalier, personnel à l'origine, n'a été plus tard qu'une simple marque de noblesse donnée à ceux qui n'avaient pas de titres. Dans l'ancienne monarchie, une terre n'a été érigée en chevalerie. On ne pouvait donc en faire un titre hiérarchique, en comportant un autre à sa suite. C'était dire que les barons étaient invités à la stérilité.

Le deuxième paragraphe touche au comique. Quels sont ces *titres*—qui n'existent pas— *immédiatement inférieurs* à ceux de leurs *aînés* QUE PORTERONT DE DROIT *les fils puînés de pairs?* Et cette dénomination d'*inférieurs* donnée à des titres nobiliaires ? C'était renverser les bases historiques de la noblesse française, dans les rangs de laquelle un titre prétendu plus élevé n'a jamais constitué une supériorité. Et encore, comment après la mort du chef de la famille ayant pairie, les fils puînés qui de son vivant suivaient la hiérarchie, devaient-ils prendre un nouveau titre? Il n'en est pas question.

Et le troisième paragraphe ! Les deux premiers sont censés organiser, le troisième désorganise. Ouvrir la porte à trois formidables exceptions : les titres personnels, la grâce royale et la possession, c'était permettre à chacun de faire ce qu'il voulait, c'était détruire ce que l'on voulait établir.

---

[1] Je ne veux pas être accusé aussi injustement que le P. Loriquet de supprimer des époques de l'histoire. Il me semble inutile de parler des actes de 1848 et des velléités de réglementation éphémères de fond et de forme du second empire. Elles constituaient non d'intention sans doute, mais de fait, une pure vexation. D'ailleurs, pour la thèse que je discute, il est bon de s'arrêter à la dernière manifestation de l'ancien régime.
[2] Naturellement le législateur a oublié d'ajouter « aîné. »

CDXLIII. — La noblesse française rétablie, sans fidéicommis, sans privilèges, sans droit d'ainesse, dans l'usage des titres honorifiques, usage que l'on venait de réglementer pour la pairie, d'une manière incomplète et peu raisonnée, se trouva fort empêchée pour savoir quelle règle elle devait suivre pour la transmission et le port de ces titres.

Une partie de la noblesse de France suit la hiérarchie des titres. Cet usage est en opposition directe avec la dernière ordonnance de Louis XVIII. On se base sur ceci que la pairie ayant été abolie, la Noblesse doit adopter ce qui avait été fixé pour la Pairie. Mais nous avons vu que cette ordonnance à la Malthus était vicieuse dans sa forme, impraticable au fond; nous pouvons ajouter, ce qui est bien pire, qu'elle répugne au sens commun. Exemple : mon père est *Marquis*, moi, fils ainé, je suis *Comte;* mon frère Albéric, second fils, est *Vicomte*. Je me marie du vivant de mon père, j'ai un fils, c'est lui qui est le *Vicomte*. Mon frère Albéric descend d'un degré, il n'est plus que *Baron* en attendant la naissance de mon second fils, qui prendra lui le titre de *Baron;* Albéric ne restant plus rien du tout, car la hiérarchie en France ne comporte que quatre titres. Au bout de trois ou quatre ans, mon père meurt, je deviens *Marquis*, mon fils ainé *Comte*, mon second fils *Vicomte* et mon frère Albéric peut reprendre le titre de *Baron*, titre intermittent, car s'il me survient un troisième fils, Albéric le perdra de nouveau [1].

Notons-le bien, si on admet la hiérarchie on ne peut pas agir autrement [2]. Tous les actes de l'état civil passés par moi, mes fils mineurs, mon frère Albéric, sont à modifier à chaque nouvelle mort ou naissance. On pourrait énumérer longuement les inconvénients de ce chassé-croisé de titres, mais le ridicule en saute aux yeux. J'insiste seulement sur le fait que du vivant du Marquis mon père, je suis Comte et mon fils ainé Vicomte à l'exclusion totale de mon frère Albéric. Si les partisans de ce système à tiroirs contredisaient cette affirmation, c'est qu'ils trouvent la hiérarchie bonne ou mauvaise selon qu'elle leur convient ou non; ils suivent ce système, non parce qu'ils le trouvent raisonnable, mais ils s'évertuent à le trouver raisonnable parce que dans certains cas, il leur convient, quoique en d'autres cas, il présente des difficultés raisonnablement insolubles.

CDXLIV. — Une autre partie de la noblesse française suit un autre usage beaucoup plus rationnel et le seul pratiquement admissible, étant donnée la situation. Le chef de la famille, seul, porte seul le titre, sans nom de baptême. Dans les actes où il est nécessaire, le nom de baptême précède le titre : ainsi l'on dira Henri Comte de Châteaubel, tous ses frères, ses fils, s'appellent le Comte François, le Comte Louis, etc.

Cet usage n'est point contraire à la loi, puisqu'il n'y a plus de majorats, plus de droit d'ainesse; puisque tous les enfants partagent également l'hoirie paternelle dans laquelle se trouve le titre afférent à la famille, seule constatation de cette noblesse que les lois lui reconnaissent encore.

Il diminue ou supprime les difficultés avec les officiers de l'état civil. Les plus grincheux demanderont la preuve de la possession du titre. Si Titius prouve que son père le portait — légalement ou non, peu importe, car l'officier de l'état civil ou ministériel n'est pas un juge — quelle objection peut-on solidement lui faire à moins que ce ne soit la force? Invoquer la loi! Mais quelle loi? répondra Titius [3] : le droit d'ainesse, peut être ? Mais alors qu'on nous renvoie à l'ancien régime, qu'on supprime la nuit du

---

[1] Supposons que le Royaume des Indes soit donné en fief à une famille par ordre de primogéniture. Si le roi n'est pas marié, son frère sera Vice-Roi. Mais si le roi se marie et a un fils, c'est celui-ci qui est Vice-Roi et le frère n'est plus que le frère du Roi.

[2] L'usage du Vicomte qui ajoute son nom de baptême au titre, pour laisser le titre seul de Vicomte au fils ainé du Comte son frère, est une variété tout aussi inconséquente.

[3] *Voir* LOIS NOBILIAIRES.

4 août et la révolution de 1789 [1]. Cet usage, par dessus tout, ne blesse en aucune manière le raisonnement.

Sauf pour les familles ayant eu la pairie héréditaire, en ne tenant pas compte que la pairie a été abolie, ou les familles ayant plusieurs terres titrées [2], toutes les autres devraient suivre cet usage. C'est créer un nouveau miracle de la multiplication des pains que conclure de ce que ma terre de Saintonge a été érigée en Marquisat par Louis XV, qu'elle ait été érigée par le fait même en Comté, en Vicomté, en Baronnie et... en Chevalerie! Quoi que l'on puisse dire, aucune raison ne s'oppose à ce qu'un cadet de famille mette sur ses cartes et sur ses voitures, la couronne de son père, et si ce père est le Comte de Châteaubel, de mettre dans ses actes Jean des Comtes de Châteaubel, comme le troisième ou le cinquième frère du Roi des Indes (*Voir* note 1, f° 423) de se dire de la famille du Roi des Indes. Sur sa tombe enfin, il pourra ordonner que l'on inscrive HIC JACET JOHANNES EX COMITIBUS DE CASTROBELLO. Le titre suivi dans l'usage habituel de la vie par le nom de baptême, précédant le nom patronymique, correspond précisément à l'expression *ex comitibus, ex marchionibus*. En Allemagne, en Belgique, en Russie, tous les fils portent le titre du père. Dans une grande partie de l'Italie, tous les membres d'une famille, même les filles, portent le titre du père. En Piémont, où les usages français ont prévalu en partie, tous les cadets, chevaliers, s'intitulaient dans les circonstances solennelles *dei Marchesi, dei Principi* ou *dei Conti* [3]. En France enfin, cet usage, à mon avis le seul rationnel, savoir, que le chef de famille porte seul le titre, et les autres le titre suivi du nom de baptême, est pratiqué par plusieurs maisons historiques dont l'illustration pourrait se passer de tous titres.

CDXLV. — Un troisième usage existe, spécial aux familles ayant le titre de Marquis: l'aîné porte seul le titre de Marquis, tous les autres fils, frères ou neveux portent le titre de Comte. Cet usage de transaction est tout aussi contraire aux règlements.

Mais, ce qui est beaucoup par le temps qui court, il ne blesse pas le sens commun. A une condition pourtant! Il ne faut pas que les cadets, croyant respecter leur aîné, adoptent la couronne de Comte abaissant d'un cran cette aînesse. Du temps des brisures, il pouvait ne pas y avoir d'inconvénients à ce qu'un cadet mît sur le blason brisé de sa famille la couronne correspondante au titre qu'il aurait porté personnellement; mais fort heureusement la brisure est passée de mode. Un cadet qui met sur le blason de sa famille une couronne prétendue inférieure au titre auquel elle a droit — couronne à laquelle il a droit autant que son aîné par le fait qu'il est de la même race — peut aussi y mettre l'armet de Mambrin, si c'est dans sa fantaisie. Il y a des couronnes spéciales pour les Princes cadets de la maison de France; mais pour les cadets des autres familles, il n'y a point de couronnes de cadets; ils n'ont que la couronne de leur maison [4].

[1] C'est au contraire exiger beaucoup de bonne volonté d'un secrétaire de mairie que lui demander l'introduction d'un titre de Vicomte par le fait que l'on est le second fils d'un Marquis.

[2] Je connais une famille de la plus haute marque dont le chef possédait un Marquisat, un Comté et une Vicomté et de son vivant portait le titre de Marquis de Châteaubel, qui était son nom patronymique. A sa mort ses trois fils partagèrent son hoirie: l'aîné eut le Marquisat; le deuxième, la Vicomté; le troisième, le Comté. Ici hiérarchie mitigée. Mais comme le deuxième fils au lieu de s'appeler le vicomte de sa terre s'intitulait le Vicomte de Châteaubel, le troisième s'appelait non Comte de sa terre mais Comte de Châteaubel, c'est-à-dire Vicomte et Comte du nom patronymique; il en résulte une interprétation fantaisiste. De ce que Titius possède le Marquisat de Châteaubel, le Comté de Châteauneuf et la Vicomté de Châteauvieux, il ne s'ensuit aucunement qu'il soit Marquis, Comte et Vicomte de Châteaubel.

[3] A la Cour pourtant, on annonçait Monsieur le Chevalier un tel et Madame la Comtesse sa femme. L'usage appelait dans la conversation le fils d'un Marquis, *Marchesin* (petit marquis), le fils d'un Comte, *Contin* (petit Comte).

Bien entendu, ceci se rapporte à une branche et à tous les membres de cette branche. Plusieurs familles

Au-dessus du titre de Marquis, excepté pour la qualification de Prince et de Comte de l'Empire (d'Autriche) appartenant au père et à tous les enfants, même aux filles, il ne faut pas songer à proposer une réglementation ; chaque famille ayant des titres et des usages de transmission particuliers.

CDXLVI. — Nous venons de signaler la profonde confusion qui règne, comme en toute chose, pour les titres de la noblesse française. Comment y remédier ?

Il y aurait un moyen. Revenir à ce qui se faisait jadis (CDXLI, 1er paragraphe), ce serait le seul vraiment logique, à condition que l'on admette pour les nobles non titrés une qualification dénotant leur noblesse ; malheureusement dans l'état actuel de la société, ce moyen paraît impraticable. Il faut donc chercher autre chose, en admettant que la courtoisie est quatre-vingts fois sur cent l'arbitre actuel de cette question et que les usages sont plus forts que toutes les lois, hélas ! même celles du sens commun.

Dans certains temps de troubles, on en est réduit à se faire justice soi-même. La noblesse devrait se faire justice elle-même et j'ai indiqué (CDXLIV) comment un certain ordre pourrait s'établir [1].

Nos députés ne paraissent pas avoir reçu de leurs électeurs la mission de réglementer les questions nobiliaires. Si par hasard ils tenaient à nous prouver leur bon vouloir, ils pourraient voter la suppression absolue des titres de noblesse. Plutôt qu'une réglementation biscornue — elle le serait infailliblement — j'appelle cette loi de tous mes vœux. D'un côté, la prodigalité des titres finira par engendrer le mépris des titres. D'un autre côté, à qui cette suppression portera-t-elle ombrage ? Aux conventionnels anoblis par Napoléon Ier — et pour rendre ma pensée complète — à tous ceux pour lesquels un titre est la seule cause qui pourrait leur attirer la considération publique ! Petit malheur !

La vieille noblesse sourira tant que l'on n'aura pas supprimé l'histoire. Un Montmorency serait toujours un Montmorency, un Rohan sera toujours un Rohan, avec ou sans titres.

Dans un ordre d'idées sensiblement connexes, le maréchal Pélissier sera toujours une des gloires de l'armée française, avec ou sans le titre de Duc de Malakoff.

Quant à la bonne noblesse de province, dont une grande partie n'a point de titres, appuyée sur des services séculaires, connus dans sa région *(nobilis, notus, notabilis, a nosco)*, elle y viendra retrouver ou reconquérir son ancien prestige dont un titre ne peut être que la consécration et non la cause. Un gentilhomme digne de ce nom, sera plus que jamais le *gentis-homo*, toujours prêt à sacrifier sa vie et sa fortune pour Dieu, le Roi, la patrie et l'honneur. Tels seront ses seuls titres à forcer l'estime du peuple. Ils valent mieux que des titres de Marquis, de Comte ou de Vicomte, fussent-ils vraiment authentiques ou incontestés, ce qui n'est la même chose qu'au point de vue du résultat.

3º Enfin, le mot *Titre* paraît se prendre dans le sens de possession, puisque, pour une infinité de nobles titrés, seule la possession vaut titre.

en France ont formé des branches dont les cadettes ont des titres supérieurs à ceux de la souche. Ces branches sont considérées comme sevrées : en gardant les armoiries de la souche, elles doivent mettre les couronnes correspondant au titre de leur rameau.

[1] Dans cette rapide étude, j'indique les points saillants ; je néglige les détails. A quoi bon d'ailleurs ? Les moyens pratiques et sainement politiques pour contenir le torrent dans des digues respectables ne seraient pas impossibles à trouver. Mais en admettant le retour de la monarchie, comme du temps de Louis XVIII, ce ne seraient pas les spécialistes qui seraient appelés à régler cette question. Ce seraient sans doute des avocats ou des jurisconsultes, forts en droit civil, mais bourrés de préjugés et d'idées fausses qui, approfondissant pour la première fois le *titre mitoyen*, ne manqueraient pas d'embrouiller la question, si pourtant la chose est encore possible.

TORDU. — *Voir* Courbé, Ployé.

TORQUE ou Bourrelet. — *Voir* à Heaume.

TORTIL se prend en trois sens :

1º Pour la bandelette qui ceint la tête de More, que l'on dit *tortillée* quand elle est d'un émail différent;

2º Comme synonyme de torque ou bourrelet;

3º Pour la couronne de baron.

TORTILLANT. — Qualificatif de luxe pour la guivre.

TORTILLÉ. — *Voir* Tortil premier sens.

TOUR. — J'ai renvoyé ici ce que j'aurais pu dire à Chateau, puisque, quand il est seul dans un blason, le château se compose de deux, trois ou un plus grand nombre de tours réunies par des pans de mur, et quand il est en nombre, comme une tour. Ainsi Castille, (636) : p. *de gueules au château de trois tours d'or* [1]. Cet illustre blason figurant presque exclusivement en écart ou en bordure, ce château se transforme en tour. (*Voir* Figures 558 et 559.) Même dans mon vieux manuscrit, dont la dimension aurait parfaitement permis de faire un château, Castille *écartelé de* Léon, est simplement représenté par une tour : la *tour* symbolise le *château*.

Les mêmes attributs conviennent à la *tour* et au *château*. Ils sont figurés seuls ou en nombre, avec ou sans

636

porte, dans ce dernier cas ils sont *ouverts* d'un autre émail; avec des fenêtres, ce que l'on exprime par *ajouré* si elles sont d'un émail différent. La tour et le château sont *couverts* ou non, avec des pans de mur, des herses, accompagnés, chargés, surmontés, etc. Quand une tour est sommée d'une autre petite tour, on l'appelle *donjonnée*. Quand elle a un toit, cas assez rare et qu'il faut toujours blasonner, on la dit *couverte* ou *essorée*. Si ce toit a une girouette, il est *girouetté*.

CDXLVII. — Il me semble que pour une tour sommée d'une autre tour, de deux ou de trois tours, il serait bien suffisant de dire, par exemple : *de gueules au donjonné d'or* ou *au donjonné de tant de*

---

[1] Cette forme de château est dans le genre de celle donnée par Viollet-le-Duc dans son *Dictionnaire d'architecture*. Il va sans dire que les tours sont réunies par des *pans de mur*.

pièces. Ce serait bref, clair et précis : nous verrions tous un donjon sommé d'une tourelle, ou une tour sommée d'un donjon. En même temps, on supprimerait le mot *donjonné* pour la description du *château* où il peut faire confusion. Ainsi Palliot décrit les armoiries de RABASSE : *d'azur au château à cinq tours, celle du milieu donjonnée d'argent.* Or, il faut beaucoup d'attention pour voir cette tour donjonnée dans le dessin — et l'on est averti — sans quoi l'on blasonnerait *château de six tours,* celle qui *somme* se découpant sur l'horizon avec les cinq autres. Pour un cas semblable, je blasonnerai : *château sommé de tant de tours.*

Pour PRUNIER, (637) : je blasonnerai p. *de gueules donjonné d'argent (maçonné de sable* est sous entendu). — *Voir* PLUS LOIN.

Je ne dirai pas avec Menestrier *tour d'argent donjonnée et maçonnée de sable,* car la petite tour qui somme devrait alors être de sable ; je ne dirai pas qu'elle est *ouverte* et *ajourée* de gueules , les deux héraldistes delphinaux ne mentionnant pas ces attributs. Mais je ne dirai pas avec eux que cette tour est crénelée, puisque la tour héraldique est toujours *crénelée.*

637

CDXLVIII. — Quelques mots sur le *maçonné* et le *crénelé.* J'ai déjà indiqué au MAÇONNÉ que les tours et châteaux sont de leur essence *maçonnés.* Quand on les figure un peu grands, cette masse serait désagréable à l'œil sans quelques traits d'ombre , au moins pour marquer les tours, les fenêtres, la porte. Dans un château, c'est à peu près nécessaire ; c'est évidemment une question de mesure, mais quand rien ne fixe la mesure, ce qui paraîtra suffisant à l'un sera insuffisant pour l'autre. Ne laissons rien de flottant et fixons que tout château, que toute tour seront *maçonnés* et *crénelés* sans qu'il soit nécessaire de le dire et ce sera habituellement avec du *sable,* la couleur d'ombre par excellence. Nous conserverons précieusement le mot MAÇONNÉ dans les sens des exemples 443, 444 et 445. Nous dirons également *maçonné* et *crénelé* pour les tours ou châteaux quand l'opposition des émaux nous en prouvera la nécessité. Quand nous verrons une tour *de sinople maçonnée de gueules* ou *crénelée d'azur,* nous aurons le droit de conclure que ce n'est pas pour ombrer, mais réellement pour *maçonner* et *créneler* que l'on a employé un autre émail et nous le blasonnerons soigneusement.

On fait en Italie une différence entre une tour crénelée *à la guelfe* ou *à la gibeline,* basée sur les formes que les partisans de la Papauté ou de l'Empire donnaient aux créneaux de leurs châteaux [1].

Nous voudrions *universaliser* les règles essentielles et nécessaires du Blason français. — *Voir* REMARQUE CCCXXXVII. Il n'y a qu'un moyen de l'obtenir raisonnablement. Non seulement chaque nation doit pour le sens des mots — conforme au nôtre — fixer un terme dans sa propre langue, mais elle doit conserver soigneusement les attributs historiques nationaux qu'il serait regrettable de voir supprimer sous prétexte d'unité.

Ainsi, par exemple, quand nous rencontrerons dans un blason de provenance italienne un château ou une tour dont les créneaux sont carrés, les Italiens diront ou ne diront pas qu'ils sont *à la guelfe* ; pour nous, suivant la règle française, nous ne blasonnerons pas cet attribut de *position.* Mais si ces créneaux se terminent en queue d'aronde, comme en A, il sera de notre devoir de les dire *crénelés à la gibeline.*

A

[1] J'avais remarqué dans plusieurs blasons cette forme de créneaux sans y attacher grande importance. Je dois à l'obligeance de mon savant ami, le baron Manno, héraldiste profondément logicien malgré ses hautes fonctions, de savoir que cette différence est basée sur des documents historiques.

TOURNÉ. — Se dit des pièces de longueur, ou des pièces ayant tête ou côté, ou face, qui sont penchées dans le sens de la bande et de la barre, ou autre sens indiqué par la description.

TOURTEAU. — C'est le besant de couleur. Il y a un nom spécial pour le tourteau de chaque couleur : *gueuse* ou *guse* pour le gueules ; *heurte* pour l'azur ; *ogoësse* pour le sable ; *pomme* ou *volets* pour le sinople ; il y a même un nom pour les tourteaux de pourpre, savoir *gulpes*. L'usage a malheureusement prévalu de les appeler génériquement *tourteaux* en ajoutant le nom de la couleur.

MONTESQUIOU, (638) : p. *d'or à deux tourteaux de gueules en pal.*

RICHARD, (639) : p. *d'azur au chef d'or chargé de trois tourteaux de gueules.*

638

639

CDXLIX. — On sait que les MÉDICIS portaient déjà avant l'invention des armoiries, *d'or à six tourteaux d'azur.* A la suite du triomphe d'un Médicis sur le géant Mugel qui opprimait les Florentins, Charlemagne lui donna les tourteaux *de gueules !* Louis XII changea le premier tourteau en un tourteau *d'azur chargé de trois fleurs de lis d'or,* c'est-à-dire *de France.* Or, pour loger les trois fleurs on dessine le premier tourteau beaucoup plus gros que les cinq autres. Si on dit de *Médicis* pour énoncer ce quartier, passe ; mais si l'on blasonne *d'or à cinq tourteaux de gueules, 2, 2, et 1 d'azur en chef chargé de trois fleurs de lis d'or,* il faut ajouter après *un d'azur : beaucoup plus grand que les autres,* ou bien, ce qui serait vraiment héraldique, lui donner le même diamètre qu'aux autres. Mon antique manuscrit de provenance italienne représente le blason de Médicis d'une autre manière : *d'or à cinq tourteaux de gueules, 2, 2 et 1 ; au canton de France en chef* [1]. Ce canton occupe dans l'écu la place de B dans la figure 293.

TOURTEAU-BESANT. — A la différence du BESANT-TOURTEAU qui est de métal et de couleur, le *tourteau-besant* est de couleur et de métal. Leur détermination dépend donc uniquement de la situation des émaux, suivant que la ligne de partition exige que l'on énonce en première ligne le métal ou la couleur. — *Voir* REMARQUES CCCLXXVII, CCCLXXVIII.

TRABE (*Voir* ANCRE). — On dit aussi *trabe* pour le bâton d'une bannière qui serait d'un autre émail.

---

[1] Selon d'autres héraldistes, moins courtisans, ces tourteaux seraient tout simplement des *pilules,* source de la fortune des MÉDICI (médecins).

TRACÉ. — Synonyme d'*ombré*. — *Voir* EXEMPLE 612 et OMBRÉ.

TRAINÉE. — Ce mot est peut-être exclusivement réservé au blason des BRULART, (640) : *de gueules à la bande d'or chargée d'une traînée de sable accompagnée de cinq barillets de même.*

CDL. — C'est « à vray dire une traisnée de poudre d'amorce, « aussi est-elle de sable et les Barillets en sont aussi. » C'est ce qu'en dit Palliot.

Menestrier décrit la bande chargée d'une traînée tortillée de sable et de cinq barils de même, trois d'un côté et deux de l'autre alternés. Ceci est déjà plus précis : n'oublions pas que nous devons pouvoir dessiner un blason, d'après la descrip-

640

tion, sans le secours de la figure. Pour un exemple, peut-être unique, on ne saurait trop détailler. Nous essaierons d'être plus complet en blasonnant : *de gueules à la bande d'or, chargée dans toute sa longueur d'un filet de sable, ondé en guise de traînée de poudre entre cinq barillets de même, dont trois en dessous, amorcés sur la traînée.* Nous pensons être ainsi suffisamment explicite.

TRAIT. — Nous avons vu à TIRE que ce sont deux choses bien distinctes. Le trait, c'est une *ligne ;* la tire, c'est ce qui est *entre deux lignes*.

TRANCHÉ. — Une des figures héraldiques ; une des quatre grandes partitions qui se fait par un *trait* partageant l'écu en deux parties théoriquement égales de dextre à senestre, de l'angle du chef à l'angle opposé de la pointe. Voici quelques exemples de *tranché*. ARIOLI, (641) : *tranché d'azur et d'or à la bordure de gueules.* GOVONI, (642) : *tranché d'or et de gueules, chaque tranché chargé d'une étoile à six rais de l'un en l'autre, à la bordure de l'un à l'autre.* GUASCO, (643) : *tranché endenté d'or et d'azur.* GRAVENITZ, (644) : *tranché ; au premier fuselé en bande de gueules et d'or; au deuxième, de même en argent et sable.*

641

642

643

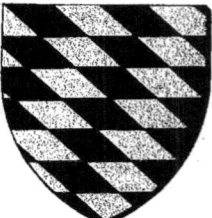

644

Ughetti, (645) : *tranché de sinople et de gueules, à la bande écartelée (par rapport à elle-même) aux 1 et 4 d'azur, au 2 d'argent, au 3 d'or.* — *Voir* Rem. CCCLXIX. — Dolci alias Dotti, (646) : *tranché d'or et de gueules, à la bande divisée par un trait de tranché, failli en mi-coupant en cœur de senestre à dextre (par rapport à l'écu), de l'un à l'autre.* — *Voir* Remarques CCCLXIX et suivante.

645   646

CDLI. — Les exemples 641, 642, 645, 646 sont extraits de mon vieil armorial manuscrit.

La figure 644 correspond à ce que les Anglais appellent « barry bendy » (fascé bandé), locution télégraphique mais très impropre. Procédons à une dissection en supposant un *fascé bandé d'argent et de gueules.*

Dessinons dans un écu un *fascé d'argent et de gueules* ; dans un écu de *dimension égale*, un *bandé d'argent et de gueules.* Posez ce second écu (en papier à décalquer) sur le premier. Vous verrez comment cela peut ressembler à *un losangé en bande d'argent et de gueules.* Pour vous éviter la peine de faire ces calques, voyez le résultat en A. Il vous convaincra qu'un *fascé bandé* n'est pas du tout la même chose qu'un *losangé* ou *fuselé en bande.*

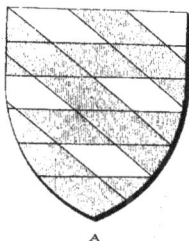

A

La figure 645 ne devait pas constituer en Italie une arme fausse puisque l'on y rencontre d'assez nombreux et criants exemples de *couleur sur couleur.* Nous ne pouvons admettre la plupart d'entre eux, quoiqu'il soit probable qu'ils proviennent souvent d'une fausse interprétation. En France même, le blason 645 viole-t-il la règle ? Cela mérite examen.

Un *tranché de deux couleurs* semble choquant au premier coup d'œil.

Pourtant nous n'y voyons qu'un champ factice sur lequel personne ne songerait à contester la possibilité de mettre une *bande de métal.* Ainsi, Escoubleau-Sourdis (B) porte *parti d'azur et de gueules à la bande d'or,* à quoi ceux qui n'ont pas labouré les champs factices ne manquent pas d'ajouter le pléonasme *brochant sur le tout.* C'est un cas exactement similaire à 645 et 646. Donc, si au lieu de la bande écartelée, nous avions en 645 une *bande d'or* ou *d'argent,* nous n'aurions nullement une arme fausse ; pour en donner une nouvelle preuve, nous la blasonnerions *tiercé en bande de sinople, d'or,* par exemple, *et de gueules.* Mais la bande de 645 est écartelée. L'écartelé donne aussi un champ factice ; la bande est d'un champ factice. Peut-on mettre une figure d'émaux factices sur un champ factice ? C'est un cas embarrassant et heureusement fort rare. La logique semble exiger pourtant une réponse affirmative.

B

Ce que Palliot appelle *tranché retranché* et *tranché taillé* est régulièrement blasonné à Pointes et Singuliers blasons.

TRANGLE ou **TRINGLE**. — Mot relativement moderne qui se prend pour fasce diminuée d'un tiers ou d'un sixième, selon Palliot, pour la distinguer de la *devise*.

CDLII. — Palliot ne lui donne pas dans son dessin la dimension qu'il lui assigne dans le texte. Vulson a inventé ce terme
absolument inutile. Le célèbre Guichenon (*Bresse et Bugey*)
blasonne MONTLUEL, (647) : *d'or à six trangles ou fasces diminuées de sable, au lion de gueules armé, lampassé et couronné
d'argent,* et dans le dessin, immédiatement au-dessus, il figure
burelé d'or et de sable (de 10 pièces), etc. Comment ces illustres
héraldistes ne se sont-ils pas avisés de leur illogisme? Six fasces
dans un écu sont forcément diminuées (*Voir* REMARQUES LX et
LXII en appliquant à la fasce la même distribution), c'est-à-dire
qu'au lieu de la troisième partie qu'occupe la fasce, six fasces
occuperont chacune la treizième partie de l'écu environ. Ce ne
sont point des trangles, ni des fasces en devise, ce qui ne pourrait s'appliquer qu'à une trangle ou une fasce en devise, deux
au plus ; ce sont des fasces pures et simples en rebattement de nombre.

647

La démarcation semble évidente; si elle ne l'était pas pour tous, voici une comparaison qui ne
laissera pas de doutes.

Pour décrire un tableau de Rosa Bonheur représentant un troupeau de trente-six vaches, avec un
taureau gardé par un berger, vous ne direz pas, à cause des dimensions restreintes de la toile : troupeau de trente-six génisses avec un veau, gardé par un berger de deux ans.

Il faut dire des *six trangles* ce que j'ai dit du COTICÉ et du BURELLÉ (*Voir* notamment REMARQUE
LXXXIX) et blasonner 647 : *d'or à six fasces de sable au lion de gueules, armé, lampassé et couronné
d'argent brochant sur le tout.*

TRANSPARENCE. — Si vous regardez à l'envers un blason peint sur un vitrail ou
fabriqué avec des étoffes claires, un grand nombre de figures sont dénaturées. Les
animaux deviennent contournés, tout ce qui est en bande se transforme en barre, la
dextre devient senestre; dans les écartelés, l'ordre des quartiers est interverti, etc.

Ce n'est pas par transparence mais par inadvertance qu'il arrive à des graveurs de
dessiner les blasons comme ils les voient, ce qui, dans les épreuves positives ou dans les
empreintes, renverse les figures. Ils pourraient facilement éviter ces méprises avec un peu
d'attention.

Il en est de même pour les vitraux ; il est toujours facile de découvrir qu'on voit un
blason du mauvais côté.

Quant aux drapeaux pouvant prêter à la confusion, c'est à ceux qui en sont doués,
d'aviser à l'empêcher. — *Voir* à TIERCÉ.

TRAVERSANT. — Palliot se sert incidemment de ce mot en guise de *passant* (ce qu'il
ne faudrait pas blasonner) pour les deux loups de BISCAYE.

TRAVERSE. — C'est une espèce de filet (*Voir* CE MOT et BARRE) qui se pose en barre
et a servi généralement comme marque de bâtardise.

TRÈFLE. — Triolet; ne diffère de la tierce-feuille que par la petite queue ou tige en plus. SAÜR, (648) : *d'or au trèfle de sinople.*

648

649

650

PRIE, (649) : p. *de gueules à trois tierces-feuilles d'or.* GALIFFET, (650) : p. *de gueules au chevron d'argent accompagné de trois trèfles d'or.*

TREILLIS, TREILLISSÉ. — Ne diffère du *frété* (FIGURE 358) que parce qu'il est *cloué;* c'est-à-dire qu'à chaque juxtaposition de la bande sur la barre et réciproquement, un clou semble les fixer.

CDLIII. — Il n'est pas nécessaire que les clous soient d'un autre émail ; dans ce cas, quoi qu'en dise Palliot, il est largement suffisant de dire *treillissé.* On dira seulement *cloué d'or* ou *de gueules,* etc., si le treillis est *d'azur* ou *d'argent* etc. Si l'on admettait une autre règle, il faudrait supprimer le mot *treillissé;* on dirait *frété* pour le *frété* et *frété cloué* pour le *treillissé.*

TRESCHEUR (*Voir* ESSONNIER). — On les prend l'un pour l'autre. L'étymologie est pourtant bien différente. *Trescheur,* anciennement *tressoir,* vient évidemment du bas-latin *trescia,* tresse; *essonnier,* du bas-latin *essoignare, soniare,* soigner. *Voyez* Ducange *in verbis.* Je comprends à la rigueur que l'on ait dit pour le lion d'Écosse qu'il était *essoigné dans un tressoir.* Mais *essonnier* correspondant à une diminution simple de l'orle me paraît difficile à expliquer.

TRESSE, TRESSOIR. — Synonymes peu usités du TRESCHEUR.

TRIANGLE. — On en voit figurer dans quelques armoiries, *pleins* ou *vides.* Sa position est d'être sur sa base large; on en voit de renversés : mais il faut le blasonner. BARRÊME, (651) : p. *de sable à deux triangles entrelacés d'argent à une molette d'or en abîme.*

651

CDLIV. — Du moment où les triangles sont *entrelacés*, il est inutile d'ajouter avec Palliot qu'ils sont *cléchés*, même si cela voulait dire *vidés*.

Menestrier appelle cette figure *double delta* et *pentalpha*. — *Voir* PENTALPHA.

On blasonne quelquefois *triangle* ce qui n'est qu'un *fermail* triangulaire, ainsi celui de ULERSDORF que Palliot appelle mal à propos : un triangle cléché et fleuronné renversé.

TRINGLE. — *Voir* TRANGLE.

TROIS (PIÈCES). — *Trois* pièces dans un écu ont pour *position relative* d'être placées *deux et une*, c'est-à-dire deux en chef (en fasce) et une en pointe. Non seulement il est inutile d'exprimer cette position relative, mais c'est un pléonasme, puisque cette *position relative* à trois pièces en nombre, devient *position* parfaite par rapport à ce nombre. — *Voir* PLÉONASMES. La même observation s'applique à trois figures honorables dont personne ne songe à exprimer la position relative à ce *rebattement de nombre*.

METTERNICH, (652) : p. *d'argent à trois coquilles de sable.* MOUSTIER-DE-CAN-CHY (LE), (653) : p. *d'azur à trois chevrons d'argent.*

652   653

TROIS, DEUX ET UN. — *Position relative* de six pièces placées, trois en chef, deux en cœur, une en pointe. On ne l'exprime pas habituellement et c'est très correct. POITIERS-SAINT-VALLIER, (654) : p. *d'azur à six besants d'argent au chef d'or.*

TROIS, TROIS ET TROIS. — C'est la *position relative* de neuf pièces, trois en chef, trois en cœur, trois en pointe; ainsi on devrait s'abstenir de la qualifier par 3, 3 et 3. Cependant on la mentionne très souvent, et cela s'explique par l'incertitude dans laquelle on se trouve trop souvent sur la *position relative* des pièces en nombre.

Il faut au moins établir comme règle certaine, que sauf mention contraire dans la description, si l'on

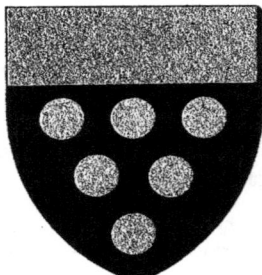

654

trouve neuf pièces à placer dans un écu, sans adjonction d'autres figures, on les mettra dans cette *position
relative*. Pour mon compte, je blasonne Malestroit,
(655) : *de gueules à neuf besants.* — *Voir* Remarques
LXXI, LXXII, et pour ceux qui n'admettraient pas leur
contenu, j'ajouterai *d'or.*

TROMPE, TROMPETTE. — *Voir* Cor, Huchet. — La
trompette se fait habituellement ou droite ou recourbée
deux fois sur elle-même.

TROMPE D'ÉLÉPHANT. — *Voir* Proboscide.

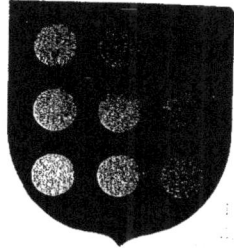

655

STENSILES. — Tous les instruments propres aux Arts et aux Métiers peuvent figurer dans les armoiries. Il est inutile d'en parler; ils gardent leur forme. Il faut blasonner la situation, la modification de la forme, l'émail, etc. Les instruments les plus usités sont énoncés en leur ordre.

ACHE. — Elle se distingue facilement du bœuf ou du taureau en ceci qu'elle n'a pas de bouquet de poils entre les cornes, qu'elle a la queue sur le flanc et surtout parce qu'elle porte mamelles.

La position ordinaire que l'on ne blasonne pas est d'être *passante*. Les termes du taureau et du bœuf lui sont applicables.

VAIR. — Une des deux *fourrures* ou *pannes* usitées dans le Blason; elle se compose d'argent et d'azur. Sa description est assez difficile, voici celle de Palliot : « La forme « du Vair est comme une cloche, un verre ou un chappeau, assés haut et a petits bords, « figuré de telle sorte que l'un estant DEBOUT et l'autre RENVERSÉ, ils se ioignent et se « mettent si bien l'un dans l'autre que, par leur multiplication, ils remplissent l'Escu « sans que l'on puisse dire qu'il y ait autre champ ny aucune piece de blason que ces « figures là. » Que l'on veuille bien noter les mots écrits en capitales.

Voici maintenant comment Menestrier (*Art du Blason justifié,* chap. IV) explique les lignes géométriques de cette figure. « Le vair est la peau d'un petit écurieu du Septen- « trion... cet animal s'appelle *Vair* à cause des deux couleurs de sa peau... la partie « sous le dos est d'un gris approchant du bleu et celle... sous le ventre est blanche... « La peau de cet animal, quand on a osté la teste et les pieds, a la véritable figure de « nos vairs du blason. » Les pelletiers assemblaient les deux parties (bleu et blanc) en les opposant « l'une à l'autre pour faire le vairé et le contre-vairé. » Fourrure excessivement ancienne. « La robe de l'espouse estoit de cette sorte, au rapport de David « au pseaume 44 : Astitit regina a dextris tuis circumdata *varietate.* On mesloit par- « ticulièrement l'or et la pourpre de cette manière...; c'est là la cause des vairs de « différents émaux. »

Rendons hommage au Psalmiste héraldiste et passons !

Dès à présent, il vaut mieux regarder la figure A que je laisse avec l'armature extérieure des points et des traits qui servent à la construire, avec des proportions variables selon la forme de l'écu [1].

Le *vair* se compose de quatre tires horizontales, ce que l'on ne spécifie pas. On blasonne simplement TRAISNEL, (656) : p. *de vair*.

S'il y a moins de quatre tires, le vair s'appelle BEFFROY. — *Voir* CE MOT.

S'il y a un plus grand nombre de tires on l'appelle MENU-VAIR; pour cinq, pour sept tires, on dira *menu-vair de cinq, de sept tires;* le *menu-vair* proprement dit se composant de

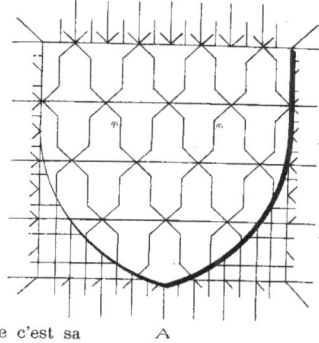

A

six tires, ce que l'on ne blasonne pas puisque c'est sa *position* normale. Ainsi nous blasonnerons simplement AWANS, (657) : p. *de menu-vair*.

Dans le *vair,* le *menu-vair* et le *beffroy,* c'est le métal qui figure en chef et aux angles du chef; ce métal s'alterne avec la couleur de la première tire et s'oppose avec la couleur de la deuxième tire, et ainsi de suite.

Les Anglais disposent les émaux

656

657

du vair à l'opposé de ce que nous faisons. J'ignore si c'est avec intention. Dans la première tire ce sont les vairs d'azur qui sont debout, et ainsi de suite. Ils appellent aussi *vair* une série de fasces *chacune coupée entée d'argent et d'azur.* J'ai trouvé cette même forme avec d'autres émaux pour le blason d'OETTINGEN dans la *Züricher Wappenrolle.* — *Voir* REMARQUE CDXVII, note I.

Pour leur contre-vair (Counter vair), ils le représentent comme nous — *Voir* FIG. 660 — en commençant en chef par ce qui fait notre seconde tire.

---

[1] Les deux points entourés d'un petit rond qu'on voit dans l'intérieur, marquent les points donnant avec un compas le bas des contours de l'écu, comme je l'ai déjà dit à ÉCU.

CDLV. — Suivant Palliot, les pièces qui composent le « vair ont les pointes opposées aux pointes « et les bazes aux bazes. » Cette expression *base* est irrationnelle, c'est comme si on appelait base le chef de l'écu. Or la *cime* d'un pot de vair c'est sa partie horizontale, la *base* c'est sa pointe. Aussi Palliot nous dit que dans le vair l'*un* (le premier, celui d'argent) est DEBOUT; l'*autre* (celui d'azur) est RENVERSÉ. S'il est *renversé*, il faut bien que sa *base* réelle soit en bas et sa *pointe* en haut. Il résulte de ceci que la *position* du vair est d'être *debout* comme en A.

Je me servirai donc du mot *cime* ou *front*, pour l'opposer à la *base* qui est la partie pointue ou la *pointe* du vair.

La situation B nous donne le *vair renversé, pointe* ou *base* en haut, *cime* en bas.

CIME OU FRONT.   POINTE OU BASE.

A   B

POINTE OU BASE.   CIME OU FRONT.
VAIR DEBOUT.   VAIR RENVERSÉ.

Ceci posé, la première tire horizontale du *vair* se compose de vairs alternativement d'argent et d'azur; ces derniers renversés pour s'encastrer dans les premiers. Dans la seconde tire, les vairs d'argent toujours dans leur *position*, reçoivent la disposition de s'opposer, la *cime* contre la *cime* des vairs d'azur *(situation)* de la première tire, et ainsi de suite.

On verra plus loin comment, en appelant les choses par leur nom, ces expressions *debout* (position) et *renversé* (situation) facilitent un classement régulier.

On confond souvent le *vair* et le *menu-vair*, le nombre de tires n'étant pas régulièrement observé. En supposant l'écu carré, il y aurait quatre tires complètes horizontales pour le *vair*. Comme l'écu est ou devrait être plus ou moins triangulaire, il n'y a que la première tire qui soit entière, la deuxième peut déjà être entamée, la troisième l'est davantage, la quatrième très fortement. Verticalement au milieu de l'écu, il faut pourtant que l'on puisse compter les quatre tires.

Quant au nombre de cloches, de verres, de pots, de chapeaux, de peaux que j'appellerai *pièces* — car on ne se mettra jamais d'accord sur la détermination de ce qui compose le vair [1] — devant figurer dans chaque tire horizontale, autrement dit, le nombre de tires verticales n'est pas fixé non plus. Une bonne proportion me semble la suivante : pour le *vair* (de quatre tires) mettez quatre pièces d'azur *renversées*, sous trois et deux demies (dans les angles) d'argent *debout*. De cette manière, la base de la pièce d'azur renversée occupera juste le quart de la ligne horizontale d'un bord à l'autre. Dans un écu carré, la longueur de la base sera égale à la hauteur de la pièce, soit de la tire horizontale ; dans un écu allongé, la base restant toujours égale au quart de la largeur totale, la hauteur de la pièce sera variable, correspondant toujours au quart environ de la hauteur que l'on aura donnée à l'écu.

Pour le *menu-vair de cinq tires*, mettez cinq pièces d'azur renversées.

Pour le *menu-vair* (dans sa *position*, de six tires), six pièces d'azur, en conservant proportionnellement les mesures données pour le *vair*, etc.

Bien entendu nous parlons toujours de la première tire en chef qui règlera l'alternance des vairs en métal debout et des vairs d'azur renversés.

CDLVI. — Ce que nous venons de dire s'applique au *vair* et au *menu-vair* pleins et aux écarts composés de cette fourrure.

Il est clair que si sur un écu de vair ou de menu-vair on met un chef de gueules, par exemple, il faudra bien toujours quatre tires et six tires. Mais le nombre des pièces formant ces tires horizontales sera augmenté. C'est une affaire de goût.

Pour un *chef* de vair, une *fasce* de vair, les uns mettent une tire, les autres deux ; pour un *fascé* ou des *fasces* de vair l'on met une seule tire.

---

[1] Un bon moyen de mettre tout le monde d'accord serait de dire *mouchetures de vair* comme l'on dit *mouchetures d'hermines.*

Pour un *pal* (*Voir* Fig. 485) ou plusieurs *pals*, ou pour un *pallé*, on les couvre avec une tire verticale de vair composée horizontalement d'un vair d'azur renversé sous deux demi-vairs d'argent debout, en commençant par le chef et ainsi de suite en alternant les émaux.

Pour une ou plusieurs *bandes* ou pour un *bandé*, on met une tire verticale, comme si la bande était d'aplomb. — *Voir* Rem. CII.

Pour la *croix de vair* on fera comme je l'indique pour le chevron.

Je n'ai jamais eu l'occasion de dessiner un chevron de vair. Si le cas se présentait, je ferais comme si je découpais un chevron (de la grandeur désirée) dans une *feuille peinte en vair*, en faisant concorder le milieu du chevron avec le milieu du premier pot d'azur renversé. J'en donne la figure en C.

Palliot donne l'exemple d'Amiens-la-Boissière qui porte *de gueules à trois chevrons de vair*, ce que je dessine comme lui en 658. Le savant auteur n'est pas d'accord avec lui-même, car pour le blason Schwapperman (*Voir* plus loin n° 659) auquel il attribue un *sautoir de vair appointé* (*Voir* Rem. CDLIX), il donne aux vairs la même situation — « servatis servandis » — qu'aux vairs des chevrons de 658.

La règle pour *un* ou pour *trois* chevrons ne saurait varier. Heureusement trois chevrons de vair sont fort rares, car en les dessinant comme en C, les fragments de vair seraient très épars et donneraient un dessin confus. Dans le cas qui nous occupe, nous n'aurons pas cet inconvénient, car en dessinant comme Palliot en 658, nous nous garderons de blasonner par *trois chevrons de vair;* l'observation la plus élémentaire montrant que ce n'est pas du vair en *position*.

Nous blasonnerons 658 : *de gueules à trois barres et trois bandes couvertes chacune d'une tire verticale de vair, accolées en trois chevrons*.

Ajoutons que pour tous les cas énumérés dans cette remarque, *vair* devient un terme générique comprenant le *beffroy* et le *menu-vair* que l'on emploie suivant le mode indiqué.

C

658

CDLVII. — Quand un champ de *vair,* en revanche (ou de *menu-vair*), est chargé d'une figure quelconque, il faut d'abord dessiner dans un écu le *vair*, le *menu-vair* ou le *beffroy*. A défaut d'autres indications, le *vair* (de quatre tires) en premier lieu. On dessinera ensuite la figure voulue; elle couvrira le champ suivant sa séante partition. — *Voir* Rem. CDXVII.

On trouve aussi des animaux de *vair;* il faut tâcher de faire figurer entière une pièce de métal et une de couleur, autant que possible.

VAIR AFFRONTÉ. — C'est un mot à repousser rigoureusement, en tant qu'il qualifierait une disposition de la *fourrure*.

CDLVIII. — Palliot blasonne ANNEBAUT : *de gueules à la croix de vair affronté.* En supposant ce blason conforme au modèle du docte bourguignon — on trouve ailleurs, *de gueules à la croix de vair* — je ne me servirai ni du mot *vair* ni du mot *affronté,* étrangement hors de leur place (*Voir* notamment REM. CDLV). — Je blasonnerai pour la figure que Palliot attribue à ANNEBAUT, (658 *bis*) : *de gueules à la croix d'argent chargée de huit vairs, s'accolant un par un, l'un sur l'autre, mouvant des bords de l'écu et s'appointant en croix au cœur d'icelle.* Palliot explique que ces vairs d'azur « ont leurs pointes tendantes au cœur. » Mais il faut noter que si ces vairs sont dirigés deux par deux vers le centre dans les quatre sens de la croix, ils ne sont *affrontés* en aucune manière, puisque, par rapport au groupe de deux, ils sont *pointe* contre *front* ou *cime.* — *Voir* REM. CDLV. Cette *situation* écarte également la possibilité de blasonner par *vair,* là où l'on ne voit que des *vairs chargeant une croix* d'une manière insolite et probablement erronée.

658 *bis.*

VAIR APPOINTÉ. — Palliot l'appelle ainsi quand les pointes des vairs sont opposées aux fronts, ce que d'autres appellent *vair en pal.* Il blasonne, avec la figure que je copie, SCHWAPPERMAN, (659) : *de gueules au sautoir de vair appointé.* Locution et description inadmissibles.

CDLIX. — Je remarque dans cette figure que les vairs sont ce qu'il appelle faussement *appointés en bande,* qu'ils le sont *en barre,* mais je ne saurais y reconnaître un sautoir de vair appointé. Toujours, comme l'entend Palliot, je ne pourrais blasonner que : *de gueules à la barre de vair appointé, à la bande de même brochant sur le tout.* Poursuivons la démolition !

Nous avons vu à APPOINTÉ, puis à la REMARQUE CCCLVIII

659

comment il faut entendre la valeur de ce mot. A la REMARQUE CDLV nous avons fixé et figuré ce qu'est la pointe du *vair.* Dans la figure 659 les pots de vair d'azur se touchent pointe contre front, ce qui est doublement contraire à l'acception du mot APPOINTÉ, indiquant : 1° direction, 2° non adhérence. La locution VAIR APPOINTÉ est donc fausse. La locution synonyme VAIR EN PAL serait parfaite si, précisément dans l'exemple 659, elle ne nous donnait une *bande* de vair en *pal* brochant sur une *barre,* véritable cacophonie héraldique. Il faut pourtant l'admettre en ajoutant de la précision. — *Voir* PLUS LOIN.

En supposant que la figure 659 ne doive pas être représentée (en sautoir) comme C de la REMARQUE CDLVI (en chevron), ou bien en sautoir, comme l'est 658 *bis* (en croix) — à plus forte raison si elle est bien dessinée — il est évident qu'elle ne figure pas du *vair* mais des *pots* ou des *moucheture de vair.* Il est aussi illogique de la blasonner par *vair,* qu'il le serait de blasonner par *hermines* la figure 6. Pour les deux cas 658, 658 *bis* et autres semblables, je blasonnerai par *figures chargées de pots de vair* en indiquant minutieusement la *situation* de ces pots.

Le terrain étant déblayé, il nous reste à fixer la détermination de *situation.*

Un manteau de fourrure peut être fait avec du *vair,* suivant le spécimen D (c'est l'*appointé* [1] de Palliot), c'est-à-dire les vairs d'azur l'un sur l'autre *renversés.* Nous l'appelons *vair renversé en pal.* Le spécimen E (l'*appointé* [2] de Palliot) est pour nous le *vair debout en pal.* Mêmes termes pour les pièces conformes à ces spécimens. Ainsi nous blasonnerons définitivement 659 : *de*

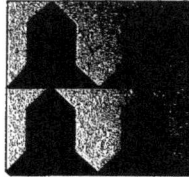 

D   **E**

gueules à la bande de vair renversé en pal, brochant sur une barre de même.

Si nous avons — et nous croyons avec juste raison — supprimé le *vair affronté* et le *vair appointé,* nous admettons parfaitement l'*affronté* et l'*appointé* pour des *moucheteures de vair.* Ainsi, en F nous voyons : *d'argent à deux pots de vair d'azur affrontés en fasce.* En G : *d'argent à deux pots de vair appointés en fasce.* En H, *d'argent à trois*

F   **G**   **H**

pots de vair (ou *trois vairs d'azur appointés* ou *aboutés en pairle*).

Nous pensons être le premier à donner enfin un classement raisonné de la fourrure, de la *disposition* qu'elle peut recevoir, de la *situation* que peuvent recevoir les pièces qui la composent, le tout conforme à la terminologie universelle du Blason et au bon sens.

VAIR-CONTRE-VAIR. — On appelle ainsi une disposition de la fourrure du *vair,* lorsque la première tire est comme en 656. Mais dans la deuxième tire la couleur répond à la couleur, azur sur azur, renversé sur debout. L'argent de cette deuxième tire opposé pointe contre pointe à l'argent de la première, se met front sur le front de l'argent de la troisième, etc. LE PLESSIS-ANGER, (660) : porte *de vair-contre-vair.* Avec d'autres émaux (à spécifier) on dirait VAIRÉ-CONTRE-VAIRÉ.

660

[1] Il en donne un exemple : MACEDONIO : « de vair appointé au « lion d'or » que nous blasonnerons : *de vair renversé en pal au lion d'or.*

[2] Je n'en connais pas d'exemple comme champ. Il peut en exister pourtant.

VAIR EN PAL. — *Voir* VAIR APPOINTÉ.

VAIRÉ. — C'est le *vair* avec d'autres émaux.

CDLX. — C'est avec raison que Palliot dit que les émaux du *vair* sont toujours d'argent et d'azur; nous les retiendrons comme *émaux de position* de cette fourrure.

Un auteur récent dit que ceux qui emploient l'argent pour le blanc « dans le vair et l'hermines... ne connaissent rien à l'art héraldique. » Je m'honore d'être dans cette catégorie.

Qu'à défaut d'argent ou pour plus de facilité, on emploie du blanc au lieu d'argent, c'est absolument régulier, puisque le blanc, dans le Blason, représente l'argent comme l'ambassadeur du Roi d'Espagne représente le Roi d'Espagne! S'il fallait encore une preuve, je demanderais à cet auteur si tranchant, pourquoi il n'a pas rangé le blanc parmi les couleurs du Blason; évidemment, si le blanc était nécessaire pour le *vair* et l'*hermines*, ce serait une de nos couleurs fondamentales.

Nous dirons donc avec ceux « qui n'y connaissent rien » que le vair est *d'argent et d'azur*.

Il peut pourtant être d'autre émail et d'autres couleurs, mais alors on dit *vairé*. BAUFFREMONT, (661) : p. *vairé d'or et de gueules*. KERGORLAY porte *de même*.

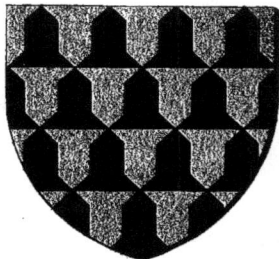

CDLXI. — Tout ce que nous avons dit du *vair*, du *beffroy*, du *menu-vair* s'accorde avec le *vairé*. C'est pour eux une *disposition d'émaux*.

On trouve aussi *vairé-contre-vairé de menu-vair*.

Le *vairé* ne peut exister qu'avec d'autres émaux que l'argent et l'azur. Il peut être d'argent et de gueules ou de tout autre émail qu'il faut spécifier. C'est par distraction que Palliot a blasonné MONTEYNARD : *vairé au chef de gueules*, etc., et non *de vair au chef de gueules*, etc. — *Voir* la FIGURE 408. Chorier a commis la même inexactitude.

Le *vairé-contre-vairé* est le *vair contre-vair* avec d'autres émaux que l'argent et l'azur.

661

VANNET. — C'est la coquille dont on voit l'intérieur au lieu de l'extérieur.

VERGETTE. — On appelle ainsi le pal rétréci des deux tiers; d'autres auteurs appellent aussi *vergettes* des pals quand ils dépassent dans un écu le nombre de cinq, le *vergeté* correspondrait.

CDLXII. — Nous sommes encore ici en pleine théorie; dans le premier exemple qu'en donne Palliot (pal rétréci), c'est une brisure pour LA GUICHE où un *bâton de gueules mis en pal* pourrait aussi bien qu'une *vergette* briser le sautoir d'or sur champ de sinople. Dans les trois autres exemples, on peut en sûreté de conscience blasonner *pal sur un autre pal*, *pal chargé d'un autre pal*, à la place de vergette.

CDLXIII. — Pour le second cas similaire à COTICÉ (*Voir* CE MOT), s'il était admissible, ce ne serait pas parce que les pals dépassent le nombre de cinq, mais parce qu'ils n'occupent pas autant de place que devraient en occuper cinq pals régulièrement espacés dans un écu. — *Voir* aussi BANDÉ et RE-MARQUE LX, où les exemples 60, 61 feront bien comprendre ma pensée en l'appliquant au *pal* et à la *vergette*. — J'insiste sur la grossière erreur qui confondrait *pallé* avec *vergeté*.

VERSÉ. — Synonyme de *renversé*.

VERTESSELLE. — Quelques auteurs appellent ainsi le *bris d'huis*.

VÊTU. — Losange ou carré parfait placé sur un de ses angles, dont les quatre pointes viennent mourir aux bords correspondants de l'écu.

Nous avons déjà parlé de cette figure à la REMARQUE CDX pour les blasons 601 et 602, le premier donnant le *vêtu,* le second le *chapé-chaussé*. Il ne faut pas confondre l'un avec l'autre. Palliot nous dit que le *chapé* et le *chaussé* se ren-contrent dans le *vêtu :* « le Chappé.... par le haut, le « Chaussé... par le bas lesquelles deux figures couvrent... « et vestent la partie du champ qui reste en cette forme de

662

« quarré, ce qui se dit Vestu. Toute la différence qu'il y a « entre le Vestu et le Chappé Chaussé est que celui cy est divisé par un filet en fasce « et souvent de deux esmaux, et le Vestu est entier. » Et il donne pour exemple, SCHWERIN, (662) : p. *de gueules vêtu d'argent.*

CCLXIV. — Il résulte de ceci que le *vêtu* se composerait du *chapé* et du *chaussé* réunis sans le filet qui les séparerait en fasce. C'est une grave impropriété, car avec cette réu-nion nous ne pouvons bâtir que la figure 662 *bis.* C'est donc tout autre chose que le *vêtu* et ce n'est pas « souvent » mais tou-jours que le *chapé*-*chaussé* est de deux émaux, sans quoi nous aurions un *écu champé.* — *Voir* CE MOT.

Nous avons en 662 *ter : coupé de gueules et d'argent, chapé et chaussé de l'un à l'autre,* c'est-à-dire un *chapé* dans le premier coupé, un *chaussé* dans le second. Ce n'est donc pas le filet qui les sépare qui fait la différence d'avec le *vêtu.* Ce sont deux figures bien distinctes qui ont chacune une entité propre, quoiqu'elles paraissent assez semblables grâce à la juxtaposition du *chapé* sur le *chaussé.*

Les deux fils de Mars et de Rhéa Sylvia se ressemblaient beaucoup aussi, pourtant l'un s'appelait Romulus et l'autre Rémus.

Supposons que M porte *de gueules chapé d'argent;* il hérite de N qui porte *de gueules chaussé d'argent* et veut ajouter cet écart à ses armes. S'il le faisait par un *parti,* nous aurions 662 *quarto.* Il préfère accoler par le *coupé* ce qui est figuré par 662 *ter,* et — on le voit bien maintenant —

662 *bis.*

662 *ter.*

662 *quarto.*

ne représente pas du tout un *vêtu*. — Un homme ayant une chape sur les épaules et des chausses aux pieds est bien vêtu si on le veut d'une chape et de chausses. Mais s'il n'avait pas d'autres vêtements, il serait bien peu vêtu.

Dans tout ce que dit Palliot à propos du vêtu je veux retenir ces qualificatifs « un quarré en forme de « losange. » C'est la losange comme je l'entends, à angles et côtés parfaitement égaux. Comme l'on voit, Palliot est parfois aussi de cet avis. — *Voir* Remarque CCLXXXIX.

Quand le *vêtu* figure dans un des deux coupés ou dans un des deux partis d'un écu, il va sans dire que suivant les règles de la séante partition, il n'est plus carré. Son caractère essentiel est d'avoir ses quatre pointes mourant dans les bords de l'écu ou de la partie de l'écu dans laquelle il figure. Ainsi Gianotti, (663), porte *coupé au premier écartelé en sautoir d'or et d'azur, chaque quartier chargé d'une étoile de l'un*

663

en l'autre; au second de sable vêtu d'argent. Exactement comme en 662 *ter*, le *chaussé* et le *chapé* viennent mourir aux angles du *coupé* que chacun d'eux occupe.

VIDÉ. — *Voir* Vuidé.

VIGILANCE. — On appelle ainsi la grue, tenant une pierre dans sa patte droite. — *Voir* Grue et Figure 380.

VIGNE. — On ne dit pas vigne, mais *cep de vigne:* quand il figure avec des feuilles, on le nomme *pampré;* avec des grappes de raisin, *fruité;* avec un échalas, *soutenu;* les deux premiers attributs ne sont à spécifier que si les feuilles ou les grappes sont d'un émail différent. Le *cep* non soutenu est appelé *pampre* par Palliot. Vignes (des), (664) : p. *d'argent au cep soutenu de sinople fruité de trois grappes de pourpre au naturel, terrassé de sable.*

Comme pourpre *au naturel*, rien n'empêche que ces raisins restent de pourpre. Ils pourraient pourtant être de *gueules* sans inconvénient. — On trouve aussi des *feuilles de vigne* figurant sans le *cep*.

VILÉNÉ, VILÉNIE.—Un lion *sans vilénie* est *éviré*. Un lion dont la vilénie est d'un autre émail s'appellerait *vilené*.

664

CDLXV. — Je n'admets pas que ces détails théoriques puissent avoir une importance réelle et faire distinguer un lion d'un autre. A toute version donnant un lion *vilené*, on répondra par une version où il ne l'est pas ou bien dans laquelle on a oublié et négligé de le dire. *Armé, lampassé,* ou non armé et non lampassé, sont une différence bien plus héraldique. Combien de personnes les négligent pourtant ! Négligeons donc ou passons sous silence cet attribut, en n'oubliant pas que le lion sera toujours figuré non éviré.

VILLE. — C'est un assemblage de tours ou maisons entourées d'un mur. Il faut blasonner si la porte est *ouverte* du champ ou d'un autre émail, si les tours sont *girouettées*, si elles sont sur un rocher, etc.

VILLE (DE), (665) : p. *d'azur à trois tours d'argent, une ouverte du champ et deux réunies en triangle par trois pans de mur crénelés, dont celui en fasce ouvert du champ, formant une porte ou enceinte de ville ; chaque tour surmontée d'une étoile d'or.*

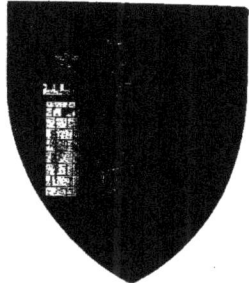

665

VIOLETTE. — Est-ce parce que la violette est le symbole de la modestie qu'on ne la voit pas figurer habituellement dans les traités de Blason ? Le fait est qu'elle est fort rare dans les armoiries. Elle doit être dessinée avec sa forme naturelle et décrite avec les termes génériques des fleurs, de tel émail, *tigée* ou *soutenue, feuillée,* etc. Ces deux dispositions ne doivent être blasonnées que si elles sont d'un émail différent de la fleur. POLI, (666) : p. *d'argent à trois fleurs de violette d'azur, tigées de sable, sans feuilles, au chef du second chargé d'une molette d'or à huit rais.*

666

CDLXVI. — On trouve pour ces armes des dessins où la tige, contrairement à la disposition ordinaire, n'est pas feuillée. Dans ce cas, il est nécessaire d'ajouter après *tigées de sable, sans feuilles*. Pithon-Curt et d'Hozier qui disent que les *queues* sont tournées en dehors, donnent un détail par trop minutieux et à propos duquel il s'agirait avant tout de fixer ce que veut dire en héraldique *queue en dehors* ou *en dedans*. Ces termes n'ont jamais été employés pour les fleurs dont la queue n'a pas d'action propre, autre que celle de soutenir la fleur autant que possible. Comme dans la nature, la tige pour les fleurs qui ne l'ont pas raide et droite comme les lis, les iris, etc., sort derrière la fleur, un peu à senestre, légèrement courbée. D'Hozier ne manque pas, à propos de cette description, de commettre ses pléonasmes habituels. Il nous avertit officiellement que les fleurs sont en *ordre triangulaire 2 et 1* (!) et que nous voyons une « *molete persée* », comme si la molette pouvait ne pas l'être.

VIRES. — Sont des annelets concentriques, les uns dans les autres, au nombre de trois très habituellement. VIRIEU, (667) : p. *d'azur à trois vires d'or.*

CDLXVII. — Il est complètement inutile d'ajouter avec Chorier, en blasonnant les armes de cette antique famille, que les vires sont *l'une dans l'autre.* Si elles n'étaient pas l'une dans l'autre, ce ne seraient plus des *vires,* mais des *annelets.*

VIRGULE. — *Voir* REMARQUE CCCLI.

VIROLÉ. — On dit qu'un *cor* ou huchet est *virolé,* quand la virole ou embouchure est d'un autre émail que l'instrument. On l'applique aussi aux anneaux d'un *badelaire, cimeterre,* etc.

667

VISAGE. — *Voir* FIGURÉ.

VIVIER. — *Voir* FONTAINE.

VIVRE ou VUIVRE. — Synonymes de *givre* ou *guivre,* qu'il faudrait employer de préférence si cela pouvait empêcher la confusion entre un serpent et un oiseau.

CDLXVIII. — Palliot blasonne KERNAZRET, (668) : « Burelé d'argent et de gueules à deux « Givres affrontées d'azur passantes sous la qua- « tre et huitième Burelle. »

D'un autre côté, je trouve dans La Chenaye : KERNAZRET ou KARNAZET (on trouve ailleurs KERNAZERET) « Burelé d'argent et de gueules à « une grive de sinople brochant sur le tout ac- « compagnée de trois herses d'or à la bordure « componée d'argent et de gueules de dix piè- « ces. »

668

Au lieu d'une *grive* ne serait-ce pas une *givre?* Comment une grive *accompagnée de trois herses d'or* peut-elle *brocher sur le tout* d'un burelé? Je comprendrais si l'on me disait *charger,* même en faisant abstraction de ce que l'on ne peut *charger* un champ factice (*Voir* BROCHANT SUR LE TOUT). La ressemblance du nom et du blason, sur le second desquels les variantes peuvent n'être que des brisures de branches, me permet de supposer que l'on a pris *grive* pour *givre.*

Encore un mot sur la description de Palliot, où je note les qualificatifs dissonants *affrontées, passantes,* l'un impliquant une ligne verticale, l'autre une ligne horizontale. Au pied de la lettre on pourrait supposer les givres *affrontées en fasce* et *passantes* tellement sous les quatrième et huitième burelés qu'on pourrait se dispenser de les dessiner. La pensée de Palliot est pourtant claire; il n'a commis qu'une impropriété. Nous la rectifions en blasonnant 668 : *burelé d'argent et de gueules à deux vivres affrontées entravaillées sous les quatrième et huitième burelés.*

VIVRÉ. — C'est une ligne de bordure correspondant à DENTÉ, avec lequel on la confond trop souvent; les dents sont plus fortes, plus accusées et — ce qui constitue la véritable différence — leurs angles d'équerre comme des escaliers, disposés suivant la figure que détermine cette ligne de bordure. MONT-CHENU, (669) : p. *de gueules à la bande vivrée d'argent.* En vertu de l'étymologie, *vivré* devrait être ondé comme un serpent.

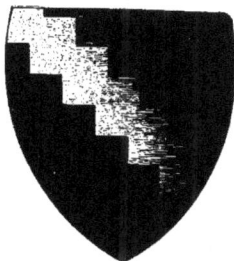

669

CDLXIX. — Palliot, après avoir dit que l'*emmanché* doit occuper régulièrement le tiers de l'écu en hauteur, blasonne des *chefs emmanchés* dont les dents n'occupent même pas la sixième partie de l'écu en hauteur. Ce sont des *chefs vivrés* ou si le nombre de dents ne permet pas de les mettre à angles d'équerre, *dentés* de tant de pièces. — *Voir* LIGNES DE BORDURE. Tout cela est bien minutieux et en pratique nécessite une certaine tolérance, mais il est inutile de formuler des règles pour les violer immédiatement après.

VOL.— On appelle ainsi deux ailes d'oiseau, la droite et la gauche, jointes tout à fait ou à peu près, posées de fasce.

OSMOND, (670) : p. *de gueules au vol d'hermines.*

VOL (DEMI-). — Une aile seule, et c'est celle de gauche réglementairement, s'appelle *demi-vol.* LOYS, (671) : porte *d'azur au demi-vol d'or.*

670   671

CDLXX. — Je n'ai jamais compris pourquoi on a choisi l'aile gauche au lieu de la droite pour représenter le *demi-vol* type. La raison qu'il doit avoir les bouts des plumes tournés à senestre n'est pas suffisante ; au contraire, elle semble opposée à l'esprit général du Blason. Quoi qu'il en soit, Menestrier s'est gravement mépris en blasonnant *deux demi-vols* ce qui est un *vol.* — *Voir* REM. XIV. Il est sans doute très admis d'avoir deux ou trois *demi-vols,* mais ils doivent tous, dans leur *position,* avoir les bouts des plumes tournés à senestre, pour être des ailes gauches.

Pour nous borner à deux, c'est le cas de l'exemple 13, Menestrier le blasonne : *deux demi-vols accostés et adossés*. Cette situation — suivant la description — constitue exactement — suivant le dessin — la *position* du vol, c'est-à-dire le vol réglementaire.

Deux demi-vols adossés impliquent ce qui suit : 1° deux demi-vols; 2° le premier placé à dextre dans la *position* du *demi-vol;* 3° l'autre demi-vol, *pour s'adosser* devant prendre une *situation* contraire à la *position* du *demi-vol*, c'est-à-dire avoir les plumes tournées vers les plumes du premier. En d'autres termes, *deux demi-vols adossés*, c'est un demi-vol réglementaire, l'autre un demi-vol contourné, exactement comme sont *adossées* les haches de la figure 382, les hallebardes de la figure 384.

Ainsi Palliot blasonne mal LUʈWITZ : *d'argent à trois demi-vols mal ordonnés de sable, celui du chef couché.* Je copie sa figure en 672 où les demi-vols sont vraiment mal ordonnés dans le sens vulgaire du mot. En suivant la règle ci-dessus on comprendra que la description comparée à la figure est très inexacte, tant que l'on n'y aura pas ajouté *les deux de la pointe adossés*.

672   673

Au point de vue des principes, je demanderais encore si le mot *couché* comporte bien pour ce demi-vol du chef, la situation dessinée en 672. Dans sa position relative de conséquence (ou *situation couchée*), il devrait avoir le moignon dirigé vers la dextre. Suivant le dessin de Palliot, il ne peut être *demi-vol* qu'à condition de le blasonner *couché contourné renversé*. *Trois demi-vols mal ordonnés, celui du chef couché* doivent se figurer comme en 673. Il est évident dans le dessin de Palliot que ce demi-vol du chef est un demi-vol dextre, c'est-à-dire la moitié d'un vol, mais non le *demi-vol* héraldique.

Ces détails ne sont point trop minutieux ; leur observation couperait court à toute interprétation fantaisiste individuelle, dont il faut se défier, puisqu'il y a des gens qui confondent symphonie avec cacophonie.

Mais pour mon dernier exemple figuré, je veux montrer combien je suis tolérant. Il est bon que je le dise après l'avoir prouvé, sans quoi personne ne s'en douterait peut-être.

VOL ÉTENDU. — Se dit des oiseaux autres que l'aigle quand ils ont les ailes étendues, *en posture d'aigle*.

VOL BANNERET. — On appelle ainsi une espèce d'aile taillée carrément en haut et diminuant en bas en forme de triangle tronquée qui se mettait en cimier et souvent autour de l'animal ou de la figure servant de cimier proprement dit. Le *vol banneret* répétait habituellement le blason qu'il sommait. — *Voir* aux CIMIERS la FIGURE 157.

Les Allemands l'ont fait aussi autrement représentant mieux un vol. — *Voir* FIG. 155.

VOLET. — Se prend en trois acceptions :
1° C'est le nom du tourteau de sinople;
2° Se prend pour un lambrequin composé de rubans découpés;

3º Pour une espèce de mantel ou mantelet, mais n'enveloppant pas entièrement l'écu: comme un morceau d'étoffe, pendant, sortant de la couronne ou du bourrelet dans le genre de celui figuré en 154.

VOLS. — Quelques armoristes ont appelé *Vols* de petites banderoles que l'on mettait au-dessus des lambrequins, en commémoration du nombre de tournois ou de batailles où l'on avait vaillamment combattu.

VUIDÉ ou VIDÉ. — Nous avons suffisamment parlé de ce mot, de sa juste valeur et de sa distinction d'avec le *cléché* à ce MOT et dans les REMARQUES CXX, CCCXCI.

POST-FACE

'AI commencé avec Palliot, je finis avec lui.

« C'est autant a propos » dit-il « que ce mot *(vuidé)*
« se rencontre le dernier pour vuider la fusée de mon
« ouvrage et terminer ce Livre comme celuy d'ABISME
« se presenta le premier [1] pour faire entendre que l'art
« Heraldique que nous avons à traiter estoit un Abisme,
« duquel on ne voyoit point le fond; et par effet, ie puis
« asseurer que plus i'ay leu les Autheurs qui en ont
« traité et veu avec beaucoup de curiosité les Eglises,
« Monasteres, maisons Royales et autres lieux publi-
« ques et particuliers capables de m'instruire, tant plus
« i'y ay trouvé de remarques à faire » [2].

On ne peut plus mettre de nouvelles flèches dans le
carquois héraldique, depuis longtemps irrémissiblement
vidé. J'ai cherché à ramasser ces flèches éparses aux
quatre aires du vent, à leur rendre leur ancienne valeur,
à les réunir, clairement fixées et déterminées de métal
et de couleur, dans la forme et la position voulues non par tel ou tel archer de circonstance, mais comme la logique, des observations et une pratique de trente ans, sem-
blaient m'indiquer que le carquois devait être méthodiquement rempli.

---

[1] C'est par ABAISSÉ et non par ABISME qu'il a commencé.
[2] Bien loin d'avoir épuisé mes observations, j'aurais pu facilement, en commentant les auteurs les plus
renommés, doubler l'importance matérielle de ce volume. J'ai pensé bien faire en me restreignant à
l'essentiel.

57

Loin de la redouter, j'appelle de tous mes vœux une critique impartiale [1]. Si j'ai mal empenné une flèche ou si l'on peut mieux l'empenner, je serais heureux de l'apprendre et d'adopter ce perfectionnement. Le plus vieil archer, rompu à la routine de sa balistique, peut recevoir d'un damoiseau la manière de donner plus d'élasticité à la corde en maintenant la précision du jet; il en sait assez pour profiter de la leçon.

On aura remarqué peut-être que je me sers souvent de formules absolues : « vous blasonnerez... vous direz.. » Il ne peut entrer dans mon esprit de poser tout le genre humain en muette admiration d'un côté, de l'autre, un maître d'école pédant plein de son omni-science. Je cause familièrement avec mes lecteurs — car un auteur espère toujours en avoir — je discute avec eux, je les admets instruits et je compte en amener beaucoup à trouver justes mes raisonnements [2].

Je demandais aux érudits de bonne foi, en terminant mon Avant-Propos, si leur avis était que le Blason, livré aux caprices irréfléchis du premier compilateur venu, fût digne du nom de science exacte, s'il avait jamais été approfondi, comme corps de doctrine, avec des déductions logiques.

Je leur demande maintenant si, malgré d'inévitables et de nombreuses imperfections, je n'ai pas ouvert une route internationale aux hérauts d'armes futurs, à tous ceux auxquels ne suffit pas la foi du charbonnier ?

J'attendrais leur jugement avec confiance, si je ne craignais d'avoir tort parfois à force d'avoir raison. En rectifiant sur tant de points Palliot, Menestrier, Vulson, etc., je dérange la tranquillité de ceux qui se sont formé une opinion d'après l'une de ces célébrités, sans approfondir si elles sont d'accord entre elles ou elles-mêmes [3].

Passons sous silence ceux qui ont une opinion toute faite sans avoir rien étudié ou qui acceptent comme autorité les contes de leurs nourrices.

Des savants « in partibus » pourront peut-être prendre dans mon travail de concordance logique — premier essai en ce genre — seulement ce qui leur convient. Pourtant s'ils daignent me lire entièrement, ils pourront repousser quelques détails, mais non mon système, à moins qu'ils ne se disent « video meliora proboque, deteriora sequor. »

Qu'il me soit permis, en terminant, de faire une dernière remarque ; elle diminuera mon mérite, si mérite il y a, mais elle donnera à mon livre toute sa valeur. Venant après les célèbres auteurs héraldiques, j'ai pu mettre à profit non seulement leurs bonnes

---

[1] Non seulement pour tous les articles de discussion mais pour les noms et les blasons. En m'appropriant les paroles de Jean de Tournes « j'ai esprouvé combien il est tresmalaisé de se pouvoir bien acquitter en ce « poinct, et confesse qu'une infinité de fois je m'y suis trouvé bien empesché. Toutefois je puis dire sans « mentir que n'y ay mis aucun blason que je n'aye pris dans quelque bon auteur. Si ceux de qui je les ay « recueillis s'y sont mescomptés, je mérite pardon, selon mon advis. Mais pour remédier à la faute, si faute « s'y treuve, je prie tous gents d'honneur et de lettres, vouloir faire ce bien et au public et à moy de m'ad- « vertir familièrement... de ce ou ils congnoistront y avoir faute ; je le corrigeray à l'advenir » s'il y a lieu « et « leur en demeureray perpetuellement obligé. » (Avis prélimin. *Alliances Généal.*, etc., par Claude Paradin, MDCVI.)

[2] Dans le *liston* contenant la sentence de Hénault (Lettre ornée M, f° IX) j'ai omis les mots « indocti sciant » pour donner une preuve de ma modestie.

[3] VOIR NOTAMMENT REMARQUES CDXVIII, CDXIX, CDXX, CDXXII, CDXXIII, CDXXIV, CDXXV et les blasons réunis aux folios 400 et 401.

leçons, mais surtout leurs inadvertances, car le mal frappe davantage que le bien.
« Il y a plus affaire à interpreter les interpretateurs qu'à interpreter les choses » nous
dit Montaigne « et plus de livres sur les livres que sur' aultre subiect; nous ne faisons
« que nous entregloser. Tout formille de commentaires; d'aucteurs il en est grand'
« cherté. Le principal et plus fameux sçavoir de nos siecles, est ce pas sçavoir
« entendre les sçavants? Est-ce pas la fin commune et derniere de touts estudes? Nos
« opinions s'entent les unes sur les aultres; la premiere sert de tige à la seconde, la
« seconde à la tierce; nous eschellons ainsi de degré en degré, et advient de là que le
« plus hault monté a souvent plus d'honneur que de merite, car il n'est monté que d'un
« grain sur les espaules du penultime. »

FIN

INDEX ANALYTIQUE

DES

REMARQUES CONTENUES EN CE DICTIONNAIRE [1]

[1] Il y en a une quantité d'autres qu'il était difficile de séparer de l'article auquel elles se réfèrent.

58

Folios.	Nᵒˢ d'ordre.		

NOMS DES FAMILLES

DONT LES BLASONS SONT FIGURÉS OU CITÉS EN TOUT OU EN PARTIE DANS CE DICTIONNAIRE.

———————— ❊ ————————

NOTA. — Les chiffres arabes indiquent le numéro d'ordre du blason ; les chiffres romains le numéro d'ordre de la remarque dans laquelle le blason ou la famille sont cités. Quelques blasons n'ont d'autre marque que le folio de la pagination. — Voir l'avis folio XVIII et la note 1, folio 450.

———————— ❊ ————————

ERRATA CORRIGE

Ceux-là seuls qui ne font rien
ne se trompent jamais.
Sagesse des Nations.

Je ne saurais trop prier mes lecteurs de se pénétrer de l'avis inséré au f° XVIII et de la note 2, f° XIV, pour bien se rendre compte de certaines inexactitudes dont je ne puis raisonnablement endosser la responsabilité.

Si les amateurs m'accordent l'honneur d'une seconde édition, je pourrai tenir compte des observations contenues dans la note 1, f° 376.

Voici mes ERRATA. Ce sont les seuls que j'aie remarqués dans mon livre, mais je n'entends pas dire qu'il n'y en ait point d'autres.

Fos 3, 20me ligne, *au lieu de* . . . . chef. . . . . : . . . . *lisez :* cœur.

65, Faites passer le mot CANETTE (f° 66) avant CANELÉ.

76, 7me ligne, mettez virgule après *argent.*

96, 13me — *au lieu de* . . . . lambrequin . . . . — lambrequins.

109, 14me — — . . . . absolumeut . . . . — absolument.

122, 21me — — . . . . baronnet . . . . — baron.

146, 32me — — . . . . 257 . . . . — 258.

158, 3me — — . . . . *gueules* . . . . — *sable.*

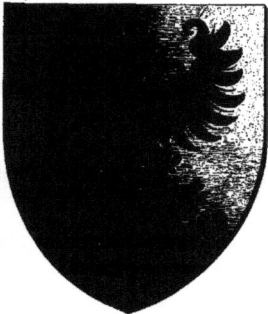

270 rectifié.

A la même page le blason correspondant présente la même inexactitude.

Il faut dire GANAY, (270), p. *d'or à l'aigle désarmé de sable.* Cette erreur ne provenant pas du fait d'un auteur cité, il est de mon devoir de rectifier ma distraction en couleurs hautes et intelligibles.

Cette circonstance est bonne pour faire remarquer que l'*armé* se rapportant aux serres ou ongles, le *désarmé* en implique la privation; il ne comporte en aucune manière l'ablation du bec. Palliot nous en fournit une preuve évidente en donnant à côté de l'*aigle désarmé* des GANAY, le blason d'ANFREVILLE, qui est : *d'or à l'aigle désarmé de sable,* BECQUÉ DE GUEULES.

La devise des MONTMAYEUR, UNGUIBUS ET ROSTRO, convient parfaitement à leur *aigle de gueules membré, armé et becqué d'azur.* La devise des GANAY, NON UNGUIBUS NON ROSTRO SED ALIS ITUR AD ASTRA est presque certainement postérieure au XVIIe siècle ; à coup sûr elle ne

460 rectifié.

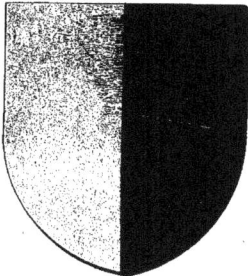

499 rectifié.

s'accorde pas avec leur aigle qui doit être *désarmé,* mais qui du temps de l'alliot n'était pas encore *débecqué.*

Fᵒˢ 195, 11ᵐᵉ ligne, *au lieu de:* inférieur . . *lisez :* inférieurs.

196, 22ᵐᵉ	—	—	est.	—	et
197, 32ᵐᵉ	—	—	Rᴇᴍ. CCXIII	—	fᵒ 189.
212, 13ᵐᵉ	—	—	613.	—	614.
234, 17ᵐᵉ	—	—	376.	—	375.
237, 2ᵐᵉ	—	—	340.	—	380.
252, 5ᵐᵉ	—	—	321.	—	322.
263, 30ᵐᵉ	—	—	CDXXX . .	—	CDXXXI
270, 10ᵐᵉ	—	—	angles . . .	—	côtés.
271, 1ʳᵉ	—	—	362, 367 . .	—	361, 366.
277, 18ᵐᵉ	—	—	Mᴀᴄʟᴇ . . .	—	Mᴀᴄʟᴇ́.

286, Je rectifie le blason de Dʀᴇ́ᴇ, nᵒ 460, dans lequel, comme le dit la description, il ne doit y avoir en chef que *deux merlettes* et non *trois* comme le porte la figure.

Fᵒˢ 298, 43ᵐᵉ ligne, *au lieu de:* 306. . . . . *lisez :* 303.

316, 5ᵐᵉ	—	—	167.	—	166.
316, 5ᵐᵉ	—	—	172.	—	171.
317, 6ᵐᵉ	—	—	173.	—	172.
317, 6ᵐᵉ	—	—	203.	—	202.
321, 14ᵐᵉ	—	—	Rɪɴɪᴇʀs . .	—	Lɪɴɪᴇʀs.

324, Rétablir au blason 499 (Tʜᴏɴᴏɴ) l'interversion des émaux où il aurait fallu voir *parti d'or et d'azur* comme l'énonce la description.

Fᵒˢ 340, 27ᵐᵉ ligne, *au lieu de:* 314. . . . . *lisez :* fᵒ 315.

341, 10ᵐᵉ	—	—	314.	—	315.
— 19ᵐᵉ	—	—	314 *bis.* . .	—	315 *bis.*

LISTE DES SOUSCRIPTEURS.

N⁰ˢ 225. Son Altesse Royale Madame MARIE-ELISABETH DE SAXE, Duchesse de Gênes.
181. Son Altesse Royale Monseigneur le Prince AMÉDÉE DE SAVOIE, Duc d'Aoste.
223. Son Altesse Royale Monseigneur le Prince THOMAS DE SAVOIE, Duc de Gênes.

N⁰ˢ 1. M. HECTOR LARACINE, avocat à la Cour d'appel de Chambéry.
2. M. LUCIEN BORDEAUX, avocat à Thonon.
3. Le Marquis FRANCO LAMBA D'ORIA, château de Redabue, par Felizzano (Piémont).
4. Le Baron ANTOINE MANNO, rue dell'Ospedale, 19, Turin.
5. La Comtesse DE FORAS, née DE SAINT-RÉAL, à Thonon (Haute-Savoie).
6. Mˡˡᵉ ODETTE DE SURIGNY, à Thonon (Haute-Savoie).
7. M. PIERRE DE SURIGNY, à Thonon (Haute-Savoie).
8. Le Marquis TREDICINI DE SAINT-SÉVERIN, château de Troches, par Douvaine (Haute-Savoie).
9. *Idem.* *Idem.*
10. Le Comte FRANÇOIS DE MAISTRE, château de Vendeuil, par Breteuil-la-Ville (Oise).
11. Le Comte DE GRENAUD DE SAINT-CHRISTOPHE, château de Chitry, par Rumilly (Haute-Savoie).
12. Le Baron WILLIAM DE BLONAY, à Lausanne.
13. M. ALBERT PICHON DE CHATEAUFORT, au Petit-Château, par Lunéville (Meurthe-et-Moselle).
14. Le Vicomte RENÉ DOYNEL, rue Beauvoisine, 26, à Rouen.
15. Le Comte ALBERT DE GERBAIS DE SONNAZ, conseiller de Légation de S. M. le Roi d'Italie, à Bruxelles.
16. La Baronne DE BLONAY, château de Marin-la-Chapelle, par Thonon (Haute-Savoie).
17. Le Marquis VICTOR SCATI DI CASALEGGIO, Acqui (Piémont).
18. M. LÉON BEAURAIN, ancien magistrat, à Thonon (Haute-Savoie).
19. Le Baron HENRI DE BLONAY, château de Marin-la-Chapelle, par Thonon (Haute-Savoie).
20. Mˡˡᵉ RENÉE-MARIE-AYMÉE DE BLONAY, château de Marin-la-Chapelle, par Thonon (Haute-Savoie).
21. M. EUGÈNE COURTOIS D'ARCOLLIÈRES, à Chambéry.
22. *Idem.* *Idem.*
23. Le Vicomte DE POLI DE SAINT-TRONQUET, 37, rue des Acacias, Paris.
24. L'Abbé L.-E. PICCARD, vicaire à Thonon (Haute-Savoie).
25. Le Comte EUGÈNE DE ROUSSY DE SALES, château de Thorens-Sales (Haute-Savoie).
26. Le Prince BASSARABA DE BRANCOVAN, 34, avenue Hoche, Paris.
27. *Idem.* *Idem.*
28. Le Comte FRANÇOIS GREYFIÉ DE BELLECOMBE, rue Lesdiguières, 2, Grenoble (Isère).

Nᵒˢ 29. La Marquise DE CANCHY, à Sens (Yonne).
30.　　　Idem.　　　Idem.
31. Le Comte ALPHONSE DE FORAS, à La Villette, par Thonon (Haute-Savoie).
32. M. VICTOR MARGOT, notaire à Voiron (Isère).
33. Le Docteur JULES-ARISTIDE CAILLES, à Annecy (Haute-Savoie).
34. M. FRANÇOIS RABUT, professeur d'histoire, à Dijon (Côte-d'Or).
35. Le Baron DE LIVET DE MONTHOUZ, château de Monthouz, près Annecy (Haute-Savoie).
36. M. FRANÇOIS-CLÉMENT DE MARESCHAL-LUCIANE, à Billième, par Yenne (Savoie).
37. Le Baron DE MORAND DE CONFIGNON, château du Tremblay, par la Motte-Servolex (Savoie).
38. Le Marquis DE SALTEUR DE LA SERRAZ, château de la Serraz, par le Bourget-du-Lac (Savoie).
39. Le Marquis D'ONCIEU DE LA BATIE, château de Montgex, par Chambéry (Savoie).
40. Le Comte OCTAVE DE BOIGNE, château de Boisy, par Douvaine (Haute-Savoie).
41. Le Comte CHARLES DE MAISTRE, château de Beaumesnil (Eure).
42. M. FRANÇOIS DESCOSTES, avocat à la Cour d'appel de Chambéry, membre effectif de l'Académie de Savoie, à Chambéry (Savoie).
43. Le Comte JOSEPH NASALLI, à Plaisance.
44. L'Abbé PLACIDE BRAND, vicaire à Mieussy (Haute-Savoie).
45. M. A. TACHET DES COMBES, rue Notre-Dame-des-Champs, 77, Paris.
46. Le Chanoine ALLIAUDI, président de l'Académie de la Val d'Isère, à Moûtiers (Tarentaise).
47. Le Duc DE SABRAN, boulevard Saint-Germain, 203, Paris.
48. Le Comte ALBERT DE CHEVRON-VILLETTE, château de Gyez, par Faverges (Haute-Savoie).
49. Le Comte STANISLAS DE CHEVRON-VILLETTE, château de Gyez, par Faverges (Haute-Savoie).
50. La Comtesse V. RICCARDI DE LANTOSCA, rue Charles-Albert, 39, Turin.
51. Le Comte GAËTAN GALLÏ DE LA LOGGIA, rue du Prince-Thomas, 14 bis, Turin.
52. Le Comte STANISLAS MEDOLAGO-ALBANI, porte Saint-Jacques, Bergame.
53. Le Baron DE VIRY-COHENDIER, château de Cohendier, par Saint-Pierre-de-Rumilly (Savoie).
54. Le Comte DE VILLE DE QUINCY, à Massongy, par Douvaine (Haute-Savoie).
55. M. GEORGES DE CHISSÉ DE POLLINGE, à La Roche (Haute-Savoie).
56. Le Comte COSTA DE BEAUREGARD, rue Saint-Dominique, 47, Paris.
57. Le Baron CHARLES RICCI DES FERRES, rue Bogino, 12, Turin.
58. Le Marquis DE CORBEL-CORBEAU DE VAULSERRE, au château de Vaulserre, par le Pont-de-Beauvoisin (Isère).
59. M. FERDINAND REVERDIN, à Genève.
60. Le Chanoine HERMIRAZ, supérieur du Grand Séminaire de Saint-Jean-de-Maurienne (Savoie).
61. M. EUGÈNE BASTIAN, à Annecy (Savoie).
62. Le Comte DOUGLAS, château de Montréal (Ain).
63. M. PAUL GAULTRY, notaire à Fontainebleau (Seine-et-Marne).
64. BIBLIOTHÈQUE DE LA VILLE DE GENÈVE.
65. M. CHARLES DE BUTTET, château de Belmont, par le Pont-de-Beauvoisin (Isère).
66. Le Comte D'ANIÈRES DE SALES, château de Metz, par Annecy (Haute-Savoie).
67. Le Baron DE BUTTET DU BOURGET, château du Bourget-du-Lac (Savoie).
68. Le Comte DE CHAMBOST DE LÉPIN, à Bassens, par Chambéry (Savoie).
69. Le Marquis DE VIRIEU, au château de Pupetière (Isère).
70. M. ALBERT BOTTERO, imprimeur à Chambéry (Savoie).
71. M. HUMBERT DE TERREBASSE, au Péage-de-Roussillon (Isère).
72. La Comtesse DE BUTTET, née DE BOIGNE, au château de Pingon, près Chambéry (Savoie).
73. Le Baron GODEFROY DE CHARRIÈRE, à Sénarclens.
74. Le Comte PATEK DE PRAWDZIC, à Chambéry (Savoie).
75. Le Comte AUGUSTE DE BRASCORENS DE SAVOIROUX, lieutenant de cavalerie, 36, rue Saint-Lazare, Turin.
76. M. MELCHIOR DE NEUVESEL, château de la Roche, par Brignais (Rhône).

N°s 77. M. VINCENT PROMIS, bibliothécaire de S. M. le Roi d'Italie, à Turin.

78. M. HIPPOLYTE TISSOT, notaire à Annecy (Haute-Savoie).

79. MINISTÈRE DE L'INTÉRIEUR du royaume d'Italie, à Rome.

80. *Idem.* *Idem.*

81. Le Chanoine BRASIER, grand vicaire à Annecy (Haute-Savoie).

82. Le Chanoine J.-MARIE CHEVALIER, professeur au Grand-Séminaire d'Annecy (Haute-Savoie).

83. M. ERNEST DE CHANAY, château d'Hautefort, par Voiron (Isère).

84. M. EDMOND DE PONTEVÈS, Cte DE SABRAN, château de Magnanne, près Château-Gontier (Mayenne).

85. Le Comte GUSTAVE PACORET DE SAINT-BON, à Veigy-Foncenex, par Douvaine (Haute-Savoie).

86. M. ÉMILE DE SAUGY, au Denanton, près Lausanne (Suisse).

87. M. CHARLES-AUGUSTE BUGNION, à l'Hermitage, près Lausanne (Suisse).

88. *Idem.* *Idem.*

89. Le Comte DE LA FOREST DE DIVONNE, château de Divonne, par Divonne (Ain).

90. Mme DE MAGNY, née DE FÉGELY DE VIVY, au château de Vivy, canton de Fribourg (Suisse).

91. Le Comte RÉGIS FERNEX DE MONTGEX, avocat à Chambéry (Savoie).

92. M. EUGÈNE CHAPER, à Grenoble (Isère).

93. *Idem.* *Idem.*

94. M. ALEX. LANTELME, avoué à Grenoble (Isère).

95. M. LÉONCE TEISSEIRE, à Grenoble (Isère).

96. Le Baron FAVIER DU NOYER DE LESCHERAINE, à La Motte-Servolex (Savoie).

97. Le Marquis COSTA DE BEAUREGARD, à Moléons (Eure-et-Loir).

98. *Idem.* *Idem.*

99. La Marquise douairière COSTA DE BEAUREGARD, à Chambéry (Savoie).

100. Le Comte JACQUES DES GARETS, à Paris.

101. M. HUMBERT NOBLE GEORGE, à Asti (Piémont).

102. Le Vicomte LOUIS DE CHAMBOST, à Saint-Pierre-de-Rumilly (Savoie).

103. La Comtesse DE DRÉE, née DE VIRY, à Évian-les-Bains (Haute-Savoie).

104. La Marquise ROMAIN DE MAILLARDOZ, Grande-Rue, 24, à Fribourg (Suisse).

105. M. GUSTAVE MONOD, à Morges, canton de Vaud (Suisse).

106. Le Comte DE MENTHON, château de Menthon, à Menthon-Saint-Bernard (Haute-Savoie).

107. *Idem.* *Idem.*

108. Le Prince LOUIS DE FAUCIGNY-LUCINGE, château de Chardonneux, par Écommoy (Sarthe).

109. La Baronne GIROD DE MONTFALCON, à Ruffieux (Savoie).

110. ACADÉMIE DES SCIENCES, LETTRES ET ARTS DE SAVOIE, à Chambéry (Savoie).

111. M. PIERRE TOCHON, à Chambéry (Savoie).

112. Le Baron D'ALEXANDRY D'ORENGIANI, à Chambéry (Savoie).

113. Le Baron LUCIEN D'ALEXANDRY, à Chambéry (Savoie).

114. M. PERRIN, libraire à Chambéry (Savoie).

115. *Idem.* *Idem.*

116. *Idem.* *Idem.*

117. *Idem.* *Idem.*

118. *Idem.* *Idem.*

119. *Idem.* *Idem.*

120. *Idem.* *Idem.*

121. *Idem.* *Idem.*

122. *Idem.* *Idem.*

123. M. TREMEY, à Moûtiers (Savoie).

124. *Idem.* *Idem.*

125. *Idem.* *Idem.*

126. Le Comte PAUL COSTA DE BEAUREGARD, château de la Ravoire, par Chambéry (Savoie).

Nᵒˢ 127. Le Comte DE VILLE DE QUINCY, à Massongy.
128. M. EDOUARD DE BUTTET, à Chambéry.
129. Le Marquis D'ARCES, château de Blanchelaine, par Tain (Drôme).
130. Mᵐᵉ DE PÉLAGEY, à Grenoble.
131. Le Marquis FÉLIX CALVI, à Milan, 16, Corso Venezia.
132. La Marquise DE SAINT-CLOU, née CURIAL, 110, rue de l'Université, à Paris.
133. Le Vicomte RENÉ DE SAINT-MAURIS, 4 bis, rue du Cherche-Midi, à Paris.
134. M. STÉPHANE LE BLANC DE CERNEX, à Cruet, près Montmélian (Savoie).
135. Le Comte JOSEPH DE GERBAIS DE SONNAZ, général commandant la division de Plaisance.
136. M. H. DE LOYS-CHANDIEU, à Dorigny, près Lausanne.
137. M. AMAND PORTIER DU BELLAIR, à Chambéry (Savoie).
138. M. CAMILLE GREYFIÉ DE BELLECOMBE, 9, rue Amyot, Paris.
139. Le Vicomte DE LORIOL, à Saint-Aupre (Isère).
140. M. LÉANDRE MIQUET, commis-principal des douanes, rue des Écoles, 36, Paris.
141. Le Comte DE SONNAZ, château de Chamoux, par Chamousset (Savoie).
142. Le Chevalier LOUIS BALBO, rue Bogino, Turin.
143. S. E. le Marquis TAPPARELLI D'AZEGLIO, à Turin.
144. M. JACQUES-PHILIBERT PACORET DE SAINT-BON, à Veigy, par Douvaine (Haute-Savoie).
145. M. CHAMPION, libraire à Paris, 15, quai Malaquais.
146.   Idem.   Idem.
147.   Idem.   Idem.
148.   Idem.   Idem.
149.   Idem.   Idem.
150.   Idem.   Idem.
151. M. le Président de la SOCIÉTÉ D'HISTOIRE ET D'ARCHÉOLOGIE DE MAURIENNE, Saint-Jean-de-
     Maurienne.
152. La Comtesse ARNOLDINE DE MAILLY, chanoinesse du Chapitre impérial de Brünn, château de
     Mondragon, par Tuffé (Sarthe).
153. M. VICTOR PORTIER DU BELLAIR, à Barraux, par Alby.
154. La Comtesse GODEFROY DE VIRIEU, à Fontaines-sur-Saône.
155. M. DE LANNOY DE BISSY, à Chambéry.
156. Le Baron AYMON DE GINGINS LA SARRAZ, château de la Sarraz (canton de Vaud).
157. Le Baron ANGLEYS, à Chambéry.
158. Le Comte DE GALBERT, à Grenoble.
159. Le Vicomte RAYMOND DE GALBERT, château de la Buisse (Isère).
160. Le Baron MAX DU NOYER, à Tardevel (Savoie).
161. M. MAURICE CIMAZ, notaire à Termignon (Savoie).
162. M. BURNOD, libraire à Annecy.
163.   Idem.   Idem.
164.   Idem.   Idem.
165. LA VILLE DE CHAMBÉRY.
166. Le Vice-Amiral MARTIN-FRANKLIN, à Turin.
167. M. l'abbé LUCIEN PAVY, archiprêtre, curé d'Aix-les-Bains (Savoie).
168. Le Baron DU VERGER DE BLAY, à Saint-Paul (Savoie).
169. M. FRANCIS PECCOUD, à Annecy.
170. Le Comte CHARLES DU VERGER DE SAINT-THOMAS, à Chambéry.
171. Le Baron FRANÇOIS BONNAZZI DE SANNICANDRO, rue Bisignano, 48, Naples.
172. Le Baron ALPHONSE DESPINE, ancien sous-préfet, Aix-les-Bains (Savoie).
173. M. ALBERT DE FEU, château des Esserties, par Flogny (Yonne).
174. Le Commandᵗ CHARLES PADIGLIONE, bibliothécaire de la Brancacciana, rue Salvator-Rosa, 296, Naples.

Nᵒˢ 175. Le Comte Berardo CANDIDA-GONZAGA, Monte di Dio, 46, Naples.

176. La Comtesse Lucy COARDI-BAGNASCO de CARPENETTO, née d'ARVILLARS, rue Charles-Albert, 32, Turin.

177. M. Henry TREMBLEY, libraire à Genève.

178. M. Charles BUET, avenue de Breteuil, Paris.

179. Le Baron GALLUPPI di PANCALDO, Messine (Sicile), Corso Cavour, 93.

180. M. Jules VUY, vice-président de l'Institut genevois, rue des Allemands, 18, Genève.

181. *Voir en tête.*

182. Le Comte Gustave RICARDI de NETRO et de CROSCAVALLO, rue des Écoles, 10, Turin.

183. S. Ex. Mᵐᵉ la Comtesse SCLOPIS de SALERANO, née AVOGADRO, Portiques du Palais de Ville, 1, Turin.

184. Le Marquis DRAGONETTI, premier aide de camp de S. A. R. le Duc d'Aoste, Turin.

185. M. Albert PICHON de CHATEAUFORT, Petit-Château, par Lunéville (Meurthe-et-Moselle).

186. La Comtesse de CORDON, née de MAUMIGNY, château de la Balme, par Yenne (Savoie).

187. M. Théophile-André DUFOUR, juge à la Cour d'appel de Genève, directeur des Archives de l'État à Genève, 25, Grande-Rue.

188. Le Comte E. BALBO-BERTONE de SAMBUY, député au Parlement, Turin.

189. Le Chanoine Comte GAZOLA, Plaisance (Italie).

190. BIBLIOTHÈQUE MUNICIPALE de la ville d'Annecy (Haute-Savoie).

191. Le Marquis Alphonse ARBORIO, Duc de SARTIRANA, Turin.

192. Le Comte Louis MARAZZANI, di Corrado, Plaisance (Italie).

193. Le Comte Étienne MARAZZANI-VISCONTI, Plaisance (Italie).

194. Le Comte Amédée PIOSSASCO d'AIRASCA, 27, rue Magenta, Turin.

195. M. Charles DE GANTELET d'ANIÈRES, château d'Hauteville, par Rumilly (Haute-Savoie).

196. Le Baron Alexandre MICHAUD, Ministre plénipotentiaire, à Tresserve, près Aix-les-Bains (Savoie).

197. Le Baron PICOLET d'HERMILLON, à La Rochette (Savoie).

198. Le Chevalier Efisio MANNO, Turin.

199. M. l'Abbé MORAND, curé à Chambéry.

200. M. Paul COUTURIER de ROYAS, à Royas (Isère).

201. Le Comte Eugène DE BOIGNE, à Chambéry (Savoie).

202. Le Comte Eugène de MAISTRE, rue du Collège, 12, Dôle (Jura).

203. LES ARCHIVES D'ÉTAT à Genève.

204. Le Comte Benoit DE BOIGNE, château de Balleyson, par Douvaine.

205. M. Victor FRÉREJEAN, château de Montrottier, par Annecy (Haute-Savoie).

206. M. A. de ROCHAS-D'AIGLUN, Commandant du génie, château de l'Agnelas (Isère).

207. Le Comte LIGER-BELAIR, Nuits (Côte-d'Or).

208. Le Marquis Thomas DE LA MARMORA, Prince DE MASSERAN, Turin.

209. Le Comte René DE FAUCIGNY, vigne Faucigny, Turin.

210. M. CHABRIÈRES, trésorier général, Lyon.

211. M. Louis CHOMER, Renage.

212. M. F.-A. MICHAL-LADICHÈRE.

213. M. Guy ALLARD, Voiron.

214. SOCIÉTÉ DU WHIST, Turin.

215. M. PEDRO du PORT, rue Bellecour, 3, Lyon.

216. M. CHAMPION, libraire à Paris, 15, quai Malaquais.

217. *Idem.*   *Idem.*

218. *Idem.*   *Idem.*

219. *Idem.*   *Idem.*

220. *Idem.*   *Idem.*

221. *Idem.*   *Idem.*

Nᵒˢ 222. M. OLIVIER, libraire à Bruxelles.

223. *Voir en tête.*

224. M. LOUIS CROCHET, à Lyon.

225. *Voir en tête.*

226. Le Marquis DE LA ROCHETHULON, ancien député, château de la Tricherie (Vienne).

227. Le Comte LUIGI CAYS DE GILETTA ET CASELETTE, château de Caselette (Alpignano), province de Turin.

228. Le Comte de BOIGNE, à Chambéry.

229. M. VICTOR AVOGADRO DE COLLOBIANO, Comte DE VALDENGO, place Paleocapa, Turin.

230. Le Comte DE MONTS DE SAVASSE, château d'Alivet, par la Côte-Saint-André (Isère).

231. Le Baron DE VIGNET DE VENDEUIL, château de Montpesat, par Nîmes.

232. Le Baron FRANÇOIS GAMBA, directeur de la Pinacothèque de Turin.

233. M. GEORGES PLANTIER, 2, rue de Babylone, Paris.

234. M. PAUL DE SAUGY, Chatagnereaz, par Rolle (Vaud).

235. M. CHARLES MALLET, allié DE BLONAY, Frontenex, par Genève.

236. Le Baron GUSTAVE DE BLONAY, château de Grandson (Suisse).

237. M. PIERRE DE MAISTRE, château d'Allerey, par Verdun-sur-Doubs (Saône-et-Loire).

238. M. PAUL DE MAISTRE,   *Idem.*

239. M. XAVIER DE MAISTRE,   *Idem.*

240. M. MAURICE DE MAISTRE,   *Idem.*

241. M. l'abbé STOPPANI, curé-archiprêtre de Varzo (Novare-Domodossola).

242. Le Comte DE PREDELYS, Baden-Baden (Grand-Duché).

243. Le Commandeur ANTOINE CASAMARTE-TRECCIA, des Barons DE CAMPOTINO, Loreto, Aprutino (Italie).

244. M. BELLIER DU CHARMEIL, avocat à Valence (Drôme).

245. Le Marquis DE GANAY, rue Jean-Goujon, 37, Paris.

246. Le Marquis DE L'AIGLE, rue d'Aguesseau, 20, Paris.

247. Le Comte DE L'AIGLE, rue d'Astorg, 10, Paris.

248. La Marquise DE SAINTE-CROIX, née TOULONJEON, rue du Collège, Dôle.

249. Le Marquis D'IVRY, château de Corabœuf, par Ivry-en-Montagne (Côte-d'Or).

250. Le Baron PHILIBERT D'YVOIRE, château de Loex, par Bonne-sur-Menoge (Haute-Savoie).

251. M. ARTHUR DE BOSSI, à Genève.

252. M. CÉSAR BALLIARD, à Reignier.

253. Le Comte HUBERT DE FORAS, Montjoux, près Thonon.

254. Le Marquis DE QUINSONAS, Meyrieu, par Morestel.

255. M. P.-F. MIQUET, à Saint-Julien.

256. Le Comte DE VIRY, à Turin.

257. M. l'abbé D. VULLIOD, à Sonnaz.

258. Le Marquis DE PANISSE, Lamanon, par Eyguières (Bouches-du-Rhône).

259. M. CH. TOURNIER, commandant le 1ᵉʳ bataillon de chasseurs à pied, à Verdun.

260. Le Comte ÉMILIEN DE QUINSONAS, à Saint-Germain-sur-Mont-Dore (Rhône).

261. Le Marquis RAYMOND DE VILLENEUVE-BARGEMON, 86, rue de Grenelle, Paris.

262. M. CAMILLE FAVRE, rue Eynard, Genève.

263. M. AMÉDÉE D'AVAIZE, à Lyon (Rhône).

264. M. DE CHANTEAU, à Nice (Alpes-Maritimes).

265. M. ADOLPHE GAUTIER, Grand-Mezel, 14, Genève.

266. M. EDWARD O'BYRNE, à Saint-Géry, par Rabastens (Tarn).

267. Le Comte DE MAISTRE, à Bissy, près Chambéry.

268. Le Marquis CASIMIR PALLAVICINO CEVA DE PRIOLA, place Marie-Thérèse, Turin.

269. M. ROGER-GABRIEL DE TOYTOT, à Rainans (Jura).

Nᵒˢ 270. La Marquise FASSATI, née DE MAISTRE, rue Bogino, 12, Turin.
271. Le Comte FRANCESCO-LORENZO ALBERTONI DE VAL DI SCALVE, Crémone (Italie).
272. Le Marquis ALPHONSE LANDI, Plaisance (Italie).
273. Le Marquis ERNEST DEL CARRETTO DI TORRE BORMIDA, rue Bogino, 12, Turin.
274. M. AUGUSTE BRUN, libraire à Lyon.
275. *Idem.* *Idem.*
276. *Idem.* *Idem.*
277. M. DE MAYORA, à Barcelone.
278. Le Comte GABRIEL DE FROISSARD, à Dôle (Jura).
279. Le Marquis SALTEUR DE LA SERRAZ, à Chambéry.
280. M. PIERRE DE REYNOLD DE PEROLLES, au château de Perolles, près Fribourg (Suisse).
281. M. GEORG, libraire à Genève.
282. *Idem.* *Idem.*
283. M. ALBERT BRUNET, professeur au Grand-Séminaire de Saint-Jean-de-Maurienne.
284. M. TRUCHET, maire de Saint-Jean-de-Maurienne.
285. Le Baron GAUDENCE CLARETTA, membre de l'Académie des Sciences de Turin, etc., rue de la Rocca, 13, Turin.
286. M. AUGUSTE MANGÉ, architecte à Annecy.
287. M. AUGUSTE COTE, libraire à Grenoble.

TABLE DES MATIÈRES.

Achevé d'imprimer le 12 juin 1885.

————— ——————

JOSEPH ALLIER, *imprimeur-éditeur à Grenoble,*

Chevalier de l'O. R. de la Couronne d'Italie.

Chef des ateliers lithographiques :
JOSEPH GALFRÉ.

Chef des ateliers typographiques :
VICTOR BLANC.

Dessinateur : L'AUTEUR.

Graveurs : VŒGELIN, de la maison AUBERT & VŒGELIN, à Paris.
GONTARD, de la maison ALLIER, à Grenoble.

———— — ———

TIRÉ A 500 EXEMPLAIRES.

Souscrits numérotés   287
Non mis en vente.   13
Dans le commerce.   200
                                     ——
                                     500

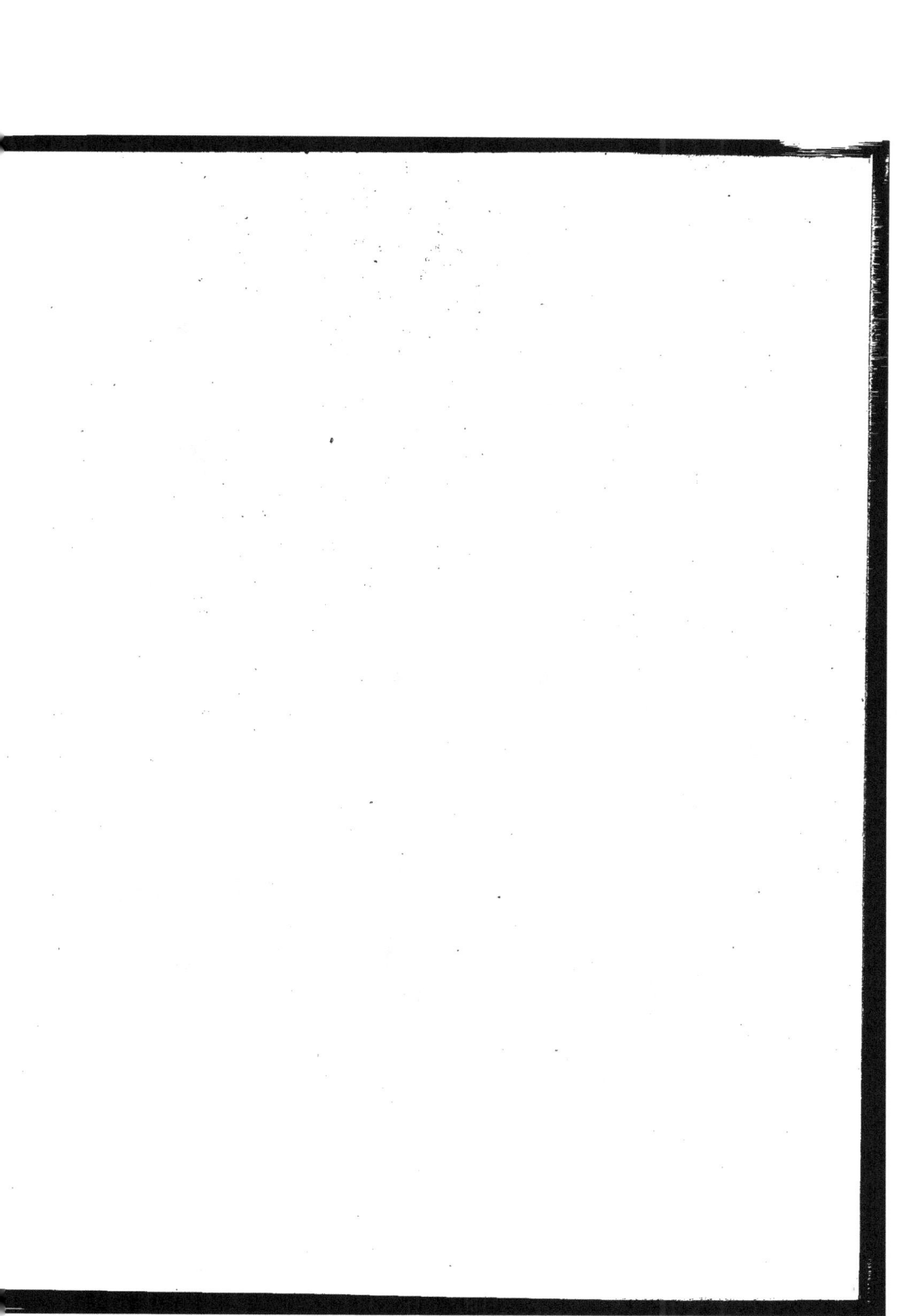

Le Flacon

livraison 2

Le Rayon

Livraison 3ͤ

Le Blason

Livraison 4e

www.ingramcontent.com/pod-product-compliance
Lightning Source LLC
Chambersburg PA
CBHW070625270326
41926CB00011B/1813